utb 6269

utb.

AF830063

Eine Arbeitsgemeinschaft der Verlage

Brill | Schöningh – Fink · Paderborn
Brill | Vandenhoeck & Ruprecht · Göttingen – Böhlau · Wien · Köln
Verlag Barbara Budrich · Opladen · Toronto
facultas · Wien
Haupt Verlag · Bern
Verlag Julius Klinkhardt · Bad Heilbrunn
Mohr Siebeck · Tübingen
Narr Francke Attempto Verlag – expert verlag · Tübingen
Psychiatrie Verlag · Köln
Psychosozial-Verlag · Gießen
Ernst Reinhardt Verlag · München
transcript Verlag · Bielefeld
Verlag Eugen Ulmer · Stuttgart
UVK Verlag · München
Waxmann · Münster · New York
wbv Publikation · Bielefeld
Wochenschau Verlag · Frankfurt am Main

Prof. Dr. Robert Fenge lehrt Volkswirtschaftslehre, insbesondere Finanzwissenschaft, an der Universität Rostock.

Robert Fenge

Ökonomische Theorie des Föderalismus

UVK

Autorenbild: © privat

Bibliografische Information der Deutschen Nationalbibliothek
Die Deutsche Nationalbibliothek verzeichnet diese Publikation in der Deutschen Nationalbibliografie; detaillierte bibliografische Daten sind im Internet über http://dnb.dnb.de abrufbar.

DOI: https://doi.org/10.36198/9783838562698

– Ein Unternehmen der Narr Francke Attempto Verlag GmbH + Co. KG
Dischingerweg 5 · D-72070 Tübingen

Internet: www.narr.de
eMail: info@narr.de

Einbandgestaltung: siegel konzeption | gestaltung
Druck: Elanders Waiblingen GmbH

utb-Nr. 6269
ISBN 978-3-8252-6269-3 (Print)
ISBN 978-3-8385-6269-8 (ePDF)
ISBN 978-3-8463-6269-3 (ePub)

MIX
Papier | Fördert gute Waldnutzung
FSC® C016368

Inhalt

Exkursverzeichnis

Vorwort

Dieses Buch ist für Leser geschrieben, die sich für die ökonomische Rechtfertigung des föderalen Staates interessieren. Was sind die Aufgaben eines Staates? Wie und warum werden staatliche Einheiten gebildet? Wie groß sollten diese staatlichen Einheiten sein? Was für ein föderaler Aufbau des Staates oder auch eines Staatenbundes ergibt sich daraus? Welche Aufgaben sollten in einem föderalen Staat auf einer bestimmten über- oder untergeordneten staatlichen Ebene angesiedelt sein? Welche Rolle spielen dabei Transfers zwischen den föderalen Ebenen? Insbesondere die Frage der Dezentralisierung versus Zentralisierung staatlicher Aufgaben steht im Mittelpunkt dieses Buches. Sie wird sowohl aus einer wohlfahrtsökonomischen Sicht beantwortet, die die Aufgabenzuteilung anhand der normativen Kriterien der Effizienz und der Gerechtigkeit beurteilt, als auch aus einer politökonomischen Sicht, die den Willen der Wähler in einer Demokratie als Maßstab nimmt.

Die Leser sollen eingeführt werden in unterschiedliche ökonomische Methoden zur Darstellung und Erklärung des Föderalismus. Teilweise werden mikroökonomische Kenntnisse vorausgesetzt. Fundamentale ökonomische Konzepte und Modellansätze werden ausführlich erläutert. Es wird keine vollständige Behandlung oder Erwähnung der bisherigen ökonomischen Literatur zu dem Thema angestrebt. Statt das Forschungsgebiet in seiner ganzen Breite darzustellen, geht es hier um vertiefende Einblicke in zentrale Fragestellungen und Modelle. Dieses Buch stellt wesentliche Forschungsbeiträge zum Fiskalföderalismus vor, stellt sie in einen Zusammenhang und präsentiert sie in einem einheitlichen methodischen Rahmen. Die dazu verwendeten ökonomischen Modelle haben gegenüber einer rein verbalen Argumentation den Vorteil, dass die Annahmen klar gekennzeichnet werden und die Schlussfolgerungen logisch abgeleitet werden können. Das Buch soll anregen zu einer kritischen Auseinandersetzung mit diesen modellhaften Argumenten.

Das Buch geht aus zwei Vorlesungen hervor, die ich im Lauf der letzten Jahre an der Universität Rostock gehalten habe. Einige Kapitel des vorläufigen Manuskripts waren im Sommersemester 2024 Gegenstand eines Seminars, und ich möchte den Seminarteilnehmern für zahlreiche Hinweise und Anmerkungen danken. Darüber hinaus möchte ich allen, die mich bei der Arbeit an diesem Buch mit wertvollen Hinweisen und Kommentaren unterstützt haben, danken, insbesondere Henrik Carlhoff, Hilte Geerdes-Fenge, Stefan Mengel, Anja Mönk, Niklas Potrafke, Ronnie Schöb, Marcel Thum und Helena Witschel. Sie haben das Buch nicht nur viel lesbarer gemacht, sondern vor allem inhaltliche Klarstellungen und Ergänzungen beigetragen. Die Mühe und das Engagement, eine frühe Version des Buches durchgearbeitet zu haben, kann ich nicht hoch genug wertschätzen. Alle verbleibenden Fehler und Mängel der Arbeit sind selbstverständlich nur mir anzulasten.

1 Einleitung

1.1 Föderalismus und Dezentralisierung

Was kennzeichnet einen föderalen Staat? Das entscheidende Kriterium ist, ob es unterhalb des nationalen Zentralstaats weitere politische Ebenen gibt, die autonome Entscheidungen bezüglich ihrer Politik treffen können. Wenn diese subnationalen Staatseinheiten (Gebietskörperschaften) selbständig über zumindest einige Aufgaben, Ausgaben oder Steuern entscheiden können, reden wir von einem **föderalen Staat**. Hingegen ist ein **unitarischer Staat** oder Einheitsstaat dadurch gekennzeichnet, dass es nur eine Zentralregierung gibt, die autonome Entscheidungen treffen kann. Also ist auch ein Staat, in dem es zwar regionale Regierungen oder Verwaltungseinheiten gibt, die aber nur abgeleitete Macht besitzen und Aufgaben erfüllen, die von der Zentralregierung delegiert werden, ein unitarischer Staat.[1] Im Gegensatz dazu besteht in einem föderalen Staat für Gebietskörperschaften unterhalb der zentralen Ebene eine in der Regel verfassungsmäßig garantierte Selbstbestimmung in bestimmten Politikbereichen, die von der Zentralregierung nicht einseitig geändert werden kann. Durch diese Autonomie können subnationale Regierungen eigene Gesetze erlassen, Steuern erheben und öffentliche Dienstleistungen selbständig erbringen.[2]

Die Frage der **Dezentralisierung** von Aufgaben, Ausgaben und Einnahmen muss von der Frage, ob ein Staat föderal ist, unterschieden werden, denn auch Einheitsstaaten können ihre Politik mehr oder weniger dezentral durchführen. Die überwiegende Mehrheit der Länder weltweit sind Einheitsstaaten.[3] Einige unitarische Staaten haben mehrere Gebietskörperschaftebenen, denen spezielle Aufgaben von der Zentralregierung zugewiesen werden. Je mehr staatliche Funktionen auf subnationaler Ebene ausgeführt werden, umso dezentraler ist ein Einheitsstaat. Zum Beispiel ist Frankreich in Regionen, Departements und Gemeinden eingeteilt, die als Organe der Selbstverwaltung von der Zentralregierung beaufsichtigt werden. Sie besitzen keine eigenständige Staatlichkeit. Allein die Zentralregierung verfügt über die staatliche Souveränität und entscheidet, welche Befugnisse und Zuständigkeiten an die unteren Regierungsebenen delegiert werden.

In föderalen Staaten hingegen bedeutet Dezentralisierung, dass den subnationalen Regierungen autonome Politikbereiche zugewiesen werden, die häufig in der Verfassung niedergelegt sind. Beispiele für föderale Staaten mit einem hohen Grad an Dezentralisierung sind Australien, die Vereinigten Staaten von Amerika, Kanada, die Schweiz, Österreich und Deutschland. In Deutschland sind die Kompetenzen der Bundesländer im Grundgesetz verankert. Jedes Bundesland besitzt zudem eine eigene Verfassung. Im Bundesrat können die Bundesländer bei der Gesetzgebung und Verwaltung des Bundes mitwirken.

Welche Auswirkungen die Dezentralisierung der autonomen Politik hat, ist eine der wesentlichen Grundfragen dieses Buches. Staaten unterscheiden sich nach dem Ausmaß, in dem die

---

1 Diese Definition unterscheidet sich von der von Oates (1972, S. 17f.), der auch einen solchen Staat föderal nennen würde. Wie wir sehen werden, ist dieser Unterschied wesentlich für die Gültigkeit des sogenannten Dezentralisierungstheorems von Oates.

2 Vgl. OECD/UCLG (2022), S. 25f., sowie Boadway und Shah (2009), S. 4ff. Gegenwärtig gibt es 24 föderale Staaten, die etwa 40 Prozent der Weltbevölkerung repräsentieren: Argentinien, Australien, Äthiopien, Belgien, Bosnien und Herzegowina, Föderation Bosnien und Herzegowina, Brasilien, Deutschland, Indien, Irak, Kanada, Komoren, Malaysia, Föderierte Staaten von Mikronesien, Nepal, Nigeria, Österreich, Pakistan, Schweiz, Somalia, Venezuela, Vereinigte Arabische Emirate, Vereinigte Staaten von Amerika.

3 Zu den Einheitsstaaten gehören Länder wie Ägypten, China, Frankreich, Indonesien, Italien, Japan, Korea, Neuseeland, Norwegen, Portugal, Schweden, die Türkei und Großbritannien.

Kompetenzen für staatliche Aufgaben auf den unteren hierarchischen Ebenen angesiedelt sind. Ein Prinzip föderaler Staaten ist das Subsidiaritätsprinzip, das besagt, die Regulierungskompetenz sollte bei der niedrigst möglichen Gebietskörperschaftsebene liegen, die in der Lage ist, die staatliche Aufgabe so zu bewältigen, dass dies gesellschaftlichen Normen wie der Effizienz und der Gerechtigkeit genügt.

Wie können unterschiedliche Grade von Dezentralisierung gemessen werden? Als ein mögliches Maß für die Dezentralisierung eines Staates werden Ausgaben subnationaler Staatsebenen als Anteil an den staatlichen Gesamtausgaben verwendet. → Tabelle 1 zeigt diese Ausgabenanteile der *OECD Fiscal Decentralisation Database* für verschiedene föderale und unitarische Staaten über den Zeitraum von 1995 bis 2022.

		1995	2000	2005	2010	2015	2020	2021	2022
Australien	F	41	44	45	45	44	41	47	46
Belgien	F	33	35	36	38	44	44	45	45
Brasilien*	F				45	40	39		
Dänemark	U	53	56	62	62	62	63	63	64
Deutschland	F	33	37	38	38	40	40	40	40
Estland	U	25	23	28	24	23	23	24	24
Finnland	U	30	35	38	40	40	40	40	41
Frankreich	U	17	18	20	20	20	19	19	19
Griechen-land	U	6	8	7	7	6	7	7	7
Irland	U	30	38	17	8	7	9	9	10
Italien	U/F	24	30	32	31	28	26	25	25
Japan*	U	47	41	38	35	35	37		
Kanada	F	60	62	65	68	69	67	62	67
Lettland	U	19	25	28	27	26	26	24	25
Litauen	U	24	23	24	26	22	23	24	24
Luxemburg	U	13	12	11	11	10	10	11	11
Mexiko*	F				40	43	39		
Neuseeland	U	10	9	11	9	12	10	11	
Niederlande	U	39	33	34	32	31	30	29	29
Norwegen	U	35	37	30	33	33	32	33	33

Österreich	F	31	31	30	31	31	30	30	30
Polen	U	22	30	29	32	31	30	32	31
Portugal	U	12	14	14	14	12	13	14	14
Ruanda*	U					18	18		
Russische Föderation*	U/F			41	40	36	42		
Schweden	U	37	41	43	46	49	49	49	49
Schweiz	F	54	53	55	57	57	55	56	58
Spanien	U/F	33	41	48	48	44	42	44	44
Südafrika*	U/F		54	56	50	47	45		
Vereinigte Arabische Emirate	F					80	81		
Vereinigtes Königreich	U/F	26	29	28	27	24	21	21	20
Vereinigte Staaten von Amerika	F	48	52	51	47	49	41	41	49

Anmerkungen: Die zweite Spalte gibt an, ob es sich um föderale (F) oder unitarische (U) Staaten handelt. Staaten mit (U/F) sind Grenzfälle.

Quellen: OECD Fiscal Decentralisation Database (https://www.oecd.org/en/data/datasets/oecd-fiscal-decentralisation-database.html); * IMF Data, Access to Macroeconomic & Financial Data, Fiscal Decentralization (https://data.imf.org/?sk=1c28ebfb-62b3-4b0c-aed3-048eeebb684f).

Tabelle 1: Öffentliche Ausgaben subnationaler Regierungsebenen in Prozent der gesamten öffentlichen Ausgaben

Gemessen an diesem Ausgabenanteil ist der Grad der Dezentralisierung in fast allen föderalen Staaten im Jahr 2022 mit mindestens 40 Prozent relativ hoch. Außerdem hat die Dezentralisierung seit 1995 zum Teil deutlich zugenommen, besonders in Belgien, Deutschland und Kanada. Allerdings ist auch in einigen unitarischen Staaten der Ausgabenanteil subnationaler Gliedstaaten erheblich, vor allem in den skandinavischen Ländern Dänemark, Finnland und Schweden, aber auch in Polen und Spanien. In allen fünf Ländern ist der Anteil um mehr als 9 Prozentpunkte gestiegen. In anderen Staaten hingegen ist die Dezentralisierung deutlich zurückgegangen, so in Irland, Japan, den Niederlanden und Südafrika.

Für die Dezentralisierungsgrade der Länder kann es unterschiedliche Gründe geben. Ein wesentlicher Grund für einen hohen Dezentralisierungsgrad ist zunächst die jeweilige Verfassungsstruktur. Föderale Staaten sind tendenziell dezentraler organisiert als unitarische Staaten. Die historische Entstehung von Bundestaaten kann den Dezentralisierungsgrad von Ländern wie Belgien, Deutschland, Österreich, der Schweiz und den Vereinigten Staaten von Amerika erklären. Ein weiterer Grund kann die Größe der Länder bezüglich der Landesfläche oder der Bevölkerungszahl sein. In großen Ländern wie Australien, Brasilien, Kanada, Russland und den Vereinigten Staaten können die Skalenvorteile, also die Ersparnis an Ausgaben bei zentraler Bereitstellung, geringer sein als in kleineren Ländern. Zudem ist plausibel, dass die Präferenzen der Bevölkerung für öffentliche Güter in großen Ländern heterogener sind. Um diese dann gezielter befriedigen zu können, sind dezentrale Strukturen vorteilhaft. Ist außerdem die Größe des Landes verbunden mit einer geringeren Bevölkerungsdichte, dann werden sogenannte Spillover-Effekte[4] zwischen einzelnen Landesregionen eine geringere Rolle spielen. Auch dies macht eine Regulierung der Politik auf zentraler Ebene weniger notwendig. Diese Argumente werden in den Teilen II und III vertieft.

Allerdings hat der Ausgabenanteil als Indikator für Dezentralisierung einen Nachteil. Das Maß sagt nichts darüber aus, ob die subnationalen Regierungen die Kontrolle über den jeweiligen Ausgabenposten haben. In welchem Ausmaß können sie die Politikziele mitbestimmen? Inwieweit haben sie Einfluss auf die Durchführung der politischen Maßnahmen und auf die Höhe des Budgets, das dafür veranschlagt wird? Wird das Budget aus eigenen Mitteln finanziert oder nimmt die subnationale Regierung Mittel in Anspruch, die ihr von der Zentralregierung zugewiesen werden? Wie groß ist die finanzielle Kontrolle auch im weiteren Verlauf eines solchen Projekts? Diese Fragen zeigen, dass ein höherer Ausgabenanteil einen ersten Hinweis auf den Grad der Dezentralisierung geben kann, aber nicht deckungsgleich mit dem Vorhandensein von Kompetenzen nachgelagerter Regierungsebenen ist. Das erklärt zum Teil, warum unitarische Staaten so hohe Ausgabenanteile ihrer Gliedstaaten aufweisen können.

Ähnliche Probleme gibt es für das Maß des Einnahmenanteils subnationaler Regierungen. Aus dieser Kritik heraus hat man Indikatoren der Steuerautonomie entwickelt, die die Steuereinnahmen subnationaler Regierungen um Kriterien für deren Entscheidungsfreiheit erweitert. So wird neben dem Anteil der Steuereinnahmen am Gesamtsteueraufkommen des Staates betrachtet, in welchem Ausmaß die Gliedstaaten den Steuersatz oder die Steuerbemessungsgrundlage festlegen können. Außerdem wird berücksichtigt, welchen Einfluss subnationale Regierungen auf die Aufteilung von Gemeinschaftssteuern auf alle Staatebenen haben.[5]

Für alle politischen Entscheidungen, die einer gesellschaftlichen Norm entsprechen sollen, also zum Beispiel der Gerechtigkeit oder der Effizienz, muss eine Regierung die Präferenzen ihrer jeweiligen Bürgerschaft gut kennen. Das ist aus ökonomischer Sicht der entscheidende Vorteil einer dezentralen Politik.[6] Damit dezentrale Regierungen Entscheidungen treffen können, die auf die lokalen Präferenzen ihrer Bürger abgestimmt sind, müssen sie autonom sein. Nur so kann in bestimmten Bereichen flexibel und bürgernah regiert werden. Wir werden im Folgenden unter Dezentralisierung verstehen, dass der Zentralstaat den subnationalen Regierungen nicht nur politische Aufträge und gegebenenfalls Budgetmittel zuweist, sondern dass er gleichzeitig auch die Kompetenzen für autonome Entscheidungen überträgt.

---

4 Spillover-Effekte sind Nutzenauswirkungen einer lokalen Politik auf die Nachbarregionen. Siehe Kapitel 7.6.

5 Für diese Maße der Steuerautonomie und die Ergebnisse verweise ich auf Ebel und Yilmaz (2002), Stegarescu (2005) und OECD/Korea Institute of Public Finance (2013)

6 Siehe dazu insbesondere Kapitel 7.4 und 14.

1.2 Aufriss des Buches

Wie der Titel besagt, ist das Buch eine Darstellung der Theorie zum Thema Föderalismus. Zunächst werden in Teil I die Aufgaben des Staates bestimmt. In den weiteren Teilen wird untersucht, inwiefern ein föderaler Staat geeignet ist, diese Aufgaben zu erfüllen. Die Ergebnisse und Konsequenzen einer Dezentralisierung politischer Entscheidungen für die Wirtschaft und die Gesellschaft sollen vorgeführt und aus verschiedenen Perspektiven dargestellt werden. Dabei wird versucht, die ökonomische Theorie möglichst in einem einheitlichen Modellrahmen zu präsentieren. In den Teilen II und III ist das ein normativer Ansatz, bei dem die staatlichen Entscheidungen der Regierungen an einem Sozialplaner gemessen werden, der die Normen der Pareto-Effizienz und der Gerechtigkeit anlegt. Im Teil IV werden die Entscheidungen der Regierenden in einem Ansatz der Prinzipal-Agenten-Theorie (Political-Agency-Modelle) daran gemessen, ob die Präferenzen der Wähler bestmöglich befriedigt werden. Um hier den gemeinsamen Modellansatz zu wahren, werden keine Medianwählermodelle präsentiert.[7] Das große Forschungsfeld empirischer Untersuchungen hätte den Rahmen des Buches gesprengt und wird ebenfalls ausgeklammert.[8] Gelegentlich wird auf einzelne empirische Ergebnisse als Ergänzung zu den Modellen hingewiesen. Zudem werden viele anschauliche Beispiele sowie graphische Darstellungen präsentiert, um die Erklärungsansätze und Modelle zu illustrieren.

Im Teil I wird zunächst gefragt, welche Aufgaben in einer Gesellschaft vom Staat übernommen werden sollten. Die Alternative wäre eine gesellschaftliche Selbstorganisation, die über einen Markt individuelle Interessen verhandelt und über private Verträge regelt. Der Staat sollte dann Aufgaben übernehmen, wenn diese Selbstorganisation nicht funktioniert. Die Frage ist also, unter welchen Bedingungen eine marktwirtschaftliche Lösung gesellschaftlicher Interessenskonflikte versagt. Es wird der Versuch unternommen, alle staatlichen Aufgaben auf das Kooperationsproblem des Trittbrettfahrerverhaltens zurückzuführen. Freiwillige, über private Verträge herstellbare Kooperation kommt in den Konfliktfällen nicht zustande, wenn ein Abweichen von der kooperativen Lösung einen individuellen Vorteil verschafft. In solchen gesellschaftlichen Situationen kann die Institution des Staates, ausgestattet mit dem Gewaltmonopol, Kooperation erzwingen, die alle Gesellschaftsmitglieder besser stellt.

Das → Kapitel 2 zeigt zunächst, wie der Rechtsstaat die Gesellschaft durch eine Eigentumsordnung aus einem für alle nachteiligen Naturzustand befreien kann. Dabei spielen die beiden Eigenschaften der Nicht-Rivalität und der Nicht-Ausschließbarkeit der Dienstleistung, die den rechtsstaatlichen Schutz für alle Bürger kennzeichnen, eine entscheidende Rolle. Insbesondere die Nicht-Ausschließbarkeit ist der Grund, warum nur eine staatliche Autorität das Trittbrettfahrerproblem beim Eigentumsschutz überwinden kann.

Das → Kapitel 3 geht auf die allokativen Aufgaben des Staates ein, also alle Fälle, in denen die knappen Ressourcen der Ökonomie aufgrund bestimmter Merkmale in der Produktion oder im Konsum auf dem Markt nicht Pareto-effizient eingesetzt werden. Das Pareto-Kriterium besagt, dass in diesen Fällen eine andere Allokation als diejenige, die sich im Markt ergibt, mindestens ein Gesellschaftsmitglied besserstellt, ohne ein anderes schlechter zu stellen. Ein solches Marktversagen tritt auf bei öffentlichen Gütern, die die Eigenschaften der Nicht-Rivalität und der

7 Siehe dazu Wildasin (1986, 1987b).

8 Eine erste wichtige empirische Arbeit zur Frage, wie sich die Größe und der Wohlstand eines Landes und unterschiedliche Formen von Heterogenität der Bevölkerung auf die Zentralisierung der Politik (gemessen in Einnahmen- und Ausgabenanteilen) auswirken, stammt von Oates (1972, Kapitel 5). Weitere wesentliche ökonometrische Beiträge zu den Determinanten fiskalischer Zentralisierung sind u. a. Wallis und Oates (1988), Panizza (1999) und Stegarescu (2009).

Nicht-Ausschließbarkeit im Konsum haben, und deshalb von Konsumenten mitgenutzt werden können, ohne dass sie dafür einen Preis entrichten. Ein weiterer Fall von Marktversagen sind Güter und Dienstleistungen, die in der Produktion oder im Konsum Nebenwirkungen, sogenannte externe Effekte, verursachen, die auch für diejenigen, die nicht direkt an der Produktion oder am Konsum beteiligt sind, schädliche oder auch nützliche Auswirkungen haben können. Dann geht es um Güter, deren Durchschnittskosten in der Produktion durchgängig fallen, so dass sich auf dem Markt natürliche Monopole bilden, die ineffizient sind. Und schließlich tritt bei vielen Gütern das Problem auf, dass Anbieter und Nachfrager unterschiedliche Informationen über den Wert oder die Qualität besitzen. In diesen Fällen asymmetrischer Information kommt es ebenfalls zu einer ineffizienten Allokation. Alle Marktsituationen dieser Art lassen sich auf das Trittbrettfahrerproblem zurückführen. Der Staat kann deshalb hier eine Funktion haben. Die Möglichkeiten staatlicher Eingriffe werden in allen vier Fällen diskutiert.

Das → Kapitel 4 thematisiert die Umverteilungsfunktion des Staates, wenn das marktwirtschaftliche Ergebnis nicht den Gerechtigkeitsvorstellungen der Gesellschaft entspricht. Dabei geht es zum einen um die Einkommensumverteilung und zum anderen um die Absicherung von Lebensrisiken, die über Sozialversicherungen erfolgt. Bei der Einkommensumverteilung ist die Frage, ob sie freiwillig durch eine private Umverteilung von Reichen zu Armen funktionieren kann. Eine freiwillige Umverteilung setzt voraus, dass diejenigen, die die Umverteilung bezahlen, ein Eigeninteresse daran haben. Ist dies nicht der Fall, dann kann Umverteilung nur durch staatlichen Zwang umgesetzt werden. Für den Vergleich zwischen Markt und Staat ist deshalb der andere Fall entscheidend. Sind die Nettozahler altruistisch veranlagt und ziehen selbst einen Nutzen aus dem Transfer an ärmere Personen, dann wird es freiwillig auf Basis privater Vereinbarungen eine Umverteilung geben. Aber diese Umverteilung wird zu gering sein, da einige Reiche sich als Trittbrettfahrer verhalten können und von der Umverteilung durch andere Reiche ebenfalls profitieren. Deshalb versagt hier der Markt und eine staatliche Umverteilung kann ein effizientes Niveau erreichen. Eine zweite Form der Umverteilung sind die staatlichen Sozialversicherungen, da sie nicht risikoabhängig sondern einkommensabhängig finanziert werden. Eine Versicherung von Lebensrisiken ist asymmetrischer Information unterworfen, d. h., dass private Versicherungsunternehmen in der Regel schlechtere Informationen über den möglichen Eintritt des Schadensfalls besitzen als die Versicherungsnehmer. Daraus entsteht das Problem der adversen Selektion, bei der nur noch Personen mit hohem Schadensrisiko versichert werden. Eine staatliche Versicherung kann in dieser Situation erzwingen, dass auch die anderen Risikofälle versichert werden und dadurch wiederum nach dem Pareto-Kriterium eine Verbesserung erreicht wird.

Das → Kapitel 5 behandelt die stabilitätsorientierten Aufgaben des Staates. Dabei geht es zum einen um die Fiskalpolitik, insbesondere als Mittel zur Bekämpfung von Arbeitslosigkeit, und zum anderen um die Geldpolitik. Unfreiwillige Arbeitslosigkeit wird entweder auf asymmetrische Information zwischen Arbeitnehmer und Arbeitgeber oder auf steigende Skalenerträge in der Produktion zurückgeführt. Wenn Arbeitnehmer eine schlechtere Information über die wirtschaftliche Lage des Unternehmens haben, verhandeln sie in die Verträge Absicherungen für schlechte Zeiten hinein. Solche Verträge führen zu einer stärkeren Senkung der Beschäftigung im Krisenfall als effizient wäre. Da es keine privaten Versicherungen gegen Arbeitslosigkeit auf dem Markt wegen des hohen Ausfallrisikos gibt, kann der Staat über eine staatliche Arbeitslosenversicherung die ineffizient niedrige Beschäftigung anheben. Bei steigenden Skalenerträgen in der Produktion verhalten sich die Unternehmen wie Monopolisten mit einem zu hohen Preis und zu geringer Produktion bzw. Beschäftigung. Der Anpassungsmechanismus über geringere Löhne funktioniert hier nicht mehr. Nur eine Erhöhung der aggregierten Nachfrage durch die Fiskal- oder Geldpolitik des Staates kann hier zu einer höheren Beschäftigung führen. Eine weitere Funktion der Geldpolitik ist die Kontrolle der Inflation. Individuell lässt sich Inflation nicht bekämpfen, da es externe Effekte von Lohnzurückhaltung oder höherer Ersparnis gibt. Deshalb kann nur staatliche Geldmengenpolitik einen kollektiven Zwang ausüben, der das Versagen individuell rationalen Verhaltens überwindet.

Das ⟶ Kapitel 6 zieht die Schlussfolgerungen für kollektives Handeln aus dem Ergebnis, dass alle in den vorherigen Kapiteln betrachteten einschlägigen Situationen, die staatliches Handeln rechtfertigen, auf das Trittbrettfahrerproblem zurückzuführen sind. Insbesondere die Erkenntnisse, die Olson (1992) daraus gezogen hat, werden hier zusammengefasst. Man kann sagen, dass mit dieser Bestimmung der Staatsaufgaben eine genuin ökonomische Theorie des Staates vorliegt.

In Teil II werden staatliche Aufgaben als lokale öffentliche Güter und Dienstleistungen definiert, die einen Nutzen nur für Individuen in einem bestimmten geographischen Raum stiften. Staatliche Einheiten, die solche öffentlichen Güter bereitstellen, werden als Gebietskörperschaften definiert. Aus diesem Ansatz heraus wird bestimmt, wie der Aufbau des Staates aussehen sollte, damit staatliche Aufgaben optimal erledigt werden können. Wie groß sollten Gebietskörperschaften sein, die bestimmte Zuständigkeiten für politische Aufgaben besitzen? Wie viele Gebietskörperschaften sollte es in einem Staat geben, um eine effiziente Versorgung der Bürger mit öffentlichen Gütern und Dienstleistungen sicherzustellen? Wie sollten diese Gebietskörperschaften hierarchisch angeordnet sein, um unterschiedliche staatliche Funktionen ausfüllen zu können?

In ⟶ Kapitel 7 wird von einer immobilen Bevölkerung ausgegangen, die verteilt in einem Staatsgebiet lebt. In diesem Rahmen werden Kriterien aufgestellt, die zur Bestimmung der optimalen Bevölkerungsgröße einer Gebietskörperschaft herangezogen werden können. Zunächst werden die Prinzipien der perfekten Korrespondenz und der fiskalischen Äquivalenz hergeleitet, die angeben, wie idealerweise Gebietskörperschaften einer Ebene zugeschnitten sein sollten, um effizient ein lokales öffentliches Gut bereitzustellen. Dann werden die Prinzipien auf überlappende Gebietskörperschaften angewandt, die auf übereinander angeordneten Ebenen liegen und unterschiedliche öffentliche Güter anbieten. Ein Vorteil eines föderalen Aufbaus ist, dass dezentrale Wahlen die Präferenzen der Bürger besser enthüllen. Ein weiterer wichtiger Aspekt der Aufteilung eines Staates in Gebietskörperschaften sind die Kosten der Verwaltung und der politischen Entscheidungsfindung. Das Hauptargument für eine Dezentralisierung der Politik ist die Nähe zu den Präferenzen der Bürger. Dieses Argument wird durch das Dezentralisierungstheorem von Oates formalisiert, das hier diskutiert und im Anhang bewiesen wird. Weitere Kriterien, die eher für eine Zentralisierung sprechen, sind steigende Skalenerträge, die eine zentrale Bereitstellung kostengünstiger machen, Spillover-Effekte, die den Nutzen eines öffentlichen Gutes über die Grenzen der Gebietskörperschaft hinaus auch nicht-ansässigen Individuen spenden, sowie Steuerexport, der einen Teil der Kosten des öffentliche Gutes auswärtigen Individuen auferlegt. Schließlich wird hier zum nächsten Kapitel übergeleitet, indem die Annahme immobiler Bevölkerung aufgegeben wird und die Folgen der Mobilität für die Größe einer Gebietskörperschaft diskutiert werden.

Das ⟶ Kapitel 8 geht grundsätzlich von einer mobilen Bevölkerung aus und stellt zunächst das Tiebout-Modell vor, in dem die Gesellschaftsmitglieder durch ihre Wanderungsentscheidungen ihre Präferenzen für lokale öffentliche Güter enthüllen. Diese sogenannte Abstimmung mit den Füßen führt nur unter bestimmten Voraussetzungen zu einer effizienten Bereitstellung, die wir hier diskutieren. Anschließend wird die Idee von Tiebout, für die er nur einen Modellentwurf geliefert hat, im Rahmen der Clubtheorie formalisiert. Zunächst wird die Gründung und Formation von Gebietskörperschaften durch Individuen, die sich entsprechend ihrer Präferenzen und Einkommen in solchen Gemeinschaften selbst organisieren, analysiert. Es wird ein Modell vorgestellt, in dem eine solche Selbstselektion von Individuen zu homogenen Gruppen in Gebietskörperschaften eine optimale Einwohnerzahl und effiziente Bereitstellung mit dem lokalen öffentlichen Gut zur Folge hat. Danach betrachten wir exogen gegebene Gebietskörperschaften, deren Regierungen im Wettbewerb um Einwohner stehen. Sowohl bei wohlwollenden Regierungen, die die Wohlfahrt der Bürger maximieren, als auch bei sogenannten Leviathan-Regierungen, die im Eigeninteresse das Steueraufkommen maximieren, kann gezeigt werden, dass der Wettbewerb zur optimalen Bevölkerungsgröße und effizienten Versorgung mit öffentlichen Gütern in den Gebietskörperschaften führt.

Wenn Gebietskörperschaften durch eine fixe Ressource wie Land gekennzeichnet sind, ändern sich die Effizienzbedingungen. Die Landrente, die in solchen Gebietskörperschaften eingenommen wird, muss dann zur Finanzierung des lokalen öffentlichen Gutes herangezogen werden. Das wird mit dem sogenannten Henry-George-Theorem gezeigt. Der Erwerb von Land und Immobilien kann dazu dienen, die Zahlungsbereitschaft von Einwanderern für die Bereitstellung lokaler öffentlicher Güter zu ermitteln. Dezentraler Wettbewerb unter lokalen Regierungen, die diese Information nutzen, kann auch in diesem Fall zur effizienten Allokation führen. Wenn hingegen mehrere Ebenen von Gebietskörperschaften verschiedene lokale öffentliche Güter für ein bestimmtes Gebiet bereitstellen, ist eine Dezentralisierung der politischen Entscheidungen bis auf die kleinstmögliche Gebietskörperschaft, die jeweils nur den Nutzerkreis ihres spezifischen Gutes umfasst, nicht mehr effizient. Für solche überlappenden Gebietskörperschaften kann gezeigt werden, dass nur sogenannte Metropolregionen, die auch solche lokalen öffentlichen Güter bereitstellen, die nur für einen Teilbereich der Region Nutzen stiften, die optimale Politik garantieren. Eine weitere Dezentralisierung auf Teilregionen ist ineffizient.

In Teil III wird von dem Bestehen eines föderalen Staatsgebildes ausgegangen und untersucht, auf welcher föderalen Ebene politische Kompetenzen angesiedelt sein sollten. Dabei wird zwischen allokativen Kompetenzen, die die Effizienz der Bevölkerungsansiedlung, der Kapitalverteilung und Bereitstellung öffentlicher Güter zum Ziel haben, und distributiven Kompetenzen, die eine gerechte Umverteilung von individuellen Einkommen und von Budgeteinnahmen der Regionen anstreben, unterschieden.

Das ⟶ Kapitel 9 geht auf die Anreizwirkungen von regionalen Steuern auf die Ansiedlung von Individuen in einer Gebietskörperschaft ein. Für eine effiziente Bevölkerungsverteilung kommt es auf die Verfügbarkeit von wohnsitzabhängigen und wohnsitzunabhängigen Steuern an. Wenn wohnsitzabhängige Steuern zwar bezüglich der Mobilitätsentscheidungen effizient sind, aber darüber hinaus die Nachfrage nach Land verzerren, können Flächennutzungspläne (*Fiscal Zoning*) eingesetzt werden, um diese Ineffizienz zu vermeiden. Bei der Kapitalallokation geht es zunächst darum, wie sich der Steuerwettbewerb zwischen kleinen Regionen, die keinen Einfluss auf den Weltmarktzins des Kapitals haben, und zwischen großen Regionen auswirkt. Der Wohlfahrtsverlust durch Steuerwettbewerb kann durch fiskalische Externalitäten erklärt werden, also wechselseitige Einflüsse der Kapitalwanderung auf die Budgets der Regionen, die bei den fiskalischen Entscheidungen nicht berücksichtigt werden. Es wird dann gezeigt, wie eine Zentralregierung diese Externalitäten durch vertikale Subventionen internalisieren kann und damit eine effiziente regionale Steuerpolitik herbeiführt. Schließlich werden Spillover-Effekte und Steuerexport analysiert, die bei der Bereitstellung lokaler öffentlicher Güter auftreten können, wenn die Größe der Gebietskörperschaften nicht perfekt zugeschnitten ist. Spillover-Effekte sind Nutzenauswirkungen von lokalen öffentlichen Gütern auf Nachbarregionen, bei denen sich die lokalen Regierungen für zu geringe Versorgungsmengen entscheiden, weil sie diese externen Nutzen nicht berücksichtigen. Steuerexport bedeutet, die Kosten lokaler öffentlicher Güter werden zum Teil von Nachbarregionen über bestimmte Steuern mitfinanziert. Diese Kostenabwälzung führt zu einer zu großen Bereitstellung mit dem lokalen öffentlichen Gut. In einer Ökonomie mit vollkommen mobiler Bevölkerung muss eine Regierung die Wanderungsanreize, die sie mit ihrer Politik öffentlicher Güter und deren Finanzierung setzt, berücksichtigen. Wenn sie dies tut, dann werden die Effekte von Spillover und Steuerexport internalisiert (Anreizäquivalenz) und die Allokationsentscheidungen der Regierungen sind effizient. Ist die Bevölkerung hingegen ganz oder teilweise immobil, dann können für die lokalen Regierungen Anreize über einen vertikalen Finanzausgleich einer zentralen Regierung gesetzt werden, die zu effizienten Entscheidungen führen.

In → Kapitel 10 geht es um die föderale Zuordnung von Kompetenzen zur Umverteilung von Einkommen. Zunächst wird gezeigt, dass eine identische Umverteilungspolitik in Gebietskörperschaften dennoch zu einer ungleichen Behandlung von Bürgern führen kann. Der Grund ist, dass die Zusammensetzung der Bevölkerung an reichen und armen Individuen verschieden ist. Diese unterschiedliche Bevölkerungsstruktur führt zu ungleichen Umverteilungskapazitäten der Gebietskörperschaften. Um eine horizontal gerechte Umverteilung zwischen allen Bürgern zu erreichen, müssen dann diese Unterschiede in den Budgets der Gebietskörperschaften ausgeglichen werden. Deshalb ist eine horizontal gerechte Umverteilung individueller Einkommen geknüpft an eine Umverteilung, die die Budgets der regionalen Regierungen ausgleicht. Eine dezentrale Umverteilung von Einkommen in den Regionen sollte deshalb bei immobiler Bevölkerung durch einen horizontalen Finanzausgleich begleitet werden, um horizontale Gerechtigkeit für die Bürger aller Regionen herbeizuführen. Bei mobiler Bevölkerung kann es bei dezentraler Umverteilung allerdings zu einem Wettlauf der Umverteilungsniveaus nach unten kommen. Eine Absenkung der Umverteilung kann in einer Gebietskörperschaft reiche Individuen anziehen und arme Individuen abschrecken. Da diese Wanderungseffekte für eine Region vorteilhaft sein können, führt das zu einem Unterbietungswettbewerb bei der Umverteilung. Eine wohlfahrtsoptimale Umverteilung zwischen allen Bürgern kann dann nur durch eine Zentralregierung umgesetzt werden.

Umverteilung muss nicht zur Folge haben, dass es Gewinner und Verlierer gibt. Wenn Umverteilung auf Altruismus beruht, können auch die Nettozahler einen Nutzen daraus ziehen. In dem Fall nimmt Umverteilung den Charakter eines öffentlichen Gutes an, der den Nutzen aller erhöht. Wenn man diese Perspektive einnimmt, kann nach der Höhe der Umverteilung gefragt werden, im Vergleich zu der kein anderes Umverteilungsniveau die Beteiligten – Zahler oder Empfänger – besser stellen kann, ohne jemand anderen schlechter zu stellen. Die Frage ist dann, ob eine solche Pareto-effiziente Umverteilung besser zentral oder dezentral erreicht wird. Bei immobiler Bevölkerung ist eine dezentrale Umverteilung effizient, weil sie auf die lokalen Präferenzen Rücksicht nimmt. Eine zentrale Umverteilung, die die Bürger aller dezentralen Gebietskörperschaften gleich behandeln muss, kann hingegen nur die durchschnittliche Zahlungsbereitschaft berücksichtigen, was in jeder lokalen Gebietskörperschaft zu einem ineffizienten Umverteilungsniveau führt. Bei mobiler Bevölkerung wird eine dezentrale Umverteilung Wanderungsanreize setzen. Da die Kosten der Umverteilung dadurch steigen, dass Nettoempfänger angezogen und Nettozahler abgeschreckt werden, werden die lokalen Regierungen ein ineffizient geringes Umverteilungsniveau wählen. Eine Zentralregierung, die durch die Gleichbehandlung aller Individuen keine Migrationsanreize setzt, wird zwar weiterhin eine ineffiziente zentrale Umverteilung betreiben. Wenn sie aber die Migrationsexternalitäten einer dezentralen Umverteilung durch vertikale Subventionen internalisiert, kann sie dadurch auf lokaler Ebene Anreize für effiziente Umverteilungsniveaus setzen.

Das ⟶ Kapitel 11 vergleicht die verschiedenen Arten zwischenstaatlicher Transfers und fragt nach der bestmöglichen Verwendungsweise dieser Transfers. Man unterscheidet hier zwischen horizontalen Transfers, die zwischen Gebietskörperschaften einer Ebene stattfinden, und vertikalen Transfers, die von einer übergeordneten an eine untergeordnete föderale Ebene geleistet werden. Zweckgebundene Transfers sind an bestimmte Aufgaben der Empfänger geknüpft. Wenn es um die Umverteilung von Einnahmen oder Ausgaben zwischen Gebietskörperschaften geht, sind allgemeine horizontale Transfers ohne Zweckbindung, sogenannte Pauschaltransfers (*block grants*), am besten geeignet, die Finanzausstattung auszugleichen, ohne verzerrende Effekte auf die Politik der lokalen Entscheidungsträger auszuüben. So ein Finanzausgleich kann auch durch vertikale Zuweisungen von zentraler Ebene geschehen, die eine horizontal ausgleichende Wirkung besitzen. Wenn es hingegen um die Internalisierung von Spillover-Effekten, Steuerexport oder Migrationsexternalitäten geht, sind vertikale Zuschüsse mit Zweckbindung für eine effiziente Politik vorzuziehen, die sich an den Stückkosten der öffentlichen Bereitstellung beteiligen (*matching grants*). Weiterhin wird die Möglichkeit der Deckelung von zweckgebundenen Zuweisungen untersucht, bei der die Grenzkosten der Bereitstellung nur bis zu einer bestimmten Fördergrenze subventioniert werden. Eine solche Begrenzung der Fördermittel ist aber entweder wirkungslos, wenn die Entscheidungen der lokalen Regierungen unterhalb der Fördergrenze bleiben, oder sie internalisieren die externen Effekte nicht mehr, und es gibt nur einen Mitnahmeeffekt, der ineffizient ist.

In ⟶ Kapitel 12 wird ein strategisches Problem bei der Gewährung von vertikalen Subventionen von einer Zentralregierung an die lokalen Regierungen untersucht. Es geht um das Problem des Bailout, also der Unterstützung von Gebietskörperschaften durch eine zentrale Regierung, die für die lokalen Regierungen Anreize setzt, unwirtschaftlich mit ihren Haushaltsmitteln umzugehen. Man spricht hier auch von weichen Budgetbeschränkungen, wenn die Lokalregierung durch ihre Fiskalpolitik überhöhte Zuweisungen der Zentralregierung strategisch hervorrufen kann. Dieses Bailout, also die Rettung in fiskalisch schwierigen Situationen, kann die Herbeiführung dieser Notlage provozieren. Entscheidend dafür ist, dass die Zentralregierung auf die Entscheidungen der Lokalregierung mit ihrer Rettungspolitik reagiert. Erst dadurch kann die lokale Ebene Einfluss auf die zentralen Subventionen nehmen, indem sie eine entsprechende Politik wählt. Wenn die Zentralregierung hingegen von vorneherein das Ausmaß ihrer Subventionen festlegen und diese nicht an die Entscheidungen der Lokalregierungen anpassen würde, wäre strategisches Verhalten ausgeschlossen. Es bleibt aber die Frage, wie glaubwürdig eine solche „harte" Zentralpolitik ist, wenn sie sich weitergehenden Hilfsmaßnahmen gegenüber den lokalen Gebietskörperschaften von vorneherein verschließt.

Teil IV wendet sich den politökonomischen Ansätzen zur Analyse föderaler Systeme zu. Dabei wird unterstellt, dass die Regierungen nicht mehr benevolent die Wohlfahrt der Bürger maximieren, sondern dass sie Eigeninteressen verfolgen, die von den Zielen der Bürger abweichen können. Methodisch wird dafür das Prinzipal-Agenten-Modell gewählt. Dabei wird der Wähler als Auftraggeber (Prinzipal) verstanden, der der Regierung als Auftragnehmer (Agent) eine bestimmte politische Aufgabe erteilt. Die Regierung stellt sich dann nach der ersten Legislaturperiode zur Wiederwahl, und der Wähler muss entscheiden, ob sie ihre Aufgabe gut erfüllt hat. Wenn das der Fall ist, wird er den Amtsinhaber wiederwählen, sonst nicht. Die Schwierigkeit besteht in der asymmetrischen Information zwischen Wähler und Politiker, da der Wähler nicht sicher beobachten kann, ob der Amtsinhaber genug Anstrengung bei der Bewältigung der Aufgabe unternommen hat.

In → Kapitel 13 wird das Prinzipal-Agenten-Modell zunächst auf eine Zentralregierung angewendet, die einer nachgeordneten lokalen Regierung eine bestimmte politische Maßnahme aufträgt. Die Zentralregierung kann aber nicht genau beobachten, ob das Ergebnis, wie die Maßnahme umgesetzt wurde, auf die Leistung der lokalen Regierung oder andere Zufallseinflüsse zurückzuführen ist. Deshalb kann die lokale Regierung ihren Aufwand reduzieren und dies damit kaschieren, dass das schlechtere Ergebnis auf exogenen Umständen beruhe. Die Zentralregierung kann dann durch zwei unterschiedliche Formen der Verknüpfung von Finanzierung und Aufgabenerfüllung (Konnexitätsprinzip) versuchen, die lokale Regierung zu effizientem Handeln zu bewegen. Bei der sogenannten Ausführungskonnexität werden der ausführenden Gebietskörperschaft, also der lokalen Regierung, die anfallenden Ausgaben aufgebürdet, wobei sie pauschal von der Zentralregierung eine Mittelzuweisung erhält, mit der sie auskommen muss. Bei der Veranlassungskonnexität übernimmt die veranlassende Gebietskörperschaft, also die Zentralregierung, die Kosten der Maßnahme. Mithilfe der Prinzipal-Agenten-Theorie kann man zeigen, dass die Ausführungskonnexität zu einer effizienten Aufgabenerfüllung führt.

In → Kapitel 14 geht es um die Prinzipal-Agenten-Beziehung zwischen Wähler und Regierung. Auch hier kann der Auftraggeber, nämlich der Wähler, nur unzureichend feststellen, ob die Regierung nach einer Amtsperiode eine gute Politik betrieben hat. Da eine schlechte Performance auch auf Zufallsereignissen beruhen kann, muss der Wähler Signale nutzen, um eine amtierende Regierung bei der Wiederwahl entsprechend zur Verantwortung zu ziehen. Diese Zuordnung politischer Verantwortung (*Political Accountability*) kann nun bei dezentralen Regierungen, die nur für ihre Gebietskörperschaft zuständig sind, besser erfolgen, als bei einer Zentralregierung, die nur in einer Mehrheit von Gebietskörperschaften eine erfolgreiche Politik vorweisen muss, um wiedergewählt zu werden.

In → Kapitel 15 geht es für den Wähler darum, zwischen regierenden Amtsinhabern zu unterscheiden, die eine gute Politik im Sinne der Wähler durchführen und das Steueraufkommen für öffentliche Güter ausgeben, und solchen schlechten Amtsinhabern, die aus dem Steueraufkommen für eigene Zwecke Renten abzweigen. Wahlen haben hier zwei Funktionen. Zum einen können sie dazu dienen, schlechte Amtsinhaber abzuwählen (Selektionseffekt). Zum anderen können sie aber auch für schlechte Amtsinhaber Anreize setzen, sich in der Amtsperiode nicht allzu schlecht zu präsentieren, damit sie für eine zweite Amtszeit wiedergewählt werden (Disziplinierungseffekt). Verfassungsrechtliche Maßnahmen, wie fiskalische Beschränkungen für Regierungen, können zwar dazu führen, dass schlechte Amtsinhaber sich disziplinieren lassen und eine gute Politik in der ersten Amtszeit vorweisen. Damit erhöht sich aber die Wahrscheinlichkeit, dass schlechte Amtsinhaber wiedergewählt und eben nicht herausselektiert werden. Ob solche fiskalischen Beschränkungen dann die Wohlfahrt der Wähler erhöhen, hängt von der Gewichtung beider Effekte ab.

Das → Kapitel 16 demonstriert die positive Seite des Steuerwettbewerbs, wenn es darum geht, übermäßige Steuererhebung von Regierungen zu begrenzen. Der Wettbewerb um mobile Produktionsfaktoren veranlasst dezentrale Regierungen zu Steuersenkungen. Dieser Wettlauf nach unten (*race to the bottom*) hat bei Leviathan-Regierungen, die Renten aus dem Steueraufkommen abzweigen wollen, eine positive Wohlfahrtswirkung. Im Vergleich zur Wirkung von direkten fiskalischen Beschränkungen ist der Steuerwettbewerb allerdings nur dann das bessere Instrument, wenn es einen hinreichend großen Anteil an guten Kandidaten für das politische Amt gibt, die bei der Abwahl eines schlechten Politikers ins Amt kommen können.

Der Steuerwettbewerb erhöht die Wohlfahrt, wenn schlechte Amtsinhaber sich offenbaren und nicht wiedergewählt werden, und wenn dieser Selektionseffekt stärker ins Gewicht fällt als der Disziplinierungseffekt. Letzteres ist der Fall, wenn es genug gute Politiker gibt, die als Herausforderer des Amtsinhabers gewählt werden können. Gibt es diese nicht, dann kommt der Disziplinierung ein stärkeres Gewicht in der Wohlfahrt zu, und fiskalische Beschränkungen sind das bessere Instrument.

In → Kapitel 17 geht es um eine weitere Form des Wettbewerbs bei Dezentralisierung der Politik. Beim sogenannten Maßstabswettbewerb (*Yardstick Competition*) können die Wähler die Politik ihrer Regierung vergleichen mit der Politik eines Nachbarlandes. Wenn die Kosten und Möglichkeiten der Politik in beiden Ländern ähnlich sind, dann kann der Vergleich den Wählern zeigen, ob die eigene Regierung eine gute oder schlechte Politik betreibt. Amtsinhaber, die sich dann aufgrund ihrer Performance als schlecht erweisen, werden abgewählt. Auch hier kann gezeigt werden, dass der Maßstabswettbewerb die Wohlfahrt nur dann erhöht, wenn der Selektionseffekt mehr Gewicht hat als der Disziplinierungseffekt. Der Maßstabswettbewerb ist ein weiteres Argument für die Dezentralisierung von politischen Entscheidungen. Je mehr Gebietskörperschaften untereinander in diesem Wettbewerb stehen, umso besser kann politische Verantwortung einem schlechten Amtsinhaber zugeordnet werden, da er sie nur dann verschleiern könnte, wenn alle vergleichbaren Regierungen ebenfalls schlechte Politik machen würden.

In → Kapitel 18 werden die Vor-oder Nachteile der Dezentralisierung mit der Zentralisierung verglichen, wenn eine lokale Regierung sich nur durch ihr Budget von einer zentralen Regierung unterscheidet. Der Informationsgrad der Wähler über die Politik der Nachbarländer und die Ähnlichkeit der ökonomischen und politischen Umstände zwischen den Ländern sind dann die entscheidenden Faktoren, die den Vergleich bestimmen. Wenn Wähler nur partielle Informationen über die Politik in anderen Ländern besitzen und die Kosten der Politik zwischen den Ländern nicht perfekt korreliert sind, gibt es keine Möglichkeit des Maßstabswettbewerbs zwischen den Ländern. In diesem Fall hängt die Stärke des Selektionseffekts und des Disziplinierungseffekts bei Dezentralisierung und Zentralisierung von der Konstellation der genannten Faktoren ab.

Das → Kapitel 19 geht abschließend auf einige weitere Aspekte des Föderalismus ein und beschreibt kurz Forschungsergebnisse, die sich dazu in der Literatur finden. Es geht um den Flypaper-Effekt und die fiskalische Illusion, den Aspekt der interregionalen Versicherung durch zentralstaatliche Subventionen, die Wirkung von Dezentralisierung auf Korruption und Lobbyismus, Wachstumseffekte der Dezentralisierung in China und Russland und den Laboratoriumsföderalismus. Zukünftige Herausforderungen für den Föderalismus stellen sich bei der Weiterentwicklung der Europäischen Union. Sowohl die Finanzverfassung der EU als auch die Ansiedlung einzelner Politikfelder auf der europäischen Ebene werden in der Literatur analysiert und diskutiert. Weitere Herausforderungen sind der Umwelt- und Klimaschutz sowie der gesundheitspolitische Umgang mit Pandemien.

Teil I · Eine ökonomische Theorie des Staates

„A theory of governmental structure begins most naturally with why we need governments.“
Mancur Olson

„Der moderne Staat hat zwei Aufgaben: Er setzt die verfassungsmäßige Ordnung durch, und er stellt ‚öffentliche Güter‘ bereit. [...] ‚Das Recht‘ selbst ist ein ‚öffentliches Gut‘.“
James Buchanan

Alle Aufgaben des Staates lassen sich so definieren, dass sie der Befriedigung solcher individuellen Interessen durch Zwang dienen, die sonst durch private Vereinbarung aufgrund des Trittbrettfahrerproblems nicht befriedigt werden könnten. Bei diesen Aufgaben kann es sich um den Rechtsschutz, die Landesverteidigung oder die Bekämpfung von Kriminalität handeln, oder es geht um die Bereitstellung von Infrastruktur, Gesundheits- oder Bildungswesen.[9] Gemeinsam ist allen diesen Aufgaben, dass sie privat und individuell von den Bürgern nicht in ausreichendem Maß oder gar nicht erledigt würden, obwohl die Erfüllung dieser Aufgaben allen Bürgern einen Nutzen stiften, sie also besser stellen würde.

Dieser Teil des Buches ist der Versuch, die ökonomischen Rechtfertigungsgründe der Staatstätigkeit auf das Trittbrettfahrerproblem zurückzuführen und den Staat als Mittel der Selbstbindung (*commitment device*) zu verstehen, mit dem das Trittbrettfahrerverhalten überwunden werden kann. Es handelt sich also um eine ökonomische Staatstheorie aus einem Prinzip heraus.[10]

Wir beginnen mit der Frage, wie Individuen in einer Gesellschaft ihre Interessen und Ziele erreichen können. Grundsätzlich gibt es zwei Herangehensweisen. Die erste ist die über freiwillige Vereinbarungen und private Verträge zwischen den Individuen. Die zweite ist die Organisation der Einzelinteressen durch staatliche Institutionen zum Wohl der Individuen. Beide Wege können sich ergänzen oder als Alternativen betrachtet werden.

Jedes Individuum verfolgt sein eigenes Interesse, selbst wenn es altruistische Ziele sind. Im ökonomischen Sinn versteht man unter der Verfolgung eigener Interessen, dass die Individuen sich für das entscheiden, was ihnen den höchsten Nutzen stiftet oder was sie unter allen verfügbaren Optionen am meisten präferieren. Diese rein formale Entscheidungsmaxime kann eben auch beinhalten, dass man präferiert, den Nutzen anderer zu steigern, anderen zu helfen, sich also altruistisch zu verhalten. Man kann unterstellen, dass die meisten Ziele in der Verwirklichung eigener Vorteile bestehen. Nun gibt es Eigeninteressen, die ein Individuum für sich allein verfolgen kann, weil sie die Interessen von niemand anderem einschränken oder berühren und weil sie vollkommen autonom umgesetzt werden können. Dies könnte man den Bereich der Privatsphäre nennen, in dem jeder unabhängig von anderen tun oder lassen kann, was er will. Dann gibt es aber eigene Interessen und Ziele, zu deren Erreichung ein Individuum auf andere Individuen angewiesen ist, entweder weil es einen Interessenskonflikt gibt oder weil sich die wechselseitigen Interessen gemeinsam besser verwirklichen lassen. Dies könnte man die soziale Sphäre nennen. In dieser Interessenssphäre kann das Individuum mit anderen in Verhandlungen treten. Im

9 Einige dieser Aufgaben betreffen sogenannte öffentliche Güter, andere verursachen externe Effekte. Wir werden in den Kapiteln 2 bis 5 auf die unterschiedlichen Gründe für das Auftreten von Trittbrettfahrerverhalten zurückkommen.

10 Dieser Teil I baut auf dem Ansatz von Robert Inman (1987) auf, dass alle Formen von Marktversagen einen gemeinsamen Grund haben, und der Staat als Institution kollektives Handeln gegenüber nicht-kooperativem individuellem Handeln durchsetzen kann.

Wesentlichen wird es in diesen Verhandlungen um einen Abgleich der Interessen gehen, also um die Frage, wie man sich wechselseitig bei der Erreichung der Ziele unterstützen kann, und um einen Vertrag, der den dazu notwendigen Austausch von Aktivitäten und Rechten regelt.

Aus ökonomischer Sicht kann man diesen Teil der sozialen Sphäre als Markt betrachten. Der Markt ist nichts anderes als eine gesellschaftliche Selbstorganisation über private Verträge. Der Markt ist der Ort, an dem alle gesellschaftlichen Angelegenheiten, die die Einzelinteressen verschiedener Individuen berühren, in wechselseitigen Verträgen geregelt werden. In diesen privaten Verträgen wird der Austausch von Rechten vereinbart, die zum Beispiel das Eigentum an Gütern, die Bereitstellung von Dienstleistungen oder die Aufteilung von Einkommen und Vermögen betreffen. Durch vom Staat durchgesetzte Verträge können die Individuen ihre Interessen und Ziele in der sozialen Sphäre besser erreichen, als wenn sie sich diese in einem Naturzustand erkämpfen müssten.

2 Rechts- und Eigentumsordnung

Nach Thomas Hobbes (1651) ist die Gesellschaftsform des Naturzustands die Anarchie, also eine Gesellschaft ohne staatliche Autorität, in der alle gegeneinander einen Überlebenskampf führen (der Krieg aller gegen alle). So etwas wie ein Recht auf Eigentum gibt es hier nicht. Jeder muss das, was er besitzt, gegen die anderen verteidigen. Und es ist weder legal noch illegal, wenn jeder versucht, dem anderen seinen Besitz streitig zu machen, da es im Naturzustand kein Gesetz gibt und daher auch kein Begriff von Legalität existiert.[11] In diesem Zustand herrscht bedingungslose Freiheit. Ist dieser Zustand aber zum Vorteil aller Individuen der Gesellschaft, oder lässt sich ein Zustand finden, in dem wenigstens einige oder sogar alle ihre Interessen besser befriedigen können und keiner sich schlechter stellt?

Betrachten wir folgende Situation, in der das sogenannte Gefangenendilemma[12] entsteht. Zwei Individuen A und B haben jeweils einen Besitz Y und können sich dafür oder dagegen entscheiden, dem anderen den Betrag Z seines Besitzes wegzunehmen: $Z < Y$. Wenn sie sich für Wegnehmen entscheiden, verursacht dies Kosten C, die aber geringer sind als der Gewinn aus dem Diebstahl: $C < Z$.[13] Andernfalls wäre der Diebstahl gar keine Option. Es wird angenommen, dass jeder Diebstahl erfolgreich ist. Beide Individuen überlegen sich jetzt, ob sie den anderen bestehlen oder nicht. Daraus ergeben sich folgende Nettovorteile je nach den Entscheidungen von A und B:[14]

		Individuum B	
		Nicht Stehlen	Stehlen
Individuum A	Nicht Stehlen	Y (B: oben rechts) Y (A: unten links)	$Y + Z - C$ $Y - Z$
	Stehlen	$Y - Z$ $Y + Z - C$	$Y - C$ $Y - C$

Nettoauszahlungen für A: unten links, Nettoauszahlungen für B: oben rechts

Tabelle 2.1: Gefangenendilemma des Naturzustands

11 Hobbes beschreibt den Naturzustand im *Leviathan* in Kapitel 13: "The notions of Right and Wrong, Justice and Injustice have there no place. Where there is no common Power, there is no Law: where no Law, no Injustice. [...] there be no Propriety, no Dominion, no Mine and Thine distinct; but onely that to be every mans, that he can get; and for so long, as he can keep it."

12 Das Gefangenendilemma bezeichnet eine entscheidungstheoretische Situation, die in der Spieltheorie formalisiert wurde. Der Name geht auf ein Szenario des Dilemmas zurück, bei der zwei Untersuchungshäftlinge entscheiden müssen, ob sie eine begangene Tat leugnen oder gestehen sollen, ohne zu wissen, ob ihr Komplize gesteht. Das Entscheidungsdilemma taucht in zahlreichen gesellschaftlichen und ökonomischen Zusammenhängen auf.

13 Wenn im Folgenden von Diebstahl oder Stehlen die Rede ist, dann ist damit nicht eine illegale Handlung gemeint, sondern ein Wegnehmen, das im Naturzustand nicht sanktioniert wird. Die Kosten C sind Kosten der Vorbereitung und Durchführung des Diebstahls.

14 Die Annahme, dass die Individuen gleiche Nettovorteile besitzen, dient hier nur der vereinfachten Darstellung und kann auf ungleiche Individuen verallgemeinert werden. Vgl. Buchanan (1975), S. 79f.

Wenn beide nicht stehlen, behalten sie ihren Besitz und haben keine weiteren Kosten: (Y, Y). Wenn A den B bestiehlt, B aber nicht stiehlt, dann hat B nur noch eine Nettoauszahlung von $Y - Z$, während A durch den Diebstahl zusätzlich Z bekommt, aber die Kosten des Stehlens C trägt. Durch den Zugewinn $Z - C$ erhöht sich sein Besitz auf $Y + Z - C$. Umgekehrt erhält B die Auszahlung $Y + Z - C$ und A erhält $Y - Z$, wenn B stiehlt, aber A nicht. Wenn beide sich für das Stehlen entscheiden, nehmen sie sich gegenseitig Z weg, so dass ihr Besitz jeweils Y bleibt, sie aber beide die Kosten des Diebstahls tragen: $Y - C$.

Das gemeinsame Verhalten des Nicht-Stehlens, das zu (Y, Y) führt, erfordert eine Kooperation, die verbindlich für beide ist. Denn es ist für jedes der beiden Individuen von Vorteil, sich für Stehlen zu entscheiden, und zwar ganz unabhängig davon, was der andere macht. Die überlegene Strategie nicht-kooperativen Verhaltens, also des Stehlens, kennzeichnet das sogenannte Gefangenendilemma. Betrachten wir die Entscheidung von A, so stellt er sich mit Diebstahl besser, wenn B sich für Nicht-Stehlen entscheidet: $Y + Z - C > Y$. Er stellt sich damit aber auch besser, wenn B sich ebenfalls für Stehlen entscheidet: $Y - C > Y - Z$. Da diese Entscheidung spiegelbildlich auch für B in beiden Fällen vorteilhaft ist, werden sich beide für Stehlen entscheiden und die Auszahlung $(Y - C, Y - C)$ erhalten. Diese Entscheidung im Gleichgewicht, von der keines der beiden Individuen abweicht, führt aber zu geringeren Auszahlungen als bei gleichzeitiger Wahl der Strategie Nicht-Stehlen: (Y, Y). Das heißt, eine gemeinsame kooperative Entscheidung, sich nicht zu bestehlen, würde beide Individuen besser stellen, als wenn sie ihrem individuellen Vorteil folgen und sich für Stehlen entscheiden. Trotz der Besserstellung der Individuen ist dieser kooperative Zustand (Y, Y) aber bei individueller Vorteilsmaximierung nicht erreichbar. Wenn sich beide Individuen für Nicht-Stehlen entscheiden würden, gäbe es für jedes der beiden Individuen den Anreiz, davon abzuweichen und den anderen zu bestehlen. Dieses Verhalten nennt man das Trittbrettfahrerverhalten.[15]

In diesem Zwei-Personen-Spiel mag es noch sein, dass die beiden Individuen die Situation durchschauen und eine Absprache erfolgt, kooperativ zu handeln. Aber auch hier bleibt der Anreiz, sich durch Abweichen besser zu stellen, und das Misstrauen, dass der andere sich nicht-kooperativ verhält. Das ist insbesondere dann der Fall, wenn man das Abweichen verschleiern kann und dadurch keine anderweitigen Sanktionen zu befürchten hat. Wenn wir eine gesellschaftliche Situation nehmen und das Gefangendilemma mit vielen Personen analysieren, dann muss das individuelle Verhalten eher als anonym betrachtet werden. Das Trittbrettfahren wird dann zu einer sehr wahrscheinlichen Handlungsoption.

Selbst wenn explizite und implizite Vereinbarungen zu kooperativem Verhalten getroffen werden können, sind sie möglicherweise nicht viel wert. Denn im Unterschied zu einem Vertrag sind diese Vereinbarungen oder Absprachen nicht rechtlich sanktionsfähig und durchsetzbar. Deshalb besteht jederzeit das Risiko, dass eine Abmachung nicht von allen eingehalten wird.

Wie kann man von dem schlechteren Gleichgewicht $(Y - C, Y - C)$ zu der kooperativen Lösung (Y, Y) gelangen? Wie ist ein Übergang vom Hobbesschen Naturzustand zu einem für alle besseren Zustand möglich? Eine Antwort ist, dass eine Eigentumsordnung eingeführt wird, die von

15 Schon Thomas Hobbes (1647) hat in seinem Traktat *Vom Bürger* das Trittbrettfahrerverhalten beschrieben: *„Angesichts dessen, daß die meisten Menschen allzu sehr auf den unmittelbaren Vorteil bedacht sind, sind sie allerdings wenig geneigt, die oben genannten Gesetze (der Kooperation, Anm. d. Verf.) zu befolgen, selbst wenn sie sich ihrer sehr wohl bewußt sind. Wenn daher einzelne, die besonnener als die übrigen sind, die von der Vernunft gebotene Billigkeit und Rücksichtnahme praktizieren wollten, so würden sie damit keineswegs der Vernunft folgen, da die anderen ja nicht dasselbe täten. Sie würden sich damit nämlich nicht den Frieden, sondern nur einen sicheren und frühzeitigen Untergang bereiten. Diejenigen, die die Gesetze einhielten, würden gleichsam zur Beute derer werden, die sie nicht beachten.“ (Vom Bürger,* Kapitel 3, Absatz 27, aus dem Lateinischen von Lothar Waas)

einem Rechtsstaat durchgesetzt wird. Eine staatliche Eigentumsordnung umfasst den Schutz von Eigentumsrechten und die Durchsetzung von Verträgen zur Änderung von Eigentumsrechten, sprich dem Tausch dieser Rechte. Wenn sich die Individuen auf den Rechtsstaat einigen, dann weist dieser ihnen Eigentumsrechte zu und macht das Wegnehmen damit zu einer illegalen Handlung, die bestraft wird. Diese Strafe muss so hoch sein, dass sich Stehlen nicht mehr lohnt. Entscheidend ist, dass sich alle Gesellschaftsmitglieder dieser staatlichen Ordnung unterwerfen und akzeptieren, dass der Staat diese Bestrafung durchsetzt.

Sei diese Strafe so hoch, dass sie den Vorteil des Stehlens überwiegt: $S > Z - C$. Wir nehmen an, dass jeder, der stiehlt, dieses Diebstahls auch überführt wird.[16] Die Auszahlungsmatrix mit einem solchen Eigentumsschutz ist dann:

		Individuum B	
		Nicht Stehlen	Stehlen
Individuum A	Nicht Stehlen	B: Y A: Y	B: $Y + Z - C - S$ A: $Y - Z$
	Stehlen	B: $Y - Z$ A: $Y + Z - C - S$	B: $Y - C - S$ A: $Y - C - S$

Nettoauszahlungen für A: unten links, Nettoauszahlungen für B: oben rechts

Tabelle 2.2: Eigentumsordnung

Wenn sich jedes Individuum überlegt, ob es unter Berücksichtigung der Strafe stehlen soll, wird es sich für Nicht-Stehlen entscheiden, ganz gleich, wie sich das andere Individuum entscheidet: Die Nettoauszahlung bei Nicht-Stehlen ist immer höher. Damit wird durch die staatliche Eigentumsordnung Nicht-Stehlen zur dominanten Strategie, und im neuen Gleichgewicht (Y, Y) stellen sich beide Individuen besser als im Gleichgewicht des Naturzustands $(Y - C, Y - C)$.[17] Die Besserstellung aller ist erreicht, allerdings nicht durch freiwilliges kooperatives Verhalten,

16 Die Kosten der Einrichtung der Eigentumsordnung müssten dann die Überwachungskosten in entsprechender Höhe umfassen. Dazu unten mehr.

17 Breyer und Kolmar (2005) haben gezeigt, dass der Übergang von einer Anarchie zu einem Zustand mit perfekter Eigentumsordnung Tausch ermöglicht, der alle möglichen Effizienzgewinne realisiert. Eine perfekte Eigentumsordnung muss dabei a) die Eigentumsrechte den Individuen vollständig und eindeutig zuweisen, b) den Individuen die Möglichkeit geben, diese Rechte freiwillig zu ändern, also einen Tausch vornehmen zu können, und c) sowohl die Zuweisung als auch die freiwillige Veränderung durchsetzen (Eigentumsschutz, Vertragssicherheit). Siehe S. 81ff.

sondern durch Unterwerfung unter eine Eigentumsordnung und Durchsetzung dieser Ordnung mit Zwang.[18]

Warum gibt es nicht verschiedene Schutzorganisationen, denen sich Gesellschaftsmitglieder wahlweise anschließen können, um ihr Eigentum schützen zu lassen? Warum läuft es auf eine monopolistische Schutzorganisation hinaus, die alle Gesellschaftsmitglieder schützt? Hier kommt eine Eigenschaft einer staatlichen Eigentumsordnung zum Tragen, die sie als öffentliches Gut[19] ausweist: **die Nicht-Rivalität bei der Nutzung**. Wenn ein zusätzliches Individuum die Eigentumsordnung nutzt, so behindert es damit nicht die Nutzung durch andere Individuen. Mit anderen Worten sind die Kosten der Nutzung durch eine weitere Person Null oder zumindest vernachlässigbar gering. Die Nicht-Rivalität ist der Extremfall bei Gütern, die immer geringere Durchschnittskosten verursachen, für je mehr Konsumenten man sie bereitstellt. Diesen Mengenvorteil in der Bereitstellung nennt man auch steigende Skalenerträge. Wenn im Extremfall nur Fixkosten für die Produktion des Gutes entstehen, dann sind die Grenzkosten für einen zusätzlichen Konsumenten Null und die Durchschnittskosten fallen mit größerer Anzahl von Konsumenten, da die Fixkosten sich auf mehr Köpfe verteilen[20]. Aber auch wenn es nicht zum Extremfall der Nicht-Rivalität kommt, sondern eine partielle Rivalität im Konsum[21] bestehen bleibt, gibt es den Größenvorteil in der Bereitstellung, wenn die positiven Grenzkosten stets unterhalb der Durchschnittskosten bleiben und diese damit sinken. Die Durchschnittskosten werden dann minimiert, wenn alle potenziellen Nachfrager des Gutes von einem Anbieter bedient werden, ein sogenanntes natürliches Monopol. Da der Eigentumsschutz durch eine – private oder staatliche – Organisation diese Eigenschaft besitzt, produziert sie den größten Vorteil aus der Kooperation, wenn sie alle Gesellschaftsmitglieder umfasst. Die partielle oder Nicht-Rivalität bei größer werdender Anzahl von Gesellschaftsmitgliedern erzeugt den Zugewinn, den man bei

---

18 Eine Möglichkeit, das Gefangenendilemma ohne autoritären Zwang, sondern durch kooperatives Verhalten zu überwinden, hat Axelrod (1981) untersucht. Der mögliche Schlüssel zur Lösung besteht hier im Aufbau der Reputation von Gesellschaftsmitgliedern, wenn das Gefangenendilemma wiederholt gespielt wird, wobei unsicher ist, wie viele Runden es geben wird. Axelrod hat gezeigt, dass es kooperative Strategien gibt, die sich unter allen Spielteilnehmern durchsetzen, wenn die Wahrscheinlichkeit der Spielwiederholung hoch genug ist und wenn es von vorneherein eine Teilmenge von kooperativen Spielern gibt, die sich mit hinreichend hoher Wahrscheinlichkeit im Spiel wieder begegnen. Gerade diese zweite Annahme könnte aber wieder die Notwendigkeit staatlichen Zwangs begründen, denn warum sollte es zu Beginn diese kritische Masse an kooperativen Spielern geben, die das Risiko des Verlusts eingehen. Staatlicher Zwang kann hier als Anfangsimpuls für kooperatives Handeln notwendig sein, der dann nach mehreren Runden durch freiwilliges kooperatives Verhalten abgelöst wird.

19 Ein öffentliches Gut ist durch die zwei Eigenschaften der Nicht-Rivalität beim Konsum und die Nicht-Ausschließbarkeit vom Konsum charakterisiert, die im Folgenden erläutert werden.

20 Zu diesem Zusammenhang von Rivalität im Konsum und steigenden Skalenerträgen siehe Olson (1986). Wir werden im Kapitel 3.3 beim Marktversagen durch steigende Skalenerträge darauf zurückkommen.

21 Perfekte Rivalität bei privaten Gütern, bedeutet, dass eine Mengeneinheit des Gutes nur von einer Person konsumiert werden kann. Die Gesamtmenge ist gleich dem Pro-Kopf-Konsum mal der Anzahl der Köpfe. Keine Rivalität besteht, wenn die Menge eines reinen öffentlichen Gutes von beliebig vielen Nutzern gleichzeitig konsumiert werden kann. Das bedeutet, bei konstanter Bereitstellungsmenge bleibt der Pro-Kopf-Konsum bei jeder Anzahl von Konsumenten gleich. Partielle Rivalität liegt vor, wenn sich der Pro-Kopf-Konsum des öffentlichen Gutes ab einer bestimmten Anzahl von Nutzern reduziert, so dass die Menge nachproduziert werden muss, um pro Kopf gleich hoch zu bleiben.

Kooperation erzielen kann.[22] Bei sinkenden Durchschnittskosten wird dieser Zugewinn maximal, wenn eine monopolistische Schutzorganisation den Eigentumsschutz garantiert.[23]

Robert Nozick (1974) hat im Detail beschrieben, welche Kostenvorteile sich ergeben, wenn Individuen sich im Naturzustand zu Schutzverbänden vereinigen, und verschiedene privat entstehende Schutzvereinigungen sich zu immer größer werdenden Organisationen zusammenschließen, bis schließlich eine *„dominant protective association"* übrigbleibt, die alle Individuen der Gesellschaft als Mitglieder umfasst. Durch Arbeitsteilung kann jeder umso mehr Zeit sparen, die er ansonsten für den Eigentumsschutz aufwenden müsste, wenn man sich diese Aufgabe unter mehr Personen aufteilen kann. Wenn sich Mitglieder verschiedener Schutzvereinigungen um Eigentum streiten, können Reibungskosten bzw. Kosten der Entscheidungsfindung eingespart werden, indem eine übergeordnete Schutzorganisation diesen Konflikt löst. Der Kostenvorteil durch komparative Vorteile entsteht, wenn einige Individuen sich auf den Eigentumsschutz aller spezialisieren. Opportunitätskosten können gespart werden, wenn man seiner eigentlichen Arbeit nachgehen kann, ohne sich um den Eigentumsschutz kümmern zu müssen. Nozick schlussfolgert:

> *„Out of anarchy, pressed by spontaneous groupings, mutual-protection associations, division of labor, market pressures, economies of scale, and rational self-interest there arises something very much resembling a minimal state [...]."* (S. 16f.)

Kosteneinsparungen, die durch Nicht-Rivalität bei der Nutzung einer Eigentumsordnung zustandekommen, führen also dazu, dass sich alle Individuen einer Gesellschaft einer (monopolistischen) Schutzorganisation unterwerfen. Das heißt, sie akzeptieren und befolgen die Regeln und Vorschriften der Organisation, die zum Beispiel eine Sanktionierung bei Verletzung des Eigentumsrechtes vorsehen. Diese partielle Preisgabe von Selbstbestimmung der Mitglieder charakterisiert diese Organisation aber noch nicht als Staat. Nozick kann zwar erklären, warum Individuen sich freiwillig zu der größtmöglichen Schutzvereinigung zusammenschließen. Letztlich kann er aber nicht den Unterschied zwischen dieser privaten Schutzvereinigung mit Monopolmacht und dem Staat mit Gewaltmonopol erklären.[24]

Jeder, der sich in einem Verein oder einer Unternehmung mit anderen zusammentut, um einen bestimmten Zweck zu verfolgen, muss sich an die Regeln halten, die der Verein oder die Unternehmung vorgibt, solange er dort Mitglied sein will. Wer nicht zur partiellen Aufgabe der Autonomie bereit ist, also zur Unterordnung unter diese Regeln, der kann aus dem Verein oder der Unternehmung ausscheiden. Er gibt dann aber auch die Erreichung und Nutzung des gemeinsamen Zwecks auf, den man in der Organisation verfolgt.

Um den Unterschied einer solchen monopolistischen Schutzvereinigung zu einem Staat auszumachen, muss die zweite Eigenschaft einer Eigentumsordnung herangezogen werden, die sie ebenfalls als öffentliches Gut kennzeichnet: **die Nicht-Ausschließbarkeit von der Nutzung oder dem Konsum**. Diese Eigenschaft bedeutet, dass ein Konsument nicht vom Konsum des Gutes ausgeschlossen werden kann, wenn das Gut einmal bereitgestellt worden ist. Entweder ist

---

22 Dies ist der Vorteil der Auszahlungen (Y, Y), die mit einer Eigentumsordnung erreicht werden können, gegenüber den Auszahlungen $(Y - C, Y - C)$, die im Naturzustand erzielt werden.

23 Die Tatsache, dass dieses Ergebnis auf einen Weltstaat hinausliefe, den es aber nicht gibt, ist erklärungsbedürftig. Ein Grund dafür liegt in der Entfernung einer Weltregierung von den lokalen Präferenzen der Bürger, die einen Weltstaat ineffizient machen (Dezentralisierungstheorem). Ein weiterer Grund sind U-förmige Durchschnittskosten öffentlicher Güter, die durch die Bereitstellung kleinerer Staatseinheiten minimiert werden (Clubtheorie). Diese und weitere Argumente für die Größe und den Aufbau von Staaten werden wir in Teil II dieses Buches behandeln.

24 Nozick (1974), S. 22–25.

der Ausschluss vom Konsum des öffentlichen Gutes unmöglich (z. B. saubere Luft) oder er ist mit zu hohen Kosten verbunden (z. B. Nutzung von Straßen).[25] Eine solche Eigenschaft hat auch eine durch eine private monopolistische Schutzvereinigung bereitgestellte Eigentumsordnung, da sie jedermann schützt, der in einer Gesellschaft lebt. Und zwar kann der Einzelne diesen Schutz nutzen, ohne selbst freiwillig etwas zu dieser Eigentumsordnung finanziell oder sachlich (z. B. einer Dienstpflicht) beitragen zu müssen. Nun ist aber eine Eigentumsordnung mit erheblichen Einrichtungskosten für Gerichte, Polizei, Gefängnisse etc. verbunden. Der individuelle Vorteil des Nicht-Kooperierens besteht also in der uneingeschränkten Nutzung des öffentlichen Gutes „Eigentumsordnung".

Diese Eigenschaft der Nicht-Ausschließbarkeit erzeugt das Gefangenendilemma, in dem jedes Individuum einen Anreiz hat, aus dem kooperativen Zustand auszubrechen, wenn alle anderen sich weiter kooperativ verhalten.[26] Jeder hat einen individuellen Vorteil durch das nicht-kooperative Verhalten, solange es die Kooperation weiter gibt und er deren Vorteile weiter mitnutzen kann. Dieses sogenannte Trittbrettfahrerverhalten und damit das Gefangenendilemma kann nur dann überwunden werden, wenn es eine Organisation gibt, die die Achtung aller Individuen vor dem Privateigentum durch Sanktionen erzwingt. Es muss also eine Organisation sein, die alle Individuen einer Gesellschaft zur Teilnahme und zur Finanzierung des Eigentumsschutzes zwingen darf. Das aber darf nur der Staat und wird vom Staat erwartet, weil sonst das Trittbrettfahren nicht verhindert werden kann. Wenn aber das Trittbrettfahren möglich bleibt, dann kommt es zu keinem Eigentumsschutz, da jeder und damit alle einen Vorteil haben, sich der Finanzierung der Eigentumsordnung zu entziehen.

Der Staat unterscheidet sich also von einer monopolistischen privaten Schutzorganisation dadurch, dass er alle Individuen einer Gesellschaft zur Beteiligung am gemeinsamen Eigentumsschutz zwingen kann. Damit darf er alle zur Teilnahme an der gemeinschaftlichen Eigentumsordnung verpflichten und in Form von Steuern von allen einen Finanzierungsbeitrag für den gemeinsamen Zweck einfordern. Unter dem Gewaltmonopol kann man also den ausschließlichen legitimen Zwang zur Teilnahme an einem Projekt mit gemeinschaftlichem Zweck (eine Politik) und deren Finanzierung verstehen. Während ein privater Schutzverein ein Monopol auf die Bereitstellung des Eigentumsschutzes haben kann und damit als alleiniger Anbieter allen Nachfragern in der Gesellschaft die Dienstleistung anbietet, kommt beim Staat hinzu, dass er die Beteiligung an der gemeinschaftlichen Aufgabe (Unterwerfung unter die Regeln der Eigentumsordnung) und deren Finanzierung erzwingen kann und insofern zum Dienstleistungsmonopol noch das Gewaltmonopol hinzukommt. Ersteres wird begründet durch die Nicht-Rivalität in der Nutzung, letzteres durch die Nicht-Ausschließbarkeit von der Nutzung.

Dieses Ergebnis zeigt, dass Eigentumsschutz ein öffentliches Gut ist, das freiwillig nicht bereitgestellt wird. Denn jeder hat einen Vorteil davon, dass alle anderen das Eigentum respektieren, man selbst aber das Eigentum anderen wegnimmt. Da es aber so ist, dass jeder besser gestellt wird, wenn alle das Eigentum respektieren, ist eine Unterwerfung unter eine staatliche

---

25 Man muss einschränken, dass es Straßen wie etwa Autobahnen oder Tunnel gibt, deren Nutzung man relativ leicht durch Mautschranken ausschließen kann. Bei anderen Straßen in der Stadt oder auf dem Land sind solche Ausschlussmöglichkeiten vom Konsum zu vertretbaren Kosten nicht möglich. Aber dies ist ein gutes Beispiel dafür, dass der technische Fortschritt eine Rolle spielt. Wenn es einmal möglich sein sollte, die Nutzung von Straßen über das GPS zu kontrollieren, kann auch die Nutzung ausschließbar werden. In den Niederlanden hat es dazu Testversuche gegeben. Allerdings stoßen solche technischen Möglichkeiten an Grenzen, wenn die totale Überwachung der Bürger zu befürchten ist.

26 Dieser Anreiz entsteht durch die Auszahlung $Y + Z - C$ von A oder B, wenn sie von der Kooperation mit Auszahlung (Y, Y) abweichen und nicht kooperieren, während der andere jeweils weiter kooperiert.

Eigentumsordnung der einzige Weg, diese Besserstellung zu erreichen. Diese Unterwerfung stellt eine Selbstbindung an Regeln dar, die dem Individuum von außen durch den Staat auferlegt werden und denen sich das Individuum nicht entziehen kann. Erst diese Selbstverpflichtung durch eine exogene Institution, den Staat, signalisiert allen anderen Individuen in der Gesellschaft glaubwürdig, dass das Individuum sich an die Eigentumsrechte hält. Deshalb werden eine teilweise Beschränkung der Autonomie und die Übertragung der Verantwortung an den Staat von den Individuen akzeptiert. Der Staat wird als Mittel zur glaubwürdigen Selbstbeschränkung eingesetzt, um das öffentliche Gut „Eigentumsordnung" bereitstellen zu können.

▸ Exkurs 1 | James Buchanan und das Paradox des Regiert-werdens

Der amerikanische Ökonom James Buchanan (1919–2013) hat in seinem Werk „Die Grenzen der Freiheit" von 1975 das Argument, aufgrund des Gefangenendilemmas müsste eine staatliche Eigentumsordnung eingerichtet werden, ausgedehnt auf die Einführung eines allgemeinen Rechtssystems. Die Verfassung, die dazu geeignet ist, das Trittbrettfahrerproblem des Naturzustands zu überwinden, wird hier vertragstheoretisch begründet. Die Gesellschaftsmitglieder halten sich freiwillig an Vertragsvereinbarungen, die die wechselseitige Anerkennung von Rechten beinhalten. Die Rechte betreffen erstens Verhaltensregeln zur wechselseitigen Unverletzlichkeit der Personen, zweitens Verfügungsrechte über Güter und Ressourcen, drittens Regeln zur Rechtsdurchsetzung, viertens Regeln über die Art und Weise kollektiver Entscheidungen bzw. Wahlverfahren, fünftens Bestimmungen zur Trennung zwischen privatem und öffentlichem Wirtschaftssektor und schließlich sechstens Regeln zur Steueraufteilung, sprich Finanzverfassung.[27] Ein solcher Verfassungsvertrag führt zu dem, wie es Buchanan nennt, *„Paradoxon, ‚regiert zu werden' […]. Der Vertrag ist nämlich solange wertlos, wie es keine Garantie gegen Vertragsverletzung gibt. Irgendein Zwangsmechanismus, ein Instrument oder Exekutivorgan, muss zum ursprünglichen Vertrag hinzukommen, und jede Partei wird es positiv bewerten, wenn eine entsprechende Sicherung vorgesehen ist."*[28] Diese positive Einstellung zu einer Regierung ist angesichts des Freiheitswillens des Menschen ein Paradox. Denn *„sobald die Zwangsinstanz einmal ausgewählt und über die vereinbarten Regeln in Kenntnis gesetzt ist, haben die Beteiligten auf die ‚Entscheidungen' dieser Instanz keinen Einfluss mehr und können ihn auch nicht haben."* Die Institution Rechtsstaat muss als unbeteiligter und neutraler Dritter den Individuen, um deren Rechte es geht, gegenüberstehen und darf weder von ihnen beeinflusst werden noch eine eigene Bewertung der vorgegebenen Regeln vornehmen. Dies aber führt nach Buchanan zu Enttäuschungen und Verdruss. *„Die Menschen fühlen sich dazu gezwungen, einen ‚Gesellschaftsvertrag' einzuhalten, den sie (tatsächlich, Anm. des Verf.) niemals geschlossen haben, und sie sehen sich der möglichen Bestrafung durch eine Zwangsinstanz ausgeliefert, über die sie weder eine direkte noch eine indirekte Kontrolle ausüben."*[29] James Buchanan beschreibt diesen Zustand deshalb als Paradox, weil seine Erklärung, warum die Menschen implizit einen solchen Vertrag inklusive staatlicher Kontrollinstanz eingehen und sich daran halten, zu kurz greift. Eine Regierung wird nicht nur deshalb akzeptiert, damit sie den Verfassungsvertrag sichert. Vielmehr ist diese externe Zwangsinstitution das Instrument der Selbstbindung, um allen Gesellschaftsmitgliedern

---

27 Siehe Buchanan (1975), S. 102f.
28 A.a.O., S. 134.
29 A.a.O., S. 137.

glaubwürdig zu vermitteln, dass man sich selbst kooperativ und gesetzeskonform verhalten wird. Denn nur dadurch bringt man auch alle anderen Gesellschaftsmitglieder dazu, sich ebenfalls kooperativ und gesetzeskonform zu verhalten. In diesem Sinn ist das Regiert-werden dann auch kein Paradox mehr und führt dazu, das Trittbrettfahrerproblem zu überwinden.

Buchanan (1975) hat darauf hingewiesen, dass eine freiwillige Vereinbarung über eine Eigentumsordnung umso weniger eingehalten wird, je mehr Personen an dieser Abmachung beteiligt sind. Der Einfluss des Einzelnen auf das Verhalten der anderen wird geringer, die soziale Kontrolle unter den Mitgliedern der Gruppe wird aufwändiger und verschwindet in Großgruppen gänzlich, sodass die Vertragsverletzung gerade in Großgruppen sehr wahrscheinlich ist.

Mancur Olson (1992) hat den Maßstab dafür, „ob eine Gruppe fähig ist, ohne Zwang oder äußere Anreize in ihrem Gruppeninteresse zu handeln", an die Frage geknüpft, „ob die individuellen Handlungen eines oder mehrerer Mitglieder der Gruppe von den anderen Mitgliedern bemerkt werden kann.":

> *„Die Wahrnehmbarkeit der Handlungen eines einzelnen Gruppenmitglieds kann durch die Maßnahmen der Gruppe selbst beeinflusst werden. Eine bereits organisierte Gruppe z. B. kann sicherstellen, dass die geleisteten oder nicht geleisteten Beiträge jedes einzelnen Gruppenmitglieds ebenso wie die Wirkungen des Verhaltens eines einzelnen Mitglieds auf die Belastung oder den Gewinn der anderen öffentlich bekannt gemacht werden, um auf diese Weise sicherzustellen, dass die Bemühungen der Gruppe nicht infolge unzureichender Information zusammenbrechen." (S. 44)*

Insofern zeigt sich gerade für große Gruppen wie eine Gesellschaft mit vielen Bürgern, deren einzelner Beitrag zu einer gemeinsamen Aufgabe unterhalb der Wahrnehmungsschwelle liegt, dass der Staat notwendig ist, um die Einhaltung und Finanzierung einer Eigentumsordnung mit Zwang durchzusetzen. Die erste und wichtigste Aufgabe des Staates besteht also darin, die Einhaltung des rechtlichen Rahmens zu gewährleisten, innerhalb dessen die Angelegenheiten der Bürger in privaten Vereinbarungen rechtssicher geregelt werden können. Diese Aufgabe besteht im Aufbau eines Rechtsstaates, der durch Gesetze und Gerichte den Rechtsschutz für Eigentum und den Tausch von Eigentum in Verträgen gewährleistet. Damit schafft der Staat die Voraussetzungen, damit Märkte überhaupt funktionieren können. Nur wenn Individuen über etwas ausschließlich verfügen können, kann es Marktaktivitäten, d. h. den Tausch von Eigentumsrechten, geben.[30]

Aber selbst wenn der Staat das öffentliche Gut „Eigentumsordnung" eingerichtet und damit die Voraussetzungen für private Verträge geschaffen hat, kann der Markt als Institution der Interessensbefriedigung versagen. Für diese Fälle von Marktversagen gibt es unterschiedliche Gründe. Wir werden in den folgenden Kapiteln zeigen, dass sie sich alle auf das Trittbrettfahrerproblem bzw. das Gefangenendilemma zurückführen lassen.

Richard Musgrave (1959) hat die Aufgaben des Staates innerhalb des marktwirtschaftlichen Ordnungsrahmens in drei Felder eingeteilt, auf denen der Markt in unterschiedlicher Art und Weise nicht funktioniert. Der Markt kann versagen, weil er nicht effizient ist, weil er nicht zu

30 Alle materiellen Interessen von Individuen beziehen sich auf Güter und Dienstleistungen sowie auf Einkommen und Vermögen. Damit beziehen sich dann auch alle möglichen Verträge auf Güter, Dienstleistungen sowie Einkommen und Vermögen. Zum Beispiel wird in einem Ehevertrag der Güterstand und somit Aufteilung von Vermögen und die Unterhaltszahlungen nach Auflösung der Ehe geregelt. In einem Arbeitsvertrag wird der Austausch von Lohneinkommen und Arbeitsleistung vereinbart. In einem Mietvertrag wird der Besitz an einer Wohnung im Verhältnis zur Zahlung einer Miete vereinbart usw.

gerechten Ergebnissen führt oder weil er nicht stabil ist. Entsprechend hat Musgrave in diesen drei Fällen folgende Funktionen für den Staat abgeleitet.

Die erste Funktion des Staates ist die **Allokationsfunktion**. Diese umfasst alle Staatseingriffe, die dazu dienen, eine effiziente Allokation herbeizuführen. Eine „Allokation" ist eine Zuteilung von Gütern und Dienstleistungen zu den einzelnen Wirtschaftssubjekten. Die Interessen bezogen auf Güter und Dienstleistungen lassen sich konfliktfrei nur durch eine effiziente Allokation in einer Gesellschaft befriedigen, da es zu einer solchen Allokation keine Alternative gibt, die alle bevorzugen oder zumindest nicht ablehnen würden. „Effizienz" bedeutet, dass es keine andere Kombination aus Menge und Aufteilung der Güter und Dienstleistungen auf die Individuen gibt, die mindestens eine Person besserstellt, ohne dass sie eine andere schlechter stellt. Mit anderen Worten ist eine Allokation effizient, wenn es keine andere Allokation gibt, die alle gleich gut und mindestens eine Person besser stellt.[31] Stünde eine solche bessere Allokation in Aussicht, dann gäbe es keinen Grund, diese nicht einstimmig gegenüber der anderen Allokation vorzuziehen. Insofern würde immer mindestens ein Bürger ein Veto einlegen, wenn eine Alternative zu einer effizienten Allokation vorgeschlagen wird.[32] Eine effiziente Zuordnung von Gütern und Dienstleistungen zu erreichen, nennt man das Allokationsproblem. Es gibt vier wesentliche Gründe, warum der Markt diese effiziente Allokation nicht herbeiführt. Der Markt versagt erstens bei Gütern, die durch Nicht-Rivalität und Nicht-Ausschließbarkeit im Konsum charakterisiert sind (öffentlichen Gütern), zweitens bei Gütern, die in Produktion oder Konsum Nebenwirkungen verursachen, wobei diese Nebenwirkungen für andere schädlich oder nützlich sein können, aber keinen Preis haben (externen Effekten), drittens bei Gütern, deren Durchschnittskosten bei steigender Produktion sinken (natürlichen Monopolen) und viertens, wenn unterschiedliche Informationen zwischen Anbietern und Nachfragern über Güter und Preise auf den Märkten herrschen (asymmetrischer Information). Auf diese verschiedenen Gründe für allokatives Marktversagen und mögliche Staatseingriffe gehen wir in → Kapitel 3 ein.

Die zweite Funktion des Staates ist die **Distributionsfunktion**. Sie betrifft alle Staatsaufgaben, die eine gerechte Verteilung von Einkommen und Vermögen herbeiführen sollen. Einkommen und Vermögen hängen als Marktergebnis davon ab, mit welchen Erstausstattungen (Talenten, Fähigkeiten, Erbschaften etc.) die Individuen in den Markt eintreten. Hier kann der Markt versagen, wenn die Ausstattungen und ihre Entlohnung nicht mit dem übereinstimmen, was die Bürger als fair empfinden. Entstehen hier große Ungleichheiten, dann kann das Marktergebnis als ungerecht gelten. Hier eine von der Gesellschaft als gerecht betrachtete Verteilung zu erreichen, nennt man das Distributionsproblem. In → Kapitel 4 werden die distributiven Aufgaben des Staates, nämlich die Umverteilung von Einkommen und die Sozialversicherungen, behandelt.

Die dritte Funktion des Staates ist die **Stabilisierungsfunktion**. Sie umfasst alle Staatsaufgaben, die die makroökonomischen Größen stabilisiert. So hat der Staat hier die Aufgabe, eine zu hohe Arbeitslosigkeit zu vermeiden oder die Geldmenge so zu regulieren, dass weder Inflation noch Deflation entsteht. In → Kapitel 5 gehen wir auf die Marktversagensgründe bei Arbeitslosigkeit und Inflation ein. Wir werden sehen, dass diese makroökonomischen Störungen auch auf allokative Formen des Marktversagens zurückzuführen sind.

---

31 Dieser Effizienzbegriff wurde von Vilfredo Pareto (1906) eingeführt und ist eine allgemein akzeptierte und gut operationalisierbare Interpretation des Begriffs. Pareto-effizient ist ein Zustand, wenn es keinen anderen Zustand gibt, der eine Pareto-Verbesserung darstellt. Eine Pareto-Verbesserung bedeutet, dass sich alle Individuen mindestens gleich gut stellen wie im ursprünglichen Zustand und mindestens ein Individuum sich besser stellt.

32 Zu dieser Verbindung von Pareto-Effizienz und Einstimmigkeitsregel siehe Wicksell (1896) und Buchanan und Tullock (1962).

Schließlich wird in ⟶ Kapitel 6 das gemeinsame Problem aller Erscheinungsformen von Marktversagen und damit der zentrale Grund für die Existenz eines Staates hervorgehoben. Das gemeinsame Problem besteht in einem unkooperativen Verhalten der Gesellschaftsmitglieder, das zum individuellen Vorteil des Einzelnen ausfällt, aber kollektiv alle schlechter stellt. Dieses Problem kann nur durch das staatliche Gewaltmonopol überwunden werden. Darin besteht im Kern die ökonomische Rechtfertigung staatlichen Handelns. Mancur Olson (1992) hat in seinem Werk „Die Logik kollektiven Handelns" diesen Widerspruch zwischen individueller Rationalität und kollektivem Gruppeninteresse behandelt. Er hat gezeigt, dass das Trittbrettfahrerverhalten besonders in großen Gruppen, etwa ganzen Gesellschaften, auftritt. Wie im Folgenden gezeigt wird, lassen sich alle Formen des Marktversagens auf dieses unkooperative Verhalten zurückführen

3 Allokative Staatsaufgaben

Die Wohlfahrtsökonomik[33] hat Bedingungen herausgearbeitet, die erfüllt sein müssen, damit gesellschaftliche Aufgaben über den Markt effizient bewältigt werden können. Diese Bedingungen sind verletzt, wenn auf den Märkten öffentliche Güter gehandelt werden, externen Effekte auftreten, natürlichen Monopole entstehen oder asymmetrische Information unter den Marktteilnehmern herrscht. Wenn einer dieser Sachverhalte gegeben ist, dann ist die Funktionstüchtigkeit des Marktes nicht gewährleistet. Man spricht dann von einem Grund für Marktversagen, und der Staat ist legitimiert, diese Aufgabe zu übernehmen und nach besseren Lösungen zu suchen. Es muss hervorgehoben werden, dass generell eine individuelle Erfüllung der gesellschaftlichen Aufgaben über private Verträge auf dem Markt vorzuziehen ist, da sie auf freiwilligen Vereinbarungen der Bürger beruht. Der Freiheitsaspekt der Marktlösung ist ein zentraler Vorzug gegenüber staatlichen Lösungen. Sobald der Staat eine Aufgabe übernimmt, wird er sie mit Zwang gegenüber den Bürgern durchsetzen und damit die Freiheit einschränken. Allein die staatliche Finanzierung von Aufgaben über Steuern verdeutlicht diesen Zwang. Wie wir schon im Zusammenhang mit dem Eigentumsschutz gesehen haben, kann das staatliche Gewaltmonopol gerade die Voraussetzung für eine effiziente Erledigung solcher Aufgaben sein. Allerdings ist ein Marktversagensgrund nur eine notwendige, aber keine hinreichende Bedingung für die staatliche Übernahme der Aufgabe. Denn es bleibt immer noch abzuwägen, ob der Staat durch seine jeweilige Art der Aufgabenerfüllung tatsächlich eine effiziente Bereitstellung mit dem Gut oder der Dienstleistung erreicht oder ob er unter Umständen noch ineffizienter als der Markt ist.[34]

Die Interessensbefriedigung funktioniert in der sozialen Sphäre unter bestimmten Bedingungen am Markt optimal. Die Versorgung mit Gütern und Dienstleistungen über Produktion und Tausch am Markt ist im Allgemeinen effizient. Diese Aussage ergibt sich aus den sogenannten Hauptsätzen der Wohlfahrtsökonomik[35]. Der erste Hauptsatz besagt:

> *Dezentrale rationale Entscheidungen der Wirtschaftssubjekte, die im Markt über das Preissystem koordiniert werden, führen unter den oben genannten Bedingungen zu einer Pareto-effizienten Allokation aller Güter, Dienstleistungen und Produktionsfaktoren, also einer Allokation, von der aus kein einzelnes Wirtschaftssubjekt besser gestellt werden kann, ohne ein anderes schlechter zu stellen.*

Das dezentrale rationale Verhalten der Marktteilnehmer wird so verstanden, dass sie ihren individuellen Vorteil suchen[36] und mit diesem Ziel über private Verträge auf dem Markt ihre Interessen verfolgen. Wie wir gesehen haben, ergibt sich hieraus die erste Aufgabe des Staates mit der Aufstellung und Durchsetzung der Rechtsordnung, die Eigentumsrechte garantiert und den Tausch von Eigentumsrechten über Verträge durchsetzt.

Wenn der Staat eine Eigentumsordnung eingerichtet hat und damit die Voraussetzung für die Existenz von Märkten geschaffen hat, dann sagt der erste Hauptsatz aus, dass unter bestimmten Bedingungen die Individuen ihre gesellschaftlichen Interessen privat über Verträge und ohne weitere Eingriffe des Staates effizient regeln können. Für die weitere Rolle des Staates in einer

33 Siehe Bator (1958), Baumol (1965) und Boadway und Bruce (1984).

34 Siehe hierzu Inman (1987).

35 Präzise Herleitungen der Hauptsätze der Wohlfahrtsökonomik finden sich bei Debreu (1959), Arrow und Hahn (1971) und Boadway und Bruce (1984).

36 Formalisiert in der Modellwelt der Ökonomen bedeutet dies, dass Konsumenten ihren Nutzen maximieren und Produzenten ihren Gewinn maximieren.

Marktwirtschaft sind dann die Fälle entscheidend, in denen die Bedingungen für ein optimales Funktionieren des Marktes nicht erfüllt sind. Die Marktversagensgründe hängen von der Art des Konsums oder der Produktion der Güter und Dienstleistungen ab oder von der Information, die die Bürger über die Güter besitzen. Diese Bedingungen für Marktversagen und die Aufgaben des Staates, die sich daraus ergeben können, werden im Folgenden diskutiert. Insbesondere wird in jedem der Fälle von Marktversagen das Charakteristikum des Trittbrettfahrerverhaltens hervorgehoben.

3.1 Öffentliche Güter

Wir haben gesehen, dass das Bestehen einer rechtsstaatlichen Eigentumsordnung Voraussetzung für das Funktionieren von Märkten ist. Ohne sie kann es keine verbindlichen Verträge auf Märkten geben. Weiterhin haben wir gezeigt, dass eine Eigentumsordnung die Eigenschaften der Nicht-Rivalität und der Nicht-Ausschließbarkeit bei der Nutzung besitzt, und es sich folglich selbst um ein öffentliches Gut handelt. Das ist der Grund, warum der Staat eine Eigentumsordnung durchsetzen muss. Denn freiwillig und über private Vereinbarungen würden die Individuen einer Gesellschaft keine Eigentumsordnung einrichten, da sie sich durch Trittbrettfahren besser stellen.

Nun gibt es aber außerdem öffentliche Güter, die auch dann dem Trittbrettfahrerverhalten ausgesetzt sind, wenn es die Möglichkeit verbindlicher Verträge gibt. Um den Unterschied dieser zwei Arten von öffentlichen Gütern deutlich hervorzuheben, muss man anerkennen, dass es zwei Gründe dafür geben kann, private Vereinbarungen nicht abzuschließen. Der erste Grund ist, dass solche freiwilligen Vereinbarungen nichts wert sind, wenn sie keine rechtliche und vor allem keine durch eine Autorität abgesicherte und durchgesetzte Verbindlichkeit besitzen. Jeder kann sie ohne Folgen brechen und hat auch einen Anreiz dazu. Von dieser Art sind private Vereinbarungen zur Einrichtung einer Eigentumsordnung. Hier gilt noch der Naturzustand und es gibt keine rechtliche Handhabe zur Durchsetzung einer solchen Vereinbarung. Im Gegenteil muss die Eigentumsordnung ja gerade erst installiert werden, um einen Rechtsschutz herbeizuführen. Da sie notwendige Bedingung ihrer eigenen Möglichkeit ist, kann sie ohne staatliche übergeordnete Autorität nicht entstehen.

Der zweite Grund liegt dann vor, wenn verbindliche Verträge zwar möglich sind, aber der Vorteil aus der wechselseitigen Vereinbarung auch ohne Gegenleistung erreicht werden kann. Eine freiwillige private Abmachung ist dann gar nicht notwendig, um in den Genuss des Vertragsgegenstandes zu kommen. Alle öffentlichen Güter mit der Eigenschaft der Nicht-Ausschließbarkeit können von jedermann konsumiert werden, wenn sie einmal vorhanden sind. Also auch in Gegenwart von rechtssicher eingerichteten Märkten kann es Güter und Dienstleistungen geben, die genutzt werden können, ohne dass der Nutzer einen Beitrag leistet. Ein Individuum in einer Gesellschaft mit vielen Individuen hat einen starken Anreiz, sich als Trittbrettfahrer zu verhalten. Wenn alle anderen das öffentliche Gut bereitstellen, nutzt das Individuum das Gut in fast gleichem Ausmaß, auch wenn es keinen eigenen Beitrag zum öffentlichen Gut leistet. Der Einzelne stellt sich durch nicht-kooperatives Verhalten besser. Wenn das alle tun, wird das öffentliche Gut nicht bereitgestellt. Wohlgemerkt tritt dieses Trittbrettfahrerverhalten auch auf, wenn verbindliche Verträge möglich sind. Diese aber werden im genannten Fall freiwillig gar nicht erst eingegangen, wenn man sich als Trittbrettfahrer verhalten kann.[37]

Ein Beispiel ist der Deichbau an der Küste zum Schutz vor Überschwemmungen. Ist der Deich erstmal gebaut, schützt er jeden Anwohner im Küstengebiet, ganz gleich, ob dieser einen Preis dafür entrichtet hat oder nicht. Neue Anwohner werden dem privaten Unternehmen, das diesen Deich gebaut hat, nichts zahlen wollen, da der bestehende Deich sie auch so schützt. Auch vor dem Bau des Deichs wird kein Anwohner bereit sein, dem privaten Unternehmen, das diesen Deich bauen will, als erster etwas dafür zu zahlen, da jeder darauf hofft, dass sich genug andere Anwohner finden, die den Deichbau finanzieren, und man dann als Trittbrettfahrer davon mitprofitieren wird. Die private Bereitstellung des Deichs wird daher von vorneherein unterbleiben.

Man kann also öffentliche Güter und das Trittbrettfahrerproblem unterscheiden nach der ersten Art, die bei fehlender Durchsetzbarkeit von kooperativen Verträgen auftritt, und der zweiten Art, die bei fehlender Nützlichkeit von kooperativen Verträgen auftritt. Eine gewisse Analogie besteht zu Buchanans (1975) gemachter Unterscheidung zwischen einem konstitutionellen Quasi-Vertrag, in dem Rechte festgelegt werden, und einem postkonstitutionellen Vertrag, der den wechselseitigen Tausch von Rechten festlegt. Der Staat übernimmt hier eine Doppelfunktion, bei der er erstens als „protektiver Staat" die Verträge durchsetzt und die Rechte schützt[38] und zweitens als „produktiver Staat" öffentliche Güter und Dienstleistungen bereitstellt.[39]

Paul Samuelson (1954) erklärt das Versagen von Märkten, bei öffentlichen Gütern die effiziente Allokation zu erreichen, mit den Eigenschaften der Nicht-Ausschließbarkeit und Nicht-Rivalität dieser Güter und Dienstleistungen. Beispiele für solche Güter sind die nationale Verteidigung, ein Leuchtturm in einem Hafen oder Grundlagenforschung in der Medizin. Samuelson hat gezeigt, dass eine effiziente Bereitstellung die Bedingung erfüllen muss, dass die Summe der marginalen Vorteile aller Individuen aus der Bereitstellung des öffentlichen Gutes den Grenzkosten einer weiteren Einheit des öffentlichen Gutes entsprechen muss:

$$\sum_i GRS^i = GRT \quad (3.1)$$

Diese Bedingung wird als **Samuelson-Bedingung** bezeichnet. Die Grenzrate der Transformation *GRT* gibt dabei die Grenzkosten des öffentlichen Gutes an, ausgedrückt in Einheiten des privaten Gutes, die man aufgeben muss, um dieses zusätzliche öffentliche Gut zu produzieren. Grenzkosten sind die Kosten einer weiteren Einheit des öffentlichen Gutes. Der marginale Vorteil eines Individuums i wird durch die Grenzrate der Substitution GRS^i ausgedrückt, die die Zahlungsbereitschaft für eine weitere Einheit des öffentlichen Gutes in Einheiten eines privaten Numeraire-Gutes angibt. Dieser Wert gibt also an, wie viele Einheiten eines privaten Gutes ein Individuum für eine zusätzliche Einheit des öffentlichen Gutes aufzugeben bereit ist.

37 David Hume (1740) hat schon in seinem Traktat über die menschliche Natur, Buch III, II.Teil, S. 538 auf die notwendige Bereitstellung öffentlicher Güter durch den Staat hingewiesen. Einen einheitlichen Plan auszuführen, sei bei wenigen Personen noch machbar, aber „´tis very diffcult, and indeed impossible, that a thousand persons shou´d agree in any such action; [...] while each seeks a pretext to free himself of the trouble and expence, and wou´d lay the whole burden on others. Political society easily remedies both these inconveniences. [...] Thus bridges are built; harbours open´d; ramparts rais´d; canals form´d; fleets equip´d; and armies disciplin´d, by the care of government,[...] one of the finest and most subtle inventions imaginable."

38 Siehe → Exkurs 1.

39 Buchanan (1975), S. 135ff.

Entscheidend ist nun, dass ein öffentliches Gut von allen Individuen gemeinsam genutzt werden kann. Während bei einem privaten Gut der Nutzen einer zusätzlichen Einheit ausschließlich einer Person zufällt, stiftet eine weitere produzierte Einheit des öffentlichen Gutes allen Individuen einen zusätzlichen Nutzen. Der gesellschaftliche Nutzenzuwachs aus einer weiteren Einheit besteht aufgrund der Nicht-Rivalität im Konsum aus der Summe der marginalen Vorteile, der Grenzraten der Substitution. Wäre die Summe der Grenzvorteile größer als die Grenzkosten, dann würden alle Individuen bereit sein, mehr für eine zusätzliche Einheit abzugeben, als für die Produktion dieser Einheit notwendig wäre. Sie stellten sich dann besser, wenn die weitere Einheit produziert würde. Sie müssten nämlich weniger abgeben, als das, was ihnen diese Einheit wert ist. In diesem Fall wäre die ursprüngliche Menge also ineffizient gering. Ist die Summe der Grenzvorteile kleiner als die Grenzkosten, dann stellten sich alle Individuen durch eine Verringerung der Menge des öffentlichen Gutes besser, da sie dadurch mehr an Kosten einsparten, als sie an Vorteil verlieren würden. Die effiziente Menge ist also nur erreicht, wenn die Summe der Grenzvorteile den Grenzkosten entspricht.

Der Markt führt diese effiziente Allokation nicht herbei. Jeder Marktteilnehmer fragt nur so viel von dem öffentlichen Gut nach, dass seine individuelle Zahlungsbereitschaft den Grenzkosten entspricht: $GRS^i = GRT$. Dies maximiert seinen Nutzen, führt aber im Allgemeinen zu einer ineffizient geringen Menge des öffentlichen Gutes. Denn er berücksichtigt nicht, dass jede Menge des öffentlichen Gutes nicht nur ihm, sondern auch allen anderen einen Nutzen stiftet. Deshalb veranschlagt er einen zu geringen Wert des öffentlichen Gutes, der sich in einer zu geringen Zahlungsbereitschaft und damit einer zu geringen Menge niederschlägt: $\sum_i GRS^i > GRT$ (siehe oben).

Die Nicht-Ausschließbarkeit eines öffentlichen Gutes kann dazu führen, dass freiwillig auf einem privaten Markt gar nichts von dem öffentlichen Gut nachgefragt und produziert wird, obwohl der gesellschaftliche Gesamtvorteil, also die Summe der GRS, größer ist als die Grenzkosten GRT. Aus Sicht eines Individuums kann es lohnend sein, sich nicht an der Bereitstellung des öffentlichen Gutes zu beteiligen. Das Individuum trägt dann keine Kosten und profitiert von der Menge, die die anderen Individuen bereitstellen: das Trittbrettfahrerverhalten. Wenn alle Individuen sich so verhalten, kommt es zu gar keiner Bereitstellung des öffentlichen Gutes.

Dazu ein Beispiel. Die Kosten einer zusätzlichen Einheit des öffentlichen Gutes seien GRT. Zwei Individuen A und B haben jeweils die Zahlungsbereitschaft GRS für eine weitere Einheit des öffentlichen Gutes. Wir nehmen an, dass die gesellschaftliche marginale Zahlungsbereitschaft für eine Einheit des öffentlichen Gutes größer ist als die Grenzkosten: $2GRS > GRT$. Damit ist es effizient, wenn das Gut bereitgestellt wird. Weiterhin sei es für jedes Individuum allein nicht optimal, das Gut bereitzustellen: $GRS < GRT$. Daraus ergibt sich folgende Situation: Wenn beide Individuen sich an der Finanzierung des öffentlichen Gutes beteiligen und die Kosten teilen, dann hat jedes Individuum einen Nettovorteil in Höhe von $GRS - GRT/2$. Wenn nur eines der beiden Individuen eine Einheit des öffentlichen Gutes erwirbt, ist der Nettovorteil für dieses Individuum: $GRS - GRT$, und der Nettovorteil für das andere Individuum, das das Gut mitnutzt ohne zu zahlen, ist: GRS. Wenn keiner sich an der Finanzierung beteiligt, ist der Nettovorteil für beide Null. Folgende Tabelle zeigt die Nettovorteile bei unterschiedlichen Konstellationen von Entscheidungen der beiden Individuen, zur Finanzierung des öffentlichen Gutes beizutragen oder nicht beizutragen:

		B	
		Beitragen	Nicht beitragen
A	Beitragen	$GRS - GRT/2$ $GRS - GRT/2$	GRS $GRS - GRT$
	Nicht beitragen	$GRS - GRT$ GRS	0 0

Nettoauszahlungen für A: unten links, Nettoauszahlungen für B: oben rechts

Tabelle 3.1: Gefangenendilemma bei öffentlichen Gütern

Die dominante Strategie für beide Individuen ist es, nicht zur Finanzierung des Gutes beizutragen. Denn ganz gleich, was das andere Individuum tut, ist der Nettovorteil immer höher bei der Verweigerung, sich an der Finanzierung des öffentlichen Gutes zu beteiligen. Natürlich ist die Struktur dieses Spiels dieselbe wie beim Gefangenendilemma im Naturzustand in → Tabelle 2.1. Denn es beruht auf den beiden gleichen Eigenschaften des öffentlichen Gutes, der Nicht-Rivalität und der Nicht-Ausschließbarkeit, wie wir sie schon beim öffentlichen Gut „Eigentumsschutz" kennengelernt haben. Nicht-Rivalität bedeutet, dass die Bereitstellungskosten für einen zusätzlichen Konsumenten Null sind, sein Konsum also nicht den Nutzen der bisherigen Konsumenten schmälert. Demnach stiftet die kooperative Bereitstellung des öffentlichen Gutes im Optimum einen größeren Vorteil für jeden, als wenn keiner etwas beiträgt. Aus der Eigenschaft der Nicht-Rivalität folgt also die Bedingung $GRS - GRT/2 > 0$, und damit die Effizienz des kooperativen Konsums: $2GRS > GRT$, die wir oben als Annahme formuliert haben.[40] Der Zugewinn, den man erreicht, wenn man von der Zelle der Matrix rechts unten, in der beide nichts beitragen, zur Zelle links oben übergeht, wenn man kooperiert, resultiert also aus der Nicht-Rivalität. Die Nicht-Ausschließbarkeit impliziert, dass man unabhängig von dem, was andere Individuen entscheiden, als Trittbrettfahrer besser gestellt ist als durch kooperatives Handeln. Das heißt, Nicht-Beitragen ist sowohl besser, wenn der andere beiträgt ($GRS > GRS - GRT/2$), als auch, wenn der andere nicht beiträgt ($0 > GRS - GRT$). Aus der Nicht-Ausschließbarkeit folgt im Optimum also unsere Annahme $GRS - GRT < 0$. Beide Eigenschaften des öffentlichen Gutes zusammen ergeben das Gefangenendilemma, wobei die Bedingung aus der Nicht-Rivalität den Vorteil der kooperativen Bereitstellung des öffentlichen Gutes impliziert und die Bedingung aus der Nicht-Ausschließbarkeit die Versuchung zum Trittbrettfahren verursacht.[41]

Eine staatliche Übernahme der Aufgabe, solche öffentlichen Güter bereitzustellen, kann das Trittbrettfahrerproblem überwinden, indem alle Individuen einer Gesellschaft, die das öffentliche Gut nutzen, zur Finanzierung dieses Gutes über Steuern gezwungen werden. Der Staat kann im Unterschied zu privaten Anbietern aufgrund seines Gewaltmonopols eine Finanzierung durch alle Nutzer durchsetzen. Die Frage ist, ob der Staat im Unterschied zur freiwilligen Bereitstellung auf dem Markt eine effiziente Versorgung gewährleisten kann.

40 Diese Bedingung folgt auch, wenn die Kosten anders als zur Hälfte geteilt werden. Wenn zum Beispiel A ein Drittel der Kosten trägt, $GRS - GRT/3 > 0$, und B zwei Drittel der Kosten, $GRS - 2GRT/3 > 0$, folgt ebenfalls $2GRS > GRT$, und die Strategieentscheidungen im Spiel bleiben erhalten.

41 Vgl. Mueller (2003), Kapitel 2.1.

Dazu muss die staatliche Behörde die Präferenzen der Bürger für das öffentliche Gut kennen. Nehmen wir an, diese Information stehe zur Verfügung. Dann kann der Staat die effiziente Menge bestimmen und über Steuern die Produktion dieser Menge finanzieren. Sei G die Menge des öffentlichen Gutes. Wenn der Staat die Nachfragen der Bürger für das öffentliche Gut kennt, dann kann er damit bestimmen, wie viele Einheiten des öffentlichen Gutes ein Bürger bei einem bestimmten Preis nachfragen würde. Da die Nachfrage fallend im Preis ist, d. h. ab der ersten Einheit für jede weitere Einheit ein immer niedrigerer Preis bezahlt wird, ist auch die inverse Funktion der Nachfrage fallend. Diese gibt an, wie hoch die marginale Zahlungsbereitschaft für jede Menge des öffentlichen Gutes ist: $GRS^i(G)$. Diese Zahlungsbereitschaft für jede weitere Einheit sinkt also, je mehr man von dem öffentlichen Gut schon konsumiert. Es werden so viele Einheiten nachgefragt, bis die Zahlungsbereitschaft für die letzte Einheit dem Preis entspricht. Der Preis gibt damit den monetären Vorteil der letzten Einheit des öffentlichen Gutes an, das nachgefragt wird. Das Angebot für das öffentliche Gut wird durch die Grenzkostenfunktion bestimmt, die angibt, welche Kompensation (nämlich die Grenzkosten) ein Anbieter für eine weitere produzierte Einheit des öffentlichen Gutes minimal haben will, nämlich $GRT(G)$. Diese Funktion ist steigend, und die angebotene Menge wird dort liegen, wo die Grenzkosten dem Preis entsprechen.

Erik Lindahl (1919) hat nun folgenden staatlichen Finanzierungmechanismus für eine effiziente Bereitstellung des öffentlichen Gutes vorgeschlagen. Jedem Bürger wird ein individueller Steuerpreis (*benefit pricing*) abverlangt. Diese Steuerpreise werden vom Staat jedem Bürger zugewiesen. Diese entscheiden dann, wieviel von dem öffentlichen Gut sie zu dem jeweiligen Steuerpreis nachfragen. Insofern spricht man hier von einer Pseudomarktlösung, da der Staat einen Marktprozess imitiert, indem er wie ein walrasianischer Auktionator Preise ausruft, bis ein Steuerpreis gefunden ist, der bei individuell gewählter Nachfrage und Angebot zur Markträumung führt. Der Unterschied zum Markt für private Güter ist, dass jeder Bürger einen individuellen Steuerpreis zahlen muss, und Markträumung hier bedeutet, dass alle die gleiche Menge des öffentlichen Gutes nachfragen. Dieser Steuerpreis soll einen Anteil der Grenzkosten des öffentlichen Gutes finanzieren, wobei die Anteile aller Bürger zusammen die Grenzkosten des öffentlichen Gutes abdecken. Für zwei Individuen A und B seien dies die Anteile α_A und α_B, so dass jeder einen Steuerpreis in Höhe von $\alpha_i GRT(G)$, $i = A, B$, zahlen soll und $\alpha_A + \alpha_B = 1$. Bei gegebenem Kostenanteil wird sich jeder Bürger überlegen, welche individuelle Menge G_i er nachfragt zu diesem Preis. Diese individuelle Menge wird er dabei so bestimmen, dass sie den Nutzen maximiert, also seine Zahlungsbereitschaft dem Steuerpreis entspricht: $GRS^i(G_i) = \alpha_i GRT(G_i)$. Liegen nun diese individuellen Mengen für die beiden Bürger A und B auseinander, dann werden die Steuerpreise bzw. Kostenanteile solange angepasst, bis alle dieselbe Angebotsmenge nachfragen. Ist die nachgefragte Menge des Bürgers A geringer als die des Bürgers B, so wird As Kostenanteil gesenkt und Bs Kostenanteil erhöht. Zu den neuen Steuerpreisen wird A mehr nachfragen und B weniger. Das Ende des Anpassungsprozesses ist erreicht, wenn unterschiedliche Steuerpreise $(\alpha_A^* GRT(G), \alpha_B^* GRT(G))$ gefunden werden, bei denen beide Bürger dieselbe Menge des öffentlichen Gutes nachfragen: $G_A = G_B = G$.

In diesem Gleichgewicht wird die effiziente Menge des öffentlichen Gutes bereitgestellt. Denn es gilt:

$$GRS^A(G) + GRS^B(G) = \alpha_A^* GRT(G) + \alpha_B^* GRT(G) = (\alpha_A^* + \alpha_B^*) GRT(G) = GRT(G) \quad (3.2)$$

Dies entspricht aber gerade der Samuelson-Bedingung für die effiziente Menge öffentlicher Güter aus Gleichung (3.1). Im Gegensatz zu privaten Gütern zahlt hier jeder Bürger einen unterschiedlichen Preis, der der individuellen Zahlungsbereitschaft für die letzte Einheit des öffentlichen Gutes entspricht. Dieses Verfahren nennt man eine Besteuerung mit Lindahl-Steuerpreisen oder *benefit pricing*.

Bei diesem **Lindahl-Mechanismus** wird angenommen, dass der Staat die Informationen über die wahren Präferenzen der Bürger bezüglich des öffentlichen Gutes besitzt. Das ist aber nur dann der Fall, wenn die Bürger ihre wahren Nachfragen nach dem öffentlichen Gut bei einem gegebenen Preis angeben. Das Problem ist, dass die Bürger einen Anreiz haben, ihre Präferenzangaben zu verfälschen. Denn sie wissen, dass der Steuerpreis, den sie zahlen sollen, von ihrer geäußerten Nachfrage abhängt. Wiederum kommt hier das Trittbrettfahrerproblem zum Vorschein, denn es besteht der Anreiz, die Zahlungsbereitschaft zu untertreiben, um den eigenen Finanzierungsanteil zu reduzieren. Diese falsche Angabe eines Einzelnen hat nur einen geringen Effekt auf die aggregierte Gesamtnachfrage. Das heißt, die Menge G wird kaum merklich reduziert. Hingegen wird die Verringerung der individuelle Zahllast (die Reduzierung des Steuerpreises) für das Individuum erheblich sein. Würde der Staat diese falschen offenbarten Präferenzen für das öffentliche Gut als Grundlage seiner Bereitstellung verwenden, dann ergäbe sich daraus ein ineffizient geringes Niveau.

Wie kann diese Ineffizienz behoben werden, die auf dem Informationsproblem des Staates beruht? Gibt es einen Steuermechanismus, der die Bürger veranlasst, ihre wahren Präferenzen für öffentliche Güter zu enthüllen? Clarke (1971) und Groves (1973) haben einen solchen **steuerlichen Anreizmechanismus** entwickelt. Der Staat erhebt Informationen über die Nachfrage der Bürger nach dem öffentlichen Gut. Obwohl er weiß, dass die Angaben falsch sein können, legt er auf ihrer Grundlage zunächst mithilfe der Samuelson-Regel die Menge des öffentlichen Gutes fest, die effizient wäre, wenn alle ihre wahren Zahlungsbereitschaften angegeben hätten. Die Steuer, die er dann von jedem Bürger erhebt, besteht aus zwei Teilen. Der erste Teil besteht aus einer Pauschalsteuer, die zwar von den bekundeten Nachfragen aller anderen Bürger abhängt, aber nicht von der Angabe des Bürgers selbst über seine Zahlungsbereitschaft. Somit kann er diese Steuer nicht durch eine verfälschte Information über seine Präferenz manipulieren. Diese Pauschalsteuer dient dazu, die Menge G_{-i} des öffentlichen Gutes zu finanzieren, die von allen anderen Bürgern nachgefragt wird. Der zweite Teil ist die sogenannte Clarke-Steuer, die der Bürger für alle weiteren Einheiten des öffentlichen Gutes zahlen müsste, die er über die Menge G_{-i} hinaus nachfragt. Diese Anreizsteuer wird so erhoben, dass der Steuersatz auf die letzte Einheit des öffentlichen Gutes der Differenz zwischen den Grenzkosten und der Summe der Zahlungsbereitschaften aller anderen Bürger entspricht. Die Clarke Steuer für Bürger i ist also: $t_i \equiv GRT(G) - \sum_{j \neq i} GRS^j(G)$. Entscheidend ist, dass auch diese Steuer von i nicht beeinflusst werden kann durch die Angabe seiner Präferenzen, da sie nur von den Grenzkosten und den Zahlungsbereitschaften aller andern Bürger abhängt. Da Bürger i seine Steuer nicht manipulieren kann, hat er auch keinen Anreiz, eine falsche Präferenz zu offenbaren. Bei dieser Steuer wird Bürger i weitere Einheiten von G nachfragen, bis sein Nutzen maximiert ist:

$$GRS^i(G) = t^i \tag{3.3}$$

Bei gegebenen Verhalten aller übrigen Bürger ist Enthüllung der wahren Präferenzen die dominante Strategie für Bürger *i*, da diese Strategie seinen Nutzen maximiert. Dies gilt auch dann, wenn alle anderen Bürger ihre wahren Präferenzen verheimlichen. Die Entscheidung von *i* führt aber zur effizienten Menge des öffentlichen Gutes, da aufgrund der Definition der Clarke-Steuer aus (3.3) folgt, dass die Samuelson-Regel (3.1) erfüllt ist:

$$GRS^i(G) = GRT(G) - \sum_{j \neq i} GRS^j(G) \tag{3.4}$$

Da es für einen beliebigen Bürger *i* optimal ist, seine wahren Präferenzen für das öffentliche Gut zu offenbaren, ist es für alle Bürger optimal. Damit entsprechen alle Angaben über die Zahlungsbereitschaften der Bürger der Wahrheit und die vom Staat gewählte Menge des öffentlichen Gutes ist effizient.

Es kann gezeigt werden, dass dieser Steuermechanismus zu einem Budgetüberschuss führen kann, d. h. die Steuereinnahmen sind höher als die Kosten der effizienten Menge. Das ist aber ein Problem, da eine Rückzahlung der überschüssigen Steuern das zerstören würde, was man mit der Clarke-Steuer erreichen will, nämlich den Anreiz, die wahren Präferenzen für das öffentliche Gut kundzutun. Und eine Vernichtung des Überschusses kann auch nicht effizient sein, da volkswirtschaftliche Ressourcen verschwendet würden. Es gibt eine Variante dieses präferenzenthüllenden Steuermechanismus von Groves und Ledyard (1977), die diesen Budgetüberschuss vermeidet, aber Anreizkompatibilität nicht gewährleisten kann, d. h. ein Bürger kann mit seiner Präferenzangabe die Angaben anderer Bürger manipulieren. Generell ist offen, ob es einen Steueranreizmechanismus zur Offenbarung wahrer Präferenzen für öffentliche Güter gibt, der eine effiziente staatliche Bereitstellung gewährleistet, das Finanzierungsbudget ausgleicht, nicht manipulierbar ist und ohne spezifische Präferenzannahmen auskommt.

Wir haben oben gesehen, dass bei einem staatlichen Pseudomarktprozess, wie ihn Lindahl vorgeschlagen hat, das Trittbrettfahrerproblem sich nur vom Markt auf den Staat verschoben hat. Nicht-kooperativ sind jetzt nicht mehr die Nachfrageentscheidungen auf dem Markt, sondern die Informationsangaben über die Nachfrage an den Staat. Da jeder einen Anreiz zu Untertreibung der eigenen Zahlungsbereitschaft gegenüber dem Staat hat, folgt eine ineffiziente Bereitstellung des öffentlichen Gutes. Charles Tiebout (1956) hat für eine bestimmte Art von öffentlichen Gütern einen Marktprozess beschrieben, der zu einer effizienten Versorgung führt. Er hat argumentiert, dass ein vollkommener Wettbewerb um die Nachfrager nach solchen öffentlichen Gütern, die lokal von verschiedenen Gebietskörperschaften eines Staates angeboten werden, ausreicht, um Effizienz herbeizuführen. Dieser Wettbewerb würde zu einer „Abstimmung mit den Füßen“ der Bürger führen, die sich in der Gebietskörperschaft niederlassen, die ihren Präferenzen für Menge und Steuer des öffentlichen Gutes am nächsten kommen. Jede Gebietskörperschaft hätte im Wettbewerb um Einwohner den Anreiz, sowohl die Menge des öffentlichen Gutes anzubieten, die den Präferenzen der Einwohner entspricht, als auch diese Menge zu den geringsten Kosten anzubieten. Würde eine lokale Regierung das öffentliche Gut zu viel oder zu wenig oder zu teuer anbieten, dann würden die Einwohner die Gebietskörperschaft verlassen und in eine andere Gebietskörperschaft wandern, die ihren Präferenzen besser entspricht. Somit würde eine perfekt abgestimmte Aufteilung der mobilen Bevölkerung auf die unterschiedlichen Gebietskörperschaften zu einer Effizienz der Produktionskosten und der Allokation führen. Eine Voraussetzung dieses lokalen Wettbewerbs ist allerdings, dass es hier nur um öffentliche Güter gehen kann, die sogenannte Überfüllungskosten verursachen, also teilweise rival im Konsum sind. Nur dann kommt es zu Gebietskörperschaften, die mit einer effizienten endlichen Anzahl von Einwohnern nebeneinander bestehen können. Dieser Wettbewerbsmechanismus funktioniert nicht für reine öffentliche Güter ohne Rivalität, da hier die Grenzkosten, die ein zusätzlicher Einwohner bei der Nutzung des lokalen öffentlichen Gutes verursacht, Null wären. Dementsprechend wäre es effizient, wenn alle Einwohner in einer Gebietskörperschaft leben. Dann könnte es aber keinen Wettbewerb zwischen verschiedenen Gebietskörperschaften geben. Dazu mehr im Teil II.

▸ Exkurs 2 | Die Klassiker jenseits des Minimalstaats

Die ökonomischen Klassiker der Staatstheorie haben die notwendigen Aufgaben des Staates im rechtsstaatlichen Schutz des Eigentums und der Verträge sowie in der Bereitstellung öffentlicher Güter gesehen. Dabei umfassen die öffentlichen Güter die Verteidigung der Gesellschaft nach außen und die Sicherheit der Bürger im Inneren. Dies wurde der Minimalstaat oder auch der Nachtwächterstaat genannt.[42] Er umfasst alle Aufgaben, die ein Staat mithilfe seines Gewaltmonopols umsetzen muss, wenn eine Gesellschaft funktionieren soll. Aber auch darüberhinausgehende staatliche Eingriffe finden Rechtfertigungen, die sich auf weitere Marktversagensgründe zurückführen lassen und die wir in den nächsten Kapiteln besprechen werden.
David Hume (1711–1776) ging in seinem Essay „On the original contract" von 1748 davon aus, dass Einsicht und Erfahrung die Menschen dazu bringen würde, Verantwortung an den Staat abzugeben, ihm bestimmte Aufgaben zu übertragen und sich als Untertan an staatliche Vorgaben zu halten (*allegiance*). Dieses Pflichtgefühl entstehe aus der Einsicht in die Bedingungen gesellschaftlichen Zusammenlebens und aus der Erkenntnis, dass sich ein solches Zusammenleben nicht aufrechterhalten ließe, wenn nicht bestimmte Pflichten beachtet würden. Diese Pflichten sind die Achtung fremden Eigentums und die Einhaltung von Verträgen:

> *„It is thus justice, or a regard to the property of others, and fidelity, or the observance of promises, become obligatory, and acquire an authority over mankind. For as it is evident, that every man loves himself better than any other person, he is naturally impelled to extend his acquisitions as much as possible; and nothing can restrain him in this propensity, but reflection and experience, by which he learns the pernicious effects of that licence, and the total dissolution of society, which must ensue from it. [...] And it is reflection only, which engages us to sacrifice such strong passions to the interests of peace and public order. A small degree of experience and observation suffices to teach us, that society cannot possibly maintained without the authority of magistrates. [...] The observation of these general and obvious interests is the source of all allegiance." (Hume, 1748, S. 196)*

Hume vertrat die Ansicht, dass das Dilemma, sich gleichzeitig als autonomer Bürger und als Untertan zu verstehen, durch die Einsicht, dass kooperatives Verhalten im Interesse aller liegt, aufzulösen sei. Für ihn war das Trittbrettfahrerproblem auf dieser höheren Reflexionsebene lösbar.

42 Auch Staatstheoretiker wie John Locke (1689, 2. Treatise, Kapitel XV, §171) oder Wilhelm von Humboldt (1851, S. 59) sahen in der äußeren und inneren Sicherheit und im Eigentumsschutz die wesentlichen Aufgaben des Staates.

Adam Smith (1723–1790) hat in „An Inquiry into the Nature and Causes of the Wealth of Nations" von 1776 drei grundlegende Pflichten der staatlichen Autorität benannt und dabei auf das Marktversagen bei der Bereitstellung öffentlicher Güter und Institutionen hingewiesen:

> *„According to the system of natural liberty, the sovereign has only three duties to attend to [...]: first, the duty of protecting the society from violence and invasion of other independent societies; secondly, the duty of protecting, as far as possible, every member of the society from injustice or oppression of every other member of it, or the duty of establishing an exact administration of justice; and, thirdly, the duty of erecting and maintaining certain public works and certain public institutions, which it can never be for the interest of any individual, or small number of individuals, to erect and maintain; because the profit could never repay the expense to any individual or small number of individuals, though it may frequently do much more than repay it to a great society." (Smith, 1776, S. 745)*

Unter die zweite Pflicht des Staates fällt bei Smith neben der inneren Sicherheit auch die Errichtung eines Justizsystems, das zum Schutz von Eigentumsrechten da ist (S. 766). Im Zusammenhang mit der dritten Pflicht werden Transportwege und Bildungseinrichtungen genannt (S. 877). Die Begründung für die dritte Pflicht deutet schon auf externe Effekte und Skalenerträge hin, die wir in → Kapitel 3.2 und 3.3 behandeln werden. Damit geht Adam Smith über die Aufgaben eines Minimalstaates deutlich hinaus.
John Stuart Mill (1806–1873) unterscheidet in den „Principles of Political Economy" von 1848 zwischen den notwendigen und den optionalen Funktionen einer Regierung. Zu den notwendigen Aufgaben zählen der Schutz der Freiheitsrechte, der Eigentumsrechte und die Sicherung von Verträgen.[43] Grundsätzlich ist Mill skeptisch gegenüber weitergehenden Eingriffen des Staates:

> *„[...] the great majority of things are worse done by the intervention of government, than the individuals most interested in the matter would do them, or cause them to be done, if left to themselves."* Und er begründet dies mit dem Wissen und der Erfahrung, *„that people understand their own business and their own interests better, and care for them more, than the government does, or can be expected to do. [...] It must be remembered, besides, that even if a government were superior in intelligence and knowledge to any single individual in the nation, it must be inferior to all the individuals of the nation taken together." (Mill, 1848, S. 331)*

Diese und folgende Passagen bei Mill kann man als eine Vorwegnahme der Kritik von Hayek (1975) an der Anmaßung von Wissen verstehen, die staatlichem Handeln oft innewohnt. Mill schlussfolgert:

> *„Laissez-faire, in short, should be the general practice: every departure from it, unless required by some great good, is a certain evil." (Mill, 1848, S. 335)*

Aber neben den den Staat definierenden notwendigen Funktionen nennt Mill weitere optionale Aufgaben, die aus dem Grund der Zweckdienlichkeit vom Staat in der Regel übernommen werden. Er setzt sich damit von den Ökonomen einer reinen laissez-faire Haltung ab, die

---

43 Der Schutz der Freiheitsrechte umfasst das Verbot und die Bestrafung von Handlungen, die die Freiheitsrechte anderer verletzen, sei es durch Gewalt, Betrug oder Fahrlässigkeit. Neben dem Vertragsrecht wird auch das Erbschaftsrecht und Insolvenzrecht als zentral für den Wohlstand einer Gesellschaft angesehen (Buch V, Kapitel IX).

generell dem Markt gegenüber dem Staat den Vorzug geben, um gesellschaftliche Probleme zu lösen:

> „[...] *and when those who have been called the laissez-faire school have attempted any definite limitation of the province of government, they have usually restricted it to the protection of person and property against force and fraud; a definition to which neither they nor any one else can deliberately adhere, since it excludes [...] some of the most indispensable and unanimously recognised of the duties of government.*“ *(Mill, 1848, S. 324)*

Zu diesen optionalen aber allgemein anerkannten Aufgaben des Staates zählt Mill öffentliche Güter und Dienstleistungen wie zum Beispiel die Münzprägung, die Standardisierung von Gewichten und Maßen, den Bau von Häfen und Leuchttürmen, die Errichtung von Dämmen und die Kanalisierung von Flüssen, oder die Landvermessung und Erstellung von Landkarten (S. 165). Mill begründet dies folgendermaßen:

> „*the principle objection to government interference does not apply [...] to a variety of cases, in which important public services are to be performed, while yet there is no individual specially interested in performing them, nor would any adequate remuneration naturally or spontaneously attend their performance.*“ *(Mill, 1848,* S. 363)

Eine weitere optionale Aufgabe des Staates ist die Bildung (S. 338–339). Damit spricht Mill eine Dienstleistung an, die externe Effekte auf andere Gesellschaftsmitglieder ausübt. Zum Beispiel kann sie die Kriminalität verringern und die Wahlmündigkeit der Bürger verbessern. In → Kapitel 3.2 werden wir solche Güter und Dienstleistungen mit externen Effekten behandeln. Außerdem nennt er natürliche Monopole:

> „*There are many cases in which the agency, of whatever nature, by which a service is performed, is certain, from the nature of the case, to be virtually single; in which a practically monopoly, with all the power it confers of taxing the community, cannot be prevented from existing. I have already more than once adverted to the case of the gas and water companies, among which, though perfect freedom is allowed to competition, none really takes place, and practically they are found to be even more irresponsible, and unapproachable by individual complaints, than the government.*” *(Mill, 1848, S. 348)*

Als weitere Beispiele werden die Kanäle oder die Eisenbahn genannt. Mill nennt auch schon die beiden Möglichkeiten, mit denen der Staat hier eingreifen kann: Wie wir in → Kapitel 3.3 besprechen werden, kann der Staat das Monopol selbst betreiben. Aber, so merkt Mill an:

> „*It is perhaps necessary to remark, that the state may be the proprietor of canals or railways without itself working them; and that they will almost always be better worked by means of a company, renting the railway or canal for a limited period from the state.*“ *(Mill, 1848,* S. 349)

Schließlich findet sich auch eine Rechtfertigung für staatliche Wohlfahrt bei Mill:

> „*I conceive it to be highly desirable, that the certainty of subsistence should be held out by law to the destitute able-bodied, rather than that their relief should depend on voluntary charity. In the first place, (private, Anm. d. Verf.) charity almost always does too much or too little: it lavishes its bounty in one place, and leaves people to starve in another. [...] But the administrators of a public fund ought not to be required to do more for anybody, than that minimum which is due even to the worst.*“ *(Mill, 1848,* S. 356)

Eine Begründung für staatliche Umverteilung, die auf der Vermeidung des Trittbrettfahrerproblems beruht, werden wir in → Kapitel 4.1 kennenlernen. Schon bei den Klassikern finden sich also Argumente, warum der Staat weit über die Funktionen des Minimalstaats hinaus Aufgaben wahrnehmen sollte.

3.2 Externe Effekte

Externe Effekte von Gütern können ein weiterer Grund für Marktversagen sein. Externe Effekte treten auf, wenn der Konsum oder die Produktion, für den oder die sich ein Wirtschaftssubjekt entscheidet, positive oder negative Nebenwirkungen auf den Konsum oder die Produktion anderer Wirtschaftssubjekte haben kann und es keine Kompensationen dafür gibt. Positive Effekte führen zu einer Erhöhung des Konsumnutzens oder der Produktion anderer und negative Effekte zu einer Verringerung. Wenn eine ökonomische Aktivität beschlossen wird, ohne dass diese Nebenwirkungen berücksichtigt werden, kommt es zu einer ineffizienten Entscheidung. Bei positiven Effekten wird diese Aktivität in zu geringem Ausmaß durchgeführt, da die wohlfahrtserhöhenden Wirkungen auf andere bei der Entscheidung über die Aktion nicht berücksichtigt wurden. Umgekehrt werden Güter oder Dienstleistungen mit negativen externen Effekten übermäßig, d. h. in ineffizient hoher Menge, konsumiert oder produziert wegen der Vernachlässigung der schädlichen Nebenwirkungen.

Der Unterschied zu öffentlichen Gütern besteht darin, dass das öffentliche Gut selbst in seiner Menge und Qualität von vielen Wirtschaftssubjekten automatisch mitkonsumiert wird und einen positiven Nutzen stiftet.[44] Bei der Externalität eines Gutes kann sich das, was andere Individuen indirekt mitkonsumieren, von dem eigentlichen Konsum des Gutes unterscheiden. Zum Beispiel kann der direkte Konsum eines Wirtschaftssubjekts A darin bestehen, ein Auto zu fahren, während die negative Nebenwirkung, die ein Wirtschaftssubjekt B indirekt mitkonsumiert, das Einatmen der verschmutzten Luft ist, die durch die Abgase entsteht. Bei externen Effekten geht es also auch um die Nebenwirkungen, die der direkte Konsum eines Gutes für andere verursacht. Deren unberücksichtigter Nutzen oder Schaden ist ausschlaggebend für die ineffiziente Entscheidung über dieses Gut.

Folgendes Beispiel soll den externen Effekt illustrieren. Individuum A konsumiere die Menge X_A eines privaten Gutes, das einen positiven externen Effekt auf Individuum B ausübt. Zum Beispiel betreibt A Vorsorge gegen ansteckende Krankheiten, indem er präventiv vitaminreiche und gesunde Nahrung sowie sportliche Aktivitäten nachfragt, die sein Immunsystem stärken und ihn fit halten. Diese Prävention stiftet auch seinem Nachbarn B einen positiven Nutzen, weil sich dadurch dessen Ansteckungsgefahr verringert. Wir nehmen an, dass der positive externe Effekt für das Individuum B an die Menge X_A der Vorsorgeaktivitäten des A gekoppelt ist, d. h. jede Einheit der direkten Vorsorge verursacht eine Einheit des Effekts. Den monetären Nutzen, den A aus seiner Vorsorge zieht, können wir wieder mit der Zahlungsbereitschaft $GRS^A(X_A)$ beschreiben. Der monetäre Nutzen, den B als Nebeneffekt aus der Prävention des A zieht, sei entsprechend $GRS^B(X_A)$. Die Grenzkosten der Vorsorge seien $GRT(X_A)$. Würde das Individuum A über seine

44 Es kann auch öffentliche „Bads" geben, also Güter, die Schaden anrichten und von allen mitkonsumiert werden. Bei diesen könnte der Staat durch Verbot die Effizienz herstellen.

Vorsorgeaktivitäten ohne Rücksicht auf den positiven externen Effekt entscheiden, dann wäre die nutzenmaximierende Menge X_A^* gegeben durch:

$$GRS^A(X_A^*) = GRT(X_A^*) \tag{3.5}$$

Die effiziente Menge hingegen würde unter Berücksichtigung von Nutzen und Kosten des eigenen Konsums inklusive der Nebenwirkungen für alle anderen Wirtschaftssubjekte bestimmt. Die Bedingung für die effiziente Menge X_A^{eff} ist in unserem Beispiel:

$$GRS^A\left(X_A^{eff}\right) + GRS^B\left(X_A^{eff}\right) = GRT\left(X_A^{eff}\right) \tag{3.6}$$

Da hier der volle monetäre Vorteil aller Wirtschaftssubjekte veranschlagt wird, ist die effiziente Menge größer als die, die A privat nachfragen würde, wenn der externe Effekt für ihn keine Rolle spielte: $X_A^{eff} > X_A^*$.[45]

Bedingung (3.6) für Effizienz ähnelt vordergründig der Samuelson-Bedingung (3.1) für die effiziente Bereitstellung öffentlicher Güter. Der Unterschied ist, dass die Summe der *GRS* in der Samuelson-Regel den direkten gemeinsamen Konsumnutzen öffentlicher Güter bezeichnet, während die Nutzensumme in der Bedingung (3.6) den direkten Konsumnutzen eines vollkommen rivalen privaten Gutes addiert mit dem indirekten Konsumnutzen der Nebenwirkung (externen Effekt) dieses Gutes.

Die Ähnlichkeit beider Bedingungen weist aber auf die Gemeinsamkeit beider Formen des Marktversagens hin. Auch bei externen Effekten gilt die Nicht-Ausschließbarkeit des Konsums der Nebenwirkungen. Individuum *B* wird vom Konsum des externen Effekts nicht ausgeschlossen, wenn *A* das private Gut selbst konsumiert. Das heißt, er erhält einen zusätzlichen Nutzen, ohne etwas dazu beigetragen oder gezahlt zu haben. Damit liegt auch hier das Trittbrettfahrerproblem vor. *B* wäre nicht bereit, eine Kompensation an *A* zu zahlen, wenn er von dem Nutzen, den ihm *A* mit seinem Konsum stiftet, nicht ausgeschlossen werden kann. Wenn *A* aber keine Kompensation für die zusätzliche Wohlfahrt erhält, wird er nur seinen eigenen Vorteil berücksichtigen und weniger konsumieren, als effizient wäre.

Bei negativen externen Effekten bedeutet die Nicht-Ausschließbarkeit, dass die indirekten Konsumenten nicht verschont werden können vom Mitkonsum. Da sie unter dem Konsum anderer leiden, dieser Schaden aber nicht kompensiert werden muss, wird zu viel konsumiert. Allgemein gilt, wenn Wirtschaftssubjekte von einer Externalität betroffen sind und davon nicht ausgeschlossen werden können, kommt es auf dem Markt zu verzerrten Entscheidungen und zu einer ineffizienten Menge der Güter mit externen Effekten. Der Markt versagt darin, die wahren Vorteile und Kosten offenzulegen, die diese Güter bei Konsumenten und Produzenten herbeiführen. Alle Wirtschaftssubjekte haben einen Anreiz, als Trittbrettfahrer das Gut zu nutzen: Diejenigen, denen bei positiven externen Effekten ein Nutzen entsteht, ohne dass sie dafür etwas zahlen müssen, und diejenigen, die bei negativen externen Effekten anderen einen Schaden mit ihrem Konsum verursachen, aber die Kosten dafür nicht tragen müssen.

45 In dem Beispiel eines positiven externen Effekts ist die *GRS* von *B* positiv. Bedingung (3.6) gilt aber allgemein für externe Effekte: Wenn der externe Effekt negativ ist, dann wird die *GRS* von *B* negativ und bezeichnet die Kosten, die *B* durch den Konsum von *A* trägt. Entsprechend ist der Konsum von *A* ineffizient hoch: $X_A^* > X_A^{eff}$.

Damit erhält der Staat eine weitere Aufgabe, nämlich die Ineffizienz von privaten Gütern mit externen Effekten auf dem Markt zu beheben. Er kann nämlich aufgrund seines Machtmonopols die Wirtschaftssubjekte trotz Nicht-Ausschließbarkeit vom Konsum zu Zahlungen für die Vorteile und Kosten externer Effekte zwingen und damit das Trittbrettfahrerproblem überwinden. Der Staat kann den Konsum oder die Produktion von Gütern und Dienstleistungen mit positiven Externalitäten subventionieren, um die Menge auf das effiziente Niveau anzuheben. Und er kann bei negativen externen Effekten Steuern, sogenannte **Pigou-Steuern**[46], erheben, um die produzierte oder konsumierte Menge zu senken. Wichtig ist hierbei, dass diese Steuern und Subventionen den monetären Wert der marginalen externen Effekte (Zahlungsbereitschaft oder Kosten) genau erfassen, damit die Wirtschaftssubjekte, die über die wirtschaftliche Aktivität, also Nachfrage oder Angebot des Gutes, entscheiden, den wahren Gesamtnutzen und die Gesamtkosten berücksichtigen.

Ronald Coase (1960) hat argumentiert, dass das Trittbrettfahrerproblem auch ohne direkten staatlichen Eingriff behoben werden kann, wenn die Eigentumsrechte nicht nur an den Gütern, sondern auch an ihren externen Effekten eindeutig den Wirtschaftssubjekten zugewiesen und der Tausch dieser Effekte justiziabel durchgesetzt werden kann. Die Rolle des Staates beschränkt sich hier also auf die Eigentumsordnung, die jetzt auch externe Effekte umfassen muss. Wenn dies geregelt ist, dann würden die Verursacher und Betroffenen von externen Effekten über das Ausmaß der ökonomischen Aktivität, die die Externalität hervorruft, verhandeln, weil sie hierdurch wechselseitig vorteilhafte Abmachungen treffen können. Zum Beispiel würden bei negativen externen Effekten, die durch umweltverschmutzende Aktivitäten entstehen, entweder die Verursacher diejenigen entschädigen, die durch deren Konsum bzw. Produktion einen Schaden erleiden, oder die Geschädigten würden die Verursacher kompensieren, damit diese ihren Konsum bzw. ihre Produktion verringern. Coase hat gezeigt, dass solche Verhandlungen unabhängig davon, wer das Eigentumsrecht an der Umwelt besitzt, zu einer effizienten Allokation führen (**Coase-Theorem**).

Allerdings sind die Voraussetzungen, unter denen solche Verhandlungen zu effizienten Ergebnissen führen, restriktiv. Die Anzahl der Betroffenen von einer Externalität muss klein sein, so dass jeder Nutzer oder Geschädigte noch einen Anreiz besitzt, seine wahre Zahlungsbereitschaft bzw. Kosten anzugeben. Bei großer Zahl werden diejenigen, die von einem positiven Effekt profitieren, ihre Zahlungsbereitschaft untertreiben und Geschädigte einer negativen Externalität ihre Kosten übertreiben, wenn davon ihre Kompensationszahlungen abhängen. Hieraus resultiert jedoch erneut das Problem des Trittbrettfahrens. Bei kleinen Gruppen kann die soziale Kontrolle noch die Offenlegung der wahren Präferenzen der Verhandelnden bewirken. Aber auch dann müssen alle Verhandlungspartner vollständige Information über die Gewinn- und Schadensverteilung besitzen. Außerdem darf kein Beteiligter der Verhandlung eine marktbeherrschende Stellung einnehmen. Andernfalls ist das Verhandlungsergebnis nicht effizient.

Der Staat bekommt dann eine Aufgabe, wenn externe Effekte viele Bürger oder eine ganze Gesellschaft betreffen. Nur ihm ist es in dieser Lage möglich, das Trittbrettfahrerverhalten zu vermeiden. Zwei staatliche Instrumente dafür haben wir schon erwähnt, die Pigou-Steuer und die Subvention. Abschließend sei auf eine weitere Möglichkeit hingewiesen, wie der Staat eine effiziente Allokation externer Effekte erreichen kann. Diese Möglichkeit besteht darin, wieder eine Art Pseudomarkt für den Handel mit externen Effekten zu organisieren. Das prägnante

46 Der Ökonom Arthur Cecil Pigou (1932) hat eine solche Steuer zur Internalisierung negativer externer Effekte, d. h. um solche Effekte monetär wahrnehmbar zu machen, vorgeschlagen.

Beispiel hierfür ist der **Emissionshandel** auf der Ebene der Europäischen Union.[47] Der Staat tritt dabei als Anbieter externer Effekte auf, indem er die Rechte auf externe Effekte in Form von Erlaubnisscheinen ausgibt. Jedes Zertifikat erlaubt es, eine bestimmte Menge des externen Effekts zu verursachen. Mit der Anzahl dieser Zertifikate wird also die insgesamt zugelassene Menge externer Effekte bestimmt. Damit ist die Angebotsmenge festgelegt. Die Verursacher der externen Effekte sind diejenigen, die diese Zertifikate nachfragen. Nun kann die feste Angebotsmenge auf eine beliebige Art und Weise zunächst auf die Nachfrager verteilt werden. Entscheidend ist, dass diese zugeteilten Zertifikate unter den Nachfragern gehandelt werden können, so dass sich ein Preis für den externen Effekt aus diesem Handel ergibt. Dieser Marktpreis beziffert dann den Wert der Externalität, den jeder Verursacher bei der Entscheidung, wie viel er konsumieren oder produzieren will, berücksichtigen muss. Auf diese Weise kann die Nutzung des externen Effekts in die Verwendungsweise gelenkt werden, die die geringsten Kosten verursacht und effizient ist. Der Staat kann über seine Angebotsmenge, sprich die Zahl der Zertifikate, den Marktpreis steuern und damit den Pfad der Gesamtnutzung des externen Effekts regulieren. Dies kann er tun, ohne dabei die effiziente Allokation der Zertifikate unter den Nachfragern zu zerstören, da diese immer wieder neu die Aufteilung in einem wechselseitig vorteilhaften Tauschprozess unter sich aushandeln werden.

Im Zusammenhang mit föderalen Staatssystemen werden wir auf sogenannte Spillover-Effekte und Steuerexporte stoßen, die eine besondere Art von externen Effekten darstellen und mit vergleichbaren staatlichen Instrumenten internalisiert werden können. Sowohl Spillover-Effekte als auch Steuerexporte treten bei lokalen öffentlichen Gütern auf, die in einem bestimmten geographisch begrenzten Raum einen Nutzen stiften und deren Kosten von den Bürgern finanziert werden, die in diesem Raum leben. Wenn der Nutzen oder die Finanzierung der Kosten dieser Güter sich aber auch auf Bürger außerhalb dieses Raums erstrecken, wird die lokale Regierung, die bei der Bereitstellung des öffentlichen Gutes diese Effekte ignoriert, eine ineffiziente Menge wählen. Eine Zentralregierung kann diese Ineffizienzen dann durch Subventionen oder Pigou-Steuern beheben, die die lokalen Regierungen für die öffentlichen Güter erhalten bzw. zahlen müssen. Wir werden auf Spillover-Effekte und Steuerexporte in → Kapitel 9.3 zurückkommen.

3.3 Steigende Skalenerträge und natürliche Monopole

Ein weiteres Marktversagen tritt bei steigenden Skalenerträgen in der Produktion eines Gutes auf. Wir haben steigende Skalenerträge bereits im Zusammenhang mit der Rivalität im Konsum öffentlicher Güter kennengelernt. Im Extremfall reiner öffentlicher Güter, die nicht-rival im Konsum sind, sind die Grenzkosten Null. Dann sollten diese Güter für alle Konsumenten von einer monopolistischen Organisation bereitgestellt werden. Allgemein kann man hier von steigenden Skalenerträgen im Konsum sprechen, wenn bei gegebener Konsummenge pro Kopf die Grenzkosten für einen zusätzlichen Konsumenten Null (Nicht-Rivalität) oder kleiner sind als die Durchschnittskosten des Konsums (partielle Rivalität).[48]

Um den Unterschied zu den Skalenerträgen in der Produktion, die wir hier behandeln wollen, klar herauszuarbeiten, müssen wir die Kostenfunktionen für öffentliche und für private Güter betrachten. Ein reines öffentliches Gut, das nicht rival im Konsum ist, kann von beliebig vielen

---

47 Die theoretischen Grundlagen stammen von Dales (1968). Moderne und anwendungsorientierte Darstellungen finden sich in Wellisch (2000a) und Sturm und Vogt (2018).

48 Siehe Fußnote 10.

Personen konsumiert werden, ohne dass es einen Einfluss auf die Kosten der Bereitstellung hat. Die Kosten hängen hier lediglich von der Menge G des öffentlichen Gutes ab, aber nicht von der Anzahl N der Nutzer: $C(G)$. Die Durchschnittskosten pro produzierter Einheit sind $\frac{C(G)}{G}$, die Grenzkosten der Produktion werden bezeichnet mit $\frac{\partial C}{\partial G} \equiv C_G$, die Durchschnittskosten pro Nutzer sind $\frac{C(G)}{N}$ und die Grenzkosten eines zusätzlichen Nutzers sind Null: $\frac{\partial C}{\partial N} \equiv C_N = 0$. Der Verlauf der Durchschnittskosten pro Einheit ist in der Regel U-förmig:

$$\frac{\partial \frac{C(G)}{G}}{\partial G} = \frac{C_G(G)G - C(G)}{G^2} \quad (3.7)$$

Die Durchschnittskosten sinken $(\partial \frac{C(G)}{G}/\partial G < 0)$, wenn die Grenzkosten geringer sind als die Durchschnittskosten $\left(C_G(G) < C(G)/G\right)$. Das ist in der Regel der Fall für die ersten produzierten Einheiten, bei denen die Grenzkosten sinken. Denn der Grenzertrag der zuerst eingesetzten Produktionsfaktoren steigt zum Beispiel durch Arbeitsteilung. Je mehr Einheiten produziert werden, umso geringer ist die Zunahme des Grenzertrags eines zusätzlichen Produktionsfaktors, bis er schließlich beim weiteren Einsatz von Inputs sinkt, zum Beispiel weil weitere Arbeiter sich dann in der Produktion eher behindern. Dann steigen die Grenzkosten der Produktion. Ab der Produktionsmenge, bei der die Grenzkosten größer werden als die Durchschnittskosten $\left(C_G(G) > C(G)/G\right)$, steigt die Durchschnittskostenkurve $\left(\partial \frac{C(G)}{G}/\partial G > 0\right)$. So ergibt sich der U-förmige Verlauf in → Abbildung 3.1a sowohl der Grenzkosten als auch der Durchschnittskostenkurve. Die Grenzkostenkurve muss die Durchschnittskostenkurve in ihrem Minimum schneiden. Die Durchschnittskosten pro Nutzer sinken hingegen durchgängig mit der Anzahl N, wie in → Abbildung 3.1b dargestellt. Das heißt, die Kosten pro Nutzer des reinen öffentlichen Gutes werden dann minimal, wenn alle Nutzer von einem monopolistischen Anbieter versorgt werden.

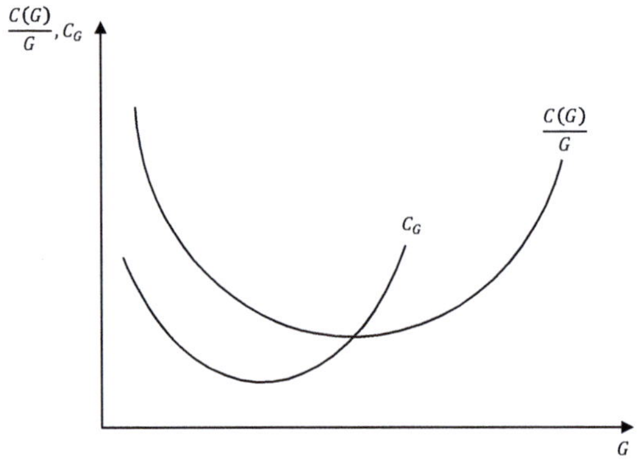

Abbildung 3.1a: Grenzkosten und Durchschnittskosten pro Einheit eines reinen öffentlichen Gutes

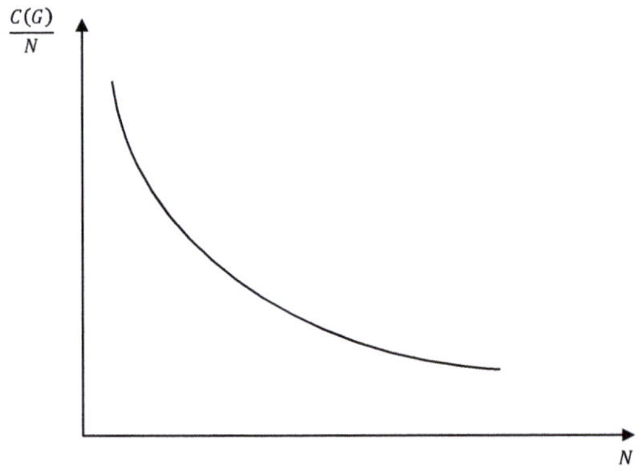

Abbildung 3.1b: Durchschnittskosten pro Nutzer eines reinen öffentlichen Gutes

Kommen wir zu den Kosten für ein unreines öffentliches Gut, also ein Gut, für das die Nicht-Ausschließbarkeit gilt, bei dem aber ab einer bestimmten Anzahl von Nutzern eine Rivalität im Konsum auftritt. Die Kosten eines solchen Gutes hängen nicht nur von der Menge G, sondern auch von der Nutzerzahl N ab, da der Pro-Kopf-Konsum nur aufrecht erhalten werden kann, wenn zusätzliche Einheiten produziert werden: $C(G, N)$. Die Durchschnittskosten pro produzierter Einheit von G verlaufen auch hier so wie in → Abbildung 3.1a beschrieben. Die Durchschnittskosten pro Nutzer verlaufen bei unreinen öffentlichen Gütern im Regelfall U-förmig (→ Abbildung 3.2a). Allerdings ist nicht davon auszugehen, dass die Grenzkosten für die ersten Nutzer sinken. Stattdessen werden die Grenzkosten pro Nutzer $C_N(G, N)$ kontinuierlich ansteigen, da es immer aufwändiger wird, das Konsumniveau pro Nutzer aufrechtzuerhalten, je mehr Nutzer es gibt. Diese Grenzkosten nennt man Überfüllungskosten oder Ballungskosten. Es kann aber auch sein, dass diese Grenzkosten konstant sind für alle Nutzer. Wenn sie unterhalb der Durchschnittskosten pro Nutzer bleiben, kommt es zu durchgängig fallenden Durchschnittskosten (→ Abbildung 3.2b). Analog zur Gleichung (3.7) folgt bei Ableitung nach N: $\partial \frac{C(G,N)}{N} / \partial N < 0$, wenn $C_N(G, N) < C(G, N)/N$. Das heißt, wenn die Grenzkosten pro Nutzer unterhalb der Durchschnittkosten liegen, sollten auch bei unreinen öffentlichen Gütern alle Konsumenten von einem monopolistischen Anbieter versorgt werden, um die Durchschnittskosten zu minimieren.

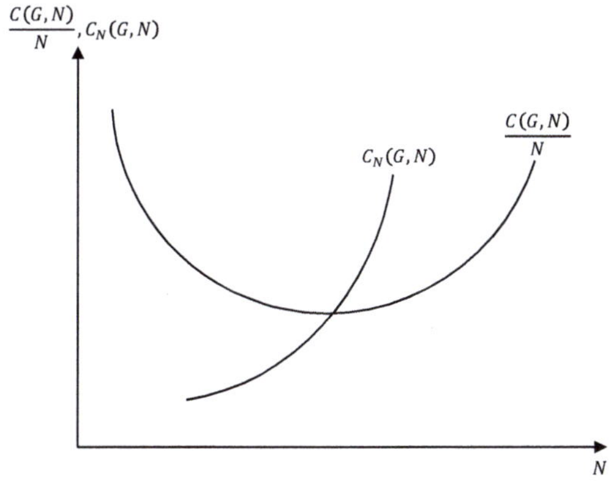

Abbildung 3.2a: U-förmige Durchschnittskosten und steigende Grenzkosten pro Nutzer eines unreinen öffentlichen Gutes

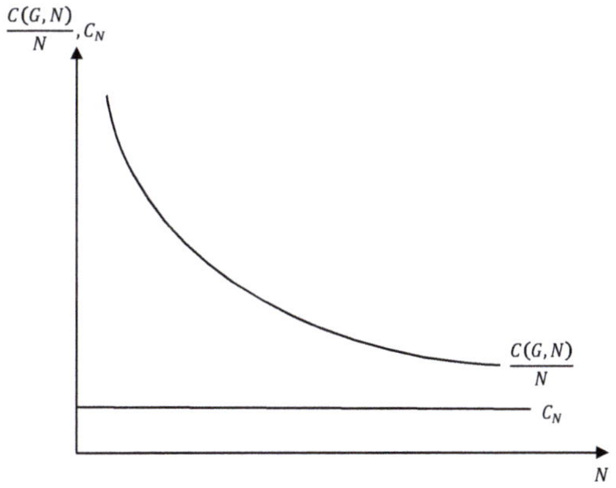

Abbildung 3.2b: Fallende Durchschnittskosten und konstante Grenzkosten pro Nutzer eines unreinen öffentlichen Gutes

Steigende Skalenerträge im Konsum sind durch fallende Durchschnittskosten pro Nutzer definiert. Wir können folgern, dass bei öffentlichen Gütern durchgängig steigende Skalenerträge im Konsum auftreten, wenn es sich um reine öffentliche Güter handelt, also bei Nicht-Rivalität im Konsum, oder wenn es sich um unreine öffentliche Güter handelt und hier die partielle Rivalität so gering ist, dass die Durchschnittskosten kontinuierlich sinken. In diesen beiden Fällen, die in den → Abbildungen 3.1b und 3.2b illustriert sind, sollte ein Zentralstaat diese öffentlichen Güter für alle Bürger bereitstellen. Dies sind auch die Fälle eines monopolistischen Staatsanbieters, die wir in → Kapitel 3.1 zur Eigentumsordnung und in → Kapitel 3.2 zu öffentlichen Gütern behandelt haben. Wir werden später sehen, dass bei lokalen öffentlichen Gütern, die eine partielle Rivalität im Konsum aufweisen und durch U-förmige Durchschnittskosten pro Nutzer gekennzeichnet sind, ein föderaler Staat mit mehreren parallelen Staatseinheiten das Gut effizienter bereitstellen kann.

Nun kommen wir zu den Kosten privater Güter, die vollkommen rival im Konsum sind. Hier kann es keine steigenden Skalenerträge im Konsum geben, da eine Gutseinheit immer nur von einem Nutzer konsumiert werden kann. Sei X die Menge des produzierten privaten Gutes, dann kann man die Kostenfunktion als Spezialfall der Kosten für unreine öffentliche Güter bei $N = 1$ schreiben: $C(X, 1) \equiv C(X)$. Das heißt, die Kosten hängen nur von der Menge des privaten Gutes ab.

Aber es kann steigende Skalenerträge in der Produktion geben, die zu **natürlichen Monopolen** führen und damit einen Grund für Staatseingriffe abgeben können.

Steigende Skalenerträge in der Produktion sind definiert durch fallende Durchschnittskosten pro produzierter Mengeneinheit. Dies kann auftreten, wenn es Fixkosten F in der Produktion gibt und diese relativ hoch im Verhältnis zu den variablen Kosten $C^v(X)$ sind. Sei $C(X) = F + C^v(X)$. Im Allgemeinen wird eine solche Produktion Durchschnittskosten pro Einheit: $\frac{C(X)}{X} = \frac{F}{X} + \frac{C^v(X)}{X}$ verursachen, deren Verlauf U-förmig ist. Die Ableitung der Durchschnittskostenfunktion ergibt:

$$\frac{\partial \frac{C(X)}{X}}{\partial X} = -\frac{F}{X^2} + \frac{C_X^v(X)X - C^v(X)}{X^2} \tag{3.8}$$

Der erste Term auf der rechten Seite der Gleichung ist negativ und beschreibt die Fixkostendegression. Je mehr Einheiten produziert werden, desto geringer ist der Fixkostenanteil pro Einheit. Der zweite Term kann positiv oder negativ sein, je nachdem, ob die Grenzkosten größer oder kleiner als die variablen Durchschnittskosten sind. Wenn wir erst von geringen und mit steigender Menge größer werdenden Grenzkosten ausgehen, erhalten wir bei moderaten Fixkosten typischerweise eine U-förmige Durchschnittskostenkurve (⟶ Abbildung 3.3a). Sind hingegen die Durchschnittskosten für jede Menge größer als die Grenzkosten: $\frac{F + C^v(X)}{X} > C_X^v(X)$, dann sinken die Durchschnittskosten pro Einheit durchgängig (⟶ Abbildung 3.3b). Das ist insbesondere dann der Fall, wenn für alle Mengen der Fixkostenanteil größer ist als die Grenzkosten.

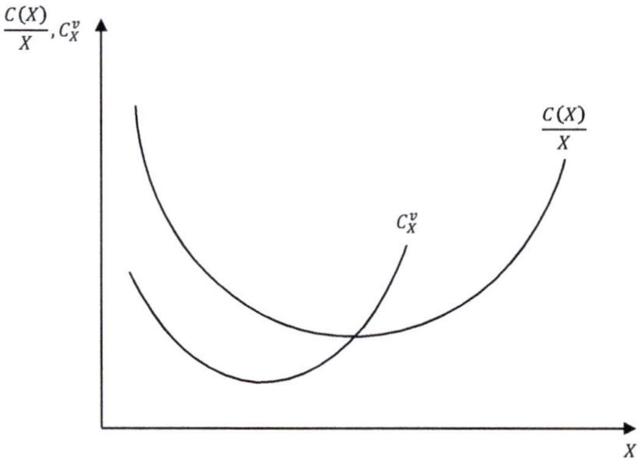

Abbildung 3.3a: U-förmige Grenzkosten und Durchschnittskosten pro Einheit eines privaten Gutes

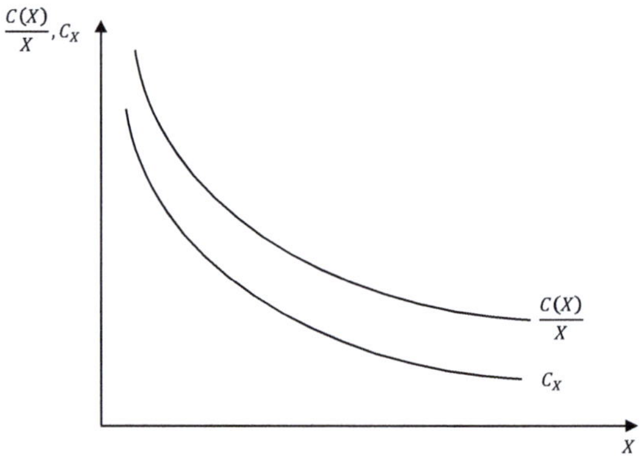

Abbildung 3.3b: Fallende Grenz- und Durchschnittskosten pro Einheit eines privaten Gutes

Der Fall steigender Skalenerträge in der Produktion tritt bei hohen Fixkosten in Verbindung mit geringen variablen Kosten auf. Solche Branchen stellen typischerweise netzabhängige Güter und Dienstleistungen her, weil der Aufbau des Netzes hohe Fixkosten verursacht.[49] Beispiele sind die Eisenbahn, die Telekommunikation, oder Strom-, Gas- und Wasserversorgung. Das Problem ist, dass Produzenten und Dienstleister mit einer solchen Kostenstruktur auf dem privaten Markt keine effiziente Menge anbieten werden. Wir illustrieren die Situation mit linearen variablen Kosten $C^v(X) = cX$ bzw. konstanten Grenzkosten $C_X^v(X) = c$. In diesem Fall ist die Ableitung der Durchschnittskosten in Gleichung (3.8) über den gesamten Bereich von X negativ, und steigende

49 Siehe Klein (1996).

Skalenerträge liegen durchgängig vor (⟶ Abbildung 3.4). Da die Durchschnittskosten geringer werden, je mehr produziert wird, kann ein Unternehmen versuchen, den Markt mit dem Gut zu überschwemmen und andere Anbieter aus dem Markt zu treiben. Als Monopolist sieht sich der Anbieter einer inversen Nachfragefunktion gegenüber, die ihm angibt, zu welchem Preis er welche Menge absetzen kann, die Preis-Absatz-Funktion: $P(X)$ mit $\partial P / \partial X \equiv P'(X) < 0$. Die effiziente Menge liegt dort, wo im Punkt A der Preis gleich den Grenzkosten ist: $P\left(X^{eff}\right) = c$. Hier ist der monetäre Nutzen der Konsumenten, der als Konsumentenrente durch das Dreieck $P^{Max}AP^{eff}$ dargestellt wird, maximal.

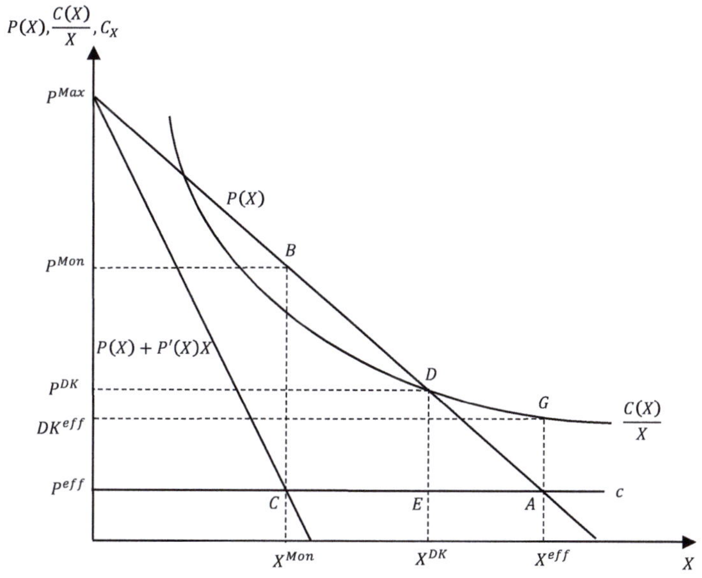

Abbildung 3.4: Natürliches Monopol

Prinzipiell hat der Monopolist drei Möglichkeiten auf dem privaten Markt. Erstens kann er bei hinreichend hohen Markteintrittsbarrieren im langfristigen Gleichgewicht eine gewinnmaximierende Menge produzieren, bei der Grenzerlös gleich Grenzkosten ist. Die Ableitung des Erlöses, $P(X) \cdot X$, nach X ergibt die Grenzerlösfunktion, $P(X) + P'(X) \cdot X$. Sie liegt unterhalb der Preis-Absatz-Funktion $P(X)$, da $P'(X) < 0$. In ⟶ Abbildung 3.4 gibt der Schnittpunkt C zwischen der Grenzerlösfunktion und den Grenzkosten c an, bei welcher Menge der Monopolgewinn maximal ist. Diese Monopolmenge X^{Mon} kann der Monopolist zum Monopolpreis P^{Mon} absetzen. Es entsteht ein Verlust an Wohlfahrt in Höhe des Dreiecks ABC.[50] Die gewinnmaximierende Monopolmenge liegt unterhalb der effizienten Menge X^{eff}. Wenn hingegen zweitens der Markt bestreitbar ist, das heißt, wenn die Drohung, dass zusätzliche Produzenten auf den Markt treten können, groß genug ist, wird der Monopolist seinen Preis so weit senken, dass der Gewinn gegen Null geht, so dass der Eintritt in den Markt nicht mehr attraktiv ist. Das bedeutet, er wird eine Menge X^{DK} wählen, bei der im Punkt D der Preis gleich den Durchschnittskosten ist.[51] Auch diese Menge führt zu einem Wohlfahrtsverlust in Höhe von ADE und ist geringer als die effiziente Menge. Drittens wäre die einzig effiziente Entscheidung eines natürlichen Monopolisten, bei der

50 Siehe Harberger (1954).
51 Siehe Baumol, Bailey und Willig (1977).

die Konsumentenrente maximal sein würde, ein Preis in Höhe der Grenzkosten: $P^{eff} = c$. Bei der effizienten Menge X^{eff} liegen die Durchschnittskosten DK^{eff} oberhalb des Grenzkostenpreises. Da der Erlös zum Grenzkostenpreis, $P^{eff} \bullet X^{eff}$, geringer ist als die Kosten, $DK^{eff} \bullet X^{eff}$, macht der Monopolist einen Verlust in Höhe des Rechtecks $DK^{eff}GAP^{eff}$. Dieser Verlust entspricht gerade den Fixkosten. Würde der Monopolist neben dem Grenzkostenpreis, der die mengenabhängigen variablen Kosten abdeckt, eine weitere pauschale Preiskomponente einfordern, um die Fixkosten abzudecken, dann könnte er ohne Verlust die effiziente Menge produzieren. Kann er diesen effizienten zweiteiligen Preis erheben?

Es ist wichtig zu verstehen, dass der Fixkostenanteil, den jeder Konsument zusätzlich zum Grenzkostenpreis zu zahlen hat, nicht den durchschnittlichen Fixkosten pro Gesamtkonsum entsprechen darf: F/X. Wenn man diese auf den individuellen Konsum X_i eines Individuums i erhebt, $\frac{F}{X}X_i$, dann könnte man damit, addiert über den Konsum aller N Konsumenten, $X_1 + X_2 + \ldots + X_N = X$, zwar die Fixkosten abdecken: $\frac{F}{X}(X_1 + X_2 + \ldots + X_N) = F$. Jedoch würde jeder Konsument dann wieder den Durchschnittskostenpreis $c + \frac{F}{X}$ bezahlen, was den Konsum auf das ineffiziente Niveau X^{DK} verzerren würde. Stattdessen muss sich der pauschale Fixkostenanteil an der Anzahl der Konsumenten orientieren und entsprechend aufgeteilt werden: F/N. Dieser würde unabhängig vom individuellen Konsum pro Kopf erhoben und deckt konsumunabhängig die Fixkosten ab. Wegen der Unabhängigkeit vom Konsum ist der Fixkostenanteil damit nicht verzerrend.

Bei der Festlegung des Fixkostenanteils treten zwei Trittbrettfahrerprobleme auf.[52] Um die Fixkosten abzudecken, muss der Monopolist die Anzahl der Konsumenten kennen, bevor er die Produktionsanlagen, die die Fixkosten verursachen, aufbaut. Wenn erst nach Errichtung des Unternehmens die Zahl der Konsumenten bekannt wird, ist der Monopolist gefangen in seiner Produktionsentscheidung (sog. *lock-in-Effekt*). Alle Konsumenten haben ein Interesse, den vollen Fixkostenanteil zu vermeiden. Selbst wenn sie zunächst angekündigt haben, die Fixkosten mitzutragen, können sie dann nach Errichtung der Produktionsstätten verweigern, die volle Höhe des Fixkostenanteils zu zahlen (*sunk costs*), und werden allenfalls bereit sein, bis maximal zur Höhe ihrer Zahlungsbereitschaft einen pauschalen Preisaufschlag hinzunehmen. Sollte der pauschale Fixkostenanteil auch nur für einen Teil der Konsumenten höher liegen, werden sie auf den Konsum des Gutes verzichten, und das Unternehmen wird Verluste machen und aus dem Markt ausscheiden. Das Trittbrettfahrerproblem besteht darin, dass jeder Konsument seine Zahlungsbereitschaft untertreiben wird, um nicht den vollen Fixkostenanteil zu zahlen. Er wird sich darauf verlassen, dass der Fixkostenbeitrag aller anderen Konsumenten die Fixkosten abdecken wird, da bei vielen Konsumenten sein individueller Fixkostenbeitrag vernachlässigbar klein ist und das Gut trotzdem produziert wird. Das führt aber zum klassischen Gefangenendilemma und dem Versagen des Marktes, dieses Gut trotz positiver Zahlungsbereitschaft der Konsumenten anzubieten.

Ein weiteres Trittbrettfahrerproblem tritt auf, wenn die potenziellen Konsumenten bereits vor Beginn des Aufbaus der Produktionsanlagen in einem langfristigen Kontrakt verpflichtet werden können, den Fixkostenanteil auch nach Installation der Anlage zu zahlen. Selbst wenn sich vor Produktionsaufnahme hinreichend viele zukünftige Konsumenten verpflichten, diese Verträge zu unterschreiben und damit die Produktion des Gutes rentabel zu machen (Abnahmegarantie), gibt es einen Anreiz für weitere Konsumenten, ohne Fixkostenbeteiligung das Gut nachzufragen.

52 Siehe Inman (1987), S. 659.

Auf Kosten der ersten Vertragsunterzeichner, die die Fixkosten stemmen, werden spätere Konsumenten das Gut zum Grenzkostenpreis angeboten bekommen (*first-mover-disadvantage*). Das bedeutet aber für alle Konsumenten, dass sie nicht die ersten Vertragsunterzeichner sein möchten, die die Fixkosten zahlen, sondern zu den späteren Trittbrettfahrern gehören möchten. Damit wird diese Möglichkeit des Monopolisten, über langfristige Verträge eine effiziente Menge anzubieten, hinfällig.

Ein Pareto-effizientes Angebot kann somit auf einem Markt mit steigenden Skalenerträgen in der Produktion nur über einen Staatseingriff gewährleistet werden. Eine Möglichkeit ist, dass der Staat die Produktion des Monopolgutes selbst übernimmt. Dann bietet er das Gut zum Grenzkostenpreis an und muss den Verlust in Höhe der Fixkosten über Steuern finanzieren. Ob damit eine effiziente Bereitstellung des Gutes gelingt, hängt von zwei Faktoren ab. Zum einen ist die Frage, wie stark verzerrend die Steuern in anderen Bereichen der Wirtschaft wirken, die zur Finanzierung des Verlustes herangezogen werden. Das Monopolgut würde zwar über den Grenzkostenpreis in effizienter Menge angeboten, jedoch können an anderer Stelle Ineffizienzen durch die Steuern entstehen. Zum anderen ist zu befürchten, dass der Staat mit höheren Grenzkosten- und Durchschnittskosten produzieren würde als ein Unternehmen, das seinen Gewinn maximiert. Da staatliche Unternehmen in der Regel nicht gewinnmaximierend agieren, folgt daraus, dass sie den Einsatz von Produktionsfaktoren auch nicht kostenminimierend wählen. Statt nach ökonomischen Kriterien werden staatliche Unternehmen häufig nach politischen Kriterien geführt. So steht die kurzfristige Arbeitsplatzsicherung und Vermeidung von Arbeitslosigkeit oder das Wachstum der regionalen Wirtschaft häufig über den Grundsätzen einer gewinnorientierten Unternehmenspolitik, die nachhaltige Investitionen garantiert und den gesamten Markt berücksichtigt. Außerdem treiben Verwaltung und Bürokratie insbesondere in staatlichen Unternehmen die Kosten nach oben.

Eine weitere Möglichkeit des staatlichen Eingriffs ist die Regulierung des privaten Monopolunternehmens. Die Produktion wird in dem Fall weiterhin privatwirtschaftlich und nach gewinnorientierten Prinzipien betrieben. Aber der Staat schreibt dem Unternehmen den Preis bzw. den Output vor, subventioniert eventuelle Verluste und kontrolliert die Erfüllung der Preis- und Qualitätsvorgaben. Damit die Subventionierung der Verluste nicht ebenfalls zu steuerlichen Verzerrungen führt, kann der Staat dem Unternehmen einen **zweiteiligen Preistarif** vorschreiben, bei dem eine Grundgebühr als mengenunabhängige Preiskomponente zur Finanzierung der Fixkosten und zusätzlich ein weiterer Preis für die genutzten Konsumeinheiten von den Konsumenten gezahlt wird. Solche Tarife werden häufig bei Versorgungsunternehmen für Telekommunikation, Gas, Wasser oder Elektrizität verwendet. So fällt bei Telekommunikationsunternehmen in der Regel eine Grund- oder Anschlussgebühr sowohl beim Festnetz als auch beim mobilen Netz an. Diese Gebühr ist unabhängig von der Anzahl der geführten Telefonate. Auch Unternehmen, die Netzwerkgüter produzieren, verwenden solche Tarife, z. B. elektronische Märkte im Internet.

Wie kann nun ein solcher wohlfahrtsoptimaler Tarif aussehen? Dazu betrachten wir den Fall aus → Abbildung 3.4. Die Kostenfunktion des Unternehmens sei $C(X) = cX + F$. Die lineare Preis-Absatz-Funktion, die die Zahlungsbereitschaft der Konsumenten angibt, habe die Form $P(X) = a - X$. Wir nehmen zunächst an, dass alle Konsumenten homogen sind. Die Konsumentenrente als Wohlfahrt der Konsumenten ist durch die Fläche zwischen der Zahlungsbereitschaft und dem tatsächlich gezahlten Preis, also der Preis-Absatz-Funktion und dem Preis gegeben:

$$KR(X) = \int_0^X P(x)dx - P(X)X = \left[ax - \frac{1}{2}x^2\right]_0^X - aX + X^2 = \frac{X^2}{2} \quad (3.9)$$

Der Gewinn des Monopolunternehmens ist:

$$\Pi(X) = P(X)X - C(X) = (a - c)X - X^2 - F \quad (3.10)$$

Der Staat kann als Regulator dem Unternehmen einen zweiteiligen Tarif vorschreiben. Dieser Tarif $T(X)$ setzt sich zusammen aus einem mengenabhängigen Preis P, der vom Konsumenten pro genutzter Einheit des Gutes gezahlt wird, und einer mengenunabhängigen Grundgebühr A, die als fester Betrag gezahlt werden muss, damit der Konsument Zugang zum Gut oder der Dienstleistung erhält: $T(X) = PX + A$.

Da die Konsumenten die Grundgebühr zahlen, ändert sich die Konsumentenrente zu

$$KR(X, A) = KR(X) - A = \frac{X^2}{2} - A \quad (3.11)$$

und der Gewinn des Unternehmens steigt um diesen Festbetrag:

$$\Pi(X, A) = (a - c)X - X^2 - F + A \quad (3.12)$$

Der Staat wählt nun den Preis in Abhängigkeit von der Menge und die Grundgebühr so, dass die Gesamtwohlfahrt W maximiert wird, wobei die Nebenbedingung eingehalten wird, dass das Unternehmen keinen Verlust macht:

$$\underset{X, A}{\text{Max}}\, W(X, A) = KR(X, A) + \Pi(X, A) \quad \text{sodass} \quad \Pi(X, A) \geq 0 \quad (3.13)$$

Wird die Wohlfahrtsfunktion nach X abgeleitet und gleich Null gesetzt, erhält man die Bedingung erster Ordnung für das Wohlfahrtsmaximum:

$$\frac{\partial W}{\partial X} = \frac{\partial KR}{\partial X} + \frac{\partial \Pi}{\partial X} = a - c - X = 0 \quad (3.14)$$

Da $P(X) = a - X$ ist, folgt, dass der Preis gleich den Grenzkosten gesetzt wird: $P(X) = c$. Da die Nebenbedingung im Wohlfahrtsmaximum mit Gleichheit eingehalten wird ($\Pi = 0$), folgt mit dem Grenzkostenpreis: $A = F$. Die Grundgebühr wird gerade in Höhe der Fixkosten festgelegt. Die optimale Preispolitik besteht somit in der Vorgabe eines zweiteiligen Tarifs, bei dem die mengenabhängige Komponente dem Grenzkostenpreis entspricht und die Grundgebühr in Höhe der Fixkosten festgelegt wird.

Ein Problem dieses Tarifs besteht, wenn die Grundgebühr so hoch gesetzt wird, dass sie die Konsumentenrente übersteigt: $A > KR$. Dann wird es bei homogenen Konsumenten keine Nachfrage nach dem Monopolgut geben. Nimmt man hingegen an, dass die Konsumenten heterogen sind und unterschiedliche Zahlungsbereitschaften und Konsumentenrenten besitzen, dann ergibt sich die Situation, dass einige Konsumenten mit geringer Nachfrage schon bei einer geringen Grundgebühr vom Konsum des Gutes ausgeschlossen würden. Das wäre jedoch ein

Effizienzverlust, da diese Konsumenten durchaus bereit wären, das Gut zum Grenzkostenpreis zu konsumieren. Eine Lösung könnte darin bestehen, die Grundgebühr nach Konsumenten mit unterschiedlicher Zahlungsbereitschaft zu differenzieren. Aber abgesehen von der Problematik, dass ein solcher Tarif diskriminierend wirkt, käme es erneut zum Trittbrettfahrerproblem, da die Konsumenten einen Anreiz hätten, ihre Zahlungsbereitschaft zu untertreiben, um in den Vorzug einer geringen Grundgebühr zu kommen.

Die Gestaltung eines optimalen zweiteiligen Tarifs ergibt sich aus der Abwägung folgenden Zielkonflikts. Einerseits kommt es zu einem Wohlfahrtsverlust bei Ausschluss von Konsumenten mit geringer Zahlungsbereitschaft, wenn die fixe Grundgebühr zu hoch ist. Andererseits kommt es zu einem allokativen Effizienzverlust, wenn der Preis oberhalb der Grenzkosten festgesetzt wird. Wenn man in einem Gedankenexperiment mit $P = c$ und $A = 0$ startet, und sich verdeutlicht, dass der Verlust des Unternehmens bei effizienter Produktion entweder durch einen höheren Preis oder eine höhere Grundgebühr kompensiert werden muss, dann ergibt sich folgendes Resultat: Der Wohlfahrtsverlust durch Ausschluss von Konsumenten (höheres A) und geringerer allokativer Effizienz ($P > GK$) muss ausbalanciert werden. Der gesamte Wohlfahrtsverlust wird minimiert, wenn der marginale Wohlfahrtsverlust beider Effekte gleich groß ist. Der optimale zweiteilige Tarif besteht also im Allgemeinen aus einem Preis, der höher als die Grenzkosten ist, und einer fixen Gebühr, die einige Konsumenten ausschließt. Weder allokative Effizienz noch eine generelle Bereitstellung des Monopolgutes kann so gewährleistet werden.

Ein weiteres Problem tritt auf, wenn wir die bisherige Annahme, dass der Staat die Kostenstruktur des Monopolunternehmens kennt, fallen lassen. Typischerweise kommt es dann zu einem sogenannten Prinzipal-Agenten-Problem, bei dem der Staat als Auftraggeber (Prinzipal) sicherstellen muss, dass das Unternehmen als Auftragnehmer (Agent) die Zielvorstellungen des regulierenden Staates umsetzt. Um optimale Vorgaben für den Preis und Transfers machen zu können, muss die staatliche Regulierungsbehörde Informationen vom Unternehmen darüber erhalten, wie die Kostenstruktur der Produktion, also die Grenz- und Durchschnittskosten, aussehen. Da das Unternehmen hier einen Informationsvorsprung hat, kann es diesen Spielraum ausnutzen, um überhöhte Kosten bei Gehältern, technischen Produktionsabläufen oder der Verwaltung anzugeben und damit die Preisvorgaben des Staates nach oben hin zu lockern und höhere Transfers zu erhalten. Beides erlaubt die Abschöpfung eines Teils der Monopolrente.

In der Literatur gibt es verschiedene Ansätze zur Lösung dieses Informationsproblems der Regulierung.[53] Baron und Myerson (1982) haben eine Regulierungspolitik hergeleitet, die die soziale Wohlfahrt maximiert, obwohl dem Regulator die Kosten des Monopolunternehmens unbekannt sind. Dazu werden die staatlichen Preisvorgaben und Subventionen so von den Angaben des Unternehmens über seine Kostenstruktur abhängig gemacht, dass die Wohlfahrt maximiert wird, und das Unternehmen ohne Verluste produziert und freiwillig seine wahren Kosten offenbart.

Auch wenn solche Anreizsysteme umsetzbar sein sollten, bleibt es im Einzelfall eine Abwägung zwischen Produktionseffizienz, Informationsasymmetrien und politischen Einflüssen, ob staatliche Regulierung oder Produktion zu geringeren Wohlfahrtsverlusten führt als das private natürliche Monopol.

53 Siehe Posner (1974).

3.4 Asymmetrische Information

Wenn nicht alle Akteure auf einem Markt dieselben Informationen über den Gegenstand eines Vertrages, zu dem sie sich zusammengefunden haben, besitzen, dann kann das ineffizient sein, da nicht mehr alle wechselseitig vorteilhaften Vereinbarungen zustande kommen. Unterschiedliche Informationen von Wirtschaftssubjekten können zwei Formen annehmen. Die erste Form, genannt **Adverse Selektion**, liegt vor, wenn exogene Eigenschaften eines Gutes oder Umstände einer Dienstleistung den Vertragsparteien vor Vertragsabschluss nicht in gleicher Weise bekannt sind. Wenn Verkäufer und Käufer eines Gutes unterschiedliche Informationen über die Qualität des Gutes besitzen, wenn ein Patient nicht in demselben Maß die Kompetenz eines Arztes beurteilen kann wie dieser selbst, oder wenn eine Versicherung nicht in gleicher Weise wie der Versicherungsnehmer das Risiko des Eintritts eines Schadensfalles einschätzen kann, liegen Fälle adverser Selektion vor, die dazu führen können, dass wechselseitig vorteilhafte Vertragsabschlüsse nicht zustandekommen. Die zweite Form asymmetrischer Information, genannt **Moral Hazard**, betrifft das Vertragsverhältnis zwischen einem Auftraggeber (Prinzipal) und einem Auftragnehmer (Agent). Wenn nach Vertragsabschluss der Prinzipal nicht beobachten kann, ob der Agent alle Anstrengungen unternommen hat, um seinen Auftrag zu erfüllen, dann besteht der Anreiz zu schlechter Vertragserfüllung, obwohl der Prinzipal für eine bessere Qualität bezahlen würde. Solche Fälle treten auf, wenn Versicherungen, z. B. Kranken- oder Kraftfahrzeugversicherungen, nicht überprüfen können, ob der Versicherte genug Vorsorge gegen den Schadensfall betreibt oder die Kosten im Schadensfall nicht unnötig in die Höhe treibt, oder wenn Arbeitgeber nicht die Leistungsbereitschaft ihrer Angestellten kennen.[54]

Akerlof (1970) hat anhand des Gebrauchtwagenmarktes mit Wagen guter und schlechter Qualität gezeigt, wie bei adverser Selektion aufgrund nicht beobachtbarer Eigenschaften nur die schlechteste Qualität am Markt gehandelt wird. Der Verkäufer kennt die Qualität jedes einzelnen Gefährts und wird für gute Autos einen hohen und für schlechte einen niedrigen Preis verlangen. Der Käufer hingegen kann die Abnutzung nicht beobachten, zumindest ist der Verkäufer bei der Beurteilung hier im Vorteil (asymmetrische Information). Das heißt, wir nehmen an, dass der Käufer zwar die Verteilung der Qualitäten kennt, etwa, dass die eine Hälfte der Wagen gut und die andere Hälfte schlecht ist, aber nicht weiß, ob ein einzelnes Auto von guter Qualität ist oder unbeobachtbare Mängel hat. Das Problem des Käufers ist, dass er einen hohen Preis für gute Gebrauchtwagen zahlen würde, wenn er sicher sein könnte, dass es sich um eine gute Qualität handelt. Da er sich dessen aber nicht sicher sein kann, wird sich der Käufer mit seinen Preisvorstellungen an einem durchschnittlichen Gebrauchtwagen orientieren. Der Händler wiederum wird zu einem mittleren Preis nur die schlechten Wagen verkaufen. Da der Käufer das vorhersehen kann, wird er nur einen niedrigen Preis für die Gebrauchtwagen zahlen, die der Verkäufer ihm anbietet. Am Ende werden nur die schlechten Gebrauchtwagen zu einem niedrigen Preis gehandelt und der Markt für gute Gebrauchtwagen bricht zusammen.

Märkte mit asymmetrischer Informationsverteilung sind ineffizient, da eine Zahlungsbereitschaft für gute Autos, gute Ärzte oder gute Risiken vorhanden ist, diese guten Qualitäten aber aufgrund der adversen Selektion vom Markt verdrängt werden können. Wohlgemerkt liegt dieses Phänomen nicht daran, dass die Verkäufer, Ärzte oder Versicherungsnehmer kein Interesse daran hätten, ihren Informationsvorteil aufzugeben. Im Gegenteil: Sie möchten die Vertragsabschlüsse

---

54 Neben Akerlof (1970) ist ein grundlegendes Papier von Pauly (1974). Zu adverser Selektion siehe insbesondere Rothschild und Stiglitz (1976) und Hellwig (1987). Zu Moral Hazard siehe Helpman und Laffont (1975) sowie Stiglitz (1983).

gern durchführen, da der hohe Preis für gute Qualität gezahlt wird, vorausgesetzt, der Vertragspartner kann sicher sein, dass er dafür auch die gute Qualität bekommt. Das Problem besteht also darin, wie die Informationsasymmetrie glaubwürdig abgebaut werden kann.

Eine Möglichkeit besteht darin, die gute Qualität zu signalisieren. Der Gebrauchtwagenhändler könnte ein Gutachten in Auftrag geben oder unabhängige Experten als Berater anstellen, die den Nachweis erbringen, dass seine guten Wagen auch wirklich eine hohe Qualität besitzen. Das Problem ist erstens, dass solche Signale glaubwürdig sein müssen, und zweitens verursachen sie Kosten für den Händler. Der geschäftliche Nettovorteil beim Verkauf guter Wagen muss also so hoch sein, dass diese Kosten sich lohnen. Eine weitere Möglichkeit besteht umgekehrt darin, dass der Käufer Gutachten oder eine Expertenmeinung einholt. Dann liegen die Kosten aber beim Käufer, was ebenfalls dazu führen wird, dass nicht alle wechselseitig vorteilhaften Tauschgeschäfte durchgeführt werden.[55]

Auch bei Moral Hazard ist das Marktergebnis ineffizient, da der Auftragnehmer schlechtere Qualität bei der Auftragserfüllung abliefert, obwohl der Auftraggeber für bessere Qualität mehr zahlen würde. Aufgrund seines Informationsnachteils kann der Auftraggeber nicht unterscheiden, ob ein schlecht erfüllter Auftrag auf mangelnde Leistungsbereitschaft oder Sorgfalt von Seiten des Auftragsnehmers zurückzuführen ist oder auf exogene Umstände, für die der Auftragnehmer nicht verantwortlich gemacht werden kann. Dadurch besteht ein Anreiz für den Auftragnehmer, schlechtere Qualität abzuliefern, da ihm dies Anstrengung erspart. Auch hier ist es so, dass der Auftragnehmer nicht per se unwillig ist, bessere Qualität zu bieten, sondern aufgrund der Informationsasymmetrie davon ausgehen muss, dass der Auftraggeber gar nicht wahrnehmen und honorieren kann, wenn der Auftragnehmer sich mehr anstrengt. Wäre diese Information auch für den Auftraggeber unzweifelhaft verfügbar und würde er die bessere Qualität entsprechend kompensieren, dann würde der Auftragnehmer den Auftrag auch besser erfüllen. Das Problem ist also nicht die Ausnutzung eines Informationsvorteils durch den Auftragnehmer, sondern die asymmetrische Verteilung der Information.

Die Lösung in beiden Fällen asymmetrischer Information liegt also in der allgemeinen und gleichen Zugänglichkeit von Information für alle Marktteilnehmer. Keiner soll von der vollen Information über ihn betreffende Transaktionen ausgeschlossen werden, denn jede ungleiche Verfügbarkeit von Information zwischen den Akteuren würde zu den oben genannten ineffizienten Marktergebnissen führen. Information ist nicht ein Gut, das an sich nicht ausschließbar ist. Natürlich gibt es private Informationen, die nur eine einzelne Person nutzen kann. Der Punkt ist, dass der Ausschluss hier nicht erwünscht ist, da er zu ineffizienten Allokationen führt. Die Eigenschaft der Nicht-Ausschließbarkeit von Information ist also eine normative Forderung und keine intrinsische Eigenschaft des Gutes „Information". Man könnte sogar sagen, die Nicht-Ausschließbarkeit ist eine normative Notwendigkeit, um Marktineffizienz zu vermeiden.

Außerdem ist Information ein Gut, das nicht rival in der Nutzung ist. Mehrere Personen können Information in gleicher Weise nutzen, ohne sich dabei gegenseitig zu behindern. Damit besitzt das Gut „Information" die wesentlichen Merkmale eines öffentlichen Gutes. Wie unser obiges Beispiel zeigt, spielt es außerdem eine Rolle, dass Information nicht kostenlos ist. Damit ist aber die Antwort auf die Frage, ob der Markt eine solche allgemeine und gleiche Information bereitstellen kann, auch schon beantwortet. Keiner der Marktteilnehmer wird bereit sein, Information, die allen zur Verfügung gestellt werden soll, als erster oder einziger zu bezahlen. Denn jeder spekuliert darauf, dass ein anderer diese Information finanziert und er sie dann als Trittbrettfahrer mitnutzen

55 Siehe zum sogenannten Signaling Spence (1973) und Klein und Leffler (1981).

kann. Damit sind wir wieder in einem Gefangenendilemma, wenn auf dem Markt freiwillig gleiche Information für alle bereitgestellt werden soll.

Die Eingriffsmöglichkeiten des Staates sind hier beschränkt. Nur insofern er bessere Informationen besitzt als die Marktteilnehmer, kann er dazu beitragen, die Informationsasymmetrie abzubauen, indem er diese Informationen für alle bereitstellt und über Steuern finanziert. Im Allgemeinen weiß der Staat bei Moral Hazard aber auch nicht, wie sich der Einzelne konkret verhält. Insofern muss er bei einem Eingriff eine Politik wählen, die von den gleichen Informationsasymmetrien ausgeht wie die Marktteilnehmer. Etwas anders sieht es bei adverser Selektion aus, auf die wir im Zusammenhang mit den Sozialversicherungen in → Kapitel 4.2 zurückkommen.

4 Distributive Staatsaufgaben

Wenn eine Gesellschaft eine gerechte Verteilung des erarbeiteten Wohlstandes anstrebt und ein bestimmtes Gerechtigkeitskonzept dabei verfolgt, dann ist die Umverteilung von Einkommen gemäß diesem Konzept eine der originären Aufgaben des Staates. Da es bei jeder Umverteilung auf der einen Seite Nettoempfänger gibt, die einen Transfer erhalten, und auf der anderen Seite Nettozahler, die eine Einbuße ihres Bruttoeinkommens erleiden, wird es bei eigennutzorientierten Individuen, die nicht altruistisch veranlagt sind, keine freiwillige Bereitschaft geben, die Umverteilung zu finanzieren. Wenn eine Gesellschaft Umverteilung anstrebt, dann muss sie vom Staat durchgesetzt werden. Auch die Sozialversicherungen stellen eine Umverteilungspolitik dar, da sie aus einkommensabhängigen Beiträgen finanziert werden und sich nicht an den durchschnittlichen Schadenskosten von Risikotypen orientieren.

4.1 Umverteilung von Einkommen

Die entscheidende Frage ist, warum freiwillige Umverteilung von Einkommen auch dann versagt, wenn alle sich durch diese Umverteilung besser stellen können. Umverteilung muss kein Nullsummenspiel sein, sondern kann dann alle besser stellen, wenn Individuen nicht rein egoistisch handeln, sondern sich altruistisch für das Wohl ihrer ärmeren Mitbürger einsetzen. Dann stellen sich nicht nur die Wohlfahrtsempfänger, sondern auch die Nettozahler durch die Umverteilung besser. Hochman und Rodgers (1969) haben eine solche **freiwillige Umverteilung aufgrund altruistischen Verhaltens** der reicheren Bürger untersucht.[56] Motive dafür, dass diese selbst einen Nutzen daraus ziehen, wenn es ärmeren Mitbürgern besser geht, können ein rein humanitäres Mitgefühl sein oder auch der Wunsch nach sozialem Frieden. Solche altruistischen Nettozahler würden eine Umverteilung freiwillig unterstützen. Der gemeinschaftliche Transfer an die Nettoempfänger nimmt damit die Form eines öffentlichen Gutes an, das allen zugutekommt. Hochman und Rodgers zeigen, dass das Ausmaß dieser Umverteilung aus Sicht der Gesellschaft ineffizient gering wäre, da die Reichen sich untereinander wie Trittbrettfahrer verhalten würden. Wenn es einige gibt, die die Umverteilung finanzieren, stiftet dies einen Nutzen für alle Reichen, auch diejenigen, die nichts beitragen. Das senkt dann den Anreiz weiterer Nettozahler, sich an der Finanzierung zu beteiligen, da der zusätzliche Nutzen, den sie daraus erhalten, kleiner ist als die Kosten der Finanzierung. Kurzum, sie verhalten sich wie Trittbrettfahrer, die davon ausgehen, dass andere Reiche die Umverteilung tragen, aus der sie ebenfalls einen Nutzen ziehen, ohne sich selbst beteiligen zu müssen. Das ist die klassische Situation des Gefangenendilemmas.

Folgendes vereinfachte Beispiel soll dies illustrieren.[57] Es gebe zwei reiche Individuen und ein armes Individuum. Das arme Individuum hat ein Bruttoeinkommen I_a und erhält einen Transfer T aus der Umverteilung. Sein verfügbares Einkommen ist dann: $I_a^v = I_a + T$ und sein Nutzen daraus sei $U_a(I_a^v)$.[58] Das verfügbare Einkommen I_r^v der reichen Individuen nach Umverteilung ergibt sich aus ihrem Bruttoeinkommen I_r abzüglich des Beitrags S für die Umverteilung an das arme Individuum: $I_r^v = I_r - S$. Da die reichen Individuen altruistisch sind, ziehen sie ihren Nutzen

56 Siehe hierzu auch Thurow (1971).

57 Siehe hierzu Breyer und Buchholz (2007), S. 57–62.

58 Die Nutzenfunktion sei stetig und quasikonkav, so dass die Indifferenzkurven zum Ursprung gekrümmt sind.

aus dem eigenen Nettoeinkommen und dem verfügbaren Einkommen des armen Individuums: $U_r(I_r^v, I_a^v)$. In ⟶ Abbildung 3.1 werden die Budgetsituationen dargestellt, wenn nur ein Reicher seinen Beitrag leistet und wenn es beide Reiche tun. Punkt A kennzeichnet das Bruttoeinkommen von Reich und Arm vor der Umverteilung: $A = (I_a, I_r)$, wobei $I_r > I_a$. Wir betrachten nun die Entscheidungen eines Reichen in beiden Budgetsituationen. Die Indifferenzkurven geben das Nutzenniveau eines Reichen an, das steigt, je weiter rechts oben die Indifferenzkurve liegt. Die Budgetgerade *aa* kennzeichnet die Situation, wenn ein Reicher einen Beitrag leistet. Der Arme erhält dann einen Transfer: $T = S$. Keiner der beiden Reichen hat einen Anreiz zu einem isolierten Transfer. Deshalb schneidet die Indifferenzkurve U_r die Budgetgerade *aa* im Punkt *A* von oben. Im Punkt *B* hat nur der betrachtete Reiche seinen Beitrag geleistet, während der andere Reiche als Trittbrettfahrer keinen Beitrag zahlt. Die Indifferenzkurve durch den Punkt *B* (hier nicht eingezeichnet) muss aufgrund unserer Annahme unterhalb der Indifferenzkurve durch *A* liegen und hat damit ein geringeres Nutzenniveau: $U_r(A) > U_r(B)$.

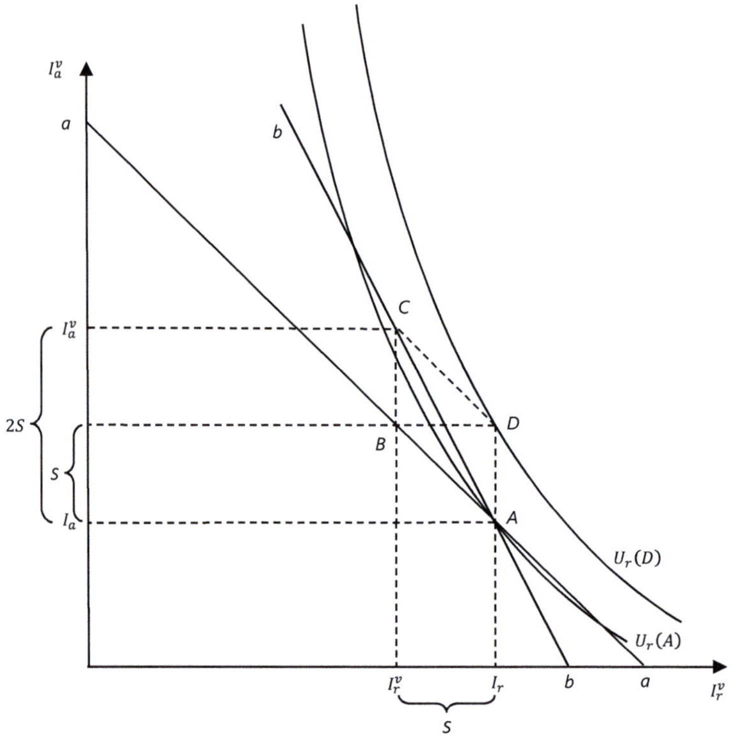

Abbildung 4.1: Gefangenendilemma bei altruistischer Umverteilung

Die Budgetgerade *bb* gilt im Fall, dass beide Reichen ihren Beitrag leisten. Wenn beide Reiche für die Umverteilung zahlen, so erhält der Arme einen Transfer von $T = 2S$. Diese Situation, die die kooperative Lösung darstellt, wird durch Punkt *C* auf der Budgetgerade *bb* angegeben. Das Nutzenniveau der Indifferenzkurve durch diesen Punkt (hier nicht eingezeichnet) liegt oberhalb des Nutzens im Punkt *A*: $U_r(C) > U_r(A)$, wenn der Transfer nicht zu groß ist und die Indifferenzkurven der Reichen nicht zu steil verlaufen. Letzteres bedeutet aber, dass der Altruismus gegenüber den Armen hinreichend groß sein muss: Ein Reicher ist bereit, viel von seinem eigenen Einkommen aufzugeben, um das Einkommen der armen Person um eine Einheit zu erhöhen. Umso höher die marginale Zahlungsbereitschaft ist, desto geringer ist die Steigung der Indifferenzkurve. Schließlich gibt der Punkt D die Situation wieder, wenn nur der andere Reiche einen Beitrag zahlt. Dann behält der betrachtete Reiche sein Bruttoeinkommen und der Transfer an den Armen ist $T = S$. Der Nutzen in dieser Situation ist größer als in C: $U_r(D) > U_r(C)$, da auch hier die Annahme gilt, dass die Indifferenzkurve die parallel verschobene Budgetgerade aa im Punkt D von oben schneidet. Zusammengenommen erhalten wir folgende Tabelle der individuellen Nutzen, wenn die beiden Reichen sich jeweils für oder gegen einen Transfer entscheiden:

		Reicher 2	
		Transfer	Kein Transfer
Reicher 1	Transfer	$U_r(C)$ $U_r(C)$	$U_r(D)$ $U_r(B)$
	Kein Transfer	$U_r(B)$ $U_r(D)$	$U_r(A)$ $U_r(A)$

Nutzenwert für Reichen 1: unten links, Nutzenwert für Reichen 2: oben rechts

Tabelle 4.1: Gefangenendilemma bei freiwilliger altruistischer Umverteilung

Mit $U_r(D) > U_r(C) > U_r(A) > U_r(B)$ ist damit die Strategie, keinen Beitrag zu leisten, dominant. Egal welche Entscheidung der jeweils andere Reiche fällt, ist es immer die beste Antwort, keinen Transfer zu zahlen. Beide reichen Geberindividuen bleiben im Nash-Gleichgewicht beim Nutzen aus ihrem Bruttoeinkommen $U_r(A)$, obwohl sie sich durch gemeinsamen Transfer mit $U_r(C)$ besser stellen könnten. Auch der arme Transferempfänger würde sich durch den kooperativen Transfer in Punkt C besser stellen, als wenn er keine Umverteilung erhält. Also führt die freiwillige Umverteilung bei Altruismus in einen Pareto-ineffizienten Zustand. Man kann in den Pareto-besseren Zustand C nur dann gelangen, wenn das Trittbrettfahrerverhalten durch eine verbindliche Abmachung ausgehebelt wird. Eine solche Bindung kann durch staatlichen Zwang mit einem Steuer-Transfer-System erreicht werden.

Wenn die Anzahl der Nettozahler sehr groß ist, dann wird der Beitrag zur Umverteilung eines einzelnen Reichen im Vergleich zur Summe der Beiträge aller anderen Reichen verschwindend gering. Wenn jeder Reiche sich dann als Trittbrettfahrer verhält, kommt es zu gar keiner freiwilligen Umverteilung. Damit zeigen Hochman und Rodgers, dass eine freiwillige Umverteilung auf einem Markt mit altruistischen Nettozahlern entweder ineffizient gering ist oder gar nicht zustande kommt. Dies ist ein Grund, warum der Staat trotz Altruismus die Umverteilung übernehmen bzw. auf ein effizientes Niveau anheben sollte.

4.2 Sozialversicherungen

Neben der Umverteilung von Einkommen oder Vermögen sind auch die Sozialversicherungen eine Aufgabe des Staates, die man zu den distributiven Aufgaben zählen kann. Wie wir in → Kapitel 3.5 schon gesehen haben, kann das Versagen privater Versicherungsmärkte auf **adverse Selektion** zurückgeführt werden. Bei asymmetrischer Information stellen sich die guten Risiken schlechter als bei vollkommener Information, da sie aus dem Markt ausscheiden, obwohl sie als risikoaverse Individuen Verträge für eine Versicherung abschließen würden. Auch die Versicherung würde bei symmetrischer Information diese Verträge für gute Risiken mit einer niedrigen Prämie anbieten. Bei asymmetrischer Information kann sie allerdings nicht zwischen schlechten und guten Risiken unterscheiden und wird deshalb von durchschnittlichen Schadenskosten pro Versichertem ausgehen. Die Verträge werden deshalb zu Prämien angeboten, die für die guten Risiken zu hoch und letztendlich nur noch für schlechte Risiken annehmbar sind.[59] Asymmetrische Information stellt deshalb beide Marktseiten schlechter, da beiderseitig vorteilhafte Verträge nicht mehr abgeschlossen werden.

Eine mögliche Lösung bei adverser Selektion ist eine staatliche Sozialversicherung. Alle Individuen, egal mit welchem Risiko, können durch den Staat – und wegen des Gewaltmonopols nur durch ihn – gezwungen werden, eine gemeinsame Versicherung zu einem einheitlichen Beitrag abzuschließen. Dadurch wird das Problem der adversen Selektion verhindert und das Marktversagen korrigiert. Eine Pareto-Verbesserung ist nun möglich. Denn einerseits werden die schlechten Risiken besser gestellt, da alle den gleichen Beitrag zahlen, die hohen Risiken aber im Durchschnitt höhere Kosten für die Versicherung verursachen als die niedrigen Risiken. Das heißt, die schlechten Risiken erhalten durch den einheitlichen Beitrag eine Quersubventionierung der Versicherung ihres Risikos durch die guten Risiken. Andererseits können auch die Individuen mit guten Risiken besser gestellt werden, da sie nun einen Versicherungsvertrag erhalten. Sie zahlen dafür zwar eine höhere weil durchschnittliche Prämie, können sich aber besser stellen, wenn die schlechten Risiken aus ihrem Gewinn durch die Quersubventionierung eine Kompensation an die guten Risiken zahlen.

Die Sozialversicherungen stellen eine Umverteilungspolitik dar, da sie nicht wie eine Versicherung organisiert sind, sondern wie ein Steuer-Transfer-System. In einer Versicherung werden risikoabhängige Prämien vom Versicherungsnehmer verlangt, die sich an den durchschnittlichen Schadenskosten der Risikogruppe des Versicherten orientieren. Dadurch gibt es – im Idealfall – keine Umverteilung zwischen verschiedenen Risikogruppen. In der Sozialversicherung gibt es zwei Arten der Umverteilung. Durch den einheitlichen Beitrag gibt es eine Quersubventionierung von den guten zu den schlechten Risiken. Außerdem werden in einer Sozialversicherung Beiträge eingenommen, die vom Arbeitseinkommen abhängen. Da aus diesen einkommensabhängigen Beiträgen die Schadenskosten aller Risikogruppen finanziert werden, gibt es eine Umverteilung von reichen zu armen Versicherungsnehmern. Die Sozialversicherung kann wie oben beschrieben zu einer Pareto-Verbesserung führen und ist eine staatliche Maßnahme bei adverser Selektion, um das Trittbrettfahrerproblem zu beseitigen.

59 Siehe Rothschild und Stiglitz (1976).

5 Stabilitätsorientierte Staatsaufgaben

Wie wir schon dargestellt haben, hat Musgrave (1959) die staatlichen Aufgaben in einer Marktwirtschaft in drei Kategorien eingeteilt. Neben der Allokations- und Distributionsfunktion hat der Staat auch eine Stabilisierungsfunktion. Während die ersten beiden Funktionen eher mikroökonomischer Natur sind, umfasst die Stabilisierungsfunktion alle makroökonomischen Aufgaben wie die Bekämpfung von Arbeitslosigkeit oder eine Geldmengenpolitik, die Inflation und Deflation vermeidet. Im Zusammenhang mit föderalen Staaten sollte die Stabilitätsfunktion aufgrund ihres makroökonomischen Charakters klarerweise vom Zentralstaat wahrgenommen werden, während die Frage, auf welcher staatlichen Ebene die Allokations- und Distributionsaufgaben angesiedelt sein sollten, nicht so klar zu beantworten ist. Deshalb werden wir uns in diesem Buch auf diese beiden Staatsfunktionen konzentrieren. Es gibt aber noch einen weiteren Grund, warum die Stabilisierungsfunktion in den folgenden Kapiteln dieses Buches nicht weiter verfolgt wird.

Wir werden in diesem Kapitel sehen, dass die makroökonomischen Aufgaben des Staates meist auf allokative oder distributive Formen des Marktversagens zurückgeführt werden können. Deshalb erscheint eine Auseinandersetzung mit diesen Gründen für Staatseingriffe vorrangig zu sein. Makroökonomische Politiken ergeben sich aus der Vermeidung des Trittbrettfahrerproblems, da die Probleme, die diese Politiken lösen sollen, insbesondere allokativer Natur sind.

5.1 Arbeitslosigkeit

Eine stabilisierende Funktion des Staates besteht darin, Bedingungen auf dem Arbeitsmarkt zu schaffen, die unfreiwillige Arbeitslosigkeit vermeiden. Eine Form der Arbeitslosigkeit besteht in einem schlechten Zusammenführen (*Matching*) von Arbeitnehmern und Unternehmen. Die dezentralen Entscheidungen derjenigen, die Arbeit suchen, und der Unternehmen, die Stellen anbieten, werden auf dem Arbeitsmarkt nicht optimal koordiniert, so dass nicht alle wechselseitig vorteilhaften Arbeitsverträge realisiert werden. Diese sogenannte Sucharbeitslosigkeit wird in der Literatur auf zwei Marktversagensgründe zurückgeführt.

Ein Grund für unfreiwillige Arbeitslosigkeit ist **asymmetrische Information** auf dem Arbeitsmarkt.[60] Aufgrund wirtschaftlicher Schocks ist der Arbeitsmarkt von Phasen hoher und niedriger Löhne sowie Beschäftigung geprägt. Angenommen, sowohl Arbeitnehmer als auch Unternehmen sind risikoavers, Unternehmen wissen aber besser über die ökonomische Situation Bescheid. Die Arbeitnehmer möchten sich gegen Schwankungen in ihrem Arbeitseinkommen versichern. Die Unternehmen wiederum würden gern solche Arbeitsverträge anbieten, in denen der Lohn direkt von der wirtschaftlichen Lage abhängig gemacht wird, so dass der Lohn in schlechten Zeiten gesenkt wird. Da die Arbeitnehmer aber schlechter informiert sind, würden sie solche Verträge nicht eingehen. Denn das Unternehmen könnte immer behaupten, es seien schlechte Zeiten, ohne dass die Arbeitnehmer dies widerlegen können. Deshalb müssen die Löhne in den Verträgen von anderen Größen abhängig gemacht werden, die auch für die Arbeitnehmer beobachtbar sind und Informationen über den Erfolg des Unternehmens auf dem Produktmarkt liefern. Das kann die Beschäftigung im Unternehmen sein. Auf diese Art und Weise teilen sich beide das Risiko. Im Vertrag wird dann festgelegt, dass das Unternehmen nur

60 Siehe Azariadis (1983), Chari (1983), Green und Kahn (1983), Grossman und Hart (1983), Hart (1983) und Oswald (1986).

dann die Löhne reduzieren kann, wenn auch die Beschäftigung sinkt. Dann folgt aber, dass in schlechten wirtschaftlichen Zeiten die Beschäftigung stärker sinkt, als effizient wäre, da der Vertrag entsprechende Anreize setzt. Mit einem solchen Vertrag, der Löhne an Beschäftigung koppelt, wird dem Arbeitnehmer implizit eine Versicherung angeboten. Das Unternehmen tut dies nicht, weil der Arbeitnehmer es präferiert, sondern weil es der profitablere Weg ist, um Arbeitskräfte bei Informationsasymmetrie zu bekommen.

Es gibt keinen Marktmechanismus, der solche Informationsasymmetrien effizient auflöst, da das Unternehmen keine andere Möglichkeit hat, glaubhaft seinen Informationsvorsprung aufzugeben, als über solche anreizkompatiblen Verträge. Versicherungen gegen Arbeitslosigkeit, angeboten von privaten Versicherungsunternehmen, könnten die implizite Versicherung in den Arbeitsverträgen überflüssig machen. Solche privaten Versicherungen werden aber aufgrund von Moral Hazard Problemen auf dem Markt nicht oder nicht ausreichend angeboten. Deshalb kann dem Staat hier eine doppelte Funktion zufallen. Einerseits kann er allen Seiten die volle Information zugänglich machen, um solche Arbeitslosigkeit zu vermeiden. Andererseits kann er staatliche Arbeitslosenversicherungen anbieten, wo sie privat nicht zustandekommen.[61]

Ein weiterer Literaturstrang führt **steigende Skalenerträge in der Produktion** als Grund für unfreiwillige Arbeitslosigkeit auf.[62] In der klassischen Theorie besagt das Saysche Theorem, dass jedes Angebot sich seine Nachfrage schafft. Durch die Ausweitung der Produktion entstehen zusätzliche Faktoreinkommen, die zur Nachfrage nach Gütern verwendet werden. Die Preise passen sich flexibel an und alle Faktoren werden in der Produktion beschäftigt. Voraussetzung dafür sind konstante Skalenerträge in der Produktion. Steigende Skalenerträge verhindern nun, dass das Angebot sich seine Nachfrage schafft. Bei steigenden Skalenerträgen sind die Unternehmen groß relativ zur Marktnachfrage, d. h., sie sind nicht mehr Preisnehmer, sondern sehen sich einer fallenden Nachfrage gegenüber. Dadurch sind die Produktion und die Beschäftigung geringer als das effiziente Niveau. Der Anpassungsmechanismus über geringere Löhne funktioniert hier nicht mehr. Eine Lohnsenkung würde für ein Unternehmen den Anreiz setzen, mehr Beschäftigte einzustellen. Aber gleichzeitig würde das Unternehmen davor zurückschrecken, den Preis auf dem eigenen Markt zu „verderben“, indem es unilateral die Produktion ausweitet. Die Korrektur dieser Externalität erfordert eine koordinierte Anhebung der Produktion aller Unternehmen, um Vollbeschäftigung zu erreichen. Die aggregierte Nachfrage kann durch den Staat über Fiskal- oder Geldpolitik angehoben werden.[63]

---

61 Da Arbeitslosigkeit hier mikroökonomisch über asymmetrische Information begründet wird, ist die angemessene Politik auch eine allokative Maßnahme. Einen interessanten alternativen Ansatz, bei dem Arbeitslosigkeit aufgrund asymmetrischer Information makroökonomisch durch Geldpolitik beseitigt werden kann, verfolgt Woglom (1982). In seinem Modell besteht der Informationsunterschied zwischen alten und neuen Konsumenten über die Änderung von Preisen auf dem Gütermarkt. Daraus ergibt sich ein Trittbrettfahrerproblem für die Preispolitik der Unternehmen. Um eine ineffiziente Unterbeschäftigung zu vermeiden, kann die Geldpolitik durch die Änderung des Preisniveaus die aggregierte Nachfrage beeinflussen und damit das Trittbrettfahrerproblem überwinden.

62 Siehe Weitzman (1982), Hosios (1990), Mortensen (1989, 1999).

63 Baumol (1965) hat externe Effekte als weiteren Grund für staatliche Eingriffe bei Arbeitslosigkeit (und auch Inflation) angeführt. Er geht dabei von dem keynesianischen Argument zu geringer effektiver Nachfrage bei Arbeitslosigkeit im Gleichgewicht aus und fragt sich, ob es individuell einen Anreiz gibt, über höheren Konsum oder Investitionen die effektive Gesamtnachfrage zu steigern. Er zeigt, dass es aufgrund externer Effekte diesen Anreiz nicht gibt, obwohl solche Maßnahmen kollektiv die Arbeitslosigkeit senken würden. Deshalb kann nur eine staatliche Erhöhung der aggregierten Nachfrage hier erfolgreich sein.

5.2 Geldmengenpolitik

Geld hat in einer Ökonomie drei wesentliche Funktionen. Erstens ist es Zahlungsmittel und ermöglicht bei allgemeiner Akzeptanz den indirekten Tausch von Gütern. Beim Tausch muss es nicht mehr eine doppelte Übereinstimmung der Wünsche geben, sondern nur eine einfache: Ware gegen Geld. Zweitens dient das Geld als Wertmaßstab. Die relativen Tauschverhältnisse zwischen Gütern, also ihre relativen Preise, lassen sich auf einfache Geldpreise reduzieren, was den Preisvergleich erleichtert. Drittens hat Geld eine Wertaufbewahrungsfunktion über die Zeit: Wenn verderbliche Güter erst in der Zukunft gegen andere getauscht werden sollen, kann das nur gelingen, wenn ich sie heute gegen Geld verkaufe und mir morgen von dem Geld diese anderen Güter kaufe.[64] Alle diese Funktionen haben nun die Eigenschaft, dass keine Person in einer Gesellschaft, die ein Geldmittel nutzen will, von diesen Funktionen ausgeschlossen werden kann, wenn Geld seinen vollen Nutzen entfalten soll. Auch ist der Effizienzvorteil, den Geld mit seinen Funktionen bietet, für alle in gleichem Ausmaß gegeben. Niemand behindert eine andere Person bei der Nutzung von Geld. Damit hat Geld als Institution alle **Eigenschaften eines öffentlichen Gutes**. Man kann auch von einem Netzwerkeffekt des Geldes sprechen. Je mehr Menschen dasselbe Zahlungsmittel akzeptieren und benutzen, umso größer ist der Nutzen des Geldes für alle Beteiligten.

Könnte es eine private Bereitstellung von Geld geben? Nein, denn es würde zu einem Trittbrettfahrerproblem kommen. Das Argument läuft genauso wie bei der Herleitung einer staatlichen Eigentumsordnung. Nehmen wir an, eine Gruppe von Individuen führt ein Geldmittel ein und trägt die Kosten für die Erstellung und Verbreitung. Nehmen wir weiter an, sie wird zunächst dieses Geldmittel nur innerhalb der Gruppe als Zahlungsmittel, Wertmaßstab und Wertaufbewahrungsmittel akzeptieren. Andere Gruppen von Individuen werden mit ganz anders gearteten Geldmitteln in gleicher Weise verfahren, weil es Effizienzvorteile beim Tausch innerhalb der Gruppe mit sich bringt. Es besteht dann aber für diese Gruppen ein Anreiz, diese Geldmittel auch wechselseitig zu akzeptieren, entweder indem man einen Wechselkurs zwischen den Geldmitteln vereinbart oder sich gleich auf ein einheitliches Geldmittel einigt. Denn die Funktionen des Geldes werden umso besser ausgenutzt, je mehr Personen sich auf ein Transaktionsmittel einigen. Und da die Funktionen des Geldes nicht rival sind, werden sie am besten genutzt, wenn sich letztendlich alle Individuen auf ein Geldmittel oder zumindest einen Tauschkurs unter den Geldmitteln einigen. Das Problem ist in diesem Fall jedoch, dass einige Individuen in der Gemeinschaft, die sich auf ein Tauschmittel geeinigt hat, sich der Finanzierung für die Bereitstellung des Tauschmittels entziehen werden. Denn als Trittbrettfahrer werden sie weiterhin das Geld nutzen können, weil alle davon profitieren, wenn das Geld allgemeines Zahlungsmittel ist. Wenn diese individuelle Rationalität sich aber durchsetzt, wird keiner oder zu wenige Individuen die Kosten tragen, und das Geldsystem bricht zusammen. Der Staat kann das Trittbrettfahrerproblem beseitigen, indem er für alle Individuen ein Geldmittel als allgemeines Zahlungsmittel einführt und die hieraus resultierenden Kosten über Steuern finanziert.

Auch die staatliche Steuerung der Geldmenge kann aus einem allokativen Marktversagen hergeleitet werden. Keynes (1940) hat auf die externen Effekte hingewiesen, die auftreten, wenn individuell über moderate Lohnforderungen oder steigende Ersparnis versucht wird, **Inflation** einzudämmen:

---

64 Einzelne dieser Funktionen des Geldes wurden schon von den Klassikern, z. B. Hume (1775) und Smith (1776), hervorgehoben, aber Knut Wicksell (1928) hat erstmals alle drei Aufgaben als primäre Geldfunktionen beschrieben.

„An individual cannot by saving protect himself from the consequences of inflation if others not follow his example; just as he cannot protect himself from accidents by obeying the rule of the road if others disregard. We have here the perfect opportunity for social action, where everyone can be protected by making a certain rule of behavior universal“ (1940, S. 70).

Baumol (1965) hat diese Form des Marktversagens weiter ausgeführt:

„Every member of the community [...] will find it rational to continue to spend the proportion of his income he would have spent in the absence of inflation so long as his income keeps pace with prices. However, the net effect of this course, if it is pursued by everyone, is likely to be a deterioration in the general economic situation with consequences detrimental to all concerned [...]. In these circumstances, as in the case of unemployment, rationality may require recourse to a coercive arrangement, i.e. government intervention, whereby by taxation, wage freezing, or other means, expenditure and other inflationary activities are simultaneously discouraged throughout the economy.“ (p. 141)

Staatliche Geldmengenpolitik ist eine Möglichkeit, das Versagen individuell rationalen Verhaltens bei Inflation zu überwinden.[65]

65 Siehe hierzu auch Maital und Benjamini (1980).

6 Die Logik kollektiven Handelns

Wir haben in den vorangegangenen ⟶ Kapiteln 2 bis 5 gesehen, dass sich die staatlichen Funktionen auf die Überwindung des Trittbrettfahrerproblems zurückführen lassen. Als Schlussfolgerung aus diesen Ausführungen lässt sich folgendes festhalten. Die zentrale Einsicht für die Begründung staatlicher Autorität ist, dass es gesellschaftliche Situationen gibt, in denen die individuellen Ziele der Bürger gerade nicht dadurch erreicht werden, dass jeder seinem wohlverstandenen Eigeninteresse nachgeht, sondern dadurch, dass jeder sich an Regeln hält, auch wenn sie dem Eigeninteresse zuwiderlaufen. Wegen des möglichen Widerspruchs zum Eigeninteresse werden diese Regeln nur dann von jedem und zu jeder Zeit befolgt, wenn eine staatliche Autorität sie durchsetzt. Erst dadurch, dass jeder sich an Regeln halten muss, die seinem Eigeninteresse zuwiderlaufen können, wird das individuelle Eigeninteresse aller optimal befriedigt.

Bis zu diesem Punkt der Widersprüchlichkeit, dass das individuelle Interesse in bestimmten Situationen am besten befriedigt wird, wenn man durch äußeren Zwang daran gehindert wird, dieses Interesse zu verfolgen, waren die klassischen Staatstheoretiker nicht gekommen, wenn sie davon ausgingen, dass sich hier nur langfristige und kurzfristige Interessen widersprechen. Oder wenn sie wie Hume annahmen, dass es nur einer besseren, aufgeklärten Einsicht in die kollektiven Interessen der Gesellschaft bedürfe, damit sich die Bürger kooperativ verhielten. Wenn dem so wäre, könnten sich die Bürger aus höherer Einsicht unmittelbar kooperativ verhalten, ohne dass staatlicher Zwang notwendig wäre. Der Zwang durch den Staat lässt sich nur als **Selbstbindung (*commitment*)** der Bürger verstehen, nicht der Verlockung des Freifahrerverhaltens zu verfallen. Das **Gewaltmonopol**, das den Staat kennzeichnet, wird nur durch die freiwillige Selbstbegrenzung bei der Verfolgung der Eigeninteressen begründet. Erst dadurch werden in bestimmten Situationen die individuellen Ziele der Bürger am besten erreicht. Diese Selbstbindung durch eine staatliche Autorität bedeutet, die Bürger legen sich auf Handlungen fest, indem sie Umstände schaffen, die sie von außen zwingen, bei ihrer Entscheidung zu bleiben. Damit geben sie ein Stück weit ihre Handlungsfreiheit auf und signalisieren sich dadurch wechselseitig, dass sie sich kooperativ verhalten. Der Bürger befürwortet also den Staat und unterwirft sich ihm, weil das die einzige Möglichkeit ist, sich dadurch an kooperatives Verhalten selbst zu binden, und zwar so, dass es für alle anderen Bürger glaubhaft ist. Erst dadurch wird erreicht, dass sich alle kooperativ verhalten.

Man kann den **Staat als Vorrichtung zur Selbstbindung (*commitment device*)** verstehen, die, einmal ins Leben gerufen, vorbeugend verhindern soll, dass die Bürger sich als Trittbrettfahrer verhalten. Da dies individuell vorteilhaft sein kann, gibt der Bürger in diesen Fällen seine Autonomie auf und überlässt es dem Staat, zu bestimmen, welche Handlungsoptionen erlaubt sind und welche nicht. Der Bürger verzichtet also nicht aus besserer Einsicht heraus auf das Trittbrettfahren, weil er etwa einsähe, dass es kollektiv besser ist, wenn alle darauf verzichten. Im Gegenteil weiß er, dass er im konkreten Fall dieses Verhalten an den Tag legen würde. Deshalb versperrt er sich selbst diese Handlungsmöglichkeit durch die Institution Staat.

Mancur Olson (1992) hat in seinem Buch „Die Logik des kollektiven Handelns“ den Widerspruch zwischen individueller Rationalität und gemeinsamem Gruppeninteresse wie folgt ausgedrückt:

> *„Tatsächlich ist es nicht richtig, dass die Folgerung, Gruppen würden in ihrem Eigeninteresse handeln, sich logisch aus der Annahme rationalen Verhaltens im Eigeninteresse ergibt. Aus der Tatsache, dass es für alle Mitglieder einer Gruppe vorteilhaft wäre, wenn das Gruppenziel erreicht würde, folgt nicht, dass*

sie ihr Handeln auf die Erreichung des Gruppenzieles richten werden, selbst wenn sie völlig rational im Eigeninteresse handeln. Außer wenn die Zahl der Individuen in einer Gruppe ziemlich klein ist oder Zwang oder irgendein anderes spezielles Mittel angewendet werden kann, um die Einzelnen zu bewegen, in ihrem gemeinsamen Interesse zu handeln, werden rationale, im Eigeninteresse handelnde Individuen tatsächlich nicht so handeln, dass ihr gemeinsames oder Gruppeninteresse verwirklicht wird." (S. 2)

Wenn ein Staat nun das gemeinsame Interesse verwirklichen will, muss er alle Bürger dazu zwingen, sich an den gesellschaftlichen Aufgaben finanziell zu beteiligen. Olson stellt fest, dass es in der Geschichte der Neuzeit keinen Staat gab, der sich durch freiwillige Zahlungen der Bürger finanziert hat. Den Grund dafür, dass Staaten ihre grundlegenden Aufgaben stattdessen über Steuern finanzieren, sieht er darin, dass diese Aufgaben folgende Eigenschaft haben:

„Wenn sie irgendjemand zur Verfügung stehen, müssen sie für jedermann verfügbar sein. Die grundlegenden und elementaren vom Staat bereitgestellten Güter und Dienste, wie Verteidigung, Polizeischutz und allgemein das System von Recht und Ordnung, sind so beschaffen, dass sie jedem oder praktisch jedem innerhalb der Nation zugänglich sind. Selbst wenn es tatsächlich möglich wäre, wäre es offenbar nicht klug, den vom Militär, der Polizei oder den Gerichten gewährten Schutz denjenigen vorzuenthalten, die nicht freiwillig ihren Anteil an den Kosten des Staates zahlen; folglich ist Besteuerung notwendig." (S. 12f.)

Die Eigenschaft der Nicht-Ausschließbarkeit (oder des gewünschten tatsächlichen Nicht-Ausschlusses) bestimmter Güter und Dienste ist also der eigentliche Grund, warum der Staat diese Leistungen erbringen und finanzieren sollte. Nur der Staat kann aufgrund seines Gewaltmonopols Individuen dazu zwingen, ihren Beitrag zu den Kosten solcher Aufgaben zu leisten. Denn solche öffentlichen Güter und Dienstleistungen erbringen allen Mitgliedern der Gesellschaft einen schrankenlosen Vorteil:

„Obwohl […] alle Mitglieder der Gruppe ein gemeinsames Interesse haben, diesen kollektiven Vorteil zu erlangen, haben sie doch kein gemeinsames Interesse daran, die Kosten für die Beschaffung dieses Kollektivgutes zu tragen. Jeder würde es vorziehen, die anderen die gesamten Kosten tragen zu lassen, *und würde normalerweise jeden erreichten Vorteil mitgenießen, gleichgültig, ob er einen Teil der Kosten getragen hat oder nicht." (S. 20)*

Olson geht darauf ein, dass dieses Trittbrettfahrerverhalten von der Größe der Gruppe abhängt. Je kleiner die Anzahl der Mitglieder ist, umso wahrscheinlicher ist die private Bereitstellung öffentlicher Güter. Denn umso größer ist die Wahrscheinlichkeit, dass ein einzelnes Mitglied einen so großen Vorteil aus dem öffentlichen Gut zieht, dass es auch zur alleinigen Finanzierung wenigstens eines Teils der optimalen Menge des Gutes bereit ist. Aber, so Olson:

„Selbst in kleinsten Gruppen wird das Kollektivgut jedoch gewöhnlich nicht in optimaler Menge bereitgestellt[…]. D.h. je größer die Gruppe ist, umso weniger wird sie in der Lage sein, die optimale Menge eines Kollektivgutes bereitzustellen." (S. 33)

Insbesondere für Gesellschaften mit einer großen Anzahl von Mitgliedern ist es deshalb unwahrscheinlich, dass die Bürger freiwillig zur Finanzierung solcher Güter und Dienstleistungen in effizienter Menge bereit sind.

Die Hauptsätze der Wohlfahrtstheorie stehen nun im Gegensatz zu dieser Logik kollektiven Handelns, da sie ausschließlich auf Situationen anwendbar sind, in denen das Trittbrettfahrerproblem nicht auftaucht. Ihre Aussage ist, dass individuelles, den Eigennutz maximierendes Verhalten zu einem gesellschaftlichen Zustand führt, in dem keiner mehr besser gestellt werden kann, ohne dass ein anderer schlechter gestellt wird. Mit anderen Worten führt dezentrales rationales Handeln zu einem effizienten Ergebnis. Dies gilt nun unter all den Voraussetzungen, die wir oben genannt haben. Und all diese Voraussetzungen laufen darauf hinaus, dass wir nicht in einer Situation sind, in der das Trittbrettfahren für den Einzelnen von Vorteil ist.

Es kommt also darauf an, diejenigen Interessen der sozialen Sphäre, die kein Trittbrettfahrerproblem verursachen und damit auf dem Markt durch bilaterale Vereinbarungen optimal verfolgt werden können (erster Hauptsatz der Wohlfahrtstheorie), von den gesellschaftlichen Situationen zu unterscheiden, bei denen das Gefangenendilemma entsteht und die deshalb mithilfe staatlichen Zwangs geregelt werden müssen. Letztere Interessen definieren also alle Aufgaben des Staates. Wir können festhalten, dass die Eigenschaften, die öffentliche Güter besitzen, auch die Eigenschaften gesellschaftlicher Probleme sind, die vom Staat behandelt werden sollten. Man könnte auch formulieren, dass das Phänomen des Trittbrettfahrerverhaltens als Kriterium dafür herhalten kann, zu entscheiden, ob bei der Verfolgung sozialer Interessen der Staat eingreifen sollte.

Der nächste Teil des Buches widmet sich der Frage, wie sich Individuen zu staatlichen Einheiten zusammenschließen. Wenn wir davon ausgehen, dass Individuen Eigeninteressen besitzen, dann hat sich gezeigt, dass sie bestimmte Einzelinteressen besser gemeinsam erreichen können, wenn sie ihre Autonomie in einem bestimmten Bereich an den Staat abtreten. Die ökonomische Theorie des Föderalismus untersucht die Frage, wie überhaupt Staatseinheiten gebildet werden. Wie groß sollte eine Staateinheit sein? Aus wie vielen staatlichen Untereinheiten sollte ein Gesamtstaat bestehen? Welchen Aufbau unterschiedlicher Staatebenen sollte es geben, wenn man normative Kriterien wie die Effizienz oder Gerechtigkeit zugrunde legt?

Teil II · Größe, Anzahl und Aufbau föderaler Gebietskörperschaften

„The potential welfare gains, and hence the incentives, for decentralized finance are enhanced by the congregation of individuals with similar tastes for public services. Such groupings of consumers should be encouraged by the growing mobility within a developing society.“
Wallace Oates

Die Aufgabe des Staates ist die Bereitstellung von Gütern und Dienstleistungen für seine Bürger, wenn die Versorgung mit diesen Gütern und Dienstleistungen privat in gesellschaftlicher Selbstorganisation nicht oder nicht in ausreichendem Maße geschieht. Das ist dann der Fall, wenn bei Gütern[66] das Problem des Trittbrettfahrerverhaltens auftritt. Wie wir in Teil I gesehen haben, führt dieses Verhalten zu einer ineffizienten Allokation, wenn die Individuen diese Güter privat und freiwillig über den Markt bereitstellen. Der Staat kann dann die Bereitstellung solcher Güter übernehmen, um die Bürger besser zu stellen. Damit ist nicht notwendigerweise gemeint, dass er solche Güter und Dienstleistungen selbst produziert, sondern dass er die Finanzierung, Menge und Qualität der Bereitstellung organisiert.

Als staatliche Einheit verstehen wir im Folgenden die **Gebietskörperschaft**. Eine Gebietskörperschaft ist eine staatliche Einheit mit eigenen Rechten und Pflichten, die für ein bestimmtes geographisches Gebiet verantwortlich ist. Sie ist ein Zusammenschluss von Personen und verfolgt einen überindividuellen Zweck, d. h. einen Zweck, den alle Mitglieder der Körperschaft gemeinsam verfolgen, der aber unabhängig vom Wechsel der Mitglieder Bestand hat.

Ein Staat kann aus einer einzigen Gebietskörperschaft, dem Zentralstaat, bestehen. Dann sprechen wir von einem unitarischen Staat. Ein föderaler Staat besteht im Unterschied dazu aus mehreren Gebietskörperschaftsebenen, deren Aufgaben und Verwaltungen autonom wahrgenommen werden. In Deutschland sind das etwa die Ebenen der Kommunen, Landkreise, Bundesländer und des Bundes. Andere Länder besitzen eine andere Tiefe der Untergliederung, je nach der politischen Struktur eines Landes. Gebietskörperschaften haben eigene Regierungen und Verwaltungen, die nur für das jeweilige Gebiet zuständig sind. Die Kompetenzen einer Gebietskörperschaft hängen von ihrer jeweiligen Ebene ab. So hat der Bund in Deutschland unter anderem die Verantwortung für die Landesverteidigung und auswärtige Angelegenheiten, die Kompetenzen der Bundesländer umfassen die Schulbildung und die Polizei, und die Kommunen sind für Sozialhilfe und Abfall- und Abwasserbeseitigung zuständig.[67] Einige Kompetenzen werden von den Gebietskörperschaften unterschiedlicher Ebenen gemeinsam wahrgenommen. Staaten können sich aber auch ganz oder teilweise zusammenschließen. Dann entsteht eine Gebietskörperschaft oberhalb der Staaten, ein Staatenbund.

Zum Verständnis von unterschiedlichen Gebietskörperschaften ist der Begriff des **lokalen öffentlichen Gutes** zentral. Der Zweck einer Gebietskörperschaft besteht in der Bereitstellung

66 Wenn im Folgenden von Gütern die Rede ist, sind damit Güter und Dienstleistungen gemeint.

67 Nicht alle der genannten Beispiele sind öffentliche Güter. Wie in Teil I gezeigt wurde, sind es aber alles staatliche Leistungen, die in der einen oder anderen Form Trittbrettfahrerverhalten verursachen, wenn sie privat bereitgestellt würden. So sind Schulen und Krankenhäuser Dienstleistungen, die externe Effekte verursachen, Abfall- und Abwasserbeseitigung sind natürliche Monopole, und Umverteilung ist eine staatliche Maßnahme, die, wenn sie privat aus altruistischen Motiven vorgenommen würde, ebenfalls zu Trittbrettfahrerverhalten führen würde.

von öffentlichen Gütern. Ein öffentliches Gut, das einen Nutzen für die Einwohner einer geographisch begrenzten Gebietskörperschaft stiften soll, nennen wir ein lokales öffentliches Gut. Vereinfachend sprechen wir im Folgenden von der Bereitstellung eines lokalen öffentlichen Gutes, wenn eine Gebietskörperschaft eine Aufgabe mit einem gemeinsamen Zweck erfüllt.

Die Frage ist, wie groß sollte eine Gebietskörperschaft sein, die ein bestimmtes öffentliches Gut bereitstellt? Wie viele Gebietskörperschaften sollte es geben? Und wie sollten sie aufeinander aufbauen?

7 Die optimale Größe einer Gebietskörperschaft bei immobiler Bevölkerung

Stellen wir uns zunächst eine Welt vor, in der die Bevölkerung willkürlich über einen bestimmten geographischen Raum verteilt ist. Jedes Individuum ist immobil und gebunden an seinen geographischen Ort. Die Regierung einer Gebietskörperschaft stellt öffentliche Güter für die Einwohner bereit und finanziert die Kosten durch Steuern, die von den Einwohnern erhoben werden.

Der Nutzen eines öffentlichen Gutes für seine Bürger kann unterschiedliche Reichweiten haben. Diese Güter können nach dieser Reichweite kategorisiert werden.[68] Es gibt öffentliche Güter mit weltweitem Nutzen. Ein staatlich gefördertes Programm der Grundlagenforschung kann einen Durchbruch in der Wissenschaft erzielen, der für alle Menschen auf der Welt bedeutsam ist. Oder es werden klimapolitische Erfolge erzielt, die weltweit zur Begrenzung der Erderwärmung führen. Andere Güter und Dienstleistungen stiften einen Nutzen für Menschen auf einem Kontinent, etwa außenpolitische bzw. diplomatische Bemühungen zur Verhinderung eines Krieges in dem Erdteil. Die Verteidigung eines Landes wiederum ist ein nationales öffentliches Gut. Der Küstenschutz ist ein regionales öffentliches Gut, das für die Bewohner einer Küstenregion von Nutzen ist. Die Feuerwehr ist ein lokales öffentliches Gut, insofern sie nur schnell genug zur Löschung eines Feuers in einer kleinen lokalen Umgebung eingesetzt werden kann. Man kann diese Kategorien beliebig verfeinern.

Die Reichweite des Nutzens eines öffentlichen Gutes ist natürlich nicht durch eine präzise anzugebende Gebietsfläche zu bestimmen, sondern hängt von den lokalen Gegebenheiten, geographischen Besonderheiten, Transportwegen oder auch technologischem Fortschritt ab.

Bei gegebener Bevölkerungsverteilung stellen sich nun zwei Fragen.

1. **Horizontaler Föderalismus:** Wie groß sollten die Gebietskörperschaften einer Ebene sein, auf der jede dieser Gebietskörperschaften das gleiche lokale öffentliche Gut bereitstellt, um ihre jeweilige Einwohnerschaft optimal mit diesem Gut zu versorgen? Daraus ergibt sich, wie viele Gebietskörperschaften einer Ebene auf dem Gesamtgebiet der Bevölkerung bestehen sollten. Zum Beispiel, wie groß sollten nebeneinander liegende Gemeinden sein, die jeweils eine lokale Feuerwehr vorhalten, so dass in jeder Gemeinde Brandschutz gewährleistet ist? Damit lässt sich die optimale Gesamtzahl der Gemeinden mit Feuerwehr in einem Land bestimmen.
2. **Vertikaler Föderalismus:** Wie viele Gebietskörperschaftsebenen, auf denen die Gebietskörperschaften jeweils unterschiedliche lokale öffentliche Güter bereitstellen, sollte es übereinander auf dem Gesamtgebiet der Bevölkerung geben? So würde es neben der lokalen Ebene, die die Feuerwehr stellt, zum Beispiel weitere regionale Ebenen von Landkreisen geben müssen, die Küstenschutz oder Höhenrettung im Gebirge organisieren. Die Gebietskörperschaften auf den verschiedenen Ebenen können sich dabei überlagern.

68 Vgl. Breton (1965).

7.1 Das Ideal der fiskalischen Äquivalenz bzw. der perfekten Korrespondenz

Wie soll die Bevölkerung eines Landes in einzelne Gebietskörperschaften aufgeteilt werden, so dass das lokale öffentliche Gut für die Bewohner einer Gebietskörperschaft effizient bereitgestellt wird?

Eine Gebietskörperschaft, die ein öffentliches Gut mit einer bestimmten Reichweite bereitstellt, sollte genauso groß sein wie das Gebiet, das alle Bürger, die einen Nutzen aus dem öffentlichen Gut erzielen, umfasst. Wenn die Gebietskörperschaft kleiner wäre, dann würde sie bei der Entscheidung, wie viel von dem öffentlichen Gut bereitgestellt werden soll, einige Nutzer, nämlich die außerhalb des Einzugsbereichs des Gutes, außer Acht lassen. Damit würde sie die Anzahl der Bürger, denen ihr Gut Nutzen stiftet, zu klein veranschlagen, und es käme zu einer Unterversorgung. Man spricht in diesem Zusammenhang von Spillover-Effekten oder externen Effekten, die nicht berücksichtigt werden. Beispiele hierfür sind militärische Bündnisse, bei denen die gut ausgestattete Armee eines Landes auch die äußere Sicherheit der anderen Bündnisländer garantiert, ohne dass diese hinreichende eigene Verteidigungsanstrengungen unternehmen müssten. Auch die öffentlichen Güter und Dienstleistungen einer Stadt bedienen häufig die Einwohner des Umlandes mit. Dieser nicht einkalkulierte Nutzen für die Einwohner außerhalb der Stadt führt dann zu einem zu geringen Niveau der öffentlichen Leistungen.

Damit ist aber noch nicht klar, warum die Gebietskörperschaft auch nicht größer sein sollte, d. h. nicht mehr Menschen umfassen sollte als nur die Nutzer des öffentlichen Gutes. Eine sehr große Gebietskörperschaft könnte ebenso gut verschiedene Nutzerkreise von Bürgern umfassen und sie mit einem lokalen öffentlichen Gut versorgen, das jeweils in der Reichweite eines Nutzerkreises Nutzen stiftet. Es gibt zwei Begründungen dafür, dass die Bereitstellung eines solchen Gutes besser auf der kleinstmöglichen Ebene stattfinden sollte. Das heißt, die Gebietskörperschaft für ein solches Gut sollte nicht größer sein, als das Gebiet, das gerade alle Individuen eines Nutzerkreises einschließt.[69] Das erste Argument ist das Dezentralisierungstheorem von Wallace Oates (1972), welches besagt, dass die Regierung einer Gebietskörperschaft umso effizienter das lokale öffentliche Gut bereitstellen kann, je näher sie an den Präferenzen der Bürger orientiert handelt. Je präziser die Informationen einer Regierung über die Präferenzen ihrer Bürger sind, umso zielgerichteter kann sie diese mit der richtigen Menge und Qualität eines öffentlichen Gutes versorgen. Dieses Argument wird in Kapitel 7.4 ausführlicher diskutiert.

Ein zweites Argument gegen zu große Gebietskörperschaften stammt ebenfalls von Oates (1972, S. 13) und berücksichtigt die Finanzierungsseite. Wenn nur die Nutznießer eines lokalen öffentlichen Gutes in der Gebietskörperschaft leben, die das Gut bereitstellt, und wenn nur diese Nutznießer die Finanzierung des lokalen öffentlichen Gutes selbst durch lokale Steuern tragen, werden sie genau abwägen, wie groß der Nutzen des Gutes im Vergleich zu seinen Kosten ist, und können eine effiziente Entscheidung treffen. Umfasst die Gebietskörperschaft aber mehr Einwohner als nur die Nutznießer, so werden letztere die Kosten des lokalen öffentlichen Gutes unterschätzen, da sie nur einen Teil der Kosten dafür tragen müssen. Der andere Teil der Kosten wird auf die restlichen Bürger abgewälzt, die keinen Nutzen aus dem Gut ziehen. Die Nachfrage nach dem öffentlichen Gut fällt dann höher aus, als effizient wäre: Es kommt zu einer Überversorgung. Ein Beispiel sind kulturelle Einrichtungen, die nur von einem kleineren Teil der Bevölkerung genutzt werden, aber von allen Steuerzahlern mitfinanziert werden.

---

69 In Kapitel 8.2.3 werden wir ein Argument kennenlernen, das diese Versorgung auf der kleinstmöglichen Ebene relativiert.

Olson (1969) bezieht ergänzend den politischen Entscheidungsprozess über das öffentliche Gut mit ein. Wenn in einer Mehrheitswahl über die Menge und Qualität des öffentlichen Gutes entschieden wird, werden alle Wähler den Nutzen und die Kosten des öffentlichen Gutes, die für sie entstehen, berücksichtigen. In einer Gebietskörperschaft, die einen größeren Personenkreis umfasst als den der Nutznießer des öffentlichen Gutes, gibt es mehr Personen, die das Gut durch Steuern finanzieren, als es Personen gibt, die einen Nutzen daraus ziehen. Sind nun nicht alle Steuerzahler in der Gebietskörperschaft auch Nutznießer des Gutes, so gibt es mehr Benachteiligte durch das öffentliche Gut als Gewinner. Im Prozess der Mehrheitswahl wird daher die Minderheit der Nutznießer nicht die für sie effiziente Menge erhalten.

Als Schlussfolgerung aus diesen Überlegungen lässt sich folgendes Prinzip zur Bestimmung der Größe einer Gebietskörperschaft formulieren:

Das Prinzip der fiskalischen Äquivalenz *(Olson 1969, S. 483)*
„There is a need for a separate government institution for every collective good with a unique boundary, so that there can be a match between those who receive the benefits of a collective good and those who pay for it. This match we define as 'fiscal equivalence'."

Eine Gebietskörperschaft sollte genau so groß sein, dass sie alle Nutznießer des öffentlichen Gutes, das sie bereitstellt, und auch nur diese als Steuerzahler für das Gut heranzieht. Die Erfüllung dieses Prinzips bedeutet also, die Bereitstellung eines öffentlichen Gutes in einer dieser Gebietskörperschaften verursacht weder auf der Nutzenseite Spillover-Effekte noch auf der Kostenseite eine Externalisierung der Steuern. So sollte jede lokale Feuerwehr also einen regionalen Einzugsbereich haben, in dem alle Einwohner rechtzeitig vor einem Brand geschützt werden können und die Steuern zur Finanzierung der Feuerwehr aufbringen.

Wie oben beschrieben, hat jedes öffentliche Gut eine unterschiedliche Reichweite des Nutzens. Nach den Überlegungen bisher folgt dann daraus, dass es je nach Wirkungsradius eines öffentlichen Gutes auch unterschiedliche Ebenen von Gebietskörperschaften geben sollte, die auf einem größeren oder kleineren Gebiet das öffentliche Gut bereitstellen. Lokale öffentliche Güter sollten von Gemeinden, regionale öffentliche Güter von regionalen Regierungen (z. B. Landkreis oder Bundesland), nationale öffentliche Güter vom Nationalstaat, europäische öffentliche Güter von einer europäischen Gebietskörperschaft (z. B. der EU) und weltweite öffentliche Güter von der Weltgemeinschaft bereitgestellt werden.

Breton (1965, S. 180) hat dies als „*perfect mapping*" bezeichnet, bei dem „*all the objective benefits of local goods are exhausted within the boundaries of the local jurisdiction, the benefits of provincial goods within the provincial jurisdictions, the benefits of national goods within the national jurisdictions, and so on.*" Ähnlich hat Oates (1972) folgendes Prinzip definiert:

Prinzip der perfekten Korrespondenz *(Oates 1972, S. 34)*
„The optimal form of federal government to provide the set of n public goods would be one in which there *exists a level of government for each subset of the population over which the consumption of a public good is defined. This would be sufficient to internalize the benefits from the provision of each good. Such a structure of governments, in which the jurisdiction that determines the level of provision of each public good includes precisely the set of individuals who consume the good, I shall call the case of perfect correspondence in the provision of public goods. In the ideal model, each level of government, possessing complete knowledge of the tastes of its constituents and seeking to maximize their welfare, would provide the Pareto-efficient level of output [...] and would finance this through benefit pricing."*

In einer solchen idealen Struktur würde jede Regierungsebene die Pareto-effiziente Menge des öffentlichen Gutes bereitstellen.

Gebietskörperschaften, die das gleiche öffentliche Gut bereitstellen, liegen auf einer Ebene. Gebietskörperschaften, die unterschiedliche öffentliche Güter bereitstellen, liegen auf unterschiedlichen Ebenen. Bei *n* verschiedenen öffentlichen Gütern müsste ein föderaler Staat, der dem Prinzip der perfekten Korrespondenz genügt, *n* verschiedene Regierungsebenen besitzen. Diese sind entweder strikt hierarchisch übereinander angeordnet, so dass die Gebietskörperschaften der übergeordneten Ebene disjunkte Mengen von Gebietskörperschaften der untergeordneten Ebene sind, so wie Bund, Länder und Gemeinden in Deutschland. Ein weiteres Beispiel hierfür ist die Währungsunion für den Euro, die eine Teilmenge der Mitgliedstaaten der Europäischen Union darstellt. Oder es gibt Ebenen, die sich überlagern, wobei eine Gebietskörperschaft der untergeordneten Ebene zu mehreren Gebietskörperschaften der übergeordneten Ebene gehören kann. Bei solchen Überschneidungen kann eine untergeordnete Gebietskörperschaft die Schnittmenge von Gebietskörperschaften der oberen Ebene sein. Für jede dieser Schnittmengen der Bevölkerung wird ein bestimmtes öffentliches Gut bereitgestellt. Beide Formen überlappender Gebietskörperschaften könnten auftreten. Damit ergibt sich aus den vorherigen Überlegungen, dass föderal aufgebaute Staaten im Sinn der effizienten Versorgung mit öffentlichen Gütern und Leistungen die optimale Staatsform sind.

7.2 Überlappende Gebietskörperschaften

Eine effiziente Aufteilung der Gebietskörperschaften gemäß der perfekten Korrespondenz kann schon bezüglich der Bereitstellung *eines* lokalen öffentlichen Gutes zu einer großen Anzahl von Gebietskörperschaften auf einer Ebene führen. Bei mehreren öffentlichen Gütern würde die Effizienz verschiedene Ebenen erfordern, auf denen das Gesamtgebiet jeweils unterschiedlich in Gebietskörperschaften aufgeteilt wird und diese Zerlegungen sich überlagern. Diese effiziente Aufteilung kann so sein, dass auf einer höheren Ebene regionale öffentliche Güter in größeren Gebietskörperschaften bereitgestellt werden, und lokale Güter auf einer tieferen Ebene, deren Gebietskörperschaften dann Teilmengen oder Teilgebiete der Gebietskörperschaften der höheren Ebene wären. So eine Struktur, dass Gebietskörperschaften einer höheren Ebene (also bei öffentlichen Gütern mit großer Reichweite des Nutzens) immer Obermengen der Gebietskörperschaften der unteren Ebenen (also mit öffentlichen Gütern geringerer Nutzenreichweite) sind, ist aber bei effizienter Aufteilung eher unwahrscheinlich. Bei unterschiedlicher Reichweite des Nutzens lokaler öffentlicher Güter ist es viel wahrscheinlicher, dass es Überlappungen gibt.

Wenn zum Beispiel Niedersachsen, Schleswig-Holstein und Mecklenburg-Vorpommern das öffentliche Gut „Innere Sicherheit" über Polizei auf ihrem Gebiet gewährleisten und jeweils so viele Bürger umfassen würden, dass sie damit jedem ihrer Einwohner und nur diesen hinreichend Polizeischutz bieten würden, dann lägen sie bei perfekter Korrespondenz auf einer föderalen Ebene. Gleichzeitig müsste es nach diesem Prinzip für das öffentliche Gut „Küstenschutz" eine weitere föderale Ebene geben, die zum Beispiel aus zwei Gebietskörperschaften besteht: der Gebietskörperschaft „Nordseeküste", die alle Küstenregionen von Niedersachsen und Schleswig-Holstein an der Nordsee umfasst, und der Gebietskörperschaft „Ostseeküste", die alle Küstenregionen von Schleswig-Holstein und Mecklenburg-Vorpommern an der Ostsee umfasst. Wenn man dieses Beispiel über nationale Grenzen hinaus weiterdenkt, dann wäre es effizient, wenn die Küstenregionen anderer Ostseeanrainerstaaten wie Polen, des Baltikums und der skandinavischen Länder sich ebenfalls der internationalen Gesamtregion „Ostseeküste" als Gebietskörperschaft anschließen würden.

Das heißt, ein föderaler Aufbau des Staates ist in der Regel effizient, wenn die staatlichen Dienstleistungen unterschiedliche Wirkungskreise in der Bevölkerung haben. Dabei würden sich die Gebietskörperschaften einer tieferen föderalen Ebene nicht als Teilmengen aus den Gebietskörperschaften der höheren föderalen Ebenen ergeben, sondern sie würden sich überlappen, also Schnittmengen der Gebietskörperschaften der höheren Ebene sein.

Für den föderalen Aufbau eines Staates spricht ebenso, dass Wahlen die Präferenzen der Bürger besser offenbaren als in einem zentralen Staat. In einem unitarischen Staat wird in einer Wahl über ein Bündel von Maßnahmen der Zentralregierung abgestimmt. Hingegen gibt es bei Regierungen auf verschiedenen föderalen Ebenen mehrere Wahlen, in denen jeweils über speziellere politische Maßnahmen abgestimmt wird: Über die Umverteilung wird auf zentraler Ebene abgestimmt, über das Schwimmbad auf kommunaler Ebene. Dadurch kommen die Präferenzen für jeden einzelnen politischen Programmpunkt besser zutage. Die Transparenz der kollektiven Entscheidungen nimmt zu, da man jeweils nur über eine oder wenige politische Sachverhalte zu entscheiden hätte. Eine komplexe und undurchsichtige Entscheidung über ein allgemeines politisches Programm oder ein Bündel von Maßnahmen, über die nur im Paket abgestimmt werden kann, wäre damit hinfällig.

Eine Variante solcher föderaler Ebenen, deren politische Einheiten sich überlappen, die aber nicht an ein geographisches Gebiet gebunden sind, ist der funktionale Föderalismus.[70] Individuen organisieren sich auf unterschiedlichen Ebenen, die jeweils eine spezifische öffentliche Leistung erbringen, in politischen Einheiten, die sich überlappen und nicht einander über- oder untergeordnet sind. Individuen, die zu verschiedenen Staaten gehören, können sich trotzdem in solchen politischen Einheiten zusammentun, ohne ihren Wohnort zu verlassen. Diese politischen Einheiten ähneln den sogenannten Zweckverbänden in Deutschland, besitzen aber Hoheitsrechte wie die Kompetenz, Steuern zu erheben.

▸ Exkurs 3 | Funktionaler Föderalismus

Typischerweise ist der Föderalismus in den meisten Staaten in einer starren hierarchischen Form gegliedert. Wie in einer Pyramide wird an der Spitze der Zentralstaat durch eine Bundesregierung geleitet. Der Gesamtstaat untergliedert sich dann in einzelne Flächen- oder Stadtstaaten, die von regionalen Regierungen geführt werden und die sich weiter untergliedern bis hin zum Bürgermeister in einer Gemeinde. Dieser starre Aufbau wird häufig den dynamischen Umständen, unter denen politische Entscheidungen getroffen werden müssen, nicht gerecht.

Staatliche Aufgaben ändern sich im Laufe der Zeit nicht nur inhaltlich sondern auch von ihrem Zuschnitt her. Zum Beispiel kann es sein, dass eine Verwaltung durch technischen Fortschritt wie Digitalisierung eine größere Anzahl von Bürgern erreichen und bedienen kann. Solche Änderungen würden ermöglichen, Aufgaben effizienter zu erledigen, wenn sich auch die Zuständigkeit von Gebietskörperschaften für die Einwohner eines Landes ändert. Gemeinden könnten vergrößert werden oder Landkreise zusammengelegt werden. Auch wenn sich staatliche Aufgaben aufgrund von Präferenzänderungen der Bevölkerung ändern, würden neue Aufgaben einen neuen Zuschnitt der Gebietskörperschaften erfordern. Um dieser Dynamik besser gerecht werden zu können, müsste es möglich sein, den föderalen

70 Siehe Casella und Frey (1992).

Aufbau eines Staates flexibler zu gestalten. Kooperationen zwischen Bürgern müssten leichter und schneller an diesen Wandel angepasst werden können.

Ein Konzept, dass diese Flexibilität anstrebt, ist der sogenannte Funktionale Föderalismus.[71] In diesem staatlichen System würden sich Bürger in überlappenden Körperschaften selbst organisieren, ohne dass es eine explizite Hierarchie gäbe. Jede Körperschaft wäre für die Bereitstellung bestimmter öffentlicher Güter und Dienstleistungen verantwortlich. Gebietskörperschaften könnten sich zu einem gemeinsamen Zweck über Ländergrenzen hinweg zusammenschließen, ohne dass dies der Zustimmung der jeweiligen Bundesregierungen bedürfte. Bürger könnten auch in einer Angelegenheit kooperieren, ohne dass sie in einem Gebiet zusammenleben. Das heißt, gemeinsame Politik könnte unabhängig vom Wohnsitz betrieben werden. Diese Allianzen könnten also kreuz und quer zwischen den Bürgern auch unterschiedlicher Staaten (wie der Mitgliedstaaten in der EU) geschlossen werden. Jede einzelne politische Aufgabe würde in diesem dezentralen System von internationalen Vereinigungen von Bürgern organisiert werden.

Solche funktionalen staatlichen Einheiten, die an kein Staatsgebiet mehr gebunden wären, könnten staatliche Aufgaben bewältigen, die nur auf den Personenkreis der (wechselnden) Mitglieder dieser Vereinigung zugeschnitten sind. Sie haben eine Ähnlichkeit zu dem, was in Deutschland als Zweckverband bezeichnet wird.

Für jede neue oder anders zugeschnittene Aufgabe könnten sich neue Verbände bilden, die sich funktional und nicht territorial organisieren. Frey und Eichenberger (1996) nennen solche Verbände *„functional, overlapping, and competing jurisdictions* (FOCJ)".[72] Die Formierung eines funktional-föderalen Systems von Regierungen wird dabei nicht von oben verordnet, sondern soll sich als Reaktion auf die Präferenzen der Bürger herausbilden. In der EU soll die Möglichkeit der Bildung solcher Verbände als fünfte Grundfreiheit verankert werden, damit schon bestehende konkurrierende Verbände oder höher angesiedelte Regierungen die Gründung eines Verbandes nicht verhindern können.[73] Dadurch soll garantiert sein, dass neue Verbände in Wettbewerb treten können und die Politik dadurch effizienter wird. Jeder Bürger soll das Recht haben, einen neuen Verband durch eine Bürgerabstimmung zu gründen, der von politischen Managern verwaltet wird, die wiederum von der Bürgerbewegung beaufsichtigt werden. Jeder Verband hat das Recht, Steuern zu erheben, um damit das öffentliche Gut, das er bereitstellt, zu finanzieren.

Ein solcher Zweckverband hat vier charakteristische Eigenschaften. Er ist *funktional*, insofern er als politische Einheit alle Bürger umfasst, die einen Zweck gemeinsam verfolgen, unabhängig von ihrem Wohnsitz. Er ist *überlappend*, weil er sich mit anderen Zweckverbänden, die verschiedene Aufgaben wahrnehmen, in der Zusammensetzung der Bürger überlappen kann. Er befindet sich im *Wettbewerb*, da Bürger nun entscheiden können, welchem Zweckverband sie sich anschließen. Damit nehmen sie politische Rechte wahr, um ihre Präferenzen durch Bürgerinitiativen oder Volksabstimmungen zum Ausdruck zu bringen. Schließlich ist der Zweckband eine *staatliche Einrichtung*, da er eine Regierung besitzt, die von ihren Verbandsmitgliedern Steuern erheben kann und ihre Aufgabe mit einem Gewaltmonopol durchsetzen kann.

71 Siehe Frey und Eichenberger (1996a, 1996b) sowie Eichenberger und Frey (2006).

72 Frey und Eichenberger (1996b), S. 316.

73 Die vier schon bestehenden Grundfreiheiten innerhalb der EU sind der freie Austausch der Waren, Dienstleistungen, Arbeitnehmer und des Kapitals. Diese Grundfreiheiten sollen den Wettbewerb zwischen den Mitgliedstaaten stärken.

Solche Zweckverbände haben verschiedene Vorteile gegenüber herkömmlichen Gebietskörperschaften. Da sich jeder Zweckverband nur auf eine oder wenige Aufgaben beschränkt, erhalten die Bürger bessere Informationen über die Aufgabenerfüllung und können die Regierung im Vergleich zu anderen Zweckverbänden besser beurteilen. Umgekehrt wird durch den Beitritt von Bürgern zu einem Verband die Präferenz für eine bestimmte staatliche Aufgabe offenbart. Ein weiterer Vorteil ist, dass die Kosten der Bereitstellung des öffentlichen Gutes geringer sind, das Ausmaß an Spillover-Effekten minimiert wird und gleichzeitig die Größenvorteile ausgeschöpft werden können. Auch die Spezialisierung eines Zweckverbandes auf eine politische Aufgabe trägt zur Kostenreduktion bei. Der Wettbewerb zwischen den Zweckverbänden, der durch den drohenden Austritt unzufriedener Bürger und die vorteilhafte Gewinnung von Bürgern, die das Angebot attraktiv finden, zustande kommt, setzt Anreize für die verwaltenden Manager des Zweckverbandes, die individuellen Präferenzen optimal zu berücksichtigen und das öffentliche Gut effizient bereitzustellen. Auch dass der Zweckverband nur partikulare und nicht sämtliche Interessen eines Bürgers vertritt, fördert das Matching zwischen Politik und Bürger. So kann ein Bürger sich für ein bestimmtes Interesse einem Zweckverband anschließen und gleichzeitig bezüglich anderer Interessen anderen Verbänden oder seinem Herkunftsland treu bleiben. Das heißt, es bedarf keiner kompletten Abstimmung mit den Füßen, wenn man sich einem Zweckverband anschließt. Jedes spezielle Interesse kann hier durch die Mitgliedschaft in einem Zweckverband ohne totale Abwanderung befriedigt werden.

Offensichtliche Nachteile eines solchen föderalen Systems sind einerseits die Kosten der Wahlentscheidung, die jeder Bürger bei den Wahlen in allen Zweckverbänden, denen er angehört, zu tragen hat. Er muss sich jetzt zu jeder einzelnen politischen Aufgabe, die in seinen Zweckverbänden ausgeführt wird, eine Meinung darüber bilden, welche Maßnahme von welcher Regierung am besten für die Aufgabe geeignet ist. Paketlösungen, die man sonst bei Regierungen in Gebietskörperschaften wählt, gibt es hier nicht. Ein weiteres Problem ist der Koordinierungsaufwand zwischen den zahlreichen Zweckverbänden. Denn selbst wenn nur minimal Spillover-Effekte auftreten, sollten diese möglicherweise von einer Zentralregierung durch vertikale Subventionen internalisiert werden. Schließlich ist auch bei dieser Form des Föderalismus fraglich, ob Umverteilung optimal zwischen allen Bürgern unterschiedlicher Zweckverbände ausgeführt werden kann.

Es gibt zahlreiche Beispiele für solche funktional-föderalen Verbände. In der EU finden sich Gebietskörperschaften länderübergreifend zum Aufbau transnationaler Netzwerke zusammen. Auch der Europäische Währungsraum kann als ein funktionaler Zusammenschluss von Mitgliedstaaten der EU verstanden werden. In den USA gibt es viele Metropolregionen, die über Staats- und Landesgrenzen hinausgewachsen sind, wie zum Beispiel der Hafendistrikt (Port Authority) von New York City, der sowohl New York als auch New Jersey versorgt. Solche speziellen Distrikte gibt es in größerer Anzahl als Städte (Casella und Frey, 1992, S. 644). In der Schweiz finden sich ebenfalls viele Institutionen des funktionalen Föderalismus zwischen und innerhalb von Kantonen.

Wenn auch der funktionale Föderalismus kein Konzept sein mag, dass den traditionellen Föderalismus autonomer Gebietskörperschaften vollständig ablösen kann, so ist doch der Nutzen funktionaler Zweckverbände für die flexible Anpassung des Föderalismus an geänderte Aufgabenstellungen für die Politik beträchtlich und kann komplementär zum herkömmlichen Föderalismus eingesetzt werden.

7.3 Kosten der politischen Entscheidung und Verwaltung

Würde man nach dem Prinzip der perfekten Korrespondenz versuchen, Gebietskörperschaften so anzuordnen, dass eine effiziente Allokation öffentlicher Güter zustande käme, dann müsste es für jedes einzelne öffentliche Gut eine Ebene von Gebietskörperschaften geben, die in ihrem Einzugsbereich alle Einwohner umfassen, die Nutzen aus dem öffentlichen Gut ziehen und die Kosten dafür tragen. Da verschiedene öffentliche Güter auch sehr unterschiedliche Reichweiten bezüglich ihrer Nutzenstiftung besitzen, sind die optimalen Größen der Gebietskörperschaften mal größer oder mal kleiner für das jeweilige Gut. Damit ist die Aufteilung auf den Ebenen für verschiedene Güter nicht deckungsgleich, d. h. die Gebietskörperschaften umfassen mal mehr und mal weniger Einwohner für die Bereitstellung eines öffentlichen Gutes.

Wegen der Abgrenzungsprobleme über die Ausstrahlung des Nutzens verschiedener öffentlicher Güter ist die perfekte Korrespondenz natürlich nur ein Ideal und man kann diese optimale föderale Überlappung von Gebietskörperschaften nur näherungsweise anstreben. Selbst wenn es möglich wäre, separate Ebenen mit unterschiedlicher Aufteilung von Gebietskörperschaften für jedes öffentliche Gut zu bilden, sprächen die Kosten für die Einrichtung und Verwaltung einer solchen Vielzahl an Ebenen von Gebietskörperschaften gegen ein solches allokationseffizientes Ideal.

Jede politische Regierungseinheit verursacht substanzielle fixe Einrichtungskosten und variable Durchführungskosten, wie die Lohnkosten des Personals, Gebäude- und Liegenschaftskosten, Anschaffungskosten für Büroausstattung und anderes. Wenn es eine Vervielfachung übereinanderliegender Gebietskörperschaften gäbe, würden sich auch die Kosten entsprechend vervielfachen.

Eine große Anzahl überlappender Gebietskörperschaften, die jeweils nur für eine bestimmte öffentliche Dienstleistung zuständig sind, stellt für die Bürger einen erheblichen Informationsaufwand und Kosten des Wählens dar. Denn jetzt müsste eine Vielzahl von Regierungen und staatlichen Autoritäten gewählt werden, und die kollektiven Entscheidungen über jede staatliche Aktivität würden zunehmen. Die Kosten der Überwachung dieser Aktivitäten durch die Wähler würden sich vervielfachen.

Das heißt die allokative Effizienz eines solchen föderalen Aufbaus mit multiplen Ebenen von Regierungen hat seinen Preis in einer immensen Kostensteigerung für Verwaltung und Wahlen. Dieses Argument spricht für pragmatische Lösungen beim Aufbau eines föderalen Staates und eine Vereinfachung der Zuständigkeiten von Gebietskörperschaften. Zum Beispiel könnten all diejenigen öffentlichen Güter, die dieselbe Nutzenreichweite und damit dieselbe optimale Größe einer Gebietskörperschaft erfordern, von einer Regierungsebene bereitgestellt werden. Eine Gebietskörperschaft dieser Regierungsebene wäre dann für alle Güter mit derselben Nutzenreichweite zuständig. Darüber hinaus müssten aber auch die strengen Regeln, die die fiskalische Äquivalenz den Grenzen einer Gebietskörperschaft setzt, soweit gelockert werden, dass die Kosten der föderalen Verwaltung nicht ausufern.

7.4 Nähe der Regierung zu den Präferenzen der Bürger: Das Dezentralisierungstheorem

Das Dezentralisierungstheorem von Oates besagt, dass ein öffentliches Gut grundsätzlich auf der niedrigeren föderalen Ebene bereitgestellt werden sollte, wenn die Präferenzen in den Gebietskörperschaften, d. h. die Nutzen, die aus der staatlichen Leistung gezogen werden, unterschiedlich sind. Oates (1972, S. 35) formuliert das Theorem folgendermaßen[74]:

> *„For a public good – the consumption of which is defined over geographical subsets of the total population, and for which the costs of providing each level of output of the good in each jurisdiction are the same for the central and the respective local government – it will always be more efficient (or at least as efficient) for local governments to provide the Pareto-efficient levels of output for their respective jurisdictions than for the central government to provide any specified and uniform level of output across all jurisdictions.“*

Zwei wesentliche Annahmen macht dieses Theorem. Die erste Annahme ist, dass eine zentrale Regierung nur eine einheitliche Menge des öffentlichen Gutes für alle Gebietskörperschaften bereitstellen kann. Das heißt, es wird ausgeschlossen, dass sie je nach Gebietskörperschaft und den Präferenzen ihrer Bürger unterschiedliche Mengen bereitstellen kann. Die zweite Annahme ist, dass es keine Kostenersparnis gibt, wenn das Gut zentral bereitgestellt wird. Steigende Skalenerträge, bei denen die Kosten pro Mengeneinheit mit größerer Menge sinken, werden hier ausgeschlossen. Sind diese Annahmen erfüllt, dann kann gezeigt werden, dass bei zentraler Bereitstellung des öffentlichen Gutes der Wohlfahrtsverlust der Konsumenten umso größer wird, je weiter ihre Präferenzen für die optimale Menge auseinanderliegen.

Der Beweis für dieses Theorem[75] beruht darauf, dass die dezentralen lokalen Regierungen und die zentrale Regierung eine bestimmte Menge des öffentlichen Gutes zu denselben Kosten bereitstellen können. Der einzige Unterschied ist, dass die zentrale Regierung eine weitere Nebenbedingung einhalten muss: Sie kann allen Bürgern nur die gleiche Menge anbieten, während die lokalen Regierungen die Menge zwar für ihre jeweilige Einwohnerschaft gleich hoch wählen, aber zwischen den Gebietskörperschaften unterschiedlich hohe Mengen anbieten können. Diese weitere Nebenbedingung für die zentrale Regierung muss dazu führen, dass die Wohlfahrt, die eine lokale Bereitstellung für die Bürger erreicht, mindestens genauso hoch und in der Regel höher ist als die Wohlfahrt aus einer zentralen Bereitstellung. Denn die lokale Variabilität der Mengen trifft die Präferenzen der Bürger in den lokalen Gebietskörperschaften mindestens so gut wie die zentrale einheitliche Menge.

Im Folgenden wird das Theorem für den Fall zweier Gebietskörperschaften A und B illustriert. Die Einwohner in einer Gebietskörperschaft haben identische Präferenzen, zwischen den Gebietskörperschaften hingegen unterscheiden sich diese Präferenzen. Die Präferenzen der Einwohner für das öffentliche Gut G werden durch die aggregierte marginale Zahlungsbereitschaft GZB_i, $i = A, B$, angegeben, die besagt, wieviel die jeweiligen Einwohner zusammen für eine weitere Einheit des öffentlichen Gutes zu zahlen bereit sind. Diese Zahlungsbereitschaft nehme ab, je mehr von dem öffentlichen Gut konsumiert wird. Da keine steigenden Skalenerträge vorliegen, haben die zentrale Regierung und die lokale Regierung dieselben Grenzkosten bei der Bereitstellung des öffentlichen Gutes. Diese Grenzkosten GK seien konstant und der Steuerpreis P für das öffentliche Gut werde in Höhe dieser Grenzkosten erhoben.

---

74 Barzel (1969) hat eine ähnliche Idee präsentiert.

75 Der Beweis von Oates (1972), S. 54ff., wird im Appendix 7.1 zu diesem Kapitel für den allgemeineren Fall öffentlicher Güter mit Spillover-Effekten wiedergegeben, die in Kapitel 7.6 behandelt werden.

Abbildung 7.1 stellt den Wohlfahrtsverlust bei zentraler Bereitstellung des öffentlichen Gutes dar. Die Regierungen seien Wohlfahrtsmaximierer ihrer jeweiligen Einwohnerschaft und bieten die Menge an, bei der die *GZB* die *GK* schneidet.[76] An diesem Punkt ist die Konsumentenrente, die durch die Dreiecksfläche zwischen der oberhalb der Grenzkosten liegenden Grenzzahlungsbereitschaft und der Grenzkosten angegeben wird, maximal. Bei kleinerer Menge wäre die Zahlungsbereitschaft für eine weitere Mengeneinheit größer als die Grenzkosten, die für diese weitere Einheit gezahlt werden müssen. Da die Einwohner also weniger abgeben müssen als sie abzugeben bereit wären, stellen sie sich durch eine Erhöhung der Menge besser. Umgekehrt wären bei größerer Menge die Grenzkosten größer als das, was die Bürger zu zahlen bereit wären, und der Nutzen bzw. die Konsumentenrente würde steigen, wenn man die Menge verringert. Da in Gebietskörperschaft *A* die aggregierte Präferenz und damit die Zahlungsbereitschaft für das öffentliche Gut geringer ist als in Gebietskörperschaft *B*, bietet die Regierung in *A* eine geringere Menge G_A an als die Regierung in *B*, die G_B anbietet.

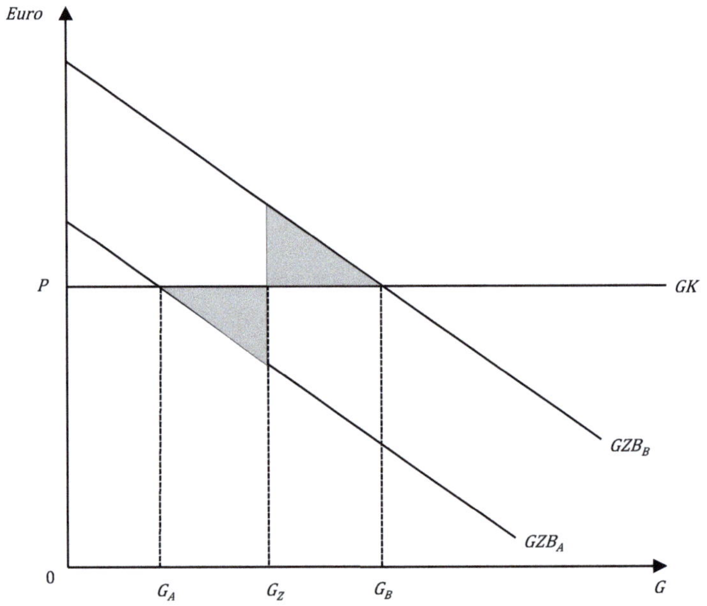

Abbildung 7.1: Wohlfahrtsverlust durch uniforme Bereitstellung einer zentralen Regierung

Eine zentrale Regierung, die nur eine einheitliche Menge in beiden Gebietskörperschaften anbieten kann, könnte z. B. allen Bürgern eine mittlere Menge G_Z anbieten, bei der die durchschnittliche Grenzzahlungsbereitschaft beider Gebietskörperschaften gerade den Grenzkosten entspricht: $\frac{GZB_A + GZB_B}{2} = GK$. Die Einwohner in Gemeinde *A* würden dann zu viel gemessen an ihren Präferenzen konsumieren, und die Einwohner in Gemeinde *B* zu wenig. Dabei würde die Gemeinde *A* eine Wohlfahrt bzw. Konsumentenrente in Höhe des unteren grau schraffierten Dreiecks und Gemeinde *B* in Höhe des oberen grau schraffierten Dreiecks verlieren. Auch jede andere uniforme Menge der zentralen Regierung würde bei mindestens einer lokalen

76 Als Wohlfahrtsmaximierer wählen die Regierungen die Menge des öffentlichen Gutes, bei der die Summe der marginalen Zahlungsbereitschaften gleich den Grenzkosten ist. Siehe die Samuelson-Regel in Kapitel 3.1.

Gebietskörperschaft einen Wohlfahrtsverlust gegenüber der lokalen Menge ergeben, während höchstens eine Gebietskörperschaft von der Wohlfahrt her gleich gut gestellt werden würde.

Weiterhin wird deutlich, dass bei größerer Divergenz der Präferenzen, also wenn die *GZB* der Gemeinden weiter auseinanderliegen würden, der Wohlfahrtsverlust, d. h. die grau schraffierten Dreiecke, durch die zentrale Bereitstellung größer würde. Außerdem steigt der Wohlfahrtsverlust, je unelastischer die Nachfrage nach dem öffentlichen Gut ist. Eine unelastischere Nachfrage bedeutet, dass die *GZB* steiler verläuft, d. h. die Individuen geringfügiger mit ihrer nachgefragten Menge auf eine Änderung der Preise reagieren. Je steiler die *GZB* verläuft, umso größer werden jedoch die grauen Dreiecke, die die Wohlfahrtsverluste der Zentralisierung darstellen. Eine Zentralisierung verursacht zudem umso größere Wohlfahrtsverluste, je mehr Gebietskörperschaften auf der unteren Ebene existieren, die zu den gleichen Kosten das öffentliche Gut bereitstellen, aber die Präferenzen der jeweiligen Einwohner präziser bedienen können. Die Summe der Wohlfahrtsverluste in Form der schraffierten Dreiecke steigt mit der Anzahl der Gemeinden. Zusammengefasst heißt das, dass durch die Nähe zu den lokalen Präferenzen der Bürger eine dezentrale Versorgung mit öffentlichen Gütern mindestens eine gleich große, in der Regel aber größere Wohlfahrt erzeugt, wenn es keine Kostenvorteile einer zentralen Bereitstellung gibt und die zentrale Regierung nur eine für alle Bürger einheitliche Menge anbieten kann.

Das Dezentralisierungstheorem stellt besonders deutlich heraus, wie wichtig die genaue Repräsentation der Präferenzen der Bürger durch die Politik ihrer jeweiligen Regierung für die Wohlfahrt ist. Je kleiner eine Gebietskörperschaft ist, umso homogener werden die Präferenzen ihrer Bürger wahrscheinlich sein. Im Extremfall würde eine Gebietskörperschaft pro Bürger eingerichtet, also perfekte Homogenität der Präferenzen erreicht, wodurch das öffentliche Gut dann ein privates Gut würde (keine Rivalität im Konsum und vollständige Ausschließbarkeit). Oates (1972, S. 34) hat auf dieses Kontinuum zwischen öffentlichen und privaten Güter hingewiesen, wobei das private Gut das Extrem eines Gutes ist, das nur von einer Person konsumiert wird und über dessen Menge auch nur diese Person entscheidet. Über Güter, die von zwei oder mehr Personen gleichzeitig konsumiert werden, also öffentliche Güter, die eine gleichzeitige Auswirkung auf den Nutzen mehrerer Personen haben, muss dann auch kollektiv entschieden werden. Das Dezentralisierungstheorem betont nun, dass diese kollektive Entscheidung umso besser funktioniert, je kleiner die Kollektive sind, für die diese Entscheidung herbeigeführt werden muss und je weniger divers die Präferenzen sind. Das heißt, dass die Wohlfahrtsverluste einer kollektiven Entscheidung größer werden, je größer die Gebietskörperschaft ist, also je mehr Einwohner sie hat, da dadurch die Heterogenität der Präferenzen zunimmt und die festgelegte Menge des öffentlichen Gutes von den Präferenzen einer größeren Anzahl von Einwohnern abweicht.

7.4.1 Die Annahme uniformer Bereitstellung durch eine zentrale Regierung

Eine wesentliche Annahme des Dezentralisierungstheorems ist, dass eine zentrale Regierung in allen untergeordneten Gebietskörperschaften nur eine einheitliche Menge des öffentlichen Gutes bereitstellen kann und nicht nach den Präferenzen der Einwohner in den jeweiligen Kommunen differenziert. In seinem Buch von 1972 gibt Wallace Oates selbst eine eher tautologische Begründung dafür an. Nach seiner ökonomischen Definition (S. 17) ist ein föderaler Staat nämlich nicht dadurch gekennzeichnet, dass es unterhalb der zentralstaatlichen Ebene autonome lokale Gebietskörperschaften gibt, deren Regierungen ihre Entscheidungen unabhängig von der zentralen Regierung treffen. Bei Oates wäre ein Staatsaufbau auch dann föderal, wenn nur die zentrale Regierung autonome Entscheidungen trifft, diese aber nach Gebietskörperschaften differenzieren kann und die Ausführung dann an die lokalen Regierungen delegiert (Fußnote 9, S. 37). Deshalb ist eine zentralistische Entscheidung für ihn nur dann gegeben, wenn der Staat seine Entscheidungen zentral für alle in gleicher Weise trifft und keine Unterschiede nach lokalen Gegebenheiten macht. Ein Staat, der hingegen solche lokalen Unterscheidungen macht, ist nach dieser Definition immer föderal, ganz gleich, ob die Umsetzung solcher differenzierten lokalen Maßnahmen von einer zentralen Regierung delegiert wird oder durch lokale Regierungen autonom erfolgt.

Geht man bei einem föderalen Staat im Gegensatz zu Oates von unterschiedlichen Ebenen autonomer politischer Entscheidungsträger aus, dann bleibt die Frage, warum ein Zentralstaat nicht auch für jede Region unterschiedliche Mengen eines öffentlichen Gutes bereitstellen kann. Eine legalistische Begründung kann es für Staaten geben, in denen dem Zentralstaat bei bestimmten politischen Maßnahmen durch die Verfassung vorgeschrieben wird, alle Bürger gleich zu behandeln und keine lokalen Unterschiede zu machen.

Nach dem deutschen Grundgesetz darf der Bund zwischen den Bürgern nicht diskriminieren, wohingegen die Bundesländer durchaus unterschiedliche Gesetzgebungen für ihre jeweiligen Bürger verabschieden dürfen. Das folgt einerseits aus dem Gleichbehandlungsgrundsatz (Art.3 GG), der für einen Hoheitsträger immer nur im Bereich seines Hoheitsgebiets gilt. Andererseits ist Deutschland nach Art. 20 Abs. 1 des Grundgesetzes ein föderaler Staat, in dem die Bundesländer in den Bereichen, für die sie die Gesetzgebungskompetenz besitzen, unterschiedliche Regelungen treffen können. Auch in der US-amerikanischen Verfassung finden sich ähnliche konstitutionelle Schranken. Die equal protection clause verbietet nach dem 14. Verfassungszusatz den Regierungen der Bundesstaaten und über den 5. Verfassungszusatz auch der Bundesregierung eine Ungleichbehandlung. Gleichzeitig können die Bundesstaaten im Rahmen der General Police Powers (10. Verfassungszusatz) grundsätzlich frei Gesetze erlassen, sofern die Gesetzgebung in bestimmten Bereichen nicht dem Bund vorbehalten ist.[77]

Zudem kann es politischer Druck einer zentralen Regierung praktisch unmöglich machen, die Regionen in unterschiedlicher Höhe mit öffentlichen Gütern und Dienstleistungen zu versorgen. Bei der Angleichung der Lebensverhältnisse ist eine Zentralregierung eben für alle Bürger verantwortlich, während eine lokale Regierung nur für die Bürger ihrer Region zuständig ist.

7.4.2 Schlechtere Informiertheit zentraler Regierungen über Präferenzen

Ein ökonomisches Argument für den Vorzug kleiner dezentraler politischer Entscheidungseinheiten geht auf George Stigler (1957) zurück. Stigler hat zwei Prinzipien aufgestellt, die implizieren, dass politische Entscheidungen auf der niedrigsten Regierungsebene getroffen werden sollten, die noch mit den Zielen allokativer Effizienz und umverteilender Gerechtigkeit zu vereinbaren sind. Das erste Prinzip ist, dass Regierungen umso besser arbeiten, je mehr Kontakt sie zu ihrer Wählerschaft besitzen. Damit wird auf die präzisere Wahrnehmung der Bedürfnisse und Nachfragen der Wähler durch eine lokale Regierung abgestellt.[78] Das zweite Prinzip ist, dass

77 Oates (2008) gibt eine Reihe von Beispielen an, bei denen die Bundesregierung der Vereinigten Staaten einheitliche nationale Standards einhält.

78 Schon John Stuart Mill (1861) hat die bessere Informiertheit kommunaler Regierungen wie folgt beschrieben: „Ich brauche wohl nicht näher auszuführen, dass die Zentralregierung nur sehr unzureichende Kenntnis von den örtlichen Persönlichkeiten und Angelegenheiten besitzen kann und dass ihre Zeit und ihre Gedanken von anderen Dingen viel zu stark in Anspruch genommen werden, als dass es ihr möglich wäre, sich auch nur so umfangreiche und genaue Kenntnisse der lokalen Verhältnisse anzueignen, wie sie allein schon erforderlich sind,

unterschiedliche Gruppen von Bürgern das Recht haben, unterschiedliche Arten und Mengen von öffentlichen Leistungen zu wählen.

Wenn man diese Prinzipien anerkennt, stellt sich die Frage, warum es überhaupt andere als kleine lokale Regierungen geben sollte. Nach Stigler sind nationale Regierungen notwendig, um Umverteilungspolitik zu betreiben. Damit sollen Unverträglichkeiten und Wettbewerb auf unterschiedlichen politischen Ebenen vermieden werden. Auf dieses Argument werden wir in → Kapitel 10 zurückkommen. Allokative Aufgaben sollten nach Stigler auf der Regierungsebene angesiedelt sein, die externe Effekte (Spillover) am besten internalisiert und steigende Skalenerträge (fallende Durchschnittskosten) am besten ausnutzt. Das heißt, staatliche Einheiten sollten hinreichend groß sein, um die Durchschnittskosten zu minimieren oder alle Bürger zu umfassen, die von Externalitäten betroffen sind, aber sie sollten nicht größer sein. Die optimale Ausdehnung einer Gebietskörperschaft variiert mit jedem spezifischen Fall einer Dienstleistung, die steigende Skalenerträge aufweist oder Externalitäten verursacht. Diese Argumentation Stiglers bildet die Grundlage für das Subsidiaritätsprinzip staatlicher Entscheidungen. Solange keine besonderen Gründe für eine Ansiedlung von Kompetenzen auf einer höheren politischen Ebene vorliegen wie etwa Spillover-Effekte oder steigende Skalenerträge, sollten die kollektiven Entscheidungen auf der niedrigst möglichen Ebene getroffen werden.

Auf Stiglers Idee, dass lokale Politiker den Bedarf ihrer Wählerschaft an öffentlichen Dienstleistungen besser kennen, beruht nun auch ein Argument[79], das eine unterschiedlich gute Informiertheit von zentraler und lokaler Regierung unterstellt. Bei vollkommener Information könnte eine zentrale Regierung auch für jede Region unterschiedliche Mengen bereitstellen. Wenn man aber annimmt, dass es Informationsasymmetrien zwischen zentraler und lokaler Regierung gibt, dann kann die Bereitstellung des öffentlichen Gutes durch eine lokale Regierung vorteilhaft sein, wenn sie die Präferenzen der Bürger vor Ort besser kennt als eine zentrale Regierung. Möglicherweise kann hier auch unterstellt werden, dass die geographische Distanz einer zentralen Regierung zu den meisten Bürgern den Informationszugang dieser Regierung negativ beeinflusst.

Theoretisch ist mit diesen Annahmen, die entweder von einer uniformen Bereitstellung oder von Informationsnachteilen einer zentralen Regierung ausgehen, das Problem verknüpft, dass nur über die Einführung von zweitbesten Restriktionen, d. h. weiteren Beschränkungen der Zentralregierung, denen die lokalen Regierungen nicht unterworfen sind, die dezentralen Entscheidungen von lokalen Regierungen gerechtfertigt werden können. Ohne diese Annahmen über Nachteile der Zentrale kann der Vorzug der dezentralen lokalen Entscheidungen nicht gezeigt werden. Unter first-best Bedingungen gibt es nach wie vor keine Rechtfertigung.[80]

Dennoch sind diese Beschränkungen für nationale Regierungen nicht völlig unplausibel und sowohl rechtlich als auch empirisch nachweisbar. So können in einigen föderalen Staaten Gebietskörperschaften auf subnationaler Ebene unterschiedliche Politiken etwa beim Gesundheitsschutz oder der Bildung durchführen, die von einer nationalen Regierung nur einheitlich für alle Bürger möglich wäre. Das Dezentralisierungstheorem ist deshalb nicht nur Ergebnis eines formalen Modells, dessen Annahmen zuungunsten nationaler Entscheidungen verzerrt sind, sondern hat durchaus praktische Relevanz.

---

um über Beschwerden entscheiden und eine so große Anzahl kommunaler Beamter zur Verantwortung ziehen zu können. In Detailfragen der Verwaltung sind mithin die kommunalen Körperschaften im Allgemeinen im Vorteil." (S. 241).

79 Vgl. Oates (2005) und Tresch (2015).

80 Siehe hierzu insbesondere Tresch (2015, Chapter 26).

7.5 Steigende Skalenerträge

Das Dezentralisierungstheorem hat die Bedeutung aufgezeigt, die die Nähe von politischen Entscheidern zu den Präferenzen der Bürger, die sie repräsentieren, besitzt. Es hat aber auch deutlich gemacht, dass eine Dezentralisierung verschiedene Faktoren abwägen muss. Insbesondere kann eine Zentralisierung dann an Gewicht gewinnen, wenn Kostenvorteile auftreten. Oates hat dementsprechend Schlussfolgerungen für die Größe von Gebietskörperschaften gezogen, indem er den Wohlfahrtsverlust, der bei größeren Gebietskörperschaften durch die Abweichung von den individuellen Präferenzen entsteht, mit dem Kostenvorteil verglichen hat, der durch die Bereitstellung in größeren Gebietskörperschaften entstehen kann.

In einem Diagramm von Oates (1972, S. 48), das wir in → Abbildung 7.2 wiedergeben, wird dieser Vergleich der Wohlfahrtsgewinne und -verluste größerer Gebietskörperschaften illustriert. Auf der Abszisse wird die Anzahl N der Einwohner in einer Gebietskörperschaft abgetragen. Auf der Ordinate werden Nutzen und Kosten pro Kopf einer bestimmten Einwohnerzahl in Euro angegeben. Die Kurve L gibt die Summe der Wohlfahrtsverluste von Einwohnern einer Gebietskörperschaft an, die dadurch entstehen, dass ihre präferierten Mengen des öffentlichen Gutes bei kollektiver Entscheidung von der tatsächlich angebotenen Menge abweichen. Diese Wohlfahrtsverluste sind die Einbußen an Konsumentenrente, die in → Abbildung 7.1 als schraffierte Dreiecke markiert sind. Diese Kurve steigt umso stärker, je größer die Gebietskörperschaft ist.[81]

Die Kurve C gibt die Kostenvorteile an, die für die Bereitstellung des öffentlichen Gutes in größeren Gebietskörperschaften entstehen. Hiermit werden die steigenden Skalenerträge, also die fallenden durchschnittlichen Kosten, dargestellt, die dadurch zustande kommen, dass sich in einer Gebietskörperschaft mit größerer Einwohnerzahl mehr Köpfe die Kosten für das gemeinsam konsumierte öffentliche Gut teilen können.[82] Da die Kosten, die von dem einzelnen Bürger zu tragen sind, fallen, wenn mehr Einwohner in einer Gebietskörperschaft leben, stellen sich die Einwohner besser. Dieser Nutzengewinn für alle Einwohner wird durch C beschrieben.[83]

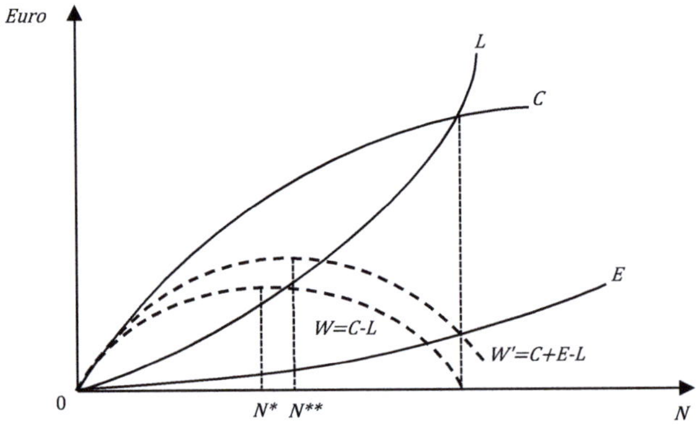

Abbildung 7.2: Optimale Einwohnerzahl einer Gebietskörperschaft

Der Anstieg der C-Kurve ist zunächst groß, flacht dann aber mit größer werdender Einwohnerzahl ab. Das liegt daran, dass in einer kleinen Gruppe jeder weitere Einwohner die Pro-Kopf-Kosten

81 Siehe Barzel (1969)

82 Zum Zusammenhang zwischen Nicht-Rivalität und steigenden Skalenerträgen siehe auch Olson (1986).

83 Siehe Oates (1972), S. 39f., insbesondere Fußnote 11.

stark senkt. Je größer die Einwohnerzahl wird, umso geringer fällt die Reduktion der Durchschnittskosten bei einem zusätzlichen Einwohner ins Gewicht.

Aus diesen gegenläufigen Effekten zunehmender Einwohnerzahl auf den Nutzen aus dem gemeinsam konsumierten öffentlichen Gut lässt sich eine optimale Größe der Gebietskörperschaft ableiten. Je größer die Gemeinde wird, umso mehr Einwohner haben Nutzeneinbußen durch eine einheitlich gewählte Menge des öffentlichen Gutes, da ihre individuell präferierten Mengen davon abweichen. Gleichzeitig steigt mit größerer Einwohnerzahl der Nutzen jedes Einwohners, da die Kosten auf immer mehr Köpfe verteilt werden können. Die Differenz zwischen Nutzengewinn und Nutzenverlust ist die Nettowohlfahrt $W = C - L$, die durch gemeinsame Nutzung des Gutes entsteht. Da der Nutzenanstieg durch Kostenersparnis zunächst größer ist als der Nutzenverlust durch die Abweichung von den individuellen Präferenzen, steigt die Nettowohlfahrt zunächst an, erreicht dann ihr Maximum bei N^*, und fällt bei größerer Einwohnerzahl wieder ab. Die maximale Nettowohlfahrt bestimmt dann die optimale Einwohnerzahl einer Gemeinde.

Entscheidend ist hier also die Abwägung zwischen steigenden Skalenerträgen, die die Kosten pro Einwohner bei größerer Einwohnerzahl senkt, und der geringer werdenden Passgenauigkeit der Menge des öffentlichen Gutes, wenn die Abweichung zu den individuellen Präferenzen bei größerer Einwohnerzahl zunimmt.

7.6 Spillover-Effekte

Wenn eine Gebietskörperschaft gemäß der perfekten Korrespondenz alle Bürger umfasst, die einen Nutzen aus der Bereitstellung des lokalen öffentlichen Gutes ziehen und die Kosten tragen, so wird die effiziente Versorgung durch die lokale Regierung gewährleistet. In einem solchen Fall gibt es keine Wohlfahrtseffekte für Bürger, die nicht bei der Bereitstellung des lokalen öffentlichen Gutes berücksichtigt würden. Gibt es solche Wohlfahrtseffekte auf Bürger außerhalb der Gebietskörperschaft, so spricht man von Spillover-Effekten.

Hält man sich streng an das Prinzip der perfekten Korrespondenz, so können Spillover-Effekte zu maximal großen Gebietskörperschaften auch für die Bereitstellung solcher öffentlichen Güter führen, die vorwiegend einen lokalen Nutzen stiften. Oates (1972, S. 46) weist darauf hin, dass es viele öffentliche Güter gibt, deren Nutzen zwar hauptsächlich lokal begrenzt ist, die aber geringfügige Vorteile für Bürger auch außerhalb der Gebietskörperschaft haben. Man könnte an eine öffentliche Bücherei denken, die von den Bürgern einer Stadt genutzt wird, aber ab und zu eben auch von einem Bewohner aus dem Umland. In diesem Fall müsste dann die Bücherei bei perfekter Korrespondenz zum Beispiel vom Bundesland betrieben werden, in dem die Stadt liegt. Man würde dadurch sehr geringfügige Spillover-Effekte vermeiden, aber erhebliche Wohlfahrtsverluste in Kauf nehmen, die durch die größere Entfernung politischer Entscheidungen zur Versorgung der Stadtbürger mit Leihbüchern entstehen.

Solche Spillover-Effekte können umso eher berücksichtigt werden, je größer der Einzugsbereich einer Gebietskörperschaft ist. Zusätzlich, so Oates, wird damit auch ein Trittbrettfahrerverhalten vermieden, das bei Spillover-Effekten entsteht. Wenn nämlich Einwohner außerhalb der Gemeinde Nutzen aus Leistungen dieser Gemeinde ziehen, ohne dafür Steuern an diese Gemeinde zu zahlen, dann werden sie sich in ihrer eigenen Gemeinde diese Leistungen und die Kosten dafür sparen. Gibt es weniger Spillover-Effekte, so treten diese Anreize für Trittbrettfahren in geringerem Maße auf.

In ⟶ Abbildung 7.2 werden diese Wohlfahrtsgewinne aus der Berücksichtigung von Spillover-Effekten als steigende Kurve E abgebildet. Je größer die Einwohnerzahl N einer Gemeinde ist, umso mehr Bürger werden integriert, die einen Nutzen aus dem öffentlichen Gut ziehen, d. h. die Spillover-Effekte werden internalisiert. Die Kurve E der Wohlfahrtsgewinne aus internalisierten Spillover-Effekten steigt mit der Anzahl der Einwohner N. Addiert man diese Gewinne zur Nettowohlfahrt W, die aus der Differenz der Wohlfahrtsgewinne aus steigenden Skalenerträgen und den Wohlfahrtsverlusten aus geringerer Nähe zu den bürgerlichen Präferenzen besteht, dann verschiebt sich das Maximum der Nettowohlfahrt $W' = C + E - L$ nach rechts. Lag die ursprünglich optimale Einwohnerzahl bei einer Nettowohlfahrt, die die Nähe zu den Bürgern und Skalenerträge berücksichtigt, bei N^*, so liegt das Wohlfahrtsmaximum nun bei größeren Gemeinden mit der Einwohnerzahl N^{**}.

Das Vorliegen von Spillover-Effekten in andere Regionen spricht folglich für größere Gebietskörperschaften und wirkt dem Vorteil entgegen, durch kleinere Gebietskörperschaften eine Nähe zu den Präferenzen der Bürger zu bewahren. Dieser Zielkonflikt bei diversen Präferenzen und Spillover-Effekten muss austariert werden. Je unterschiedlicher die Präferenzen sind und je geringer die Spillover-Effekte, umso mehr spricht für eine dezentrale Bereitstellung lokaler öffentlicher Güter, und umgekehrt. Im ⟶ Appendix 7.1 zu diesem Kapitel findet sich ein Beweis des Dezentralisierungstheorems, bei dem Spillover-Effekte berücksichtigt werden.

In der Praxis sind viele staatliche Funktionen auf einer untergeordneten Bundesland- oder Gemeindeebene angesiedelt (Bildung, Gesundheitswesen, Kultur etc.), die Spillover-Effekte auf umliegende Gebietskörperschaften haben. Da die Entscheider in diesen untergeordneten Gebietskörperschaften die Spillover-Effekte nicht berücksichtigen werden, kommt es zu einer Unterversorgung mit diesen staatlichen Dienstleistungen. Wie ⟶ Kapitel 9.3 zeigen wird, hat die übergeordnete Ebene, also das Bundesland oder der Bund, dann die Möglichkeit, die Entscheidungen der nachgelagerten lokalen Gebietskörperschaften mithilfe von vertikalen Zuweisungen bzw. Subventionen so zu beeinflussen, dass die Spillover-Effekte berücksichtigt werden und die Unterversorgung vermieden wird. Verschiedene Formen der effizienten finanziellen Transfers und Zuweisungen werden in ⟶ Kapitel 11 behandelt.

7.7 Steuerexport

Während Spillover-Effekte zu einer ineffizienten Unterversorgung mit lokalen öffentlichen Gütern führen können, kann es beim Steuerexport zu einer ineffizienten Überversorgung kommen. Dabei handelt es sich um Steuern, deren Steuerlast zum Teil von Bürgern getragen wird, die nicht in der Gebietskörperschaft ansässig sind. Wenn zum Beispiel Konsumsteuern zur Finanzierung herangezogen werden, die teilweise von Touristen oder Arbeitspendlern getragen werden, dann kann Steuerexport auftreten. Da die Steuern zur Finanzierung des lokalen öffentlichen Gutes herangezogen werden, wird ein Teil der Finanzierungskosten damit auf auswärtige Bürger abgeschoben. Das führt dann zu einer höheren Bereitstellung mit dem Gut, als effizient wäre. Die Kosten, die ein Einwohner für einen Euro des Budgets der Gebietskörperschaft zu tragen hätte, wären dann weniger als ein Euro. Das heißt, die marginalen Kosten der Finanzierung des öffentlichen Gutes in Höhe von einem Euro sind geringer als dieser Euro.[84]

Bei Steuerexport haben Gebietskörperschaften einen Anreiz zur Überversorgung mit dem lokalen öffentlichen Gut. Das könnte ein Grund für die Zentralisierung solcher Steuern sein. Wie wir in ⟶ Kapitel 9.3 sehen werden, kann der Bund durch fiskalische Zuweisungen der Steuern (oder einen Finanzausgleich des Steueraufkommens) eine effiziente Allokation mit

84 Siehe hierzu die grundlegende Arbeit von McLure (1967).

lokalen öffentlichen Gütern herbeiführen. Auch eine zentrale Koordination der Länder- oder Gemeindesteuern wie in Kanada wäre denkbar.

Steuerexport kann auch zwischen verschiedenen Ebenen von (vor- und nachgelagerten) Gebietskörperschaften stattfinden. Zum Beispiel ist in Deutschland die Gewerbesteuer auf Unternehmensgewinne eine Haupteinnahmequelle der Gemeinden. Ein Unternehmen kann diese Gewerbesteuer von der Einkommensteuer absetzen. Das dient der Vermeidung der Doppelbesteuerung von gewerblichen Einkünften, die sonst gegenüber anderen Einkommensarten, die nicht gewerbesteuerpflichtig sind, benachteiligt wären. Die Einkommensteuer ist eine Gemeinschaftsteuer für Bund, Länder und Gemeinden, wobei 85 Prozent des Aufkommens Bund und Ländern zufällt. Da Gewerbe- und Einkommensteuer im Wesentlichen unterschiedlichen Gebietskörperschaftsebenen zustehen, subventionieren Bund und Länder durch die Abzugsfähigkeit de facto die Gewerbesteuereinnahmen der Kommunen. Dadurch können auf Gemeindeebene Anreize zu überhöhten Ausgaben entstehen.

Umgekehrt kann ein Finanzausgleich, der das Steueraufkommen zwischen Gebietskörperschaften umverteilt, die Steuererhebung und die resultierenden Ausgaben der Gebietskörperschaften nach unten verzerren. So wurde gezeigt, dass der Länderfinanzausgleich in Deutschland de facto wie eine Steuer auf die Steuereinnahmen der Bundesländer wirkt. Ausgleichende Transferzahlungen setzen einen negativen Anreiz für die Steuererhebung der Länder und senken damit deren fiskalische Spielräume.[85]

7.8 Mobilität der Bevölkerung

Bisher sind wir von einer Welt immobiler Einwohner ausgegangen und haben uns gefragt, welche Gründe für größere oder kleinere Gebietskörperschaften sprechen, wenn das Ziel ist, die Bevölkerung effizient mit öffentlichen Gütern zu versorgen. Was ändert sich, wenn wir jetzt von einer mobilen Bevölkerung ausgehen? Ökonomien mit mobiler Bevölkerung werden wir in → Kapitel 8 analysieren, wollen aber hier schon einmal in → Abbildung 7.2 zeigen, wie sich die optimale Größe von Gebietskörperschaften durch die Mobilitätsannahme ändern kann.

Was passiert, wenn mobile Einwohner die Möglichkeit haben, eine Gemeinde zu verlassen, deren Politik ihren Präferenzen nicht entspricht, und stattdessen in eine Gemeinde zu ziehen, die zu ihnen passt? Diese Frage hat sich Charles Tiebout (1956) gestellt und er hat die These aufgestellt, dass bei geringen Wanderungskosten diese „Abstimmung mit den Füßen" zu einer effizienten Bereitstellung mit dem öffentlichen Gut in jeder Gemeinde führt, wenn genug Gemeinden mit unterschiedlichen Politikangeboten zur Auswahl stehen. Die Einwohner würden sich in der Gemeinde niederlassen, deren angebotene Menge des öffentlichen Gutes ihren Präferenzen am besten entspricht. Wenn durch diese Wanderungsentscheidungen homogenere Gebietskörperschaften entstehen, deren Einwohnerschaft dann identische oder wenigstens ähnlichere Präferenzen besitzen, dann würde auch die einheitliche Menge des öffentlichen Gutes in jeder Gebietskörperschaft die Wohlfahrtsverluste vermeiden oder zumindest verringern.

In → Abbildung 7.2, in der die Wohlfahrtsgewinne und -verluste einer größer werdenden Gebietskörperschaft miteinander verglichen werden, würde das bedeuten, die L-Kurve (die Wohlfahrtsverluste durch einheitliche Menge) würde flacher verlaufen. Das Maximum der Nettowohlfahrt W würde sich nach rechts verschieben und damit die optimale Einwohnerzahl solcher homogenen Gebietskörperschaften größer sein, da es nun darauf ankäme, den Skalenvorteil,

85 Siehe Baretti, Huber und Lichtblau (2002).

durch eine möglichst große, aber homogene Bevölkerung auszunutzen. Tatsächlich kann man solche größer werdenden Metropolen beobachten. Eingemeindungen finden im Umkreis großer Städte regelmäßig statt.[86]

Inwieweit dieses Wachstum der Städte mit einer Kostenersparnis für öffentliche Güter einhergeht, ist allerdings fraglich.[87] Wie Oates (1972, S. 50) schon feststellte, bringt die Wanderung in Gebietskörperschaften auch Nachteile mit sich. Es können Überfüllungskosten entstehen, wenn die Nutzung des lokalen öffentlichen Gutes ab einer höheren Einwohnerzahl zu Rivalitäten führt. Um dann die Menge oder das Qualitätsniveau des öffentlichen Gutes aufrecht zu erhalten, steigen die Bereitstellungskosten mit größerer Einwohnerzahl. Solche Überfüllungs- oder Ballungskosten kann man in Städten oder anderen Ballungsräumen beobachten und messen. So kann die Bereitstellung bestimmter öffentlicher Dienstleistungen in Städten pro Kopf teurer sein als in weniger besiedelten Gemeinden. Der Länderfinanzausgleich in Deutschland geht bei sonst gleich guter Versorgung der Bürger von solchen höheren Pro-Kopf-Kosten in Städten aus und berücksichtigt deshalb eine sogenannte Veredelung der Einwohner in Stadtstaaten. Dabei wird der Bedarf der Einwohner in Stadtstaaten höher gewichtet als in Flächenstaaten. Daraus ergeben sich dann höhere Ausgleichszahlungen für die Stadtstaaten, um sie für ihre höheren Kosten pro Kopf zu entschädigen.

▸ Exkurs 4 | Einfluss von Einwohnerzahl und -dichte auf Kosten öffentlicher Güter

Die Ausgaben für öffentliche Güter in einer Gebietskörperschaft hängen sowohl von der Bevölkerungsgröße als auch der Bevölkerungsdichte ab. Die Anzahl der Einwohner kann folgenden Einfluss auf die Ausgaben pro Kopf haben. Bei reinen öffentlichen Gütern ohne Rivalität im Konsum, deren Bereitstellung Fixkosten verursacht, würde eine höhere Einwohnerzahl zu einer Kostendegression führen, bei der sich die vorhandenen Kosten bei gegebenem Leistungsniveau auf mehr Köpfe verteilen lassen. Die Kostendegression würde größeren Gebietskörperschaften geringere Ausgaben pro Bürger verursachen als kleineren Gebietskörperschaften. Wenn hingegen das öffentliche Gut eine gewisse Rivalität im Konsum aufweist, die mit der Anzahl der Nutzer steigt, kann man davon ausgehen, dass die Pro-Kopf-Kosten nach anfänglicher Kostendegression mit höherer Einwohnerzahl wieder steigen. Insgesamt würde sich dann ein U-förmiger Verlauf der Pro-Kopf-Kosten ergeben. In diesem Fall würden die Ausgaben pro Bürger bei großen Gebietskörperschaften wieder deutlich steigen. Ob eine steigende Einwohnerzahl nun eher zu einer Kostenersparnis oder einem Kostenanstieg pro Kopf führt, hängt von der jeweiligen öffentlichen Leistung und ihrer Nutzung ab. Außerdem kann die Bevölkerungsdichte in einer Gebietskörperschaft die Kosten beeinflussen. Je dichter eine Gebietskörperschaft besiedelt ist, umso höher oder niedriger können die Pro-Kopf-Kosten bei gegebener Menge und Qualität des öffentlichen Gutes sein. Die Auswirkung der dichteren Besiedlung von Gebietskörperschaften kann hoch agglomerierten Städten gegenüber ländlich geprägten Regionen einen Kostenvorteil oder -nachteil je nach Art der öffentlichen Leistung verschaffen.

86 Neben Skalenvorteilen spielt bei solchen Eingemeindungen sicher auch die Internalisierung von Spillover-Effekten eine Rolle.

87 Ein Überblick und eine Diskussion zu empirischen Messungen steigender Skalenerträge bei unterschiedlichen Kategorien von öffentlichen Gütern und Dienstleistungen findet sich bei Reiter und Weichenrieder (1997).

Der Länderfinanzausgleich in Deutschland geht davon aus, dass der Ausgabenbedarf pro Einwohner bei den Stadtstaaten höher liegt als bei den Flächenstaaten. Die Stadtstaaten Berlin, Hamburg und Bremen mit ihrer hoch verdichteten Ansiedlung der Bevölkerung würden demnach bei gleicher Leistungserbringung für ihre Bürger mehr pro Kopf ausgeben müssen als die dünner besiedelten Flächenstaaten, die neben Großstädten auch kleinere Städte und ländliche Regionen umfassen. Da grundsätzlich die Einwohnerzahl als Maßstab für den Finanzbedarf der Länder herangezogen wird, sieht der Länderfinanzausgleich vor, dass die Einwohner der Stadtstaaten stärker, nämlich mit 135 Prozent, gewichtet werden als die Einwohner der Flächenstaaten, die mit 100 Prozent angesetzt werden. Es wird also unterstellt, dass der finanzielle Mehrbedarf der öffentlichen Leistungen für einen Einwohner in einem Stadtstaat 35 Prozent beträgt. Diese höheren Pro-Kopf-Kosten aufgrund der Agglomeration, also der verdichteten Besiedlung in Stadtstaaten, werden dann beim Ausgleich der Steuerkraft zwischen den Ländern entsprechend berücksichtigt.
In Folge eines Urteils des Bundesverfassungsgerichts zu Neuregelung des Länderfinanzausgleichs[88] wurde vom ifo Institut in München in Zusammenarbeit mit dem Zentrum für Europäische Wirtschaftsforschung (ZEW) ein Gutachten zur Einwohnergewichtung der Stadtstaaten erstellt. Das ergänzende Gutachten des ZEW[89] hat dazu eine ökonometrische Untersuchung der Kosten der Bereitstellung öffentlicher Leistungen durch die Bundesländer vorgenommen, bei der als Determinanten der Ausgaben pro Kopf die Einwohnerzahl und die Siedlungsdichte berücksichtigt wurden. Es wurden 40 Aufgabenbereiche untersucht. Die Ergebnisse geben einen Aufschluss darüber, ob eine Gebietskörperschaft (hier: ein Bundesland bzw. ein Stadtstaat) mit größerer Einwohnerzahl und mit stärkerer Siedlungsdichte einen Vorteil bei den Kosten pro Kopf hat oder nicht. Größenvorteile, die sich aus der Kostendegression ergeben können, zeigen sich bei Aufgabenbereichen wie der Steuer- und Finanzverwaltung, bei Bundesgrenzschutz und Polizei, Hochschulen, kulturellen Angelegenheiten wie Theater und Musik sowie bei regionalen Fördermaßnahmen. In anderen Aufgabenbereichen wie Straßen und Schulen finden sich keine Größenvorteile. Das würde bedeuten, dass die Bundesländer sich zumindest bei einigen Aufgabenbereichen in einem Bereich der Einwohnerzahl befinden, in dem die Fixkostendegression die Ballungskosten zusätzlicher Einwohner überwiegt und dadurch die Kosten pro Einwohner sinken. Gleichzeitig zeigt eine steigende Siedlungsdichte bei der Mehrzahl aller Aufgabenbereiche keine oder negative Effekte auf die Ausgaben pro Kopf. Insofern sind Pro-Kopf-Mehrbedarfe dicht besiedelter Bundesländer (insbesondere Stadtstaaten) nicht nachzuweisen. Büttner et al. (2001) weisen aber darauf hin, dass die Analyse sich nur auf Länderausgaben beschränkt und kommunale Ausgaben in den Bundesländern nicht berücksichtigt. Da die Landesausgaben weniger die lokal spezifischen Eigenschaften wie Größe und Bevölkerungsdichte der jeweiligen Kommunen berücksichtigen, ist hier möglicherweise auch kein Zusammenhang zu erwarten. Über diese Zusammenhänge kann dann nur eine ökonometrische Untersuchung Aufschluss geben, die die kommunalen Pro-Kopf-Ausgaben auf Größe und Einwohnerdichte der Kommunen regressiert. Daraus ließen sich interessante Schlussfolgerungen für die optimale Größe der Kommunen ziehen.

88 BVerfG, 2 BvF 2/98 vom 11.11.1999.
89 Büttner et al. (2001).

Wie wir in → Kapitel 9.1 sehen werden, führt Mobilität nicht immer zu einer effizienten Verteilung der Bevölkerung und damit zu einer optimalen Größe der Gebietskörperschaften. Das Prinzip, dass Bürger sich frei in der Gebietskörperschaft ihrer Wahl niederlassen dürfen, ist in der Europäischen Union in einer der vier Grundfreiheiten, dem freien Personenverkehr, verankert. Ein vollständig freier Zugang zu Gebietskörperschaften, bei dem ein Zuwanderer keinen Preis dafür zahlen muss, sich niederzulassen, führt dazu, dass potenzielle neue Einwohner die Ballungskosten ihrer Ansiedlung und damit den Wohlfahrtsverlust der alten Einwohner nicht berücksichtigen bei ihrer Wanderungsentscheidung. Das würde zu einer zu hohen Einwohnerzahl führen. Effizient wäre die Einwohnerzahl in einer Gemeinde, wenn der Vorteil eines neuen Zuwanderers durch die Beteiligung an den Kosten des lokalen öffentlichen Gutes gerade den Überfüllungskosten, die er verursacht, entsprechen würde. Die Gemeinde sollte dann so viele Einwohner zulassen, bis das erreicht ist. Dazu muss eine Gebietskörperschaft aber in irgendeiner Form die Zuwanderung steuern können. Da aufgrund konstitutioneller und gesetzlicher Vorgaben Niederlassungsfreiheit besteht, kann eine Gebietskörperschaft die Zuwanderung nur indirekt durch Steuern für ihre Einwohner und durch Bebauungsvorschriften und Flächennutzungspläne (*zoning regulations*), die Wohngebiete ausweisen und Vorgaben für den Bau machen, beeinflussen. Ob eine effiziente Einwohneranzahl erreicht wird, hängt im Wesentlichen von solchen Bebauungsplänen und der Verfügbarkeit bestimmter Steuern ab, die von Gebietskörperschaften zur Finanzierung des lokalen öffentlichen Gutes, aber auch zur Internalisierung von Ballungskosten herangezogen werden können. Wie → Kapitel 9.1 zeigt, kommt es dabei entscheidend auf die Mischung aus wohnsitzabhängigen und wohnsitzunabhängigen Steuern an. Wird der falsche Steuermix eingesetzt, führt das bei einer mobilen Bevölkerung zu falschen Wanderungsanreizen. Aufgrund fiskalischer Externalitäten wird sich die Bevölkerung ineffizient auf die Gebietskörperschaften aufteilen.

Im folgenden Kapitel gehen wir grundsätzlich davon aus, dass die Bevölkerung mobil ist. In diesen Wanderungsmodellen werden wir den Zusammenhang zwischen steigenden Skalenerträgen (fallenden Durchschnittskosten), Rivalität im Konsum und Ausschließbarkeit vom Konsum näher analysieren.

▸ Appendix 7.1 | Beweis des Dezentralisierungstheorems unter Berücksichtigung von Spillover-Effekten

Gegeben seien zwei Teilmengen von Bürgern, A und B, in einer Ökonomie, die jeweils in einer Gebietskörperschaft leben. Alle Individuen einer Gebietskörperschaft haben identische Präferenzen. Die Präferenzen der Bürger in A können sich aber von denen der Bürger in B unterscheiden. Zwei Güter X und Y werden in der Ökonomie produziert. Die Produktion ist effizient und liegt somit auf der Transformationskurve:

$$F(X, Y) = 0 \qquad \text{(A.7.1)}$$

Das heißt, man kann von einem Gut nur mehr produzieren, wenn von dem anderen Gut weniger produziert wird. Die Gesamtmengen beider Güter werden vollständig auf beide Gruppen aufgeteilt und konsumiert:

$$X = X^A + X^B \text{ und } Y = Y^A + Y^B \tag{A.7.2}$$

Das Gut Y ist ein öffentliches Gut, das entweder in jeder Gebietskörperschaft separat durch eine lokale Regierung oder in beiden Gebietskörperschaften gemeinsam von einer Zentralregierung bereitgestellt wird. Bei gemeinsamer Nutzung müssen alle Bürger in beiden Gebietskörperschaften dieselbe Menge der Dienstleistung konsumieren. Außerdem kann das Gut Y auch bei separater Bereitstellung Spillover-Effekte auf die Bürger der jeweils anderen Gebietskörperschaft haben, wenn es in einer Gebietskörperschaft vorgehalten wird. Der Nutzen eines Individuums in Gebietskörperschaft A wird dann sowohl durch die Mengen X^A und Y^A als auch durch die Menge Y^B in Gebietskörperschaft B bestimmt. Entsprechendes gilt für Individuen in B, so dass die Nutzenfunktionen durch $U^A(X^A, Y^A, Y^B)$ und $U^B(X^B, Y^B, Y^A)$ gegeben sind. Beide Funktionen sind streng konkav.
Die effiziente Allokation wird bestimmt, indem der Nutzen des repräsentativen Individuums einer Gebietskörperschaft maximiert wird unter Beibehaltung eines Nutzenniveaus für das repräsentative Individuum der anderen Gebietskörperschaft. Mit anderen Worten ist Effizienz erreicht, wenn es nicht mehr möglich ist, den Nutzen in einer Region zu erhöhen, ohne ihn in der anderen Region zu senken. Ohne Beschränkung der Allgemeinheit wird hier der Nutzen in A maximiert unter der Nebenbedingung für B, den Nutzen auf dem Niveau $\overline{U^B}$ festzuhalten: $U^B(X^B, Y^B, Y^A) = \overline{U^B}$. Nach Einsetzen von (A.7.2) in (A.7.1) erhalten wir die weitere Nebenbedingung, dass die effizient produzierten Güter vollständig aufgeteilt werden. Zur Lösung dieses Maximierungsproblems wird die Lagrangefunktion mit den Lagrangeparametern λ_1 und λ_2 für die beiden Nebenbedingungen maximiert:

$$Max\mathscr{L} = U^A(X^A, Y^A, Y^B) - \lambda_1\left[U^B(X^B, Y^B, Y^A) - \overline{U^B}\right] - \lambda_2\left[F(X^A + X^B, Y^A + Y^B)\right] \tag{A.7.3}$$

Durch Ableitung nach den Variablen X^A, Y^A, X^BundY^B erhält man die notwendigen (und bei strenger Konkavität der Nutzenfunktionen auch hinreichenden) Bedingungen für die Pareto-effiziente Allokation:

$$X^A\text{: } U^A_{X^A} - \lambda_2 F_X = 0 \tag{A.7.4}$$

$$Y^A\text{: } U^A_{Y^A} - \lambda_1 U^B_{Y^A} - \lambda_2 F_Y = 0 \tag{A.7.5}$$

$$X^B\text{: } -\lambda_1 U^B_{X^B} - \lambda_2 F_X = 0 \tag{A.7.6}$$

$$Y^B\text{: } U^A_{Y^B} - \lambda_1 U^B_{Y^B} - \lambda_2 F_Y = 0 \tag{A.7.7}$$

wobei die Abkürzungen der partiellen Ableitungen $\partial U^i/\partial X^j = U^i_{X^j}und\partial U^i/\partial Y^j = U^i_{Y^j}$, $i, j = A, B$, und $\partial F/\partial X = F_X$, $\partial F/\partial Y = F_Y$ verwendet werden. Durch Auflösen von (A.7.4) nach λ_2, Einsetzen in (A.7.6) und Auflösen nach λ_1 ergeben sich Terme, mit denen wir die Lagrangemultiplikatoren eliminieren können. Ersetzen wir diese Multiplikatoren in (A.7.5) und teilen durch $U^A_{X^A}$, erhalten wir die linke Gleichung von (A.7.8). Die gleiche Operation mit (A.7.7) ergibt die rechte Gleichung von (A.7.8):

$$\frac{U^A_{Y^A}}{U^A_{X^A}} + \frac{U^B_{Y^A}}{U^B_{X^B}} = \frac{F_Y}{F_X} = \frac{U^B_{Y^B}}{U^B_{X^B}} + \frac{U^A_{Y^B}}{U^A_{X^A}} \quad \text{(A.7.8)}$$

Wenn wir abkürzend für die Grenzrate der Substitution $U^i_{X^j}/U^i_{Y^j} = GRS^i_{X^j,\,Y^j}$, $i, j = A, B$, sowie für die Grenzrate der Transformation $F_X/F_Y = GRT_{X,\,Y}$ schreiben, dann wird aus (A.7.8) die folgende Effizienzbedingung für die Bereitstellung von Y^A und Y^B:

$$GRS^A_{X^A,\,Y^A} + GRS^B_{X^B,\,Y^A} = GRT_{X,\,Y} = GRS^B_{X^B,\,Y^B} + GRS^A_{X^A,\,Y^B} \quad \text{(A.7.9)}$$

Auf der linken Seite der Gleichung gibt uns die Zahlungsbereitschaft $GRS^A_{X^A,\,Y^A}$ an, wieviel ein Individuum in A bereit ist, vom Gut X^A aufzugeben, um dafür eine Einheit mehr von Gut Y^A zu konsumieren. Da Y^A aber durch den Spillover-Effekt auch in Gruppe B einen Nutzen stiftet, muss bei Effizienz berücksichtigt werden, wieviel ein Individuum in B dafür an Einheiten von Gut X^B aufzugeben bereit ist. Dies ist die Zahlungsbereitschaft $GRS^B_{X^B,\,Y^A}$ für den Spillover-Effekt. Erst beide Zahlungsbereitschaften zusammen geben die gesamte Wertschätzung für das Gut Y an, das in Gebietskörperschaft A bereitgestellt wird. Bei Effizienz muss deshalb die Summe dieser Zahlungsbereitschaften gleich der Grenzrate der Transformation $GRT_{X,\,Y}$ sein, die angibt, was man tatsächlich bei der Produktion von Y an Einheiten von Gut X aufgeben muss. Ganz analog ergibt sich die Effizienzbedingung für das Gut Y in Gebietskörperschaft B als Gleichung auf der rechten Seite. Besonders ist darauf aufmerksam zu machen, dass im Allgemeinen im Optimum gilt: $X^A \neq X^B$ und $Y^A \neq Y^B$.

Betrachten wir jetzt, welche Mengen die dezentralen Regierungen bzw. eine zentrale Regierung bereitstellen, und vergleichen dies mit der wohlfahrtsoptimalen Menge gemäß (A.7.9). Nehmen wir zunächst an, dass beide Gebietskörperschaften sich entscheiden, Y separat bereitzustellen. Wird nun die effiziente Allokation dezentral durch lokale Regierungen erreicht? Eine lokale Regierung berücksichtigt nur den Nutzen der Einwohner in ihrer Gebietskörperschaft. Sie löst entweder für A oder für B das Maximierungsproblem:

$$Max\mathscr{L} = U^i\left(X^i, Y^i, Y^j\right) - \lambda\left[F\left(X^A + X^B, Y^A + Y^B\right)\right],\ i, j = A, B \quad \text{(A.7.10)}$$

Als Ergebnis, das analog wie oben bestimmt wird, wird die lokale Regierung in A bei der Bereitstellung der Menge Y^A die Bedingung erfüllen, die der linken Gleichung in (A.7.11) entspricht, und die Regierung in B eine Menge Y^B wählen, die der rechten Gleichung in (A.7.11) genügt:

$$GRS^A_{X^A,\,Y^A} = GRT_{X,\,Y} = GRS^B_{X^B,\,Y^B} \quad \text{(A.7.11)}$$

Der Vergleich von (A.7.11) mit (A.7.9) zeigt, dass beide lokalen Regierungen nicht die Spillover-Effekte ihrer Bereitstellung von Y auf die jeweils andere Gebietskörperschaft berücksichtigen. Deshalb führt eine dezentrale Versorgung zu einer ineffizient geringen Menge in beiden Gruppen.

Kann eine zentrale Regierung die effiziente Versorgung in beiden Gebietskörperschaften erreichen? Laut Annahme von Oates muss die zentrale Regierung eine weitere Nebenbedingung erfüllen. Sie ist darauf beschränkt, für beide Gebietskörperschaften die gleiche Menge Y bereitzustellen:

$$Y^A = Y^B = Y \quad \text{(A.7.12)}$$

Die zentrale Regierung maximiert die Lagrangefunktion (A.7.3), bei der der Nutzen in beiden Gebietskörperschaften berücksichtigt wird, wobei diese Funktion durch die weitere Nebenbedingung (A.7.12) mit dem Lagrangeparameter λ_3 ergänzt wird[90]:

$$Max\mathcal{L} = U^A\left(X^A, Y^A, Y^B\right) - \lambda_1\left[U^B\left(X^B, Y^B, Y^A\right) - \overline{U^B}\right] - \lambda_2\left[F\left(X^A + X^B, Y^A + Y^B\right)\right] - \lambda_3\left[Y^A - Y^B\right] \quad \text{(A.7.13)}$$

Die Ableitungen nach den Variablen X^A, Y^A, X^B, Y^B ergeben jetzt die folgenden Bedingungen erster Ordnung für das Maximierungsproblem:

$$U^A_{X^A} - \lambda_2 F_X = 0$$

$$U^A_{Y^A} - \lambda_1 U^B_{Y^A} - \lambda_2 F_Y - \lambda_3 = 0$$

$$-\lambda_1 U^B_{X^B} - \lambda_2 F_X = 0$$

$$U^A_{Y^B} - \lambda_1 U^B_{Y^B} - \lambda_2 F_Y + \lambda_3 = 0$$

Durch entsprechende Umformungen wie oben und ausgedrückt als Grenzraten erhalten wir:

$$\frac{GRS^A_{X^A,\,Y^A} + GRS^B_{X^B,\,Y^A} + GRS^A_{X^A,\,Y^B} + GRS^B_{X^B,\,Y^B}}{2} = GRT_{X,\,Y} \quad \text{(A.7.14)}$$

Im Allgemeinen ist (A.7.14) von (A.7.9) verschieden und die einheitlich bereitgestellte Menge durch die Zentralregierung in beiden Gebietskörperschaften ineffizient. Da generell im Wohlfahrtsoptimum $Y^A \neq Y^B$ gilt, ist die geforderte Gleichheit für eine Zentralregierung eine zusätzliche bindende Beschränkung für die Allokation, die die Wohlfahrt verringert. Wir können aber folgende Spezialfälle unterscheiden:

90 Man könnte auch annehmen, dass die zentrale Regierung die utilitaristische Wohlfahrtsfunktion $U^A\left(X^A, Y^A, Y^B\right) + U^B\left(X^B, Y^B, Y^A\right)$ maximiert, was aber nichts an dem Ergebnis ändern würde.

1. Wenn es keine Spillover-Effekte gibt ($U^A_{Y^B} = 0 = GRS^A_{X^A, Y^B}$ und $U^B_{Y^A} = 0 = GRS^B_{X^B, Y^A}$) und die Zahlungsbereitschaft bzw. Präferenzen der beiden Gebietskörperschaften für Y identisch sind ($GRS^A_{X^A, Y^A} = GRS^B_{X^B, Y^B} = GRS^i_{X, Y}$), dann sind eine Zentralisierung mit uniformer Versorgung und eine Dezentralisierung gleich effizient.
   Bedingung (A.7.14) wird zu

   $$GRS^i_{X, Y} = GRT_{X, Y}, \; i = A, B,$$

   und entspricht den Bedingungen (A.7.11) und (A.7.9) für diesen Fall.

2. Wenn es keine Spillover-Effekte gibt ($U^A_{Y^B} = 0 = GRS^A_{X^A, Y^B}$ und $U^B_{Y^A} = 0 = GRS^B_{X^B, Y^A}$) und die Zahlungsbereitschaften bzw. Präferenzen der Gebietskörperschaften sich unterscheiden ($GRS^A_{X^A, Y^A} \neq GRS^B_{X^B, Y^B}$), dann ist eine Dezentralisierung effizient, während eine Zentralisierung mit uniformer Versorgung ineffizient ist.
   Die Bedingung (A.7.14) unterscheidet sich von (A.7.9) für diesen Fall und wird zu:

   $$GRS^i_{X, Y} \neq \frac{GRS^A_{X^A, Y^A} + GRS^B_{X^B, Y^B}}{2} = GRT_{X, Y}$$

   Hingegen entsprechen sich (A.7.11) und (A.7.9).

3. Wenn es Spillover-Effekte gibt ($U^A_{Y^B} \neq 0, U^B_{Y^A} \neq 0$) und die Zahlungsbereitschaften der Gebietskörperschaften auch für die Spillover-Effekte identisch sind ($GRS^A_{X^A, Y^A} = GRS^B_{X^B, Y^B}$ und $GRS^A_{X^A, Y^B} = GRS^B_{X^B, Y^A}$), dann ist eine Zentralisierung mit uniformer Versorgung effizient, während eine Dezentralisierung ineffizient ist.

   Bedingung (A.7.14) wird zu

   $$GRS^i_{X^i, Y^i} + GRS^i_{X^i, Y^j} = GRT_{X, Y}, \; i, j = A, B, i \neq j$$

   und entspricht (A.7.9), während (A.7.11) verschieden ist.

Der Fall 2 ist das ursprüngliche Dezentralisierungstheorem. Bei gleich großen Gebietskörperschaften, die jeweils eine homogene Bevölkerung haben, und zwischen denen es keine Spillover-Effekte gibt, wird sich die zentrale Regierung an einem Durchschnitt der Grenzraten der Substitution aller Gebietskörperschaften orientieren. Dies wird für beide Gebietskörperschaften in der Regel zu einer ineffizienten Versorgung führen, da die Gebietskörperschaft mit der geringeren Zahlungsbereitschaft bzw. Präferenz zu viel von Y erhält und die mit der größeren Zahlungsbereitschaft zu wenig bekommt. Nur in dem Fall, in dem beide Gebietskörperschaften dieselben Präferenzen besitzen (siehe Fall 1), wäre die zentrale Mengenentscheidung für beide Gebietskörperschaften genauso effizient wie eine dezentrale Versorgung.

Der entscheidende Punkt im Vergleich zwischen den Fällen 1 und 2 ist, dass separate Gruppen immer dieselbe Menge wählen können, wie sie bei einer zentralen Entscheidung bereitgestellt würde. Die Separierung der Entscheidung erweitert nur die möglichen Optionen an Konsumniveaus, die auch die unterschiedlichen Präferenzen der Gebietskörperschaften berücksichtigen können. Die Erweiterung der Konsummöglichkeiten führt in der Regel zu einer Wohlfahrtsverbesserung.
Fall 3 zeigt, dass bei Spillover-Effekten eine zentrale Bereitstellung nur dann mit Sicherheit effizient ist im Unterschied zu einer dezentralen Bereitstellung, wenn die Präferenzen für das Gut Y in beiden Gebietskörperschaften nicht verschieden sind. Je unterschiedlicher die Präferenzen und damit die Zahlungsbereitschaften (die Grenzraten der Substitution) auch für die Spillover-Effekte von Y sind, umso stärker weicht eine uniforme Versorgung durch eine Zentralregierung von der effizienten Allokation ab. Damit wirkt sie der wohlfahrtserhöhenden Internalisierung der Spillover-Effekte entgegen und ist im Allgemeinen mit (A.7.14) ineffizient.

8 Abstimmung mit den Füßen bei mobiler Bevölkerung: Das Tiebout-Modell

Unter welchen Annahmen führt die Wanderung einer mobilen Bevölkerung zu einer effizienten Aufteilung der Gebietskörperschaften? Bei einer Bevölkerung, die über eine geographische Fläche fest verteilt und immobil ist, ergibt sich die Frage, wie Gebietskörperschaften bei dieser gegebenen Bevölkerungsverteilung horizontal und vertikal auf dem Gesamtgebiet angeordnet sein sollten. Im Folgenden wird angenommen, dass die Bevölkerung mobil ist. Individuen können wandern und dadurch verschiedene Gebietskörperschaften formen. Die Gebietskörperschaften einer Ebene stellen dann eine jeweils unterschiedliche Menge des lokalen öffentlichen Gutes bereit, kombiniert mit einer bestimmten Steuer pro Kopf, die das öffentliche Gut finanziert. Die Frage ist nun, ob sich die mobile Bevölkerung so in Gebietskörperschaften einteilen wird, dass

1. die optimale Anzahl von Einwohnern in jeder Gebietskörperschaft lebt, woraus sich bei gegebener Gesamtbevölkerung auch die optimale Zahl von Gebietskörperschaften ableiten lässt. Die optimale Größe jeder Gebietskörperschaft bestimmt sich so, dass sie zu minimalen Durchschnittskosten ihr öffentliches Gut anbietet.
2. alle Bürger einer Gebietskörperschaft den für sie bestmöglichen Mix aus Gütern und Steuern erhalten, d. h. alle Bürger mit ähnlichen Präferenzen sich in einer Gebietskörperschaft zusammenschließen. Die Präferenzen der Bürger werden umso besser getroffen, je größer die Anzahl der Gebietskörperschaften mit einer entsprechenden Varianz des Politikangebots sein wird. Findet diese Sortierung der Bürger nach Präferenzen statt, dann werden die lokalen öffentlichen Güter in allen Gebietskörperschaften in effizienter Menge angeboten: Die Samuelson-Regel $\sum_i GRS_i = GRT$ gilt für alle Bürger i in jeder Gebietskörperschaft.[91]

Das Problem öffentlicher Güter besteht darin, dass Konsumenten ein Interesse haben, ihre wahre Präferenz für solche Güter zu verschleiern. Wenn sie einen freiwilligen privaten Finanzierungsbeitrag zahlen sollen, der in irgendeiner Form an die Nachfrage gekoppelt ist, werden sie immer versuchen, ihr Interesse und ihre Zahlungsbereitschaft für das öffentliche Gut zu untertreiben. Denn ihre geringere Zahlung wird die Menge des Gutes, das für eine große Gemeinschaft produziert wird, nicht oder unwesentlich verringern, aber die Kosten des Konsumenten können dadurch erheblich reduziert werden. Auch wenn der Staat das Gut bereitstellt und über sogenannte Benefit-Steuern finanziert[92], so bleibt der Anreiz für ein solches Trittbrettfahrerverhalten bestehen, solange diese persönlichen Steuern an die Menge geknüpft sind, die der Einzelne als Nachfrage angibt.

Charles Tiebout (1924 – 1968) hat deshalb nach einem Mechanismus gesucht, der die Bürger dazu bringt, ihre wahren Präferenzen zu enthüllen, der wie ein Marktmechanismus in der Lage ist, diese Präferenzen effizient zu bedienen, und der die Finanzierung durch Steuern ermöglicht. Tiebout hat eine Idee entworfen, wie lokale öffentliche Güter im Wettbewerb der Gebietskörperschaften um Einwohner so bereitgestellt werden können, dass es nicht zu einem Trittbrettfahrerproblem kommt und die Einwohner effizient versorgt werden. Dabei bieten die Gebietskörperschaften unterschiedliche politische Pakete an, die eine Kombination darstellen aus öffentlicher Dienstleistung und der Steuer, die man zur Finanzierung benötigt. Beachtet

91 Siehe Kapitel 3.1.
92 Siehe Lindahl-Mechanismus, Kapitel 3.1.

werden muss hierbei, dass diese Pro-Kopf-Steuer abhängt von der Anzahl der Einwohner, die sich letztendlich in der Gebietskörperschaft niederlassen und die man besteuern kann. Deshalb umfasst das Paket auch eine bestimmte Einwohnerzahl, zu der man die jeweilige Steuer garantieren kann. Jedes Individuum kann dann entsprechend seiner Präferenzen entscheiden, welches Paket am besten zu ihm passt, und offenbart durch seine Ansiedlungsentscheidung diese Präferenzen. Alle Individuen mit gleichen Präferenzen werden sich in homogenen Gebietskörperschaften ansiedeln. Tiebout hat das die „Abstimmung mit den Füßen" genannt. Durch diesen Wettbewerbsmechanismus kann das Trittbrettfahrerverhalten vermieden werden.

Nach Tiebout führt eine „Abstimmung mit den Füßen" zu einer Offenbarung der wahren Präferenzen für öffentliche Güter. Hierbei geht es allerdings nicht um öffentliche Güter, die von einer zentralen Gebietskörperschaft für die gesamte Bevölkerung bereitgestellt werden. Denn eine unitarische Gebietskörperschaft hat keine Mitbewerber für diese Tätigkeit, sondern eine Monopolstellung. Dafür kann es aber keine marktähnliche Lösung unter Wettbewerbsbedingungen geben. Stattdessen betrachtet Tiebout lokale öffentliche Güter und Dienstleistungen wie Polizei, Feuerwehr, Verkehrsinfrastruktur, Schulen und Gerichte, die von Gemeinden oder Bezirken in unterschiedlichem Ausmaß und zu unterschiedlich hohen Steuern angeboten werden können. Die mobilen Bürger, die sich in einer dieser Gebietskörperschaften niederlassen wollen, werden sich an bestimmten Kriterien orientieren: Familien mit Kindern werden die Qualität der Schulen in Betracht ziehen, andere Bürger werden nach kulturellen oder Freizeiteinrichtungen gehen, wieder andere nach der Sicherheit am Wohnort. Jeder wird die Gebietskörperschaft wählen, in der die angebotene Menge und die Zusammensetzung an lokalen öffentlichen Gütern sowie die dazu aufzubringende Steuer am besten zu den Präferenzen des Individuums passt. Diese Wahlmöglichkeit entsteht nur, wenn zahlreiche Gebietskörperschaften bestehen, die unterschiedliche politische Pakete dieser Art anbieten können. Je mehr Varianz im Angebot besteht, desto besser können die verschiedenen Präferenzen der Bürger befriedigt werden. Durch die Ansiedlung in einer solchen Gemeinde hat das Individuum dann implizit seine Präferenzen offenbart. Deshalb betrachten wir im Folgenden nur Gebietskörperschaften mit lokalen öffentlichen Gütern, deren Nutzen nur in dem Gebiet der Gemeinde anfällt.

Wenn alle Bürger gemäß ihren Präferenzen die optimale Gebietskörperschaft gefunden haben, kommt die Anpassung durch Wanderung in ein Gleichgewicht. Wenn kein Gleichgewicht besteht, werden sich einige Bürger in Gemeinden befinden, deren Bündel aus lokalen Gütern und/oder deren Steuerhöhe für den Gütermix nicht zu ihren Präferenzen passen. Dadurch entstehen Wanderungen. Diese Wanderungen enden, wenn jeder Bürger die von ihm gewünschten Güter für eine Steuer bekommt, die er für angemessen hält. Diese Abstimmung mit den Füßen offenbart die Zahlungsbereitschaft der Bürger für lokale öffentliche Güter und ist äquivalent zum Test des Marktes, bei dem durch den Wettbewerb unter Händlern die Zahlungsbereitschaft der Konsumenten für private Güter ermittelt wird.

Tiebout (1956) hat Annahmen formuliert, damit dieser Wettbewerb der Kommunen um Bürger zu einer effizienten Übereinstimmung zwischen Präferenzen und Angeboten führt.

Erstens müssen alle Bürger vollständig mobil sein und zu der Gemeinde wandern können, in der ihre Präferenzen am besten befriedigt werden. Insbesondere darf es keine Wanderungskosten geben, z. B. Umzugskosten, kulturelle oder private Hindernisse, die die Entscheidung beeinflussen würden, so dass sie nicht mehr ausschließlich nach Präferenzen für die lokalen öffentlichen Güter und deren Kosten getroffen würde. Das heißt, allein die Kombination aus der Menge des lokalen öffentlichen Gutes und der Steuerfinanzierung in der Gemeinde darf für die Wanderungsentscheidung eine Rolle spielen.

Zweitens sieht Tiebouts Modell vor, dass die Wanderungsentscheidung nicht von der Erwerbstätigkeit und dem Arbeitsplatz abhängt. Auch hier soll die Entscheidung nicht von anderen Dingen als nur dem Mix aus öffentlichen Gütern und deren Finanzierung abhängen. Tiebout geht von Bürgern mit ortsunabhängigem Kapitaleinkommen aus.

Drittens müssen alle Bürger vollständige Information über die lokalen Steuern und Ausgaben für öffentliche Güter in den Kommunen besitzen. Entweder stehen diese Informationen für alle zentral zur Verfügung oder sie werden im Wettbewerb der Kommunen untereinander durch die Werbung um Einwohner allen zugänglich.

Viertens muss es eine große Anzahl solcher Gebietskörperschaften geben, die eine hinreichend große Variabilität öffentlicher Leistungen und deren steuerlicher Finanzierung anbieten, so dass jeder Bürger eine Gemeinde finden kann, die seine Präferenzen bestmöglich bedient.

Fünftens wird vorausgesetzt, dass es keine externen Effekte der lokalen öffentlichen Güter einer Gemeinde auf andere Gemeinden gibt. Jeder, der die lokalen Güter einer Gemeinde nutzen will, muss auch in diese Gemeinde ziehen. Würde der Konsum auch außerhalb der Gemeinde möglich sein, müsste man für den Konsum nicht in die Gemeinde einwandern, und es gäbe keine Präferenzenthüllung durch die Wanderungsentscheidungen der Individuen. Also müssen alle Gebietskörperschaften so beschaffen sein, dass ihre lokalen öffentlichen Güter keine Spillover-Effekte in andere Gemeinden haben. Außerdem würde es dann, wie oben beschrieben, zu einer ineffizienten Unterversorgung kommen, da die bereitstellende Gemeinde nicht alle, für die das öffentliche Gut Nutzen stiftet, berücksichtigt. Dass nur eine Nutzung der lokalen Güter vor Ort in Frage kommt, ist äquivalent zur Ausschließbarkeit vom Konsum. Nach außen hin kann für lokale öffentliche Güter deshalb wie für private Güter ein (Steuer-)Preis erhoben werden, bevor der Konsum erlaubt wird. Die Distanz, die man überwinden muss, bevor man bestimmte lokale Dienstleistungen und Güter in Anspruch nehmen kann, und deren Überwindung Kosten verursacht, dient hier als Schranke für die Ausschließbarkeit vom Konsum. Nach innen, d. h. für alle Einwohner der Gemeinde ist das lokale Gut aber ein öffentliches Gut, das jeder ohne weitere Zahlung mitnutzen kann. Das heißt, der Steuerpreis für das lokale öffentliche Gut ist eigentlich der Eintrittspreis in die Gemeinde. Er kann wie eine pauschale Mitgliedsgebühr für einen Verein verstanden werden, der nach Zahlung die Nutzung aller Geräte und Liegenschaften des Vereins ohne weitere Nutzergebühren erlaubt.[93] Die Zutrittsschranke der Gemeinde ist dabei die Entfernung, bis zu der ein lokales öffentliches Gut Nutzen stiftet. Insofern ist die Distanz zur Quelle der Bereitstellung des Gutes ein natürliches Ausschlusskriterium. Im nächsten Abschnitt 8.1 wird diese gemeinsame Eigenschaft von lokalen öffentlichen Gütern und Clubgütern genutzt, um die Ergebnisse der Clubtheorie auf Gebietskörperschaften anzuwenden.

Sechstens gibt es keine durchgängig steigenden Skalenerträge im Konsum des lokalen öffentlichen Gutes, d. h., die Durchschnittskosten für das Gut sinken nicht durchgängig, je mehr Einwohner das Gut nutzen. Wäre dies so, dann sollte die Gebietskörperschaft so groß wie möglich sein, also die gesamte Bevölkerung umfassen. Kleinere Gebietskörperschaften könnten dann nicht optimal sein. Stattdessen wird angenommen, dass ein fixer Faktor in der Produktion des lokalen öffentlichen Gutes besteht. Dieser fixe Faktor verursacht, dass bei der Nutzung des Gutes ab einer bestimmten Nutzerzahl Ballungs- oder Überfüllungskosten entstehen. Dadurch erreichen die mit jedem neuen Einwohner zunächst fallenden Kosten pro Einwohner ein Minimum, ab

93 Diese Äquivalenz erlaubt es, die lokalen öffentlichen Leistungen einer Gebietskörperschaft wie Clubgüter zu betrachten.

dem diese Ballungskosten überwiegen und die Durchschnittskosten wieder steigen. Das heißt, die Durchschnittskosten pro Einwohner haben einen U-förmigen Verlauf.[94]

Siebtens wird angenommen, dass die Gemeinde von einer Regierung geführt wird, die die Kosten für ihre bisherigen Einwohner minimieren will. Tiebout spricht von einem City-Manager. Dieser würde eine Einwohnerzahl wählen, die gerade im Kostenminimum liegt. Jede Gemeinde hat dann eine beschränkte optimale Einwohnerzahl, die es zu erreichen gilt. Tiebout bringt als Beispiel Städte, in denen Stadtentwicklungsprogramme neue Einwohner oder die Erschließung von Gewerbegebieten Unternehmen anziehen sollen.

Diese theoretischen Überlegungen haben durchaus praktische Bedeutung für die Politik. Einige dieser Annahmen an das Tieboutsche Modell können auch als normative Forderungen an die Politik eines föderalen Staates verstanden werden. So kann die Mobilität der Bürger förderlich sein für die effiziente Verteilung der Bevölkerung auf unterschiedliche Gebietskörperschaften, die die Präferenzen am besten befriedigen. Eine Verbesserung der Mobilitätsbedingungen in einem föderalen Staat würde also eine Annäherung an eine effiziente Versorgung der Bürger gewährleisten. Die Verringerung von Migrationskosten, also der Abbau von Mobilitätshemmnissen wie physischen Grenzen, Zöllen, unterschiedlichen Währungen in verschiedenen Gebieten der Föderation, unterschiedlichen Sprachen usw. würde demnach eine wohlfahrtssteigernde Wirkung besitzen. Insofern könnte das Tieboutsche Modell hier auch normativ zur Begründung von Maßnahmen etwa der Europäischen Union dienen, die mit den vier Grundfreiheiten und der Einführung des Euro den Abbau solcher Wanderungshindernisse betreibt. Die Europäische Union hat 1993 vier Grundfreiheiten innerhalb des Binnenmarktes beschlossen, die den freien Verkehr von Waren, Personen, Dienstleistungen und Kapital gewährleisten. Alle Mitgliedstaaten der EU müssen sich deshalb dem Wettbewerb in verstärktem Maße stellen, wodurch eine effizientere Allokation von Erwerbsbevölkerung, Kapital sowie Gütern und Dienstleistungen möglich wird. Gleichzeitig beschränkt die vertraglich garantierte freie Mobilität die Haushaltspolitik der Mitgliedstaaten, die mit ihren Einnahmen und Ausgaben nun vermehrt Rücksicht auf die Abstimmung mit den Füßen nehmen müssen.

Wenn die Entscheidungen von Privatpersonen über ihren Wohnort oder von Unternehmen über ihren Produktionsstandort davon abhängen, wo sie die besten Bedingungen vorfinden, dann müssen sich Gemeinden oder Staaten Gedanken machen, welche Leistungen oder Infrastruktur sie anbieten können und wie hoch die Steuern sein werden, die sie dafür verlangen müssen. Eine solche Abwägung sollte zu einer Standortpolitik führen, bei der die Attraktivität der Gebietskörperschaft groß genug ist, um die Abwanderung von Steuerzahlern und Unternehmen zu verhindern. Gleichzeitig sollte die Mischung aus Nutzen und Kosten einer solchen Politik auch nur so viele Einwohner und Betriebe anziehen, dass der Zuzug eine kostenminimale Bereitstellung der öffentlichen Güter gewährleistet. Die Mobilität von Einwohnern und Unternehmen setzt also der Finanzpolitik Grenzen. Wir werden auf diese Themen in den → Kapiteln 9 und 10 zurückkommen. Zunächst soll aber analysiert werden, wie sich Mobilität auf die Gründung und die Struktur von Gebietskörperschaften auswirkt.

94 Siehe Kapitel 3.3.

8.1 Die Clubtheorie

Ein sehr verbreiteter Ansatz, die Vorstellungen Tiebouts in einem Modell formal darzustellen, ist die Anwendung der Clubtheorie auf die Ansiedlung von Einwohnern in Gebietskörperschaften, die lokale öffentliche Güter bereitstellen.[95] In seiner grundlegenden Arbeit zur Clubtheorie hat James Buchanan (1965) bestimmt, wie groß Clubs sein sollten, die ihren Mitgliedern ein bestimmtes Clubgut anbieten, z. B. ein Schwimmclub, der seinen Mitgliedern eine Schwimmhalle zur Verfügung stellt, in der alle Mitglieder und nur diese das Schwimmbecken benutzen dürfen. Ein Clubgut solcher Art ist ein Gut, das einerseits für die Mitglieder des Clubs die Eigenschaften eines unreinen öffentlichen Gutes besitzt. Alle Mitglieder können das Gut gleichzeitig benutzen, aber es besteht (zumindest ab einer kritischen Nutzerzahl) eine Rivalität im Konsum, d. h. man behindert sich gegenseitig bei der Nutzung. Das Niveau bzw. die Qualität des Konsums kann bei zunehmender Mitgliederzahl nur aufrechterhalten werden, wenn das Gut in größerer Menge bereitgestellt wird, also z. B. das Schwimmbecken vergrößert wird. Andererseits hat das Clubgut für alle Nicht-Mitglieder die Eigenschaft, dass sie vom Konsum ausgeschlossen werden können. Es ist möglich, die Menschen am Konsum zu hindern, wenn sie z. B. vorher nicht im Schwimmclub Mitglied geworden sind. Diese Möglichkeit des Ausschlusses vom Konsum für Nicht-Mitglieder erlaubt es, diesen einen Preis oder eine Gebühr abzuverlangen, um dem Club beizutreten und das Gut mitnutzen zu können. Dieser eigentümlich doppelte Charakter von Clubgütern, gegenüber Insidern von Clubs die Eigenschaft eines unreinen öffentlichen Gutes zu besitzen und gegenüber Outsidern ausschließbar vom Konsum zu sein, wird in der folgenden Anwendung auf lokale öffentliche Güter von Gebietskörperschaften eine wichtige Rolle spielen.[96]

Der Club kann nun seinen Mitgliedern einen finanziellen Beitrag abverlangen und muss berücksichtigen, dass jedes weitere Mitglied den Nutzungsspielraum des Gutes für die anderen Mitglieder verkleinert. Der Club entscheidet dann über die optimale Anzahl von Mitgliedern, die optimale Menge des Clubgutes und die Finanzierung. Zum Beispiel wird bei gegebener Größe des Schwimmbades der Club bei der Aufnahme eines neuen Mitglieds Folgendes abwägen. Das neue Mitglied senkt einerseits die Pro-Kopf-Kosten für die Instandhaltung der Schwimmhalle, die alle Mitglieder mit ihrem Beitrag bezahlen müssen. Andererseits gibt es mit jedem neuen Mitglied einen Schwimmer mehr, der mit den anderen das Schwimmbecken teilt. Es entstehen also ab einer bestimmten Zahl von Schwimmern Kosten, weil der Platz für einen Schwimmer im Schwimmbecken kleiner wird, sogenannte Überfüllungs- oder Ballungskosten. Die optimale Mitgliederzahl liegt dann dort, wo die zusätzlichen Überfüllungskosten gerade durch die zusätzliche Ersparnis an Beitragskosten der anderen Mitglieder abgedeckt wird. Gleichzeitig muss der Club bei gegebener Mitgliederzahl die optimale Größe des Schwimmbeckens bestimmen. Hier muss er den zusätzlichen Nutzen, den alle Mitglieder aus einem größeren Schwimmbecken ziehen, den zusätzlichen Kosten der Erweiterung des Schwimmbeckens gegenüberstellen. Entsprechen sich diese, ist die Größe des Schwimmbeckens optimal.

Diese Theorie lässt sich anwenden auf die Fragen, wie groß eine Gebietskörperschaft sein sollte, wie viele Gebietskörperschaften es optimalerweise geben sollte, wieviel jede von ihrem

---

95 Wichtige Beiträge sind Buchanan (1965), McGuire (1974) und Berglas (1976). Für einen Überblick siehe Sandler und Tschirhart (1980, 1997) und Scotchmer (2002).

96 Scotchmer (2002, S. 2002) sieht den Unterschied zwischen Clubgütern und reinen öffentlichen Gütern darin, dass bei Clubgütern im Wettbewerb um neue Mitglieder nicht das Clubgut selbst gehandelt wird, sondern die Mitgliedschaft im Club wie ein privates Gut zum Preis des Mitgliedsbeitrages gekauft und verkauft wird. Zur Unterscheidung zwischen privaten und öffentlichen Gütern innerhalb und zwischen Gebietskörperschaften siehe Pauly (1970).

lokalen öffentlichen Gut bereitstellen sollte, und wie es kostenminimal finanziert wird. Die entscheidende Eigenschaft einer Gebietskörperschaft, die man als Club ansieht, ist, dass die lokalen öffentlichen Güter nur in der Gebietskörperschaft – dem Club – genutzt werden können, aber nicht über die Grenzen der Gebietskörperschaft hinaus. Da unterstellt wird, dass es keine Spillover-Effekte in andere Gemeinden gibt, sind die Individuen gezwungen, ihre Präferenzen für das öffentliche Gut durch die Wanderungsentscheidung in die Gebietskörperschaft zu offenbaren, da sie das öffentliche Gut in der Menge und zu dem Preis außerhalb der Gebietskörperschaft nicht konsumieren können. Deshalb kann die Abstimmung mit den Füßen das Trittbrettfahrerproblem überwinden.

Wir betrachten also lokale öffentliche Güter mit begrenzter geographischer Nutzenstiftung. Die Grenzen einer lokalen Gebietskörperschaft sind durch die Spillovergrenzen gegeben. Der Ausschluss vom Konsum des lokalen Gutes ist möglich. Nur Einwohner der Gebietskörperschaft können das Gut konsumieren, wobei alle die gleiche Gesamtmenge (oder Qualität) des öffentlichen Gutes, das in dieser Gebietskörperschaft angeboten wird, konsumieren. Und die Eintrittsgebühr sind die lokalen Steuern, die ein Einwohner der Gebietskörperschaft zu zahlen hat, wenn er sich dort niederlässt. Beispiele für lokale öffentliche Güter sind der Polizeischutz, den alle Bürger in einem gewissen Zuständigkeitsbereich (Stadt, Landkreis, Bundesland etc.) in gleichem Maße konsumieren, ebenso wie der Brandschutz durch die Feuerwehr oder die Wasserversorgung und Abwasserentsorgung. Ein neuer Einwohner zahlt die lokale Steuer, deckt damit einen Teil der Kosten für das öffentliche Gut ab und senkt die Durchschnittskosten der öffentlichen Dienstleistung für alle anderen. Gleichzeitig besteht Rivalität im Konsum, d. h., der neue Einwohner reduziert den Nutzen aus dem Konsum, den alle anderen bisher hatten. Im Folgenden wird dies als Überfüllungskosten bzw. Ballungskosten modelliert.

Wir betrachten folgendes Modell. Insgesamt gebe es P Individuen. Ein Individuum i zieht einen Nutzen $U^i(G, X^i)$ aus einem lokalen öffentlichen Gut G und einem privaten Gut X^i, $i = 1, \dots, P$. Sein exogenes Einkommen beträgt I^i. Das lokale öffentliche Gut wird von einer Gebietskörperschaft angeboten und kann nur von den N Einwohnern, die in dieser Gebietskörperschaft leben, konsumiert werden. Alle Nicht-Einwohner sind ausgeschlossen.

Die Kosten der Überfüllung, die ein zusätzlicher Nutzer des öffentlichen Gutes verursacht, bedeuten, dass der Nutzen aller bisherigen Konsumenten bei gegebener Menge des Gutes reduziert wird. Statt diese Kosten so zu modellieren, dass eine erhöhte Anzahl von Bewohnern N den Nutzen U direkt senkt: $U_N < 0$, kann man annehmen, dass die Produktionskosten der Bereitstellung, die alle zu gleichen Teilen tragen müssen, mit wachsender Einwohnerzahl steigen, was den Nutzen indirekt senkt.[97] Die Kosten steigen, da aufgrund der Rivalität bei der Nutzung durch neue Einwohner so viel von dem öffentlichen Gut zusätzlich produziert werden muss, dass die genutzte Menge (oder Qualität) pro Kopf für alle Einwohner konstant bleibt.

Die Kosten C der Produktion des lokalen öffentlichen Gutes sind deshalb abhängig von der Menge (bzw. Qualität) des öffentlichen Gutes G und von der Anzahl der Einwohner N in der Gebietskörperschaft: $C = C(G, N)$. Mit dieser Kostenfunktion wird angenommen, dass das öffentliche Gut effizient produziert wird. Die Kostenfunktion sei für alle Gebietskörperschaften identisch. Die Kosten steigen, wenn die Gebietskörperschaft die Menge des öffentlichen Gutes bei gegebener Einwohnerzahl erhöht: $\partial C / \partial G \equiv C_G > 0$. Weiterhin nehmen wir an, dass die Grenzkosten konstant sind oder im relevanten Bereich steigen: $\partial^2 C / \partial G^2 \equiv C_{GG} \geq 0$.

---

97 Zu unterschiedlichen Modellierungen von Ballungskosten vgl. Starrett (1988), Kap. 4.

Die Kosten steigen ebenfalls, wenn bei gegebener Menge G die Zahl der Einwohner zunimmt, die dieses Gut nutzen: $\partial C/\partial N \equiv C_N > 0$.[98] Außerdem wird angenommen, dass diese Überfüllungskosten C_N steigen: $\partial^2 C/\partial N^2 \equiv C_{NN} > 0$.[99] Wenn zum Beispiel die Kriminalität in einer immer dichter besiedelten Gemeinde nicht steigen soll, dann kann das Kosten für polizeiliche Dienste verursachen, die stärker steigen als die Zahl der Einwohner. Oder wenn das Bildungsniveau in Schulen bei steigender Schülerzahl gleich bleiben soll, dann können sich die Kosten für Lehrer und die Schulausstattung überproportional erhöhen.[100]

Aus den beiden Annahmen für die ersten Ableitungen folgt, dass bei konstanten Kosten die Menge des öffentlichen Gutes pro Kopf abnehmen muss, wenn die Einwohnerzahl steigt: $\frac{dG}{dN}\Big|_{C\,=\,constant} < 0$.[101] Deshalb spricht man von Überfüllung oder Ballung des Konsums des lokalen öffentlichen Gutes, da eine zunehmende Nutzerzahl bei gleichbleibendem Kostenaufwand eine schlechtere Versorgung pro Kopf zur Folge hat. Insbesondere die zweite Annahme ist zentral dafür, dass eine Gebietskörperschaft überhaupt eine lokal begrenzte Größe, sprich Einwohnerzahl haben sollte. Wenn keine Überfüllungskosten auftreten und die Zahl der Einwohner ohne zusätzliche Kosten der Bereitstellung steigen kann, also durchgängig $C_N = 0$ gilt, dann ist eine Bereitstellung des öffentlichen Gutes nur in der größtmöglichen Gebietskörperschaft optimal. In diesem Fall handelt es sich um ein reines öffentliches Gut. Erst wenn Rivalität im Konsum auftritt, die Grenzkosten eines Einwohners also positiv sind: $C_N > 0$, kann es optimal sein, kleinere Gebietskörperschaften zu bilden. Aber auch in diesem Fall eines unreinen öffentlichen Gutes kann Bereitstellung durch die größtmögliche Gebietskörperschaft optimal sein, wie im Folgenden gezeigt wird.

Außerdem wird angenommen, dass die Durchschnittskosten C/N in Abhängigkeit von der Einwohnerzahl U-förmig sind (⟶ Abbildung 8.1).[102] Bei geringer Einwohnerzahl führt eine Zunahme der Einwohner zu sinkenden Durchschnittskosten, weil zunächst ein zusätzlicher Einwohner den Kostenbeitrag jedes Einwohners senkt und dies die Überfüllungskosten dieses Einwohners überwiegt. In diesem Bereich sinkt die Durchschnittskostenkurve (steigende Skalenerträge), und es ist für alle Einwohner vorteilhaft, neue Einwohner in die Gebietskörperschaft aufzunehmen. Ab einer Einwohnerzahl N^* werden dann die Überfüllungskosten eines weiteren Einwohners so groß, dass sie die durch ihn verursachte Kostenersparnis für alle Einwohner übersteigt. Ab hier liegt die C_N-Kurve oberhalb der (C/N)-Kurve, und die Durchschnittskosten steigen. An dem Punkt, an dem die Grenzkostenkurve also die Durchschnittskostenkurve schneidet, hat letztere ihr Minimum. Bei der Einwohnerzahl N^* werden die Durchschnittskostenkurve und damit der Steuerbeitrag für jede beliebige Menge des öffentlichen Gutes minimiert.

Alle Einwohner einer Gebietskörperschaft zahlen eine Steuer in Höhe der durchschnittlichen Kosten $C(G, N)/N$ und finanzieren damit aus ihrem exogenen Einkommen I_i den gleichen Anteil

---

98 Man kann hier annehmen, dass dies erst nach Erreichen einer kritischen Einwohnerzahl der Fall ist und untersucht dann das Optimum in diesem relevanten Bereich.

99 Um die Grenzkosten C_G und C_N sprachlich klar zu differenzieren, reden wir bei C_G von den marginalen Kosten der Produktion des lokalen öffentlichen Gutes, während C_N die Rivalität bzw. die Überfüllung im Konsum des Gutes wiedergibt und deshalb als marginale Überfüllungskosten oder Ballungskosten bezeichnet wird.

100 Siehe ⟶ Exkurs 4 zu Einwohnerkosten in Stadtstaaten.

101 Aus $dC = \frac{\partial C}{\partial G}dG + \frac{\partial C}{\partial N}dN = 0$ folgt $\frac{dG}{dN}\Big|_{C\,=\,constant} = -\frac{\partial C/\partial N}{\partial C/\partial G}$ und daraus mit den Annahmen für die partiellen Ableitungen das Ergebnis.

102 Zur Form der Kostenfunktion vergleiche Kapitel 3.3. Der hier angenommene Fall ist auch in ⟶ Abbildung 3.2a dargestellt.

an den Bereitstellungskosten des öffentlichen Gutes. Aus dem Nettoeinkommen finanziert der Einwohner i sein privates Konsumgut X_i. Die Budgetbeschränkung lautet:

$$X_i = I_i - \frac{C(G,N)}{N}, \; i = 1, \ldots, N \tag{8.1}$$

8.1.1 Das Wohlfahrtsoptimum

Im Wohlfahrtsoptimum wird die Einwohnergröße und Anzahl der Gebietskörperschaften bestimmt, bei der die Kosten pro Kopf für das lokale öffentliche Gut in jeder Gebietskörperschaft minimiert werden, und es wird die Menge des lokalen öffentlichen Gutes in einer Gebietskörperschaft bestimmt, die Pareto-effizient ist.

Homogene Bevölkerung: Zunächst sei angenommen, dass alle P Einwohner identisch sind, sich also weder in ihren Präferenzen noch in ihrem Einkommen unterscheiden: $U_i = U$ und $I_i = I$ für $i = 1, \ldots, P$. Damit gilt dann auch $X_i = X$ für alle i.

Die Wohlfahrt wird dann optimiert, wenn G und N so bestimmt werden, dass der Nutzen eines repräsentativen Individuums unter der Budgetbeschränkung (8.1) maximal wird:

$$\underset{G,N}{\text{Maximiere}} \; U\left(G, I - \frac{C(G,N)}{N}\right) \tag{8.2}$$

Die notwendigen Bedingungen erster Ordnung für ein Nutzenmaximum lauten:

$$\frac{\partial U}{\partial G} - \frac{\partial U}{\partial X}\frac{C_G}{N} = 0 \text{ und } \frac{\partial U}{\partial X}\left(\frac{-NC_N + C}{N^2}\right) = 0 \tag{8.3}$$

Nach Umstellung gilt dann für eine optimale Güterversorgung G^*:

$$N\frac{\partial U/\partial G}{\partial U/\partial X} = C_G \tag{8.4}$$

und die optimale Einwohnerzahl N^*:

$$C_N = \frac{C}{N} \tag{8.5}$$

Berücksichtigt man, dass $\frac{\partial U/\partial G}{\partial U/\partial X} \equiv GRS_{G,X}$ und $C_G \equiv GRT_{G,X}$, dann bestimmt nach Bedingung (8.4) jede Gebietskörperschaft bei gegebener Einwohnerzahl N die optimale Menge des lokalen öffentlichen Gutes G so, dass die Samuelson-Bedingung für Pareto-Effizienz öffentlicher Güter bezogen auf alle Einwohner der Gebietskörperschaft erfüllt ist: $N \cdot GRS_{G,X} = GRT_{G,X}$.

Bedingung (8.5) besagt, dass bei gegebener Menge G die optimale Einwohnerzahl einer Gebietskörperschaft erreicht wird, wenn die Kostenbeteiligung $C(G,N)/N$ des letzten zusätzlichen Einwohners in Höhe der marginalen Ballungskosten C_N liegt. Die zusätzlichen Kosten eines marginalen Einwohners müssen dann also der Kostenersparnis durch ihn entsprechen. Bei dieser Einwohnerzahl sind die Durchschnittskosten und damit der Finanzierungsbeitrag jedes Einwohners minimal.

Da die optimale Einwohnerzahl N^* durch die minimalen Durchschnittskosten bestimmt wird, und letztere von der Menge des öffentlichen Gutes abhängt, hat G einen Einfluss darauf, wie viele Einwohner in der Gebietskörperschaft angesiedelt sein sollten. Und umgekehrt hängt die effiziente Menge G^* von der Einwohnerzahl ab. Deshalb werden G und N simultan bestimmt.

Abbildung 8.1 zeigt, wie die optimale Einwohnerzahl durch den Schnittpunkt der Grenzkostenkurve und der Durchschnittskostenkurve bestimmt wird. An diesem Punkt, an dem die Grenzkosten aus der Variation der Einwohnerzahl den Durchschnittskosten entsprechen, werden die Durchschnittskosten und damit die Kostenbeteiligung pro Einwohner minimiert.

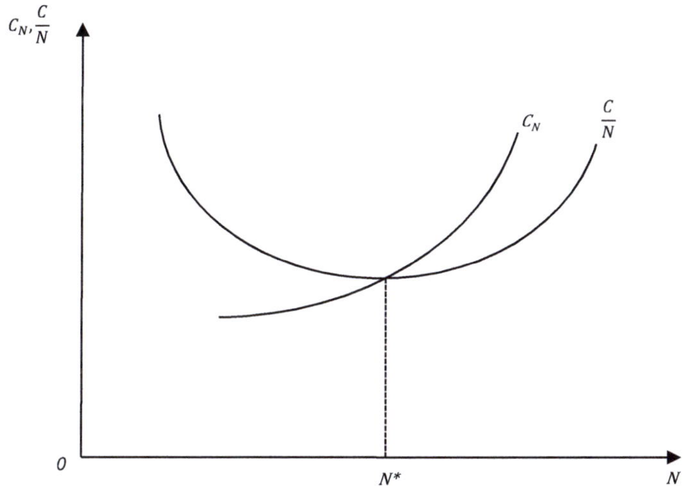

Abbildung 8.1: Optimale Einwohnerzahl einer Gebietskörperschaft bei gegebener Menge des öffentlichen Gutes G

Eine optimale Aufteilung in Gebietskörperschaften ist möglich, solange die Gesamtzahl der Bevölkerung ein Vielfaches der optimalen Einwohnerzahl einer Gebietskörperschaft ist. Solange die Gebietskörperschaften ohne Kostenaufwand zusammengelegt oder geteilt werden können, kann die Anzahl der Bürger pro Gebietskörperschaft so angepasst werden, dass jede Gebietskörperschaft minimale Durchschnittskosten bei der Bereitstellung des öffentlichen Gutes erreicht. Bei identischen Bürgern heißt das, dass alle Gebietskörperschaften gleich groß sind und dieselbe Menge des öffentlichen Gutes zu minimalen Pro-Kopf-Kosten ihrer Einwohner bereitstellen. Die Anzahl der Regionen ist dann durch P/N^* gegeben.

Die gesamtstaatliche Bereitstellung eines öffentlichen Gutes für alle P Bürger in einem unitarischen Staat ist nicht effizient, solange die durchschnittlichen Kosten bei einer Bevölkerungsgröße minimiert werden, für die gilt: $N^* < P$. In diesem Fall kann ein föderaler Staat aber auch nur dann in Gebietskörperschaften mit kostenminimaler Einwohnerzahl aufgeteilt werden, wenn die Gesamtbevölkerung zufällig ein ganzzahliges Vielfaches dieser Einwohnerzahl ist: $P = kN^*, k \in \mathbb{N}$.[103] Der optimale föderale Staat würde dann aus k effizienten Gebietskörperschaften gleicher Größe N^* und mit gleicher Menge G^* bestehen.

Was ergibt sich, wenn wir eine Heterogenität der Bevölkerung in ihren Präferenzen und/oder ihrem Einkommen zulassen?

103 Zum Ganzzahligkeitsproblem siehe Starrett (1988, S. 48f.), der einen Fall diskutiert, bei dem es Spielraum für die effiziente Größe eines Clubs gibt. Vgl. auch Ellickson et al. (1999).

Heterogene Bevölkerung: Angenommen sei, dass es in der Bevölkerung Gruppen gibt, deren Mitglieder identische Nutzen und Einkommen haben, während sie sich zu Mitgliedern anderer Gruppen entweder im Nutzen oder im Einkommen unterscheiden. Die Bevölkerung lasse sich also vollständig in Z disjunkte Teilmengen aufteilen. Die Mitglieder einer Teilmenge sind sowohl im Nutzen als auch im Einkommen identisch, während sie sich zu Mitgliedern anderer Teilmengen entweder im Nutzen oder im Einkommen oder in beidem unterscheiden. Eine beliebige Teilmenge m, $m = 1, \ldots, Z$, der Bevölkerung enthalte P_m Mitglieder, $i = 1, \ldots, P_m$, und es gelte: $U_i = U_m$ und $I_i = I_m$ für alle $i = 1, \ldots, P_m$, wobei $P_m \leq P$ für alle $m = 1, \ldots, Z$. Die Gesamtbevölkerung ist dann: $P = P_1 + P_2 + \ldots + P_Z$. Die Kosten der Bereitstellung des lokalen öffentlichen Gutes seien für eine homogene Teilmenge der Bevölkerung gleich, unterscheiden sich aber zwischen zwei Teilmengen j und k: $C^j(.) \neq C^k(.)$, $j \neq k$, $j, k = 1, \ldots, Z$.

Die Wohlfahrt wird maximiert, wenn die Individuen jeder Teilmenge so zahlreich sind, dass sie sich vollständig auf Gebietskörperschaften mit optimaler Einwohnerzahl aufteilen lassen und der Nutzen des repräsentativen Individuums jeder Gebietskörperschaft maximiert wird. Vorausgesetzt wird, dass jede Teilmenge der Bevölkerung mit dem gleichen Gewicht in die Wohlfahrtsfunktion eingeht. Der repräsentative Nutzen der homogenen Teilmenge m der Bevölkerung ist dann:

$$U_m\left(G_m, I_m - \frac{C^m(G_m, N_m)}{N_m}\right), \; m = 1, \ldots, Z \tag{8.6}$$

Hier ist zu beachten, dass für alle Teilmengen der Bevölkerung eine unterschiedliche optimale Größe N_m^* der Gebietskörperschaften bestimmt wird. Da die Bestimmung der optimalen Aufteilung in effiziente Gebietskörperschaften simultan mit der optimalen Menge des öffentlichen Gutes erfolgt, und deshalb beide optimalen Größen voneinander abhängen, unterscheiden sich die Bevölkerungsteilmengen auch in der Menge des lokalen öffentlichen Gutes G_m^*. Die optimale Menge des öffentlichen Gutes G_m^* und die optimale Einwohnerzahl N_m^* einer Gebietskörperschaft für die homogene Bevölkerungsgruppe m sind analog zu den Bedingungen (8.4) und (8.5) gegeben durch:

$$N\frac{\partial U_m/\partial G_m}{\partial U_m/\partial X_m} = C_{G_m}^m \text{ und } C_{N_m}^m = \frac{C^m}{N_m} \tag{8.7}$$

Alle Gebietskörperschaften einer homogenen Teilmenge der Bevölkerung sind gleich groß und stellen dieselbe Menge des öffentlichen Gutes bereit. Gebietskörperschaften verschiedener Teilmengen j und k der Bevölkerung unterscheiden sich aber sowohl in der Größe als auch in der Menge des öffentlichen Gutes, da sie auf unterschiedlichen Präferenzen und/oder Einkommen beruhen: $N_j^* \neq N_k^*$ und $G_j^* \neq G_k^*$.

Es stellt sich jetzt die Frage, ob es für jede homogene Teilmenge der Bevölkerung optimal ist, eigene Gebietskörperschaften zu formen, oder ob es besser ist, in gemischten Gebietskörperschaften mit anderen homogenen Teilmengen der Bevölkerung zusammenzuleben. Im Folgenden wird gezeigt, dass eine vollständige Separierung der homogenen Teilmengen in eigenen Gebietskörperschaften optimal ist. Dazu betrachten wir den Fall von Z verschiedenen, in sich homogenen Teilgruppen, in die sich die Bevölkerung aufteilen lässt: $P = P_1 + P_2 + \ldots + P_Z$.[104]

Der Nutzen U_i, $i = 1, \ldots, Z$, dieser homogenen Gruppen werde jeweils in separierten Gebietskörperschaften maximiert, die entsprechend durch (G_i^*, N_i^*) charakterisiert sind. Könnte man jetzt alle Gruppen in gemischten Gebietskörperschaften besserstellen? Angenommen, in so einer gemischten Gebietskörperschaft würden jeweils N_i Einwohner aller Gruppen $i = 1, 2, \ldots, Z$ leben, also $N^* = N_1 + N_2 + \ldots + N_Z$, mit ihren jeweiligen Einkommen I_i und ihrem privaten Konsum X_i. Für alle in dieser gemischten Gebietskörperschaft würde das öffentliche Gut in der Menge G^* bereitgestellt. Wenn diese Allokation für alle Gruppen besser ist, dann könnte eine homogene Gruppe auch in ihrer separierten Gebietskörperschaft versuchen, diese Allokation mit jeweils N^* Mitgliedern ihrer homogenen Gruppe und der Menge G^* umzusetzen. Wäre das möglich, dann könnte allerdings nicht die ursprüngliche Allokation (G_i^*, N_i^*) nutzenmaximal sein. Deshalb muss die Allokation (G^*, N^*) in einer separierten Gebietskörperschaft aufgrund offenbarter Präferenzen für die homogenen Gruppen nicht erreichbar sein. Es muss also gelten, dass die Steuer pro Person $I_i - X_i$ in einer separierten Gebietskörperschaft nicht ausreicht, das öffentliche Gut zu finanzieren:

$$C(G^*, N^*) - N^*(I_i - X_i) > 0, \; i = 1, 2, \ldots, Z \tag{8.8}$$

Dann folgt aber durch Multiplikation mit N_i / N^* und Summation über i:

$$C(G^*, N^*) - \sum_{i=1}^{Z} N_i(I_i - X_i) > 0 \tag{8.9}$$

Das heißt, die Allokation (G^*, N^*) in der gemischten Gebietskörperschaft ist dann auch nicht finanzierbar. Also ist eine Besserstellung der homogenen Gruppen in gemischten Gebietskörperschaften nicht erreichbar und die Separierung dieser Gruppen in jeweils eigenen Gebietskörperschaften ist optimal. Dieses Argument kann man auch für gemischte Gebietskörperschaften wiederholen, die aus weniger als allen homogenen Bevölkerungsgruppen gemischt sind. Gemischte Gebietskörperschaften verursachen einen Wohlfahrtsverlust gegenüber homogenen Gebietskörperschaften, da die Gruppen mit unterschiedlichen Präferenzen, die in gemischten Gebietskörperschaften leben, Kompromisse bei der optimalen Menge des öffentlichen Gutes machen müssen. Ein typischer Fall in einer gemischten Körperschaft wäre, dass das Niveau des lokalen öffentlichen Gutes dem Durchschnitt der präferierten Nachfragen G_i^* aller Gruppen i entsprechen würde. Weder diejenigen, die höhere Mengen als den Durchschnitt bevorzugen, noch jene, die lieber eine geringere Menge hätten, würden dann bei gegebenen Steuern ihre am meisten präferierte Menge in einer gemischten Körperschaft konsumieren. In diesem Fall könnten sich alle Gruppen besserstellen, wenn sie eine separate Körperschaft mit homogenen Präferenzen bilden. Wohlfahrtsverluste werden in homogenen Gebietskörperschaften, in denen die einzelnen Präferenztypen separiert leben, vermieden.

Voraussetzung für dieses Ergebnis ist, dass erstens die Ballungskosten, die durch eine steigende Einwohnerzahl entstehen, nicht personenabhängig sind, es also gleichgültig ist, ob diese Kosten durch Individuen der einen oder anderen Teilgruppe entstehen. Zweitens müssen die Teilgruppen groß genug sein, um effiziente Gebietskörperschaftsgrößen bilden zu können. Eine dritte

104 Wir verallgemeinern hier den Beweis von Starrett (1988, S. 52f.) für Z verschiedene homogene Teilmengen der Bevölkerung. Siehe auch McGuire (1974) und Berglas (1976).

Voraussetzung ist, dass kein direkter Nutzen durch die Mischung der Einwohner entsteht. Wenn solche Komplementaritäten zwischen Nutzern bestehen (z. B. durch Mischung von weiblichen und männlichen Einwohnern), dann können auch gemischte Gebietskörperschaften optimal sein.[105] Unter diesen Voraussetzungen kann also gezeigt werden, dass bei hinreichend großer Bevölkerung die Existenz vieler identischer Gebietskörperschaften, die jeweils aus gemischten, in Einkommen und Nutzen unterschiedlichen Bevölkerungsgruppen bestehen, nicht optimal ist.

Für jede homogene Teilmenge der Bevölkerung folgt daraus eine effiziente Anzahl von P_m/N_m Gebietskörperschaften, die alle die gleiche Größe N_m^* und das gleiche Angebot G_m^* haben.[106] Zwischen den Bevölkerungsteilmengen unterscheiden sich aber die effizienten Größen der Gebietskörperschaften und damit auch die Anzahl der effizienten Gebietskörperschaften: $P_j/N_j^* \neq P_k/N_k^*, j \neq k, j, k = 1, \ldots, Z$. Insgesamt ist dann die Anzahl effizienter Gebietskörperschaften in einer heterogenen Bevölkerung gegeben durch:

$$\frac{P_1}{N_1^*} + \frac{P_2}{N_2^*} + \ldots + \frac{P_Z}{N_Z^*} \tag{8.10}$$

Als Ergebnis für die Optimierung der Wohlfahrt bei heterogener Bevölkerung können wir folgendes festhalten. Lässt sich die heterogene Bevölkerung in homogene Teilmengen zerlegen, deren Individuen sich weder in ihren Präferenzen noch in ihrem Einkommen unterscheiden, und enthält jede dieser Teilmengen hinreichend viele Individuen, um die kostenminimale Größe einer Gebietskörperschaft zu erreichen, ist eine Segregation der Bevölkerung auf homogene Gebietskörperschaften optimal.

Das ist ein intuitives aber politisch heikles Ergebnis. Einwohner mit anderen Präferenzen oder Einkommen in eine Gebietskörperschaft aufzunehmen, erbringt den homogenen Einwohnern keinen Nutzen und kann zu einer weniger präferierten Bereitstellung des öffentlichen Gutes führen. Nur wenn es Komplementaritäten zwischen Mitgliedern einer Gebietskörperschaft gibt, also ein Nutzen in der Verschiedenheit der Mitglieder per se gesehen wird, können gemischte Gebietskörperschaften optimal sein.[107]

Die entscheidende Frage bei heterogener Bevölkerung ist nun, ob die Individuen Anreize haben, sich freiwillig auf die Teilgruppen zu selektieren, in denen sie auf andere Individuen mit gleichem Nutzen und Einkommen treffen. Gibt es also einen marktähnlichen Prozess, bei dem die Individuen sich gemäß ihren Präferenzen in einer Gebietskörperschaft ansiedeln und damit die optimale Allokation herbeiführen? Im folgenden Modell von McGuire (1974) wird von einer mobilen Bevölkerung ausgegangen, in der Individuen selbst Gebietskörperschaften bilden können, die mit der jeweiligen Menge des lokalen Gutes ihren Präferenzen am besten entsprechen.[108]

105 Siehe Starrett (1988) und Berglas (1976). Rubinfeld (1987, S. 582f.) fragt, ob die Ineffizienz einer Separierung in heterogene Gruppen davon abhängt, dass alle Individuen die gleichen Pro-Kopf-Steuern in ihrer Gemeinde zahlen, und zeigt, dass die Ineffizienz auch dann erhalten bleibt, wenn Steuern aus den heterogenen Einkommen oder als Lindahlsteuern (benefit pricing) abhängig von der Zahlungsbereitschaft der Individuen gezahlt werden.

106 Siehe hierzu auch Sandler und Tschirhart (1997), S. 341.

107 Siehe Starrett (1988)

108 Vgl. auch die Darstellung in Tresch (2015), S. 449ff.

8.1.2 Das Gleichgewicht

Formen sich durch Selbstselektion homogener Bevölkerungsgruppen Gebietskörperschaften, in denen das lokale öffentliche Gut effizient angeboten wird?

Betrachten wir eine homogene Gruppe in der Bevölkerung, die in ihren Präferenzen und ihrem Einkommen identisch ist. Eine Gebietskörperschaft muss man sich jetzt vorstellen als eine Gemeinschaft solcher homogenen Individuen, die sich für einen bestimmten Zweck zusammengeschlossen haben. Dieser Zweck ist ein öffentliches Gut, aus dem sie alle den gleichen Nutzen ziehen und das sie kostenminimal für alle in der Gemeinschaft bereitstellen wollen. Die Kosten des öffentlichen Gutes werden auf die Individuen der Gemeinschaft gleich aufgeteilt, so dass die Pro-Kopf-Steuer den Durchschnittskosten entspricht. Diese Gemeinschaft können die Individuen jederzeit wieder auflösen, neu formieren, vergrößern oder verkleinern. Das tun sie solange, bis der Nutzen der Individuen – oder der Nutzen eines repräsentativen Individuums dieser Gruppe – maximiert ist, das heißt, es keinen Grund mehr gibt, eine andere Gruppierung vorzunehmen. Die Individuen stimmen sich in einer Mitgliederversammlung ab, wieviele Einwohner in der Gebietskörperschaft zugelassen werden und wie groß die Menge des öffentlichen Gutes sein soll. Die Entscheidung ist einstimmig, da die Individuen identisch sind.

Zunächst wird die kostenminimierende Einwohnerzahl N einer Gebietskörperschaft bei jeder beliebigen Menge des öffentlichen Gutes G bestimmt. Es wird wieder angenommen, dass die Durchschnittskosten pro Einwohner U-förmig verlaufen. Würden die Durchschnittskosten durchgängig steigen, dann sollte eine Gemeinde aus einem Einwohner bestehen, da so die Durchschnittskosten minimal wären: Das öffentliche Gut würde wie ein privates Gut finanziert. Wenn die Durchschnittskosten bei größerer Einwohnerzahl stetig fallen würden, dann sollte das Gut in einer Gebietskörperschaft bereitgestellt werden, in der die gesamte Bevölkerung an der Finanzierung beteiligt wird: Es handelt sich dann um ein reines öffentliches Gut.

Die Durchschnittskosten werden minimiert, wenn nach (8.5) die Grenzkosten eines zusätzlichen Einwohners den Durchschnittskosten entsprechen. Lässt man genauso viele Einwohner in der Gebietskörperschaft zu, dann werden diese minimalen Pro-Kopf-Kosten erreicht. Für jede beliebige Menge des öffentlichen Gutes ist diese kostenminimierende Einwohnerzahl verschieden:

$$N^*(G): C_N(G) = \frac{C(G)}{N} \tag{8.11}$$

Nach Bedingung (8.11) bestimmen die Individuen die optimale Einwohnerzahl N^* bei gegebener Menge G in einer Gebietskörperschaft so, dass die zusätzlichen Kosten eines weiteren Einwohners (Ballungskosten) gerade den Durchschnittskosten aller Einwohner entsprechen. Dadurch werden die Kosten pro Einwohner minimiert. Im Optimum bleiben die Durchschnittskosten bei einem zusätzlichen Einwohner gleich hoch, und die ursprünglichen Einwohner stellen sich durch den neuen Einwohner nicht schlechter. Diese optimale Wahl der Einwohnerzahl, die zum kostenminimalen Finanzierungsbeitrag führt, ist damit notwendige Bedingung für das Nutzenmaximum der Einwohner.[109]

Für verschieden Mengen G können die Optimalpunkte für die Einwohnerzahl so aussehen, wie in ⟶ Abbildung 8.2 illustriert.

109 Siehe die Lösung des Nutzenmaximierungsproblems (8.2) oder (8.6)

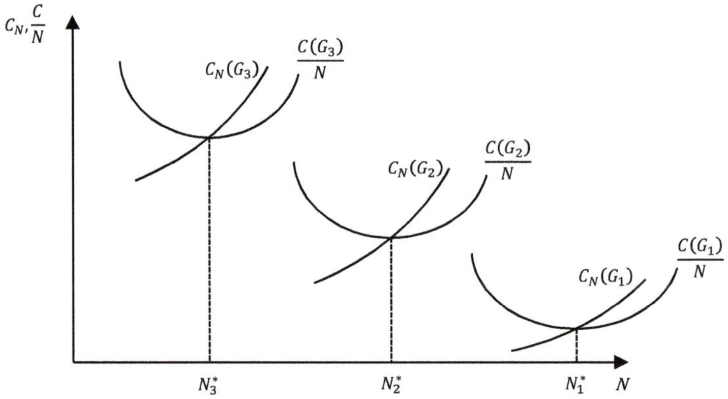

Abbildung 8.2: Optimale Einwohnerzahl von Gebietskörperschaften bei unterschiedlichen Mengen des öffentlichen Gutes: $G_3 > G_2 > G_1$

Jede optimale Einwohnerzahl an der Stelle $C_N = C/N$ hängt nun von der jeweiligen Gütermenge ab, die finanziert werden soll: $N_i^* = N(G_i)$. In unserem Beispiel in → Abbildung 8.2 würde mit geringerer Menge des öffentlichen Gutes in der Gemeinde, $G_1 < G_2 < G_3$, die kostenminimierende Einwohnerzahl steigen: $N_1^* = N(G_1) > N_2^* = N(G_2) > N_3^* = N(G_3)$.[110]

Man kann die Durchschnittskosten auch in Abhängigkeit von G darstellen, wobei die Einwohnerzahl N festgehalten wird. → Abbildung 8.3 stellt drei Durchschnittskostenkurven bei gegebenen Einwohnerzahlen $N_3 < N_2 < N_1$ dar. Eine Einwohnerzahl N_i ist nur für eine bestimmte Menge G_i kostenminimierend, d. h. $N(G) \neq N_i^*$ für alle $G \neq G_i$. In → Abbildung 8.3 haben die drei Kurven $\frac{C(G, N_i)}{N_i}$, die die Durchschnittskosten bei einer Einwohnerzahl N_i, $i = 1, 2, 3$, anzeigen, ihr Minimum nur bei der jeweiligen Menge G_i, $i = 1, 2, 3$. Die minimalen Durchschnittskosten betragen an dieser Stelle $C(G_i, N(G_i))/N(G_i)$ und sind gleich den Ballungskosten:

$$\frac{C(G_i, N(G_i))}{N(G_i)} = C_N(G_i, N(G_i))$$

Nun kann für jede Menge des öffentlichen Gutes, die in einer Gebietskörperschaft bereitgestellt werden kann, die kostenminimierende Einwohnerzahl gemäß Bedingung (8.11) bestimmt werden. Man erhält dadurch alle Kombinationen $[G_i, N(G_i)]$, bei denen die Durchschnittskosten für eine Menge G_i minimal sind. Verbindet man für alle Mengen diese kostenminimalen Punkte auf den Durchschnittskostenkurven, erhält man eine umhüllende Kurve. Diese Umhüllende gibt für alle Mengen G_i die minimalen Durchschnittskosten an, die den Ballungskosten entsprechen, weil die kostenminimierende Einwohnerzahl gewählt wurde. Deshalb wird diese Umhüllende mit $C_N(G, N(G))$ bezeichnet.

110 Im Allgemeinen muss das nicht so sein. Das Verhältnis von optimaler Einwohnerzahl und Menge des öffentlichen Gutes im Minimum der Durchschnittskostenkurve kann durch implizite Differentiation der Gleichung (8.11) bestimmt werden: $\frac{dN}{dG}\Big|_{N^*} = \frac{C_G - NC_{NG}}{NC_{NN}}$. Diese Ableitung kann positiv oder negativ sein. Da $C_{NN} > 0$ ist, wird der hier nur zur Illustration angenommene Fall, dass $dN/dG < 0$ ist, auftreten, falls $C_G/N < C_{NG}$.

Da die Minimierung der Durchschnittskosten bedeutet, dass eine Einwohnerzahl gewählt wird, bei der die Ballungskosten dem durchschnittlichen Kostenbeitrag entsprechen: $C_N = C/N$, stellt die Umhüllende diesen Kostenbeitrag in Abhängigkeit von der Menge des öffentlichen Gutes dar: $C_N(G)$.

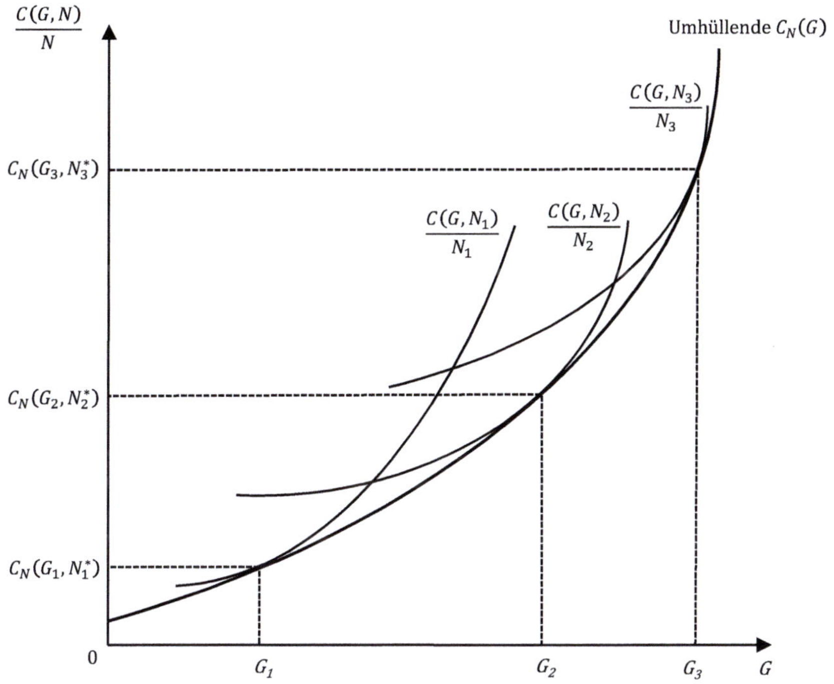

Abbildung 8.3: Die Umhüllende C_N *(G)*

Gibt es nun in der Bevölkerung unterschiedliche Präferenzen für das öffentliche Gut oder unterschiedlich hohe Einkommen, dann können sich solche Individuen mit gleicher Präferenz und Einkommen zu homogenen Gruppen zusammenschließen und die Nachfrage nach der Menge des öffentlichen Gutes bestimmen, die für das repräsentative Individuum dieser Gruppe nutzenmaximal ist.

Damit ein Nutzenmaximum erreicht wird, muss diese Gruppe auch festlegen, wie viele Individuen aus ihrer Gruppe mit gleichen Präferenzen und Einkommen in einer Gebietskörperschaft jeweils angesiedelt sein sollten, damit die präferierte Menge zu einem minimalen Kostenbeitrag finanziert werden kann. Das ist nur möglich, wenn die Einwohnerzahl pro Gebietskörperschaft, wie oben erläutert, so hoch ist, dass die Durchschnittskosten gleich den Ballungskosten sind. Dann ist aber auch der Beitrag, den jeder zu entrichten hat, gleich diesen Ballungskosten für den letzten hinzugekommenen Einwohner.

Das repräsentative Individuum einer homogenen Gruppe wählt diejenige Menge des öffentlichen Gutes, die den Nutzen maximiert. Dabei berücksichtigt es, dass dieses öffentliche Gut in einer Gebietskörperschaft bereitgestellt werden muss, in der sich die anderen Mitglieder seiner Gruppe in einer Anzahl niedergelassen haben, die die Durchschnittskosten minimiert (notwendige Bedingung für ein Nutzenmaximum!). Daraus folgt, dass alle Einwohner der Gebietskörperschaft einen Finanzierungsbeitrag in Höhe der Ballungskosten des letzten Einwohners zahlen. Deshalb maximiert das repräsentative Individuum seinen Nutzen unter der Nebenbedingung, dass sein Finanzierungsbeitrag $C_N(G)$ sein wird:

$$\max_{X,G} U(X,G) \quad \text{wobei} \quad X = I - C_N(G) \tag{8.12}$$

Nach Einsetzen ergibt sich folgendes Optimierungsproblem

$$\max_{G} U(I - C_N(G), G) \tag{8.13}$$

Die Bedingung erster Ordnung lautet:

$$G^*: \frac{U_G}{U_X} = \frac{dC_N}{dG} \tag{8.14}$$

Links steht die Grenzrate der Substitution zwischen dem öffentlichen und dem privaten Gut. Sie stellt die Zahlungsbereitschaft dar, die ein Individuum für eine Einheit des öffentlichen Gutes hat, ausgedrückt in Einheiten des privaten Gutes. Die Grenzrate der Substitution ist die Steigung der Indifferenzkurven. Rechts steht, um wieviel der bei effizienter Einwohnerzahl kostenminimale Finanzierungsbeitrag steigt, wenn eine zusätzliche Einheit des öffentlichen Gutes bereitgestellt wird. Da dieser Finanzierungsbeitrag in Mengeneinheiten des privaten Gutes ausgedrückt wird, gibt der rechte Ausdruck an, wieviel ein Individuum an privaten Gütern aufzugeben hätte, wenn es dafür eine weitere Einheit des öffentlichen Gutes erhält. Wichtig ist, dass es sich hierbei immer um den kostenminimalen Finanzierungsbeitrag handelt. Der rechte Ausdruck gibt also an, um wieviel das Minimum der Durchschnittskosten bei einer weiteren Mengeneinheit steigt. Das repräsentative Individuum wählt diejenige Menge des öffentlichen Gutes, bei der die Grenzrate der Substitution gleich dem zusätzlichen kostenminimalen Finanzierungsbeitrag bei einer weiteren Einheit des öffentlichen Gutes ist.

In ⟶ Abbildung 8.4 ist diese optimale Wahl durch die Tangentialpunkte von Indifferenzkurven mit der Umhüllenden $C_N(G)$ gegeben, wo die Grenzrate der Substitution gleich dem zusätzlichen Finanzierungsbeitrag bei einer weiteren Einheit des öffentlichen Gutes ist. Wir nehmen drei Typen von Individuen an, die sich in ihren Präferenzen unterscheiden. Jede dieser drei Gruppen ist durch eine Schar von Indifferenzkurven IDK_i, $i = 1, 2, 3$, charakterisiert. Das Nutzenniveau der Indifferenzkurven steigt nach rechts unten, d. h. mit höherer Menge des öffentlichen Gutes G und mit geringerem Finanzierungsbeitrag C_N. Je geringer der Finanzierungsbeitrag, umso größer ist die verfügbare Menge des privaten Gutes X. Präferenztyp 1 hat eine geringe Vorliebe für das öffentliche Gut. Seine Indifferenzkurve hat eine geringe Steigung, d. h., für eine marginale Einheit des öffentlichen Gutes zahlt er einen geringen zusätzlichen Finanzierungbeitrag, ist also nur bereit, wenig vom privaten Gut dafür aufzugeben. Mit steilerer Indifferenzkurve der Typen 2 und 3 steigt die Vorliebe und damit die Zahlungsbereitschaft für das öffentliche Gut in Einheiten des privaten Gutes. In den Tangentialpunkten der Indifferenzkurven mit der Umhüllenden maximieren die drei Präferenztypen jeweils ihren Nutzen, indem sie Gebietskörperschaften mit (G_i^*, N_i^*) bilden.

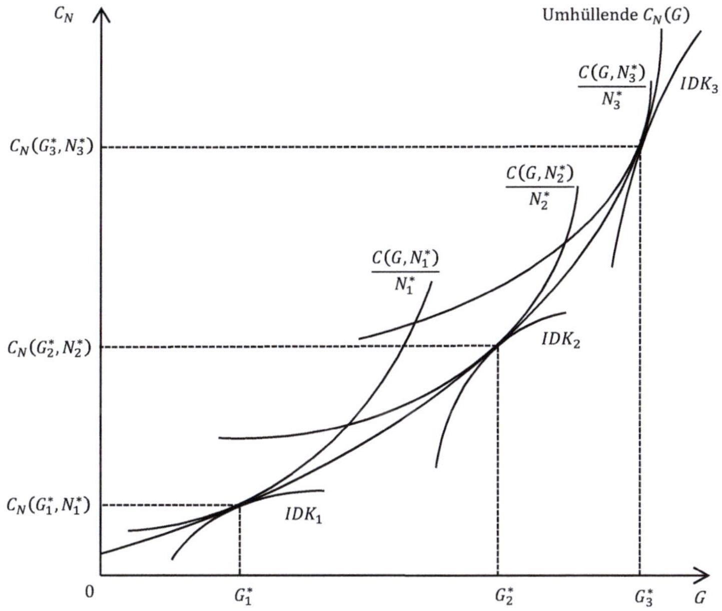

Abbildung 8.4: Nutzenmaximierende Wahl von drei Gebietskörperschaften mit $[G_i^*, N_i^*]$, $i = 1, 2, 3$

Gezeigt werden muss noch, dass diese nutzenmaximierende Wahl der Menge des öffentlichen Gutes G_i auch effizient im Sinn der Samuelson-Bedingung ist.[111] Erst dann wäre diese Selbstgründung von Gebietskörperschaften durch homogene Bevölkerungsgruppen wohlfahrtsoptimal gemäß (8.4) oder (8.7).
Die totale Ableitung der Umhüllenden $C_N(G, N(G))$ nach G ist:

$$\frac{dC_N}{dG} = C_{NG} + C_{NN}\frac{dN}{dG}$$

Mit $GRS_{G,X} \equiv \frac{\partial U/\partial G}{\partial U/\partial X}$ und (8.14) folgt:

$$GRS_{G,X} = C_{NG} + C_{NN}\frac{dN}{dG}$$

Nach Multiplikation mit N ergibt sich:

$$N \cdot GRS_{G,X} = N \cdot C_{NG} + N \cdot C_{NN}\frac{dN}{dG} \tag{8.15}$$

Da N für jedes G kostenminimierend gewählt wird, so dass Bedingung (8.11) erfüllt ist, kann man dN/dG durch die totale Ableitung von $C = N \cdot C_N$ bestimmen:

$$C_G dG + C_N dN = N \cdot C_{NG} dG + N \cdot C_{NN} dN + C_N dN$$

Nach Umstellung folgt:

111 Siehe hierzu McGuire (1974, S. 126ff.).

$$\left(C_G - N \cdot C_{NG}\right)dG = N \cdot C_{NN}dN$$

$$\frac{\left(C_G - N \cdot C_{NG}\right)}{N \cdot C_{NN}} = \frac{dN}{dG}$$

Einsetzen in (8.15) ergibt:

$$N \cdot GRS_{G,X} = C_G$$

also die Samuelson-Bedingung (8.4) für die optimale Bereitstellung des öffentlichen Gutes in der Gebietskörperschaft. Aus dem nutzenmaximierenden Verhalten der repräsentativen Individuen homogener Bevölkerungsgruppen zur Bildung von Gebietskörperschaften ergibt sich eine wohlfahrtsoptimale Allokation gemäß (8.4) und (8.5) bzw. (8.7). Das Ergebnis des nutzenmaximierenden Verhaltens ist ein Gleichgewicht, da kein Individuum sich durch eine andere als die gewählte Gebietskörperschaft besserstellen kann. In diesem Gleichgewicht sind die Größe der Gebietskörperschaften und die jeweils bereitgestellten Mengen des lokalen öffentlichen Gutes effizient. Ein Beispiel für dieses Modell mit spezifischen Kosten- und Nutzenfunktionen findet sich in ⟶ Appendix 8.1.

8.1.3 Der Anpassungsprozess zum Gleichgewicht

Wie sieht der Suchprozess aus, in dem die Individuen ihre optimale Gebietskörperschaft finden? Das Individuum sucht sich eine Gebietskörperschaft unter den schon existierenden aus oder es gründet mit anderen gleichgesinnten Individuen eine neue Gebietskörperschaft. Dazu wird es einen Kosten-Nutzen-Vergleich anstellen, indem die Kombinationen aus Steuer und Menge des lokalen öffentlichen Gutes, die die Gebietskörperschaften verlangen bzw. anbieten, miteinander verglichen werden. Den Anpassungsprozess, der hinter diesem nutzenmaximierenden Verhalten steht, hat McGuire (1974) ebenfalls beschrieben.

Angenommen, ein Individuum i lebe vorläufig in einer Gebietskörperschaft j und muss sich entscheiden, ob es in dieser Gebietskörperschaft bleiben will oder in eine Gebietskörperschaft k wechselt. Dazu vergleicht es die Vorteile des Umzugs mit den Kosten. Mögliche Vorteile ergeben sich aus einem Unterschied der lokalen öffentlichen Güter G^j und G^k, die in den Gebietskörperschaften angeboten werden. Diese Vorteile wird das Individuum ins Verhältnis setzen zu den Eintrittskosten, die der Umzug mit sich bringt. Jede Gebietskörperschaft fordert von einem neuen Einwohner, die marginalen Kosten des Eintritts zu bezahlen, also die Ballungskosten C_N. Dadurch werden der Nutzen und die Kosten der alten Einwohner durch den Beitritt nicht verändert. Keiner hat einen Verlust durch den Zuzug des neuen Einwohners zu befürchten. Jeder potenzielle neue Einwohner wird dann die Unterschiede zwischen den Gebietskörperschaften bei den Eintrittskosten, $C_N^j\left(G^j, N^j\right)$ und $C_N^k\left(G^k, N^k\right)$, und bei den Mengen des lokalen öffentlichen Gutes, G^j und G^k, vergleichen: $\Delta C_N = C_N^k\left(G^k, N^k\right) - C_N^j\left(G^j, N^j\right)$ und $\Delta G = G^k - G^j$.

Bei marginalen Unterschieden zwischen den beiden Gebietskörperschaften wird eine Wanderung eine Kostenänderung in Höhe von $dC_N = C_{NG}dG + C_{NN}dN$ implizieren. Da G und N simultan bestimmt werden, verursacht eine Änderung von N auch eine Änderung des optimalen Niveaus von G. Wird das totale Differential durch dG geteilt, erhält man das marginale Verhältnis von Kosten zu Nutzen, die das Individuum bei Wanderung berücksichtigen muss:

$$\frac{dC_N}{dG} = C_{NG} + C_{NN}\frac{dN}{dG}\Big|_{Angebot}$$

Dieser Ausdruck gibt an, wie sich die Menge an privaten Gütern, die ein Individuum in Form des Finanzierungsbeitrags C_N abgeben muss, ändert, wenn sich durch den Umzug von Gebietskörperschaft j in die Gebietskörperschaft k die Menge des öffentlichen Gutes um dG ändert. Wenn das Individuum durch den Umzug eine Erhöhung des lokalen öffentlichen Gutes dG erreicht, muss es dafür mehr private Güter in Höhe von dC_N/dG abgeben. Dieser Term beschreibt also die marginale Rate der Transformation zwischen öffentlichem und privatem Gut, die bei Wanderung von j nach k entrichtet werden muss. Er stellt die Angebotsseite der Gebietskörperschaft dar.

Die Nachfrage des Individuums i ist nun durch seinen Nutzen gegeben. Sie drückt sich darin aus, wieviel das Individuum bei gleichem Nutzen an privaten Gütern abzugeben bereit ist, um eine weitere Einheit des lokalen öffentlichen Gutes zu erhalten. Diese Grenzrate der Substitution ist für ein Individuum i gegeben durch:

$$GRS^i_{G,X} = \frac{dX}{dG}\Big|_{U\,=\,const.} = \frac{\partial U^i/\partial G}{\partial U^i/\partial X}$$

Der Suchprozess des Individuums i ergibt, dass es so lange eine andere Gebietskörperschaft sucht, bis seine marginale Zahlungsbereitschaft den tatsächlichen marginalen Kosten für einen Wechsel in die andere Gebietskörperschaft entspricht:

$$GRS^i_{G,X} = \frac{dC_N}{dG}$$

oder

$$GRS^i_{G,X} = C_{NG} + C_{NN}\frac{dN}{dG}\Big|_{Angebot} \tag{8.16}$$

Eine Aufteilung der Bevölkerung in homogene Gruppen in den Gebietskörperschaften ergibt sich aus diesem Suchverhalten, weil Gebietskörperschaften, die ein bestimmtes Kosten/Nutzen-Verhältnis anbieten, die Einwohner mit der entsprechenden Grenzrate der Substitution anziehen. Alle Individuen i, für die (8.16) gilt, haben Präferenzen, die vom Angebot einer Gebietskörperschaft k am besten befriedigt werden. Sie werden von Gebietskörperschaft j nach k wechseln. Alle anderen Individuen werden entweder in Gebietskörperschaft j bleiben oder eine andere Gebietskörperschaft formieren. Da die Präferenzen aller Individuen, die sich in der Gebietskörperschaft k niederlassen, homogen sind, folgt für alle i in k: $GRS^i_{G,X} = GRS_{G,X}$. Da für alle Einwohner, die sich für eine Gebietskörperschaft entscheiden, die Grenzrate der Substitution gleich hoch ist, folgt im Gleichgewicht:

$$N \cdot GRS_{G,X} = N \cdot C_{NG} + N \cdot C_{NN}\frac{dN}{dG}\Big|_{Angebot}$$

vorausgesetzt, dass genügend Gebietskörperschaften in passender Größe gebildet werden können.

Außerdem werden im Gleichgewicht die Kosten minimiert.[112] Jeder der N Einwohner zahlt die marginalen Eintrittskosten in Höhe von C_N, und da $C = N \cdot C_N$ erfüllt ist, decken diese Einnahmen die Kosten der Bereitstellung des lokalen öffentlichen Gutes ab. Würde das nicht gelten und wäre C_N in einigen Regionen zeitweise größer als C/N und in anderen Regionen kleiner, wobei überall das gleiche Niveau von G angeboten wird, dann würden die Individuen von den Hochkostenkommunen zu den Niedrigkostenkommunen wandern. Da $C_{NN} > 0$, würden durch die Wanderung die Eintrittskosten C_N in den Hochkostenkommunen sinken und in den Niedrigkostenkommunen steigen, bis in allen Regionen $C = N \cdot C_N$ gilt. Der Suchprozess wirkt wie ein kompetitiver Markt und ergibt überall minimale Durchschnittskosten der Bereitstellung.

Das Gleichgewicht des Suchprozesses ist erreicht, wenn kein Individuum seinen Nutzen weiter steigern kann, indem es sich in eine andere Gebietskörperschaft begibt. Der Suchprozess ergibt im Gleichgewicht also folgende Bedingungen:

$$N \cdot GRS_{G,X} = N \cdot C_{NG} + N \cdot C_{NN} \frac{dN}{dG}\bigg|_{Angebot} \tag{8.17}$$

$$\frac{C}{N} = C_N \tag{8.18}$$

Wir haben im Anschluss an Gleichung (8.15) schon gezeigt, dass dieses Gleichgewicht ein Wohlfahrtsoptimum darstellt. Das Gleichgewicht des Suchprozesses ist somit effizient und führt zu einer Aufteilung in Gebietskörperschaften, bei der sowohl die Größe der Gebietskörperschaften als auch die jeweils bereitgestellten Mengen des lokalen öffentlichen Gutes effizient sind.

Damit hat eine Selbstselektion der Individuen nach ihren Präferenzen und Einkommen stattgefunden, bei der sich diejenigen Individuen zu Gebietskörperschaften zusammenschließen, die gleiche Präferenzen und gleiches Einkommen haben. Der oben beschriebene Suchmechanismus der Individuen zur Bestimmung der für sie optimalen Gebietskörperschaft führt dabei zu einem Gleichgewicht, in dem die Größe und die Anzahl der Gebietskörperschaften sowie die Menge des lokalen öffentlichen Gutes optimal ist und letzteres zu minimalen Durchschnittskosten finanziert wird. Bei heterogener Bevölkerung unterscheiden sich die effiziente Größe und Anzahl der Gebietskörperschaften und die effiziente Menge des öffentlichen Gutes zwischen den Bevölkerungsgruppen, die sich entweder im Nutzen oder im Einkommen unterscheiden.

Der eigentümliche Charakter lokaler öffentlicher Güter ist, dass nur innerhalb der Gebietskörperschaft dieses lokale Gut für alle Einwohner zu einem öffentlichen Gut wird (wenn auch zu einem unreinen öffentlichen Gut), weil es für alle Einwohner keine Ausschließbarkeit mehr gibt. Wenn man es von außerhalb der Mitgliedschaft in einer Gebietskörperschaft betrachtet, hat das lokale Gut alle Eigenschaften eines privaten Gutes: Es ist für alle Nicht-Mitglieder oder Nicht- bzw. nur potenzielle Einwohner der Gebietskörperschaft ausschließbar und es verursacht Rivalität im Konsum.[113] Deshalb entspricht die Bedingung im Gleichgewicht des Suchprozesses (8.16) der Effizienzbedingung für zwei Güter G und X, die beide privater Natur sind: $GRS^i_{G,X} = GRT_{G,X}$. Das zeigt, dass bei der Wahl zwischen Gebietskörperschaften mit unterschiedlichen Bündeln an öffentlicher Gutsmenge und Steuer (bzw. Abgabe von privater Gutsmenge) das lokale öffentliche Gut wie ein privates Gut behandelt wird. Für alle potenziellen Einwohner besteht hier ein

112 Hier sei nochmal auf die Kapitel 8.1 und 3.3 verwiesen, in denen die Form der Kostenfunktion diskutiert wird.

113 Auf diesen wichtigen Unterschied, der in der Natur des hier betrachteten lokalen öffentlichen Gutes liegt, haben McGuire (1974, S. 128) und Ellickson (1971) aufmerksam gemacht.

Wettbewerb um ein privates Gut. Und wenn dieser Wettbewerb vollkommen ist, also das private Gut keine der Eigenschaften hat, die den Wettbewerb behindern (externe Effekte, steigende Skalenerträge, unvollkommene Information etc.), dann führt der Suchprozess zu einem effizienten Ergebnis.[114]

Illustrieren lässt sich dieser Suchprozess für unsere drei Präferenzgruppen in ⟶ Abbildung 8.5. Die Abbildung zeigt die Budgetsituation und die Optimalpunkte der drei Gruppen bei unterschiedlicher Einwohnerzahl. Die Menge[115] aller Kombinationen von öffentlicher Gutsmenge und Finanzbeitrag, die bei einer bestimmten Einwohnerzahl in einer Gebietskörperschaft erreichbar sind, wird am rechten und unteren Rand durch die Durchschnittskostenkurve begrenzt. Bei gegebener Einwohnerzahl N gibt diese Kurve für jede nachgefragte Menge des öffentlichen Gutes G die minimalen Durchschnittskosten C/N an, die von jedem Einwohner bezahlt werden müssen. Das heißt aber für eine Gruppe mit einer bestimmten Nachfrage nach G nicht, dass die Kosten in einer Gebietskörperschaft mit einer anderen Einwohnerzahl nicht gesenkt werden können.

Die Nachfrage nach G hängt nun einerseits von den Präferenzen und dem Einkommen der Einwohner ab, anderseits von den Kosten der Bereitstellung, die über N Einwohnerköpfe verteilt werden kann. Die Präferenzen werden in ⟶ Abbildung 8.5 wieder durch die Schar der Indifferenzkurven IDK der drei Einwohnergruppen dargestellt, die jeweils ein bestimmtes, nach rechts unten steigendes Nutzenniveau angeben.

Effizient ist diejenige Einwohnerzahl, bei der die Durchschnittskosten der Bereitstellung einer bestimmten Menge des öffentlichen Gutes minimal sind. Da jede andere Einwohnerzahl für die gegebene Menge zu höheren Durchschnittkosten führt, bedeutet sie einen Wohlfahrtsverlust. In ⟶ Abbildung 8.5 gehen wir zunächst davon aus, dass alle Präferenzgruppen in Gebietskörperschaften mit der Einwohnerzahl N_2^* leben, die lediglich für den Präferenztyp mit der Indifferenzkurve IDK_2 die kostenminimale Finanzierung gewährleistet. Bei dieser Einwohnerzahl würden Individuen mit Präferenzen IDK_1 im Punkt B ihren Nutzen mit der Menge $G_1^*(N_2^*)$ maximieren, und Individuen mit Präferenzen IDK_3 im Punkt F mit der Menge $G_3^*(N_2^*)$.

Vorausgesetzt, es gäbe von jedem Präferenztyp ein ganzzahliges Vielfaches von N_2^*, stellt sich nun die Frage, warum eine solche Aufteilung der Bevölkerung nicht die Lösung des Problems einer effizienten Allokation von lokalen öffentlichen Gütern ist. Die Antwort ist, weil eine Aufteilung der Individuen auf die Gebietskörperschaften kein Gleichgewicht ist. Nur die Individuen vom Präferenztyp 2 maximieren bei dieser einheitlichen Einwohnerzahl ihren Nutzen. Die anderen beiden Präferenztypen 1 und 3 können in Gebietskörperschaften mit einer anderen Einwohnerzahl ihren Nutzen erhöhen. Eine Neuformierung ihrer Gebietskörperschaften, d. h. Verkleinerung oder Vergrößerung der Einwohnerzahl und einer entsprechenden Anpassung der optimalen Menge des öffentlichen Gutes, führt zu einer Nutzenverbesserung für die beiden Präferenztypen 1 und 3. Sie werden die vorhandene Aufteilung der Gebietskörperschaften nicht aufrechterhalten, und damit stellt sie kein Gleichgewicht dar. Erst wenn in einer Gebietskörperschaft die kostenminierende Einwohnerzahl und die Menge des öffentlichen Gutes gewählt werden, die den Bedingungen (8.17) und (8.18) entsprechen, kann keine andere Gebietskörperschaft den Nutzen weiter steigern.

---

114 Sinn (1997) hat den Fall betrachtet, in dem das lokale öffentliche Gut steigende Skalenerträge aufweist und kommt dementsprechend zu dem Ergebnis, dass der Wettbewerb ineffizient ist.

115 Die Menge ist in der ⟶ Abbildung 8.5 durch die Schraffur oberhalb der Durchschnittskostenkurve $C(G, N_1^*)/N_1^*$ angedeutet.

Die ⟶ Abbildung 8.5 zeigt eine solche Besserstellung durch Wahl einer Gebietskörperschaft mit anderer Einwohnerzahl.

Man sieht in der Abbildung, dass Präferenztyp 1 mit der geringsten Zahlungsbereitschaft für das öffentliche Gut sich gegenüber einer Gebietskörperschaft der Größe N_2^* besser stellt, wenn er eine Gebietskörperschaft formt, die im Übergang von B nach A eine geringere Menge des öffentlichen Gutes bereitstellt (G_1^* statt $G_1^*(N_2^*)$) und eine größere Einwohnerzahl (N_1^* statt N_2^*) hat. Dadurch würde er eine seinen Präferenzen entsprechende Menge des öffentlichen Gutes zu minimalen Durchschnittskosten erhalten. Auch der Typ 3 mit der höchsten Vorliebe für das öffentliche Gut könnte seinen Nutzen gegenüber der Situation mit N_2^* Einwohnern erhöhen, wenn er mehr von dem öffentlichen Gut in einer Gebietskörperschaft mit kleinerer Einwohnerzahl erhält (Übergang von F nach E). Alle drei Präferenzgruppen maximieren ihren Nutzen durch die Formierung von Gebietskörperschaften mit $[G_i^*, N_i^*], i = 1, 2, 3$.

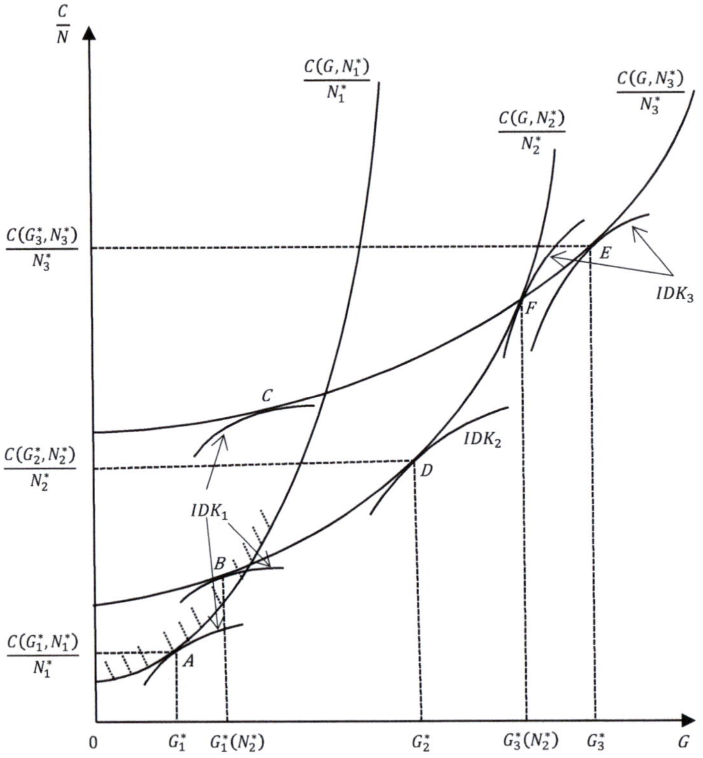

Abbildung 8.5: Wohlfahrtsverbesserung durch kostenminimierende Einwohnerzahl

Wichtig ist hier, dass die Präferenztypen 1 und 3 nicht die Gebietskörperschaften mit der Einwohnerzahl N_2^* beibehalten werden, da die Kombination aus der Menge des öffentlichen Gutes und den Durchschnittskosten der Bereitstellung nicht nutzenmaximal ist. Sie werden ihre Gemeinden auflösen und sich entweder in kleinere Gebietskörperschaften aufteilen (Präferenztyp 3) oder ihre Gemeinden ganz oder teilweise zusammenschließen, bis diese die effiziente Größe an Einwohnern erreicht haben (Präferenztyp 1). Das heißt, wir sehen hier, wie die Formierung von Gebietskörperschaften durch die Bemühung der Individuen getrieben wird, kostenminimale Mengen des öffentlichen Gutes entsprechend ihrer Präferenzen/ihres Einkommens anzustreben. Diese Separierung von homogenen Bevölkerungsgruppen in staatliche Einheiten unterschiedlicher Größe und mit unterschiedlichen Leistungen vollzieht sich durch die Maximierung des individuellen Nutzens.

Um durch Selbstselektion der Individuen eine effiziente Entscheidung bezüglich der Größe der Gebietskörperschaften und der Menge des lokalen öffentlichen Gutes zu erreichen, muss es zum einen möglich sein, dass so viele unterschiedliche Mengen des öffentlichen Gutes in Gebietskörperschaften bereitgestellt werden können, dass jede homogene Gruppe der Bevölkerung eine Gebietskörperschaft gemäß ihren Präferenzen und Einkommen bilden kann. Zum zweiten muss es in jeder homogenen Gruppe der Bevölkerung genügend Mitglieder geben, so dass die optimale Größe in jeder Gebietskörperschaft erreicht werden kann. Wenn Gebietskörperschaften die effiziente Größe haben und dann das lokale öffentliche Gut durch einen Grenzkosten-Preis finanziert werden kann, ist es nicht überraschend, dass der Marktmechanismus zu einer effizienten Bereitstellung führt.

Casella und Frey (1992) haben darauf hingewiesen, dass sich aus Sicht der Clubtheorie die Bestimmung optimaler Gebietskörperschaften ausschließlich an der Pareto-Effizienz orientiert und die Verteilungsgerechtigkeit als Norm ignoriert. Die Frage der optimalen Einkommensverteilung wird nicht berücksichtigt. Außerdem bezieht sich die Pareto-effiziente Bereitstellung auf öffentliche Güter, die mit lokal beschränkter Nutzenstiftung und teilweiser Rivalität im Konsum die Eigenschaften von Clubgütern besitzen. Nur diese Art öffentlicher Güter erlaubt die differenzierte Bestimmung der Größe von Gebietskörperschaften unterhalb des Weltstaats. Alle Güter, die nicht ausschließbar und nicht rival sind, also reine öffentliche Güter, sollten von der größtmöglichen staatlichen Einheit bereitgestellt werden, zum Beispiel der Klimaschutz.

Bis hierher wurde die Entstehung einer effizienten Gebietskörperschaft in einem Szenario betrachtet, in dem sich in der Bevölkerung Individuen zu homogenen Gruppen zusammenfinden und kooperativ entscheiden, wie groß die Gebietskörperschaft und die Menge des lokalen öffentlichen Gutes sein sollte. Maßstab war dabei der Nutzen eines repräsentativen Individuums der homogenen Gruppe.

Nun wollen wir von der endogenen Gründung von Gebietskörperschaften durch Selbstselektion der Individuen nach ihren Präferenzen und Einkommen abgehen und stattdessen von exogenen, schon bestehenden Gebietskörperschaften ausgehen, die sich im Wettbewerb um die Ansiedlung von Einwohnern befinden. Wir werden in 8.1.4 zunächst annehmen, dass die Regierungen dieser Gebietskörperschaften benevolent sind und mit ihrem Politikangebot die Wohlfahrt maximieren wollen. Im darauffolgenden Abschnitt 8.1.5 werden wir von Regierungen ausgehen, die statt der Wohlfahrt ihr Eigeninteresse verfolgen und ihr Steueraufkommen maximieren wollen. In beiden Fällen stellt sich die Frage, ob und unter welchen Bedingungen der dezentrale Wettbewerb zwischen diesen Gebietskörperschaften zu einem effizienten Ergebnis führt.

8.1.4 Wettbewerb unter benevolenten Regierungen

Nehmen wir an, Gebietskörperschaften seien schon gegeben, und die Regierungen dieser Gebietskörperschaften müssten über die Menge des öffentlichen Gutes und Steuern zu deren Finanzierung entscheiden. Dadurch machen sie den Individuen ein Politikangebot, um diese als Einwohner für die Gebietskörperschaft zu gewinnen. Die Frage ist dann also, ob dezentrales Verhalten und Wettbewerb zwischen den Regierungen zu einer effizienten Bereitstellung mit dem lokalen öffentlichen Gut und zu Steuern führen, die eine stabile und kostenminimierende Bevölkerungsverteilung auf die Gebietskörperschaften zur Folge haben.[116]

Sei zunächst angenommen, dass die Regierungen der Gebietskörperschaften benevolent sind, d. h., sie maximieren bei ihren Entscheidungen den Nutzen ihrer Einwohner. Wenn ein Einwohner i sich in einer Gebietskörperschaft j niederlässt, kann er das lokale öffentliche Gut G_j mitnutzen. Seinen Nutzen zieht er dann aus dem privaten Konsum X_i und dem öffentlichen Gut: $U(X_i, G_j)$. Jeder Einwohner i ist mit einem exogen gegebenen Einkommen I_i ausgestattet und zahlt daraus in der gewählten Gemeinde j eine Pauschalsteuer T_j zur Finanzierung des öffentlichen Gutes. Aus dem verbleibenden Nettoeinkommen bezahlt der Einwohner seinen privaten Konsum: $X_i = I_i - T_j$. Da der Einwohner keine weitere Entscheidung zu treffen hat als die, in welcher Gebietskörperschaft er leben möchte, wird sein Nutzen durch das Angebot an öffentlichem Gut und die dafür zu zahlende Steuer der jeweiligen Gebietskörperschaft bestimmt: $U(I_i - T_j, G_j)$.

Die Regierung der Gebietskörperschaft j muss aus den Kopfsteuern der Einwohner die Kosten des öffentlichen Gutes abdecken. Diese Kosten hängen von der Anzahl der Nutzer des Gutes ab: $C(G_j, N_j)$. Die Budgetbeschränkung der Gemeinde j ist dann:

$$C(G_j, N_j) = N_j T_j \tag{8.19}$$

Da alle Einwohner den gleichen Finanzierungsbeitrag leisten, entspricht die Kopfsteuer den Durchschnittskosten[117]:

$$T_j = \frac{C(G_j, N_j)}{N_j} \tag{8.20}$$

Im Wettbewerb um einen Einwohner i maximiert die Regierung j dessen Nutzen. Dazu wählt sie unter Berücksichtigung der Kopfsteuer die nutzenmaximierende Menge des öffentlichen Gutes und die Anzahl der Einwohner, die kostenminimierend das Gut finanzieren sollen:

$$\max_{G_j, N_j} U\left(I_i - \frac{C(G_j, N_j)}{N_j}, G_j\right) \tag{8.21}$$

Die Bedingungen erster Ordnung für ein Nutzenmaximum sind:

Ableitung nach G_j: $U_X\left(-\frac{C_G}{N}\right) + U_G = 0$

Ableitung nach N_j: $U_X\left(-\frac{C_N}{N} + \frac{C}{N^2}\right) = 0$

Die erste Bedingung zeigt, dass die gewählte Menge des öffentlichen Gutes der Samuelson-Bedingung genügt und damit effizient ist:

116 Vgl. Sandler und Tschirhart (1997, S. 342)

117 Die Annahme einer unverzerrenden Steuer (Pauschalsteuer) ist zentral für die Ergebnisse, wohingegen die Annahme gleicher Lastenteilung nur der vereinfachten Darstellung dient, aber die Ergebnisse nicht verändert.

$$C_G = N\frac{U_G}{U_X}$$

Die zweite Bedingung ergibt, dass die Einwohnerzahl so festgelegt wird, dass die Ballungskosten des letzten Einwohners den Durchschnittskosten entsprechen:

$$C_N = \frac{C}{N}$$

Zusammen mit der Budgetbeschränkung der Regierung folgt daraus, dass die Steuer in Höhe der Ballungskosten gewählt wird:

$$T_j = C_N \qquad (8.22)$$

Der Wettbewerb der Gebietskörperschaften um Einwohner führt also im Gleichgewicht zu einer Politik der Regierungen, die eine effiziente Versorgung mit dem öffentlichen Gut und eine Pauschalsteuer in Höhe der Ballungskosten vorsieht. Durch diese Steuer kommt es zu einer effizienten Aufteilung der Bevölkerung.

Bei diesem Wettbewerbsansatz haben benevolente Regierungen ein Informationsproblem. Wenn die wohlwollende Regierung den Nutzen eines Einwohners maximiert, stellt sich die Frage, woher sie die Information über den Nutzen und die Zahlungsbereitschaft besitzt. Eine Befragung würde nicht weit führen und wieder in das Dilemma führen, dass Bürger ein Interesse haben, ihre wahre Präferenz für öffentliche Güter zu untertreiben, um zu geringeren eigenen Kosten das öffentliche Gut mit zu konsumieren. Ein möglicher Mechanismus, die Präferenzen indirekt herauszubekommen und damit das Informationsproblem zu lösen, wird in → Kapitel 8.2 aufgezeigt.

8.1.5 Wettbewerb unter Leviathan-Regierungen

Man kann zu diesem Effizienz-Ergebnis auch gelangen, wenn nicht benevolente Regierungen im Wettbewerb stehen, sondern sogenannte Leviathan-Regierungen. Darunter werden solche Regierungen verstanden, die eigene Interessen verfolgen und nicht das Wohl der Bürger maximieren. Insbesondere kann man unterstellen, dass solche Regierungen das Steueraufkommen, das sie den Einwohnern der Gebietskörperschaft zur Finanzierung des lokalen öffentlichen Gutes abverlangen, maximieren[118].

Ein Ergebnis dieses Wettbewerbs ist, dass im Gleichgewicht die Steuereinnahmen der Regierungen auf das Minimum der durchschnittlichen Steuer gedrückt werden. Brennan und Buchanan (1980) haben argumentiert, dass die Tendenz von Regierungen zu übermäßigen Steuereinnahmen (Leviathan-Regierungen) begrenzt werden kann, wenn der öffentliche Sektor dezentralisiert wird und Wettbewerb unter den dezentralen Regierungen stattfindet. Beides zusammen restringiert die Steuerüberschüsse.[119] In unserem Modell führt dieser Wettbewerb dazu, dass Steuerüberschüsse in allen Gebietskörperschaften verschwinden.

Berglas (1976) hat für die Clubtheorie gezeigt, dass sich die optimale Allokation für ein Clubgut auch einstellt, wenn Firmen die Clubs betreiben, Mitglieder zu einem Preis in den Club aufnehmen

---

118 Vgl. Brennan und Buchanan (1980), McLure (1986) und Edwards und Keen (1996).
119 Wir kommen auf diese politökonomischen Argumente in den Kapiteln 16 und 17 zurück.

und dabei ihren Gewinn maximieren.[120] Dieses Ergebnis lässt sich auf den Wettbewerb unter Leviathan-Regierungen von Gebietskörperschaften übertragen.

Angenommen, die Regierungen in den Gebietskörperschaften würden in einen Wettbewerb um die heterogene Bevölkerung treten, um sie als steuerzahlende Einwohner zu gewinnen. Nehmen wir weiter an, dass jede Regierung einer Gebietskörperschaft ihr Netto-Steueraufkommen (d. h. Steuereinnahmen minus Kosten der staatlichen Dienstleistung) maximieren will. Welche Menge des öffentlichen Gutes würde eine solche Regierung anbieten, welche Steuer würde sie dafür verlangen und welche Einwohnerzahl würde sie zulassen?

Jeder Einwohner i erhält ein exogen gegebenes Einkommen I_i und zahlt daraus in Gebietskörperschaft j eine Pauschalsteuer T_j zur Finanzierung des öffentlichen Gutes. Aus Sicht des Einwohners ist diese Steuer nicht abhängig von der Zahl der Einwohner, C/N, sondern sie ist exogen gegeben. Aus dem Nettoeinkommen finanziert der Einwohner i sein privates Konsumgut X_i. Die Budgetbeschränkung lautet: $X_i = I_i - T_j$.

Die Regierung j maximiert nun ihren Budgetüberschuss, indem sie G_j, N_j und die Pro-Kopf-Steuer T_j wählt:

$$\max_{G_j, N_j, T_j} T_j N_j - C\left(G_j, N_j\right) \tag{8.23}$$

Bei der Wahl dieser Größen muss die Regierung berücksichtigen, dass sie ihren potenziellen Einwohnern mit ihrem Politikangebot $\left(G_j, T_j\right)$ mindestens ein Nutzenniveau verschaffen muss, das mit dem Nutzenniveau anderer Gebietskörperschaften $U^* = U\left(G^*, I_i - T^*\right)$ mithalten kann:

$$U\left(G_j, I_i - T_j\right) \geq U^* \tag{8.24}$$

Ansonsten hätte die Gebietskörperschaft keine Einwohner. Die Maximierung von (8.23) unter der Nebenbedingung (8.24) ergibt folgende Bedingungen erster Ordnung, wobei λ der Lagrangeparameter der Nebenbedingung ist:

Ableitung nach G_j: $-C_G - \lambda U_G = 0$

Ableitung nach N_j: $T_j - C_N = 0$

Ableitung nach T_j: $N_j + \lambda U_X = 0$

Die erste und dritte Bedingung zeigen, dass die Wahl der Menge des öffentlichen Gutes und der Steuer zusammen der Samuelson-Regel genügen, so dass die effiziente Bereitstellung des öffentlichen Gutes erfolgt:

$$C_G = N_j \frac{U_G}{U_X}$$

Die zweite Bedingung zeigt, dass die Regierung eine Einwohnerzahl wählt, bei der die Ballungskosten eines marginalen Einwohners gleich der Pro-Kopf-Steuer sind:

120 Siehe Berglas (1976).

$$T_j = C_N$$

Ließe die Regierung eine geringere Einwohnerzahl zu, so dass $T_j > C_N$, dann wären die zusätzlichen Kosten eines weiteren Einwohners geringer als sein Steuerbeitrag. Der Budgetüberschuss der Gebietskörperschaft könnte durch weitere Einwohner erhöht werden.

Wie hoch wird der Steuerbeitrag bei vollkommenem Wettbewerb zwischen den Gebietskörperschaften ausfallen? Entspricht er im Gleichgewicht dem effizienzsichernden Niveau C/N? Sei die Pro-Kopf-Steuer höher als die Durchschnittskosten: $T_j > C/N$. Diese Steuer würde einen positiven Budgetüberschuss ergeben. Das wird aber kein Gleichgewicht bei vollkommenem Wettbewerb sein. Neue Gebietskörperschaften werden im Wettbewerb auftreten, die zu einem geringeren aber immer noch positiven Budgetüberschuss alle Einwohner anziehen werden. Die neuen Gebietskörperschaften werden sich solange wechselseitig unterbieten, bis die Steuer auf die Durchschnittskosten (die für alle gleich hoch sind) gefallen ist. Im langfristigen Gleichgewicht ist der Steuerbeitrag gleich den Pro-Kopf-Kosten:

$$T_j = \frac{C}{N}$$

d.h., das Budget aller Gebietskörperschaften wird gerade ausgeglichen sein. Die Kosten der Gebietskörperschaften für das öffentliche Gut werden durch die Steuern abgedeckt.

Der Wettbewerb zwischen den Gebietskörperschaften führt langfristig zu einer Pauschalsteuer, die den Pro-Kopf-Kosten entspricht, und zu einer Einwohnerzahl, die von der Regierung so gewählt wird, dass die marginalen Ballungskosten mit der Steuer übereinstimmen: $\frac{C}{N} = T_j = C_N$. Damit sichert vollkommener Wettbewerb und dezentrales Verhalten der Gebietskörperschaften eine effiziente Aufteilung der Bevölkerung, eine effiziente Versorgung mit dem öffentlichen Gut und eine kostendeckende Finanzierung über Pro-Kopf-Steuern.

Das bedeutet, dass ein perfekter Wettbewerb von Gemeinderegierungen, die ihren Steuerüberschuss maximieren, dieselbe effiziente Allokation erreichen kann wie der Wettbewerb zwischen benevolenten Regierungen oder die selektive Selbstorganisation der Individuen in Gebietskörperschaften. Der Wettbewerb führt zur Beschränkung der Budgetüberschüsse, die im Gleichgewicht in allen Gebietskörperschaften auf Null sinken.[121]

8.1.6 Einordnung der Clubtheorie

Die Clubtheorie vermittelt uns ein besseres Verständnis davon, wie die optimale Größe und der Aufbau von Gebietskörperschaften bestimmt werden können, welche Versorgung mit lokalen öffentlichen Gütern effizient ist und wie dieser optimale Staatsaufbau erreicht werden kann. Abweichungen, die wir von diesem optimalen Staatsaufbau in der Realität beobachten, können

121 Campbell (2004) hat für Gemeinden (municipalities) und Landkreise (counties) in den USA empirisch untersucht, ob die Leviathan-Hypothese zutrifft, dass eine Dezentralisierung fiskalpolitischer Aufgaben die Ausgaben von Regierungen beschränkt. Sie kommt zu dem Ergebnis, dass eine Zuordnung der Politik auf die Gemeindeebene die Ausgaben stärker reduziert als eine Zuordnung auf die Landkreisebene. Das heißt, Leviathan-Verhalten von Regierungen ist eher auf der höheren Gebietskörperschaftsebene zu finden als auf der niedrigeren Ebene. Das kann dadurch erklärt werden, dass der Wettbewerb unter lokalen Gemeinden größer ist als unter den weniger zahlreichen Landkreisen.

nun darauf zurückgeführt werden, dass wesentliche Voraussetzungen, die in dem Modell gemacht werden, nicht erfüllt sind:

- Die Gebietskörperschaften verlangen von jedem Einwohner Steuern in Höhe der Ballungskosten, um das öffentliche lokale Gut zu finanzieren. Diese Steuern müssen Pauschalsteuern in dem Sinne sein, dass sie keine Verzerrungen der Entscheidungen der Individuen verursachen.
- Die Anzahl der Gebietskörperschaften mit unterschiedlichen Bündeln von Mengen des lokalen öffentlichen Gutes und Steuern, die schon existieren oder gebildet werden können, muss hinreichend groß sein, so dass jedes Individuum mit unterschiedlichem Einkommen und Präferenzen eine Gebietskörperschaft finden kann, dessen Angebot im Kosten-Nutzenvergleich zu der Nachfrage des Individuums passt.
- Es gibt keine Migrationskosten.
- Es gibt keine Verwaltungskosten bei der Bereitstellung lokaler öffentlicher Güter, so dass neue Gebietskörperschaften ohne Kosten neu gebildet werden können.

Generell würde ein Staatsaufbau, wie er sich aus der Clubtheorie ergeben würde, Probleme verursachen.[122] Erstens würden Wähler viel häufiger Wahlentscheidungen treffen müssen. Es müssten viele verschiedene politische Einheiten entstehen, die jeweils nur eine oder wenige Angelegenheiten der Daseinsvorsorge, also Bereitstellung öffentlicher Güter oder Dienstleistungen, übernehmen. Das aber würde für die Bürger, für die diese Gebietskörperschaften mit ihren Regierungen und Verwaltungen zuständig wären, eine Vervielfachung an Wahlen bedeuten, die durchgeführt werden müssten. Die politische Beteiligung der Bürger an allen einzelnen Entscheidungen über Angelegenheiten des Gemeinwesens würde sehr stark wachsen. Das würde u. U. die politische Kompetenz der Bürger stärken, aber auch die Kosten der Entscheidungsfindung erhöhen. Zweitens ergeben sich zahlreiche Überlappungen der Gebietskörperschaften. Wenn sich Gebietskörperschaften wegen fallender Durchschnittskosten zusammenschließen, werden sich Einheiten ergeben, die die Grenzen der darüberliegenden Gebietskörperschaften überschreiten können. Das heißt die Struktur der Über- und Unterordnung wird kompliziert. Wähler werden unterschiedlichen, sich überlappenden politischen Einheiten angehören. Institutionen müssen sich diesen Überlappungen und Schnittmengen anpassen.

Bis hierher haben wir Ökonomien ohne Land betrachtet. Das heißt, wir haben angenommen, dass Gebietskörperschaften zwar in geographisch begrenzten Räumen ihre lokalen öffentlichen Güter anbieten, aber der Konsum von Land für die Einwohner keine Rolle spielt. Die Zugehörigkeit zu einer Gebietskörperschaft umfasst aber in der Regel auch die Niederlassung und das Leben in einer Wohnung oder einem Haus auf einem Grundstück. Sie ist also verknüpft mit dem Konsum einer fixen und immobilen Ressource Land. Im nächsten Kapitel werden wir deshalb die Ökonomien von Gebietskörperschaften betrachten, in denen solche immobilen und (zumindest kurz- bis mittelfristig) unveränderlichen Mengen von Gütern und Ressourcen eine Rolle spielen. Dazu gehören Grund und Boden sowie Gebäude. Wir werden sehen, dass dieser Umstand wesentlich ist für die Frage, die Tiebout beantworten wollte: Wie können die Präferenzen für lokale öffentliche Güter aufgedeckt werden in einem Wettbewerb der Regionen um die Ansiedlung von Konsumenten?

122 Vgl. Casella und Frey (1992, S. 644f.).

▸ Exkurs 5 | Alexis de Tocqueville über das föderale System in den USA

Der französische Historiker und Politiker Alexis de Tocqueville (1805–1859) hat in seinem Werk „Über die Demokratie in Amerika" (1835/1840) das föderale System in den Vereinigten Staaten von Amerika analysiert, wie es in der amerikanischen Verfassung niedergelegt und in der Verfassungswirklichkeit gelebt wurde. Tocqueville sieht in der Gemeinde (*township*) so etwas wie die Urzelle des Staates:

> *„Die Gemeinde ist die einzige Vereinigung, die so durchweg naturhaft ist, dass überall, wo Menschen sich zusammenschließen, von selbst eine Gemeinde entsteht [...]. Die Gemeinde Neuenglands [...] zählt im Allgemeinen zwei- bis dreitausend Einwohner; sie ist also nicht so groß, dass die Bewohner nicht ungefähr die gleichen Interessen hätten, und andererseits ist sie einwohnerreich genug, um die Kräfte für eine gute Verwaltung immer [...] ihrem Kreis entnehmen zu können [...]. Das Volk ist in der Gemeinde wie überall die Quelle der sozialen Befugnisse, aber nirgends übt es seine Macht unmittelbarer aus." (S. 67ff.)*

Zwei Vorzüge der politischen Arbeit in der Gemeinde bestehen nach Tocqueville in der Partizipation und in der Innovation. Die Partizipation der Bürger bedeutet einerseits eine Teilung der Macht und andererseits die Einübung in politisches Denken und Handeln:

> *„Seht, mit welcher Kunst die amerikanische Gemeinde darauf ausgeht, die Macht gleichsam zu zersplittern, um auf diese Weise viele Leute am öffentlichen Leben teilnehmen zu lassen [...].Die amerikanische Ordnung, die die Gemeindegewalt auf viele Bürger verteilt, schreckt andererseits auch nicht davor zurück, die Gemeindepflichten zu vervielfachen [...].Auf diese Weise ist das Gemeindeleben gewissermaßen ständig gegenwärtig; täglich wird es durch die Erfüllung einer Pflicht oder durch die Ausübung eines Rechts spürbar. Dieses politische Leben versetzt die Gesellschaft in eine andauernde und zugleich friedsame Bewegung [...].Der Einwohner Neuenglands fühlt sich mit seiner Gemeinde verbunden [...]; er befasst sich mit allen Ereignissen des Gemeindelebens; [...] er gewöhnt sich an die Ordnung, er versteht das Ineinandergreifen der Befugnisse, und endlich eignet er sich klare und brauchbare Gedanken an über das Wesen seiner Pflichten und über das Maß seiner Rechte." (S. 75ff.)*

Größere Gebietskörperschaften wie die neuenglischen Grafschaften (*counties*) haben sich herausgebildet, weil *„es [...] Bedürfnisse (gibt), die sich beinahe übereinstimmend in allen Gemeinden der Grafschaft geltend machen; daher war es natürlich, dass eine Zentralgewalt zu ihrer Befriedigung eingesetzt wurde." (S. 77)* Die Grafschaften übernehmen allerdings nur eine intermediäre Verwaltung zwischen Gemeinde und Staat (*state*). Deshalb haben *„die vereinigten Gemeinden [...] insgesamt nur eine Vertretung, die des Staates; er ist der Kern aller nationalen Gewalt." (S. 78)*
Die Vereinigung der Staaten hatte nun folgendes Problem zu lösen:

> *„Es handelt sich darum, die oberste Gewalt so aufzuteilen, dass die Staaten, welche die Union bildeten, sich weiterhin in allem selbst regierten, das nur ihre innere Wohlfahrt betraf, ohne dass die in der Union verkörperte Gesamtnation aufhörte, eine Körperschaft zu sein und für alle die Gesamtheit betreffenden Bedürfnisse aufzukommen." (S. 128f.)*

Die Lösung dieses Problems bestand in dem Zusammenschluss der Staaten zu einem Bundesstaat (*union*). Dieses föderale System konnte im Gegensatz zu zentralisierten (unitarischen) Staaten die Vorteile großer und kleiner Nationen vereinen:

> *„Bei den zentralisierten großen Nationen ist der Gesetzgeber genötigt, den Gesetzen eine Gleichförmigkeit zu verleihen, die der Vielgestaltigkeit der Orte und der Sitten nicht entspricht; da er die Besonderheiten nicht kennt, kann er nur allgemeine Regeln aufstellen; die Menschen müssen sich dann der Gesetzgebung anpassen, weil die Gesetzgebung sich nicht den Bedürfnissen und Sitten der Menschen anpasst [...]. Die Konföderation kennt diesen Nachteil nicht: der Kongress regelt die Hauptgeschäfte der Nationalregierung; alles Einzelne bleibt den provinziellen Gesetzgebungen überlassen." (S. 182f.)*

Dieses Argument für den föderalen Aufbau von Staaten hat später Wallace Oates (1972) mit dem Dezentralisierungstheorem formalisiert.[123] Die Teilung der Souveränität zwischen den einzelnen US-Staaten und der Union kommt allen zugute. Sie befördert eine Innovations- und Experimentierfreude, die sich so nur in kleinen Staaten entwickelt:

> *„In diesen kleinen Gesellschaften, die der Sorge für Verteidigung oder Vergrößerung enthoben sind, wendet sich die ganze Macht der Öffentlichkeit und die ganze Kraft der Einzelnen den Fortschritten im Inneren zu. Die Regierung jedes Staates steht den Regierten ganz nahe und ist täglich unterrichtet über die sich meldenden Bedürfnisse: man sieht denn auch jedes Jahr neue Pläne auftauchen, die, in den Gemeindeversammlungen oder in der gesetzgebenden Versammlung der Staaten erörtert und alsdann in der Presse veröffentlicht, die allgemeine Aufmerksamkeit und den Eifer der Bürger erregen. Dieser Drang nach Verbesserung hält die amerikanischen Republiken ständig in Bewegung [...]." (S. 183)*

Diese Experimentierfreude hat Oates später mit dem Begriff *Laboratory Federalism* bezeichnet.[124] Darüber hinaus sind es die kleinen Staaten, in denen sich ein republikanisches Staatswesen entfaltet:

> *„Es kann in der Tat nicht bestritten werden, dass in den Vereinigten Staaten Sinn und Brauch republikanischen Regierens aus den Gemeinden und aus den Provinzialversammlungen hervorgegangen sind. In einer kleinen Nation, [...] , wo die Eröffnung eines Kanals und das Bauen einer Straße die großen politischen Anliegen sind, wo der Staat weder ein Heer zu bezahlen noch einen Krieg zu führen hat, und wo denen, die ihn regieren, weder viel Reichtümer noch viel Ruhm winken, lässt sich nichts Selbstverständlicheres und [...] Angemesseneres ausdenken als die Republik." (S. 183)*

Aber Tocqueville sieht auch die Nachteile föderaler Systeme. Das größte Problem ist die Überschneidung und die Kollision von Kompetenzen:

> *„Diese Ordnung stellt notwendigerweise zwei Souveränitäten einander gegenüber. Der Gesetzgeber kann diese beiden Souveränitäten in ihrem Wirken möglichst vereinfachen und einander gleichstellen, indem er ihren Tätigkeitsbereich genau abgrenzt; er kann sie aber nicht auf eine einzige beschränken noch verhindern, dass sie irgendwo zusammenstoßen." (S. 186)*

Ein zweites Problem besteht in der relativen Schwäche der föderalen Bundesregierung, da die Bürger sich loyaler gegenüber ihrem Staate als gegenüber der Union verhalten:

> *„Die Bundessouveränität ist ein abstraktes Wesen, das sich nur auf eine kleine Zahl äußerer Dinge bezieht. Die Souveränität des Staates wird von allen Sinnen erfasst; man versteht sie mühelos; man sieht sie jederzeit handeln [...]. Die Bundessouveränität erfasst die Menschen nur durch einige bedeutende Anliegen; sie vertritt ein sehr großes, entlegenes Vaterland, ein verschwommenes und unbestimmtes*

123 Siehe Kapitel 7.4.
124 Siehe Kapitel 19.

Gefühl. Die Souveränität der Staaten umfängt gleichsam jeden Bürger und ergreift ihn jeden Tag in Einzeldingen. Alle Völker, die man einen Bund schließen sah, hatten eine bestimmte Anzahl gemeinsamer Belange, die gleichsam das verstandesmäßige Band der Vereinigung bildeten. Aber außer wirtschaftlichen Interessen hat der Mensch noch Gedanken und Gefühle. Damit ein Bundesstaat von Dauer sei, ist es nicht weniger notwendig, dass im Kulturleben ebenso wie in den Bedürfnissen der verschiedenen Völker, die ihn zusammensetzen, Gleichartigkeit herrsche." (S. 189f.)

▸ Appendix 8.1 | Modellbeispiel für clubtheoretischen Ansatz

Die Kostenfunktion für das lokale öffentliche Gut sei gegeben durch $C(G, N) = N^3 \cdot G^2 + F$, wobei F die Fixkosten seien. Sie hat die Eigenschaften $C_G > 0$, $C_{GG} > 0$, $C_N > 0$ und $C_{NN} > 0$. Außerdem ist die Funktion der durchschnittlichen Kosten $\frac{C}{N} = N^2 \cdot G^2 + \frac{F}{N}$ für positive Mengen des öffentlichen Gutes U-förmig. Die konkave Nutzenfunktion sei für alle Individuen identisch gegeben durch $U(X, G) = X^{\frac{1}{2}} G^{\frac{1}{2}}$, wobei X das private Gut und G das öffentliche Gut sei. Jedes Individuum verfüge über ein Einkommen I und zahle den gleichen Kostenanteil für das öffentliche Gut. Das Budget für das private Gut ist:

$$X = I - \frac{C}{N} = I - N^2 \cdot G^2 - \frac{F}{N} \tag{A.8.1}$$

Die Maximierung des Nutzens unter dieser Budgetbeschränkung mit dem Lagrangeparameter λ ergibt die folgenden Bedingungen erster Ordnung:
Ableitung nach G:

$$\frac{1}{2} G^{-\frac{1}{2}} X^{\frac{1}{2}} - \lambda \frac{2N^3 G}{N} = 0 \tag{A.8.2}$$

Ableitung nach X:

$$\frac{1}{2} G^{\frac{1}{2}} X^{-\frac{1}{2}} - \lambda = 0 \tag{A.8.3}$$

Ableitung nach N:

$$\lambda \left(2NG^2 - \frac{F}{N^2} \right) = 0 \tag{A.8.4}$$

Die beiden Bedingungen (A.8.2) und (A.8.3) ergeben die Samuelson-Regel $N \frac{U_G}{U_X} = C_G$ zur effizienten Bereitstellung des öffentlichen Gutes:

$$N \frac{X}{G} = 2N^3 G \tag{A.8.5}$$

oder nach Einsetzen von X gemäß (A.8.1):

$$NI - F = 3N^3G^2 \quad \text{(A.8.6)}$$

Die dritte Bedingung (A.8.4) gibt die Einwohnerzahl im Nutzenmaximum an:

$$2N^3G^2 = F \quad \text{(A.8.7)}$$

Bedingungen (A.8.6) und (A.8.7) zeigen die Interdependenz der effizienten Menge des öffentlichen Gutes und der effizienten Einwohnerzahl. Simultane Lösung beider Gleichungen ergibt die effizienten Werte:

$$G^* = \frac{2}{F} \cdot \left(\frac{I}{5}\right)^{\frac{3}{2}} \quad \text{(A.8.8)}$$

$$N^* = \frac{5F}{2I} \quad \text{(A.8.9)}$$

Diese beiden Gleichungen zeigen, dass die effizienten Werte außer von der Form der Nutzenfunktionen/Präferenzen auch vom Einkommen abhängen. Die Fixkosten seien im Folgenden $F = 16$. Im Unterschied zu den → Kapiteln 8.1.2 und 8.1.3 nehmen wir hier an, es gebe drei Gruppen mit gleicher Nutzenfunktion aber unterschiedlichen Einkommen: $I_1 = 5, I_2 = 10, I_3 = 20$. Für jede Gruppe ergibt sich eine nutzenmaximierende Politik $\left[G^*, \frac{C(G^*, N^*)}{N^*}\right]$ in einer Gebietskörperschaft mit der effizienten Einwohnerzahl N^*:

	G^*	N^*	$\frac{C(G^*,N^*)}{N^*}$	$U^* = \sqrt{G^*} \cdot \sqrt{X^*}$
$I_1 = 5$	$1/8 = 0,125$	8	3	$\sqrt{2}\sqrt{1/8} = 0,5$
$I_2 = 10$	$1/\sqrt{8} = 0,353$	4	6	$2 \cdot \sqrt[4]{1/8} = 1,189$
$I_3 = 20$	1	2	12	$\sqrt{8} = 2,828$

Tabelle 8.1: Optimale Bevölkerungsverteilung

Die → Tabelle 8.1 beschreibt das effiziente Gleichgewicht, bei dem jeweils die Individuen mit gleichem Einkommen I sich in Gebietskörperschaften mit der Einwohnerzahl N^*gruppieren, in der ihnen die effiziente Menge des öffentlichen Gutes G^* zu kostenminimalen Bedingungen bereitgestellt wird. Der Nutzen ist für alle Einkommensgruppen maximal und kann durch eine andere Kombination (N^*, G^*) nicht gesteigert werden. Insofern herrscht ein Gleichgewicht, weil kein Individuum mehr Wanderanreize in eine andere Gebietskörperschaft hat. In → Abbildung 8.5, die nur stilisiert diese Situation wiedergibt, wären das die Punkte A, D und E.[125]

Um zu sehen, dass es Wanderungsanreize gibt, wenn die Individuen sich noch nicht in der Gebietskörperschaft mit der optimalen Einwohnerzahl befinden, betrachten wir die

125 Außerdem ist in → Abbildung 8.5 auch der Nutzen der drei Einkommenstypen unterschiedlich, während wir in diesem Rechenbeispiel annehmen, dass alle drei Typen den gleichen Nutzen und damit die gleiche Indifferenzkurvenschar besitzen.

nächste ⟶ Tabelle 8.2. Hier leben die Individuen aller Einkommensgruppen zunächst in Gebietskörperschaften mit derselben Einwohnerzahl $\bar{N}^* = 4$. Die Kostenfunktion in jeder Gebietskörperschaft ist damit $C(G, 4) = 64 \cdot G^2 + 16$. Bedingung (A.8.5) für die effiziente Menge des öffentlichen Gutes wird zu:

$$4\frac{X}{G} = 128G \quad \text{(A.8.10)}$$

Wenn wir die Budgetbeschränkung (A.8.1) für X einsetzen, erhalten wir:

$$4\frac{I - 16G^2 - 4}{G} = 128G \quad \text{(A.8.11)}$$

Daraus kann für jede Einkommensgruppe die optimale Menge bei gegebener Einwohnerzahl $\bar{N}^* = 4$ bestimmt werden sowie der resultierende Nutzen.

	$G^*(\bar{N}^*)$	$\bar{N}^* = 4$	$\frac{C(G^*, N^*)}{N^*}$	$U^* = \sqrt{G^*} \cdot \sqrt{X^*}$
$I_1 = 5$	$\sqrt{1/48} = 0,144$	4	$4\frac{1}{3}$	$\sqrt[4]{1/48} \cdot \sqrt{2/3} = 0,310$
$I_2 = 10$	$1/\sqrt{8} = 0,353$	4	6	$\sqrt[4]{1/8} \cdot 2 = 1,189$
$I_3 = 20$	$\sqrt{1/3} = 0,577$	4	$9\frac{1}{3}$	$\sqrt[4]{1/3} \cdot 4 \cdot \sqrt{2/3} = 2,481$

Tabelle 8.2: Suboptimale Bevölkerungsverteilung

Die Individuen mit Einkommen $I_1 = 5$ können sich besserstellen, wenn sie sich in Gebietskörperschaften mit höherer Einwohnerzahl gruppieren und eine kleinere Menge des öffentlichen Gutes zu geringeren Durchschnittskosten konsumieren. Der Vergleich zwischen den Tabellen zeigt, dass ihr Nutzen dann von 0,310 auf 0,5 steigt. In ⟶ Abbildung 8.5 ist das die Bewegung von Punkt B nach Punkt A. Auch die Individuen mit Einkommen $I_3 = 20$ können sich verbessern, wenn sie Gebietskörperschaften mit weniger Einwohnern bilden und sich eine größere Menge des öffentlichen Gutes zu höheren Durchschnittskosten leisten. In ⟶ Abbildung 8.5 zeigt die Bewegung von F nach E, dass sie dadurch eine höhere Indifferenzkurve erreichen. Der Vergleich der Tabellen gibt eine Nutzensteigerung von 2,481 auf 2,828 an. Ein effizientes Gleichgewicht ist also erst erreicht, wenn es solche Anreize, die Gebietskörperschaften umzubilden oder neu zu gründen, nicht mehr gibt.

8.2 Ökonomien mit Land

Wenn sich Individuen in einer Gemeinde niederlassen, mieten sie Wohnungen, kaufen Häuser und erwerben oder pachten Land. Durch den Zuzug in eine Gemeinde steigt also die Nachfrage nach Immobilien und damit bei gegebenem Angebot der Preis bzw. die Pacht oder Miete. Lockt nun eine Gemeinde Bürger an, indem sie die öffentlichen Güter in Menge oder Qualität erhöht, dann bestehen die Kosten dieser Gewinnung neuer Einwohner neben den Ballungskosten auch in den teurer werdenden Immobilien. Da die Individuen diese höheren Preise bei einer Zuwanderung in

Kauf nehmen, bekunden sie damit indirekt, wieviel mehr sie für die höhere Menge des öffentlichen Gutes zu zahlen bereit sind. Sie offenbaren implizit ihre Zahlungsbereitschaft.

Bei gegebener Größe des Angebots an Mietwohnungen und Häusern kann die Änderung der Nachfrage durch eine Abstimmung mit den Füßen über die lokal angebotenen öffentlichen Güter erklären, warum die Miet- und Kaufpreise von Immobilien in Regionen, Städten und Stadtteilen verschieden hoch sind. Werden die öffentlichen Güter Sicherheit, die durch Polizei und Justiz bereitgestellt wird, oder Schulbildung[126] in unterschiedlicher Quantität und Qualität angeboten, dann werden Bürger in Stadtteile mit geringer Kriminalität und guten Schulen umziehen, was dort die Immobilienpreise steigen lässt. Auch eine Politik, die in bestimmten Regionen für eine bessere Umwelt- und Freizeitqualität sorgt, wird den Erwerb oder das Anmieten von Grundstücken und Häusern teurer machen. In den Stadtteilen und Regionen hingegen, die aus den entsprechenden Gründen verlassen werden, werden die Immobilienpreise sinken.

Bisher hatten wir die Rivalität im Konsum, die durch einen neuen Nutzer des lokalen öffentlichen Gutes entsteht, in den Ballungs- oder Überfüllungskosten gesehen, die beim Konsum durch zusätzliche Einwohner entstehen. Bei gegebener Kapazität der Güter behindern sich die Nutzer zumindest ab einer bestimmten Nutzerzahl im Konsum dieses Gutes. In einer Ökonomie mit Land entsteht jetzt eine weitere Form der Rivalität im Konsum, die auch indirekt mit der Bereitstellung des öffentlichen Gutes zu tun hat.[127] Neue Einwohner, die durch eine bessere Versorgung mit lokalen öffentlichen Gütern angezogen werden, sind hier auch auf einen Teil des Landes (oder allgemein auf die Nutzung des fixen Faktors, der nur in endlicher Menge zur Verfügung steht: Land, natürliche Ressourcen, Immobilien etc.) angewiesen, den sie mitnutzen. Das heißt, den ursprünglichen Bewohnern entsteht eine Rivalität im Konsum von Land. Und diese Rivalität führt bei vollkommenem Wettbewerb (Land etc. ist kein öffentliches, sondern ein privates Gut!) zu einer Steigerung der Landpreise. Diese Art der Überfüllungskosten, nämlich die Steigerung der Landpreise, kann sich die Regierung zunutze machen, um die Kosten des vermehrten öffentlichen Gutes zu finanzieren. Im Folgenden werden wir sehen, dass diese Form der Finanzierung zu einer effizienten Versorgung mit öffentlichen Gütern führt.[128]

Wir betrachten eine Ökonomie mit Land. Das gesamte Land in der Ökonomie ist aufgeteilt in Z Landstreifen oder Zonen der Größe $\bar{L}_i$, $i = 1, \dots, Z$. Jede Gebietskörperschaft besteht aus einem Landstreifen. Im ganzen Land leben N und in jedem Landstreifen leben N_i Individuen, von denen jedes einen Teil L_i des Landes bewohnt, ein Einkommen I_i bezieht, und damit den privaten Konsum X_i und die Kosten des lokalen öffentlichen Gutes G_i finanziert, das in der Gebietskörperschaft bereitgestellt wird.

8.2.1 Wohlfahrtsoptimum: Das Henry-George-Theorem

Nehmen wir an, es gebe einen sozialen Planer, der sich wohlfahrtsmaximierend verhält und die optimale Allokation im Land festlegt. Er bestimmt die optimale Bevölkerungsgröße im ganzen Land und die effiziente Verteilung der Bevölkerung auf die Landstreifen sowie die effiziente Menge des lokalen öffentlichen Gutes in den Gebietskörperschaften. Der soziale Planer maximiert den Nutzen des repräsentativen Individuums einer Gebietskörperschaft k:

---

126 Man müsste hier wieder allgemeiner von Gütern sprechen, die bei freiwilliger privater Bereitstellung das Trittbrettfahrerproblem verursachen. Schulbildung etwa besitzt positive externe Effekte. Siehe Kapitel 3.

127 Vgl. hierzu insbesondere Starrett (1988, Kap. 4.6).

128 Wenn zusätzlich Ballungskosten im Konsum des öffentlichen Gutes bestehen, müssen diese, wie ebenfalls im Folgenden gezeigt wird, gesondert durch zusätzliche Steuern finanziert bzw. internalisiert werden.

$$\underset{X_i, G_i, L_i, N_i, N}{\text{Maximiere}}\ U(X_k, G_k, L_k) \text{ für } i = 1, \ldots k, \ldots, Z \tag{8.25}$$

wobei er in allen Gebietskörperschaften die Mengen des privaten Konsums X_i, der Landnachfrage L_i, des lokalen öffentlichen Gutes G_i, die Größe der Gesamtbevölkerung des Landes N sowie der Bevölkerung in den Landstreifen N_i bestimmt. Dabei muss er die nachfolgenden Nebenbedingungen berücksichtigen.

Erstens erhalten die repräsentativen Individuen in allen Gebietskörperschaften den gleichen Nutzen (Migrationsgleichgewicht):

$$U(X_i, G_i, L_i) = \bar{U} \text{ für } i = 1, \ldots k, \ldots, Z \tag{8.26}$$

Wäre diese Bedingung nicht erfüllt, dann würden Individuen in Gebiete mit höherem Nutzen wandern. Solche Wanderungsanreize zeigen aber, dass die Bevölkerungsverteilung nicht effizient sein kann, da Individuen sich durch Wanderung besserstellen.[129]

Zweitens muss das gesamte Einkommen aller Individuen im Land den privaten Konsum und die Kosten aller lokalen öffentlichen Güter abdecken (Ressourcenbeschränkung):

$$\sum_{i=1}^{Z} N_i I_i = \sum_{i=1}^{Z} \left[N_i X_i + C(G_i, N_i)\right] \tag{8.27}$$

Die Einhaltung der Ressourcenbeschränkung im ganzen Land garantiert, dass das Wohlfahrtsoptimum ökonomisch erreichbar ist.

Drittens wird die Gesamtbevölkerung im Land vollständig verteilt (Bevölkerungsrestriktion):

$$N = \sum_{i=1}^{Z} N_i \tag{8.28}$$

Das heißt, alle Individuen müssen einer der Gebietskörperschaften zugeordnet sein. Würden Individuen übrigbleiben, die in keiner Gebietskörperschaft wohnen, dann wäre der Bevölkerungszuschnitt N_i dieser Gemeinden nicht effizient, da der Nutzen dieser Individuen vernachlässigt würde.

Viertens muss das verteilte Land L_i an die N_i Einwohner in jedem Landstreifen i der verfügbaren Menge an Land $\bar{L}_i$ entsprechen (Landrestriktion):

129 Hartwick (1980) begründet die Nutzengleichheit der Individuen in allen Gebietskörperschaften mit einer Rawlsschen sozialen Wohlfahrtsfunktion, der der soziale Planer folgt.

$$\bar{L}_i = N_i L_i \text{ für } i = 1, \ldots k, \ldots, Z \quad (8.29)$$

Würde das Land jeder Gebietskörperschaft nicht vollständig auf alle Einwohner verteilt, könnte der Nutzen der Einwohner durch die Vergabe des restlichen Landes erhöht werden. Die ursprüngliche Landverteilung wäre dann nicht effizient gewesen.

Die Lösung dieses Maximierungsproblems (für die explizite Herleitung siehe ⟶ Appendix 8.2) ergibt folgende Bedingungen erster Ordnung für eine optimale Allokation:

$$N_i \frac{U_{G_i}}{U_{X_i}} = C_{G_i} \text{ für alle } i \quad (8.30)$$

$$X_i + C_{N_i} + L_i \frac{U_{L_i}}{U_{X_i}} = I_i \text{ für alle } i \quad (8.31)$$

$$\sum_{i=1}^{Z} \left[\bar{L}_i \frac{U_{L_i}}{U_{X_i}} + N_i C_{N_i} \right] = \sum_{i=1}^{Z} C(G_i, N_i) \quad (8.32)$$

Die Bedingung (8.30) ist die Samuelson-Bedingung für die effiziente Versorgung mit dem lokalen öffentlichen Gut in jeder Gebietskörperschaft. Bedingung (8.31) beschreibt die optimale Verteilung der Bevölkerung auf alle Gebietskörperschaften, also die optimale Bevölkerungsgröße jeder Gebietskörperschaft. In jedem Landstreifen einer Gebietskörperschaft sollten demnach so viele Menschen leben, dass für den letzten Einwohner gilt, dass sein marginaler Beitrag, nämlich sein Einkommen, den von ihm verursachten marginalen Kosten entspricht. Diese Kosten auf der linken Seite der Gleichung umfassen seinen privaten Konsum, die Ballungskosten beim öffentlichen Gut, die er verursacht, und den aus der Zahlungsbereitschaft sich ergebenden Wert des Landes, das er für sich in Anspruch nimmt. Diese letzte Art von Grenzkosten wird klarer werden, wenn wir die Dezentralisierung dieser Allokation im nächsten Abschnitt betrachten. Bedingung (8.32) erhalten wir schließlich, wenn wir Gleichung (8.31) mit N_i multiplizieren, über alle Gebietskörperschaften i summieren und (8.27) und (8.29) berücksichtigen. Diese Bedingung bestimmt die optimale Gesamtgröße der Bevölkerung N im ganzen Land und ist eine modifizierte Version des **Henry-George-Theorems**[130]. Ohne Ballungskosten, $C_{N_i} = 0$, besagt dieses Theorem, dass eine optimale Bevölkerungsgröße vorliegt, wenn die gesamte Landrente den Kosten des lokalen öffentlichen Gutes im ganzen Land entspricht. In der modifizierten Version mit Ballungskosten müssen diese noch zu der Landrente hinzugerechnet werden. Teilen wir die Gleichung durch N_i, kann das Theorem wie folgt interpretiert werden. Ein zusätzlicher Einwohner des Landes verursacht einerseits den bisherigen Bewohnern Kosten. Da das Land unter allen Einwohnern gleichmäßig aufgeteilt wird, $\sum \bar{L}_i / N_i$, sinkt dieser Anteil durch den zusätzlichen Einwohner und damit die mit der Grenzrate der Substitution U_{L_i} / U_{X_i} bewertete gesamte durchschnittliche Landrente. Zusätzlich verursacht der neue Einwohner durchschnittliche Ballungskosten $\sum C_{N_i}$

130 Das Theorem ist nach dem Journalisten und Politiker Henry George benannt, der sich Ende des 19. Jahrhunderts in den Vereinigten Staaten von Amerika für die Besteuerung von Landeigentum einsetzte. Ausführliche Darstellungen und Diskussionen des Theorems finden sich in Hartwick (1980), Wildasin (1986) und Wellisch (2000b).

beim Konsum des öffentlichen Gutes. Andererseits beteiligt er sich aber auch an der Finanzierung der lokalen öffentlichen Güter und senkt damit die durchschnittlichen Kosten aller Einwohner um $\sum C/N_i$. Ist dieser Finanzierungsbeitrag größer als die genannten Kosten, sollten mehr Einwohner aufgenommen werden, und umgekehrt. Bei Gleichheit, woraus sich (8.32) ergibt, ist die Einwohnerzahl N optimal. Man sieht hier, da durch das fixe Angebot von Land weitere Kosten zu den Ballungskosten hinzukommen, muss die optimale Einwohnerzahl in einer Gebietskörperschaft kleiner sein als in Ökonomien ohne Land. Aus dem Henry-George-Theorem folgt, dass bei einer optimalen Allokation die gesamte Landrente als Steuer vereinnahmt wird, um die öffentlichen Güter zu finanzieren.

Eine optimale Struktur von Gebietskörperschaften in einem föderalen Staat wird also erreicht, wenn die optimale Population N, die durch die Henry-George-Regel (8.32) bestimmt ist, auf die einzelnen Gebietskörperschaften so verteilt wird, dass die Bedingungen (8.30) und (8.31) in jeder Gebietskörperschaft erfüllt sind. Wären alle Gebietskörperschaften identisch und damit auch ihre optimale Einwohnerzahl: $N_i = \bar{N}$, dann ergäbe sich dadurch auch die optimale Anzahl der Gebietskörperschaften: $N/\bar{N}$. Diese optimale Struktur kann man dann erhalten, wenn das gesamte Land so auf die Gebietskörperschaften aufgeteilt wird, dass in jeder die optimale Anzahl an Einwohnern $\bar{N}$ lebt. Im Spezialfall identischer Regionen wäre dies eine Regel für den geographischen Zuschnitt von Gebietskörperschaften, die angibt, wie bei optimaler Bevölkerungsverteilung die Gebiete von Gebietskörperschaften zusammengelegt oder aufgeteilt werden sollten.

8.2.2 Dezentraler Wettbewerb unter Regierungen

Die Frage ist nun, ob der Wettbewerb der Gebietskörperschaften um mobile Einwohner zur optimalen Aufteilung der Bevölkerung auf die Gebietskörperschaften und zu einer effizienten Versorgung mit den lokalen öffentlichen Gütern führt. Insbesondere kann in einer Ökonomie mit Land gefragt werden, wie Regierungen Informationen über die Präferenzen der Bürger für das lokale öffentliche Gut aus den Wanderungsentscheidungen der Individuen ableiten können, wenn sie die Preisreaktionen auf dem Markt der Immobilien als Indikator für die Zahlungsbereitschaft heranziehen.

Eine solche Preisreaktion ist eine wichtige Implikation der freien Wanderung zwischen Gebietskörperschaften. Unterschiede in den öffentlichen Gütern und Dienstleistungen sowie den dafür zu entrichtenden Steuern sollten reflektiert werden in dem Wert des Landes und der Immobilien einer Gebietskörperschaft. Eine Änderung der Menge der öffentlichen Güter sollte sich also in der Wertänderung von Land ausdrücken. Und das ist nichts anderes als die Änderung der Zahlungsbereitschaft, also dem, was die Einwohner für das Land als Pachtzins auszugeben bereit sind. Dieser höhere Preis für Land, den die Einwohner hinnehmen, spiegelt also wider, was ihnen die steigende Menge an öffentlichem Gut wert ist. Die Wertänderung, die sich in dieser Preisreaktion ausdrückt, nennt man die **Kapitalisierung** der öffentlichen Dienstleistungen.[131]

Wir nehmen an, die Regierung einer Gebietskörperschaft i besitzt das Land und vermietet es zu einem Pachtzins R_i an die Einwohner[132]. Neben einer Pro-Kopf-Steuer T_i verwendet sie das Aufkommen aus der Verpachtung zur Finanzierung der Kosten des lokalen öffentlichen Gutes.

131 Für eine ausführliche Diskussion, die auch die empirische Messbarkeit der Kapitalisierung umfasst, siehe Wildasin (1986), S. 64ff.

132 Alternativ kann man auch annehmen, das Land ist im Besitz immobiler privater Personen, die es verpachten und eine Steuer auf den Pachtzins an die Regierung abführen. Wellisch (1995), Kap. 4.1, zeigt, dass die Regierung dann optimalerweise die gesamte Landrente konfiskatorisch als Steuer einzieht.

Ein Individuum mit Einkommen I_i maximiert seinen Nutzen, indem es die Gebietskörperschaft mit dem besten Angebot wählt. Sein Nutzen wird bei gegebener Menge des öffentlichen Gutes G_i in Gemeinde i durch die Wahl seiner privaten Konsumnachfrage X_i und seiner Nachfrage nach Land L_i bestimmt: $U(X_i, G_i, L_i)$. Nach Abführung der Steuer finanziert das Individuum aus seinem Nettoeinkommen $I_i - T_i$ seinen Konsum zum normierten Preis von eins und seine Nachfrage nach Land zum Pachtzins R_i. Sein Nutzenmaximierungsproblem lautet:

$$\underset{X_i, L_i,}{\text{Maximiere}}\ U(X_i, G_i, L_i) \quad (8.33)$$

unter der Budgetbeschränkung:

$$X_i + R_i L_i = I_i - T_i \quad (8.34)$$

Die Bedingung erster Ordnung für ein Nutzenmaximum ist:

$$\frac{U_{L_i}}{U_{X_i}} = R_i \text{ für alle i} \quad (8.35)$$

Wenn wir annehmen, dass die Pro-Kopf-Steuer gerade die Ballungskosten internalisiert: $T_i = C_N^i$, dann folgt mit (8.35) aus (8.34):

$$X_i + \frac{U_{L_i}}{U_{X_i}} L_i = I_i - C_{N_i} \text{ für alle } i \quad (8.36)$$

Diese Gleichung entspricht der Optimalitätsbedingung (8.31). Wenn das Land innerhalb einer Gebietskörperschaft unter der Bedingung vollkommenen Wettbewerbs ($U_{L_i}/U_{X_i} = R_i$) verpachtet wird und eine Pauschalsteuer in Höhe der Ballungskosten erhoben wird, folgt die optimale Verteilung der Bevölkerung auf alle Gebietskörperschaften bzw. die optimale Verteilung des Landes innerhalb eines Landstreifens auf alle Bewohner.

Die Regierung i finanziert die Kosten des lokalen öffentlichen Gutes durch die Einnahmen aus der Landrente und der Pro-Kopf-Steuer aller N_i Einwohner:

$$R_i N_i L_i + N_i T_i = C(G_i, N_i) \text{ für alle } i \quad (8.37)$$

Wenn (8.37) über alle Gebietskörperschaften aufsummiert wird, dann folgt mit (8.29), (8.35) und $T_i = C_N^i$ das modifizierte Henry-George-Theorem (8.32):

$$\sum_{i=1}^{Z} \left[\frac{U_{L_i}}{U_{X_i}} \bar{L}_i + N_i C_{N_i} \right] = \sum_{i=1}^{Z} C(G_i, N_i)$$

Wenn die aggregierten Landrenten zuzüglich der Pro-Kopf-Steuern in Höhe der Ballungskosten in allen Gebietskörperschaften die Gesamtkosten aller lokalen öffentlichen Güter finanzieren, dann wird die optimale Bevölkerung im ganzen Land erreicht. Kosten und Finanzierungsbeitrag eines zusätzlichen Einwohners sind hier ausgeglichen. Wenn folglich alle Gebietskörperschaften indirekt über diese Finanzierungsinstrumente in den Wettbewerb um die Einwohner treten, dann resultiert eine effiziente Verteilung der Population im gesamten Territorium.

Nun ist noch zu klären, ob die lokalen öffentlichen Güter effizient bereitgestellt werden. Für das repräsentative Individuum einer Gebietskörperschaft i ergeben sich aus der notwendigen (und bei streng konkavem Nutzen hinreichenden) Bedingung (8.35) und der Budgetbeschränkung (8.34) die optimale Konsumnachfrage $X_i(R_i, I_i - T_i, G_i)$ und Landnachfrage $L_i(R_i, I_i - T_i, G_i)$. Beide hängen von dem Pachtzins R_i, dem Nettoeinkommen $I_i - T_i$ und der verfügbaren Menge des lokalen öffentlichen Gutes G_i ab. Einsetzen der Nachfragen in die Nutzenfunktion ergibt die indirekte Nutzenfunktion, die den maximalen Nutzen des Individuums bei unterschiedlichen Werten von R_i, $I_i - T_i$ und G_i angibt:

$$V(R_i, I_i - T_i, G_i) = U(X_i(R_i, I_i - T_i, G_i), G_i, L_i(R_i, I_i - T_i, G_i)) \quad (8.38)$$

Eine benevolente Regierung könnte jetzt also die Menge des öffentlichen Gutes und die Steuer wählen, bei der das Maximum maximorum erreicht wird, also der höchste unter allen maximalen Nutzen, den das Individuum bei unterschiedlichen Parametern erhalten kann. Wie in ⟶ Kapitel 8.1.4 bereits festgestellt, sind aber der Nutzen und die Zahlungsbereitschaft der Individuen für das öffentliche Gut, U_{G_i}/U_{X_i} (hier ausgedrückt in Einheiten des privaten Gutes), nicht direkt beobachtbar. Diese Informationen benötigte die Regierung aber, um gemäß der Samuelson-Bedingung (8.30) die effiziente Menge des lokalen öffentlichen Gutes zu bestimmen. Die Frage ist also, ob es einen indirekten Weg gibt, der die Präferenzen offenbart.

Tiebout sah diese Möglichkeit in der Wanderung von mobilen Individuen in die Region mit der präferierten Kombination aus Gütern und Steuern. Im Folgenden wollen wir untersuchen, ob eine solche indirekte Offenbarung der Präferenzen durch die Wanderung von Individuen und den Erwerb von Land in einer Gebietskörperschaft möglich ist. Dazu betrachten wir ein Migrationsgleichgewicht, in dem ein Individuum keinen Anreiz mehr hat, seine Gebietskörperschaft zu wechseln, weil der Nutzen durch die Wanderung überall ausgeglichen ist. Wir nehmen dazu an, dass die Gebietskörperschaften so zahlreich und klein sind, dass die Politik einer einzelnen Regierung auf den Nutzen keinen Einfluss hat. In Analogie zur Preisnehmerschaft bei vollkommenem Wettbewerb könnte man hier davon sprechen, dass die Regierung Nutzennehmer ist. In einem solchen Migrationsgleichgewicht erhalten alle Individuen in den Gebietskörperschaften denselben Nutzen:

$$V(R_i, I_i - T_i, G_i) = \bar{V} \text{ für alle } i \quad (8.39)$$

Diese Gleichung zeigt, dass sich im Migrationsgleichgewicht der Pachtzins R_i ceteris paribus verändern muss, wenn die Bereitstellung des öffentlichen Gutes G_i erhöht oder vermindert wird. Um zu bestimmen, wie genau die Menge des lokalen öffentlichen Gutes in einer Region den Pachtpreis des Landes in dieser Region beeinflusst, wird in (8.39) R_i implizit nach G_i abgeleitet (siehe ⟶ Appendix 8.3):

$$\frac{dR_i}{dG_i} = -\frac{V_{G_i}}{V_{R_i}} = \frac{U_{G_i}}{L_i U_{X_i}} \quad (8.40)$$

Wenn in einer Gebietskörperschaft die Menge des lokalen öffentlichen Gutes marginal erhöht wird, dann gibt die Änderung der Landrente, nämlich $L_i \cdot (dR_i/dG_i)$, an, wie hoch die marginale

Zahlungsbereitschaft U_{G_i}/U_{X_i} eines Einwohners für das öffentliche Gut ist. Die Regierung i kann nun diesen impliziten Zusammenhang $R_i(G_i)$ im Migrationsgleichgewicht berücksichtigen, wenn sie ihr Budget festlegt:

$$R_i(G_i)N_iL_i + N_iC_{N_i} = C(G_i, N_i) \tag{8.41}$$

Bei konstanten Ballungskosten, die über die Pro-Kopf-Steuer internalisiert werden, würde eine Zunahme des öffentlichen Gutes marginale Kosten verursachen, die durch einen marginalen Anstieg des Pachtzinses finanziert werden, der zu höheren Einnahmen bei der Landrente führt:

$$\frac{dR_i}{dG_i}N_iL_i = C_{G_i} \tag{8.42}$$

Damit folgt aber in einem Migrationsgleichgewicht, dass die Menge des lokalen öffentlichen Gutes in allen Gebietskörperschaften effizient gewählt wird. Eine effiziente Versorgung ergibt sich im Migrationsgleichgewicht, da aus (8.40) und (8.42) die Samuelson-Bedingung (8.30) folgt:

$$N_i\frac{U_{G_i}}{U_{X_i}} = \frac{dR_i}{dG_i}N_iL_i = C_{G_i} \text{ für alle } i \tag{8.43}$$

Die Regierungen können aus der Steigerung der Landrente die marginale Zahlungsbereitschaft für das öffentliche Gut indirekt erschließen. Denn die verbesserte Versorgung mit öffentlichen Gütern führt zu einem Zuzug von Einwohnern, die bereit sind, dafür einen steigenden Preis für Land in Kauf zu nehmen. Anders formuliert, ist die Änderung der Landrente in einer Gebietskörperschaft, die zur Finanzierung der gestiegenen Menge des öffentlichen Gutes benötigt wird, ein Signal für alle Einwohner, deren marginale Zahlungsbereitschaft für das öffentliche Gut dieser Steigerung der Landrente entspricht, sich in dieser Gebietskörperschaft niederzulassen. Das ist der indirekte Preis, den die Einwohner für die verbesserte Güterversorgung zu zahlen bereit sind. Insofern versammeln sich alle Individuen mit der gleichen Zahlungsbereitschaft in der Gebietskörperschaft, deren Zunahme an Landrente bei erhöhter Versorgung mit dem öffentlichen Gut dieser Zahlungsbereitschaft entspricht.[133]

Diese Politik verändert nicht den Nutzen im Migrationsgleichgewicht. Eine Erhöhung der öffentlichen Güter stellt die Einwohner zwar besser. Da dann jedoch mit dem steigenden Wert des Landes auch höhere Landrenten zu zahlen sind, die den privaten Konsum senken, bleibt der Nutzen im Wanderungsgleichgewicht konstant. Das heißt der Wert der öffentlichen Güter kapitalisiert sich in den gestiegenen Landrenten. Eine lokale Regierung, die das lokale öffentliche Gut nach der Bedingung (8.43) effizient bereitstellen will, sollte Ausgaben für dieses Gut so wählen, dass der Kostenanstieg einer weiteren Einheit des Gutes dem kapitalisierten Landrentenanstieg entspricht, da letzteres die marginale Zahlungsbereitschaft für das Gut angibt.

Allgemein bedeutet das, wenn Veränderungen von Preisen für fixe Faktoren der Region, also Immobilienpreise, Pachtzinsen usw., beobachtet oder vorhergesagt werden können, die sich

133 Würde man die Verhaltensannahme machen, dass die Regierung einer Gebietskörperschaft die Nettolandrente $R_iN_iL_i - C(G_i, N_i)$ maximiert unter der Nebenbedingung $V(R_i, I_i - T_i, G_i) = \overline{V}$, dass sie den Nutzen der mobilen Einwohner als im Migrationsgleichgewicht gegeben hinnimmt, würde das gleiche Effizienzergebnis folgen aus den korrekten Verhaltensanreizen der Regierungen (siehe Wildasin, 1986, Kap. 4.3, und Wellisch, 2000b, Kap. 3).

aufgrund von Änderungen etwa der öffentlichen Infrastruktur ergeben, dann können daraus Informationen über die Zahlungsbereitschaft von Individuen bezüglich dieser öffentlichen Güter und Dienstleistungen gewonnen werden. Wenn das für einzelne Immobilien möglich wäre, könnte die marginale Zahlungsbereitschaft eines Individuums daraus abgeleitet werden. Da die Zahlungsbereitschaft für einzelne Haushalte nicht direkt beobachtbar ist, könnte sie aus der Änderung z. B. des Hauswertes, die sich im Gleichgewicht aus der Änderung einer veränderten lokalen Politik ergibt, erschlossen werden. Folglich würde dann die Mobilität und Wanderung von Individuen zu einer Offenbarung der Präferenzen für lokale öffentliche Güter im Sinne von Tiebout führen.

Eine lokale Regierung, die das gesamte Land besitzen und verpachten würde (oder die die gesamte Landrente als Steuer einnehmen würde), benötigte außer einer Pro-Kopf-Steuer zur Internalisierung von Überfüllungskosten keine weitere Finanzierungsquelle, um die optimale Menge lokaler öffentlicher Güter und Dienstleistungen bereitzustellen.

Auch wenn eine solche Wertänderung von Immobilien nicht auf individueller Ebene, sondern als aggregierte durchschnittliche Wertänderung von Immobilien aufgrund von Politikänderungen geschätzt werden könnte, würde diese Information nützlich sein, um die aggregierte Bereitstellung von lokalen öffentlichen Gütern auf ihre Effizienz hin zu testen. Die Aggregation von (8.43) ergibt:

$$\sum_{i=1}^{Z} N_i \frac{U_{G_i}}{U_{X_i}} = \sum_{i=1}^{Z} N_i L_i \frac{dR_i}{dG_i} = \sum_{i=1}^{Z} C_{G_i} \tag{8.44}$$

Diese Gleichung gibt auf der linken Seite die soziale marginale Zahlungsbereitschaft für das öffentliche Gut an. Effizienz wäre dann erreicht, wenn die Änderung des gesamten Landwertes einer Ökonomie aufgrund einer verbesserten Ausstattung mit lokalen öffentlichen Gütern der Erhöhung der Gesamtkosten dieser Güter entsprechen würde.[134]

Wir halten fest, dass die Hinzufügung von Land das Ergebnis der Clubtheorie ändert, wonach die Erhebung von Nutzergebühren, die den Ballungskosten entsprechen, zu einer optimalen Allokation der lokalen öffentlichen Güter führt. Wenn die Clubs jetzt nicht mehr als Zweckverbände ohne Nutzung von Land zu verstehen sind, sondern als Gebietskörperschaften mit Land (oder anderen fixen Faktoren), dann reichen Steuern in Höhe der Ballungskosten nicht mehr aus, um die Kosten der effizienten Menge lokaler öffentlicher Güter zu finanzieren. Das Henry-George-Theorem zeigt, dass eine Finanzierungslücke in Höhe der aggregierten Landrente bleibt. Das Wohlfahrtsoptimum kann dann durch lokale Regierungen dezentralisiert werden, die das Land besitzen und die Nettolandrente maximieren.

Bisher haben wir ein lokales öffentliches Gut betrachtet, das für die Bevölkerung eines Landes von Gebietskörperschaften einer Ebene bereitgestellt wird. Im nächsten Kapitel fragen wir, was sich ändert, wenn verschiedene lokale öffentliche Güter für die Bevölkerung eines Landes von

134 Die Ausgestaltung solcher empirischen Tests für die effiziente Bereitstellung lokaler öffentlicher Güter wird von Wildasin (1986, S. 69ff.) diskutiert. Oates (1969) hat die sogenannte Kapitalisierungshypothese, dass fiskalische Unterschiede (Ausgaben für lokale öffentliche Güter und Steuern) zwischen Gebietskörperschaften sich in Preisen für Grund und Häuser niederschlagen sollten, empirisch bestätigt gefunden für Stadtbezirke in New Jersey. Die in der Folge entstandene empirische Literatur, die die Kapitalisierungshypothese getestet hat, kommt zu gemischten Ergebnissen. Reback (2005) und Gravel et al. (2006) bestätigen mit ihren Studien die Hypothese. Kuminoff und Pope (2014) kommen für eine Verbesserung der Qualität von Schulen zu dem Ergebnis, dass die Kapitalisierung auf dem Häusermarkt die Zahlungsbereitschaft der Eltern für bessere Schulen unterschätzt. Für einen Überblick der Literatur siehe Hilber (2017).

Gebietskörperschaften auf übereinander liegenden Ebenen bereitgestellt werden. Wie sieht die Finanzierung durch die Bevölkerung aus, wenn die lokalen öffentlichen Güter je nach Reichweite des Nutzerkreises bis auf die unterste Ebene dezentralisiert werden? Führt der Wettbewerb der lokalen Regierungen auch bei überlappenden Gebietskörperschaften zu einer effizienten Allokation?

8.2.3 Überlappende Bereitstellung lokaler öffentlicher Güter

Breton (1965), Olson (1969) und Oates (1972) haben argumentiert, dass jedes lokale öffentliche Gut je nach seinem geographischen Wirkungskreis von einer eigenen lokalen Gebietskörperschaft bereitgestellt werden sollte.[135] Wenn es dabei zu Überlappungen der Wirkungskreise lokaler öffentlicher Güter auf einen Teil der Bevölkerung komme, dann solle das öffentliche Gut mit Nutzen für die Obermenge einer Bevölkerungsgruppe von einer übergeordneten Gebietskörperschaft übernommen werden, während das lokale öffentliche Gut mit einem Nutzen jeweils nur für Teilmengen dieser Bevölkerungsgruppe von untergeordneten Gebietskörperschaften bereitgestellt werden soll.[136]

Hochman, Pines und Thisse (1995) haben untersucht, inwieweit die effiziente Versorgung mit lokalen Gütern von einer räumlichen Entfernung dieser Bereitstellung und den damit einhergehenden Transportkosten abhängt. Sie zeigen, dass in solchen Ökonomien mit Land das Korrespondenzprinzip nach Oates (1972), nach dem es eine Ebene von Regierungen für jeden Typ von lokalen öffentlichen Gütern geben sollte, keine effiziente Bereitstellung garantiert. Stattdessen ist eine Dezentralisierung nur bis zur Ebene einer Metropole effizient, die dadurch charakterisiert ist, dass die Regierung der Metropole alle Typen von lokalen öffentlichen Gütern bereitstellt, die im Territorium der Metropole Nutzen stiften.

Hochman, Pines und Thisse gehen bei mehreren Typen lokaler öffentlicher Güter, die sich in ihrem Nutzerkreis geographisch überlappen, davon aus, dass die Landrente zur Finanzierung der Güter geteilt werden müsste zwischen allen Regierungen, die sozusagen übereinander für eine Schnittmenge der gleichen Personen auf einem Stück Land unterschiedliche lokale Güter anbieten. Obwohl eine Finanzierbarkeit aller lokalen öffentlichen Güter erreichbar ist, also das Gesamtbudget eingehalten wird (Henry-George-Regel), werden dadurch die Anreize dezentraler lokaler Regierungen zur Bereitstellung ihrer Güter verzerrt, so dass keine effiziente Versorgung entsprechend der Samuelson-Bedingung möglich ist. Nur eine zentrale Metropolregion, die alle lokalen öffentlichen Güter anbietet, auch die, die nur für einen lokalen Teilbereich der Metropolregion Nutzen stiften, kann eine effiziente Versorgung gewährleisten. Eine weitere Dezentralisierung würde aus dem oben genannten Grund zu einer ineffizienten Versorgung mit den lokalen Gütern führen.

Um dieses Resultat zu zeigen, folgen wir hier der Darstellung von Wellisch (2000b, Kap. 5.3), der in seiner Modellversion von stetig mit der Entfernung steigenden Transportkosten abstrahiert. Stattdessen nimmt er an, dass jeder nur an seinem Wohnort ohne Transportkosten das lokale öffentliche Gut konsumieren kann und der Konsum im Nachbarort prohibitiv hohe Transportkosten verursacht. Jeder konsumiert deshalb nur das lokale öffentliche Gut vor Ort.

135 Vgl. das Korrespondenzprinzip bzw. die fiskalische Äquivalenz in Kapitel 7.1.

136 Über- und Unterordnung meint hier nur die Größe der Bevölkerung, für die die Versorgung mit öffentlichen Gütern wahrgenommen wird. Übergeordnete Gebietskörperschaften umfassen einen großen Kreis von Bürgern, während untergeordnete Gebietskörperschaften nur Teile dieses Kreises von Bürgern versorgen. Nicht gemeint ist mit dieser Unterscheidung eine Unterordnung im autonomen Sinn.

Auch in dieser Modellversion verursacht das fixe Angebot von Land oder anderen immobilen Faktoren in der Metropolregion Kosten, wenn ein neuer Bürger einwandert. Dieser übernimmt nämlich einen Teil des Landes, das unter allen Einwohnern aufgeteilt wird. Dadurch sinkt die durchschnittliche Landrente mit steigender Bevölkerung. Diese Kosten eines neuen Einwohners kommen zu den Ballungskosten, die er beim Konsum der lokalen öffentlichen Güter verursacht, hinzu. Sie müssen gegen den Beitrag, den der neue Einwohner leistet, indem die Durchschnittskosten der Bereitstellung aller lokalen öffentlichen Güter sinken, abgewogen werden. Die optimale Einwohnerzahl liegt dann dort, wo die Summe der Kosten – marginale Ballungskosten plus sinkende Landrente pro Kopf – dem Ertrag sinkender Durchschnittskosten entspricht.

Wie Hochman et al. (1995) geht auch Wellisch (2000b) davon aus, dass die Regierungen die aggregierte Nettolandrente maximieren, also die Landrente nach Abzug der Steuer, die die Landbesitzer in der Gebietskörperschaft zahlen müssen[137]. Begründet wird diese Verhaltensannahme lokaler Regierungen mit der Bedeutung, die die Bereitstellung lokaler öffentlicher Güter für den Wert von Immobilienbesitz hat. Deshalb, so Wellisch, haben Landbesitzer ein großes Interesse daran, den politischen Prozess zu beeinflussen, was wiederum dazu führt, dass die Politiker sich ihre Ziele zu eigen machen. Außerdem könne eine Regierung, wenn die Gebietskörperschaft klein genug ist, so dass sie keine Marktmacht im Wettbewerb um Einwohner besitzt, auf den Nutzen der mobilen Einwohner sowieso keinen Einfluss nehmen. Dieser ergibt sich im Wanderungsgleichgewicht und ist für die einzelne Regierung exogen. Hochman et al. (1995, S. 1232) orientieren sich hierbei auch an der Entstehungsgeschichte amerikanischer Großstädte, die durch große Landentwicklungsunternehmen geschaffen wurden und oft mehrere Arten von lokalen öffentlichen Gütern bereitgestellt haben.

Wir werden im Folgenden von dieser Verhaltensannahme der Regierungen absehen und uns nur fragen, ob eine bestimmte Form der Finanzierung dazu geeignet ist, die Bevölkerung optimal auf das Land zu verteilen und die richtigen Anreize für eine effiziente Bereitstellung der lokalen öffentlichen Güter zu setzen.[138] Zur Frage, ob Regierungen als Landrentenmaximierer diese Finanzierungsinstrumente auch wählen, seien die Leser auf Wellisch (2000b, Kapitel 5.3) verwiesen. Im Folgenden soll untersucht werden, bis zu welcher Ebene eine Dezentralisierung von Verantwortlichkeit für lokale öffentliche Güter mit überlappendem Wirkungskreis auf die Bevölkerung optimal ist.

Das Land $\bar{L}$ einer Region sei wieder aufgeteilt in Z Landstreifen:

$$\bar{L}_1 = [0, \bar{L}_1], \bar{L}_2 =]\bar{L}_1, \bar{L}_2], \ldots, \bar{L}_Z =]\bar{L}_{Z-1}, \bar{L}]$$

Jeder Landstreifen $\bar{L}_i$, $i = 1, \ldots, Z$, ist so groß, dass ein bestimmtes lokales öffentliches Gut Auswirkungen auf einen Nutzerkreis hat, der genau in diesem Landstreifen lebt, z. B. Brandschutz durch eine Feuerwehr oder Schulen. Spillover-Effekte dieses lokalen öffentlichen Gutes, das mit G_i^1 bezeichnet wird, von einem Landstreifen zu einem anderen werden ausgeschlossen. Außerdem gebe es ein zweites regionales öffentliches Gut G^2, das Auswirkungen auf das gesamte Land $\bar{L}$ besitzt, z. B. Kriminalitätsbekämpfung durch Polizei oder ein Universitätsklinikum. Für die Gesamtbevölkerung der Region ist das öffentliche Gut G^2 relevant, während das lokale öffentliche

137 Vergleiche auch Sonstelie und Portney (1978), Brueckner (1983) und Wellisch (2000a, S. 184ff.).

138 Es kann dann durchaus sein, wie wir sehen werden, dass eine Regierung, würde sie sich als Landrentenmaximierer verhalten, nicht die optimale Finanzierung wählen würde. Uns geht es aber eher darum, ob es eine solche optimale Finanzierung überhaupt gibt.

Gut G_i^1 immer nur von einem bestimmten Teil der Bevölkerung genutzt wird. → Abbildung 8.6 illustriert die Überlappung dieser Nutzerkreise:

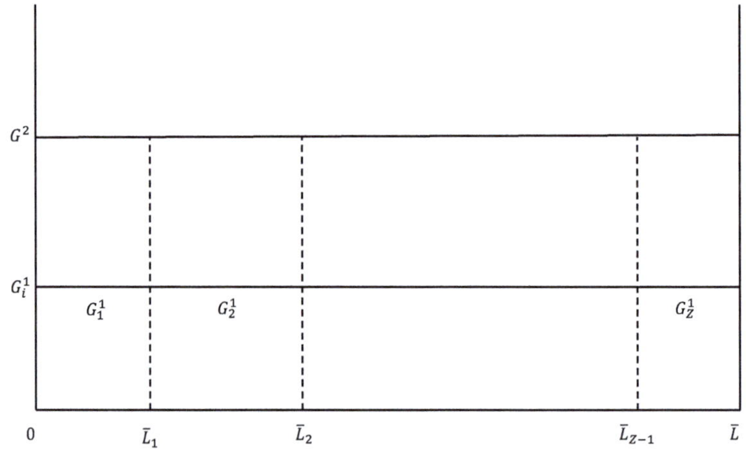

Abbildung 8.6: Landstreifen mit lokalen öffentlichen Gütern G_i^1, $i = 1, \ldots, Z$, und einem regionalen öffentlichen Gut G^2

Die Kosten für die lokalen öffentlichen Güter sind durch $C(G_i^1, N_i)$ für $i = 1, \ldots, Z$ und $C(G^2, N)$ gegeben. Das repräsentative Individuum eines Landstreifens i zieht seinen Nutzen aus dem privaten Konsum X_i, den beiden lokalen öffentlichen Gütern G_i^1 und G^2 und dem Landbesitz L_i: $U = U(X_i, G_i^1, G^2, L_i)$

Im Vergleich zu den Nebenbedingungen (8.26) und (8.27) im Modell mit nur einem lokalen öffentlichen Gut in Abschnitt 8.2.1 lauten die Bedingung für das Migrationsgleichgewicht nun:

$$U(X_i, G_i^1, G^2, L_i) = \bar{U} \text{ für } i = 1, \ldots, k, \ldots, Z \tag{8.45}$$

und die Ressourcenbeschränkung:

$$\sum_{i=1}^{Z} N_i I_i = \sum_{i=1}^{Z} \left[N_i X_i + C(G_i^1, N_i)\right] + C(G^2, N) \tag{8.46}$$

während die Bevölkerungsrestriktion (8.28) und die Landrestriktion (8.29) unverändert gelten.

Das Wohlfahrtsoptimum

Der soziale Planer maximiert wie in Abschnitt 8.2.1 den Nutzen eines repräsentativen Individuums der Gebietskörperschaft i unter den Nebenbedingungen (8.28), (8.29), (8.45) und (8.46). Die modifizierten Bedingungen erster Ordnung für ein Wohlfahrtsoptimum (siehe die Herleitung in → Appendix 8.3) sind erstens die Samuelson-Bedingung zur Bestimmung der effizienten Mengen für die lokalen öffentlichen Güter G_i^1, $i = 1, \ldots, Z$:

$$N_i \frac{U_{G_i^1}}{U_{X_i}} = C_{G_i^1}, i = 1, \ldots, Z, \tag{8.47}$$

zweitens die Samuelson-Bedingung für die effiziente Menge von G^2:

$$\sum_{i=1}^{Z} N_i \frac{U_{G^2}}{U_{X_i}} = C_{G^2}, \tag{8.48}$$

drittens die Bedingung für N_i, d. h. die optimale Verteilung der Bevölkerung auf alle Landstreifen:

$$X_i + C_{N_i} + C_N + L_i \frac{U_{L_i}}{U_{X_i}} = I_i, i = 1, \ldots, Z, \tag{8.49}$$

und viertens die Bedingung für die optimale Größe der Gesamtbevölkerung N, das modifizierte Henry-George-Theorem:

$$\sum_{i=1}^{Z} \left[\bar{L}_i \frac{U_{L_i}}{U_{X_i}} + N_i C_{N_i} \right] + N C_N = C\left(G^2, N\right) + \sum_{i=1}^{Z} C\left(G_i^1, N_i\right) \tag{8.50}$$

Die Interpretation dieser Optimalitätsbedingungen entspricht der für die Bedingungen (8.30)–(8.32) aus Abschnitt 8.2.1.

Nun muss überprüft werden, ob der dezentrale Wettbewerb regionaler Regierungen zu einem Gleichgewicht führt, das diese Wohlfahrtsbedingungen erfüllt. Dabei gehen wir zunächst von einer Metropolregion aus, die nicht nur alle öffentlichen Güter für die gesamte Region, sondern auch für lokale Teilgebiete der Region bereitstellt. Die Regierungen solcher Metropolregionen verwenden die gesamten zur Verfügung stehenden Steuern zur Finanzierung der regionalen und lokalen öffentlichen Güter, insbesondere die gesamte Landrentensteuer. Im Vergleich dazu werden wir im Anschluss eine weitergehende Dezentralisierung auf lokale Regierungen betrachten, von denen jede das lokale öffentliche Gut bereitstellt, während die übergeordnete Regionalregierung nur öffentliche Güter für die gesamte Region anbietet. Da die Bevölkerung hier überlappend von zwei Regierungsebenen versorgt wird und sowohl die lokalen Güter als auch die regionalen Güter finanzieren muss, wird das Aufkommen aus der Landrentensteuer zwischen regionaler Regierung und den lokalen Regierungen aufgeteilt.

Dezentraler Wettbewerb unter Metropolregierungen

Die Regierung einer Metropole wird so definiert, dass sie sämtliche öffentlichen Güter in ihrer Region bereitstellt, auch diejenigen Güter, die nur für einen Teil der Bevölkerung im Land Nutzen stiften. In unserem Modell sind das Regierungen, die sowohl das Gut G^2 in ihrem Land $\bar{L}$ für die Bevölkerung N als auch das lokale öffentliche Gut G_i^1 in den Landstreifen $\bar{L}_i$ für die Teilmengen der Bevölkerung N_i zur Verfügung stellt.

Wie in Abschnitt 8.2.2. wird ein Individuum mit Nutzen $U\left(X_i, G_i^1, G^2, L_i\right)$ und Einkommen I_i seine nutzenmaximale Landnachfrage bei gegebenem Pachtzins R_i so bestimmen, dass

$U_{L_i}/U_{X_i} = R_i$ für alle i gilt. Für die Budgetbeschränkung des Individuums gilt dann wieder $X_i + \left(U_{L_i}/U_{X_i}\right) \bullet L_i = I_i - T_i$.

Angenommen, die Metropolregierung finanziert nun alle öffentlichen Güter auf den unterschiedlichen Ebenen durch die Einnahmen aus dem Pachtzins für das Land und einer Pro-Kopf-Steuer T_i für alle Einwohner N_i, die der Summe der Ballungskosten der lokalen und regionalen öffentlichen Güter entspricht:

$$T_i = C_N^i + C_N \tag{8.51}$$

Mit dieser Pro-Kopf-Steuer folgt aus der Budgetbeschränkung des Individuums die Optimalitätsbedingung (8.49). Stehen der Metropolregierung diese Finanzierungsinstrumente zur Verfügung, dann kann sie damit Anreize für die optimale Verteilung der Individuen auf die Landstreifen setzen.

Die Budgetbeschränkung der Regierung lautet:

$$\sum_i \left[R_i N_i L_i + N_i T_i\right] = C\left(G^2, N\right) + \sum_i C\left(G_i^1, N_i\right) \tag{8.52}$$

Mit $U_{L_i}/U_{X_i} = R_i$, (8.29) und (8.51) folgt daraus

$$\sum_i \left[\frac{U_{L_i}}{U_{X_i}}\bar{L}_i + N_i\left(C_{N_i} + C_N\right)\right] = C\left(G^2, N\right) + \sum_i C\left(G_i^1, N_i\right) \tag{8.53}$$

und mit der Bevölkerungsrestriktion (8.28) das Henry-George-Theorem (8.50) für die optimale Bevölkerungsgröße N.

Schließlich berücksichtigt die Regierung, dass im Wanderungsgleichgewicht der Nutzen für alle Individuen in den Landstreifen gleich groß ist

$$V\left(R_i, I_i - T_i, G_i^1, G^2\right) = \bar{V} \tag{8.54}$$

woraus sich eine Abhängigkeit des Pachtzinses nicht nur von G_i^1 sondern auch von G^2 ergibt. Aus dem Migrationsgleichgewicht lässt sich analog zu (8.40) die marginale Änderung des Pachtzinses für beide Arten der öffentlichen Güter ableiten:

$$\frac{dR_i}{dG_i^1} = \frac{U_{G_i^1}}{L_i U_{X_i}} \text{ und } \frac{dR_i}{dG^2} = \frac{U_{G^2}}{L_i U_{X_i}} \tag{8.55}$$

Berücksichtigt man die Abhängigkeit $R_i\left(G_i^1, G^2\right)$ in der Budgetbeschränkung der Regierung (8.52) und leitet diese nach G^2 ab, dann ergibt sich, um wieviel die Einnahmen aus dem Pachtzins bei gegebener Pro-Kopf-Steuer steigen müssen, um ein erhöhtes Angebot des regionalen öffentlichen Gutes G^2 zu finanzieren:

$$\sum_i \frac{dR_i}{dG^2} N_i L_i = C_{G^2} \tag{8.56}$$

In Verbindung mit (8.55) folgt daraus die effiziente Bereitstellung von G^2 gemäß der Samuelson-Bedingung (8.48). Die Effizienzbedingung (8.47) für G_i^1 folgt aus derselben Herleitung wie bei Gleichung (8.43) in Abschnitt 8.2.2.

Damit ist gezeigt, dass eine Metropolregierung, die die öffentlichen Güter sowohl auf regionaler als auch auf lokaler Ebene bereitstellt, eine effiziente Versorgung herbeiführen kann und Anreize für eine optimale Verteilung der Bevölkerung setzt. Dazu muss sie eine Pro-Kopf-Steuer in Höhe der gesamten Ballungskosten für alle öffentlichen Güter in ihrem Verantwortungsbereich erheben und zusätzlich die gesamte Landrente zur Finanzierung aller Güter verwenden.

Nun kann man sich die Frage stellen, ob eine weitere Dezentralisierung zu dem gleichen Effizienzergebnis führt. Kann man alle öffentlichen Güter, die nur für Teilmengen der Bevölkerung relevant sind, von Regierungen kleinerer Gebietskörperschaften ebenfalls effizient bereitstellen lassen? Wenn also gemäß dem Korrespondenzprinzip eine Regionalregierung nur die öffentlichen Güter, die für alle in der größeren Region von Nutzen sind, und lokale Regierungen die öffentlichen Güter, die nur lokal von Nutzen sind, bereitstellen, führt dies dann zu einem effizienten Ergebnis, wenn alle Regierungen Kopfsteuern und die Landrente zur Finanzierung verwenden?

Dezentraler Wettbewerb unter kleinen lokalen Regierungen

Kleine lokale Regierungen können nur öffentliche Güter in ihrem lokalen Verantwortungsbereich bereitstellen. Öffentliche Güter, die in ihrem Nutzen darüber hinausgehen, müssen dann von zentraleren Regierungsebenen bereitgestellt werden. Das bedeutet, dass dieselben Personen an einem Ort Konsumenten und Nutzer unterschiedlicher Arten von öffentlichen Gütern mit verschiedener Reichweite sind, die von Regierungen auf mehreren Ebenen angeboten werden. Im Folgenden wird gemäß dem Korrespondenzprinzip angenommen, dass die große regionale Regierung nur solche öffentlichen Güter bereitstellt, die in ihrem gesamten Einzugsbereich von allen genutzt werden können (G^2), während die kleineren lokalen Regierungen nur für die öffentlichen Güter zuständig sind, die in ihrem Landstreifen genutzt werden (G_i^1).

Die Landrente, die in einem Territorium $\bar{L}_i$ anfällt, muss also jeweils zwischen der großen regionalen Regierung und den lokalen Regierungen i aufgeteilt werden. Findet diese Aufteilung nach den Anteilen α_i (für die Lokalregierung i) und $1 - \alpha_i$ (für die Regionalregierung) statt, dann ergeben sich folgende Budgetbeschränkungen für die Lokalregierungen:

$$\alpha_i R_i N_i L_i + N_i T_i = C\left(G_i^1, N_i\right) \text{ für alle } i \tag{8.57}$$

und für die Regionalregierung:

$$\sum_{i=1}^{Z} \left[(1 - \alpha_i) R_i N_i L_i\right] + NT = C\left(G^2, N\right) \tag{8.58}$$

wobei T_i die Kopfsteuer einer lokalen Regierung für ihre Einwohner N_i und T eine Kopfsteuer der Regionalregierung für alle Einwohner N darstellt. Im Migrationsgleichgewicht (8.54) gilt wieder für beide Arten lokaler öffentlicher Güter:

$$L_i \frac{dR_i}{dG_i^1} = \frac{U_{G_i^1}}{U_{X_i}} \text{ und } L_i \frac{dR_i}{dG^2} = \frac{U_{G^2}}{U_{X_i}} \tag{8.59}$$

Wir zeigen jetzt folgendes Ergebnis: Selbst wenn beide Regierungsebenen Pro-Kopf-Steuern erheben, die die jeweiligen Überfüllungskosten internalisieren, also die regionale Regierung eine Pauschalsteuer $T = C_N^2$ und die lokalen Regierungen $T_i = C_{N_i}^1$,[139] dann führt die Finanzierung über die Landrenten(-steuer) nicht zu einer effizienten Versorgung mit den lokalen öffentlichen Gütern.

Berücksichtigt man die Abhängigkeit $R_i(G_i^1, G^2)$ aus (8.59) in den Budgetbeschränkungen (8.57) und (8.58) und leitet diese nach G_i^1 bzw. G^2 ab, dann sieht man, dass eine Erhöhung der Menge des lokalen öffentlichen Gutes bei gegebener Kopf-Steuer bei den Lokalregierungen bzw. der übergeordneten Regionalregierung zu folgendem höheren Finanzierungsbedarf an Landrente führt:

$$\alpha_i \frac{dR_i}{dG_i^1} N_i L_i = C_{G_i^1} \text{ für alle } i \tag{8.60}$$

$$\sum_{i=1}^{Z} \left[(1-\alpha_i) \frac{dR_i}{dG^2} N_i L_i \right] = C_{G^2} \tag{8.61}$$

Aus (8.60) ergibt sich im Zusammenhang mit (8.59), dass die Bereitstellung des lokalen öffentlichen Gutes G_i^1 gemäß der Bedingung:

$$\alpha_i N_i \frac{U_{G_i^1}}{U_{X_i}} = C_{G_i^1} \text{ für alle } i \tag{8.62}$$

erfolgt und damit nicht effizient ist entsprechend der Samuelson-Bedingung (8.47). Das regionale öffentliche Gut G^2 erfüllt die Bedingung

$$\sum_{i=1}^{Z} \left[(1-\alpha_i) N_i \frac{U_{G^2}}{U_{X_i}} \right] = C_{G^2} \tag{8.63}$$

und ist damit ebenfalls nicht effizient nach der Samuelson-Bedingung (8.48). Von beiden Gütern wird eine Menge bereitgestellt, die kleiner ist als die effiziente Menge, da die aggregierte Zahlungsbereitschaft auf regionaler und lokaler Ebene durch die Teilung der Landrentensteuer, in der sich diese Zahlungsbereitschaft ausdrückt, kleiner geworden ist.

Wenn öffentliche Güter in überlappenden Gebietskörperschaften angeboten werden, so dass die Landrente zur Finanzierung zwischen den Regierungen geteilt werden muss, dann führt eine weitgehende Dezentralisierung bis zur kleinsten Ebene zu einer ineffizienten Versorgung. Das bedeutet, dass eine Aufteilung der Landrente bei überlappenden Territorien, in denen unterschiedliche öffentliche Güter Nutzen stiften, nicht die richtigen Anreize für die Gebietskörperschaften setzt, die effizienten Mengen bereitzustellen. Durch die komplette Steigerung der

139 Wellisch (2000b, Kap. 5.3.4) zeigt, dass die lokalen Regierungen unter der Verhaltensannahme als Landrentenmaximierer Pauschalsteuern setzen werden, die kleiner als die Ballungskosten der lokalen öffentlichen Güter sind.

Landrente wird einer Gebietskörperschaft angezeigt, wieviel eine Zunahme der öffentlichen Güter wert ist. Denn diese Steigerung der Landrente offenbart im Migrationsgleichgewicht die Zahlungsbereitschaften der Bevölkerung für die öffentlichen Güter (siehe Gleichung (8.59)). Wenn nun eine Gebietskörperschaft nur einen Teil dieser gestiegenen Landrente wahrnimmt, weil nur dieser Teil in ihrem Budget sichtbar wird, dann wird sie die Zahlungsbereitschaft der Einwohner unterschätzen und weniger bereitstellen, als effizient wäre. Dies gilt für Gebietskörperschaften auf allen Ebenen, die sich die Landrente teilen.

Das Korrespondenzprinzip von Oates (1972) bzw. das Prinzip der fiskalischen Äquivalenz von Olson (1969) schreibt vor, dass für alle lokalen öffentlichen Güter mit unterschiedlichen Wirkungskreisen verschiedene Ebenen von Gebietskörperschaften zuständig sein sollen. Bei überlappenden Wirkungskreisen müssten also verschiedene Regierungen die öffentlichen Güter bereitstellen. Dabei sollten die Territorien der Gebietskörperschaften einerseits klein genug sein, um besser auf die Präferenzen der Bürger eingehen zu können, andererseits sollten sie groß genug sein, um Spillover-Effekte auf andere Territorien zu vermeiden oder steigende Skalenerträge auszunutzen. Die Analyse lokaler öffentlicher Güter in Ökonomien mit Land kommt zu dem Ergebnis, dass eine Aufteilung der Aufgaben nach diesen Prinzipien nicht effizient ist.

Wie Wellisch (2000b) zeigt, wurde ein wichtiger Aspekt bei der Bereitstellung von Gütern in überlappenden Gebietskörperschaften übersehen. Die Regierungen in den Gebietskörperschaften müssen mit ihren Finanzierungsinstrumenten auch die richtigen Anreize erhalten, um die Güter effizient bereitzustellen. Die Einnahmen aus der Landrente (oder eine vollständigen Besteuerung der Landrente) setzen nur dann den richtigen Anreiz für eine Regierung, wenn sie diese vollständig für sich verwenden kann. Wird diese Landrentensteuer mit Gebietskörperschaften anderer Ebenen geteilt, dann ist der Anreiz zur effizienten Versorgung mit den lokalen öffentlichen Gütern zu gering. Nur eine so große Gebietskörperschaft, die die unterschiedlichen Wirkungskreise aller Nutzen stiftenden lokalen öffentlichen Güter in ihrem Territorium umfasst und all diese Güter bereitstellt, hat die richtigen Anreize zur effizienten Versorgung. Denn nur so geht die gesamte Landrente vollständig dieser einen Regierung zu, die diese lokalen Güter finanziert.

Die Frage ist nun, wie groß soll eine regionale Gebietskörperschaft sein, die alle öffentlichen Güter bereitstellt, so dass diese effizient mit der Landrente finanziert werden können. Und wie klein soll diese regionale Gebietskörperschaft sein, so dass sie sich immer noch in vollkommenem Wettbewerb um die Einwohner befindet, also den Nutzen im Migrationsgleichgewicht nicht manipulieren kann, sondern als gegeben hinnimmt? Auf diese Fragen des optimalen Dezentralisierungsgrades von staatlichen Aufgaben gehen wir im nächsten Teil III ein.

▸ Exkurs 6 | John Stuart Mill und die Metropolregierung

Der britische Philosoph und Ökonom John Stuart Mill (1806–1873) hat in seinem Werk „Betrachtungen über die Repräsentativregierung" von 1861 besonderen Wert darauf gelegt, dass eine wichtige Funktion einer guten Regierungsform in der politischen Erziehung der Bürger besteht. Bei dieser Funktion spielen die kommunalen Verwaltungsinstitutionen eine besondere Rolle. Da die meisten Bürger üblicherweise zwischen zwei Parlamentswahlen außer durch die *„Lektüre von Zeitungen, vielleicht gelegentlich ein Leserbrief, öffentliche Versammlungen und an die Behörden gerichtete Ersuchen"* kaum an der allgemeinen Politik teilnehmen, üben sie sich *„im Denken ohne die Verantwortung dessen, der handelt, was bei den meisten Leuten auf wenig mehr als auf die passive Aufnahme der Gedanken eines anderen hinausläuft. Gibt es jedoch kommunale Körperschaften, so besitzen viele Bürger, neben der*

Aufgabe zu wählen, die Chance, ihrerseits gewählt zu werden, und viele bekleiden [...] das eine oder andere der zahlreichen kommunalen Ämter. In diesen Positionen haben sie als Vertreter öffentlicher Interessen zu handeln, zu denken und zu sprechen und können das Denken nicht ganz durch Vertreter besorgen lassen." (S. 230)
Die Größe solcher kommunaler Körperschaften hängt von der Gemeinsamkeit der lokalen Interessen ab:

> *„Der eigentliche Sinn einer Kommunalvertretung besteht ja gerade darin, dass die, die ein gemeinsames Interesse haben, welches von der Allgemeinheit ihrer Mitbürger nicht geteilt wird, dieses gemeinsame Interesse selbst wahrnehmen können; diesem Zweck widerspricht es, wenn die Einteilung der Kommunalvertretungen einen anderen Gesichtspunkt berücksichtigt als die Einteilung nach solchen gemeinschaftlichen Interessen."* (S. 232)

Nun bedeutet das aber für Mill nicht, dass für jede Gruppe von Bürgern, die ein gemeinsames, lokal begrenztes Interesse haben, eine eigene Kommune mit Regierung und Verwaltung eingerichtet werden sollte.

> *„Die verschiedenen Bezirke einer Stadt haben selten oder nie wesentlich verschiedene kommunale Interessen; in allen Stadtteilen gibt es die gleichen Dinge zu tun, die gleichen* Ausgaben *zu bestreiten. [...] Straßenbau, Beleuchtung, Wasserversorgung, Kanalisation, Hafen- und Marktordnung können in den verschiedenen Teilen derselben Stadt nur um den Preis großer Verschwendung und Unbequemlichkeit verschieden sein. Die Einteilung Londons in sechs oder sieben unabhängige Distrikte, von denen jeder seine eigenen Einrichtungen zur Bewältigung lokaler Aufgaben besitzt und von denen einige nicht einmal selber eine einheitliche Verwaltung besitzen, macht eine kontinuierliche, wohlgeordnete Zusammenarbeit an gemeinsamen Projekten unmöglich, schließt jedes einheitliche Prinzip für die Durchführung kommunaler Aufgaben aus, (und) zwingt die Regierung, Dinge zu übernehmen, die weit besser den Kommunalbehörden überlassen blieben – vorausgesetzt, es gäbe solche, deren Befugnis sich auf die gesamte Metropole erstreckten."* (S. 233)

Auch richtig verstandene Arbeitsteilung führt nach Mill nicht dazu, dass jedes lokale Eigeninteresse eine eigene Vertretung haben sollte.

> *„Ein anderes, ebenso wichtiges Prinzip ist, dass es in jeder Gemeinde nur eine gewählte* Körperschaft *für sämtliche kommunale Aufgaben geben sollte, nicht etwa verschiedene Körperschaften für verschiedene Teilbereiche. Arbeitsteilung bedeutet nicht, dass jede Aufgabe in winzige Teile zerlegt wird; sie bedeutet vielmehr die Zusammenfassung solcher Arbeiten, die von denselben Personen verrichtet werden können, und die Aufteilung derjenigen, die besser von verschiedenen Personen ausgeführt werden."* (S. 233)

Dabei unterscheidet Mill zwischen den ausführenden Behörden und der gewählten Körperschaft.

> *„Die Exekutivfunktionen der Kommunalverwaltung verlangen in der Tat [...] eine Aufteilung in Abteilungen, da sie sehr verschiedenartig sind und jeder Teilbereich besondere Kenntnisse und zu seiner sachgerechten Durchführung die ungeteilte Aufmerksamkeit eines speziell dafür qualifizierten Beamten* verlangt. *Jedoch sind die Gründe, die für die Aufteilung der ausübenden Gewalt gelten, nicht auf die kontrollierende Gewalt übertragbar. Aufgabe der gewählten Körperschaft ist es nicht, die Arbeit selbst zu tun, sondern darüber zu wachen, dass sie richtig ausgeführt wird und nichts Notwendiges ungetan bleibt. Diese Funktion kann für alle Abteilungen vom selben Kontrollorgan erfüllt werden, wobei es weit besser*

ist, wenn dieses über einen umfassenden Gesamtüberblick als über eine minutiöse und mikroskopische Sichtweise verfügt." (S. 234)

Mill denkt auch daran, wie gut ausgebildete, kompetente Persönlichkeiten für die Kommunalpolitik gewonnen werden können. Dafür muss die Attraktivität kommunaler Arbeit gesteigert werden. Und das kann nur gelingen, wenn der Verantwortungsbereich hinreichend groß und vielfältig ist.

„Nun ist es aber völlig aussichtslos, sozial oder intellektuell hochstehende Persönlichkeiten bewegen zu wollen, sich in irgendeinem abseits gelegenen bloßen Teilbereich der Kommunalverwaltung etwa als Mitglied einer Kommission für Straßenbau oder Kanalisation, zu betätigen. Erst der gesamte Bereich der kommunalen Aufgaben einer Stadt bildet ein gerade ausreichendes Objekt, um Männer, die sich durch ihre Neigung zur überregionalen Politik hingezogen fühlen und aufgrund ihrer Kenntnisse für sie qualifiziert sind, zu veranlassen, Mitglieder einer nur kommunalen Körperschaft zu werden."(S. 235)

Die Argumente John Stuart Mills für eine kommunale Politik auf Ebene von Metropolregierungen, die nicht zu kleinteilig auf untere Ebenen dezentralisiert werden sollte, lassen sich wie folgt zusammenfassen:

„Bei diesen großen Distrikten muss also der Grundsatz, dass die gewählte Körperschaft irgendeines Ortes Machtbefugnisse in sämtlichen gemeinsamen lokalen Belangen haben müsse, eine Modifikation [...] erfahren, dass es wichtig ist, für die Durchführung kommunaler Aufgaben die am höchsten qualifizierten Kräfte zu gewinnen." (S. 236)

▸ Appendix 8.2 | Wohlfahrtsoptimum in einer Ökonomie mit Land

Der Lagrange-Ansatz lautet:

(A.8.12)

$$\underset{X_i, G_i, L_i, N_i, N}{\text{Maximiere}}\ \mathcal{L} = U(X_k, G_k, L_k) - \sum_i \lambda_i[U(X_i, G_i, L_i) - U] - \mu\left[\sum_i [N_i X_i - N_i I_i + C(G_i, N_i)]\right] - \nu\left[\sum_i N_i - N\right] - \sum_i \gamma_i[N_i L_i - \bar{L}_i]$$

Bedingungen erster Ordnung für ein Nutzenmaximum:

$$(1 - \lambda_k)U_{X_k} - \mu N_k = 0 \text{ für } i = k \quad \text{(A.8.13)}$$

$$-\lambda_i U_{X_i} - \mu N_i = 0 \text{ für } i = 1, \ldots, Z, i \neq k \quad \text{(A.8.14)}$$

$$(1 - \lambda_k)U_{G_k} - \mu C_{G_k} = 0 \text{ für } i = k \quad \text{(A.8.15)}$$

$$-\lambda_i U_{G_i} - \mu C_{G_i} = 0 \text{ für } i = 1, \ldots, Z, i \neq k \quad \text{(A.8.16)}$$

$$(1 - \lambda_k)U_{L_k} - \gamma_k N_k = 0 \text{ für } i = k \quad \text{(A.8.17)}$$

$$-\lambda_i U_{L_i} - \gamma_i N_i = 0 \text{ für } i = 1, \ldots, Z, i \neq k \tag{A.8.18}$$

$$-\mu\left[X_i - I_i + C_{N_i}\right] - \nu - \gamma_i L_i = 0 \text{ für } i = 1, \ldots, Z \tag{A.8.19}$$

$$\nu = 0 \tag{A.8.20}$$

Wenn man (A.8.13) und (A.8.15) nach $(1 - \lambda_k)/\mu$ und (A.8.14) und (A.8.16) nach $-\lambda_i/\mu$ für alle $i \neq k$ auflöst, und dann jeweils gleichsetzt, erhält man nach Umstellung die Samuelson-Bedingung für effiziente Bereitstellung öffentlicher Güter in jedem Landstreifen i:

$$N_i \frac{U_{G_i}}{U_{X_i}} = C_{G_i} \text{ für alle } i \tag{A.8.21}$$

Teilen von (A.8.17) durch (A.8.13) und von (A.8.18) durch (A.8.14) ergibt $U_{L_i}/U_{X_i} = \gamma_i/\mu$ für alle i, d. h. γ_i/μ ist der Schattenpreis des Landes im Landstreifen i. Einsetzen des Schattenpreises in (A.8.19) nach Teilung durch μ und unter Berücksichtigung von (A.8.20) ergibt die optimale Aufteilung des Landes in einem Landstreifen i:

$$L_i \frac{U_{L_i}}{U_{X_i}} + X_i - I_i + C_{N_i} = 0 \text{ für alle } i \tag{A.8.22}$$

Wenn wir diese Gleichung mit N_i multiplizieren, über alle Landstreifen i summieren und die Nebenbedingungen (8.27) und (8.29) berücksichtigen, erhalten wir das modifizierte Henry-George-Theorem für die optimale Gesamtbevölkerung N:

$$\sum_{i=1}^{Z} \left[\bar{L}_i \frac{U_{L_i}}{U_{X_i}} + N_i C_{N_i}\right] = \sum_{i=1}^{Z} C(G_i, N_i) \tag{A.8.23}$$

▸ Appendix 8.3 | Implizite Ableitung des Pachtzinses nach dem lokalen öffentlichen Gut: Gleichung (8.40)

Das Migrationsgleichgewicht bei vielen Gebietskörperschaften, die in vollkommenem Wettbewerb untereinander stehen, ist gegeben durch:

$$V(R_i, I_i - T_i, G_i) = U(X_i(R_i, I_i - T_i, G_i), G_i, L_i(R_i, I_i - T_i, G_i)) = \bar{V} \text{ für alle } i \tag{A.8.24}$$

Einsetzen der nutzenmaximierenden Nachfragen $X_i(R_i, I_i - T_i, G_i)$ und $L_i(R_i, I_i - T_i, G_i)$ in die individuelle Budgetbeschränkung (8.34) ergibt:

$$X_i(R_i, I_i - T_i, G_i) + R_i L_i(R_i, I_i - T_i, G_i) = I_i - T_i \tag{A.8.25}$$

Die Ableitungen von (A.8.25) nach den drei Parametern sind:

$$R_i\text{:}\ \frac{\partial X_i}{\partial R_i} + L_i + R_i \frac{\partial L_i}{\partial R_i} = 0 \tag{A.8.26}$$

$$G_i\text{:}\ \frac{\partial X_i}{\partial G_i} + R_i \frac{\partial L_i}{\partial G_i} = 0 \tag{A.8.27}$$

$$I_i - T_i\text{:}\ \frac{\partial X_i}{\partial (I_i - T_i)} + R_i \frac{\partial L_i}{\partial (I_i - T_i)} = 1 \tag{A.8.28}$$

Die Ableitung der indirekten Nutzenfunktion (A.8.24) nach den Parametern kann mithilfe der Bedingung (8.35) im Nutzenmaximum und der Ableitungen (A.8.26) – (A.8.28) der Budgetbeschränkung geschrieben werden als:

$$R_i\text{:}\ \frac{\partial V_i}{\partial R_i} = U_{X_i}\left(\frac{\partial X_i}{\partial R_i} + \underbrace{\frac{U_{L_i}}{U_{X_i}}}_{=R_i}\frac{\partial L_i}{\partial R_i}\right) = -L_i U_{X_i}$$

$$G_i\text{:}\ \frac{\partial V_i}{\partial G_i} = U_{X_i}\left(\frac{\partial X_i}{\partial G_i} + \underbrace{\frac{U_{L_i}}{U_{X_i}}}_{=R_i}\frac{\partial L_i}{\partial G_i} + \frac{U_G^i}{U_X^i}\right) = U_{G_i}$$

$$I_i - T_i\text{:}\ \frac{\partial V_i}{\partial (I_i - T_i)} = U_{X_i}\left(\frac{\partial X_i}{\partial (I_i - T_i)} + \underbrace{\frac{U_{L_i}}{U_{X_i}}}_{=R_i}\frac{\partial L_i}{\partial (I_i - T_i)}\right) = U_{X_i}$$

Daraus folgt:

$$\frac{\partial V_i}{\partial G_i} \Big/ \frac{\partial V_i}{\partial (I_i - T_i)} = \frac{U_{G_i}}{U_{X_i}}, \quad \frac{\partial V_i}{\partial R_i} \Big/ \frac{\partial V_i}{\partial (I_i - T_i)} = -L_i$$

und insbesondere

$$\frac{\partial V_i}{\partial G_i} \Big/ \frac{\partial V_i}{\partial R_i} = \frac{U_{G_i}}{-L_i U_{X_i}} \tag{A.8.29}$$

Wenn wir im Migrationsgleichgewicht bestimmen wollen, wie sich R_i bei einer marginalen Erhöhung von G_i ändert, müssen wir (A.8.24) implizit differenzieren:

$$\frac{dR_i}{dG_i} = -\frac{\partial V_i}{\partial G_i} \Big/ \frac{\partial V_i}{\partial R_i}$$

Mit (A.8.29) folgt daraus

$$L_i \frac{dR_i}{dG_i} = \frac{U_{G_i}}{U_{X_i}} \tag{A.8.30}$$

Eine Änderung der Landrente aufgrund der Pachtzinserhöhung bei erhöhter Menge des öffentlichen Gutes entspricht im Migrationsgleichgewicht der marginalen Zahlungsbereitschaft für das öffentliche Gut.

▸ **Appendix 8.4 | Wohlfahrtsoptimum in einer Ökonomie mit überlappenden Gebietskörperschaften**

Der Lagrange-Ansatz für das Maximierungsproblem des sozialen Planers lautet:

$$\underset{X_i, G_i, L_i, N_i, N}{\text{Maximiere}}\ \mathscr{L} = U\left(X_k, G_k^1, G^2, L_k\right) - \sum_i \lambda_i \left[U\left(X_i, G_i^1, G^2, L_i\right) - \bar{U}\right]$$

$$- \mu\left[\sum_i \left[N_i X_i - N_i I_i + C\left(G_i^1, N_i\right)\right] + C\left(G^2, N\right)\right] - \nu\left[\sum_i N_i - N\right] - \sum_i \gamma_i\left[N_i L_i - \bar{L}_i\right]$$

Es gelten weiterhin die Bedingungen erster Ordnung (A.8.13) – (A.8.19) aus ⟶ Appendix 8.2, wobei (A.8.15) und (A.8.16) für das lokale öffentliche Gut G_i^1 gelten. Die Samuelson-Regel (8.47) für die lokalen öffentlichen Güter G_i^1 ergibt sich wie Gleichung (A.8.21) in ⟶ Appendix 8.2. Die Ableitung nach N ergibt nun statt (A.8.20) die Bedingung

$$-\mu C_N + \nu = 0 \tag{A.8.31}$$

Mit der Ableitung nach G^2 kommt die folgende Bedingung hinzu:

$$\left(1 - \lambda_k\right) U_{G^2}^k - \sum_{i \neq k} \lambda_i U_{G^2}^i - \mu C_{G^2} = 0 \tag{A.8.32}$$

Teilung von (A.8.32) durch μ und Berücksichtigung von (A.8.13): $\frac{1 - \lambda_k}{\mu} = \frac{N_k}{U_X^k}$ und (A.8.14): $\frac{-\lambda_i}{\mu} = \frac{N_i}{U_X^i}$ für alle $i \neq k$ ergibt die Samuelson-Regel (8.48) für das öffentliche Gut G^2.

Teilung von (A.8.19) durch μ und die Ersetzung von $\frac{\nu}{\mu} = C_N$ aus (A.8.31) und von $\frac{-\gamma_i}{\mu} = \frac{U_L^i}{U_X^i}$ aus der Kombination von (A.8.13) und (A.8.17) bzw. (A.8.14) und (A.8.18) ergeben die Bedingung (8.49) für die optimale Bevölkerungsverteilung auf die Landstriche $i = 1, \ldots, Z$.
Multiplikation von (8.49) mit N_i und Summation über i ergeben schließlich unter Berücksichtigung von (8.28): $\sum N_i = N$ und (8.29): $\bar{L}_i = N_i L_i$ sowie (8.46) das modifizierte Henry-George-Theorem (8.50).

8.3 Grenzen und Nutzen des Ansatzes von Tiebout

Das Problem öffentlicher Güter besteht darin, dass die Präferenzen der Individuen sich nicht wie bei privaten Gütern durch den Kauf des Gutes offenbaren. Aufgrund der Nichtausschließbarkeit vom Konsum ergibt sich kein Wettbewerbspreis auf dem Markt, der die Zahlungsbereitschaft der Käufer angibt. Stattdessen muss man die Finanzierung öffentlicher Güter anders, z. B. durch Steuern, vornehmen. Sind diese Steuern aber in irgendeiner Weise an die Nachfrage der Konsumenten geknüpft, haben diese einen Anreiz, ihre wahre Zahlungsbereitschaft zu verschleiern.[140]

Tiebout weist nun bei lokalen öffentlichen Gütern gegenüber reinen öffentlichen Gütern auf den Unterschied hin, dass sie nur einem räumlich begrenzten Konsumentenkreis Nutzen stiften. Innerhalb dieses Gebiets kann jeder das Gut ohne weitere Kosten und Rivalität mitkonsumieren, außerhalb dieses Gebiets ist der Konsum dieser Güter allerdings nicht möglich. Nur wer in das begrenzte Gebiet zieht, kann konsumieren. Wenn unterschiedliche Gebietskörperschaften unterschiedliche Angebote machen, sieht Tiebout die Möglichkeit, dass sich durch die freie Wanderung der Einwohner in dieses oder jenes Gebiet die Präferenzen enthüllen müssten. Individuen leben entweder in der Region, die ihre bestpräferierte Politik durchführt, oder sie wandern in eine andere Region, die ihren Präferenzen mehr entgegenkommt. Dadurch sollte eine effiziente Bereitstellung der lokalen öffentlichen Güter für alle Präferenztypen entstehen.

Die Analogie ist der Wettbewerb auf dem Markt für private Güter. Hier treten Unternehmen mit ihrem Angebot auf den Markt und werben um Kunden, deren Nachfrage befriedigt werden soll. Das einzelne Unternehmen sowie der einzelne Konsument haben bei vollkommenem Wettbewerb keinen Einfluss auf den Gleichgewichtspreis. Bei gegebenem Preis (Preisnehmerschaft) entscheiden sie über Angebot und Nachfrage, so dass Gewinn und Nutzen maximiert werden. Im Gleichgewicht werden dann die Güter effizient alloziiert. Wettbewerb zwischen den Regionen um die Ansiedlung von mobilen Einwohnern soll nun in derselben Weise zu einem effizienten Angebot an lokalen öffentlichen Gütern führen. Im Migrationsgleichgewicht sind alle Einwohner auf die Gebietskörperschaften verteilt, und keiner hat mehr einen Nutzenvorteil davon, in eine andere Region umzuziehen. Das heißt, der Nutzen, den jeder Einwohner in seiner Region bei unterschiedlichen Präferenzen und Einkommen aus dem jeweiligen Politikangebot zieht, muss zwischen den Regionen ausgeglichen sein. Die Vorstellung ist, dass es unendlich viele Regionen mit unterschiedlichem Politikangebot gibt, so dass jeder Einwohner eine Region finden kann, die seinen Präferenzen entspricht. Jede Region ist so klein, dass sie keinen Einfluss auf den einheitlichen Nutzen im Migrationsgleichgewicht nehmen kann (Nutzennehmerschaft). Dann werden alle Einwohner durch ihre Entscheidung offenbaren, welches Politikangebot ihren Präferenzen entspricht. Die gewählte Region wird die lokalen öffentlichen Güter entsprechend dieser Präferenzen bereitstellen. Damit führt der Wettbewerb zu einer effizienten Allokation dieser Güter.

In ⟶ Kapitel 8.1 haben wir gesehen, dass hinreichend viele staatliche Einheiten ohne fixe Faktoren wie Land, die entweder gegründet werden können oder schon vorhanden sind, für eine effiziente Zusammenführung von Präferenzen der Bevölkerungstypen und lokaler Politik sorgen können. Solange die Einwohner vollkommen mobil sind und den unterschiedlichen Präferenzen und Einkommen eine Vielzahl von Kombinationen aus lokalen öffentlichen Gütern und Steuern gegenüberstehen, führt die Abstimmung mit den Füßen in ein optimales Wanderungsgleichgewicht.

In ⟶ Kapitel 8.2 wurde gezeigt, dass auch Gebietskörperschaften mit einem fixen Faktor Land die lokalen öffentlichen Güter effizient bereitstellen können, wenn sie das Landrenteneinkommen zur Finanzierung der Güter heranziehen. Die Einwohner offenbaren hier ihre Zahlungsbereitschaft für das verbesserte Angebot an lokalen öffentlichen Gütern, indem das, was sie für das

140 Siehe Kapitel 3.1.

Land bei einer Ansiedlung als zusätzlichen Pachtzins zu zahlen bereit sind, gerade den Wert des gestiegenen Güterangebots widerspiegelt (kapitalisiert).

In beiden Szenarien ist der vollkommene Wettbewerb das zentrale Element. Um diesen zu gewährleisten, müssen vor allem folgende Bedingungen erfüllt sein. Erstens sind das Bedingungen, die die Zahl und Größe der Gebietskörperschaften betreffen. Die Zahl der Körperschaften muss groß und ihre jeweilige Größe im Verhältnis zur Gesamtbevölkerung der Ökonomie muss klein sein, damit alle Präferenzen bedient werden können und keine einzelne Körperschaft einen Einfluss auf den Nutzen im Migrationsgleichgewicht nehmen kann. Um darüber hinaus eine Effizienz nicht nur der Menge der lokalen öffentlichen Güter zu erreichen, sondern auch in Bezug auf die Bevölkerungsverteilung, muss die Anzahl von Körperschaften so hoch sein, dass alle Individuen kostenminimierend auf die Körperschaften verteilt werden können. Es dürfen also im Gleichgewicht keine weiteren Skalenvorteile durch eine andere Einwohnerzahl bestehen. Auch müssen die Gebietskörperschaften so groß sein, dass ihre öffentlichen Güter keine Spillover-Effekte in Nachbarregionen verursachen.[141] Zweitens müssen Bedingungen erfüllt sein, die die Individuen betreffen. Diese müssen vollkommen mobil sein, dürfen also weder durch sprachliche, arbeitsplatzbedingte oder soziale Barrieren noch durch monetäre Wanderungskosten eingeschränkt sein in ihrer Freizügigkeit.[142] Außerdem müssen die Individuen vollkommene Information über die Unterschiede der Mengen öffentlicher Güter und der Steuern besitzen, die von den Gebietskörperschaften angeboten werden.

Stiglitz (1977, 1982)[143] hat die Bedeutung der Annahme von Ballungskosten aufgezeigt. Im Unterschied zu McGuire (1974) gibt es in seinem Modell keine Überfüllung bei der Nutzung des öffentlichen Gutes. Jeder kann die Leistungen, die öffentlich bereitgestellt werden, in gleichem Maße konsumieren, egal wie viele Konsumenten es gibt. Das führt zu steigenden Skalenerträgen, bei denen die optimale Bevölkerungsverteilung keine innere Lösung aufweist, sondern die gesamte Bevölkerung sich zum Beispiel in einer Gebietskörperschaft ansiedelt, während andere Gebietskörperschaften entvölkert sind. Stiglitz zeigt darüber hinaus, dass es Wanderungsgleichgewichte geben kann, die ineffizient oder nicht stabil sind. Zudem können multiple Wanderungsgleichgewichte auftreten.

Empirische Studien zeigen ein gemischtes Bild, was die Überprüfung der Annahmen und Implikationen des Tiebout-Modells betrifft. Die Selektion der mobilen Bevölkerung auf Gebietskörperschaften entsprechend ihrer Nachfrage nach einer Kombination aus öffentlichen Gütern und Steuern müsste zu einer großen Homogenität innerhalb einer Gebietskörperschaft und zu Unterschieden zwischen Gebietskörperschaften führen. Bisher konnte kaum Evidenz dafür gefunden werden. Rhode und Strumpf (2003) haben Kommunen in den USA in einem Zeitraum von 1850 bis 1990 untersucht und fanden heraus, dass innerhalb der Kommunen die Präferenzen der Einwohner heterogener und zwischen den Kommunen die Nachfrage nach dem Güter-Steuer-Mix ähnlicher wurde. Sie führen das darauf zurück, dass Komplementaritäten im Nutzen von Einwohnern eine größere Rolle spielen. Ziehen Bürger einen höheren Nutzen daraus, dass Bürger mit anderen Präferenzen und anderen Eigenschaften in derselben Gemeinde leben, dann bevorzugen sie

141 Auf die Frage, wie man solche Spillover-Effekte effizient durch vertikale Transferzahlungen internalisieren kann, wenn sie dennoch auftreten, siehe Kapitel 9.2.

142 In einigen Modellen wird die eingeschränkte Mobilität von Individuen entweder durch monetäre Wanderungskosten oder durch Heimatpräferenzen dargestellt. Mansoorian und Myers (1993), Wellisch (1994) und Wildasin und Wilson (1996) zeigen die Ineffizienzen, die dabei auftreten können. Andere Modelle betrachten neben vollkommen mobilen auch vollkommen immobile Individuen. Siehe hierzu etwa Wildasin (1991, 1994).

143 Siehe auch Atkinson und Stiglitz (1980, Lecture 17).

gemischte Gebietskörperschaften, die sich mit ihrer heterogenen Einwohnerschaft ähneln.[144] Andere Aspekte des Modells scheinen sich zu bestätigen. Percy et al. (1995) und Bickers und Engstrom (2006) haben empirisch untersucht, was die Motive von Individuen sind, von einer Gebietskörperschaft in eine andere zu ziehen. Zumindest einige lokale öffentliche Güter (Schulen, Polizeischutz) sowie niedrigere Steuern scheinen Gründe für einen Umzug zu sein. Die Tiebout-Hypothese, wonach Individuen ihre Wanderungsentscheidungen nach diesen lokalen Politikvariablen treffen, wird mit Einschränkungen bestätigt. Einen umfassenden Überblick zu weiteren empirischen Tests des Tiebout-Modells gibt Saltz und Capener (2016).

Trotz dieser Einschränkungen ist das Modell von Tiebout ein wertvoller Ansatz, um die Bildung und Struktur von Gebietskörperschaften zu verstehen. Wenn wir es mit der allgemeinen Gleichgewichtstheorie vergleichen, hat dieses idealisierte Modell ähnliche Vorzüge. Genauso wie die allgemeine Gleichgewichtstheorie von der unrealistischen Annahme einer atomistischen Konkurrenz auf den Märkten für private Güter ausgeht, geht das Tiebout-Modell von hinreichend vielen unterschiedlichen Gebietskörperschaften aus, die eine Politik jeweils passend zu den Präferenzen aller Individuen anbieten können. Die Gleichgewichtstheorie unterstellt die Preisnehmerschaft aller Anbieter und Nachfrager, so wie das Tiebout-Modell annimmt, dass die Gebietskörperschaften klein genug sind, um das Migrationsgleichgewicht nicht zu verzerren (Nutzennehmerschaft). Die Annahmen rationalen Verhaltens sowie vollkommener Information sind ebenfalls Bestandteil beider Modelle. Und der vollkommenen Mobilität im Tieboutschen Ansatz entspricht die Annahme unendlich schneller Preisanpassung auf den Märkten privater Güter.

Der Wert beider Theorien besteht darin, wichtige Referenzmodelle abzugeben. Sie weisen die Bedeutung des Wettbewerbs nach, ob bei Angebot und Nachfrage auf den Märkten oder bei der Abstimmung mit den Füßen. Sie lassen zentrale Wirkungskanäle erkennen und geben Aufschluss über spezielle Ursache-Wirkungs-Zusammenhänge. Beide Theorien zeigen wichtige Faktoren für das Funktionieren des Wettbewerbs auf. Gerade wenn es Gründe für das Versagen des Wettbewerbs gibt, können diese Faktoren Anhaltspunkte dafür abgeben, wie der Wettbewerb wiederhergestellt werden kann oder besser funktionieren kann. Neben der Theorie des Marktversagens, die sich aus der allgemeinen Gleichgewichtstheorie ableiten lässt und Aufschluss über mögliche Staatseingriffe bietet, kann das Tiebout-Modell Hinweise für einen reibungsloseren und effizienten Aufbau eines föderalen Staates liefern.

Im nächsten Teil III werden wir uns damit beschäftigen, wie sich die staatlichen Funktionen unterschiedlichen Ebenen von Gebietskörperschaften zuweisen lassen. Daraus ergeben sich dann verschiedene Grade der Dezentralisierung oder Zentralisierung staatlicher Aufgaben.

---

144 Siehe Kapitel 8.1.1.

Teil III · Die Kompetenzaufteilung staatlicher Aufgaben in einem föderalen Staatensystem

„Um die verschiedenen Vorteile der Größe und der Kleinheit der Nationen miteinander zu vereinen, ist das föderale System geschaffen worden.“
Alexis de Tocqueville

„From an economic standpoint, the obvious attraction of the federal form of government is that it combines the strength of unitary government with those of decentralization. Each level of government, rather than attempting to perform all the functions of the public sector, does what it can do best.“
Wallace Oates

In diesem Teil gehen wir davon aus, dass eine föderale Struktur des Staates vorhanden ist, wie perfekt oder imperfekt diese Aufteilung in Gebietskörperschaften unterschiedlicher Ebenen auch immer sein mag. Das heißt, wir nehmen die Einteilung des Staates in lokale Gemeinden, die nationale Ebene und alle Gebietskörperschaften auf den Ebenen dazwischen als gegeben hin. Im Folgenden wird diskutiert, nach welchen ökonomischen Prinzipien die Aufgaben und Funktionen des öffentlichen Sektors diesen verschiedenen föderalen Ebenen zugeordnet werden sollten.

Dabei wird zunächst die allokative Rolle des Staates betrachtet. Damit ist die staatliche Aufgabe gemeint, bei Marktversagen Einfluss darauf zu nehmen, dass die Güter, Produktionsfaktoren und Ressourcen der Ökonomie den Wirtschaftssubjekten effizient zugeteilt werden. Dies erfolgt im Wesentlichen dadurch, mit Steuern und Subventionen die optimale Allokation von Arbeit und Kapital herzustellen, öffentliche Güter und Dienstleistungen bereitzustellen, externe Effekte zu internalisieren und Märkte von Gütern mit steigenden Skalenerträgen zu regulieren.

Anschließend wird die distributive Funktion des Staates analysiert, bei der es darum geht, Einkommen oder Vermögen umzuverteilen, wenn das Marktergebnis den Gerechtigkeitsvorstellungen der Gesellschaft nicht entspricht. Dabei geht es erster Linie um die Umverteilung des persönlichen Einkommens und Vermögens von Individuen. Wir werden aber sehen, dass die individuelle Umverteilung auch von den fiskalischen Budgets der Gebietskörperschaften abhängt, in denen die Individuen leben, so dass auch die Umverteilung oder der Finanzausgleich dieser Budgets zwischen Gebietskörperschaften betrachtet werden muss.

9 Die Zuweisung allokativer Kompetenzen

In den vorherigen Kapiteln haben wir gesehen, dass die Eigenschaften öffentlicher Güter bestimmend dafür sind, wie groß eine Gebietskörperschaft sein sollte, die diese Güter bereitstellt. Die wesentlichen Faktoren werden nachfolgend noch einmal zusammengefasst.

Da ist zunächst die Reichweite, in der ein öffentliches Gut Nutzen stiftet. Für jedes lokale öffentliche Gut ist eine andere Nutzerzahl bzw. eine andere Gebietsabdeckung optimal. Je größer der Einzugsbereich des Gutes, d. h., je mehr Nutzer das öffentliche Gut von der Quelle seiner Bereitstellung aus bei gleichbleibender Menge und Qualität erreicht, umso größer sollte auch die verantwortliche Gebietskörperschaft sein. Andernfalls entstehen zwischen den Gebietskörperschaften Spillover-Effekte, d. h., die Bereitstellung des Gutes durch eine Gebietskörperschaft stiftet auch Bürgern anderer Gebietskörperschaften einen Nutzen. Das führt zu einer ineffizient geringen Versorgung mit dem lokalen öffentlichen Gut, da die bereitstellende Gemeinde diesen externen Nutzen nicht berücksichtigen wird. Um diese Spillover-Effekte von einer Gebietskörperschaft zur nächsten zu vermeiden, sollte die Gebietskörperschaft so groß wie nötig sein, um alle Nutzer zu erfassen.

Auch die Finanzierung öffentlicher Güter über Steuern spricht zunächst dafür, möglichst viele Einwohner in der Gebietskörperschaft zu versammeln. Wenn die Bereitstellung des öffentlichen Gutes Fixkosten verursacht, gibt es für größere Gebietskörperschaften den Kostenvorteil steigender Skalenerträge. Je mehr Einwohner sich an der Finanzierung eines lokalen öffentlichen Gutes beteiligen, desto geringer sind die Kosten pro Einwohner.

Genauso wie der Nutzen von Gütern in andere Gebietskörperschaften ausstrahlen kann, ist je nach Steuerart, die zur Finanzierung der lokalen öffentlichen Güter herangezogen wird, eine Abwälzung der Steuerlast von einer bereitstellenden Gebietskörperschaft auf eine andere möglich. Dieser sogenannte Steuerexport kann dadurch entstehen, dass Steuern zur Finanzierung des lokalen öffentlichen Gutes genutzt werden, die auch von Einwohnern anderer Gebietskörperschaften gezahlt werden, etwa Umsatzsteuern oder Kapital- und Vermögensteuern, die auch nicht-ansässige Eigentümer zahlen müssen. Bei der Nutzen-Kosten-Abwägung, die die Gebietskörperschaft zur Entscheidung über die bereitzustellende Menge des öffentlichen Gutes vornimmt, werden in dem Fall die Kosten geringer veranschlagt, als sie tatsächlich sind. Das führt dann zu einer ineffizient hohen Versorgung mit dem lokalen öffentlichen Gut. Größere Gebietskörperschaften oder sogar eine Zentralisierung der Kompetenz für solche Steuereinnahmen sind dann von Vorteil, um diesen Steuerexport zu vermeiden. Wir werden im Folgenden sehen, dass tatsächlich bei zahlreichen Steuerarten eine zentralisierte Einnahme der Steuern gewählt wird, die verknüpft ist mit einer Verteilung des Steueraufkommens auf dezentrale Gebietskörperschaften.

Für eine Aufgabenzuweisung an kleinere Gebietskörperschaften spricht hingegen die Nähe der politischen Entscheidungsinstanzen zu den Bürgern. Je größer eine Gebietskörperschaft, umso weiter entfernt ist die jeweilige Regierung und Verwaltung von den Bedürfnissen der Bürger vor Ort, d. h. sie hat unter Umständen schlechtere Informationen über die Präferenzen der Bürger. Eine hoch angesiedelte Regierung, die ein großes Gebiet mit vielen verschiedenen Bürgern verwaltet, wird, entweder aus konstitutionellen Gründen oder weil sie schlechtere Informationen besitzt, die Bürger tendenziell gleich behandeln und das lokale öffentliche Gut nicht unterschiedlich nach jeweiligen örtlichen Präferenzen bereitstellen.

Eine große Einwohnerzahl in einer Gebietskörperschaft hat auch den Nachteil, dass die Nutzer des öffentlichen Gutes sich im Konsum gegenseitig behindern. Dieser Nachteil einer größeren

Nutzerzahl bei unreinen öffentlichen Gütern wird durch die Ballungskosten gemessen, die bei aufrechtzuerhaltender Menge und Qualität des lokalen Gutes entstehen. Gleichzeitig hat eine größere Gebietskörperschaft den räumlichen Nachteil, dass die Einwohner umso weiter weg von der Quelle der Bereitstellung des lokalen Gutes sind, je größer das Gebiet ist, das abgedeckt wird.

Die Mobilität der Bevölkerung begünstigt einerseits die dezentrale Bereitstellung lokaler öffentlicher Güter in kleinen Gebietskörperschaften. Je zahlreicher und unterschiedlicher die Politikangebote in Form von Gütermengen/-qualität und Steuerfinanzierung sind, umso flexibler können sich die Bürger mit ihren Präferenzen in der passenden Gebietskörperschaft niederlassen. Auf der anderen Seite kann die Mobilität zwischen den Gebietskörperschaften zu ineffizienten Wanderungsentscheidungen führen. Der Grund kann darin liegen, dass die Mischung verfügbarer Steuerarten in den Gebietskörperschaften nicht gleichzeitig die Ballungskosten unreiner öffentlicher Güter internalisieren und die Finanzierung der Produktionskosten wohnsitzunabhängig sicherstellen können. Die hieraus resultierenden fiskalischen Externalitäten sprechen für eine zentrale Steuerkompetenz.

Zusammengenommen bestimmen diese Faktoren jedes lokalen öffentlichen Gutes die optimale Einwohnerzahl einer Gebietskörperschaft, die das Gut bereitstellt. Da für jedes lokale öffentliche Gut die Vor- und Nachteile größerer oder kleinerer Gebietskörperschaften unterschiedlich sind, kann man theoretisch nach dem Prinzip der perfekten Korrespondenz für jedes öffentliche Gut und jede öffentliche Dienstleistung eine gesonderte optimale Aufteilung des gesamten ökonomischen Gebiets in einzelne Gebietskörperschaften vornehmen. Nationale öffentliche Güter würden durch den Bundesstaat bereitgestellt, lokale öffentliche Güter durch Gemeinden, die nach einer optimalen Aufteilung des gesamten Staatsgebiets entstehen, und alle öffentlichen Güter mit einem Einzugsbereich dazwischen durch optimal aufgeteilte intermediäre Gebietskörperschaftsebenen.

Wir haben auch gesehen, dass es eine Reihe von Gründen gibt, warum eine solche Einteilung von Gebietskörperschaften auf verschiedenen Ebenen in der Realität nicht perfekt sein wird. Diese Gründe liegen in den enormen Verwaltungskosten und demokratischen Entscheidungsfindungskosten, die eine solche föderale Konstitution verursachen würde. Die Anzahl der Gebietskörperschaften müsste sehr groß sein. Die Gebietskörperschaften verschiedener Ebenen würden sich dann im Allgemeinen geographisch überschneiden. Sie müssten ihre Größe verändern, wenn die Präferenzen der Einwohner oder die Technologie der Produktion öffentlicher Güter sich ändern. Da bei jeder Gebietskörperschaft Fixkosten der Einrichtung und Verwaltung bestehen, würden die hohe Anzahl der Gebietskörperschaften, die Komplikation der Verwaltung bei überlappenden Gebietskörperschaften und die Anpassung in neue Aufteilungen die Kosten explodieren lassen. Auf Seiten der Bürger würden zudem hohe Kosten bei der Beschaffung der Information entstehen, um herauszufinden, welche Gebietskörperschaft für ein lokales öffentliches Gut zuständig ist. Als Wähler müssten die Bürger eine Vielzahl von Entscheidungen treffen, um die Regierungen der Gebietskörperschaften einzusetzen.

Deshalb beobachten wir in der Realität typischerweise nur eine vergleichsweise kleine Anzahl von Gebietskörperschaften, die hierarchisch angeordnet sind, sich nicht in der Zusammensetzung ihrer Bürger überschneiden und jeweils eine Vielzahl von lokalen öffentlichen Gütern mit unterschiedlichem Einzugsbereich bereitstellen. Außerdem bleibt die Aufteilung dieser Gebietskörperschaften über die Zeit relativ konstant.[145] Das bedeutet aber, dass bei einer

145 Gelegentlich gibt es Gebietsreformen, die den Zuschnitt der Gebietskörperschaften ändern. So gab es 2011 eine Kreisgebietsreform in Mecklenburg-Vorpommern, die die Anzahl der Landkreise von zwölf auf sechs reduziert hat. Ein weiteres Beispiel ist die Fusion von Berlin und Brandenburg, die 1994 schon in einem Staatsvertrag ausgehandelt worden war, dann aber 1996 in einer Volksabstimmung abgelehnt wurde.

imperfekten Einteilung der Gebietskörperschaftsebenen alle oben beschriebenen Phänomene auftreten werden, die zu Ineffizienzen führen. Es wird unter bestimmten Bedingungen ineffiziente Wanderungsentscheidungen der Bevölkerung und eine ineffiziente Aufteilung des Kapitals geben. Außerdem werden insbesondere Spillover-Effekte und Steuerexport auftreten. In → Kapitel 9.1 beschreiben wir, in welcher Weise Mobilität auf die Effizienz der Bevölkerungsverteilung und damit die Verteilung des Produktionsfaktors Arbeit wirkt und wie dies mit den Steuerarten zusammenhängt, die in den Gebietskörperschaften verfügbar sind. In → Kapitel 9.2 untersuchen wir die Auswirkungen mobilen Kapitals und des Steuerwettbewerbs. Bei den hier auftretenden fiskalischen Externalitäten stellt sich die Frage, wie sie in einem föderalen Staat internalisiert werden können. In → Kapitel 9.3 analysieren wir sowohl Spillover-Effekte als auch Steuerexport und fragen, wie eine zentrale Regierung diese bei bestehenden föderalen Strukturen korrigieren kann. Entscheidend wird dabei der Einsatz von Steuer-Transfer-Systemen sein, bei denen die zentrale Ebene die Kompetenz zur Steuererhebung hat und diese mit einem Zuweisungssystem für nachgeordnete Gebietskörperschaften verbindet. Dadurch können der Steuerexport vermieden und zugleich Anreize für die effiziente Bereitstellung lokaler öffentlicher Güter auch in Gegenwart von Spillover-Effekten gesetzt werden.

9.1 Mobile Bevölkerung und effiziente lokale Steuern

In Teil II wurde gefragt, wie viele Gebietskörperschaften es geben sollte und wie groß sie sein sollten, um die Wohlfahrt zu maximieren. In Ökonomien ohne fixe Faktoren wie Land oder räumlich gebundene Ressourcen, wo also Geographie keine Rolle spielt, ist die effiziente Bevölkerungsgröße gegeben bei Minimierung der Durchschnittskosten. Das kann durch eine Pro-Kopf-Steuer zur Finanzierung der Kosten des lokalen öffentlichen Gutes erreicht werden, die den Ballungskosten eines zusätzlichen Einwohners entspricht. Eine solche Pauschalsteuer setzt Anreize für eine Regierung, das lokale öffentliche Gut effizient für die optimale Anzahl an Einwohnern bereitzustellen. Wenn wir Ökonomien mit fixen Faktoren wie Land betrachten, dann reicht eine Pro-Kopf-Steuer in Höhe der Ballungskosten nicht aus, um die Kosten eines neuen Einwohners zu erfassen. Da er den gleichen Anteil an Land wie alle anderen Einwohner für sich beansprucht und dadurch die durchschnittliche Landrente mit steigender Bevölkerung sinkt, entstehen den ursprünglichen Einwohnern weitere Kosten. Erst wenn diese zusätzlichen Kosten durch eine hundertprozentige Landrentensteuer abgedeckt werden, so dass die gesamte Steuer in Höhe der Landrente und der Ballungskosten den Kosten des lokalen öffentlichen Gutes entspricht, wird die optimale Einwohnerzahl erreicht. Das besagt das modifizierte Henry-George-Theorem. Auch hier erhält die Regierung die richtigen Anreize, um die Menge des lokalen öffentlichen Gutes effizient bereitzustellen.

In diesem Kapitel verändern wir unsere Perspektive, indem wir das Augenmerk nicht mehr auf die optimale Anzahl von Gebietskörperschaften richten, sondern fragen, wie die optimale Verteilung der Bevölkerung aus Sicht der Gesamtökonomie aussieht und durch welche lokalen Steuern sie erreicht werden kann. Dazu gehen wir von einer gegebenen Anzahl von Gebietskörperschaften aus, auf die die Gesamtbevölkerung verteilt werden muss. Die Anzahl der Gebietskörperschaften ergibt sich hier also nicht endogen, sondern ist exogen gegeben. Da die Zahl der Gebietskörperschaften sich nicht ändert, wird die effiziente Bevölkerungsverteilung unter dieser Voraussetzung ermittelt und gefragt, über welche Steuern die Gebietskörperschaften verfügen müssen, um diese optimale Aufteilung der Einwohner zu erreichen.

Wir betrachten eine Ökonomie mit einer fixen Anzahl von Gebietskörperschaften als Anbieter von lokalen öffentlichen Gütern, die durch bestimmte Steuern auf die lokalen Einwohner und/oder Güter und Produktionsfaktoren finanziert werden. Wir nehmen an, die öffentlichen Güter stiften einen Nutzen lediglich für die jeweiligen lokalen Einwohner, d. h. es gebe keine Spillover-Effekte in andere Gebietskörperschaften. Die Bevölkerung sei vollkommen mobil, es gebe also keine Wanderungskosten. Die Individuen lassen sich in der Gebietskörperschaft nieder, die ihnen mit ihrer Politik den höchsten Nutzen verschafft. Diese Politik besteht jeweils aus der Menge und Zusammensetzung der lokalen öffentlichen Güter sowie aus der Höhe und Art der Steuern, die man zur Finanzierung der öffentlichen Güter heranzieht.

Wie aus den vorhergehenden Betrachtungen zu öffentlichen Gütern klar ist, gibt es Kostenersparnisse pro Kopf, je mehr Einwohner sich an der Finanzierung beteiligen. Die Steuer für jeden Einwohner sinkt, je größer die Zuwanderung ist. Dieser Vorteil einer wachsenden Bevölkerung in einer Gebietskörperschaft spricht also zunächst dafür, dass sich alle Individuen in einer Gebietskörperschaft niederlassen sollten, die die gesamte Ökonomie umfasst. Ebenfalls ist aus dem Vorhergehenden aber bekannt, dass es auch Nachteile einer wachsenden Bevölkerung in einer Gebietskörperschaft gibt.

Erstens muss man davon ausgehen, dass die Gebietskörperschaften mit fixen Mengen von Produktionsfaktoren wie Land ausgestattet sind, die immobil sind und sich nicht in andere Regionen verlagern lassen. Ein Individuum, das in eine Gebietskörperschaft wandert und dort Arbeit anbietet, wird sich mit den bisherigen Einwohnern diesen fixen Faktor in der Produktion teilen müssen. Dadurch sinkt die Produktivität aller Einwohner und der Lohnsatz wird fallen. Umgekehrt wird in der Gebietskörperschaft, die das Individuum verlässt, die Ausstattung pro Arbeitnehmer mit dem fixen Faktor steigen und damit auch der Lohn. Außerdem kann der fixe Faktor in der Produktion der lokal konsumierten privaten Güter eingesetzt werden, zum Beispiel wird Land zur Produktion von Wohnungen oder Häusern benötigt. Wegen des fixen Faktors muss der Preis des Gutes mit größerer Nachfrage steigen. Wenn neu hinzugezogene Einwohner diese privaten Güter wie Wohnungen zusätzlich nachfragen, wird der Preis des Wohnens steigen. Und in den Gebietskörperschaften, aus denen die Einwohner herkommen, wird der Preis fallen. Ob nun für alle Einwohner einer Gebietskörperschaft der Lohn durch Zuwanderer fällt oder der Preis des Wohnens steigt, in beiden Fällen sinkt die Kaufkraft des Einkommens. Aufgrund der steigenden Knappheit des fixen Produktionsfaktors bei zunehmender Einwohnerzahl wird der Nutzen, in der Gebietskörperschaft zu leben, geringer, und dieser Umstand wirkt dem Steuerentlastungsvorteil entgegen und begrenzt die optimale Größe der Bevölkerung.

Ein zweiter Faktor, der der Kostenersparnis bei steigender Bevölkerungszahl entgegenwirkt, sind unreine öffentliche Güter, d. h. lokale öffentliche Güter, die Ballungskosten verursachen. Wenn sich mehr Einwohner den Konsum des lokalen öffentlichen Gutes teilen und dabei Rivalitäten im Konsum auftreten, dann wird der Nutzen aus diesem Konsum für alle Einwohner durch Zuwanderer reduziert. Durch diese Ballungs- oder Überfüllungskosten vermindert sich die Attraktivität der Gebietskörperschaft mit wachsender Bevölkerung und auch dies begrenzt die optimale Einwohnerzahl.

Eine Bevölkerungsaufteilung auf die Gebietskörperschaften befindet sich in einem Gleichgewicht, wenn niemand mehr einen Anreiz hat, seine Gebietskörperschaft zu wechseln. In so einem Wanderungsgleichgewicht muss der Nutzen der Einwohner in allen Gebietskörperschaften gleich hoch sein. Im Folgenden wird untersucht, unter welchen Bedingungen ein solches Wanderungsgleichgewicht auch eine effiziente Verteilung der Bevölkerung darstellt, d. h., es darf keine andere Bevölkerungsaufteilung geben, bei der nicht mindestens ein Individuum besser gestellt wird, ohne dass irgendein anderes Individuum schlechter gestellt wird. Die Effizienz des Migrationsgleichgewichts ist nicht selbstverständlich, da durch die Wanderung in Gebietskörperschaften Externalitäten wie die oben beschriebenen entstehen: Kostenvorteile, Nachteile in der Produktion mit fixen Faktoren oder Ballungsnachteile. All diese externen Effekte, die ein Einwanderer auf die bisherigen Einwohner einer Gebietskörperschaft ausübt, können zu einer ineffizient großen oder kleinen Einwohnerzahl in der Gebietskörperschaft führen. Um die Wanderungsentscheidungen in ein effizientes Gleichgewicht zu lenken, können lokale Steuern erhoben werden, die die Externalitäten internalisieren.[146]

Im folgenden Modell wird analysiert, wie eine effiziente Bevölkerungsverteilung charakterisiert ist und welche Art von lokalen Steuern den Gebietskörperschaften zur Verfügung stehen müssen, um Anreize für eine effiziente Wanderung zu setzen. Wir verwenden dafür eine vereinfachte Version des Modells von Wildasin (1986, Kap.2) zur lokalen Effizienz[147]. Gleichzeitig ist diese Modellvariante eine Verallgemeinerung des Modells aus → Kapitel 8.2, indem die Nutzungsmöglichkeiten des fixen Faktors Land erweitert werden und damit die Analyse einer größeren Anzahl von Steuerarten bezüglich ihrer Effizienz möglich wird. Unter lokaler Effizienz ist die optimale Verteilung mobiler Produktionsfaktoren, Unternehmen und Individuen auf eine gegebene Struktur von Gebietskörperschaften zu verstehen. Das Modell beschränkt sich auf die Allokation von Individuen, da das Muster der effizienten Besteuerung sich auch für Firmen und Produktionsfaktoren verallgemeinern lässt.[148]

Die gesamte Ökonomie besteht aus Z Gebietskörperschaften und N Individuen, von denen jeweils N_i in der Gebietskörperschaft i leben: $N = \sum_{i=1}^{Z} N_i$. Die Kosten des lokalen öffentlichen Gutes in jeder Gebietskörperschaft seien wie bisher durch $C_i(N_i, G_i)$ gegeben. Bei den Überfüllungskosten wird angenommen, dass sie auch Null sein können: $C_N^i \geq 0$. Da wir hier von einer gegebenen Anzahl von Gebietskörperschaften ausgehen, die alle per Annahme lokale öffentliche Güter bereitstellen, kann es sinnvoll sein, den Fall $C_N^i = 0$ zu betrachten. In dem Fall betrachten wir ein reines lokales öffentliches Gut. Ein weiterer Spezialfall ist, dass die Kosten proportional zur Bevölkerung sind: $C(N_i, G_i) = N_i \cdot c(G_i)$, die Pro-Kopf-Kosten also konstant sind.

Das Land einer Gebietskörperschaft i, $\bar{L}_i$, kann auf verschiedene Weisen genutzt werden. Land kann zu Wohnzwecken konsumiert, L_i, oder es kann als Input in der lokalen Produktion, L_i^P, eingesetzt werden. Die lokale Produktion wird durch die Funktion $F_i(N_i, L_i^P)$ beschrieben und besitzt als weiteren Inputfaktor Arbeit, N_i, gegeben durch die Anzahl der Einwohner, von denen jeder eine Einheit Arbeit unelastisch anbietet. Der Output der lokalen Produktion kann entweder als privates Gut, X_i, konsumiert werden oder in das lokale öffentliche Gut, G_i, umgewandelt werden, wobei $C(N_i, G_i)$ die Transformationskosten sind. Diese Kosten geben also an, wieviele Einheiten des privaten Konsums aufgegeben werden müssen, um für N_i Einwohner G_i Einheiten des öffentlichen Gutes bereitzustellen. Schließlich kann Land auch als einziger Inputfaktor in der landwirtschaftlichen Produktion verwendet werden, L_i^A, wobei die Produktion durch die konkave Funktion $A_i(L_i^A)$ beschrieben wird und der agrarische Konsum eines Individuums mit Y_i bezeichnet wird. Ein Einwohner der Gebietskörperschaft i zieht dann seinen Nutzen aus dem

146 Eine Reihe von Arbeiten hat diese Wanderungseffizienz (engl. *locational efficiency*) untersucht, u. a. Buchanan und Wagner (1970), Buchanan und Goetz (1972), Flatters et al. (1974), Wildasin (1980; 1987a, Kapitel 29) und Wellisch (2000b, Kapitel 2).

147 Wildasin lässt in seinem Modell zusätzlich eine Unterscheidung nach Präferenztypen zu.

148 Vergleiche Wellisch (1995), Kapitel 2 und 3.

allgemeinen privaten Konsum, dem agrarischen Konsumgut, dem Konsum des Landes und dem lokalen öffentlichen Gut: $U_i(X_i, Y_i, L_i, G_i)$.

Effizienz der Bevölkerungsverteilung

Effizienz wird so charakterisiert, dass der Nutzen eines repräsentativen Individuums in einer Gebietskörperschaft maximiert wird, wobei der Nutzen der repräsentativen Individuen in den anderen Gebietskörperschaften konstant gehalten wird. Die Fiktion des sozialen Planers ist, dass er außer den gegebenen Präferenzen, Produktionstechnologien, der Ressourcenbeschränkung der Ökonomie und der Mobilität der Individuen keine weiteren Nebenbedingungen zu berücksichtigen hat.[149] Ohne Beschränkung der Allgemeinheit maximiert der soziale Planer den Nutzen in einer beliebigen Gebietskörperschaft k:

$$\underset{X_i, Y_i, L_i, N_i, G_i}{\text{Max}} \; U_k(X_k, Y_k, L_k, G_k) \text{ für } i = 1, \ldots, k, \ldots, Z \tag{9.1}$$

Dabei werden folgende Nebenbedingungen berücksichtigt. Erstens muss der Nutzen der repräsentativen Einwohner aller Gebietskörperschaften im Migrationsgleichgewicht gleich hoch sein:

$$U_i(X_i, Y_i, L_i, G_i) = \bar{U} \text{ für } i = 1, \ldots, Z. \tag{9.2}$$

Zweitens wird die Ressourcenbeschränkung eingehalten, d. h. die Produktion des allgemeinen Gutes mithilfe des variablen Inputs (Arbeit) und des fixen Inputs (Land) wird entweder als privater Konsum verbraucht oder als öffentliches Gut genutzt:

$$\sum_{i=1}^{Z} F_i(N_i, L_i^P) = \sum_{i=1}^{Z} [N_i X_i + C_i(G_i, N_i)] \tag{9.3}$$

Drittens wird die Ressourcenbeschränkung für den lediglich mit dem fixen Faktor produzierten landwirtschaftlichen Konsum eingehalten:

$$\sum_{i=1}^{Z} A_i(L_i^A) = \sum_{i=1}^{Z} N_i Y_i \tag{9.4}$$

Viertens ist die gesamte Bevölkerung auf alle Gebietskörperschaften vollständig verteilt:

$$N = \sum_{i=1}^{Z} N_i \tag{9.5}$$

Fünftens wird der fixe Faktor Land in jeder Gebietskörperschaft entweder als Wohnland konsumiert oder in den Produktionen des allgemeinen Konsumgutes oder des landwirtschaftlichen Gutes eingesetzt:

149 Der soziale Planer berücksichtigt als Nebenbedingung das Migrationsgleichgewicht. Dadurch trägt er der kostenlosen Mobilität der Individuen Rechnung, indem er Nutzenunterschiede zwischen den Gebietskörperschaften nicht zulässt, die unverträglich mit der freien Wohnsitzwahl wären (siehe Wildasin, 1986, S. 8, und Wellisch, 2000b, S. 30).

$$\bar{L}_i = N_i L_i + L_i^P + L_i^A \text{ für } i = 1, \ldots k, \ldots, Z \qquad (9.6)$$

Die Lösung dieses Maximierungsproblems ergibt die folgenden Bedingungen erster Ordnung (siehe → Appendix 9.1).[150] Die Samuelson-Bedingung für effiziente Bereitstellung des öffentlichen Gutes muss in allen Gebietskörperschaften erfüllt sein:

$$N_i \frac{U_G^i}{U_X^i} = C_G^i \text{ für alle } i \qquad (9.7)$$

Der effiziente Einsatz von Land wird in allen Gebietskörperschaften dadurch gewährleistet, dass die Grenzrate der Substitution zwischen allgemeinem Konsum X und Land bzw. agrarischem Konsum Y und Land der Grenzproduktivität von Land entspricht:

$$\frac{U_L^i}{U_X^i} = F_{L^P}^i, \frac{U_L^i}{U_Y^i} = A_{L^A}^i \text{ für alle } i \qquad (9.8)$$

Schließlich wird die effiziente Bevölkerungsverteilung erreicht, wenn die sozialen Nettoerträge eines Zuwanderers in allen Regionen gleich hoch sind:

$$F_N^i - X_i - L_i \frac{U_L^i}{U_X^i} - Y_i \frac{U_Y^i}{U_X^i} - C_N^i = F_N^j - X_j - L_j \frac{U_L^j}{U_X^j} - Y_j \frac{U_Y^j}{U_X^j} - C_N^j \text{ für alle } i, j \qquad (9.9)$$

Der Nettoertrag eines Zuwanderers für eine Region i besteht in seinem zusätzlich erwirtschafteten Output (der Grenzproduktivität F_N^i), abzüglich der von ihm privat konsumierten Mengen des allgemeinen Gutes X_i, des Wohnlandes L_i und des Agrargutes Y_i sowie der Ballungskosten C_N^i, die er bei der Nutzung des lokalen öffentlichen Gutes verursacht. Wohnland und Agrargut werden dabei mit der jeweiligen Zahlungsbereitschaft in Einheiten des allgemeinen Konsumgutes (Numerairegut) bewertet. Erst wenn diese Nettoerträge zwischen den Regionen gleich sind, kann durch eine andere Bevölkerungsverteilung keine Steigerung des Nettooutputs der gesamten Ökonomie erreicht werden.

Interpretieren wir diese Bedingung für zwei Gebietskörperschaften $Z = 2$, auf die die Gesamtbevölkerung aufgeteilt werden soll: $N = N_1 + N_2$, dann können wir sie in → Abbildung 9.1 illustrieren. Vereinfachen wir zunächst, indem wir davon ausgehen, dass Land L_i weder in der Produktion noch im Konsum existiert und kein lokales öffentliches Gut G_i besteht, so dass die Individuen nur Nutzen aus dem Konsum des allgemeinen privaten Gutes X_i ziehen. Dann muss im Migrationsgleichgewicht (9.2) der private Konsum in beiden Regionen gleich groß sein, $X_1 = X_2$. Nach (9.9) ist in diesem Fall die Effizienz der Bevölkerungsverteilung erreicht, wenn $F_N^1 = F_N^2$. Da ein Einwohner eine Einheit Arbeit anbietet und F_N^i die Steigerung des Outputs bei einer zusätzlichen Arbeitseinheit beschreibt, ist die Bevölkerung dann effizient verteilt, wenn die Grenzproduktivitäten der Arbeit in beiden Regionen gleich groß sind. Mit anderen Worten

150 Stiglitz (1977) hat gezeigt, dass diese notwendigen Bedingungen nicht hinreichend sind, um Randlösungen auszuschließen. Wir betrachten hier nur die inneren Lösungen.

wird damit der gesamte Output der Ökonomie $F_1 + F_2$ maximiert. In ⟶ Abbildung 9.1 ist diese effiziente Aufteilung durch $N_1 = N_1^*$ und $N_2 = N - N_1^*$ gegeben.

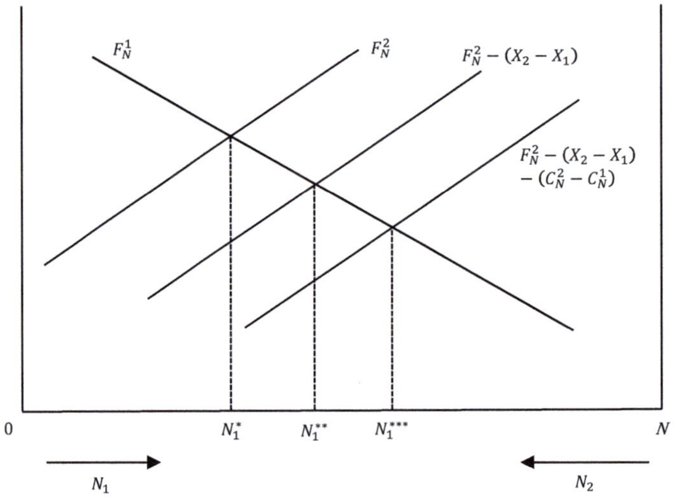

Abbildung 9.1: Effiziente Bevölkerungsverteilung für 2 Regionen

Fügen wir ein reines lokales öffentliches Gut in beiden Gebietskörperschaften hinzu, bei dem keine Ballungskosten entstehen, $C_N^1 = C_N^2 = 0$. Wird in der Gemeinde 1 mehr bereitgestellt als in Gemeinde 2, $G_1 > G_2$, dann muss im Migrationsgleichgewicht $X_1 < X_2$ gelten. Das heißt, ein Zuwanderer in Region 1 verbraucht weniger privaten Konsum, um gleich gut gestellt zu sein wie in Region 2. Nach (9.9) gilt dann $F_N^1 = F_N^2 - (X_2 - X_1)$ und die Produktivität eines zusätzlichen Einwohners in Region 1 ist im Migrationsgleichgewicht kleiner als in Region 2. Er muss also weniger Output produzieren, um seinen Konsum zu erwirtschaften, so dass alle bisherigen Einwohner von der Zuwanderung in ihrem Nutzen unberührt bleiben. Deshalb kann Region 1 mehr Einwohner aufnehmen und die optimale Aufteilung in ⟶ Abbildung 9.1 liegt nun bei $N_1 = N_1^{**}$.

Treten schließlich Überfüllungskosten bei den lokalen öffentlichen Gütern auf, dann muss der Nettoertrag, den ein zusätzlicher Einwohner erbringt, um diese Ballungskosten nach unten korrigiert werden. Sind die Ballungskosten in Region 2 größer als in Region 1, $C_N^2 > C_N^1$, dann kann die Grenzproduktivität in Region 1 noch einmal sinken, und wie ⟶ Abbildung 9.1 zeigt, sollten im Optimum noch mehr Einwohner in Region 1 leben: $N_1 = N_1^{***}$.[151]

Wenn andere Konsumgüter wie Wohnland oder landwirtschaftlicher Konsum hinzukommen, werden diese mit der Zahlungsbereitschaft in Einheiten des allgemeinen Konsumgutes (Numerairegutes) bewertet. Die Differenz dieser jeweiligen Nachfragen muss so berücksichtigt werden, dass in der Region, in der weniger nachgefragt wird, auch die Produktivität zur Erwirtschaftung dieses Konsums geringer sein kann und damit die optimale Einwohnerzahl ceteris paribus größer ist.

151 In ⟶ Abbildung 9.1 nehmen wir an, dass diese Überfüllungskosten konstant sind: $C_{NN}^i = 0$, $i = 1, 2$.

Wanderungsanreize durch effiziente Besteuerung

Bestimmen wir nun das Wettbewerbsgleichgewicht für diese Ökonomie. Jeder Gebietskörperschaft i ist ein Landstreifen $\bar{L}_i$ zugeordnet. $\bar{L}_i$ kann auch allgemein als fixe Ressource dieser Gebietskörperschaft interpretiert werden. Wir nehmen hier an, dass jedes Individuum in allen Gebietskörperschaften einen Anteil $1/N$ des Landstreifens besitzt, aus dem es eine Bruttorente R_i bezieht. Diese Pachtrente wird wohnsitzunabhängig bezogen und ist für jede Form der Verwendung des Landes (als Wohnland, industrieller oder agrarwirtschaftlicher Produktionsfaktor) identisch. Außerdem sind die Individuen Anteilseigner der landwirtschaftlichen Produktion und erhalten einen Anteil σ_i des Gewinns im Agrarsektor in einer Gebietskörperschaft i, wobei $0 \le \sigma_i \le 1$ für alle i. Der Gewinn ergibt sich aus dem Erlös des Agrarprodukts in Region i zum einheitlichen Preis P abzüglich des Pachtzinses, der für den Input Land gezahlt werden muss: $PA\left(L_i^A\right) - R_i L_i^A$. Auch der Gewinn fällt wohnsitzunabhängig an. Schließlich bietet das Individuum in jeder Gebietskörperschaft i eine Einheit Arbeit zum Lohnsatz W_i an, wenn es sich dort niederlässt.

Die Regierungen in den Gebietskörperschaften können zur Finanzierung ihrer Ausgaben eine Kopfsteuer T_i pro Einwohner, einen Lohnsteuersatz T_i^w, einen Landrentensteuersatz T_i^P oder einen Steuersatz auf den agrarischen Gewinn T_i^A ansetzen. Mit diesen Steuern werden die Kosten $C_i(N_i, G_i)$ des lokalen öffentlichen Gutes in Gebietskörperschaft i finanziert.

Ein Individuum bezahlt mit seinem Nettoeinkommen seine Ausgaben für den Konsum des allgemeinen Gutes X_i (wobei der Preis dieses Numerairegutes auf 1 normiert ist), des Wohnsitzlandes L_i zum Pachtzins R_i und des Agrargutes Y_i zum Preis P.[152] Die Budgetbeschränkung für ein Individuum in Gebietskörperschaft i ist dann:

$$X_i + R_i L_i + PY_i = \left(1 - T_i^w\right)W_i - T_i + \sum_j \left(1 - T_j^P\right)R_j \frac{\bar{L}_j}{N} + \sum_j \left(1 - T_j^A\right)\sigma_j\left(PA\left(L_j^A\right) - R_j L_j^A\right) \tag{9.10}$$

Wir nehmen an, dass ein Gleichgewicht existiert und untersuchen seine Effizienzeigenschaften. Das Gleichgewicht ist dadurch charakterisiert, dass alle Individuen sich in einer Gebietskörperschaft niedergelassen und ihren Wohnsitz nutzenmaximierend gewählt haben. Weiterhin gilt, dass kein Individuum einen Anreiz hat, seinen Wohnsitz zu verlassen, da die Einwohner überall den gleichen Nutzen erhalten. Wir befinden uns also in einem Migrationsgleichgewicht: $U(X_i, Y_i, L_i, G_i) = \bar{U}$ für alle i. Der Konsum wurde ebenfalls nutzenmaximierend bestimmt. Die Unternehmen haben das industrielle Konsumgut bzw. das Agrargut gewinnmaximierend produziert. Nachfrage und Angebot sind auf allen Märkten ausgeglichen. Aus der Maximierung des Nutzens (9.1) unter der Nebenbedingung (9.10) folgt:

152 Da die Individuen Landbesitzer sind, sind die Ausgaben für den Konsum von Land so zu verstehen, dass entweder Land zusätzlich zum eigenen Land zum Preis R_i hinzugepachtet wird, oder dass sie Opportunitätskosten bei Eigennutzung des Landes sind, also auf die Einnahme dieses Pachtzinses verzichtet werden muss.

$$\frac{U_Y^i}{U_X^i} = P, \frac{U_L^i}{U_X^i} = R_i \tag{9.11}$$

Die Maximierung des Gewinns $F_i(N_i, L_i^P) - W_i N_i - R_i L_i^P$ im industriellen Sektor und des Gewinns $PA(L_i^A) - R_i L_i^A$ im Agrarsektor ergeben die notwendigen Bedingungen:

$$F_N^i = W_i,\ F_{L^P}^i = R_i,\ PA_{L^A}^i = R_i \tag{9.12}$$

Aus (9.11) und (9.12) folgen die Bedingungen (9.8) für den effizienten Einsatz des fixen Faktors Land und des Agraroutputs in Konsum und Produktion:

$$\frac{U_L^i}{U_X^i} = R_i = F_{L^P}^i \tag{9.13}$$

$$\frac{U_Y^i}{U_X^i} = P = \frac{F_{L^P}^i}{A_{L^A}^i} \tag{9.14}$$

Die Bedingung (9.10) kann im Gleichgewicht mit (9.11) und (9.12) umgeschrieben werden zu:

$$W_i - X_i - R_i L_i - PY_i = F_N^i - X_i - \frac{U_L^i}{U_X^i} L_i - \frac{U_Y^i}{U_X^i} Y_i = T_i^w W_i + T_i + \sum_j \left(1 - T_j^P\right) R_j \frac{\bar{L}_j}{N}$$
$$+ \sum_j \left(1 - T_j^A\right) \sigma_j \left(PA\left(L_j^A\right) - R_j L_j^A\right) = T_i^w W_i + T_i + NI \tag{9.15}$$

wobei NI den Teil des Nettoeinkommens aller Individuen abkürzt, der wohnsitzunabhängig ist. Die Bedingung (9.9) für eine effiziente Verteilung der Bevölkerung kann dann nur erfüllt sein, wenn

$$T_i^w W_i + T_i - C_N^i = T_j^w W_j + T_j - C_N^j \text{ für alle } i, j \tag{9.16}$$

Außerdem muss die Steuerpolitik in den Gebietskörperschaften mit der Budgetbeschränkung vereinbar sein:

$$C_i(G_i, N_i) = T_i^w W_i N_i + T_i N_i + T_i^P R_i \bar{L}_i + T_i^A \left[PA\left(L_i^A\right) - R_i L_i^A\right] \text{ für alle } i \tag{9.17}$$

Die Kosten des lokalen öffentlichen Gutes in Gebietskörperschaft i werden durch die lokalen Steuern auf das Lohneinkommen der Einwohner, die Kopfsteuer aller Einwohner, die Steuern auf die Landrente und auf den Gewinn im Agrarsektor finanziert. Man kann nun mehrere Szenarien unterscheiden.

Szenario 1: Gehen wir zunächst davon aus, dass keine Ballungskosten der lokalen öffentlichen Güter existieren und nur Kopf- und Lohnsteuern erhoben werden, aber keine Landrenten- und

Gewinnsteuer: $C_N^i = 0,\ T_i^P = T_i^A = 0$, für alle i.[153] Das heißt, wir betrachten hier den Fall, in dem die Gebietskörperschaften nur über wohnsitzabhängige Steuern verfügen. Dann verlangt eine effiziente Bevölkerungsaufteilung nach (9.16), dass die Summe aus Kopf- und Lohnsteuer pro Einwohner in allen Gebietskörperschaften gleich hoch sein muss.[154] Das wird im Allgemeinen nicht der Fall sein, da die Kosten und die Mengen des lokalen öffentlichen Gutes in den Regionen unterschiedlich sein werden. Wenn zum Beispiel die Mengen G_i in verschiedenen Gebietskörperschaften zu unterschiedlichen Pro-Kopf-Kosten des lokalen öffentlichen Gutes führen, dann folgt mit (9.17):

$$T_i^w W_i + T_i = \frac{C_i(G_i, N_i)}{N_i} \neq \frac{C_j(G_j, N_j)}{N_j} = T_j^w W_j + T_j \text{ für } i \neq j \tag{9.18}$$

Im Fall reiner lokaler öffentlicher Güter mit $C_N^i = 0$ für alle i ist die Effizienzbedingung (9.16) dann nicht mehr erfüllt.

Der Grund, warum unterschiedliche Kopf- und Lohnsteuern in diesem Szenario zu einer ineffizienten Bevölkerungsverteilung führen, ist folgender. Der Nettobeitrag, den ein zusätzlicher Einwohner in einer Gebietskörperschaft leisten würde, wäre im Fall ohne Ballungskosten die Differenz zwischen der zusätzlichen Produktion, die er beisteuert, und dem gesamten privaten Konsum, den er verbraucht, d. h. der linken Seite von (9.15). Bei unterschiedlichen Nettobeiträgen sollten Individuen in die Gebietskörperschaft ziehen, in der sie einen höheren Nettobeitrag erzielen, da dadurch die Gesamtwohlfahrt erhöht wird. In ⟶ Abbildung 9.2 nehmen wir an, dass im Ausgangszustand N_1^0 der Nettobeitrag in Land 1 größer ist als in Land 2: $F_N^1 > F_N^2 - (X_2 - X_1)$.[155] Eine effiziente Bevölkerungsverteilung würde sich ergeben, wenn die Individuen von Land 2 nach Land 1 wandern würden, bis entsprechend der Bedingung (9.9) die Grenzproduktivitäten abzüglich des privaten Konsums wieder ausgeglichen wären. In ⟶ Abbildung 9.2 ist die effiziente Bevölkerungsaufteilung durch N_1^{Eff} gegeben. Nach der Budgetbeschränkung (9.15) heißt das aber, dass die Individuen von einem Niedrigsteuerland in ein Hochsteuerland wandern sollten: $T_1^w W_1 + T_1 > T_2^w W_2 + T_2$.

153 Dieser Fall wurde von Buchanan und Goetz (1972), Flatters et al. (1974), Bewley (1981) behandelt.

154 In diesem Modell haben Kopf- und Lohnsteuern dieselben Auswirkungen, da angenommen wird, dass das Arbeitsangebot und damit der Lohn exogen sind. Dann entstehen keine Verzerrungen der Entscheidung zwischen Arbeit und Freizeit, und eine Lohnsteuer entspricht einer unverzerrenden Pauschalsteuer.

155 In der ⟶ Abbildung 9.2 kürzen wir den gesamten privaten Konsum $X_i - L_i\frac{U_L^i}{U_X^i} - Y_i\frac{U_Y^i}{U_X^i}$ mit X_i ab.

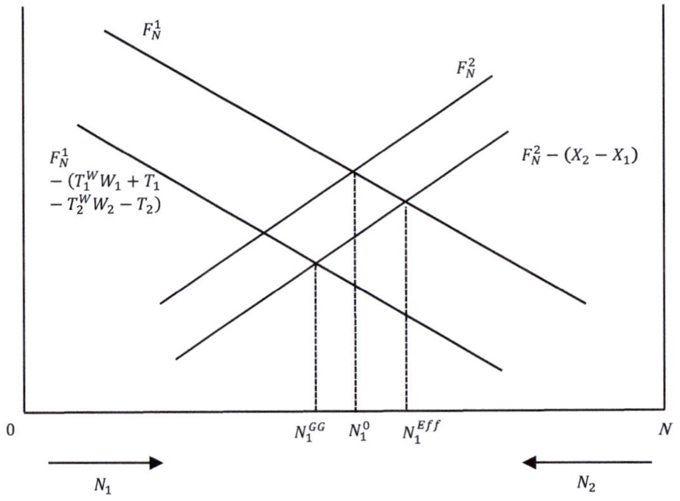

Abbildung 9.2: Ineffiziente wohnsitzabhängige Besteuerung ohne Ballungskosten

Im Migrationsgleichgewicht muss nach (9.2) der Nutzen in beiden Gebietskörperschaften ausgeglichen sein. Bei reinen öffentlichen Gütern führen die Steuern in beiden Regionen zu einer Nutzengleichheit, wenn der Lohn abzüglich der Steuern und der Konsumausgaben in den beiden Regionen gleich hoch ist: $W_1 - T_1^w W_1 - T_1 - X_1 = W_2 - T_2^w W_2 - T_2 - X_2$. Im Migrationsgleichgewicht muss der Vorteil eines höheren Einkommens abzüglich privater Konsumausgaben in Land 1 ausgeglichen werden durch den Nachteil einer höheren Steuer für das öffentliche Gut. Mit $F_N^i = W_i$ muss dann gelten: $F_N^1 - (T_1^w W_1 + T_1 - T_2^w W_2 - T_2) = F_N^2 - (X_2 - X_1)$. In → Abbildung 9.2 ist das neue Migrationsgleichgewicht durch die Bevölkerung N_1^{GG} in Land 1 gegeben, die damit ineffizient gering ist. Das heißt, mit der höheren Steuer treibt Land 1 die mobilen Einwohner aus dem Land, obwohl es effizient wäre, wenn mehr Individuen einwandern würden.

Flatters et al. (1974) haben diese Ineffizienz mithilfe einer fiskalischen Externalität erklärt. Nach (9.18) bedeuten höhere Steuern, dass ein zusätzlicher Einwohner die bisherigen Einwohner durch die Übernahme eines Anteils der Steuerlast stärker entlastet. Deshalb wäre es effizient, wenn eine Wanderung in Richtung der Länder mit höherer Steuer stattfindet. Da im Gleichgewicht die Individuen ihre Wanderungsentscheidung aber nur von ihrer eigenen Steuerlast abhängig machen und nicht berücksichtigen, dass sie mit ihrer Wanderung andere von den Kosten der Finanzierung des öffentlichen Gutes entlasten und deren Wohlfahrt erhöhen, wird das Gleichgewicht ineffizient sein. In Gebietskörperschaften mit höherer Steuer leben relativ zu wenige Einwohner im Vergleich zu Gebietskörperschaften mit geringerer Steuer.

Szenario 2: Weiterhin seien keine Ballungskosten vorhanden, aber jetzt stehen nur Landrenten- und Gewinnsteuer zur Verfügung, keine Lohn- und Kopfsteuer: $C_N^i = 0,\ T_i = T_i^W = 0$, für alle *i*. In diesem Fall ist die Bedingung (9.16) für die effiziente Bevölkerungsverteilung erfüllt, und die Budgetbeschränkung (9.17) wird bei unterschiedlicher Menge und Kosten des lokalen öffentlichen Gutes durch die jeweiligen Landrenten- und Gewinnsteuern in der Gebietskörperschaft eingehalten.

Die Effizienz in diesem Fall resultiert aus der Gleichheit der Nettobeiträge, die ein zusätzlicher Einwohner in allen Regionen erbringt. Diese entsprechen nämlich nach (9.15) dem wohnsitzunabhängigen Nettoeinkommen NI, das alle Individuen erhalten. Daher kann eine Wanderung auch keinen höheren Nettobeitrag erzielen, der einen Wohlfahrtsgewinn für andere bedeuten würde.

Szenario 3: Es existieren Ballungskosten und es werden nur Lohn- und Kopfsteuern verwendet: $C_N^i > 0$, $T_i^P = T_i^A = 0$, für alle i. Das Wanderungsgleichgewicht wird im Allgemeinen ineffizient sein. Wenn die regionalen Lohn- und Kopfsteuern zur Finanzierung der lokalen Ausgaben für das öffentliche Gut dienen, dann werden sie nur zufällig so hoch sein, dass sie die unterschiedlichen Ballungskosten internalisieren. D.h. (9.16) und (9.17) werden generell nicht simultan durch die lokalen Festsetzungen der Lohn- und Kopfsteuern erfüllt sein.

Es gibt allerdings einen Spezialfall, bei dem die Lohn- und Kopfsteuern nicht zufällig, sondern generell beide Bedingungen erfüllen. Wenn die Kosten der lokalen öffentlichen Güter proportional zur Nutzerzahl steigen: $C_i(G_i, N_i) = N_i \cdot c(G_i)$, dann folgt, dass die Durchschnittskosten den Grenzkosten entsprechen: $C_i / N_i = c(G_i) = C_N^i$. Werden die Lohn- und Kopfsteuer zur Finanzierung der lokalen öffentlichen Güter herangezogen, dann folgt aus (9.17): $T_i^w W_i + T_i = \frac{C_i}{N_i} = C_N^i$ für alle i, und damit die Bedingung (9.16). Noch allgemeiner gilt dieses Effizienzresultat, wenn die Einwohnerzahlen sich in allen Gebietskörperschaften so einstellen, dass die Pro-Kopf-Kosten des lokalen öffentlichen Gutes ihr Minimum erreichen. Das ist der Fall, den wir in ⟶ Kapitel 8.1 mit dem Modell von McGuire (1974) vorgestellt haben.

Zu berücksichtigen ist jedoch, dass eine Lohnsteuer nur äquivalent zu einer Kopfsteuer ist, solange der Lohn W_i für alle Einwohner gleich hoch ist. Bei individuell unterschiedlichen Löhnen aber identischen Ballungskosten in einer Gebietskörperschaft würde eine Lohnsteuer nicht zu einer effizienten Bevölkerungsverteilung führen. In dem Fall würde nur eine einheitliche Kopfsteuer effizient sein.

Szenario 4: Es gibt Ballungskosten und es werden Kopfsteuern in Höhe dieser Ballungskosten erhoben sowie Landrenten- und Gewinnsteuer zur restlichen Finanzierung des lokalen öffentlichen Gutes: $T_i = C_N^i > 0$, $T_i^w = 0$. In diesem Szenario wird Effizienz erreicht, da jede Gebietskörperschaft mit $T_i = C_N^i$ ihre Ballungskosten internalisiert und (9.16) erfüllt ist. Außerdem werden T_i^P und T_i^A bei gegebenen Kopfsteuern T_i so gewählt, dass die Budgetbedingung (9.17) erfüllt ist. Dieser Fall stellt die Erweiterung der Analyse aus ⟶ Kapitel 8.2 dar. Dort hatten wir nur Kopfsteuern und Landrentensteuern angenommen. Wenn die Individuen aber Gewinneinkommen beziehen, das sich wohnsitzunabhängig aus Gewinnbeteiligungen in allen Gebietskörperschaften ergibt, dann kann auch dieses zur Residualfinanzierung des lokalen öffentlichen Gutes herangezogen werden und zusammen mit der Kopfsteuer eine effiziente Besteuerung darstellen.

Szenario 5: Ballungskosten treten auf, und es werden nur Landrenten- und Gewinnsteuern erhoben: $C_N^i > 0$, $T_i = T_i^W = 0$, für alle i. Hier ist das Gleichgewicht im Allgemeinen ineffizient. Nur wenn die marginalen Ballungskosten der Gebietskörperschaften zufällig gleich hoch wären, z. B. wenn alle Gebietskörperschaften identische Einwohnerzahlen und Kostenfunktionen hätten, wäre Bedingung

(9.16) erfüllbar. Unterschiedliche Ballungskosten werden durch die wohnsitzunabhängigen Landrenten- und Gewinnsteuer nicht internalisiert und können nur zur Finanzierung des lokalen öffentlichen Gutes verwendet werden. Diese Steuern sind keine Lenkungssteuern, die die Migration beeinflussen können, sondern es sind reine Finanzierungssteuern.

Grund für die generelle Ineffizienz ist, dass ein Zuwanderer externe Überfüllungskosten für die ursprünglichen Einwohner verursacht, deren Konsumniveau und Qualität des lokalen öffentlichen Gutes nur dadurch aufrecht erhalten werden könnten, dass die Ausgaben dafür erhöht würden. Da dem Zuwanderer keine Steuern in Höhe dieser Ballungskosten abverlangt werden, wird er diese externen Kosten nicht berücksichtigen, und es kommt zu einer ineffizient hohen Zuwanderung.

Zusammenfassend lässt sich feststellen, dass eine effiziente Bevölkerungsaufteilung bei freier Wanderung einer mobilen Bevölkerung davon abhängt, welche lokalen Güter angeboten werden, welche Kostenstruktur diese Güter haben, ob Ballungskosten auftreten und welche Kombination von lokalen Steuern zur Finanzierung der öffentlichen Güter erhoben wird. Wenn der Konsum lokaler öffentlicher Güter keine Überfüllungskosten verursacht, dann wird eine effiziente Einwohnerverteilung durch eine Steuer auf fixe Produktionsfaktoren (wie im Modell Land) oder wohnsitzunabhängige Einkommen (wie im Modell Gewinn im Agrarsektor) erreicht. Dadurch entsteht eine Steuerlast nur bei den Eigentümern der fixen Faktoren oder Beziehern des Gewinneinkommens, wo auch immer sie leben. Kein mobiler Zuwanderer erzeugt dann eine Kostenersparnis für die bisherigen Einwohner, so dass auch keine externen Effekte durch die Einwanderung entstehen (Szenario 2). Wenn Ballungskosten auftreten, dann kann eine effiziente Ansiedlung von Einwohnern durch eine Kombination aus wohnsitzabhängigen Pauschalsteuern (wie im Modell Kopf- oder Lohnsteuern), die in Höhe der Überfüllungskosten erhoben werden, und wohnsitzunabhängigen Steuern, die zur restlichen Finanzierung der öffentlichen Güter herangezogen werden, bestehen (Szenario 4). Wenn zusätzlich konstante Pro-Kopf-Kosten des öffentlichen Gutes vorliegen, dann reicht auch eine Kopfsteuer, um Effizienz zu erzielen (Szenario 3).

9.1.1 Wohnsitzabhängige Steuern und *Fiscal Zoning*

Wohnsitzabhängige lokale Steuern in Deutschland sind die Grundsteuer, die Grunderwerbsteuer und die Zweitwohnsitzsteuer, die auf Gemeindeebene bzw. Bundeslandebene erhoben werden.[156] Sie können die Ballungskosten internalisieren und damit eine effiziente Ansiedlung von Haushalten bewirken. Zu beachten ist, dass diese Steuern nur effizient bezüglich der Mobilitätsentscheidungen sind, denn sie verzerren gleichzeitig die Nachfrage nach Grundstücken bzw. Miet- und Eigentumswohnungen. Ähnliches gilt für die Property Tax und Income Tax in den Vereinigten Staaten und in Kanada, die auf Ebene der Bundesstaaten bzw. Provinzen anfallen.

Wenn es nicht nur um die effiziente Ansiedlung von Einwohnern, sondern auch die effiziente Niederlassung von Unternehmen geht, zählt die Gewerbesteuer zu den Steuerarten, die dieses Ziel befördert. Sie ist eine Gemeindesteuer auf den Gewinn von Unternehmen, die sich in der Kommune niederlassen, und kann dazu dienen, Überfüllungskosten von Unternehmen zu internalisieren, die durch den Gebrauch von lokaler Infrastruktur oder anderen öffentlichen Inputs entstehen.

Steuern, die eine Verzerrung der Nachfrageentscheidungen bewirken, sind nur näherungsweise vergleichbar mit Kopfsteuern und erreichen nicht die gleiche Effizienz wie diese. Um den

156 Die Grunderwerbsteuer wird von den Bundesländern erhoben und kann an die Kommunen weitergereicht werden.

Unterschied besser zu verstehen, kann man sich fragen, unter welchen Bedingungen zum Beispiel einen Grundsteuer oder Property Tax ein vollkommenes Substitut für eine Kopfsteuer wäre.

Dazu betrachten wir in ⟶ Abbildung 9.3 folgendes Beispiel von Wildasin (1986, Kap. 2.4). Angenommen ein Grundstücksmarkt in einer Ökonomie befinde sich in einem effizienten Gleichgewicht. Die Haushalte in jeder Gebietskörperschaft fragen Grundstücke elastisch nach (Nachfrage D), die bei vollkommenem Wettbewerb angeboten werden (Angebot A). Im Gleichgewicht sei der Brutto- oder Konsumentenpreis gleich P_0 und die Größe der Grundstücke, die im Gleichgewicht gekauft und genutzt werden, sei L_0.

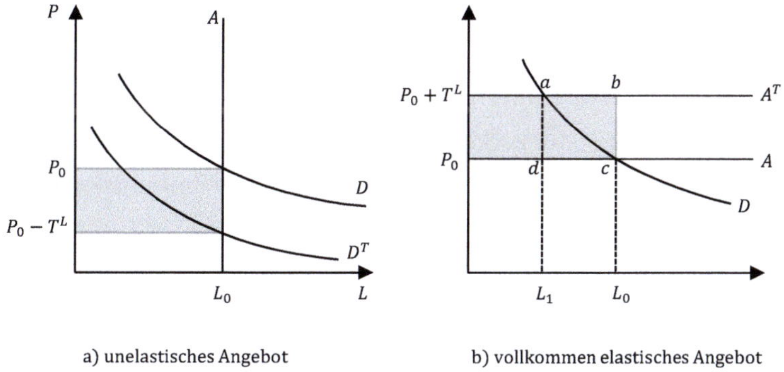

Abbildung 9.3: Die Verwendung von Flächennutzungsplänen auf dem Grundstücksmarkt (*Fiscal Zoning*)

Weiterhin sei angenommen, dass die Gebietskörperschaften eine Kopfsteuer, die in Höhe der Ballungskosten eines neuen Einwohners erhoben wird, durch eine Grundsteuer ersetzen wollen. Diese werde der Einfachheit halber pro Quadratmeter des Grundstücks mit dem Steuersatz T^L erhoben. Die Theorie der Inzidenz von Steuern[157] lässt erwarten, dass die Wirkung dieser Grundsteuer auf das Gleichgewicht im Grundstücksmarkt unter anderem von der Elastizität des Angebots abhängt. In ⟶ Abbildung 9.3a haben wir angenommen, dass das Grundstücksangebot vollkommen unelastisch ist. In diesem Fall wird die Steuerlast der Grundsteuer vollständig auf die Anbieter überwälzt, da der Nettopreis, den sie erhalten, genau um den Steuerbetrag sinkt und der Bruttopreis der Nachfrager unverändert bleibt. Es folgt also keine Verzerrung des Grundstückerwerbs durch die Grundsteuer. Die Grundsteuer ist dann äquivalent zu einer Kopfsteuer, die annahmegemäß in Höhe der Ballungskosten von den Haushalten erhoben wird (graues Rechteck). Wenn gleichzeitig der feste Bestand an Grundstücken einhergeht mit einer fixen Bevölkerung in der Gebietskörperschaft, dann ändern sich auch nicht die Überfüllungskosten, und die effiziente Verteilung der Bevölkerung bleibt erhalten.

Nimmt man hingegen wie in Abbildung 9.3b an, dass das Angebot vollkommen elastisch ist, dann tragen die Nachfrager die Steuerlast. Der Bruttopreis steigt im Gleichgewicht auf $P_0 + T^L$ und die Nachfrage sinkt auf L_1. Die Konsumentenrente geht um die Fläche $\left(P_0 + T^L\right) acP_0$ zurück, und die Steuer, die die Konsumenten zahlen, beträgt $\left(P_0 + T^L\right) adP_0$. Es entsteht ein Effizienzverlust in Höhe von acd. Die Grundsteuer hat zwar einen Einfluss auf die Ansiedlung von Haushalten, da sie Kosten in Höhe des Verlusts an Konsumentenrente verursacht. Aber sie kann nur einen Teil der Ballungskosten internalisieren, da der Rückgang der Konsumentenrente geringer ist als die Ballungskosten $\left(P_0 + T^L\right) bcP_0$. Das heißt, solange die Elastizität des Angebots an Grundstücken

157 Siehe zum Beispiel Homburg (2015), Kapitel 4.

positiv ist, entsteht eine Verzerrung durch die Grundsteuer, so dass sie die Ballungskosten nur zum Teil internalisiert und nicht die volle Effizienz einer Kopfsteuer erreicht.

Gebietskörperschaft können in Flächennutzungs- und Bebauungsplänen Beschränkungen beschließen, die vorschreiben, dass Grundstücke nur ab einer bestimmten minimalen Größe und unter bestimmten qualitativen Bebauungsvorschriften erworben werden können. Wenn zum Beispiel alle Haushalte trotz des Grundsteuersatzes T^L nur Grundstücke mit mindestens der Fläche L_0 erwerben können, dann würden diese Haushalte eine Grundsteuer in Höhe von $T^L L_0$ zahlen, die der vorherigen Kopfsteuer und den Ballungskosten entspricht. Die Anreize sich anzusiedeln wären also bei der Grundsteuer dieselben wie bei der Kopfsteuer, es gäbe keine Verzerrungen wegen der Flächenrestriktion und Effizienz würde vollumfänglich erreicht.

Diese Art von Mengenrestriktion im Konsum von Grundstücken wird **Fiscal Zoning** genannt.[158] Mit dieser Regelung wird eine Grundsteuer effizient, wenn die Haushalte auch in Gegenwart der Steuer die Grundstücksflächen nachfragen, die sie beim Preis P_0 nachfragen würden, und wenn das Steueraufkommen $T^L L_0$ so hoch ist wie die Ballungskosten eines Haushalts. In diesem Fall ist eine Grundsteuer äquivalent zu einer Kopfsteuer, die die Ballungskosten internalisiert.

9.1.2 Wohnsitzunabhängige Steuern

Wohnsitzunabhängige Steuern wurden im Modell durch Steuern auf fixe Produktionsfaktoren (wie die Landrentensteuern) oder Steuern auf Gewinn repräsentiert, die an der Quelle ihrer Entstehung und damit unabhängig vom Wohnsitz anfallen.

Es wurde gezeigt, dass beide Steuern eine effiziente Bevölkerungsverteilung unter bestimmten Bedingungen bewirken können. So ändert sich das Aufkommen einer Steuer auf Gewinn- oder Kapitaleinkommen in einer Gebietskörperschaft nicht, wenn der Bezieher des Einkommens in die Gebietskörperschaft einwandert oder abwandert. Die Wanderungsentscheidung kann deshalb keine fiskalischen externen Effekte auf die anderen Einwohner zur Folge haben. Allerdings können einige Quellensteuern andere Formen der Ineffizienz verursachen. So kann eine lokale Steuer auf Kapitaleinkommen die effiziente Allokation von Kapital über die Gebietskörperschaften verzerren, da Kapital von Hochsteuer- zu Niedrigsteuerregionen fließen wird (⟶ Kapitel 9.2), oder die effiziente Unternehmensansiedlung kann durch unterschiedliche Gewinnsteuern verzerrt werden.

Vergleichbare wohnsitzunabhängige Steuern sind innerhalb Deutschlands die Einkommensteuer, die Körperschaftsteuer und die Mehrwertsteuer, die als Gemeinschaftssteuern neutral bezüglich der Ansiedlungsentscheidungen von Haushalten sind und auf Bund, Länder und Gemeinden[159] aufgeteilt werden. In einigen US-Bundesstaaten und kanadischen Provinzen fallen zudem auch solche Steuern unter diese Kategorie, die auf natürliche Ressourcen (Öl, Kohle etc.) erhoben werden.[160]

Aber nicht nur Steuern können zum Lenkungsinstrument für eine effiziente Bevölkerungsverteilung eingesetzt werden. In Ländern, in denen es einen Finanzausgleich zwischen Bundesländern oder Kommunen gibt, werden steuerliche Einnahmen noch einmal umverteilt. Auch dadurch

158 Siehe Hamilton (1975), Mills und Oates (1975) und Calabrese et al. (2007).

159 Die Körperschaftsteuer wird nur auf Bund und Länder aufgeteilt.

160 Allerdings gibt es hier auch eine dynamische Perspektive. Solche Steuern können den Abbau bzw. die Förderung von natürlichen Ressourcen verzerren. Siehe Jensen et al. (2015).

können Anreize für Mobilitätsentscheidungen gesetzt werden, die eine optimale Ansiedlung von Einwohnern in den Gebietskörperschaften bewirken können.

▸ Appendix 9.1 | Effiziente Bevölkerungsverteilung

Die Lagrangefunktion des Maximierungsproblems lautet:

$$\max_{X_i, Y_i, L_i, N_i, G_i, L_i^P, L_i^A} \mathcal{L} = U_k(X_k, Y_k, L_k, G_k) - \sum_i \lambda_i [\bar{U} - U_i(X_i, Y_i, L_i, G_i))] - \mu\left[\sum_i \left(N_i X_i + C_i(G_i, N_i) - F_i\left(N_i, L_i^P\right)\right)\right] - \sum_i \gamma_i\left(N_i L_i + L_i^P + L_i^A - \bar{L}_i\right) - \nu\left(\sum_{i=1}^{Z} N_i - N\right) - \rho\left[\sum_i \left(N_i Y_i - A_i\left(L_i^A\right)\right)\right]$$

Die Bedingungen erster Ordnung für ein Nutzenmaximum sind:

$$X_k:\ U_X^k(1 + \lambda_k) - \mu N_k = 0 \tag{A.9.1}$$

$$X_i:\ \lambda_i U_X^i - \mu N_i = 0 \text{ für } i = 1, \ldots, Z,\ i \neq k \tag{A.9.2}$$

$$G_k:\ U_G^k(1 + \lambda_k) - \mu C_G^k = 0 \tag{A.9.3}$$

$$G_i:\ \lambda_i U_G^i - \mu C_G^i = 0 \text{ für } i = 1, \ldots, Z,\ i \neq k \tag{A.9.4}$$

$$L_k:\ U_L^k(1 + \lambda_k) - \gamma_k N_k = 0 \tag{A.9.5}$$

$$L_i:\ \lambda_i U_L^i - \gamma_i N_i = 0 \text{ für } i = 1, \ldots, Z,\ i \neq k \tag{A.9.6}$$

$$Y_k:\ U_Y^k(1 + \lambda_k) - \rho N_k = 0 \tag{A.9.7}$$

$$Y_i:\ \lambda_i U_Y^i - \rho N_i = 0 \text{ für } i = 1, \ldots, Z,\ i \neq k \tag{A.9.8}$$

$$L_i^P:\ \mu F_{L^P}^i - \gamma_i = 0 \text{ für } i = 1, \ldots, Z \tag{A.9.9}$$

$$L_i^A:\ \rho A_{L^A}^i - \gamma_i = 0 \text{ für } i = 1, \ldots, Z \tag{A.9.10}$$

$$N_i:\ -\mu\left(X_i + C_N^i - F_N^i\right) - \nu - \gamma_i L_i - \rho Y_i = 0 \text{ für } i = 1, \ldots, Z \tag{A.9.11}$$

Aus (A.9.1) und (A.9.3) sowie (A.9.2) und (A.9.4) folgt die Samuelson-Regel:

$$N_i \frac{U_G^i}{U_X^i} = C_G^i \text{ für alle } i \tag{A.9.12}$$

Aus (A.9.5) und (A.9.1) gemeinsam mit (A.9.6) und (A.9.2) folgt $\frac{U_L^i}{U_X^i} = \frac{\gamma_i}{\mu}$ für alle *i*. Aus (A.9.7) und (A.9.1) sowie aus (A.9.8) und (A.9.2) folgt $\frac{U_Y^i}{U_X^i} = \frac{\rho}{\mu}$ für alle *i*. Aus (A.9.5) und (A.9.7) sowie aus (A.9.6) und (A.9.8) folgt $\frac{U_L^i}{U_Y^i} = \frac{\gamma_i}{\rho}$ für alle *i*. Aus (A.9.9) folgt $F_{L^P}^i = \gamma_i/\mu$ und aus (A.9.10) $A_{L^A}^i = \gamma_i/\rho$. Daraus folgt bei effizientem Einsatz von Land in der industriellen, in der agrarischen Produktion und im Konsum, dass die Grenzrate der Substitution gleich der Grenzrate der Transformation zwischen Land und einerseits dem allgemeinen Gut und andererseits dem agrarischen Gut sein muss:

$$\frac{U_L^i}{U_X^i} = F_{L^P}^i, \quad \frac{U_L^i}{U_Y^i} = A_{L^A}^i \tag{A.9.13}$$

Aus (A.9.13) folgt, dass die Grenzrate der Substitution zwischen allgemeinem privatem und agrarischem Konsum dem Verhältnis der Grenzproduktivitäten des Landeinsatzes für die Produktion dieser beiden Konsumgüter entsprechen muss:

$$\frac{U_Y^i}{U_X^i} = \frac{F_{L^P}^i}{A_{L^A}^i} \tag{A.9.14}$$

Aus (A.9.11) folgt:

$$F_N^i - X_i - C_N^i = \frac{\nu}{\mu} + \frac{\gamma_i}{\mu} L_i + \frac{\rho}{\mu} Y_i$$

Einsetzen von $\frac{U_Y^i}{U_X^i} = \frac{\rho}{\mu}$ sowie $\frac{U_L^i}{U_X^i} = F_{L^P}^i = \frac{\gamma_i}{\mu}$ und Umstellen ergibt:

$$F_N^i - \left(X_i + \frac{U_L^i}{U_X^i} L_i + \frac{U_Y^i}{U_X^i} Y_i \right) - C_N^i = \frac{\nu}{\mu} \text{ für } i = 1, \ldots, Z \tag{A.9.15}$$

Der Nettoertrag eines Einwohners muss bei effizienter Bevölkerungsverteilung in allen Regionen gleich hoch sein.

9.2 Mobiles Kapital und Steuerwettbewerb

In einer Welt mit mobilem Kapital stehen viele Länder und Regionen im Wettbewerb um dieses Kapital, um ihre Produktion und ihren Wohlstand zu erhöhen. Stellen wir uns eine Vielzahl von identischen Ländern mit jeweils kleinem Kapitalmarktanteil vor. Die Investition von Kapital richtet sich nach dem höchsten Nettoertrag, den dieses Kapital in irgendeinem Land erzielt. Im Gleichgewicht muss das Kapital in allen Ländern den gleichen Nettoertrag einbringen, weil sonst weitere Ab- oder Zuflüsse von Kapital solange stattfinden würden, bis sich die Erträge angeglichen haben. Diese Nettoerträge bestehen aus der Bruttoverzinsung der Kapitalanlage abzüglich einer Steuer auf Kapital, die jedes Land individuell erhebt. Was passiert nun, wenn ein Land seine Kapitalsteuer senkt, um damit weiteres Kapital anzuziehen? Wir werden im Folgenden sehen, dass dann ein Wettbewerb um Kapital durch wechselseitige Steuersenkung (*race to the bottom*) stattfindet, der zu einem Wohlfahrtsverlust für alle Länder führt.[161] Die grundlegenden Arbeiten, die diesen negativen Wohlfahrtseffekt des Steuerwettbewerbs zwischen Ländern oder allgemein Gebietskörperschaften gezeigt haben, stammen von Zodrow und Mieszkowski (1986) und Wilson (1986).[162] Wir stellen das Modell hier in vereinfachter Form vor.

9.2.1 Kleine Regionen

Wir betrachten einen föderalen Staat mit N identischen kleinen Regionen, $i = 1, 2, ..., N$, wobei jede einzelne Region keinen Einfluss auf den Weltkapitalmarktzins hat. In jeder Region gibt es einen fixen Produktionsfaktor Arbeit: L, der auf eins normiert wird: $L = 1$. In der gesamten Ökonomie gibt es einen Kapitalstock $\bar{K}$. Dieses Kapital ist vollkommen mobil zwischen den Regionen und erzielt im Gleichgewicht überall die gleiche Nettorendite R. In jeder Region wird die gleiche Menge Kapital K eingesetzt, so dass $NK = \bar{K}$. Mit diesen beiden Produktionsfaktoren wird in jeder Region von Unternehmen, die sich in vollkommenem Wettbewerb befinden, ein homogener Output erzeugt. Die Produktion findet gemäß einer linear-homogenen Produktionsfunktion $F(K)$ statt, bei der der fixe Arbeitsinput nicht ausgewiesen wird und positive aber abnehmende Grenzproduktivität besteht: $F'(K) > 0, F''(K) < 0$. Das homogene Gut kann entweder als privates Konsumgut X oder als öffentliches Gut G verwendet werden: $F(K) = X + G$. Die Grenzrate der Transformation zwischen öffentlichem und privatem Gut, also das Verhältnis, in dem sie in der effizienten Produktion gegeneinander ausgetauscht werden können, ist also $GRT_{G,X} = 1$.

Die lokalen Regierungen finanzieren das öffentliche Gut über eine Quellensteuer auf das Kapital. Die Budgetbeschränkung in einer Region lautet:

$$G = T \cdot K \tag{9.19}$$

wobei T eine Mengensteuer auf Kapital ist.

Das repräsentative Unternehmen muss die Kapitalkosten in Form der Zinskosten R und der Kapitalsteuer T berücksichtigen. Außerdem treten bei gegebenem Lohn W in der Produktion Lohnkosten in Höhe von $WL = W$ auf. Zinsen, Steuer und Lohn sind aus Sicht des einzelnen

161 Steuerwettbewerb kann bei sogenannten Leviathan-Regierungen, die ihr Steueraufkommen maximieren wollen, auch mäßigend wirken und damit die Wohlfahrt erhöhen. Siehe dazu Kapitel 16.

162 Diese Analyse ist in viele Richtungen erweitert worden, zum Beispiel von Hoyt (1991) und Bucovetsky und Wilson (1991). Für einen Überblick zur Theorie des Steuerwettbewerbs siehe Wilson (1999) und Wilson und Wildasin (2004).

Unternehmens exogen gegeben. Das Unternehmen wählt in jeder Region seine Nachfrage nach Kapital so, dass der Gewinn maximiert wird:

$$\max_{K} F(K) - (R + T)K - W \tag{9.20}$$

Die optimale Kapitalnachfrage ergibt sich dann aus der Bedingung erster Ordnung:

$$F'(K) = R + T \tag{9.21}$$

Die Grenzproduktivität des Kapitals muss im Gewinnmaximum den Kosten einer Kapitaleinheit entsprechen. Letztere ist die Bruttorendite, die sich aus der Nettorendite R und der Steuer T zusammensetzt. Gleichung (9.21) definiert implizit die eingesetzte Kapitalmenge in einer Region in Abhängigkeit von den Kapitalkosten, $K(R + T)$:

$$F'(K(R + T)) = R + T \tag{9.22}$$

Die Ableitung von (9.22) nach $R + T$ ergibt, wie sich die Kapitalnachfrage ändert, wenn sich die Nettorendite oder die Steuer marginal erhöhen:

$$K'(R + T) = \frac{1}{F''(K)} < 0 \tag{9.23}$$

Die Kapitalnachfrage geht also um $1/F''$ zurück, wenn der Zins R oder die Steuer T um eine Einheit steigen.

Die Regionen befinden sich in einem Wettbewerb um Kapital. Jede Region versucht, Kapital durch eine entsprechende Steuersetzung anzuziehen. Dabei ist jede Region relativ zur gesamten Ökonomie so klein, dass eine lokale Regierung davon ausgeht, eine Änderung ihres Steuersatzes würde keine Reaktion bei den anderen lokalen Regierungen hervorrufen (Nash-Annahme). Außerdem impliziert die Kleinheit der Region, dass ihre Steuerpolitik keinen Effekt auf die Nettorendite des Kapitals hat.

Eine lokale Regierung maximiert den Nutzen des repräsentativen Einwohners. Dazu wählt sie die Menge des öffentlichen Gutes und die Kapitalsteuer unter Einhaltung der Budgetbeschränkung (9.19). Der Nutzen eines Einwohners hängt vom Konsum des privaten Gutes X und des öffentlichen Gutes G ab: $U(X, G)$. Die Nutzenfunktion U ist streng quasikonkav. Beide Güter seien normale Güter, d. h., ihre Nachfrage steigt mit höherem Einkommen.

Der repräsentative Einwohner einer Region bietet eine Einheit Arbeit an und erhält dafür den Lohn W. Aus der linearen Homogenität der Produktionsfunktion folgt, dass die mit ihren Grenzproduktivitäten multiplizierten Inputmengen dem Output entsprechen. Daraus folgt bei Gewinnmaximierung das Ausschöpfungstheorem, nach dem der Erlös aus dem Output zum Preis von Eins die Kosten der Produktion gerade abdeckt. Mit anderen Worten ist der maximale Gewinn des Unternehmens gleich Null:

$$F(K) = W + KF'(K) \tag{9.24}$$

Damit kann der Lohn unter Verwendung von (9.21) geschrieben werden als:

$$W = F(K) - (R + T)K \tag{9.25}$$

Außerdem besitzt der Einwohner einer Region den gleichen Anteil am Gesamtkapital $\bar{K}$ wie die repräsentativen Einwohner der anderen Regionen. Dieser Anteil am Kapital kann in allen Regionen verstreut investiert sein. Sein Kapitaleinkommen beträgt $R \cdot (\bar{K}/N)$. Aus seinem gesamten Einkommen $W + R \cdot (\bar{K}/N)$ finanziert der repräsentative Einwohner seinen privaten Konsum:

$$X = F(K) - (R + T)K + R \cdot (\bar{K}/N) \tag{9.26}$$

Setzt man diese individuelle Budgetbeschränkung (9.26) und für G die staatliche Budgetbeschränkung (9.19) in die Nutzenfunktion ein, so erhält man die Zielfunktion der lokalen Regierung:

$$U(F(K) - (R + T)K + R \cdot (\bar{K}/N), TK) \tag{9.27}$$

Nach Einsetzen der Kapitalnachfrage aus (9.22) maximiert die lokale Regierung den indirekten Nutzen ihrer Einwohner, um die Steuer zu bestimmen:

$$\max_T U(F(K(R + T)) - (R + T) \cdot K(R + T) + R \cdot (\bar{K}/N), TK(R + T)) \tag{9.28}$$

Die Bedingung erster Ordnung für diese Steuer ist:

$$U_X \cdot ((F' - (R + T)) \cdot K' - K) + U_G \cdot (K + T \cdot K') = 0 \tag{9.29}$$

wobei U_X und U_G die partiellen Ableitungen der Nutzenfunktion nach X und G bezeichnen und K' die Ableitung der Kapitalnachfrage nach T ist: $K' = \frac{dK}{d(R+T)} \cdot \frac{d(R+T)}{dT}$ mit $\frac{d(R+T)}{dT} = 1$.
Nach Berücksichtigung von (9.22) folgt aus (9.29):

$$U_G \cdot (K + T \cdot K') - U_X K = 0 \tag{9.30}$$

Verwendet man die Elastizität der Kapitalnachfrage: $\varepsilon = K' \cdot \frac{R+T}{K} < 0$ und definiert den Steueranteil an den Kapitalkosten $\tau \equiv T/(R + T)$, dann folgt aus (9.30):

$$\frac{U_G}{U_X} \equiv GRS_{G,X} = \frac{K}{K + T \cdot K'} = \frac{1}{1 + \tau\varepsilon} > 1 \tag{9.31}$$

Effizient wäre eine Bereitstellung mit dem öffentlichen Gut, wenn die Grenzrate der Substitution der Grenzrate der Transformation entsprechen würde: $GRS_{G,X} = GRT_{G,X} = 1$. Da hier eine Steuer gewählt wird, bei der die GRS größer als Eins ist, kommt es zu einer Unterversorgung mit dem öffentlichen Gut. Im Vergleich zur effizienten Lösung wird zu wenig von G bereitstellt.

Die Intuition für dieses Ergebnis ist folgende. Jede lokale Regierung befürchtet eine Abwanderung von Kapital aus ihrer Region, wenn sie den Steuersatz erhöht. Wird der Steuersatz T um eine Einheit erhöht, dann steigt das Steueraufkommen nicht um K Einheiten, da Kapital abwandert. Stattdessen steigt das Steueraufkommen nur um $K + TK' < K$. Soll das Steueraufkommen um K steigen, dann muss der Steuersatz um mehr als eine Einheit erhöht werden. Das heißt, der private Konsum muss um mehr als eine Einheit zurückgehen, damit eine zusätzliche Einheit des öffentlichen Gutes bereitgestellt werden kann: Die Grenzkosten des öffentlichen Gutes sind aus Sicht der einzelnen Regierung größer als Eins. Darum muss im Optimum der Grenznutzen des öffentlichen Gutes (die Grenzrate der Substitution) auch größer als Eins sein, was durch ein geringeres Versorgungniveau von G erreicht wird.

Die ⟶ Abbildung 9.4 illustriert diese Unterversorgung mit dem öffentlichen Gut. Die Gerade ab gibt die Produktionsmöglichkeiten in der Ökonomie an. Ihre Steigung stellt die Grenzrate der Transformation dar, bei der eine Einheit des öffentlichen Gutes mehr produziert werden kann, wenn eine Einheit des privaten Gutes weniger produziert wird. Aus Sicht einer einzelnen Region ist dieses Austauschverhältnis aber nicht Eins zu Eins, sondern wird durch die Steigung der Gerade $a'b'$ dargestellt: Für eine Einheit des öffentlichen Gutes muss mehr als eine Einheit des privaten Gutes aufgegeben werden. Der Grund ist, dass aus Sicht der einzelnen Region die Steuer auf Kapital verzerrend wirkt. Sie verringert nicht nur das Nettoeinkommen für den privaten Konsum, sondern als Quellensteuer auf Kapital treibt sie auch Kapital aus der Region heraus. Dadurch verringert sich die Möglichkeit des privaten Konsums noch stärker und die Region wählt eine geringere Menge des öffentlichen Gutes: $G^{Steuerwettb}$ statt $G^{Effizienz}$. Die Nutzendifferenz zwischen $U^{Effizienz}$ und $U^{Steuerwettb}$ ist der Wohlfahrtsverlust, der durch den Steuerwettbewerb entsteht.

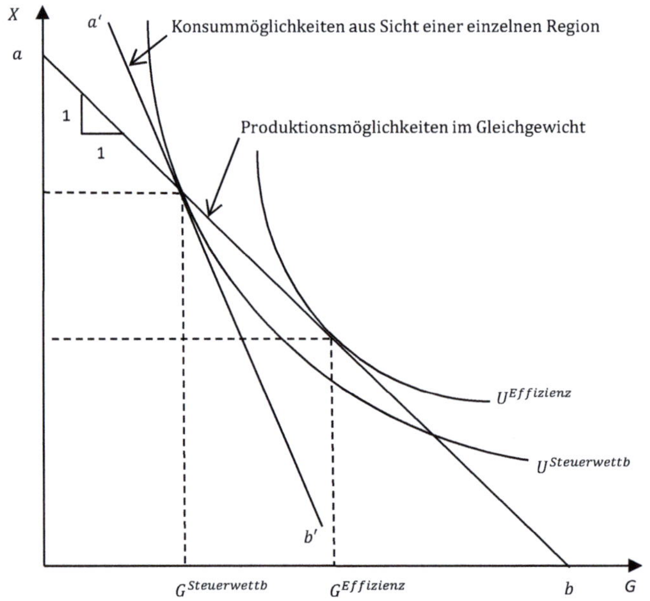

Abbildung 9.4: Unterversorgung mit dem öffentlichen Gut bei Steuerwettbewerb

Aus Sicht der Region verzerrt die Kapitalsteuer die Kapitalallokation, obwohl aus Sicht der gesamten Ökonomie der Kapitalstock gegeben und die Steuer daher nicht verzerrend ist. Die lokalen Regierungen versuchen durch Steuersenkungen, sich gegenseitig Kapital streitig zu machen. Aber nur die relative Senkung des Steuersatzes im Vergleich zum Steuersatz der konkurrierenden Regionen führt hier vorübergehend zum Erfolg. Andere Regionen werden reagieren und ihre Steuern ebenfalls senken, um das Kapital zurückzuholen. Dieser Wettbewerb um Kapital durch wechselseitige Steuersenkungen führt zu einem Wettlauf der Steuern auf ein Minimum. Dieses Minimum kann Null sein oder ein absolutes Mindestmaß, das jede Region zur Finanzierung von unerlässlichen Staatsaufgaben benötigt. Am Ende dieses Wettlaufs befinden sich alle Nettoerträge von Kapital in den einzelnen Regionen wieder auf gleichem Niveau. Keine Region hat durch ihre

Steuersenkung einen Vorteil beim relativen Kapitalanteil erzielt, und die Kapitalaufteilung ist wieder so, wie zu Beginn des Wettlaufs. Der Unterschied ist nur, dass alle Regionen nun über weniger Steuern zur Finanzierung ihrer Aufgaben verfügen. Damit geht ein Wohlfahrtsverlust der Regionen einher, da die Bevölkerung nun schlechter mit öffentlichen Gütern versorgt wird. Dies ist der Wohlfahrtsverlust, der durch Kapitalsteuerwettbewerb entstehen kann.

Steuerkoordination

Eine Möglichkeit, den Wohlfahrtsverlust beim Steuerwettbewerb zu verringern, ist eine Steuerkoordination unter den Regionen. Wenn alle Regionen ausgehend von einem symmetrischen Gleichgewicht am Ende eines Steuerwettbewerbs den Kapitalsteuersatz koordiniert um dT erhöhen, kann die Wohlfahrt gesteigert werden.

Da im Gleichgewicht die Steuersätze der Regionen wieder einheitlich sind: $T_i = T$ für alle i, und die Erhöhung der Steuersätze nun koordiniert vorgenommen wird: $dT_i = dT$, bleibt die Allokation des Kapitals unter den Regionen unverändert. Es gibt keine relativen Unterschiede der Besteuerung zwischen den Regionen. Die Steuererhöhung führt zu höheren Einnahmen in allen Regionen um $K \cdot dT$. Der Nutzen eines repräsentativen Einwohners aus (9.27) steigt dann um:

$$(U_G - U_X) \cdot K dT > 0 \tag{9.32}$$

Beachte, dass im Gleichgewicht nach (9.31) $U_G > U_X$ sein muss. Die Wohlfahrt steigt durch diese koordinierte Steueranhebung, da im Nash-Gleichgewicht die Steuern zu niedrig sind.

Eine solche Koordinierung kann allerdings nur durch einen Zentralstaat erzwungen werden. Freiwillig würden die Regionen eine Vereinbarung zu einer solchen Koordinierung nicht einhalten. Denn der Anreiz einer Region, durch eine Steuersenkung wieder Kapitalvorteile zu erlangen, bleibt bestehen. Wir befinden uns hier in einem Gefangenendilemma. Jede Region strebt individuell eine höhere Attraktivität für Kapitalinvestitionen an, indem sie ihre Steuern senkt. Im Gleichgewicht führt dies aber nicht zu einem Vorteil, da alle Regionen sich nur wechselseitig herunterkonkurrieren, aber keinen dauerhaften Vorteil erzielen. Im Endeffekt landen alle Regionen in einem für sie schlechten Gleichgewicht. Dieses Trittbrettfahrerverhalten kann nur überwunden werden, wenn eine Zentralregierung die Regionen dazu zwingt, ihre Steuern nicht zu senken oder sogar zu erhöhen. Sie müssen also entgegen ihren eigenen Anreizen zu einem Verhalten gezwungen werden, das sie alle besser stellt.

9.2.2 Große Regionen

Bisher haben wir kleine Regionen betrachtet, die keinen Einfluss auf den Kapitalmarktzins hatten. Wir betrachten jetzt zwei große Regionen $i = A, B$, die jeweils die Nettorendite des Kapitals R beeinflussen können, weil ihr Kapitalmarkt relativ zum gesamten Kapitalmarkt hinreichend groß ist. Der Nettozins wird damit abhängig von den Steuern der Regionen: $R(T_A, T_B)$, wobei T_i der Steuersatz der Region i ist.

Das gesamte Kapital in der Ökonomie sei $\overline{K}$ und verteilt sich vollständig auf die beiden Regionen:

$$\bar{K} = K_A + K_B \tag{9.33}$$

wobei K_i der in Region i eingesetzte Kapitalstock ist.

Die Rendite für Kapital in einer Region ergibt sich aus der Kapitalnachfrage in jeder Region, wenn der Gewinn (9.20) maximiert wird, nur dass jetzt die Nettorendite vom Kapital K_i und dem Steuersatz T_i abhängt:

$$R_i = F'(K_i) - T_i \tag{9.34}$$

Im Kapitalmarktgleichgewicht wird das Kapital so in den Regionen angelegt, dass die Renditen ausgeglichen sind. Erst dann gibt es keinen Anreiz mehr, das Kapital zu verlagern:

$$F'(K_A) - T_A = F'(K_B) - T_B \equiv R(T_A, T_B) \tag{9.35}$$

In → Abbildung 9.5 ist auf der Abszisse der gesamte Kapitalstock $\bar{K}$ abgetragen. Von links wird der Teil des Kapitalstocks angezeigt, der in Region A angelegt wird, von rechts der Teil, der in Region B angelegt wird. Auf den Ordinaten wird links die Nettorendite in Region A und rechts die Nettorendite in Region B angegeben. Diese Nettorenditen sinken in den Regionen, je mehr Kapital in ihnen angelegt wird. Im Fall ohne Steuer wird dies durch die von links fallende Grenzproduktivität des Kapitals in Region A, $R_A = F'(K_A)$, und die von rechts fallende Grenzproduktivität in Region B, $R_B = F'(K_B)$, dargestellt. Das Kapitalmarktgleichgewicht ist dann dort, wo die Nettorenditen gleich groß sind. Zum Gleichgewichtszins R^0 wird K^0 in Region A und $\bar{K} - K^0$ in Region B angelegt.

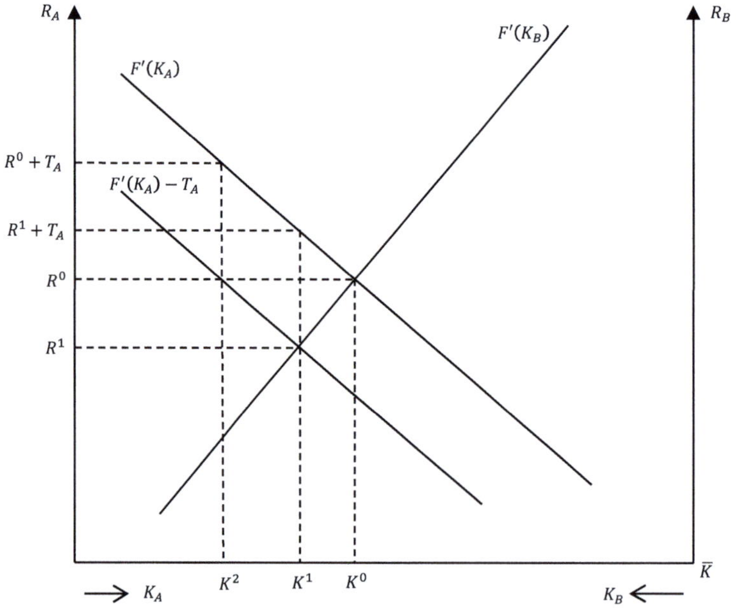

Abbildung 9.5: Steuerwettbewerb zwischen großen Regionen

Wenn Region A eine Kapitalsteuer T_A erhebt, dann wird im Gewinnmaximum nur die gleiche Kapitalmenge nachgefragt, falls die Nettorendite in Region A um den Betrag der Kapitalsteuer sinkt: $R_A = F'(K_A) - T_A$. Im neuen Gleichgewicht sinkt der Nettozins von R^0 auf R^1. Der Bruttozins in Region A steigt von R^0 auf $R^1 + T_A$. Der Kapitalstock in A sinkt von K^0 auf K^1 und steigt entsprechend in Region B. Bei großen Regionen wird durch die Steuer der Nettokapitalertrag im Gleichgewicht gesenkt und dadurch die Abwanderung des Kapitals abgebremst. Wäre der Nettozins konstant bei R^0 wie bei kleinen Regionen, dann wäre im Gleichgewicht die Bruttorendite $R^0 + T_A$ und der Kapitalstock würde stärker auf K^2 sinken. In einer großen Region erhöht die Steuer den Bruttozins des Kapitals nicht so stark wie bei einer kleinen Region, da bei großen Regionen der Nettozins des Kapitals im Gleichgewicht sinkt. Das bedeutet, dass aus Sicht einer großen Region die Grenzkosten der Kapitalsteuer kleiner sind als aus Sicht einer kleinen Region. Daraus folgt, dass die Steuern bei großen Regionen höher sind als bei kleinen Regionen und die Unterversorgung mit öffentlichen Gütern weniger stark ausfällt. Bei kleinen Regionen ist der Steuerwettbewerb also schärfer. Für asymmetrische Regionen mit unterschiedlicher Bevölkerungsgröße haben Bucovetsky (1991) und Wilson (1991) gezeigt, dass die kleinere Region einen geringeren Kapitalsteuersatz erhebt und den höheren Pro-Kopf-Nutzen im Gleichgewicht hat. Die kleinere Region profitiert also mehr vom Steuerwettbewerb, worunter aber alle Regionen leiden, da die Bereitstellung des öffentlichen Gutes ineffizient ist.

9.2.3 Fiskalische Externalitäten und vertikale Subventionen

Wildasin (1989) hat gezeigt, dass die Unterversorgung mit lokalen öffentlichen Gütern beim Kapitalsteuerwettbewerb auf eine fiskalische Externalität zurückzuführen ist, die in einem föderalen Staat durch eine Subvention an die Regionen internalisiert werden kann. Eine regionale Steuererhöhung verdrängt im Gleichgewicht Kapital in andere Regionen, womit die Steuerbasis und das Steueraufkommen dort erhöht wird. Da diese positive fiskalische Externalität von den Regionen vernachlässigt wird, sind die Steuersätze auf mobiles Kapital im Gleichgewicht ineffizient niedrig. Anknüpfend an Pigou (siehe Kapital 3.2) können Subventionen an die Regionen gezahlt werden, um die fiskalische Externalität zu internalisieren.

Um dies zu zeigen, verwendet Wildasin ein Modell kleiner Regionen, wie es in → Kapitel 9.2.1 beschrieben wurde. Es gibt eine Ökonomie mit einem fixen Kapitalstock $\bar{K}$, die aufgeteilt wird in eine kleine Region und eine große Region, die alle anderen Regionen repräsentiert. In → Abbildung 9.6 wird das Gesamtkapital wieder auf der Abszisse abgetragen, das sich auf beide Regionen verteilt. Der Teil des Kapitals in der kleinen Region A wird von links gemessen, der Teil in der großen Region B von rechts. Die linke Ordinate gibt die Nettorendite R_A in Region A und die rechte Ordinate die Nettorendite R_B in Region B an.

Im Kapitalmarktgleichgewicht sind die Nettorenditen gleich groß: $R_A = R_B$. Die Nettorendite entspricht der Grenzproduktivität des Kapitals in der Region abzüglich etwaiger Steuern. Die Grenzproduktivität des Kapitals in der großen Region ist konstant gleich $F'(K_B)$, da sie unabhängig vom Kapital K_A in der kleinen Region ist. Damit Kapital in der Region A investiert wird, muss es dort mindestens die Nettorendite erwirtschaften, die in der Restökonomie anfällt. Das heißt, aus Sicht der kleinen Region ist die Nettorendite des Kapitals konstant gleich R_B. Die Grenzproduktivität des Kapitals in der kleinen Region A, $F'(K_A)$, fällt mit dem Einsatz von Kapital.

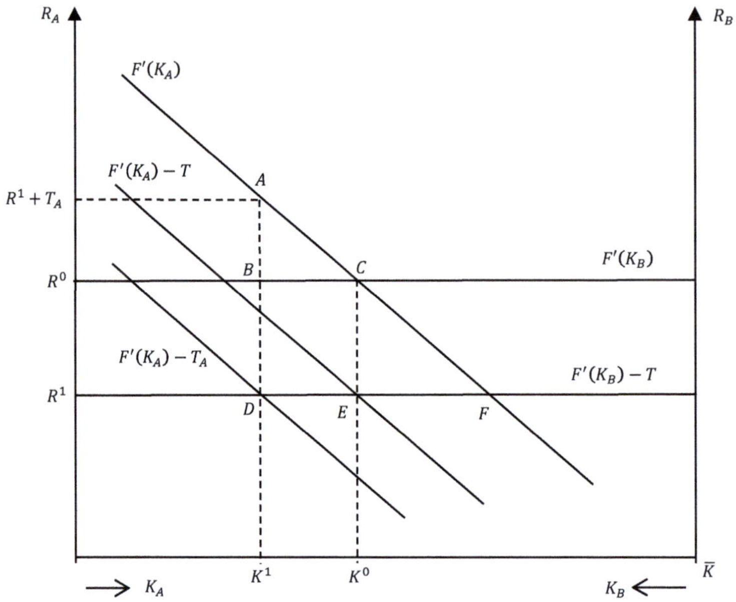

Abbildung 9.6: Fiskalische Externalität beim Steuerwettbewerb

Effizient ist die Kapitalverteilung dann, wenn der Gesamtoutput in der Ökonomie, $F(K_A) + F(K_B)$, maximal ist. Das ist der Fall, wenn die Grenzproduktivitäten des Kapitals in den beiden Regionen ausgeglichen sind: $F'(K_A) = F'(K_B)$. Die effiziente Aufteilung des Kapitals ist dann im Schnittpunkt C gegeben, wenn in Region A K^0 und in Region B $\bar{K} - K^0$ investiert wird.

Wildasin geht nun zunächst davon aus, dass beide Regionen die gleiche (Mengen-)Steuer auf Kapital erheben.[163] Dadurch verschieben sich die Nettorenditen des Kapitals in beiden Regionen um T nach unten. Im neuen Kapitalmarktgleichgewicht, $F'(K_A) - T = F'(K_B) - T$, wird wieder die effiziente Kapitalallokation $(K^0, \bar{K} - K^0)$ erreicht. Bei gegebener Nettorendite im Rest der Ökonomie, $F'(K_B) - T$, entsteht in Region A, wenn es ebenfalls diese Steuer erhebt, eine Zusatzlast dieser Steuer in Höhe der Dreiecks *CEF*. Wenn Region A ihre Steuer nun von T auf T_A erhöht, dann steigt die Zusatzlast auf das Dreieck *ADF*. Die zusätzliche Zusatzlast *ADEC*, die durch die Erhöhung der Steuer verursacht wird, ist aber nur zum Teil ein Verlust des gesamtgesellschaftlichen Outputs. Dieser soziale Wohlfahrtsverlust beträgt nämlich nur *ABC*. Der restliche Betrag *BDEC* ist lediglich eine Verlagerung des Kapitals im Gleichgewicht in die Region B, in der dadurch ein höheres Steueraufkommen in Höhe dieses Rechtecks entsteht. Die Steuerbasis in Region B wird durch die Steuererhöhung in Region A vergrößert und schafft damit eine positive fiskalische Externalität in Form eines höheren Steueraufkommens zum Steuersatz T in Region B. Da Region A aber auch *BDEC* als Teil der Zusatzlast ihrer Steuererhöhung ansieht und nicht wahrnimmt, dass es sich um eine positive fiskalische Externalität handelt, wird diese Region eine zu niedrige Steuer wählen. Die steuerlichen Kosten der Finanzierung des lokalen öffentlichen Gutes werden als zu hoch veranschlagt, woraus eine zu geringe Bereitstellung folgt.

163 Dieser Ausgangspunkt ist notwendig, damit gezeigt werden kann, wie eine Erhöhung der Steuer in Region A das Steueraufkommen in Region B beeinflusst, also eine fiskalische Externalität verursacht, und damit die Entscheidung in Region A verzerrt.

Die fiskalische Externalität ist aus Sicht der Region A ein Verlust in Höhe von $BDEC = -T \cdot (K^0 - K^1)$. Bei einer marginalen Erhöhung des Steuersatzes würde die fiskalische Externalität $T \cdot K'(R + T) < 0$ betragen, da $K'(R + T) < 0$. Wildasin schlägt nun als naheliegende Lösung eine Subvention á la Pigou vor, um dieser Unterfinanzierung von öffentlichen Gütern zu beheben. In einem föderalen Staat könnte eine Zentralregierung eine vertikale Subvention an alle Regionen zahlen, um in der regionalen Steuerpolitik zu einer effizienten Wahl der Steuer zu gelangen. Eine solche vertikale Subvention $S(T)$ müsste von der Höhe der Steuer abhängig sein, da davon die Größe der Kapitalverdrängung und damit der fiskalischen Externalität bestimmt wird. Die Subvention an die Region müsste diejenigen Kosten der Steuererhöhung kompensieren, die die Region wahrnimmt, die aber gesamtgesellschaftlich gesehen keine Kosten sind, da sie anderen Regionen zusätzliches Steueraufkommen verschaffen. Wird bei einer marginalen Erhöhung der Steuer die Subvention an die Region so angepasst, dass

$$dS = -T \cdot K' dT \tag{9.36}$$

dann kann die fiskalische Externalität aufgrund der Steuererhöhung internalisiert werden. Die Subvention entspricht dann der Erhöhung des Steueraufkommens in den anderen Regionen, die durch die Kapitalabwanderung entsteht. Wenn wir diese Subvention in die Budgetbeschränkung der Region (9.19) einbeziehen, dann ändert sich das Budget zu:

$$T \cdot K(R + T) + S(T) = G \tag{9.37}$$

Wird nun der Nutzen $U(X, G)$ des repräsentativen Bürgers in einer kleinen Region analog zur Herleitung in Abschnitt 9.2.1 maximiert unter der Beschränkung (9.37), dann ändert sich die Optimalitätsbedingung (9.31), nach der die Region ihre Steuer wählt, zu:

$$\frac{U_G}{U_X} = \frac{K}{K + T \cdot K' + S'} \tag{9.38}$$

Wird die Subvention entsprechend (9.36) an die Region gezahlt: $S' = -T \cdot K' > 0$, dann folgt die effiziente regionale Steuerpolitik: $U_G / U_X = 1$. Die vertikale Subvention an die Region in Höhe des Anstiegs an Steueraufkommen in den anderen Regionen, der durch den Kapitalabfluss entsteht, internalisiert die fiskalische Externalität.[164]

DePater and Myers (1994) haben die Formel für effiziente vertikale Subventionen erweitert für den Fall großer Regionen, deren Entscheidungen die Nettorendite des Kapitals im Gleichgewicht beeinflusst. Sie zeigen für asymmetrische Regionen, dass neben der fiskalischen eine pekuniäre Externalität auftritt. Da die Nettorenditen im Kapitalmarktgleichgewicht durch die Steuererhöhung einer Region sinken, entsteht ein weiterer externer Effekt für andere Regionen, der durch die Subvention korrigiert werden muss. Köthenbürger (2002) hat den Kapitalsteuerwettbewerb bei gleichzeitigem Finanzausgleich zwischen den Regionen untersucht. Er zeigt, dass ein vollständiger Ausgleich der Steuerbasen zwischen symmetrischen oder kleinen Regionen dazu führt, dass in allen Regionen ein gemeinsamer Steuersatz gewählt wird, der effizient ist. Der Transfer, den jede Region von der Zentralregierung erhält und der bei einem durchschnittlichen Steuersatz die

164 Wildasin (1989) hat im Weiteren seines Artikels die fiskalische Externalität im Kapitalsteuerwettbewerb abgeschätzt und kommt zu beträchtlichen Größenordnungen, die nahelegen, dass die vertikalen Subventionsraten bei 40 % staatlicher Ausgaben liegen müssten, um die verzerrte Finanzierung lokaler öffentliche Güter zu beheben.

Kapitalbasis aller Regionen an die durchschnittliche Kapitalausstattung anpasst, internalisiert die fiskalische Externalität des Steuerwettbewerbs.[165]

9.3 Spillover-Effekte, Steuerexport und vertikaler Finanzausgleich

Wenn die Größe der Gebietskörperschaften entsprechend der Nutzenausbreitung ihrer lokalen öffentlichen Güter nicht optimal ist, dann kann die Bereitstellung lokaler öffentlicher Güter zu einer Nutzung durch Einwohner benachbarter Gebietskörperschaften führen. Dieser Spillover-Effekt führt zu einer ineffizienten Entscheidung über die Menge des lokalen öffentlichen Gutes, wenn die Ausgaben- und Besteuerungskompetenz allein in der Hand der lokalen Gebietskörperschaft liegen. Wenn zum Beispiel Einwohner ländlicher Gemeinden das subventionierte kulturelle Angebot oder andere Dienstleistungen der benachbarten Großstadt in Anspruch nehmen, ohne dafür Steuern an die Stadt zu zahlen, dann wird die Großstadt nur den Nutzen ihrer eigenen Bürger berücksichtigen und diese Dienstleistungen in ineffizient geringem Ausmaß anbieten.

Eine Unterbereitstellung aufgrund dieser ökonomischen positiven Externalität kann dadurch vermieden werden, dass eine zentrale Regierung die Ausgaben- und Steuerkompetenz erhält und für alle Gebietskörperschaft die lokalen öffentlichen Güter produziert. Dafür muss sie die Präferenzen der Einwohner aller Gebietskörperschaften kennen, um eine effiziente Versorgung zu erreichen. Alternativ kann auch die Steuerkompetenz an die Zentrale übertragen werden, während die Ausgabenentscheidung bei den lokalen Regierungen bleibt. Die zentrale Regierung kann dann die Produktion in den einzelnen Gebietskörperschaften durch ein Steuer-Transfer-System lenken, das die Externalitäten korrigiert. Zum Beispiel könnte die Regierung des Landes, in dem die Großstadt und die umliegenden Gemeinden liegen, die Steuer zentral von allen Einwohnern erheben und daraus finanzielle Zuweisungen finanzieren, die der Großstadt und den ländlichen Gemeinden in der Höhe des externen Effektes, den das lokal produzierte öffentliche Gut jeweils verursacht, gezahlt werden. Durch solche zweckgebundenen Zuweisungen kann die Zentralregierung Anreize für eine effiziente dezentrale Produktionsentscheidung der öffentlichen Güter setzen.

Eine weitere Externalität fiskalischer Art ist der Steuerexport. Wenn die lokalen Gebietskörperschaften die Ausgaben- und Steuerkompetenz besitzen und ein Teil der Steuereinnahmen von Einwohnern generiert wird, die nicht zu der Gebietskörperschaft gehören, dann können die Pro-Kopf-Kosten der Einheimischen für das lokale öffentliche Gut durch eine Verschiebung der Steuerlast auf die gebietsfremden Einwohner verringert werden. Das führt dann zu einer überhöhten Bereitstellung des lokalen Gutes. Zum Beispiel könnte eine lokale Verbrauchsteuer, die auch von auswärtigen Arbeitspendlern gezahlt wird, oder eine Tourismusabgabe zur Finanzierung der lokalen öffentlichen Güter der Gemeinde verwendet werden. Durch diesen Steuerexport an auswärtige Bürger werden die einheimischen Bürger sich für eine größere Menge an lokalen öffentlichen Gütern und Dienstleistungen entscheiden, weil die Kosten der Bereitstellung für sie kleiner geworden sind. Auch diese Ineffizienz aufgrund einer negativen fiskalischen Externalität kann durch eine Zentralisierung der Steuerkompetenz und Aufteilung des Steueraufkommens durch Zuweisungen an die lokalen Gebietskörperschaften geheilt werden.

In einem Modell, das auf Oates (1972), Rubinfeld (1987) und Wellisch (1993) zurückgeht, wollen wir hier untersuchen, wie eine zentrale Regierung durch vertikale Zuschüsse für untergeordnete

165 Einen Überblick über weitere Ergebnisse zum Steuerwettbewerb in einem föderalen Staat, der auch die Internalisierung vertikaler fiskalischer Externalitäten behandelt, findet sich bei Wilson (2015).

Gebietskörperschaften wechselseitige Spillover-Effekte lokaler öffentlicher Güter und Steuerexport korrigieren kann, so dass auch in Gegenwart solcher Phänomene eine effiziente lokale Versorgung erreicht wird.[166] Wir betrachten eine Ökonomie mit einer zentralen Regierung, die sich in zwei lokale Gebietskörperschaften 1 und 2 unterteilt, die Zuschüsse von der zentralen Regierung erhalten können. Insgesamt gebe es N Einwohner in der Ökonomie, wovon in Region 1 N_1 Einwohner und in Region 2 N_2 Einwohner leben: $N = N_1 + N_2$.

Die Mobilität der Einwohner zwischen den Gebietskörperschaften spielt eine wesentliche Rolle bei der Frage, ob der Eingriff einer zentralen Regierung notwendig ist, um durch Zuweisungen an die Gebietskörperschaften einen Anreiz für die effiziente Bereitstellung der lokalen öffentlichen Güter zu setzen. Wenn die Bevölkerung immobil oder nur zum Teil mobil ist, es also Wanderungskosten gibt, die entweder prohibitiv hoch oder nur erheblich sind, verursachen Spillover-Effekte und Steuerexport eine ineffiziente Produktion der lokalen öffentlichen Güter in den Gebietskörperschaften, die durch zentrale Zuweisungen an die Gebietskörperschaften korrigiert werden können. Wenn die Bevölkerung hingegen vollkommen mobil ist, so stellt das Migrationsgleichgewicht eine Nebenbedingung für die lokale Regierung dar, die zu effizientem staatlichem Handeln führt.

Wir formulieren das Modell mit den Nebenbedingungen, die bei mobilen Individuen eingehalten werden müssen. Wir betrachten zunächst das Verhalten der lokalen Regierungen, wenn sie die Reaktionen der vollkommen mobilen Bevölkerung berücksichtigen, und zeigen, dass in dem Fall keine zentralen Eingriffe notwendig sind. Dann gehen wir zu dem Fall über, bei dem die Migrationsreaktionen, die sich im Wanderungsgleichgewicht ergeben, vernachlässigt werden können, weil die Bevölkerung immobil ist. Daraus ergeben sich dann die vertikalen Zuweisungen einer Zentralregierung, die die lokale ineffiziente Bereitstellung beheben können.

In beiden Gebietskörperschaften wird ein öffentliches Gut G konsumiert, das lokal in den Mengen G_1 und G_2 bereitgestellt wird. Das öffentliche Gut verursacht Spillover-Effekte, d. h., jede Menge in einer Gebietskörperschaft wird ganz oder teilweise in der jeweils anderen Gebietskörperschaft mitkonsumiert. Wir betrachten den Fall wechselseitiger Spillover-Effekte, wobei diese Effekte unterschiedlich stark sein können.[167] Der Nutzen eines Einwohners in Gemeinde 1 sei $U_1 = U_1(X_1, G_1 + \beta G_2)$ und in Gemeinde 2 $U_2 = U_2(X_2, G_2 + \alpha G_1)$. X_i ist das private Gut, das von den Einwohnern in Gebietskörperschaft $i = 1, 2$ konsumiert wird und in die Nutzenfunktion eingeht. Das lokale öffentliche Gut G_1 stiftet einen externen Nutzen in Gebietskörperschaft 2, der durch den Mitkonsum im Ausmaß von α verursacht wird. Umgekehrt hat das lokale öffentliche Gut G_2 einen Spillover-Effekt in Höhe von β auf die Gemeinde 1. Es gilt: $0 \leq \alpha \leq 1$ und $0 \leq \beta \leq 1$. Wenn ein Spillover-Effekt maximal ist (z. B. $\alpha = 1$), dann konsumieren die Einwohner in Gebietskörperschaft 2 die in Gebietskörperschaft 1 bereitgestellte Menge in genau gleichem Ausmaß wie die Einwohner in Gebietskörperschaft 1. Zum Beispiel wird der öffentliche Park in einer Gemeinde genauso stark von Einwohnern aus der Nachbargemeinde frequentiert, wie es die Einheimischen tun. Wenn $\alpha < 1$, dann wird die Menge von G in der Nachbargemeinde weniger stark genutzt. Beide Spillover-Effekte können unterschiedlich groß sein. Wenn zum Beispiel $\alpha < \beta$ ist, dann übt das lokale öffentliche Gut G_2 in Gebietskörperschaft 2 einen größeren Spillover-Effekt aus als das Gut G_1 in Gebietskörperschaft 1.

166 Föderale Transfers in einem Modell, in dem die Ineffizienz durch mobile Produktionsfaktoren entsteht, untersuchen Boadway und Flatters (1982).

167 Vgl. Oates (1972), S. 95ff.

In jeder Gebietskörperschaft i bieten die N_i Einwohner unelastisch eine Einheit Arbeit an. Jede Gebietskörperschaft ist mit Land $\bar{L}_i$ ausgestattet, das vollständig in der Produktion eingesetzt wird: $\bar{L}_i = L_i^P$.[168] Jede Gebietskörperschaft produziert mit den Produktionsfaktoren Arbeit und Land ein privates Konsumgut gemäß der Produktionsfunktion: $F^i\left(N_i, L_i^P\right)$, die konstante Skalenerträge aufweist. Die Unternehmen wählen den Arbeits- und Landeinsatz so, dass der Gewinn $F^i\left(N_i, L_i^P\right) - R_i L_i^P - W_i N_i$ maximiert wird. Die Bedingungen erster Ordnung sind:

$$F_N^i = W_i, F_L^i = R_i \tag{9.39}$$

Aufgrund der linear-homogenen Produktionsfunktion ist der maximale Gewinn Null, da im Gleichgewicht der Erlös (zum Outpreis =1) vollständig von den Kosten der Produktionsfaktoren aufgebraucht wird (Eulersches Ausschöpfungstheorem):

$$F^i\left(N_i, L_i^P\right) - F_L^i L_i^P - F_N^i N_i = 0 \tag{9.40}$$

Für die gesamte Ökonomie mit beiden lokalen Gebietskörperschaften gebe es eine einheitliche Kostenfunktion des lokalen öffentlichen Gutes. Wir vernachlässigen hier Ballungskosten, so dass die Kostenfunktion nur von der Menge des öffentlichen Gutes, aber nicht von der Nutzerzahl N_i abhängt: $C(G_1 + G_2)$.

Wohlfahrtsoptimum

Der soziale Planer kann die vorhandenen Ressourcen der Ökonomie sowie die Bevölkerung auf die Gebietskörperschaften so verteilen, dass eine Pareto-effiziente Allokation erreicht wird. Dabei muss er weder auf Marktmechanismen reagieren oder auf Migrationsbewegungen achten, noch muss er Steuern oder Transfers zur Erreichung dieses Ziels einsetzen. Das Wohlfahrtsoptimum wird folgendermaßen bestimmt. Ohne Beschränkung der Allgemeinheit wird der Nutzen in der Gebietskörperschaft 1 maximiert:

$$\underset{X_1, X_2, G_1, G_2, N_1, N_2}{\text{Max}} \quad U_1(X_1, G_1 + \beta G_2) \tag{9.41}$$

unter den folgenden Nebenbedingungen. Erstens wird der Nutzen des repräsentativen Individuums der Gebietskörperschaft 2 auf dem Niveau $\bar{U}_2$ konstant gehalten:

$$U_2(X_2, G_2 + \alpha G_1) = \bar{U}_2 \tag{9.42}$$

Das bedeutet, der Nutzen in keiner der beiden Gebietskörperschaften kann weiter erhöht werden, ohne den Nutzen in der jeweils anderen Gebietskörperschaft zu senken. Damit ist Pareto-Effizienz erreicht.

Zweitens wird die Bevölkerung vollständig auf beide Gebietskörperschaften aufgeteilt:

168 Vergleiche den Unterschied zu Gleichung (8.6), wo wir für Land verschiedene Verwendungsweisen angenommen haben.

$$N = N_1 + N_2 \tag{9.43}$$

Drittens wird die insgesamt erwirtschaftete Produktion für den privaten Konsum und die Bereitstellung der lokalen öffentlichen Güter verwendet. Die Kostenfunktion der lokalen öffentlichen Güter stellt die realen Kosten ausgedrückt in Einheiten der privaten Güter dar:

$$\sum_{i=1}^{2} F^i\left(N_i, L_i^P\right) = C\left(G_1 + G_2\right) + \sum_{i=1}^{2} N_i X_i \tag{9.44}$$

Die Bedingungen erster Ordnung, die sich aus der Lösung dieses Maximierungsproblems ergeben, definieren das Wohlfahrtsoptimum (siehe ⟶ Appendix 9.2)[169]:

$$N_1 \frac{U_G^1}{U_X^1} + N_2 \alpha \frac{U_G^2}{U_X^2} = C_G \tag{9.45}$$

und

$$N_1 \beta \frac{U_G^1}{U_X^1} + N_2 \frac{U_G^2}{U_X^2} = C_G \tag{9.46}$$

Beide Gleichungen stellen die Samuelson-Regel für die effiziente Bereitstellung öffentlicher Güter unter Einbeziehung der Spillover-Effekte in die Nachbargemeinde dar. Auf beiden Seiten der Gleichungen werden sowohl Grenznutzen als auch Grenzkosten jeweils real in Einheiten des privaten Gutes gemessen. In Gleichung (9.45) wird die effiziente Produktion in Gebietskörperschaft 1 dadurch charakterisiert, dass die Opportunitätskosten für eine zusätzlich produzierte Einheit des lokalen öffentlichen Gutes (C_G) gleich der Summe der Zahlungsbereitschaften der Individuen beider Gebietskörperschaften sind, die sich durch den Spillover-Effekt ergeben: $N_1\left(U_G^1/U_X^1\right) + N_2\alpha\left(U_G^2/U_X^2\right)$. In Gleichung (9.46) entsprechen die einheitlichen Opportunitätskosten der Summe der Zahlungsbereitschaften für das in Gebietskörperschaft 2 produzierte lokale öffentliche Gut: $N_1\beta\left(U_G^1/U_X^1\right) + N_2\left(U_G^2/U_X^2\right)$.

Aus (9.45) und (9.46) folgt die Gleichheit der Summe der Zahlungsbereitschaften in beiden Gebietskörperschaften. Das bedeutet, dass der gemeinsame Nutzen aus dem Konsum einer zusätzlichen Einheit des lokalen öffentlichen Gutes gleich sein muss unabhängig davon, ob die Einwohner in der einen oder anderen Gebietskörperschaft diese marginale Einheit konsumieren. Wäre das nicht so, dann könnte man die gesamte Wohlfahrt dadurch erhöhen, dass man mehr öffentliche Güter in der Gebietskörperschaft konsumiert, die den größeren gemeinsamen Nutzen daraus zieht.

Wenn keine Spillover-Effekte vorhanden sind $\left(\alpha = \beta = 0\right)$, dann muss in jeder der beiden Gebietskörperschaften die Samuelson-Bedingung für das reine lokale öffentliche Gut gelten: $N_i\left(U_G^i/U_X^i\right) = C_G$, für $i = 1, 2$. Erstrecken sich die Spillover-Effekte hingegen über alle Einwohner des gesamten ökonomischen Gebiets $\left(\alpha = \beta = 1\right)$, dann liegt ein nationales öffentliches Gut vor und die Samuelson-Bedingung gilt für die Zahlungsbereitschaft aller Einwohner in beiden

169 Wir nehmen an, dass die Bedingungen zweiter Ordnung erfüllt sind und wir eine innere Lösung für das Problem haben.

Gebietskörperschaften: $N_1\left(U_G^1/U_X^1\right) + N_2\left(U_G^2/U_X^2\right) = C_G$. In Fällen dazwischen $(0 < \alpha, \beta < 1)$ liegen partielle Spillover-Effekte vor.

Außerdem ergibt sich die Bedingung für die effiziente Bevölkerungsverteilung, die wir schon aus Gleichung (9.9) kennen, wobei wir hier von Wohnland, Agrargut und Ballungskosten absehen:

$$F_N^1 - X_1 = F_N^2 - X_2 \qquad (9.47)$$

Die Nettoerträge eines zusätzlichen Einwohners, die aus der Grenzproduktivität abzüglich des privaten Konsums bestehen, müssen in beiden Gebietskörperschaften gleich groß sein, damit der Nettooutput der gesamten Ökonomie maximal ist.

Dezentrale Entscheidung in den Gebietskörperschaften

Wie wird sich eine Gebietskörperschaft bezüglich der Bereitstellung lokaler öffentliche Güter im Gleichgewicht entscheiden, wenn es Spillover-Effekte und Steuerexport gibt? Wird diese Entscheidung das Wohlfahrtsoptimum erreichen?

Wir betrachten zunächst das Entscheidungsproblem der lokalen Gebietskörperschaft, wenn sie berücksichtigen muss, dass alle Individuen zwischen den Gebietskörperschaften vollkommen mobil sind.[170] Individuen haben keine Migrationskosten und können ihre Wohnsitzentscheidung danach treffen, wo sie die aus ihrer Sicht beste Kombination aus dem Konsum lokaler öffentlicher Güter und den zu zahlenden Steuern vorfinden. Das heißt, sie wandern in die Gebietskörperschaft, in der ihr Nutzen als Einwohner höher ist. Das Migrationsgleichgewicht gibt an, dass kein Einwohner einer Gebietskörperschaft einen Anreiz hat, seinen Wohnsitz zu wechseln. Die Wanderung kommt also zum Stillstand bzw. befindet sich im Gleichgewicht, wenn die Nutzen in allen Gebietskörperschaften gleich hoch sind:

$$U_1\left(X_1, G_1 + \beta G_2\right) = U_2\left(X_2, G_2 + \alpha G_1\right) \qquad (9.48)$$

Wenn wir die Politikentscheidung einer lokalen Regierung im Gleichgewicht betrachten, wird diese Regierung die Folgen ihrer Entscheidung für die Wohnsitzwahl berücksichtigen. Das heißt, sie wird das Migrationsgleichgewicht und die Wanderungsreaktionen, die sich in so einem Gleichgewicht ergeben, als Nebenbedingungen ihrer Politikwahl betrachten müssen. Denn durch die Wanderungen ergeben sich Rückwirkungen auf die Ergebnisse der Politik, die unerwünscht sein können.

Die Einwohner einer Gebietskörperschaft i beziehen einen fixen Lohn W_i für ihr unelastisches Arbeitsangebot von einer Einheit und eine Landrente zum Pachtzins R_i. Dieses Landrenteneinkommen erhalten sie aus dem Besitz von Land in beiden Gebietskörperschaften. Wir nehmen an, dass alle N Individuen der Ökonomie den gleichen Anteil am gesamten Land $\bar{L}_1 + \bar{L}_2 = L_1^P + L_2^P$ besitzen. Das heißt, jedes Individuum erhält das Landrenteneinkommen $\left(R_1 L_1^P + R_2 L_2^P\right)/N$ unabhängig davon, wo es seinen Wohnsitz hat. Die lokale Gebietskörperschaft erhebt eine Steuer auf die Renteneinkommen, die sowohl einheimische als auch auswärtige Einwohner aus dem Besitz des Landes beziehen. Der Steuersatz der Gemeinde i ist T_i^P. Die Steuer wird zur Finanzierung der Kosten des lokalen öffentlichen Gutes verwendet:

170 Die folgende Herleitung greift auf Wellisch (2000b), S. 106ff., zurück.

$$T_i^P R_i L_i^P = C(G_i),\ i = 1, 2 \tag{9.49}$$

Das Steueraufkommen in Gebietskörperschaft 1 lässt sich aufspalten in

$$T_1^P R_1 L_1^P = \frac{N_1}{N} T_1^P R_1 L_1^P + \frac{N_2}{N} T_1^P R_1 L_1^P$$

In dieser Gleichung zeigt sich der Steuerexport. Der zweite Summand auf der rechten Seite ist der Steuerexport von Gemeinde 1 in Gemeinde 2. Der Anteil N_2/N der Steuerlast, die zur Finanzierung des lokalen öffentlichen Gutes in Gebietskörperschaft 1 dient, wird auf Einwohner der Gebietskörperschaft 2 verschoben. In Gebietskörperschaft 2 ist das Aufkommen:

$$T_2^P R_2 L_2^P = \frac{N_1}{N} T_2^P R_2 L_2^P + \frac{N_2}{N} T_2^P R_2 L_2^P$$

Hier wird der Anteil N_1/N des Steueraufkommens von Gemeinde 2 in die Gemeinde 1 exportiert. Je kleiner der Anteil ist, den die Einwohner einer Kommune selbst zur Finanzierung des lokalen öffentlichen Gutes beitragen, umso größer der Steuerexport. Für Gemeinde 1 heißt das, je kleiner N_1/N, desto größer $N/N - N_1/N$. Man kann den Eigenanteil am Steueraufkommen als Grad des Steuerexports von Gemeinde 1 in Gemeinde 2 definieren: $n_1 \equiv N_1/N$, wobei $0 \leq n_1 \leq 1$ ist. Bei $n_1 = 1$ liegt kein Steuerexport vor und bei $n_1 = 0$ gibt es einen vollständigen Steuerexport. Ebenso sei $n_2 \equiv N_2/N$ der Grad des Steuerexports von Gemeinde 2 in Gemeinde 1. Der Steuerexport wird hier so modelliert, dass er vom Bevölkerungsanteil in der Gebietskörperschaft abhängt und dieser sich in beiden Regionen zu eins addiert, $n_i = 1 - n_j$. Das bedeutet, wenn in einer Region kein Steuerexport besteht ($n_j = 1$), gibt es in der anderen Region einen vollständigen Steuerexport ($n_i = 0$), und umgekehrt.

Die Steuern, die die Einwohner der Gemeinde i zahlen, bestehen aus dem Anteil an den heimischen Steuern, $(N_i/N)T_i^P R_i L_i^P$, sowie dem Anteil der Steuer, der in der anderen Gemeinde j gezahlt wird, $(N_i/N)T_j^P R_j L_j^P$. Insgesamt übernehmen die Einwohner der Gemeinde i dabei einen Kostenanteil an beiden lokalen öffentlichen Gütern in Höhe von

$$\frac{N_i}{N}\left(T_i^P R_i L_i^P + T_j^P R_j L_j^P\right) = \frac{N_i}{N}\left(C(G_i) + C(G_j)\right) \tag{9.50}$$

Die Budgetbeschränkung eines Einwohners in Gebietskörperschaft 1 ist:

$$X_1 = W_1 + \sum_{j=1}^{2}\left(1 - T_j^P\right) R_j \frac{L_j^P}{N} \tag{9.51}$$

Er finanziert seinen privaten Konsum X_1 aus seinem Lohneinkommen W_1 und seinem Nettoeinkommen aus der Landrente $\sum\left(1 - T_j^P\right) R_j L_j^P / N$. Unter Verwendung von (9.39), (9.49) und der linearen Homogenität der Produktionsfunktion lässt sich (9.51) schreiben als (siehe ⟶ Appendix 9.3):

$$X_1 = \frac{1}{N_1}\left[F^1\left(N_1, L_1^P\right) - \frac{N_2}{N}F_L^1 L_1^P + \frac{N_1}{N}F_L^2 L_2^P - \frac{N_1}{N}\left(C(G_1) + C(G_2)\right)\right] \tag{9.52}$$

Betrachten wir zunächst, ob in einem dezentralen Wanderungsgleichgewicht die Bedingung für eine effiziente Bevölkerungsverteilung (9.47) erfüllt ist. Wenn aus (9.39) $F_N^i = W_i$, $i = 1, 2$, in die Budgetbeschränkung (9.51) für einen Einwohner der Gebietskörperschaft 1 und in die analoge Beschränkung für Einwohner der Gebietskörperschaft 2 eingesetzt wird, dann folgt:

$$F_N^1 - X_1 = \sum_{j=1}^{2}\left(1 - T_j^P\right)R_j\frac{L_j^P}{N} = F_N^2 - X_2 \tag{9.53}$$

und damit (9.47). Da hier nur eine wohnsitzunabhängige Steuer auf Landrenten erhoben wird, alle Individuen den gleichen Anteil an Landrenteneinkommen erhalten und keine Ballungskosten der Einwanderung bestehen, die mit Kopfsteuern internalisiert werden müssten, ergibt sich ein effizientes Wanderungsergebnis (siehe Szenario 2 in → Kapitel 9.1).

Nun bestimmen wir die Entscheidungsregel einer lokalen Regierung bezüglich der Menge ihres öffentlichen Gutes. Die lokale Regierung 1 wird den Nutzen des repräsentativen Einwohners ihrer Gemeinde maximieren unter Berücksichtigung der lokalen Ressourcenbeschränkung (9.52). Diese beinhaltet die Einhaltung des steuerfinanzierten Budgets für das lokale öffentliche Gut und die Rückwirkung auf das Nettoeinkommen und den privaten Konsum der einheimischen Einwohner. Mit dieser Nebenbedingung ist der Nutzen über X_1 indirekt auch von N_1 abhängig.

Desweiteren berücksichtigt die lokale Regierung die Migrationsreaktion, die sich aus der Bereitstellung des lokalen öffentlichen Gutes ergibt und die implizit durch das Migrationsgleichgewicht (9.48) bestimmt wird:

$$H(N_1, G_1, G_2) \equiv U_1(X_1, G_1 + \beta G_2) - U_2(X_2, G_2 + \alpha G_1) = 0 \tag{9.54}$$

Die lokale Regierung der Gebietskörperschaft 1 wählt G_1 um den Nutzen $U_1(X_1, G_1 + \beta G_2)$ unter den genannten Beschränkungen zu maximieren. Die Bedingung erster Ordnung ist (siehe → Appendix 9.4):

$$\frac{dU_1}{dG_1} = U_X^1\left(-\frac{C_{G_1}}{N}\right) + U_{N_1}^1\frac{\partial N_1}{\partial G_1} + U_{G_1}^1 = 0 \tag{9.55}$$

Die Migrationsreaktion $\partial N_1/\partial G_1$ ergibt sich aus Gleichung (9.54).

9.3.1 Effizienz der Allokation bei vollkommen mobiler Bevölkerung

Wir gehen zunächst von einer vollkommen mobilen Bevölkerung ohne Wanderungskosten aus und nehmen an, dass die regionalen Regierungen die Wanderungsanreize vollständig berücksichtigen. Die Bedingung erster Ordnung für die optimale Entscheidung über die Menge des lokalen öffentlichen Gutes z. B. in Region 1 ist durch (9.55) gegeben.

Die Migrationsreaktion auf eine Änderung der Bereitstellung des lokalen öffentlichen Gutes, $\partial N_1/\partial G_1$, lässt sich aus der Bedingung (9.54) ableiten, die implizit angibt, wie sich im Migrationsgleichgewicht die Einwohnerzahl ändert, wenn sich G_1 ändert. Nach Einsetzung und einigen Umformungen ergibt sich die Samuelson-Bedingung (9.45) für die effiziente Bereitstellung des lokalen öffentlichen Gutes in Gebietskörperschaft 1 mit einem Spillover-Effekt α (siehe ⟶ Appendix 9.4):

$$N_1 \frac{U_G^1}{U_X^1} + N_2 \alpha \frac{U_G^2}{U_X^2} = C_G$$

Analog lässt sich mit Bedingung (9.46) die effiziente Versorgung in Gebietskörperschaft 2 herleiten:

$$N_1 \beta \frac{U_G^1}{U_X^1} + N_2 \frac{U_G^2}{U_X^2} = C_G$$

Der Grund, warum die lokalen Regierungen in diesem Fall effizient handeln, ist die Berücksichtigung der kostenfreien Mobilität der Individuen. Die Bedingung im Migrationsgleichgewicht schreibt vor, dass der Nutzen in allen Regionen gleich hoch sein muss. Ansonsten wäre die Verteilung der Bevölkerung als ein Gleichgewicht nicht kompatibel mit der freien Wohnsitzwahl der Individuen. Wenn eine lokale Regierung diese Bedingung (9.48) berücksichtigt, impliziert das jedoch, dass sie nicht nur den Nutzen der eigenen Einwohner maximiert, sondern zugleich auch den der Einwohner der anderen Regionen. Da sie damit also den Nutzen aller Einwohner maximiert, internalisiert sie bei ihren Entscheidungen alle verzerrenden Elemente zwischen den Regionen wie Spillover-Effekte oder den Steuerexport.

Myers (1990) sowie Myers und Papagiourgiou (1993) haben in diesem Zusammenhang den Mechanismus der **Anreizäquivalenz** bei mobiler Bevölkerung beschrieben.[171] Zentrale Eingriffe sind danach bei Steuerexport und Spillover nicht notwendig, wenn die Bevölkerung vollkommen mobil ist und dies von den lokalen Entscheidungsträgern auch berücksichtigt wird. Lokale Regierungen werden dann freiwillig Nutzen und Kosten auswärtiger Einwohner in ihre Entscheidung über lokale öffentliche Güter einbeziehen, um Wanderungsanreize zu setzen, die zu einer optimalen Bevölkerungsgröße in ihrer Gebietskörperschaft führen. Mit anderen Worten tauschen sie über interregionale Transfers lokale Ressourcen für eine optimale Einwohnerzahl ein. Die vollkommene Mobilität zwingt die lokalen Regierungen dazu, äquivalente Politikentscheidungen zu treffen, da der Nutzen in allen Gebietskörperschaften gleich hoch ist. Diese Bedingung muss in einem Wanderungsgleichgewicht erfüllt sein. Wenn lokale Regierungen dann den Nutzen ihrer Bürger maximieren, maximieren sie gleichzeitig den Nutzen aller Bürger. Dies kann aber bedeuten, dass lokale Güter auch zum Nutzen auswärtiger Einwohner produziert und abgegeben werden.

Der Steuerexport ist hier ein notwendiges Instrument für die lokale Regierung, um eine effiziente Allokation zu erreichen. Wellisch (1993) hat gezeigt, dass lokale Regierungen Steuerexport nutzen können, um interregionale Transfers zwischen den Regionen leisten zu können. Krelove (1992) hat zudem gezeigt, dass bei Mobilität zwischen den Gebietskörperschaften Steuerexport effizient sein kann. Im Modell entsteht der Steuerexport durch die wohnsitzunabhängige Landrentensteuer, die zur Finanzierung der lokalen öffentlichen Güter dient, ohne die Bevölkerungsverteilung im Migrationsgleichgewicht zu verzerren. Mit der Landrentensteuer (wie mit jeder anderen wohnsitzunabhängigen Steuer) wird in Abwesenheit von Ballungskosten die

171 Dieser Mechanismus der Anreizäquivalenz, der bei staatlicher Berücksichtigung vollkommener Mobilität zu effizientem lokalen Regierungshandeln führt, wurde schon von Boadway (1982) aufgedeckt.

effiziente Wohnsitzwahl nicht behindert (siehe Szenario 2, ⟶ Kapitel 9.1). Gleichzeitig ist sie ein indirekter Transfer in die oder aus der Nachbarregion, der die effiziente Bereitstellung der lokalen öffentlichen Güter in beiden Regionen ermöglicht. Der Spillover-Effekt ist eine positive Externalität des lokalen öffentlichen Gutes, der zu einer zu geringen Bereitstellung führt. Durch den indirekten Transfer kann die lokale Regierung die Menge des öffentlichen Gutes auf das für beide Regionen effiziente Niveau anheben.

Es bedarf also keiner direkten Transfers zwischen den Gebietskörperschaften, sondern einer wohnsitzunabhängigen Steuer, die von den Einwohnern aller Gebietskörperschaften in gleicher Höhe entrichtet wird, weil sie den gleichen Anteil zur Bemessungsgrundlage beitragen. Wenn die Landrenten besteuert werden, kann die lokale Regierung über den Steuersatz auch die Kostenanteile, die durch nicht-ansässige Einwohner getragen werden, erhöhen oder senken. Dadurch kann sie indirekt Transfers an die Nachbarregionen leisten. Entscheidend ist für die effiziente Politik der lokalen Regierung bei voller Mobilität nur, dass sie ein Instrument zur Verfügung hat, mit dem sie über interregionale Transfers die Ressourcen anderer Regionen beeinflussen kann. Insofern fungiert der Steuerexport als ein Politikinstrument, um die optimale Bevölkerungsverteilung und die effiziente Bereitstellung mit lokalen öffentlichen Gütern zu erreichen. Das bedeutet aber auch, wenn der lokalen Regierung keine interregionalen Transfers zur Verfügung stehen, dann sind zentralstaatliche Subventionen an die lokalen Regierungen für eine optimale Allokation notwendig.

Unter der Annahme vollkommener Mobilität bedarf es also keiner zentralstaatlichen Subventionierung lokaler Regierungen, wenn die lokalen öffentlichen Güter Spillover-Effekte auf Nachbarregionen ausüben oder Steuern exportiert werden. Wenn die lokalen Regierungen das Migrationsgleichgewicht berücksichtigen und über interregionale Transfers von lokalen Ressourcen – entweder direkt oder über wohnsitzunabhängige Besteuerung aller Bürger – verfügen, die die Bevölkerungsverteilung nicht verzerren, sind die dezentralen Entscheidungen effizient. Im Folgenden wollen wir untersuchen, wie die Effizienz der Allokation aufrechterhalten werden kann, wenn die Annahme der Mobilität aufgegeben wird.

9.3.2 Effiziente vertikale Subventionen bei vollkommen immobiler Bevölkerung

Wir haben gesehen, dass bei vollkommener Mobilität die Anreizäquivalenz lokaler Regierungen auch in Gegenwart von Spillover-Effekten und Steuerexport zu einer effizienten Bereitstellung lokaler öffentlicher Güter führt. Im Fall immobiler Bevölkerung kann es diese Anreizäquivalenz über das Migrationsgleichgewicht nicht geben, da Wanderung ausgeschlossen ist. Lokale Regierungen, die den Nutzen ihrer Einwohner maximieren, werden einerseits die Spillover-Effekte des von ihnen bereitgestellten öffentlichen Gutes vernachlässigen und deshalb eine zu geringe Menge produzieren. Andererseits werden sie im Fall eines Steuerexports die Kosten unterschätzen und zuviel bereitstellen. Im Allgemeinen resultiert dies in einer ineffizienten Versorgung, wenn sich die beiden gegensätzlichen Effekte nicht gerade aufheben. Diese Ineffizienz kann mithilfe zentralstaatlicher Subventionierung der lokalen Budgets behoben werden, wenn die föderale Regierung die Subventionen genau so wählt, dass die Effekte internalisiert werden.[172]

---

172 Siehe Gordon (1983), der neben Spillover-Effekten und Steuerexport noch weitere Externalitäten einer dezentralen politischen Entscheidung analysiert und mögliche Eingriffe einer zentralen Regierung wie Subventionen an die lokale Ebene diskutiert, um eine effiziente Bereitstellung lokaler öffentlicher Güter herzustellen.

Auch wenn die Bevölkerung nur teilweise mobil ist, das heißt, wenn Wanderungen Kosten verursachen, können Subventionen einer Zentralregierung notwendig sein, um Spillover-Effekte und Steuerexport zu internalisieren. Mansoorian und Myers (1993) sowie Wellisch (1994) haben diese Mobilitätskosten als Bindung an die Heimatregion modelliert, wobei der Nutzen eines Individuums parametrisch um eine psychische Komponente erweitert wird, die die unterschiedliche Anhänglichkeit an eine Region darstellt. Sie zeigen, dass auch bei dieser teilweisen Mobilität eine dezentrale Politik ineffizient ist. Der Grund ist, dass es hier keine Anreizäquivalenz gibt. Die direkten, aus dem Güterkonsum entstehenden Nutzen werden aufgrund der Verzerrung durch die Heimatpräferenz im Migrationsgleichgewicht nicht ausgeglichen. Dadurch unterscheiden sich die Zielfunktionen der Regionen. Wie Wellisch (1994) zeigt, erhält mindestens eine Region nicht mehr ihre präferierte Ressourcenverteilung in der gesamten Ökonomie und hat daher keinen Anreiz, die effiziente Menge des lokalen öffentlichen Gutes bereitzustellen.

Hier betrachten wir den Fall vollkommener Immobilität. Alternativ kann man auch annehmen, dass die lokale Regierung die Wanderungsanreize einer mobilen Bevölkerung ignorieren, wenn sie ihre Entscheidung bezüglich des lokalen öffentlichen Gutes trifft. In beiden Fällen gilt für die Migrationsreaktion in der Bedingung erster Ordnung (9.55) für die optimale Wahl des öffentlichen Gutes durch die lokale Regierung: $\partial N_i/\partial G_i = 0$. Es folgt also:

$$N_1 \frac{U^1_{G_1}}{U^1_X} = n_1 C_{G_1} \tag{9.56}$$

wobei $n_1 = N_1/N$ den Grad des Steuerexports aus Gemeinde 1 in Gemeinde 2 angibt. Die Bedingung gibt beide Arten von Verzerrungen, sowohl durch die Spillover-Effekte als auch den Steuerexport, wieder. Auf der linken Seite zeigt sich, dass die lokale Regierung nur den Nutzen bzw. die Zahlungsbereitschaft der einheimischen Bevölkerung berücksichtigt und den Spillovernutzen der auswärtigen Einwohner vernachlässigt. Das führt zu einer zu geringen Bereitstellung mit dem lokalen öffentlichen Gut. Auf der rechten Seite werden nicht die gesamten Grenzkosten für diese Bereitstellung kalkuliert, sondern nur der Teil, der durch Steuern der einheimischen Bewohner finanziert wird. Die restlichen Kosten, die durch Steuern nicht-ansässiger Einwohner getragen werden, spielen in der Wohlfahrtsüberlegung der lokalen Regierung keine Rolle. Deswegen werden zu geringe Kosten veranschlagt und das lokale öffentliche Gut in zu großem Ausmaß bereitgestellt. Beide Verzerrungen gehen also in entgegengesetzte Richtungen, werden sich im Allgemeinen aber nicht ausgleichen.

Analog ergibt sich für Gebietskörperschaft 2 die Bedingung:

$$N_2 \frac{U^2_{G_2}}{U^2_X} = n_2 C_{G_2} \tag{9.57}$$

mit $n_2 = N_2/N$.

Wenn es in Gebietskörperschaft 1 keinen Steuerexport gibt $(n_1 = 1)$ aber einen Spillover-Effekt $(\alpha > 0)$, dann wählt die Gebietskörperschaft 1 gemäß (9.56) eine Menge des lokalen öffentlichen Gutes, die im Vergleich zur effizienten Menge (siehe (9.45)) zu gering ist: $N_1\left(U^1_{G^1}/U^1_X\right) > C_{G_1} - \alpha N_2\left(U^2_{G^1}/U^2_X\right)$. Wenn es keinen Spillover-Effekt gibt, aber Steuerexport $(\alpha = 0, n_1 < 1)$, verringert sich die Grenzrate der Transformation $N_1\left(U^1_{G^1}/U^1_X\right) = n_1 C_{G_1} < C_{G_1}$ und die gewählte Menge der Gebietskörperschaft 1 ist größer als die effiziente Menge. In allen weiteren

Fällen hängt es von der Stärke des Spillover-Effekts im Vergleich zur Höhe des Steuerexports ab, ob es zu einer Unter- oder Überversorgung kommt. Im Allgemeinen wird es dezentral in beiden Gebietskörperschaften zu einer ineffizienten Bereitstellung mit dem lokalen öffentlichen Gut kommen.

Diese Ineffizienz könnte beseitigt werden, indem eine übergeordnete Regierung die Bereitstellung des lokalen öffentlichen Gutes für beide Gemeinden zentral übernimmt. Die zentrale Regierung kann aber die Ineffizienz auch beheben, indem sie die Versorgung mit dem öffentlichen Gut weiterhin den beiden Gebietskörperschaften überlässt und den lokalen Regierungen mithilfe von vertikalen Transfers Anreize setzt, selbst die effiziente Menge zu bestimmen. In beiden Fällen muss die zentrale Regierung die Höhe der Spillover-Effekte und des Steuerexports kennen, um die Ineffizienz zu korrigieren. Eine Gesellschaft in einem föderalen Staat, die die Autonomie der lokalen staatlichen Einheiten aufrechterhalten möchte und nach dem Subsidiaritätsprinzip die dezentrale Entscheidung mit größtmöglicher Nähe zum Bürger fördert, wird voraussichtlich die dezentrale lokale Bereitstellung bevorzugen, bei der Externalitäten durch zentrale Subventionen korrigiert werden.[173] Im Folgenden betrachten wir, wie hoch ein solcher vertikaler Finanzausgleich sein müsste, um effiziente dezentrale Entscheidungen herbeizuführen.

Effiziente föderale Zuweisungen an lokale Gebietskörperschaften

Die Zuweisungen an die Gebietskörperschaften funktionieren genauso wie eine Pigou-Subvention bei einem positiven externen Effekt. Das heißt, derjenige, der mit seiner ökonomischen Aktivität jemand anderem einen zusätzlichen Nutzen stiftet, ohne dass er dies bei der Entscheidung über die Aktivität berücksichtigt, wird diese Aktion in zu geringem Umfang durchführen. Er kann dann durch eine Subvention in Höhe des externen Nutzens dazu angeregt werden, sein Aktivitätsniveau auf ein effizientes Maß zu erhöhen, indem der gesamte gesellschaftliche Nutzen den Kosten gegenübergestellt wird. Im Fall der föderalen Transfers muss eine zentrale Regierung an diejenige Gebietskörperschaft eine Subvention zuweisen, die den Spillover-Effekt in der anderen Region bewirkt.

Da wir es hier mit zweiseitigen Spillover-Effekten zu tun haben und zusätzlich beide Gebietskörperschaften einen Steuerexport betreiben, erhalten auch beide einen Transfer, S_1 und S_2. Diese Zuweisungen müssen die individuellen Entscheidungen der beiden Gebietskörperschaften beeinflussen und werden zur Senkung der Grenzkosten des öffentlichen Gutes eingesetzt. Dadurch ändern sich die Optimalitätsbedingungen (9.56) und (9.57) zu:

$$N_1 \frac{U_G^1}{U_X^1} = n_1 C_G - S_1 \tag{9.58}$$

$$N_2 \frac{U_G^2}{U_X^2} = n_2 C_G - S_2 \tag{9.59}$$

Die Zuweisungen sollen so gewählt werden, dass sie Anreize zu den effizienten Mengen setzen:

173 Zum Subsidiaritätsprinzip siehe Art.5 (3) des Vertrags über die Europäische Union. Vertikale Subventionen an die Regionen erfolgen nach diesem Prinzip durch der Strukturfonds und den Kohäsionsfonds der EU.

$$N_1 \frac{U_G^1}{U_X^1} + N_2 \alpha \frac{U_G^2}{U_X^2} = C_G \tag{9.60}$$

$$N_1 \beta \frac{U_G^1}{U_X^1} + N_2 \frac{U_G^2}{U_X^2} = C_G \tag{9.61}$$

In Gleichungen (9.58) und (9.59) ändern die Subventionen das Verhältnis der lokalen Zahlungsbereitschaft zu den tatsächlich bestehenden Grenzkosten der lokalen öffentlichen Güter. Damit sollen die Entscheidungen der Gebietskörperschaften so angepasst werden, dass sie effiziente Mengen gemäß der Gleichungen (9.60) und (9.61) wählen. Nach einigen Umformungen ergeben alle vier Bedingungen die effizienten Subventionen (siehe ⟶ Appendix 9.5):

$$S_1 = C_G \left(n_1 - \frac{1 - \alpha}{1 - \alpha\beta} \right) \tag{9.62}$$

$$S_2 = C_G \left(n_2 - \frac{1 - \beta}{1 - \alpha\beta} \right) \tag{9.63}$$

Je größer der Spillover-Effekt des lokalen öffentlichen Gutes einer Gebietskörperschaft ceteris paribus ist, umso höher sollte die Subvention für diese Gebietskörperschaft sein und umso geringer die Subvention für die andere Gebietskörperschaft, die den Spillover-Effekt empfängt. Für beide Gebietskörperschaften bedeutet das, ein größeres α impliziert ein höheres S_1 und geringeres S_2, und ein größeres β bedingt ein höheres S_2 und geringeres S_1.

Was den Steuerexport betrifft, ist die effiziente Subvention für eine Gebietskörperschaft umso größer, je geringer ihr eigener Steuerexport und je größer der Steuerexport der anderen Gebietskörperschaft ist. Da das Ausmaß der Steuerexporte wegen $n_1 + n_2 = 1$ in beiden Gebietskörperschaften entgegengesetzt ist, steigt S_1 mit n_1 und fällt mit n_2. Umgekehrt steigt S_2 mit n_2 und fällt mit n_1. Außerdem gilt, dass der Steuerexport einer Gebietskörperschaft im Vergleich zum Spillover-Effekt so groß sein kann (kleines n_1, kleines α), dass die Subvention negativ, d. h. zu einer Pigou-Steuer wird ($S_1 < 0$).

Interessant ist der Fall, bei dem in einer der beiden Gebietskörperschaften ein nationales öffentliches Gut bereitstellt wird. Dann nutzen die Einwohner in der Nachbarregion das lokale öffentliche Gut in der gleichen Menge wie die Einwohner der Region, aus der das Gut stammt. Der Spillover-Effekt erstreckt sich über alle Einwohner ($\alpha = 1$ oder $\beta = 1$) und die effiziente zweckgebundene Subvention ist ein rein umverteilender Transfer zwischen den Gebietskörperschaften, die den Steuerexport ausgleicht:

$$\alpha = 1 : S_1 = C_G n_1 = -S_2$$

$$\beta = 1 : S_2 = C_G n_2 = -S_1$$

Die Subvention bewirkt, dass die kompletten Grenzkosten des öffentlichen Gutes in die Empfängerregion des Spillover-Effekts verschoben werden. Die Grenzkosten der bereitstellenden Region werden dann auf Null gesenkt. Dieser Transfer von Ressourcen bei Immobilität ersetzt die Anreizäquivalenz, die im Migrationsgleichgewicht bei vollkommener Mobilität besteht. Bei immobiler Bevölkerung senkt der Transfer die Grenzkosten in der Region, die den Spillover-Effekt verursacht, und gibt dadurch den Anreiz zur effizienten Bereitstellung des öffentlichen Gutes. Bei vollkommen mobiler Bevölkerung wird dieser Anreiz durch die Beachtung des Migrationsgleichgewichts bewirkt, die die Regionalregierung dazu bringt, alle Externalitäten bei der Bereitstellung des öffentlichen Gutes zu berücksichtigen.

Diese Bedingungen für optimale Zuweisungen eines Zentralstaats an untergeordnete Gebietskörperschaften gelten unter der Annahme, dass die Grenzkosten des lokalen öffentlichen Gutes konstant sind, also C_G sich nicht mit der bereitgestellten Menge ändert. Außerdem nehmen wir hier an, dass die Spillover-Effekte oder der Steuerexport sich nicht mit der Menge ändern. Zudem finanziert die zentrale Regierung die Subventionen durch Pauschalsteuern, die keine Ineffizienzen an anderer Stelle verursachen. Wenn diese Annahmen nicht erfüllt sind und mehr als zwei Gebietskörperschaften involviert sind, wird die Berechnung der effizienten föderalen Subventionen sehr komplex.

Zusammenfassend können wir folgendes festhalten. Sowohl der Spillover-Effekt als auch der Steuerexport stellen externe Effekte auf andere Gebietskörperschaften dar. Der Spillover-Effekt eines lokalen öffentlichen Gutes übt eine Nutzensteigerung auch für Einwohner außerhalb der bereitstellenden Gebietskörperschaft aus. Damit ist er ein positiver externer Effekt, der Anreize zu einer ineffizient geringen Bereitstellung mit dem öffentlichen Gut setzt. Der Steuerexport wälzt einen Teil der Kosten des lokalen öffentlichen Gutes auf Einwohner anderer Gebietskörperschaften ab. Er stellt einen negativen externen Effekt dar, der eine ineffiziente Überversorgung mit dem öffentlichen Gut nahelegt. Bei vollständiger Mobilität ist die dezentrale Bereitstellung in den Gebietskörperschaften dennoch effizient, da die lokalen Regierungen durch die Berücksichtigung des Migrationsgleichgewichts alle externen Effekte internalisieren. Diese Anreizäquivalenz geht jedoch verloren, wenn die Mobilität teilweise oder ganz eingeschränkt wird. Dann können vertikale Subventionen vom Zentralstaat, die zu einer Umverteilung von Ressourcen zwischen den Regionen führen, die richtigen Anreize setzen, damit die lokalen Regierungen effizient handeln.

Es gibt viele Beispiele von öffentlichen Gütern und Dienstleistungen, die Spillover-Effekte auf Nachbarregionen ausüben. Wird in einer Region das Flusswassers sauber gehalten, dann profitieren auch alle Regionen flussabwärts von dieser Umweltmaßnahme. So nützt es deutschen Einwohnern, wenn in Polen die Oder geschützt wird, und den Niederlanden, wenn der deutsche Teil des Rheins gesäubert wird. Ein anderes Beispiel ist der Bau von Kohlekraftwerken oder Atomkraftwerken in der Grenzregion zu anderen Ländern. Je weniger umweltverschmutzend die Kohlekraftwerke bzw. je sicherer die Atomkraftwerke sind, umso mehr nützt dies auch den Nachbarländern. Bildungsmaßnahmen können anderen Regionen nützen, wenn deren Einwohnern diese Bildung auch zugänglich ist. Ein Land kann Nutzen aus der Bekämpfung von Kriminalität in einem anderen Land ziehen, wenn das organisierte Verbrechen durch die polizeilichen Maßnahmen des Nachbarlandes sich nicht in das eigene Land ausdehnt. Ebenso können Gesundheitsmaßnahmen, die der Eindämmung oder Verhinderung von Pandemien dienen, Spillover-Effekte auf umliegende Regionen ausüben.

In der Europäischen Union wurde durch die Einführung der Grundfreiheiten die Mobilität von Bürgern zwischen den Staaten befördert.[174] Aber es bleiben Kosten der Wanderung bestehen durch Sprachbarrieren, soziale Netzwerke, Familien- und Freundesbande und ähnlichem. Auch innerhalb von Nationalstaaten bestehen solche Kosten der Mobilität. In Staaten wie den USA oder

174 Nach dem Vertrag von Rom ist allen Bürgern der EU freier Zugang zu den Arbeitsmärkten, sozialen Rechten und anderen Leistungen in allen Mitgliedstaaten gewährleistet (Artikel 48 und 51).

Deutschland sind die kulturellen Unterschiede in den Regionen möglicherweise weniger stark ausgeprägt als in Kanada oder der EU, und deshalb mag die Mobilität höher sein. Aber generell müssen wir wohl von beschränkter Mobilität ausgehen, weswegen der vertikale Finanzausgleich durch Subventionen eines Zentralstaats für effiziente dezentrale Entscheidungen lokaler Regierungen unerlässlich bleibt.

Zentrale Zuweisungen an Regionen, die im Sinne einer Pigou-Subvention dazu genutzt werden können, die Wohlfahrt und Versorgung mit öffentlichen Gütern zu verbessern, gibt es sowohl auf europäischer wie auch auf deutscher Ebene. In der EU werden mit dem Strukturfonds und dem Kohäsionsfonds Subventionen an Regionen in den Mitgliedsländern finanziert, die strukturschwache Gebiete fördern sollen. Standortnachteile der Regionen sollen abgebaut werden, um einen Anschluss an die allgemeine Wirtschaftsentwicklung zu ermöglichen. Art. 174 des Vertrags über die Arbeitsweise der Europäischen Union (VAEU) strebt an, „die Unterschiede im Entwicklungsstand der verschiedenen Regionen und den Rückstand der am stärksten benachteiligten Gebiete zu verringern", und Art. 176 fordert, mit den Fonds „zum Ausgleich der wichtigsten regionalen Ungleichgewichte in der Union beizutragen". Sowohl der Strukturfonds als auch der Kohäsionsfonds sollen gezielt den Aufbau der Infrastruktur fördern.

In Deutschland ist im Grundgesetz das Ziel verankert, die „Herstellung gleichwertiger Lebensverhältnisse im Bundesgebiet" herbeizuführen (Art. 72 Abs. 2 GG). Ein Mittel dazu sind die Gemeinschaftsaufgaben, bei denen der Bund sich an der Planung und der Finanzierung von Länderaufgaben beteiligt. In Art. 91a wird die „Mitwirkung des Bundes zur Verbesserung der Lebensverhältnisse" gefordert. Der Bund beteiligt sich bei der Aufgabe „Verbesserung der regionalen Wirtschaftsstruktur" zur Hälfte und bei der Aufgabe „Verbesserung der Agrarstruktur und des Küstenschutzes" mindestens zur Hälfte an den Ausgaben des Landes. Diese Maßnahmen sind für den Aufholprozess wirtschaftsschwacher Länder bei der Infrastruktur gedacht. Sie wurden eingeführt, um die beschränkt zur Verfügung stehenden Investitionsmittel effizient und mit der Ausrichtung, „die auch überregionalen Bedürfnissen Rechnung trägt", einzusetzen.[175] Ökonomisch verbirgt sich dahinter die Annahme von Spillover-Effekten, die ein Land bei der Erfüllung solcher Aufgaben auf andere Länder ausübt. Aus unseren theoretischen Überlegungen heraus ist in dem Fall eine Beteiligung des Bundes an der Finanzierung der Aufgaben sinnvoll. Auch das der Bund in Form von zweckgebundenen Zuweisungen einen Anteil der Kosten übernimmt (*matching grants*), lässt sich theoretisch mit der Internalisierung solcher Spillover-Effekte rechtfertigen. Allerdings ist die Förderung bei den Gemeinschaftsaufgaben nach oben gedeckelt (*closed-ended matching grants*). Wie wir in → Kapitel 11 sehen werden, ist dann die Internalisierung der externen Effekte nicht mehr gewährleistet. Eine unbegrenzte Gesamtförderung wäre vorzuziehen (*open-ended matching grants*).

---

175 Siehe Kommission für die Finanzreform (1966), S. 35.

▸ Appendix 9.2 | Wohlfahrtsoptimum bei Spillover-Effekten und Steuerexport

Der Lagrangeansatz zur Bestimmung des Wohlfahrtsoptimums lautet:

$$\text{Max}\,\mathscr{L} = U_1(X_1, G_1 + \beta G_2) - \lambda[\bar{U}_2 - U_2(X_2, G_2 + \alpha G_1)]$$
$$- \mu\left[C(G_1 + G_2) + \sum_{i=1}^{2}\left(N_i X_i - F_i(N_i, L_i^P)\right)\right] - \nu\left(\sum_{i=1}^{2} N_i - N\right)$$

Die Bedingungen erster Ordnung sind:

$$X_1: U_X^1 - \mu N_1 = 0 \tag{A.9.16}$$

$$X_2: \lambda U_X^2 - \mu N_2 = 0 \tag{A.9.17}$$

$$G_1: U_G^1 + \lambda U_G^2 \alpha - \mu C_G = 0 \tag{A.9.18}$$

$$G_2: U_G^1 \beta + \lambda U_G^2 - \mu C_G = 0 \tag{A.9.19}$$

$$N_i: -\mu(X_i - F_N^i) - \nu = 0,\, i = 1, 2 \tag{A.9.20}$$

Aus (A.9.16) und (A.9.17) folgt $U_X^1 = \lambda U_X^2 (N_1/N_2)$. Damit ergibt die Division von (A.9.18) durch (A.9.16):

$$\frac{U_G^1}{U_X^1} + \frac{N_2}{N_1}\frac{U_G^2 \alpha}{U_X^2} = \frac{C_G}{N_1}$$

Durch Multiplikation mit N_1 folgt die Samuelson-Bedingung (9.45). Analog ergibt die Division von (A.9.19) durch (A.9.17) die Samuelson-Bedingung (9.46).
Aus (A.9.20) folgt schließlich Bedingung (9.47) für die effiziente Bevölkerungsaufteilung.

▸ Appendix 9.3 | Ressourcenbeschränkung der Gebietskörperschaft

Aus dem Ausschöpfungstheorem (9.40) folgt: $F_N^i = \left(F^i\left(N_i, L_i^P\right) - F_L^i L_i^P\right)/N_i$. Mit (9.39): $F_N^i = W_i, F_L^i = R_i$, und unter Verwendung von (9.50) folgt für die Budgetbeschränkung (9.51):

$$X_i = F_N^i + \sum_{j=1}^{2}\left(1 - T_j^P\right)F_L^j\frac{L_j^P}{N} = \frac{1}{N_i}\left[F^i\left(N_i, L_i^P\right) - F_L^i L_i^P + \frac{N_i}{N}\sum_{j=1}^{2}\left(1 - T_j^P\right)F_L^j L_j^P\right]$$

$$= \frac{1}{N_i}\left[F^i\left(N_i, L_i^P\right) - \frac{N_j}{N}F_L^i L_i^P + \frac{N_i}{N}F_L^j L_j^P - \frac{N_i}{N}\left(T_i^P R_i L_i^P + T_j^P R_j L_j^P\right)\right]$$

$$= \frac{1}{N_i}\left[F^i\left(N_i, L_i^P\right) - \frac{N_j}{N}F_L^i L_i^P + \frac{N_i}{N}F_L^j L_j^P - \frac{N_i}{N}\left(C(G_i) + C\left(G_j\right)\right)\right]$$

▸ Appendix 9.4 |Entscheidung der lokalen Regierung bei vollkommener Mobilität

Die lokale Regierung in Gebietskörperschaft 1 maximiert den Nutzen eines Einwohners

$$\text{Max}\, U_1\left(X_1, G_1 + \beta G_2\right) \quad (A.9.21)$$

unter Berücksichtigung der lokalen Ressourcenbeschränkung:

$$X_1 = \frac{1}{N_1}\left[F^1\left(N_1, L_1^P\right) - \frac{N_2}{N}F_L^1 L_1^P + \frac{N_1}{N}F_L^2 L_2^P - \frac{N_1}{N}\left(C(G_1) + C(G_2)\right)\right] \quad (A.9.22)$$

und der Wanderungsreaktion im Migrationsgleichgewicht:

$$H\left(N_1, G_1, G_2\right) \equiv U_1\left(X_1, G_1 + \beta G_2\right) - U_2\left(X_2, G_2 + \alpha G_1\right) = 0 \quad (A.9.23)$$

Als Bedingung erster Ordnung folgt (9.55), wenn in (A.9.21) für X_1 die Ressourcenbeschränkung (A.9.22) eingesetzt wird, und berücksichtigt wird, dass der Nutzen $U_1\left(X_1, G_1 + \beta G_2\right)$ über die Ressourcenbeschränkung von N_1 abhängt:

$$\frac{dU_1}{dG_1} = U_X^1\left(-\frac{C_G}{N}\right) + U_{N_1}^1\frac{\partial N_1}{\partial G_1} + U_G^1 = 0 \quad (A.9.24)$$

Implizite Differentiation von (A.9.23) ergibt:

$$\frac{\partial N_1}{\partial G_1} = -\frac{H_{G_1}}{H_{N_1}} \quad (A.9.25)$$

Berücksichtigt man (A.9.22) und $dN_1 = -dN_2$, ergibt die Ableitung von (A.9.23):

$$H_{N_1} = U^1_{N_1} - U^2_{N_2}\frac{dN_2}{dN_1} = U^1_{N_1} + U^2_{N_2}, \quad H_{G_1} = -\frac{C_G}{N}\left(U^1_{X_1} - U^2_{X_2}\right) + U^1_G - \alpha U^2_G \tag{A.9.26}$$

Die Ableitung des Nutzens unter Berücksichtigung von (A.9.22) und $N_2 = N - N_1$ ergibt:

$$U^1_{N_1} = U^1_X\frac{\partial X_1}{\partial N_1} = \frac{U^1_X}{N_1}\left[F^1_{N_1} - X_1 + \frac{F^1_L L^P_1 + F^2_L L^P_2}{N} - \frac{N_2 F^1_{LN_1} L^P_1 + N_1 F^2_{LN_1} L^P_2}{N} - \frac{C(G_1) + C(G_2)}{N}\right] \tag{A.9.27}$$

Setzt man die beiden Gleichungen aus (A.9.26) in (A.9.25) ein und diese dann in die Bedingung erster Ordnung (A.9.24), so folgt:

$$\begin{aligned}\frac{dU_1}{dG_1} &= U^1_G - U^1_X\frac{C_G}{N} - U^1_{N_1}\frac{U^1_G - U^1_X\frac{C_G}{N} - \alpha U^2_G + U^2_{X_2}\frac{C_G}{N}}{U^1_{N_1} + U^2_{N_2}}\\ &= \frac{\left(U^1_G - U^1_X\frac{C_G}{N}\right)U^2_{N_2} + \left(\alpha U^2_G - U^2_{X_2}\frac{C_G}{N}\right)U^1_{N_1}}{U^1_{N_1} + U^2_{N_2}}\\ &= 0\end{aligned} \tag{A.9.28}$$

Im Optimum muss der Zähler gleich Null sein. Für $U^1_{N_1}$ aus (A.9.27) und $U^2_{N_2}$ aus der analogen Gleichung gilt nun wegen (9.53), dass der gesamte Term in der eckigen Klammer für beide Ableitungen gleich ist. Das heißt, er kürzt sich aus dem Zähler von (A.9.28) heraus:

$$\left(U^1_G - U^1_X\frac{C_G}{N}\right)\frac{U^2_X}{N_2} + \left(\alpha U^2_G - U^2_{X_2}\frac{C_G}{N}\right)\frac{U^1_X}{N_1} = 0 \tag{A.9.29}$$

Wird (A.9.29) mit $N_1 N_2$ multipliziert und durch $U^1_X U^2_X$ geteilt, dann folgt mit $N_1 + N_2 = N$ die Bedingung (9.45) für eine effiziente Bereitstellung des lokalen öffentlichen Gutes in Gebietskörperschaft 1. Analog erhält man die Effizienzbedingung (9.46) für Gebietskörperschaft 2.

▸ **Appendix 9.5 | Effiziente vertikale Subventionen**

Die effizienten Subventionen werden durch sukzessives Einsetzen der Gleichungen (9.58)–(9.61) berechnet. Die Subvention S_1 sinkt mit β und steigt mit α, da für (9.62) gilt: $\frac{\partial \frac{1-\alpha}{1-\alpha\beta}}{\partial \alpha} = -\frac{1-\beta}{(1-\alpha\beta)^2} < 0$. Relativ gesehen ist S_1 umso größer als S_2, je größer der Spillover-Effekt α ist, denn für die rechte Seite von (9.63) gilt: $\frac{\partial(\beta-\alpha)/(1-\alpha\beta)}{\partial\alpha} = -\frac{1-\beta^2}{(1-\alpha\beta)^2} < 0$.

10 Die Zuweisung distributiver Kompetenzen

In → Kapitel 9 haben wir uns mit der Zuordnung allokativer Aufgaben des Staates auf eine zentrale oder dezentrale föderale Ebene beschäftigt und sind den folgenden Fragen nachgegangen: Wie sollen Steuern erhoben werden, um eine effiziente Bevölkerungsaufteilung zu erreichen? Wie sollen öffentliche Güter und Dienstleistungen in einem föderalen Staat effizient bereitgestellt werden? Eine weitere wesentliche Aufgabe des Staates ist die Umverteilung von Einkommen durch einen Steuer-Transfer-Prozess. Die Frage in diesem Kapitel ist nun, welche Staatsebene die Verantwortung für diese Verteilungsfunktion übernehmen sollte.

Einkommensumverteilungen können aus einer Gerechtigkeitsperspektive oder aus einer Effizienzperspektive betrachtet werden. Aus der Perspektive der Gerechtigkeit gibt es bei der Umverteilung immer Gewinner und Verlierer. Die Nettozahler der Umverteilung würden in der Regel ein geringeres Umverteilungsniveau anstreben, während sich die Nettoempfänger für höhere Transfers einsetzen würden. Da man deshalb zu keiner einstimmigen Entscheidung für ein bestimmtes Ausmaß der Umverteilung kommen kann, muss es eine kollektive (gesamtgesellschaftliche) Entscheidung geben, was als gerechte Verteilung angesehen wird. Aus der Gerechtigkeitsperspektive greift man deshalb auf eine Wohlfahrtsfunktion zurück, mit der die Gesellschaft bzw. die Regierung definiert, was eine gerechte Einkommensverteilung ist. Das kann eine utilitaristische Wohlfahrt sein, bei der die Summe der Nutzen aller Individuen der Gesellschaft maximiert wird. Oder man unterstellt eine Maximin-Wohlfahrtsfunktion nach John Rawls, bei der das Individuum mit dem geringsten Nutzen durch Umverteilung so gut wie möglich gestellt werden soll. Es gibt zahlreiche andere plausible Konzepte darüber, wie die Wohlfahrt einer Gemeinschaft von Bürgern beurteilt werden sollte, insbesondere, welche Verteilung als gerecht anzusehen ist. Als Beispiel für die Gerechtigkeitsperspektive werden wir im Folgenden die utilitaristische Wohlfahrt betrachten. Wir werden sehen, dass unter bestimmten Bedingungen ein wesentliches Prinzip der Verteilungsgerechtigkeit, nämlich die horizontale Gerechtigkeit, aus dieser Wohlfahrtsdefinition folgt.

Die Effizienzperspektive geht davon aus, dass Umverteilung wie ein öffentliches Gut behandelt werden kann, das auf effizientem oder ineffizientem Niveau bereitgestellt wird. Wenn Umverteilung ein öffentliches Gut ist, d. h. allen Bürgern einen Nutzen stiftet, kann es zu einstimmigen Entscheidungen kommen, wie hoch das Niveau der Umverteilung sein sollte. Hierzu muss geklärt werden, warum es im Interesse aller Bürger sein kann, Umverteilung durchzuführen. Der Ansatz, den Pauly (1973) gewählt hat, ist der Altruismus. Er unterstellt, dass es altruistische Nettozahler gibt, die einen Nutzen daraus ziehen, dass die Nettoempfänger einen Transfer erhalten. Wenn die Umverteilung so für beide Seiten nutzenstiftend ist, kann sie einstimmig befürwortet werden. Dann bedarf es keiner vorgegebenen gesamtgesellschaftlichen Gerechtigkeitsvorstellung, sprich Wohlfahrtsfunktion, um eine Umverteilung durchzusetzen. Die Umverteilung findet hier von Seiten der Nettozahler aus eigenem Antrieb, also freiwillig statt. Zu klären bleibt dann, wie hoch aus Sicht der Nettozahler dieser Transfer sein sollte, denn diese müssen ihre steuerliche Belastung gegen den altruistischen Nutzen aus dem Transfer abwägen. Effizient ist das Umverteilungsniveau, wenn es kein anderes Niveau gibt, das den Nutzen der Nettozahler erhöht, ohne denjenigen der Empfänger zu senken.

Im Folgenden werden wir uns in → Kapitel 10.1 mit der Gerechtigkeitsperspektive und in → Kapitel 10.2 mit der Effizienzperspektive beschäftigen. Da die Umverteilung in einem föderalen Staat dezentral in den Regionen oder zentral in der gesamten Ökonomie vorgenommen werden kann, müssen wir diese Alternativen in 10.1 am Maßstab der Gerechtigkeit und in 10.2 anhand der Effizienz vergleichen. Die Frage ist in beiden Fällen, ob die Umverteilung in den Regionen durch zentralstaatliche Umverteilungsmaßnahmen ersetzt oder ergänzt werden muss. Wenn ein zentralstaatlicher Eingriff erforderlich ist, ist zu klären, mithilfe welcher Subventionen er geschehen sollte. Bei der Beantwortung dieser Frage spielt wieder die Mobilität der Einwohner zwischen den Regionen eine wichtige Rolle.

10.1 Umverteilung aus der Gerechtigkeitsperspektive

10.1.1 Das Fiskalische Residuum und Probleme des Finanzausgleichs

Ein fundamentaler Gerechtigkeitsgrundsatz ist, dass Personen, die sich in relevanten Charakteristika (Einkommen etc.) nicht unterscheiden, vom Staat auch gleich zu behandeln sind (horizontale Gerechtigkeit), während unterschiedliche Personen ungleich behandelt werden (vertikale Gerechtigkeit). Eine staatliche Umverteilung von Einkommen kann dann als horizontal gerecht definiert werden, wenn zwei Individuen, die vor der Umverteilung dasselbe Einkommen hatten, auch nach der Umverteilung dasselbe Einkommen erhalten.

Wenn dieses Prinzip auf einen föderalen Staat angewendet wird, bedeutet es, dass alle gleich gut gestellten Individuen auch nach Umverteilung gleich gut gestellt sein sollten, unabhängig davon, wo sie in der Föderation leben. Wie wir im Folgenden sehen werden, folgt aus der utilitaristische Wohlfahrtsfunktion dieses Prinzip, wenn alle Individuen die gleiche Nutzenfunktion besitzen.

Buchanan (1950) hat gezeigt, dass in einer Welt, in der keine Wanderung zwischen Bundesländern einer Föderation stattfindet, dieses Prinzip verletzt sein kann, selbst wenn die Regierungen aller Bundesländer dasselbe Umverteilungsziel verfolgen. Dies kann mit dem folgenden numerischen Beispiel illustriert werden. Es gebe zwei Bundesländer A und B, die sich in der Zusammensetzung ihrer Bevölkerung aus Individuen mit höheren oder niedrigeren Einkommen unterscheiden. In Bundesland A, dem reicheren Land, haben zwei Personen ein jährliches Einkommen von 10.000 Euro und eine Person ein Einkommen von 1.000 Euro. Im ärmeren Bundesland B hat eine Person ein Jahreseinkommen von 10.000 Euro und zwei Personen ein Einkommen von 1.000 Euro. Jede Regierung erhebt nun eine proportionale Steuer von 10 Prozent auf alle Einkommen in ihrem Bundesland und verwendet die Mittel so, dass alle Bürger im Bundesland denselben Transfer erhalten. Es ist klar, dass bei den Steuern über die gesamte Föderation hinweg alle gleich behandelt werden, also die horizontale Gerechtigkeit eingehalten wird. Die reicheren Bürger zahlen alle die gleiche Steuer in Höhe von 1.000 Euro und die ärmeren eine Steuer in Höhe von 100 €, unabhängig davon, in welchem Bundesland sie leben. Das ändert sich, wenn wir nun auch die Transferseite einbeziehen.

In Land A ist das Steueraufkommen 2.100 Euro, das auf drei Köpfe verteilt wird, so dass jeder 700 Euro Transfer erhält. In Land B ist das Steueraufkommen 1.200 Euro, so dass jeder 400 Euro Transfer erhält. Die Steuerzahlungen und Transfers der einzelnen Bürger sind in folgender Tabelle wiedergegeben:

Bürger/Bruttoeinkommen	Steuer	Transfer	Fiskalisches Residuum
A1: 10.000 €	1.000 €	700 €	300 €
A2: 10.000 €	1.000 €	700 €	300 €
A3: 1.000 €	100 €	700 €	-600 €
B1: 10.000 €	1.000 €	400 €	600 €
B2: 1.000 €	100 €	400 €	-300 €
B3: 1.000 €	100 €	400 €	-300 €

Tabelle 10.1: Das fiskalische Residuum

In der letzten Spalte ist angegeben, wie hoch die Netto-Steuerzahlung (Steuern abzüglich Transfer) jedes Individuums ist. Buchanan nennt sie das fiskalische Residuum, also wie viel aus Sicht des Staates von jedem eingenommen oder für jeden ausgegeben wird. Alle Bürger der Föderation zahlen zwar bei gleichem Bruttoeinkommen die gleiche Steuer, wenn sie aber in Bundesland A leben, ist ihr fiskalisches Residuum unabhängig von ihrem Bruttoeinkommen um 300 Euro niedriger. Die gesamte fiskalische Bilanz zeigt, dass (dem Einkommen nach) gleiche Bürger nicht gleich behandelt werden, da sie in Land B schlechter gestellt werden. Dies gilt, obwohl beide Bundesländer dieselbe Umverteilungspolitik betreiben. Der Grund liegt natürlich in der unterschiedlichen Bevölkerungsverteilung von Armen und Reichen in beiden Bundesländern.

Die horizontale Gerechtigkeit kann nun durch einen horizontalen Finanzausgleich, der von der zentralen Regierung durchgeführt wird, wieder hergestellt werden. Wenn ein Transfer von 200 Euro unter den reicheren Individuen von Land A nach Land B vorgenommen wird, so dass das Residuum von A1 und A2 um jeweils 100 Euro steigt und von B1 um 200 Euro sinkt, dann wäre die Gleichheit der Residuen innerhalb der Gruppe der reicheren Individuen hergestellt. Wenn ein weiterer Transfer von 200 Euro von A3 zu B2 und B3 geht, gälte diese ebenfalls für die Gruppe der ärmeren Individuen. Insgesamt müsste das Bundesland A also eine Ausgleichszahlung in Höhe von 400 Euro an Land B zahlen, damit die horizontale Gleichheit in der Föderation hergestellt wird.

Interessant ist nun, dass diese Höhe des Finanzausgleichs davon abhängt, wie stark ein Bundesland seine Umverteilung betreibt. Buchanan zeigt, dass eine größere Umverteilung in einem der Bundesländer oder in beiden einen höheren Finanzausgleich nach sich zieht, um horizontale Gerechtigkeit zu erreichen, und umgekehrt.

Angenommen Land A erhebt nicht mehr eine proportionale sondern eine progressive Steuer. Zum Beispiel wird von den höheren Einkommen ein Steuersatz von 15 Prozent erhoben und von geringeren Einkommen ein Satz von 6 Prozent. Mit dieser progressiven Steuer nimmt auch der Grad der Umverteilung zwischen Reich und Arm zu. Die Verteilung des Steueraufkommens in beiden Bundesländern als Transfers und die Steuersätze in Land B bleiben unverändert. Die fiskalische Bilanz ändert sich dann zu:

Bürger/Bruttoeinkommen	Steuer	Transfer	Fiskalisches Residuum
A1: 10.000 €	1.500 €	1.020 €	480 €
A2: 10.000 €	1.500 €	1.020 €	480 €
A3: 1.000 €	60 €	1.020 €	-960 €
B1: 10.000 €	1.000 €	400 €	600 €
B2: 1.000 €	100 €	400 €	-300 €
B3: 1.000 €	100 €	400 €	-300 €

Tabelle 10.2: Das fiskalische Residuum und der Grad der Umverteilung

Wenn unter den reichen Individuen 80 Euro von A1 und A2 zu B1 und unter den ärmeren Individuen 440 Euro von A3 zu B2 und B3 transferiert wird, dann könnte unter den Einkommensgruppen in der gesamten Föderation horizontale Gleichheit hergestellt werden. Alle reicheren Individuen hätten ein fiskalisches Residuum von 520 Euro und alle ärmeren eines von -520 Euro – unabhängig von ihrem Wohnsitzland. Insgesamt müsste also ein Finanzausgleich von 440 + 80 = 520 Euro von A nach B geleistet werden. Das sind 120 Euro mehr als im vorherigen Fall, bei dem Land A eine geringere Umverteilung betrieben hat. Das gleiche Resultat erhält man, wenn Land B seine Umverteilung ausweitet und die neue Steuerstruktur übernimmt (15 % und 6 %), während Land A bei seiner ursprünglichen proportionalen Steuer (10 %) bleibt.

Diese Abhängigkeit der Höhe des horizontalen Finanzausgleichs vom Grad der Umverteilung, die ein Bundesland vornimmt, schafft ein gravierendes Problem, wenn die Föderation am Prinzip der horizontalen Gerechtigkeit festhält. Diese Abhängigkeit setzt nämlich strategische Anreize für die Länder, mithilfe ihrer Steuer-Transfer-Systeme die Finanzausgleichszahlungen zu manipulieren. Die reicheren Länder haben dann einen Anreiz, das Umverteilungsniveau zu senken, um ihre Zahlungen im Finanzausgleich zu reduzieren. Für die ärmeren Länder gilt das Gegenteil: Durch die Ausweitung ihres Umverteilungssystems können sie höhere Ausgleichszahlungen erzielen. Buchanan weist deshalb darauf hin, dass ein Finanzausgleich, der dieses Gerechtigkeitsprinzip verfolgt, auf Basis einer standardisierten fiskalischen Struktur berechnet werden sollte, die strategische Einflussnahme der Länder auf die Höhe des Finanzausgleichs ausschließt. So könnte bei hinreichend großer Anzahl der Länder die durchschnittliche Finanzausstattung ein Maßstab für den Finanzausgleich sein. Der deutsche Länderfinanzausgleich zum Beispiel folgt dem Prinzip der Angleichung des Steueraufkommens pro Kopf in den Bundesländern. Die Transfers an die Bundesländer richten sich danach, wie hoch die Differenz zwischen den tatsächlichen Steuereinnahmen pro Einwohner eines Bundeslandes und den durchschnittlichen Pro-Kopf-Einnahmen aller Bundesländer ist. Ist die Anzahl der Bundesländer groß genug bzw. sind die Steueraufkommen der Länder hinreichend klein, um den Durchschnitt nicht zu beeinflussen, dann hat man hier einen Maßstab, der nicht manipulierbar ist.[176] Im kanadischen Finanzausgleichssystem werden stattdessen die Differenzen der Steuerbasen zwischen den Regionen und einem repräsentativen Steuersystem ausgeglichen, um strategische Einflussnahme zu vermeiden. Ähnlich geht man auch beim kommunalen Finanzausgleich in Deutschland vor.

176 Zu Anreizproblemen, die die Steuereintreibung im deutschen Länderfinanzausglich betrifft, siehe Baretti et al. (2002).

10.1.2 Horizontale Gerechtigkeit bei immobiler Bevölkerung

In einem Modell wollen wir die Norm der horizontalen Gerechtigkeit sowie die Entscheidungen der Regierungen bezüglich der Einkommensumverteilung genauer untersuchen, wenn wir zunächst annehmen, dass alle Bürger immobil sind, es also keine Wanderung zwischen den Bundesländern gibt.

Gegeben sei ein Zentralstaat mit zwei Bundesländern, $i = 1, 2$, in denen jeweils N_i^W produktivere und N_i^P weniger produktive Bürger leben. Jeder dieser Bürger bietet unelastisch eine Einheit Arbeit an. In jedem Bundesland wird unter Einsatz von Arbeit beider Produktivitätstypen ein homogener Output produziert. Der Produktionsprozess wird durch folgende Produktionsfunktion beschrieben: $F^i\left(N_i^W, N_i^P\right)$, die streng konkav in beiden Inputs ist und konstante Skalenerträge aufweist. Im Produktionssektor eines Bundeslandes i wird Arbeit gewinnmaximierend eingesetzt, so dass die Bruttolöhne für die produktiveren Arbeitnehmer W_i^W und für die weniger produktiven Arbeitnehmer W_i^P den Grenzproduktivitäten entsprechen: $F^i_{N_i^W} = W_i^W$ und $F^i_{N_i^P} = W_i^P$, wobei $W_i^W > W_i^P$ gilt.

Aufgrund staatlicher Umverteilungspolitik muss der produktivere Bürger aus seinem Bruttoeinkommen eine Pauschalsteuer[177] zahlen, und daraus ergibt sich das verfügbare Einkommen X_i^W, während der weniger produktive Bürger einen Transfer und zusammen mit seinem Bruttolohn ein verfügbares Einkommen X_i^P erhält. Die verfügbaren Einkommen dienen dem Konsum und stiften den Bürgern in Bundesland i einen Nutzen, gegeben durch die Nutzenfunktionen $U^i(\bullet)$, die streng konkav sind.

Die Bundesländer können sich also in drei Merkmalen unterscheiden: Erstens in den Präferenzen (Nutzenfunktionen) der Bürger[178], zweitens in den Produktivitäten und damit Bruttolöhnen von Arm und Reich und drittens in der Anzahl reicherer und ärmerer Bürger.

Utilitaristisches Wohlfahrtsoptimum der Umverteilung

Die Gesellschaft hat sich auf eine utilitaristische Definition der Wohlfahrt geeinigt, die eine Maximierung der Summe der Nutzen aller Individuen vorsieht:

$$\underset{X_1^W, X_2^W, X_1^P, X_2^P}{\text{Max}} \quad N_1^W U^1\left(X_1^W\right) + N_1^P U^1\left(X_1^P\right) + N_2^W U^2\left(X_2^W\right) + N_2^P U^2\left(X_2^P\right)$$

Dabei muss die Ressourcenbeschränkung der gesamten Ökonomie berücksichtigt werden. Aufgrund der konstanten Skalenerträge in der Produktion eines Bundeslandes gilt das Ausschöpfungstheorem: $F^i\left(N_i^W, N_i^P\right) = F^i_{N_i^W} N_i^W + F^i_{N_i^P} N_i^P$, so dass die gesamten Ressourcen im Zentralstaat, $F^1\left(N_1^W, N_1^P\right) + F^2\left(N_2^W, N_2^P\right)$, auf der linken Seite der folgenden Gleichung dem verfügbaren Einkommen nach Umverteilung auf der rechten Seite entsprechen müssen:

177 Wir abstrahieren hier von der verzerrenden Wirkung der Einkommensteuer auf die Freizeit-Arbeits-Entscheidung.

178 Die Präferenzen sind dann identisch, wenn sie sich durch Nutzenfunktionen darstellen lassen, die durch monotone Transformation auseinander hervorgehen.

$$N_1^W W_1^W + N_1^P W_1^P + N_2^W W_2^W + N_2^P W_2^P = N_1^W X_1^W + N_1^P X_1^P + N_2^W X_2^W + N_2^P X_2^P$$

Die Bedingungen erster Ordnung ergeben, dass die Grenznutzen aller Individuen ausgeglichen sein müssen:

$$U^1_{X_1^W} = U^1_{X_1^P} = U^2_{X_2^W} = U^2_{X_2^P} \qquad (10.1)$$

Im Allgemeinen folgt aus Bedingung (10.1) dann mit $U^1 \neq U^2$:

$$X_1^W = X_1^P \neq X_2^W = X_2^P \qquad (10.2)$$

Geht man davon aus, dass nur die Nutzen der Bürger innerhalb eines Bundeslandes identisch sind, weil sie sich aus dem Grund auch in diesem Bundesland niedergelassen haben (siehe Tiebout-Hypothese, Kapitel 8), während die Nutzen der Bürger unterschiedlicher Bundesländer verschieden sind, dann muss im Wohlfahrtsoptimum nur das Einkommen der Bürger innerhalb eines Bundeslandes ausgeglichen sein.

Wenn wir hingegen unterstellen, dass die Nutzenfunktionen aller Individuen unabhängig von ihrem Wohnsitz gleich sind: $U^1 = U^2$, dann folgt aus der Annahme strikter Konkavität die Gleichheit aller Nettoeinkommen im Wohlfahrtsoptimum:

$$X_1^W = X_1^P = X_2^W = X_2^P \qquad (10.3)$$

Die Einkommen sollten so umverteilt werden, dass jeder über das gleiche Nettoeinkommen verfügt.

Im utilitaristischen Wohlfahrtsoptimum werden die Einkommen zwischen Arm und Reich angeglichen. Wenn die Nutzen in verschiedenen Regionen sich aber unterscheiden, dann können verschiedene Umverteilungsniveaus in den Bundesländern optimal sein. Das bedeutet, das Wohlfahrtsoptimum ist im Allgemeinen nicht identisch mit horizontaler Gerechtigkeit unter allen Bürgern der Föderation. Beides unterscheidet sich, wenn sich die Nutzenfunktionen der Individuen zwischen den Bundesländern unterscheiden. Im Folgenden müssen wir deshalb zwischen diesen beiden Fällen trennen: Dem allgemeinen Wohlfahrtsoptimum bei unterschiedlichen Nutzen $U^1 \neq U^2$ in den Bundesländern, das erreicht ist, wenn die Einkommen innerhalb aber nicht zwischen den Bundesländern ausgeglichen werden, und der horizontalen Gerechtigkeit unter der Annahme $U^1 = U^2$, bei der alle Einkommen in der Föderation ausgeglichen werden müssen.

A priori ist nicht klar, ob es plausibler ist, unterschiedliche oder gleiche Nutzen der Bundesländer anzunehmen. Der allgemeinste Fall ist, dass sich Nutzen zwischen Bundesländern auch unterscheiden können. Die Tiebout-Hypothese würde dafür sprechen, dass sich die Präferenzen von Individuen in einem Bundesland gleichen, während sie zwischen Bundesländern unterschiedlich sein können (Abstimmung mit den Füßen). Man kann aber auch normativ allen Bürgern unabhängig von ihrem Bundesland denselben Nutzen unterstellen und damit aus dem utilitaristischen Wohlfahrtsoptimum das Ziel horizontaler Gerechtigkeit ableiten. Die Frage ist jetzt, welche Ziele eine dezentrale oder zentrale Umverteilung erreichen kann.

Dezentrale Umverteilung der Regierungen der Bundesländer

Die Regierung in Bundesland i, $i = 1, 2$, wählt eine Umverteilung, die die Wohlfahrt ihrer Bürger maximiert. Dazu erhebt sie eine Pauschalsteuer T_i auf das Einkommen der N_i^W wohlhabenderen Bürger und verteilt dieses Steueraufkommen als Transfer S_i pro Kopf der N_i^P ärmeren Bürger. Das Umverteilungsbudget des Bundeslandes ist:

$$N_i^P S_i = N_i^W T_i$$

Der Transfer pro Kopf ist damit $S_i = T_i N_i^W / N_i^P$ und die Nettoeinkommen nach Umverteilung betragen:

$$X_i^W = W_i^W - T_i,\ X_i^P = W_i^P + \frac{N_i^W}{N_i^P} T_i$$

Unter diesen Nebenbedingungen wählt die lokale Regierung T_i so, dass die Nutzensumme der Bürger maximiert wird:

$$\max_{T_i} N_i^W U^i\left(X_i^W\right) + N_i^P U^i\left(X_i^P\right) \tag{10.4}$$

Aus der Bedingung erster Ordnung folgt die Grenznutzengleichheit: $U^i_{X_i^W} = U^i_{X_i^P}$ und damit bei streng konkaver Nutzenfunktion die Wahl einer Steuer, die die Nettoeinkommen ausgleicht: $X_i^W = X_i^P$. Die gewählte Steuer beträgt dann:

$$T_i^* = \frac{N_i^P}{N_i^W + N_i^P}\left(W_i^W - W_i^P\right) \tag{10.5}$$

Als Steuer wird der Teil der Differenz der Bruttoeinkommen erhoben, der dem Anteil der Armen an der Bevölkerung entspricht. Machen diese z. B. die Hälfte der Bevölkerung aus, dann wird den Reichen die Hälfte der Einkommensdifferenz als Steuer entzogen, und an die Armen umverteilt. Gleichung (10.5) zeigt, dass die Umverteilung in einem Bundesland umso größer ist, je größer die Differenz der Bruttoeinkommen und je größer der Anteil der Armen in der Bevölkerung ist. Nach Umverteilung ergibt sich das gleiche Nettoeinkommen für alle Einwohner des Bundeslandes in Höhe von

$$X_i^{W*} = \frac{N_i^W W_i^W + N_i^P W_i^P}{N_i} = X_i^{P*}$$

wobei $N_i \equiv N_i^W + N_i^P$ ist. Die Nettoeinkommen der reicheren und ärmeren Bevölkerung werden damit ausgeglichen und entsprechen dem Durchschnittseinkommen der gesamten Bevölkerung in dem Bundesland. Die erzeugten Nettoeinkommen zwischen den Bundesländern stimmen im Allgemeinen nicht überein. Das kann zwei Gründe haben. Wenn im Bundesland i entweder die Bruttoeinkommen W_i^W und W_i^P ceteris paribus höher sind als in Land j oder der Anteil der

Reichen $N_i^W / (N_i^W + N_i^P)$ größer ist (wegen $W_i^W > W_i^P$), dann sind auch die Nettoeinkommen nach Umverteilung höher: $X_i^{W*} = X_i^{P*} > X_j^{W*} = X_j^{P*}$.

Die Dezentralisierung der Umverteilung ist also wohlfahrtsoptimal, d. h. sie führt zu einem Ausgleich der Einkommen zwischen Reich und Arm innerhalb eines Bundeslandes. Da aber das Umverteilungsniveau, d. h. die Höhe des umverteilten Transfers, von den Bruttoeinkommen und der Zusammensetzung der Bevölkerung aus armen und reichen Bürgern abhängt, wird die Wohlfahrtsmaximierung dazu führen, dass identische Individuen in verschiedenen Bundesländern unterschiedlich behandelt werden, wenn die Bevölkerungsstruktur verschieden ist. Deshalb ist die dezentrale Umverteilung nicht horizontal gerecht. Selbst wenn wir für alle Individuen der Föderation den gleiche Nutzen unterstellen, wäre die dezentrale Umverteilung nicht horizontal gerecht, da für die Bundesländer kein Anreiz besteht, ihre Umverteilungspolitik zu koordinieren, wenn unterschiedliche fiskalische Kapazität (unterschiedliche Bruttoeinkommen und Bevölkerungsanteile der Reichen) sie dazu veranlasst, auch unterschiedliche Umverteilungsniveaus anzustreben. Die Nettoeinkommen nach Umverteilung bleiben unterschiedlich hoch in den Bundesländern bei entsprechender Ungleichheit der Bruttoeinkommen und der Bevölkerungsanteile von Arm und Reich.

Umverteilung der zentralstaatlichen Regierung

Ob eine Zentralregierung das Wohlfahrtsoptimum erreicht, hängt wesentlich davon ab, ob sie über eine hinreichend große Anzahl zielgenauer Instrumente verfügt, mit denen sie in den Bundesländern eine Umverteilung in Abhängigkeit von den jeweiligen Einkommens- und Bevölkerungsverhältnissen vornehmen kann. Nur wenn sie alle Instrumente einsetzen kann, über die die lokalen Regierungen nur jeweils für ihr Bundesland verfügen, kann die Zentralregierung das Wohlfahrtsoptimum sowohl bei unterschiedlichen Nutzen zwischen den Bundesländern als auch bei identischem Nutzen aller Bürger der Föderation erreichen. In diesem Fall, den wir zunächst beschreiben, ist die zentrale Umverteilung der dezentralen überlegen, weil sie bei identischem Nutzen auch das Wohlfahrtsziel der horizontalen Gerechtigkeit verwirklichen kann.

Die Regierung des Zentralstaates unterscheidet sich von den lokalen Regierungen zum einen darin, wessen Wohlfahrt sie maximiert, und zum anderen in den Instrumenten für die Umverteilung, die ihr zur Verfügung stehen. Im Unterschied zu den Länderregierungen berücksichtigt sie die Wohlfahrt aller Bürger im gesamten Staat, d. h. sie maximiert folgende Zielfunktion:

$$N_1^W U^1(X_1^W) + N_1^P U^1(X_1^P) + N_2^W U^2(X_2^W) + N_2^P U^2(X_2^P) \quad (10.6)$$

Wir nehmen zunächst an, dass der Zentralstaat eine differenzierte, von den regionalen Einkommen und Bevölkerungsstrukturen abhängige Umverteilung vornehmen kann. Der Zentralstaat kann also in Bundesland 1 eine Umverteilung mit den Parametern T_1 und S_1 und in Bundesland 2 eine Umverteilung mit T_2 und S_2 durchführen, wobei die Umverteilung über ein zentrales Budget finanziert wird:

$$N_1^W T_1 + N_2^W T_2 = N_1^P S_1 + N_2^P S_2 \quad (10.7)$$

Die Maximierung des Gesamtnutzens aus (10.6) durch Wahl von T_1, T_2, S_1 und S_2 erfolgt nun unter dieser staatlichen Budgetbeschränkung und den individuellen Budgets:

$$X_i^W = W_i^W - T_i,\ X_i^P = W_i^P + S_i,\ i = 1, 2 \tag{10.8}$$

Die Lösung dieses Maximierungsproblems (siehe ⟶ Appendix 10.1) ist der vollständige Ausgleich aller Einkommen in der Föderation: $X_1^W = X_1^P = X_2^W = X_2^P$, wenn die Nutzenfunktion der Individuen zwischen den Bundesländern sich nicht unterscheidet: $U^1 = U^2$. Erhebt die Zentralregierung also eine Steuer, die abhängig vom Wohnsitz eines Individuums gewählt werden kann, und zahlt sie einen Sozialtransfer, der zwischen den Bundesländern diskriminieren kann, dann verfügt sie über hinreichend viele Umverteilungsinstrumente, um horizontale Gerechtigkeit herbeizuführen. Eine solche Umverteilung erlaubt es einer Zentralregierung, die unterschiedliche Fiskalkapazität der Bundesländer, die vom Einkommensniveau und der Bevölkerungsstruktur abhängt, zu berücksichtigen. Damit ist sie einer dezentralen Umverteilung überlegen, weil sie variabel über ein zentrales Budget die spezifischen Steuern und Transfers einsetzen kann, um bei identischem Nutzen überall in der Föderation das gleiche Nettoeinkommen nach Umverteilung zu erzielen. Dies ist einer lokalen Regierung, die nur in ihrem Bundesland Einkommen umverteilen kann, nicht möglich.

Zwei Umstände sprechen aber gegen eine solche flexible Politik der Zentralregierung. Der erste Umstand ist, dass die Verwirklichung einer solchen Politik – wenn sie erreichbar ist – ein wesentliches Prinzip des Föderalismus verletzt, nämlich die Autonomie der dezentralen Entscheidungsträger, also hier der Bundesländer. Der zweite Umstand ist, dass eine solche Politik nicht erreichbar ist, wenn aufgrund konstitutioneller oder anderer gesetzlicher Vorschriften der Zentralstaat – im Unterscheid zu den Bundesländern – die Bürger in der Föderation nicht unterschiedlich behandeln darf. Beide Umstände zusammen führen dazu, dass eine Zentralregierung horizontale Gerechtigkeit bundesweit nicht durchsetzen kann, da sie die Bürger je nach Bundesland nicht unterschiedlich besteuern und unterstützen darf. Denn obwohl das allgemeine Gerechtigkeitsempfinden eine Gleichbehandlung aller Bürger auch und gerade bei der Umverteilung nahelegt, wird dies ausschließlich von der Zentralregierung gefordert. Hier wird verlangt, dass alle Bürger unter denselben sozioökonomischen Umständen dieselben Lasten zu tragen und dieselben Vergünstigungen zu erhalten haben. Eine Landesregierung aber, die nur ihren Bürgern verpflichtet ist, kann entsprechend ihrer Kompetenzen in einem föderalen Staat eine grundsätzlich andere Umverteilung zwischen Reich und Arm vornehmen als die Regierung eines anderen Bundeslandes. Dieser eigentümliche Unterschied in der Beurteilung gerechten Regierungshandelns erklärt sich nur aus der unterschiedlichen Zuständigkeit, die eine Bundesregierung und die Länderregierungen in einem föderalen Staat besitzen. Einer Landesregierung kann es gleichgültig sein, wie Bürger eines anderen Bundeslandes sozialpolitisch behandelt werden, während eine Zentralregierung auf gleichmäßige Behandlung achten muss, da sie für alle Bürger zuständig ist.

Wir nehmen im Folgenden an, dass die Zentralregierung die Instrumente ihrer Umverteilung nicht nach Bundesländern differenzieren kann. Sie muss die zusätzliche Restriktion erfüllen, allen reichen Bürgern dieselbe Steuer abzuverlangen und allen armen Bürgern den gleichen Transfer zu zahlen. Die Zentralregierung erhebt eine Pauschalsteuer T, die für die reichen Bürger in beiden Bundesländern gleich hoch ist.[179] Sei $N^W = N_1^W + N_2^W$ die Zahl aller wohlhabenden Bürger in der

179 Das Ergebnis würde sich nicht ändern, wenn man hier eine proportionale Steuer mit Steuersatz T erheben würde: $W_i^W(1 - T)$.

Föderation, die die Steuer T zahlen, und $N^P = N_1^P + N_2^P$ die Zahl aller Wohlfahrtsempfänger, die denselben Transfer S erhalten, dann ist das Budget der Zentralregierung gegeben durch:

$$N^W T = N^P S$$

Daraus ergibt sich für jeden Wohlfahrtsempfänger in den Bundesländern der gleiche Transfer $S = TN^W/N^P$. Die Nettoeinkommen sind wie folgt definiert:

$$X_i^W = W_i^W - T, \; X_i^P = W_i^P + \frac{N^W}{N^P}T \tag{10.9}$$

Die Maximierung von (10.6) durch die Wahl von T unter Berücksichtigung von (10.9) ergibt die folgende Bedingung erster Ordnung:

$$\left(U^1_{X_1^W}\frac{N_1^W}{N^W} - U^1_{X_1^P}\frac{N_1^P}{N^P}\right) + \left(U^2_{X_2^W}\frac{N_2^W}{N^W} - U^2_{X_2^P}\frac{N_2^P}{N^P}\right) = 0 \tag{10.10}$$

Nur wenn alle drei Merkmale der Bundesländer gleich sind, also Nutzenfunktion ($U^1 = U^2$), Bruttoeinkommen ($W_1^W = W_2^W = W^W$, $W_1^P = W_2^P = W^P$) und Bevölkerungsanteile der Reichen und Armen ($N_1^W = N_2^W, N_1^P = N_2^P$), ist die zentrale Umverteilung wohlfahrtsoptimal, da sie dasselbe Nettoeinkommen für alle Bürger ergibt: Aus $U_{X^P} = U^i_{X_i^P} = U^i_{X_i^W} = U_{X^W}$ folgt $X^P = X^W$ für die Bürger aller Bundesländer. Unterscheiden sich die Bundesländer in nur einem dieser Charakteristika, wird die wohlfahrtsoptimale Umverteilung verfehlt. Weder folgt aus Bedingung (10.10), dass die Grenznutzen und damit die Nettoeinkommen von Arm und Reich in einem Bundesland ausgeglichen sind, noch folgt bei identischen Nutzen, dass die Nettoeinkommen aller Bürger nach Umverteilung gleich hoch sind. Da die Zentralregierung nur ein Instrument, nämlich die für alle gleiche Pauschalsteuer T, zur Umverteilung in den Bundesländern zur Verfügung hat, kann sie die wohlfahrtsoptimalen Nettoeinkommen nicht gleichzeitig in beiden Bundesländern erreichen. Deshalb ist eine dezentrale Umverteilung hier überlegen. Aber auch die lokalen Regierungen in den Bundesländern werden bei gleicher Nutzenfunktion aller Bürger in der Föderation nicht das Wohlfahrtsoptimum (10.3) erreichen.

Steht der Zentralregierung diese Variabilität in der Anwendung der Instrumente nicht zur Verfügung, und kann sie deshalb, wie aus Gleichung (10.10) folgt, nicht einmal innerhalb eines Bundeslandes einen Ausgleich der Einkommen durch Umverteilung erzielen, dann ist eine dezentrale Umverteilung in den Bundesländern vorzuziehen. Wie wir im Folgenden sehen werden, bedeutet das aber nicht, dass bei identischen Nutzen in der Föderation die horizontale Gerechtigkeit nicht erreicht werden kann. Denn dem Zentralstaat steht außer der Option, die Umverteilung selbst vorzunehmen, auch die Möglichkeit offen, mithilfe von zwischenstaatlichen Transfers einen Finanzausgleich zwischen den Bundesländern herbeizuführen, der auch bei dezentraler Umverteilung horizontale Gerechtigkeit in der gesamten Föderation zur Folge hat.

10.1.3 Horizontaler Finanzausgleich bei immobiler Bevölkerung

Wenn die dezentrale Umverteilung keine horizontale Gerechtigkeit zwischen allen Bürgern der Föderation erzielt, dann liegt das an unterschiedlichen Niveaus der Bruttoeinkommen bzw. der

Bevölkerungsanteile reicher und armer Bürger in den Bundesländern. Beides trägt zu einem unterschiedlich hohen Steueraufkommen bei, das umverteilt werden kann. Damit stellt sich die Frage, ob man durch einen Finanzausgleich zwischen beiden Ländern, der die fiskalische Kapazität für Umverteilung ausgleicht, eine wohlfahrtsoptimale Umverteilung erreichen kann, bei der alle Bürger auch bei Beibehaltung einer dezentralen Umverteilungspolitik dasselbe Nettoeinkommen erhalten.

Der horizontale Finanzausgleich kann auf zwei Weisen erfolgen. Entweder leisten die Bundesländer direkt untereinander Transfers, um die fiskalische Kapazität auszugleichen, oder die Umverteilung des Steueraufkommens erfolgt über die Zentralregierung, die Mittel von dem reicheren Bundesland in das ärmere Bundesland überträgt. In beiden Fällen muss folgende Bedingung für den Transfer zwischen den beiden Bundesländern gelten:

$$N_1 E_1 + N_2 E_2 = 0 \qquad (10.11)$$

wobei E_i, $i = 1, 2$, die Ausgleichszahlung pro Kopf eines Einwohners in Bundesland i ist. Wenn E_i negativ ist, leistet das Bundesland pro Bürger eine Zahlung in das föderale Ausgleichsbudget, und wenn E_i positiv ist, erhält das Bundesland eine entsprechende Zahlung pro Kopf. Die gesamten Ausgleichzahlungen der Bundesländer addieren sich zu Null, da das fiskalisch potentere Land aus seinen Steuermitteln so viel an das weniger potente Land zahlt, dass die Steueraufkommen untereinander damit ausgeglichen werden. Die Summe von Zahlungen und Transfers muss folglich Null sein.

Das Budget eines Bundeslandes ändert sich nach Zahlung bzw. Empfang des Transfers zu:

$$N_i^P S_i = N_i^W T_i + N_i E_i,\ i = 1, 2 \qquad (10.12)$$

Die Regierung des Bundeslandes maximiert wieder die Wohlfahrt ihrer Bürger (10.4), wobei sich der Transfer S_i nun aus (10.12) ergibt und das Nettoeinkommen der Armen damit

$$X_i^P = W_i^P + \frac{N_i^W}{N_i^P} T_i + \frac{N_i}{N_i^P} E_i$$

beträgt. Das Nettoeinkommen der Reichen bleibt unverändert $X_i^W = W_i^W - T_i$. Das Maximierungsergebnis ist wieder der Ausgleich der Grenznutzen beider Einkommenstypen und – bei identischer streng konkaver Nutzenfunktion – der Ausgleich der Nettoeinkommen. Die Gleichsetzung der Nettoeinkommen ergibt die optimale Steuer $T_i^* = \frac{N_i^P}{N_i^W + N_i^P}\left(W_i^W - W_i^P\right) - E_i$ und ein optimales Nettoeinkommen für beide Einkommenstypen: $X_i^{W*} = X_i^{P*} = \frac{N_i^W W_i^W + N_i^P W_i^P}{N_i} + E_i$. Damit die Unterschiede in den Einkommen und der Bevölkerungsstruktur zwischen den Bundesländern zusätzlich ausgeglichen werden, muss das Durchschnittseinkommen eines Bundeslandes $\overline{W}_i \equiv \frac{N_i^W W_i^W + N_i^P W_i^P}{N_i}$ durch den Finanzausgleich vereinheitlicht werden. Denn dieses Durchschnittseinkommen bestimmt die fiskalische Kapazität der Länder, Steuern zu erheben und umzuverteilen. Daraus folgt:

$$\overline{W}_1 + E_1 = \overline{W}_2 + E_2$$

Zusammen mit (10.11) ergeben sich daraus die Finanzausgleichszahlungen:

$$E_1 = \frac{N_2}{N}(\overline{W}_2 - \overline{W}_1),\ E_2 = \frac{N_1}{N}(\overline{W}_1 - \overline{W}_2) \tag{10.13}$$

wobei $N = N_1 + N_2$ die Gesamtbevölkerung im Zentralstaat ist. Diese Transfers führen bei identischem Nutzen aller Bürger gemäß (10.1) zu einer wohlfahrtsoptimalen Umverteilung in allen Bundesländern, bei der die Nettoeinkommen für alle gleich hoch sind. Diese Bedingung (10.3) ist hier erfüllt:

$$X_1^{W*} = X_1^{P*} = \overline{W}_1 + E_1 = \frac{N_1}{N}\overline{W}_1 + \frac{N_2}{N}\overline{W}_2 = \overline{W}_2 + E_2 = X_2^{W*} = X_2^{P*}$$

wobei $\frac{N_1}{N}\overline{W}_1 + \frac{N_2}{N}\overline{W}_2$ das Durchschnittseinkommen in der gesamten Ökonomie ist.
Die wohlfahrtsoptimalen Ausgleichzahlungen (10.13) erreichen also horizontale Gleichheit für alle Bürger in der Ökonomie. Sie haben die Form von pauschalen zwischenstaatlichen Transfers (*block grants*) und beeinflussen nicht die Kosten oder Preise von öffentlichen Dienstleistungen, sondern sind eine reine Umverteilung von Einkommen. Das unterscheidet diese Transfers von solchen, die zur optimalen Bereitstellung lokaler öffentlicher Güter, also allokativer Aufgaben, eingesetzt werden. Denn bei der wohlfahrtsoptimalen Menge öffentlicher Güter werden wie in → Kapitel 9.3.2 zentralstaatliche Zuweisungen als anteilige Kostenbeteiligungen am öffentlichen Gut (*matching grants*) eingesetzt, die die marginalen Kosten der Produktion der lokalen öffentlichen Güter verringern sollen. In → Kapitel 11 werden die Unterschiede optimaler Transfertypen – je nachdem, ob ein allokatives oder distributives Ziel erreicht werden soll – genauer kategorisiert.

Ein Problem dieses horizontalen Finanzausgleichs ist, dass die Bundesländer den Anreiz haben, ihre fiskalische Kapazität zu untertreiben, um höhere Ausgleichzahlungen zu erzielen. Wie oben bereits erwähnt, können solche Verzerrungen vermieden werden, wenn ein sogenanntes repräsentatives Steuersystem unterstellt wird, bei dem eine standardisierte Fiskalkapazität zur Berechnung der Ausgleichszahlungen zugrunde gelegt wird. Das kann zum Beispiel die durchschnittliche Kapazität aller Bundesländer oder Regionen sein. Dabei kann die horizontale Gerechtigkeit nicht mehr voll umgesetzt werden. Es muss eine Balance zwischen diesem Ziel und der Anreizverträglichkeit hergestellt werden.[180]

Das System zentralstaatlicher Transfers an die Regionen, das die Differenzen der fiskalischen Kapazität ausgleicht, ist ein Eingriff, der die Autonomie der Regionen möglichst wenig einschränkt und die Vorteile der Dezentralisierung beibehält, wobei gleichzeitig das Ziel horizontaler Gerechtigkeit im Gesamtstaat erreicht werden kann. Solche föderalen Transfers sind notwendig in einer Welt, in der die Individuen nicht mobil genug sind, um den fiskalischen Ausgleich zu gewährleisten. Im nächsten Kapitel betrachten wir die Umverteilung in einem föderalen Staat, in dem alle Bürger vollkommen mobil sind.

---

180 Siehe Boadway (2006).

10.1.4 Mobile Bevölkerung und Umverteilung: *Race to the bottom*

Wir haben in ⟶ Kapitel 9.3 gesehen, wie sich Mobilität auf die Effizienz von dezentralen Entscheidungen auswirkt. Vollkommene Mobilität führte dort zu einer Anreizäquivalenz. Die regionale Regierung hat mit der Maximierung des Nutzens der eigenen Bürger auch gleichzeitig den Nutzen der Bürger in den Nachbarregionen maximiert, da sie die Migrationsreaktionen berücksichtigen musste, die sich im Migrationsgleichgewicht aus regionalen Entscheidungen ergeben. Insofern führen die dezentralen Politiken zu einem Wohlfahrtsoptimum für die gesamte Ökonomie bei der Bereitstellung lokaler öffentlicher Güter. Die Allokationsaufgabe kann in einem föderalen Staat also ohne zentralstaatliche Eingriffe vollzogen werden, wenn vollkommene Mobilität gewährleistet ist.

Auch bei distributiven Aufgaben führt Mobilität zu einem Unterschied, was den effektiven zentralstaatlichen Eingriff betrifft. Während allerdings bei allokativen Aufgaben Mobilität die dezentralen Politikmaßnahmen effizient werden lässt, ist es bei der distributiven Aufgabe umgekehrt. Hier führen Wanderungen zwischen den Bundesländern mit unterschiedlicher Umverteilungspolitik zu fiskalischen Externalitäten, die durch einen zentralen Finanzausgleich internalisiert werden können.

Ein zentrales Argument u. a. von Stigler (1957, S. 213–219), Oates (1972, S. 6–8) sowie Musgrave und Musgrave (1989, S. 454–455) ist, dass Umverteilung auf der zentralstaatlichen Ebene angesiedelt sein sollte, weil die Mobilität der Einwohner zwischen Bundesländern eine dezentrale Umverteilungspolitik unmöglich macht. Wenn ein Bundesland in einem föderalen Staat versucht, eine größere Umverteilung durchzusetzen, haben die wohlhabenderen Nettozahler dieser Umverteilung einen Anreiz, in andere Bundesländer mit geringerem Umverteilungsniveau abzuwandern. Gleichzeitig werden ärmere Nettoempfänger angezogen. Da immer weniger Zahler dieser Umverteilungspolitik einer wachsenden Anzahl von Empfängern gegenüberstehen, kann das angestrebte Umverteilungsniveau nicht umgesetzt werden. Diese Politik würde sich selbst ad absurdum führen. Umgekehrt könnten die Regierungen der Bundesländer sogar einen Anreiz haben, ihr Umverteilungsniveau zu senken, um damit reichere Steuerzahler anzuziehen und ärmere Wohlfahrtsempfänger abzuschrecken. Das Durchschnittseinkommen in dem Bundesland würde steigen, und das Haushaltsbudget des Bundeslandes könnte damit Überschüsse erzielen. Daraus ergäbe sich ein Wettlauf der Bundesländer, mit geringeren Umverteilungsniveaus eine ökonomisch günstigere Bevölkerungszusammensetzung zu erreichen. Eine bestimmte Umverteilung als gesellschaftliches Ziel kann deshalb nur dann erreicht werden, wenn eine zentrale Regierung die Funktion der Umverteilung von Einkommen übernimmt.

Im Folgenden verwenden wir ein Modell von Cremer und Pestieau (2004), in dem es Z Bundesländer gibt, wobei Z zwischen 1 und unendlich liegen kann. $Z = 1$ bedeutet, dass es einen Einheitsstaat mit einer Nationalregierung gibt, während $Z \longrightarrow \infty$ eine atomistisch große Anzahl von kleinen Bundesländern in einem föderalen Staat unterstellt. Wir werden sehen, dass letztere Annahme bedeutet, dass die große Zahl kleiner Bundesländer ein Trittbrettfahrerverhalten der Regierungen impliziert, bei dem sie auf Kosten der Nachbarländer die Mobilität nutzen, um sich Vorteile zu verschaffen (St. Florians-Prinzip oder *beggar-my-neighbor policy*). Dieses nicht-kooperative Verhalten führt zu einem Wettrennen der Länder, bei dem die Umverteilung gegen Null strebt. Wenn Z groß aber endlich ist, tritt strategische Interaktion zwischen den Bundesländern auf, die zwar zu einer Umverteilung führt, aber in geringerem Umfang als wohlfahrtsoptimal wäre.

Um Mobilität in diesem utilitaristischen Ansatz zu modellieren, ist es entscheidend, wie die Zielfunktion der Regierung formuliert wird. Da Mobilität bedeutet, dass sich die Bevölkerung in einem Bundesland ändern kann, und die utilitaristische Wohlfahrtsfunktion die Summe der Bevölkerungsmitglieder betrachtet, würde eine politische Maßnahme schon allein dadurch die Wohlfahrt erhöhen, dass sie mehr Einwohner ins Land lockt. Da uns aber interessiert, ob sich der durchschnittliche Nutzen eines Bürgers durch eine politische Maßnahme erhöht, müssen wir bei der Wohlfahrtsfunktion unterscheiden, wessen Nutzensumme maximiert wird.

Im folgenden Modell wird die Nutzensumme der Einwohner eines Bundeslandes maximiert, die vor einer Politikmaßnahme ursprünglich in dem Land gelebt haben, unabhängig davon, ob sie nach Eintreten der Politikmaßnahme noch im Land leben oder ausgewandert sind.[181] Wir betrachten hier den Fall, dass nur die Armen mobil sind, während die Reichen immobil sind. Die Schlussfolgerungen im Folgenden sind ähnlich in Modellen, in denen auch oder nur die Reichen mobil sind.[182] Ursprünglich leben in jedem Bundesland $\bar{N}^P$ ärmere Einwohner vor Umsetzung der Maßnahme und N_i^P ärmere Einwohner danach. Wenn $\bar{N}^P - N_i^P$ positiv ist, beschreibt die Differenz die Nettoauswanderung aufgrund der Politik, wenn die Differenz negativ ist, die Nettoeinwanderung. Die Anzahl der reicheren Einwohner in jedem Bundesland ist konstant $\bar{N}^W$. Die Regierung des Bundeslandes i maximiert dann die Wohlfahrtsfunktion:

$$\bar{N}^W U^i\left(X_i^W\right) + \bar{N}^P U^i\left(X_i^P\right) \tag{10.14}$$

Die Produktion in einem Bundesland ist durch die Produktionsfunktion $F^i\left(\bar{N}^W, N_i^P\right)$ beschrieben, die streng konkav ist und konstante Skalenerträge aufweist. Es wird also mit den immobilen produktiven Arbeitnehmern und den im Land ursprünglich oder nach Zuwanderung lebenden, weniger produktiven Arbeitnehmern produziert. Die Bedingung der Gewinnmaximierung zum Lohnsatz W_i^P:

$$F^i_{N_i^P} = W_i^P \tag{10.15}$$

ergibt die Nachfrage nach den weniger produktiven Arbeitnehmern in der gesamten Ökonomie: $N_i^P\left(W_i^P\right)$, während der Einsatz der produktiveren Arbeitnehmer in jedem Bundesland fix ist: $N_i^W\left(W_i^W\right) = \bar{N}^W$. Das Arbeitsmarktgleichgewicht für alle weniger produktiven Arbeitnehmer in der gesamten Ökonomie ist dann:

$$\sum_{i=1}^{Z} N_i^P\left(W_i^P\right) = Z\bar{N}^P \tag{10.16}$$

Das Migrationsgleichgewicht dieser Arbeitnehmer ist dadurch gegeben, dass alle dasselbe verfügbare Einkommen nach Umverteilung erhalten:

181 Bei diesem Ansatz wird die Wohlfahrt der Einheimischen (*natives*) betrachtet im Unterschied zum Ansatz, der als Zielgröße die in einem Land lebenden Einwohner inklusive der Zuwanderer (*residents*) hat, die nach der Politikmaßnahme hinzugezogen sind. Zu einer Diskussion unterschiedlicher Zielfunktionen bei variierender Bevölkerung siehe Cremer und Pestieau (2004).

182 Siehe Bucovetsky (2003), Burbidge und Myers (1994), Wellisch und Wildasin (1996) sowie Wildasin (1991, 1997a).

$$X_i^P = W_i^P + \frac{\overline{N}^W}{N_i^P} T_i = X^P \text{ für alle } i \tag{10.17}$$

Auflösen von (10.17) nach W_i^P und Einsetzen in (10.16) ergibt:

$$\sum_{i=1}^{Z} N_i^P \left(X^P - \frac{\overline{N}^W}{N_i^P} T_i \right) - Z\overline{N}^P = 0$$

Diese implizite Funktion zeigt, dass X^P von allen Steuern in den Bundesländern abhängt: $X^P(T_1, T_2, \ldots, T_Z)$. Durch Ableitung der impliziten Funktion zeigt sich, wie die Steuer in einem Bundesland auf das gemeinsame einheitliche Niveau des Nettoeinkommens für alle geringer Qualifizierten wirkt:

$$\frac{\partial X^P}{\partial T_i} = \frac{\left(\partial N_i^P / \partial W_i^P\right)\left(\overline{N}^W / N_i^P\right)}{\sum_{i=1}^{Z} \partial N_i^P / \partial W_i^P}$$

Wenn alle Bundesländer identisch sind mit $\partial N_i^P / \partial W_i^P = \partial N_j^P / \partial W_j^P$, $i \neq j$, folgt daraus:

$$\frac{\partial X^P}{\partial T_i} = \frac{\overline{N}^W / N_i^P}{Z} \tag{10.18}$$

Ein höherer Steuersatz in einem Bundesland zur Umverteilung an die Armen erhöht das verfügbare Einkommen der Armen in der gesamten Ökonomie marginal um $\overline{N}^W / N_i^P$, wobei die Steigerung auf alle Z Bundesländer aufgeteilt werden muss. Je mehr Länder es gibt, umso weniger bleibt für das einzelne Bundesland übrig. Das heißt, der Anreiz einer höheren Umverteilung in einem Bundesland wird umso geringer, je mehr Länder es gibt.

Das verfügbare Einkommen der produktiveren Arbeitnehmer ist $X_i^W = W_i^W - T_i$. Der Lohn W_i^W kann wegen des Ausschöpfungstheorems bei konstanten Skalenerträgen $\left(F^i\left(N_i^W, N_i^P\right) = F^i_{N_i^W} N_i^W + F^i_{N_i^P} N_i^P\right)$ und wegen (10.17) wie folgt geschrieben werden:

$$W_i^W = F^i_{N_i^W} = \frac{F^i - F^i_{N_i^P} N_i^P}{\overline{N}_i^W} = \frac{F^i - N_i^P X^P}{\overline{N}_i^W} + T_i$$

Das verfügbare Einkommen ist dann $X_i^W = F^i_{N_i^W} - T_i = \frac{F^i - N_i^P X^P}{\overline{N}_i^W}$. Damit können wir die Wohlfahrtsfunktion (10.14) umschreiben, und die Regierung eines Bundeslandes wählt T_i als Lösung des folgenden Maximierungsproblems:

$$\underset{T_i}{\mathrm{Max}}\ \bar{N}^W U^i\left(\frac{F^i\left(\bar{N}^W, N_i^P\left(W_i^P\right)\right) - N_i^P\left(W_i^P\right) \cdot X^P(T_1, \ldots, T_Z)}{\bar{N}^W}\right) + \bar{N}^P U^i\left(X^P(T_1, \ldots, T_Z)\right) \quad (10.19)$$

In einem symmetrischen Gleichgewicht $N_i^P = \bar{N}^P$ für alle i und unter Berücksichtigung von (10.15) und (10.17) ist die Bedingung erster Ordnung (siehe ⟶ Appendix 10.2):

$$\frac{U^i_{X^P} - U^i_{X_i^W}}{U^i_{X_i^W}} \cdot \frac{1}{Z} = \varepsilon_{N_i^P, T_i}\left(\frac{Z-1}{Z}\right) \quad (10.20)$$

wobei die Migrationselastizität $\varepsilon_{N_i^P, T_i} = \frac{\partial N_i^P}{\partial T_i}\frac{T_i}{N_i^P} > 0$ angibt, um wie viel Prozent die Zahl der Wohlfahrtsempfänger in einem Bundesland steigt, wenn die Umverteilungssteuer um ein Prozent steigt. Diese Elastizität gibt die Wanderungsreaktion der geringer qualifizierten Arbeitnehmer an, die eine Steigerung der Umverteilung bewirkt. Je größer die Steuer eines Bundeslandes ist, umso mehr Empfänger der Umverteilung werden in das Bundesland einwandern. Diese Migrationswirkung der Umverteilung hat nach (10.20) eine entscheidende Bedeutung für die von einer Regierung gewählte Höhe der Umverteilung in einem Bundesland.

Die Umverteilung ist wohlfahrtsoptimal ($U^i_{X^P} = U^i_{X_i^W}$), wenn sie keine Migration verursacht. Das ist bei mobiler Bevölkerung der Fall, wenn es nur einen unitarischen Staat ohne Bundesländer gibt ($Z = 1$). In einem solchen Einheitsstaat kann kein Bürger der Umverteilungspolitik durch Migration ausweichen. Durch Umverteilung können keine zusätzlichen Wohlfahrtsempfänger angezogen werden und in einem allgemeineren Modell auch keine Nettozahler der Umverteilung abgeschreckt werden. Deshalb wird eine wohlfahrtsoptimale Umverteilung gewählt, bei der die Nettoeinkommen egalisiert werden: $X_i^W = X^P$. Der Einheitsstaat kann durch seine Umverteilungspolitik horizontale Gerechtigkeit in der gesamten Ökonomie erreichen.

Hingegen ist die Umverteilung suboptimal, wenn $Z > 1$ ist. Gemäß (10.20) folgt $U^i_{X^P} > U^i_{X_i^W}$ und wegen der Konkavität des Nutzens $X_i^W > X^P$. In einem föderalen Staat mit mehreren Bundesländern, in dem die Empfänger einer Umverteilung dorthin migrieren, wo das Umverteilungsniveau höher ist – und in einem allgemeineren Modell die Zahler der Umverteilung dorthin wandern, wo sie ein geringeres Niveau finanzieren müssen – berücksichtigt jede Regierung eines Bundeslandes dieses Ausweichverhalten und wählt ein Umverteilungsniveau, das geringer als das wohlfahrtsoptimale ist.

Die Anzahl der Bundesländer spielt deshalb eine Rolle, weil die Erhöhung des Nettoeinkommens des ärmeren Bevölkerungsteils durch die Umverteilung nicht mehr vollständig dem eigenen Bundesland zugutekommt. Wie (10.18) zeigt, sinkt stattdessen der Anteil dieses gestiegenen Einkommens der weniger produktiven Arbeitnehmer im eigenen Bundesland, je mehr Bundesländer vorhanden sind. Mit diesem geringer werdenden Anreiz sinkt auch das Umverteilungsniveau jedes Bundeslandes. Wenn bei endlicher Migrationsreaktion, $\varepsilon_{N_i^P, T_i} < \infty$, die Zahl der Bundesländer sehr groß wird, $Z \longrightarrow \infty$, dann ist der strategische Anreiz so groß, dass die Bundesländer keine Umverteilung mehr vornehmen. In diesem Fall folgt aus (10.20): $\frac{\partial N_i^P}{\partial T_i}\frac{T_i}{N_i^P} \longrightarrow 0$ und damit $T_i \longrightarrow 0$.[183]

183 Nach der Regel von L'Hopital gilt für den Limes, dass $\lim_{Z \to \infty} \frac{Z-1}{Z} = 1$.

Das Umverteilungsniveau ist umso geringer, je stärker die Migrationsreaktion der weniger Produktiven auf die Umverteilung ist. Je größer $\varepsilon_{N_i^P, T_i}$ ist, umso größer ist die Differenz zwischen den hohen und niedrigen Ex-post Einkommen. Es hängt also vom Grad der Mobilität, der die Ausweichreaktion bestimmt, ab, wie dezentral umverteilt wird. Die These von Oates (1972) wird bestätigt, dass bei einer mobilen Bevölkerung die Umverteilung nicht wohlfahrtsoptimal ist, wenn sie dezentral durch die Bundesländer und nicht durch den Zentralstaat bestimmt wird.

In einem föderalen Staat mit mehreren Bundesländern entsteht eine Abwärtsspirale bezüglich des Umverteilungsniveaus, die durch das strategische Verhalten der Bundesländer bestimmt wird. Dieser Absenkungsdruck auf die Umverteilung (*race to the bottom*) ist umso stärker, je größer die Migration zwischen den Bundesländern ist. Das Wohlfahrtsoptimum wird hier nur erreicht, wenn der Zentralstaat die Umverteilung übernimmt.

Dieses Ergebnis ändert sich, wenn bestimmte Annahmen aufgegeben werden. Wenn die Bundesländer nicht mehr identisch sind bezüglich ihrer Zielsetzung oder der Bevölkerungsgröße, dann muss eine dezentrale Umverteilung nicht mehr zur Folge haben, dass das Umverteilungsniveau in allen Bundesländern fällt. Bucovetsky (1991) und Wildasin (1994) haben die Auswirkungen von solchen Asymmetrien auf die dezentrale Umverteilung untersucht. Zum Beispiel kann es bei Mobilität in dem weniger bevölkerungsreichen Bundesland zu einem höheren Wohlfahrtsniveau kommen, bekannt als der Vorteil kleiner Regionen (*small region advantage*).

In → Abbildung 10.1 werden die Ergebnisse zur horizontalen Gerechtigkeit verschiedener föderaler Umverteilungssysteme im Überblick dargestellt.

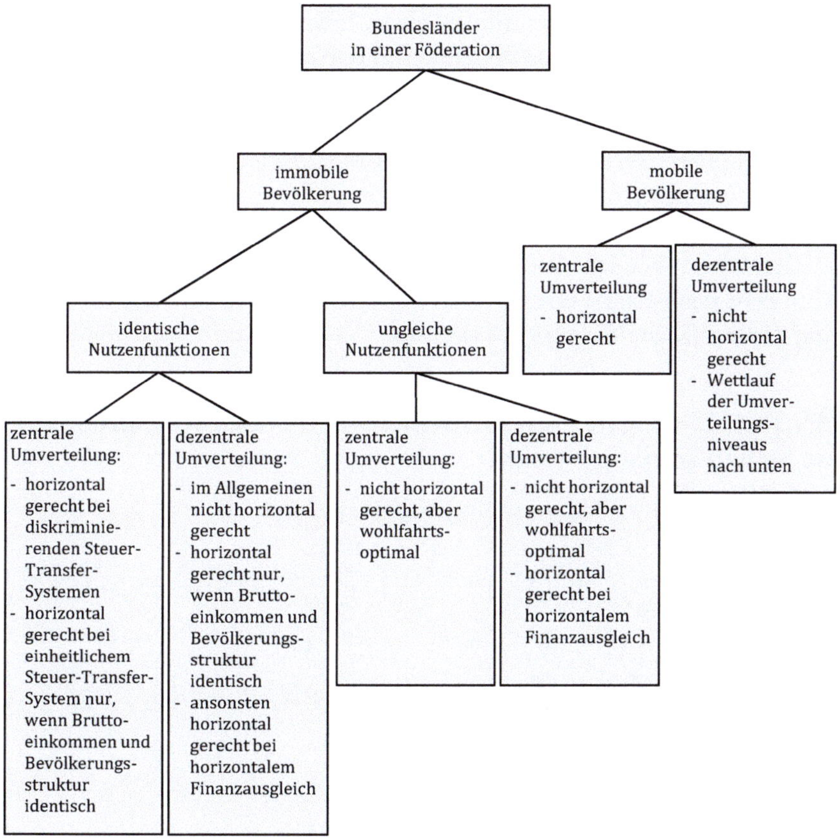

Abbildung 10.1: Horizontale Gerechtigkeit föderaler Umverteilungssysteme

Die bisherige Analyse hat gezeigt, dass aus Gerechtigkeitsüberlegungen folgen kann, die Umverteilungsfunktion auf einer zentralstaatlichen Ebene anzusiedeln. Da fast jede staatliche Maßnahme auch Umverteilungswirkungen hat und in der Verfassung eines föderalen Staates Kompetenzen zwischen dem Zentralstaat und den Bundesländern und Kommunen aufgeteilt sind, ist in der Praxis eine vollständige Zentralisierung der Umverteilung quasi ausgeschlossen. Zudem kann der Zentralstaat ein Interesse haben, die Vorteile dezentraler Versorgung mit lokalen öffentlichen Gütern beizubehalten, den lokalen Gebietskörperschaften also mehr Spielraum bei der Entscheidung über Programme und Finanzierung lokaler öffentlicher Güter einzuräumen. Wenn er aber gleichzeitig das Ziel horizontaler Gerechtigkeit bei den Umverteilungswirkungen dieser Programme im Blick behalten möchte, scheint eine gewisse zentrale Einflussnahme auf die dezentralen Entscheidungen notwendig. Es gilt hier also, die Vorteile dezentraler allokativer Maßnahmen mit zentralen Eingriffen im Sinn horizontaler Gleichheit auszubalancieren.

So kann der Zentralstaat ein föderales Steuer-Transfer-System einführen, das die überwiegende Masse des Steueraufkommens einsammelt und den größten Teil der Transfers auszahlt, und dabei anstrebt, horizontale und vertikale Gerechtigkeit umzusetzen. Eine progressive Einkommensteuer, die von allen Bürgern der Föderation erhoben wird, im Verbund mit zentralen Sozialleistungen für alle Bürger ermöglicht die bessere Verfolgung eines solchen Gerechtigkeitsziels. Außerdem kann der Zentralstaat bei seinen eigenen Steuern und Transfers die Steuern und Transfers der Bundesländer anrechnen, die diese in unterschiedlicher Form erheben. Insofern kann das Ausmaß der Umverteilung durch die Anpassung des zentralen Steuer-Transfer-Systems zwischen den Bundesländern angeglichen werden. Schließlich kann der Zentralstaat, wie wir gesehen haben, durch vertikale Subventionen einen Finanzausgleich der fiskalischen Residuen zwischen Bundesländern erreichen. Da die Einkommensumverteilung in den Bundesländern von deren fiskalischer Kapazität abhängt, kann ein solcher Finanzausgleich das Umverteilungsniveau der Länder angleichen. Die Unterschiede in den Residuen haben ihre Ursache in unterschiedlichen Steuer-Transfer-Systemen der Bundesländer oder – bei einheitlicher Umverteilungspolitik der Länder – in der unterschiedlichen Größe der Pro-Kopf-Steuerbasen. Solche Unterschiede in der Kapazität können auch dadurch reduziert werden, dass Finanzausgleichszahlungen die Steuerbasen der Bundesländer angleichen. Wir haben schon gesehen, dass eine geeignete Form dieser Ausgleichszahlungen pauschale Transfers (*block grants*) sind, die das Durchschnittseinkommen der Länder und damit ihre Steuerbasis ausgleichen.

▸ Appendix 10.1 | Lösung des zentralstaatlichen Maximierungsproblems bei differenziertem Steuer-Transfer-System

Die Lagrangefunktion dieses Maximierungsproblems lautet:

$$\begin{aligned}\max_{X_1^W, X_1^P, X_2^W, X_2^P, T_1, T_2, S_1, S_2} \quad \mathcal{L} = {} & N_1^W U^1\left(X_1^W\right) + N_1^P U^1\left(X_1^P\right) + N_2^W U^2\left(X_2^W\right) + N_2^P U^2\left(X_2^P\right) \\ & - \lambda_1\left(X_1^W - W_1^W + T_1\right) - \lambda_2\left(X_1^P - W_1^P - S_1\right) - \lambda_3\left(X_2^W - W_2^W + T_2\right) \\ & - \lambda_4\left(X_2^P - W_2^P - S_2\right) - \lambda_5\left(N_1^W T_1 + N_2^W T_2 - N_1^P S_1 - N_2^P S_2\right)\end{aligned}$$

Die Bedingungen erster Ordnung sind

$$X_1^W: N_1^W U^1_{X_1^W} - \lambda_1 = 0 \quad \text{(A.10.1)}$$

$$X_1^P: N_1^P U^1_{X_1^P} - \lambda_2 = 0 \quad \text{(A.10.2)}$$

$$X_2^W: N_2^W U^2_{X_2^W} - \lambda_3 = 0 \quad \text{(A.10.3)}$$

$$X_2^P: N_2^P U^2_{X_2^P} - \lambda_4 = 0 \quad \text{(A.10.4)}$$

$$T_1: -\lambda_1 - \lambda_5 N_1^W = 0 \quad \text{(A.10.5)}$$

$$S_1: \lambda_2 + \lambda_5 N_1^P = 0 \quad \text{(A.10.6)}$$

$$T_2: -\lambda_3 - \lambda_5 N_2^W = 0 \quad \text{(A.10.7)}$$

$$S_2: \lambda_4 + \lambda_5 N_2^P = 0 \quad \text{(A.10.8)}$$

Teilung von (A.10.1) durch (A.10.2) bzw. (A.10.5) durch (A.10.6) und Gleichsetzen ergibt:

$$\frac{N_1^W U^1_{X_1^W}}{N_1^P U^1_{X_1^P}} = \frac{\lambda_1}{\lambda_2} = \frac{N_1^W}{N_1^P}$$

Hieraus folgt, dass $U^1_{X_1^W} = U^1_{X_1^P}$, und damit: $X_1^W = X_1^P$. Ebenso ergibt die Teilung von (A.10.3) durch (A.10.4) bzw. (A.10.7) durch (A.10.8) und Gleichsetzen:

$$\frac{N_2^W U^2_{X_2^W}}{N_2^P U^2_{X_2^P}} = \frac{\lambda_3}{\lambda_4} = \frac{N_2^W}{N_2^P}$$

womit ebenso $X_2^W = X_2^P$ folgt.

Teilt man (A.10.1) durch (A.10.3) bzw. (A.10.5) durch (A.10.7) und setzt gleich, dann ergibt sich:

$$\frac{N_1^W U^1_{X_1^W}}{N_2^W U^2_{X_2^W}} = \frac{\lambda_1}{\lambda_3} = \frac{N_1^W}{N_2^W}$$

Es folgt $U^1_{X_1^W} = U^2_{X_2^W}$, und bei identischem Nutzen $U^1 = U^2$ ergibt sich daraus $X_1^W = X_2^W$. Zusammen mit den vorherigen Ergebnissen folgt $X_1^P = X_2^P$.

▸ Appendix 10.2 | Optimale Umverteilung einer Regierung bei Mobilität

Im Folgenden wird die Bedingung (10.20) für das von einer Regierung gewählte Umverteilungsniveau bei Mobilität des armen Teils der Bevölkerung hergeleitet.
Die Ableitung der Funktion (10.19) nach T_i ist im Maximum gleich Null[184]:

$$\bar{N}^W U^i_{X_i^W}\left(\frac{1}{\bar{N}^W}\left[\left(F^i_{N_i^P} - X^P\right)\frac{\partial N_i^P}{\partial W_i^P}\frac{\partial W_i^P}{\partial T_i} - N_i^P\frac{\partial X^P}{\partial T_i}\right]\right) + \bar{N}^P U^i_{X^P}\frac{\partial X^P}{\partial T_i} = 0$$

Wegen (10.15) und (10.17) folgt:

$$U^i_{X_i^W}\left(\left(-\frac{\bar{N}^W}{N_i^P}T_i\right)\frac{\partial N_i^P}{\partial W_i^P}\left(\frac{\partial X^P}{\partial T_i} - \frac{\bar{N}^W}{N_i^P}\right) - N_i^P\frac{\partial X^P}{\partial T_i}\right) + \bar{N}^P U^i_{X^P}\frac{\partial X^P}{\partial T_i} = 0$$

Mit (10.18) und im symmetrischen Gleichgewicht mit $N_i^P = \bar{N}^P$ folgt:

$$U^i_{X_i^W}\left(\left(-\frac{\bar{N}^W}{N_i^P}T_i\right)\frac{\partial N_i^P}{\partial W_i^P}\frac{\bar{N}^W}{N_i^P}\left(\frac{1-Z}{Z}\right) - \frac{\bar{N}^W}{Z}\right) + U^i_{X^P}\frac{\bar{N}^W}{Z} = 0$$

Nach Umstellung erhält man

$$\frac{U^i_{X^P} - U^i_{X_i^W}}{U^i_{X_i^W}} \cdot \frac{1}{Z} = -\frac{\bar{N}^W}{N_i^P} \cdot \frac{\partial N_i^P}{\partial W_i^P} \cdot \frac{T_i}{N_i^P}\left(\frac{Z-1}{Z}\right) \qquad \text{(A.10.9)}$$

Die ersten beiden Terme auf der rechten Seite ergeben aus (10.16) in Verbindung mit (10.17) die marginale Änderung der ärmeren Bevölkerung, wenn die Umverteilungssteuer steigt:

$-\frac{\bar{N}^W}{N_i^P} \cdot \frac{\partial N_i^P}{\partial W_i^P} = \frac{\partial N_i^P}{\partial T_i}$. Aus (10.17) folgt nach Einsetzen von (10.15) im Migrationsgleichgewicht der weniger produktiven Arbeitnehmer:

$$F^i_{N_i^P} + \frac{\bar{N}^W}{N_i^P}T_i - X^P = 0$$

Implizite Differentiation von N_i^P nach T_i ergibt einen positiven Zusammenhang:

$$\frac{\partial N_i^P}{\partial T_i} = -\frac{\bar{N}^W / N_i^P}{F^i_{N_i^P N_i^P} - T_i\bar{N}^W / \left(N_i^P\right)^2} > 0$$

Die Migrationselastizität der weniger produktiven Arbeitnehmer als Reaktion auf eine erhöhte Umverteilung ist damit, wie zu erwarten war, positiv:

184 Es wird angenommen, dass die Bedingung zweiter Ordnung entsprechend erfüllt ist.

$$\varepsilon_{N_i^P, T_i} = \frac{\partial N_i^P}{\partial T_i} \frac{T_i}{N_i^P} > 0$$

Einsetzen in (A.10.9) ergibt (10.20).

10.2 Umverteilung aus der Effizienzperspektive

Die bisherige Analyse, auf welcher Ebene Umverteilungskompetenzen angesiedelt sein sollten, hat starke Argumente für den Zentralstaat ergeben. Es gibt allerdings eine Begründung für Umverteilung, die zur Folge hat, dass eine dezentrale Umverteilung vorzuziehen ist. Wenn Umverteilung aus dem Motiv des Altruismus heraus erfolgt, dann gibt es nur noch potenzielle Gewinner einer Umverteilung. Deshalb ist zur Beurteilung der Umverteilung keine soziale Wohlfahrtsfunktion notwendig, die zwischen den Interessen der Nettozahler und Nettoempfänger abwägt. Stattdessen ist die Frage, auf welchem Niveau die Umverteilung gewählt wird, damit keiner der an der Umverteilung Beteiligten besser gestellt werden kann, ohne dass ein anderer schlechter gestellt wird. Wann ist also das Ausmaß der Umverteilung effizient?

Pauly (1973) nimmt an, dass Einkommensumverteilung von reicheren zu ärmeren Individuen beiden Seiten einen Nutzen stiftet: Die Reichen stellen sich selbst besser, wenn sie die Umverteilung finanzieren und das Einkommen der Armen erhöhen. Das Motiv kann reiner Altruismus der Reichen gegenüber den Armen sein oder sozialer Frieden, der sich auch für die Reichen auszahlt. Da so alle durch Umverteilung besser gestellt werden, bekommt Umverteilung den Charakter eines öffentlichen Gutes. Wenn Umverteilung erhöht wird, stellen sich alle Beteiligten besser oder zumindest nicht schlechter, ganz gleich, ob sie zu den Nettoempfängern oder Nettozahlern der Umverteilung gehören (Nicht-Ausschließbarkeit). Der Nutzen, den Umverteilung stiftet, hängt nicht davon, wie viele Zahler oder Empfänger Nutzen aus der Umverteilung ziehen (Nicht-Rivalität). Durch diese Eigenschaften des öffentlichen Gutes tritt ein Problem bei der Finanzierung und damit dem Umfang der Umverteilung auf: das Trittbrettfahrerverhalten. Wenn viele Reiche die Umverteilung finanzieren, dann hat jeder einzelne den Anreiz auszuscheren, da er trotzdem nahezu den gleichen Nutzen aus dem marginal verringerten Umfang der Umverteilung zieht, aber keine Zahlung mehr dafür leisten muss. Damit ist es für ihn von Vorteil, wenn er sich individuell nicht an der freiwilligen Finanzierung der Umverteilung beteiligt. Da jeder sich als Trittbrettfahrer besser stellt, ist das Ausmaß einer solchen freiwilligen, auf Altruismus beruhenden Umverteilung ineffizient gering, und ein staatlicher Eingriff kann diese Ineffizienz beheben.[185]

Pauly hat diesen Ansatz gewählt, um dezentrale mit zentraler Umverteilung zu vergleichen. Da in diesem Fall lokale Umverteilung ein lokales öffentliches Gut ist, werden die Bürger in einigen Gebietskörperschaften gemäß ihren Präferenzen ein höheres Umverteilungsniveau und in anderen ein geringes Ausmaß der Umverteilung anstreben.[186] Dementsprechend ist es effizient, wenn jede Gebietskörperschaft ihren eigenen Grad der Umverteilung wählt und nicht eine Zentrale die Umverteilung für alle Gebietskörperschaften festlegt.

185 Siehe dazu Hochman und Rodgers (1969) sowie Kapitel 4.1.

186 Wenn Umverteilung ein lokales öffentliches Gut ist, dann sind die reichen Bürger nur gegenüber den armen Bürgern ihrer eigenen Gebietskörperschaft altruistisch.

10.2.1 Immobile Bevölkerung

Paulys Ansatz folgend entwickeln wir ein einfaches Modell, um das Argument zu illustrieren. Die Föderation bestehe aus zwei Bundesländern 1 und 2, in denen jeweils eine Anzahl armer Wohlfahrtsempfänger, N_i^P, und reicher Steuerzahler, N_i^W, lebt, $i = 1, 2$. Wir nehmen zunächst an, dass alle Einwohner immobil sind. Der Einfachheit halber wird unterstellt, dass die Wohlfahrtsempfänger kein eigenes Einkommen besitzen und die Steuerzahler ein fixes Einkommen W_i^W erzielen.[187] Der Staat erhebt von den Reichen eine Steuer und verwendet das Aufkommen, um den Armen einen Wohlfahrtstransfer auszuzahlen. Nach Umverteilung besitzen die Wohlfahrtsempfänger ein Einkommen in Höhe von X_i^P und die Steuerzahler in Höhe von X_i^W, das sie jeweils zu Konsumzwecken ausgeben. Die Wohlfahrtsempfänger ziehen aus diesem Konsum einen Nutzen $U_i^P(X_i^P)$, der mit steigendem Konsum zunimmt: $U_{X_i^P}^P \equiv \partial U_i^P / \partial X_i^P > 0$. Da dieser Konsum mit der Umverteilung steigt, die durch Steuern finanziert wird, steigt der Nutzen mit der Höhe der Steuer. Der Nutzen der Steuerzahler hängt nun nicht nur von ihrem eigenen Konsum ab, sondern auch vom Konsum der Wohlfahrtsempfänger, weil sie altruistisch sind: $U^i(X_i^W, X_i^P)$. Der Nutzen steigt sowohl mit dem eigenen Konsum als auch mit dem Konsum der Armen: $U_{X_i^W}^i \equiv \partial U^i / \partial X_i^W > 0$ und $U_{X_i^P}^i \equiv \partial U^i / \partial X_i^P > 0$. Beide Nutzenfunktionen seien streng konkav.

Für das reiche Individuum entsteht durch die Umverteilung nun ein Zielkonflikt, da mit höherer Steuer der eigene Konsum abnimmt, aber der Konsum der Armen zunimmt. Ersteres senkt ihren Nutzen, zweiteres lässt ihn steigen. Die Regierungen wählen nun die Steuer, um das Ausmaß der Umverteilung festzulegen. Da die Erhöhung der umzuverteilenden Steuer die Armen immer besser stellt, ist für die Regierung ausschlaggebend, wie hoch die Steuer maximal sein darf, um den Nutzen der Steuerzahler zu maximieren.

Effiziente Umverteilung

Ein sozialer Planer wählt den nach Umverteilung entstehenden Konsum der Wohlfahrtsempfänger und der Steuerzahler in beiden Bundesländern so, dass der Nutzen eines repräsentativen Steuerzahlers in einem Bundesland maximiert wird, wobei der Nutzen des repräsentativen Steuerzahlers in dem anderen Bundesland auf einem vorgegebenen Niveau $\overline{U}$ konstant gehalten wird. Dabei berücksichtigt der soziale Planer die Ressourcenbeschränkung in der gesamten Ökonomie.

Die Lösung dieses Maximierungsproblems ist Pareto-effizient, da bei gegebenem Einkommen eine weitere Erhöhung des Konsums (und damit des Nutzens) der Armen in einem Land den Konsum/Nutzen der Armen in dem anderen Land oder den maximalen bzw. vorgegebenen Nutzen der Steuerzahler in einem der Länder senken würde.

Die Maximierung des Nutzens der Steuerzahler in Land 1:

187 Den Wohlfahrtsempfängern ein eigenes Einkommen zu geben, dass durch den Umverteilungstransfer auf ein bestimmtes Grundeinkommen erhöht wird, ändert nichts an den Ergebnissen des Modells, siehe Pauly (1973).

$$\underset{X_1^W, X_2^W, X_1^P, X_2^P}{\text{Max}} \; U^1\left(X_1^W, X_1^P\right) \tag{10.21}$$

unter der Nebenbedingung, den Nutzen der Steuerzahler in Land 2 konstant zu halten[188]

$$U^2\left(X_2^W, X_2^P\right) = \bar{U}$$

und Berücksichtigung der Ressourcenbeschränkung:

$$N_1^W W_1^W + N_2^W W_2^W = N_1^W X_1^W + N_2^W X_2^W + N_1^P X_1^P + N_2^P X_2^P$$

ergibt die notwendigen (und bei Konkavität hinreichenden) Bedingungen für Effizienz:

$$N_1^W \frac{U^1_{X_1^P}}{U^1_{X_1^W}} = N_1^P, \quad N_2^W \frac{U^2_{X_2^P}}{U^2_{X_2^W}} = N_2^P \tag{10.22}$$

Auf der linken Seite stehen die Grenzraten der Substitution der Steuerzahler, $U^i_{X_i^P}/U^i_{X_i^W}$, die angeben, wie viel ihnen in Einheiten ihres eigenen Konsums eine marginale Steigerung des Konsums der Armen in ihrem Land wert ist. Die Samuelson-Bedingungen für eine effiziente Umverteilung in (10.22) besagen, dass die Summe der Grenzraten der Substitution der Steuerzahler in einem Land (linke Seite) gleich den Kosten einer marginalen Erhöhung des Konsums der Armen sind (rechte Seite). Die Kosten einer zusätzlichen Einheit des Konsums sind gerade N_i^P, da dies die Anzahl der Armen in dem Land ist.

Das Umverteilungsniveau der Länder kann sich dabei erheblich unterscheiden. Die Präferenzen der Steuerzahler der beiden Bundesländer können verschieden sein, so dass in einem Land mehr Umverteilung bevorzugt wird als im anderen Land. Auch bei identischem Nutzen können Unterschiede in den Einkommen beider Länder zu differierenden Umverteilungsniveaus führen.

Dezentrale Umverteilung der Regierungen in den Bundesländern

Die Regierung eines Bundeslandes verteilt unter ihren Bürgern um, indem sie eine Pauschalsteuer T_i von den wohlhabenden Bürgern erhebt und das Steueraufkommen gleichmäßig unter den Wohlfahrtsempfängern verteilt. Das Nettoeinkommen eines Steuerzahlers ist dann $X_i^W = W_i^W - T_i$, und das Transfereinkommen des Wohlfahrtsempfängers ist $X_i^P = T_i N_i^W / N_i^P$, $i = 1, 2$. Die Regierung eines Bundeslandes i wählt nun die Höhe der Umverteilung bzw. der Steuer so, dass der Nutzen des repräsentativen Steuerzahlers maximiert wird:

$$\underset{T_i}{\text{Max}} \; U^i\left(W_i^W - T_i, T_i N_i^W / N_i^P\right) \tag{10.23}$$

Die Bedingung erster Ordnung ist:

188 Die Länder können auch ausgetauscht werden, ohne das Ergebnis zu ändern.

$$N_i^W \frac{U^i_{X_i^P}}{U^i_{X_i^W}} = N_i^P, i = 1,2 \tag{10.24}$$

Der Vergleich mit (10.22) zeigt, dass die lokalen Regierungen die effiziente Umverteilung für ihre Bundesländer wählen.

Umverteilung der Zentralregierung

Wir nehmen wie Pauly an, dass die Zentralregierung unter der verfassungsmäßigen Vorgabe horizontaler Gerechtigkeit agiert, d. h., wenn Transfers umverteilt werden, müssen sie allen Personen mit identischen Charakteristika im gleichen Umfang gezahlt werden, insbesondere unabhängig vom Bundesland, in dem die Person lebt. Die Regierung wird deshalb eine einheitliche Steuer von allen Bürgern der Föderation erheben und daraus den gleichen Transfer an alle Wohlfahrtsempfänger zahlen. Sei $N^W = N_1^W + N_2^W$ die Zahl aller wohlhabenden Bürger in der Föderation, die die Steuer T zahlen, und $N^P = N_1^P + N_2^P$ die Zahl aller Wohlfahrtsempfänger, die den Transfer S erhalten, dann ist das Budget der Zentralregierung gegeben durch:

$$N^W T = N^P S$$

Jeder Steuerzahler in einer der beiden Bundesländer $i = 1,2$ hat dann ein Einkommen nach Steuern $X_i^W = W_i^W - T$ und jeder Wohlfahrtsempfänger in den Bundesländern erhält den gleichen Transfer $X^P = X_i^P = TN^W/N^P$. Die Zentralregierung maximiert unter dieser Voraussetzung die Nutzensumme aller Steuerzahler in beiden Bundesländern[189]:

$$\underset{T}{\text{Max}}\, U^1\left(W_1^W - T, TN^W/N^P\right) + U^2\left(W_2^W - T, TN^W/N^P\right) \tag{10.25}$$

Die Lösung dieses Maximierungsproblems für die optimale Umverteilung ist durch die notwendige Bedingung

$$-U^1_{X_1^W} + U^1_{X_1^P}\frac{N^W}{N^P} - U^2_{X_2^W} + U^2_{X_2^P}\frac{N^W}{N^P} = 0 \tag{10.26}$$

gegeben. Wie unschwer zu erkennen ist, wird diese Bedingung im Allgemeinen nicht die Bedingungen (10.22) der effizienten Umverteilung erfüllen. Stattdessen erfüllt die gewählte Steuer hier die Bedingung:

189 Man könnte statt der Summe der Nutzen auch eine allgemeine Samuelson/Bergson Wohlfahrtsfunktion $W\left(U^1, U^2\right)$ als Zielfunktion der Zentralregierung annehmen, die die Eigenschaften der Monotonie und strengen Konkavität in ihren Argumenten besitzt. Die Ergebnisse wären unverändert, aber umständlicher formuliert.

$$\left(N_1^W + N_2^W\right) \frac{U_{X_1^P}^1 + U_{X_2^P}^2}{U_{X_1^W}^1 + U_{X_2^W}^2} = N_1^P + N_2^P \tag{10.27}$$

die man nach Umstellung von (10.26) erhält. Der Quotient ist die in der Föderation bestehende gesellschaftliche Zahlungsbereitschaft für eine Erhöhung des Transfers an einen Wohlfahrtsempfänger in der Föderation. Sie wird gemessen als Summe der Zahlungsbereitschaften der repräsentativen Steuerzahler beider Bundesländer für einen Transferempfänger in der Föderation (siehe Herleitung im ⟶ Appendix 10.3):

$$\left|\frac{dX^W}{dX^P}\right| = \frac{U_{X_1^P}^1}{U_{X_1^W}^1 + U_{X_2^W}^2} + \frac{U_{X_2^P}^2}{U_{X_1^W}^1 + U_{X_2^W}^2} \tag{10.28}$$

Der Grund, warum die Zentralregierung keine effiziente Umverteilung herbeiführen kann, ist die Beschränktheit der politischen Instrumente. Sie kann allen Steuerzahlern nur eine Pauschalsteuer auferlegen, um allen Wohlfahrtsempfängern der Föderation einen einheitlichen Transfer zu zahlen. Das ergibt sich aus der Annahme, dass eine Zentralregierung alle Individuen mit gleichen Voraussetzungen in der Föderation gleich behandeln muss. Deshalb kann sie unterschiedliche Zahlungsbereitschaften für Umverteilung in den einzelnen Bundesländern nicht berücksichtigen. Die Regierungen der Bundesländer hingegen unterliegen nicht dieser Restriktion, da sie für ihre jeweiligen Bürger im Bundesland verantwortlich sind und nur diese gleich zu behandeln haben. Die lokale Politik kann Unterschiede zu Bürgern anderer Bundesländer aufweisen, auch wenn diese ansonsten die gleichen Charakteristika (Einkommen etc.) besitzen, nur eben in einem anderen Bundesland leben. Diese eigentümliche Diskriminierung, die lokalen Regierungen im Unterschied zu einer zentralen Regierung zugestanden wird, ist Grund für die Ineffizienz zentraler Umverteilung.[190]

10.2.2 Mobile Bevölkerung und vertikaler Finanzausgleich

Wir wollen nun analysieren, was sich ändert, wenn die Bürger zwischen den Bundesländern mobil sind. Dabei beschränken wir uns auf den Fall mobiler Wohlfahrtsempfänger.[191] An der Umverteilungsentscheidung der Zentralregierung ändert sich durch die Mobilität der Wohlfahrtsempfänger nichts, da sie identische Transfers in beiden Bundesländern zahlt und deshalb keine Migrationsanreize setzt.

Dezentrale Umverteilung bei mobilen Wohlfahrtsempfängern

Das Migrationsgleichgewicht der Wohlfahrtsempfänger bei dezentraler Umverteilung ist dadurch gegeben, dass das Einkommen nach Umverteilung gleich groß in beiden Bundesländern sein muss: $X_1^P = X_2^P$ oder:

190 Dieselbe Restriktion für Zentralregierungen betrifft auch ihre Fähigkeit, horizontale Gerechtigkeit herbeizuführen (siehe die Entscheidung der zentralstaatlichen Regierung in Abschnitt 9.1.1.)

191 Pauly (1973) hat weitere Modellvarianten betrachtet. Zum Beispiel hat er den Fall mobiler Steuerzahler und die sich daraus ergebenden Migrationsexternalitäten analysiert. Außerdem hat er untersucht, wie sich Mehrheitsentscheidungen in einer direkten Demokratie auswirken.

$$T_1 \frac{N_1^W}{N_1^P} = T_2 \frac{N_2^W}{N_2^P}$$

Das Gleichgewicht stellt eine Funktion dar, die eine Abhängigkeit des Bevölkerungsanteils der Wohlfahrtsempfänger von der Umverteilungssteuer impliziert. Mit $N_2^P = N^P - N_1^P$ kann aus der impliziten Funktion:

$$H\left(N_1^P, T_1\right) \equiv T_1 \frac{N_1^W}{N_1^P} - T_2 \frac{N_2^W}{N^P - N_1^P} = 0$$

die Änderung der Anzahl der Wohlfahrtsempfänger in Land 1, $N_1^P(T_1)$, bei einer Erhöhung der Steuer T_1 abgeleitet werden. Implizite Differentiation ergibt:

$$\frac{\partial N_1^P}{\partial T_1} = \frac{N_1^W / N_1^P}{T_1 \frac{N_1^W}{\left(N_1^P\right)^2} + T_2 \frac{N_2^W}{\left(N_2^P\right)^2}} > 0 \tag{10.29}$$

Wie bei Mobilität zu erwarten war, steigt die Anzahl der Wohlfahrtsempfänger, wenn die Steuer zur Umverteilung ceteris paribus steigt.

Die Regierung des Bundeslandes 1 wird diesen Migrationsanreiz bei ihrer Entscheidung über die Höhe der Umverteilung in Rechnung stellen. Sie maximiert den repräsentativen Nutzen ihrer Steuerzahler $U^1\left(X_1^W, X_1^P\right)$, wobei die Wahl des Einkommens nach Umverteilung die Migration berücksichtigt:

$$X_1^W = W_1^W - T_1,\ X_1^P = T_1 \frac{N_1^W}{N_1^P(T_1)}$$

Die Lösung des Maximierungsproblems:

$$\underset{T_1}{\operatorname{Max}}\, U^1\left(W_1^W - T_1, T_1 \frac{N_1^W}{N_1^P\left(T_1\right)} \right) \tag{10.30}$$

ergibt die folgenden Bedingungen erster Ordnung (siehe → Appendix 10.4):

$$N_1^W \frac{U_{X_1^P}^1}{U_{X_1^W}^1} = N_1^P + N_2^P, \quad N_2^W \frac{U_{X_2^P}^2}{U_{X_2^W}^2} = N_1^P + N_2^P \tag{10.31}$$

wobei die zweite Bedingung analog aus der Nutzenmaximierung der Regierung in Bundesland 2 folgt. Bei Mobilität der Wohlfahrtsempfänger ist damit die dezentrale Umverteilung nicht mehr effizient gemäß (10.22). Durch den Migrationszufluss von Wohlfahrtsempfängern bei stärkerer Umverteilung erhöhen sich die Kosten der Umverteilung auf der rechten Seite der Gleichung. In unserem Modell unbeschränkter Mobilität, also einer kostenlosen Migration, würde im Migrationsgleichgewicht eine Erhöhung der Transfers in einem Bundesland unmittelbar alle Wohlfahrtsempfänger aus dem Nachbarland anziehen. Die Steuerkosten einer erhöhten Umverteilung um eine Einheit steigen damit genau um die Anzahl der ärmeren Bürger im

Nachbarland. Entsprechend wird ein Bundesland eine Umverteilung wählen, die geringer als das effiziente Ausmaß ist.

Wenn es Migrationskosten gibt, wäre die Mobilität der Wohlfahrtsempfänger nicht vollständig und die Abweichung von der effizienten Umverteilung würde geringer ausfallen. Die Kosten in Land i auf der rechten Seite von (10.31) würden dann um weniger als N_j^P steigen. Nur bei Immobilität gibt es keinen Effizienzverlust durch Migration. Daraus folgt, dass eine dezentrale Umverteilung, die sich an dem Kriterium der Pareto-Effizienz orientiert, umso erfolgreicher ist, je weniger mobil die Individuen sind.[192]

Vertikale Subventionen bei Migrationsexternalitäten

Der Grund für diese Ineffizienz kann als Migrationsexternalität verstanden werden. Eine erhöhte Umverteilung zieht aus dem Nachbarland Wohlfahrtsempfänger ab, wodurch für das Nachbarland ein positiver Wohlfahrtseffekt eintritt. Dort können nun die vorhandenen Steuermittel auf weniger Wohlfahrtsempfänger umverteilt werden, die sich damit besser stellen. Berücksichtigt ein Bundesland diese positive fiskalische Externalität für das Nachbarland nicht, dann fällt seine Umverteilung ineffizient gering aus.

Ähnlich wie bei Spillover-Effekten bei der Bereitstellung lokaler öffentlicher Güter in Abschnitt 9.3.2 kann diese fiskalische Externalität durch vertikale Subventionen vom Zentralstaat internalisiert werden, so dass die Bundesländer eine effiziente Umverteilung wählen. Dadurch ändern sich die Bedingungen (10.31) der dezentralen Entscheidungen zu:

$$N_1^W \frac{U^1_{X_1^P}}{U^1_{X_1^W}} = N_1^P + N_2^P - S_1, \quad N_2^W \frac{U^2_{X_2^P}}{U^2_{X_2^W}} = N_1^P + N_2^P - S_2 \tag{10.32}$$

Die Subventionen müssen der Migrationsexternalität in Höhe der Zuwanderung und damit den höheren Kosten der Umverteilung durch die Migration entsprechen. Die Subventionen für die beiden Bundesländer wären dann $S_1 = N_2^P$ und $S_2 = N_1^P$, so dass die dezentralen Entscheidungen gemäß (10.32) die Effizienzbedingungen (10.22) erfüllen.

Diese Subventionen reduzieren die Grenzkosten der Umverteilung und sind deshalb zweckgebundene ergänzende Subventionen (*matching grants*). Sie unterscheiden sich wesentlich von den ungebundenen Subventionen E_1 und E_2 aus ⟶ Kapitel 10.1.3 (*block grants*). Letztere sollen dem horizontaler Finanzausgleich der Einkommens- und Steuerkapazität zwischen den Bundesländern dienen, um horizontale Gleichheit bei dezentraler Umverteilung in der Föderation insgesamt zu erreichen. Während die vertikalen Subventionen die Grenzkosten der Umverteilung senken, um Effizienz zu erreichen, sind die horizontalen Finanzausgleichszahlungen ein Ausgleich der Wirtschafts- und Steuerkraft der Bundesländer, um horizontale Gerechtigkeit herbeizuführen. Ein reiner Finanzausgleich kann auch über das Budget des Zentralstaats laufen, wobei hier nur zwischen reicheren und ärmeren Bundesländern umverteilt wird. Die Art der Subvention von zentralstaatlicher Seite hängt bei der Einkommensumverteilung also vom Ziel ab, das man mit dieser Umverteilung erreichen will. Will man mit der Umverteilung ein Wohlfahrtsoptimum im Sinn horizontaler Gleichheit erreichen, sollte der Zentralstaat gegebenenfalls mit ungebundenen Blockzuweisungen (*block grants*) die dezentrale Umverteilung steuern. Verfolgt man hingegen

192 Dies gilt für mobile Nettozahler der Umverteilung ebenso wie für mobile Nettoempfänger.

eine effiziente Umverteilung in den Bundesländern, dann sollte der Zentralstaat mithilfe zweckgebundener Subventionen (*matching grants*) eingreifen, die die Grenzkosten abändern und so die Migrationsexternalitäten internalisieren. Die verschiedenen Formen von zwischenstaatlichen Transfers werden in → Kapitel 11 weiter analysiert.

Insgesamt sehen wir, dass die Zuordnung der Kompetenzen zur Einkommensumverteilung nicht eindeutig ist und von verschiedenen Aspekten abhängt. Verschiedene Faktoren wie die Zielsetzung der Umverteilung, die Mobilität der Bevölkerung und die verfügbaren Umverteilungsinstrumente der Regierungsebenen spielen dabei eine Rolle. Soll mit der Umverteilung horizontale Gerechtigkeit erreicht werden und ist die Bevölkerung immobil, dann kann eine Dezentralisierung der Kompetenz dieses Ziel innerhalb der Bundesländer/Regionen erreichen, während eine zentrale Umverteilung bei Beschränkung auf einheitliche Steuern und Transfers in der Regel nicht einmal innerhalb der Bundesländer horizontale Gleichheit herbeiführt. Aber auch die dezentrale Umverteilung wird in der Regel die Gleichheit der Einkommen in der gesamten Föderation verfehlen. Ein zentralstaatlicher Eingriff in die dezentralen Umverteilungspolitiken durch einen horizontalen Finanzausgleich (oder vertikale Pauschalsubventionen mit horizontaler Wirkung), der die Steuerkraft der Bundesländer ausgleicht, kann das Wohlfahrtsziel einheitlicher Einkommen föderationsweit befördern.[193] Bei Mobilität hingegen wird eine dezentrale Umverteilung zu einer Abwärtsspirale des Umverteilungsniveaus führen, da der Wettbewerb der Bundesländer um eine bessere fiskalische Position durch mehr Steuerzahler und weniger Transferempfänger Anreize zu geringerer Umverteilung setzt. In dem Fall wäre eine unitarische Umverteilungspolitik wohlfahrtsoptimal.

Wird die Einkommensumverteilung als Ausdruck des Altruismus der reicheren gegenüber der ärmeren Bevölkerung verstanden und wird die Umverteilung selbst zu einem öffentlichen Gut, dann geht es nicht mehr um horizontale Gerechtigkeit, sondern um die Effizienz des Umverteilungsniveaus. Bei Immobilität der Bevölkerung ist die dezentrale einer zentralen Umverteilung überlegen und führt in den Bundesländern zum effizienten Niveau. Mobilität hingegen führt zu Migrationsexternalitäten, die die Entscheidungen der Regierungen in den Bundesländern verzerren und zu einem ineffizient geringen Umverteilungsausmaß führen. Im Unterschied zur gerechtigkeitsorientierten Umverteilung, bei der Immobilität zentralstaatliche Finanzzuweisungen erfordert, ist es hier also die Mobilität, die zentralstaatliche Intervention notwendig macht. Allerdings ist hier der zentralstaatliche Eingriff anderer Art als bei einer wohlfahrtsoptimalen Umverteilung. Ähnlich wie bei zentralen Subventionen für eine effiziente Bereitstellung lokaler öffentlicher Güter mit Spillover-Effekten (siehe Kap. 9.3.2) sind es zweckgebundene Zuschüsse (*matching grants*), die eingesetzt werden sollten, um eine effiziente dezentrale Umverteilung zu befördern. Denn hier geht es nicht um Finanzkraftausgleich zwischen Bundesländern, der durch Pauschalzuweisungen (*block grants*) erreicht wird, sondern um eine Internalisierung von Migrationsexternalitäten, die durch eine Reduzierung der Grenzkosten des öffentlichen Gutes „Umverteilung“ bewirkt wird. Dazu sind zweckgebundene Zuschüsse die geeignete Form zentralstaatlicher Intervention.

In einem sehr stilisierten Vergleich zwischen den Vereinigten Staaten von Amerika und der Europäischen Union kann man die differenzierten Ergebnisse zur Ansiedlung der Umverteilungskompetenz verdeutlichen. Die Vereinigten Staaten sind ein föderaler Staat mit einer zentralen Regierung, während die Europäische Union ein Staatenbund aus Mitgliedstaaten aber ohne

193 In Deutschland wird so eine föderale Politik als vertikaler Finanzausgleich mit horizontaler Wirkung bezeichnet, die auf gleichwertige Lebensverhältnisse in den Regionen abzielt. Das Instrument des Bundes sind hierfür die Bundesergänzungszuweisungen, die im Gesetz zum Länderfinanzausgleich, § 11 FAG, kodifiziert sind.

Zentralregierung ist. In der Europäischen Union werden deshalb Entscheidungen nicht von einer Zentralregierung, sondern überwiegend nach dem Einstimmigkeitsprinzip getroffen. Dadurch kommen Reformen nur zustande, wenn sie eine Pareto-Verbesserung für die Mitgliedstaaten darstellen. Die Mobilität wird in den Vereinigten Staaten aufgrund größerer sprachlicher und kultureller Homogenität größer sein als in der Europäischen Union. Aus unseren theoretischen Überlegungen ergeben sich daraus folgende Schlussfolgerungen. Wenn in den Vereinigten Staaten horizontale Gerechtigkeit für alle Bürger angestrebt wird, würde bei hoher Mobilität nur eine zentrale Umverteilungspolitik zum Ziel führen. Um die Autonomie der Bundesstaaten dabei zu bewahren, kann dieses Ziel auch über einen horizontalen Finanzausgleich erreicht werden. In der Europäischen Union würde bei hoher Immobilität der europäischen Bevölkerung eine dezentrale Umverteilungspolitik in den Mitgliedstaaten effizient sein und deshalb gegenüber einer ineffizienten einheitlichen Umverteilungspolitik einstimmig vorgezogen werden. Je größer die Mobilität in Europa jedoch ist, umso stärker muss eine dezentrale Umverteilung fiskalische Externalitäten der Wanderung berücksichtigen. In dem Fall ist die Frage, ob sich eine zentrale Ebene in der Europäischen Union durchsetzen kann, die mithilfe vertikaler Transfers an die Mitgliedstaaten Anreize für eine effiziente dezentrale Umverteilung setzen kann.

▸ Appendix 10.3 | Herleitung der gesellschaftlichen Zahlungsbereitschaft (10.28):

Die marginale Zahlungsbereitschaft ist die Steigung der sozialen Indifferenzkurve der Wohlfahrtsfunktion. Diese Steigung wird dadurch bestimmt, dass das totale Differential der Nutzensumme der Steuerzahler, die die Zentralregierung als Wohlfahrtsfunktion maximiert, gleich Null gesetzt wird:

$$U^{W_1}_{X_1^W} dX_1^W + U^{W_1}_{X_1^P} dX^P + U^{W_2}_{X_2^W} dX_2^W + U^{W_2}_{X_2^P} dX^P = 0$$

Zahlen beide repräsentativen Steuerzahler dieselbe zusätzliche Pauschalsteuer $dX_1^W = dX_2^W = dX^W$, und löst man nach dX^W / dX^P auf, so folgt (10.28).

▸ Appendix 10.4 | Herleitung der Bedingungen erster Ordnung (10.31) für dezentrale Umverteilung bei Mobilität:

Die Ableitung von (10.30) ergibt:

$$-U^1_{X_1^W} + U^1_{X_1^P}\left(\frac{N_1^W}{N_1^P} - T_1 \frac{N_1^W}{\left(N_1^P\right)^2} \frac{\partial N_1^P}{\partial T_1}\right) = 0$$

Umstellen und einsetzen von $\frac{\partial N_1^P}{\partial T_1}$ gemäß (10.29) ergibt:

$$\frac{N_1^W}{N_1^P} \frac{U^1_{X_1^P}}{U^1_{X_1^W}}\left(1 - \frac{T_1 \frac{N_1^W}{\left(N_1^P\right)^2}}{T_1 \frac{N_1^W}{\left(N_1^P\right)^2} + T_2 \frac{N_2^W}{\left(N_2^P\right)^2}}\right) = 1$$

Im Migrationsgleichgewicht gilt $T_1 \frac{N_1^W}{N_1^P} = T_2 \frac{N_2^W}{N_2^P}$, so dass:

$$\frac{N_1^W}{N_1^P} \frac{U^1_{X_1^P}}{U^1_{X_1^W}} \left(1 - \frac{\frac{1}{N_1^P}}{\frac{1}{N_1^P} + \frac{1}{N_2^P}} \right) = \frac{N_1^W}{N_1^P} \frac{U^1_{X_1^P}}{U^1_{X_1^W}} \left(\frac{N_1^P}{N_1^P + N_2^P} \right) = 1$$

woraus (10.31) folgt.

11 Theorie zwischenstaatlicher Transfers und föderaler Zuweisungen

Wie wir gesehen haben, können zwischen Gebietskörperschaften finanzielle Mittel transferiert werden, um beispielsweise externe Effekte zu internalisieren oder um Finanzkraft umzuverteilen. Solche Zuweisungen können in einem föderalen Staat unterschiedliche Formen annehmen, die wir in diesem Kapitel vergleichen möchten (siehe → Abbildung 11.1).[194]

Horizontale Transfers sind Ausgleichzahlungen zwischen Gebietskörperschaften einer Ebene, z. B. der Finanzausgleich zwischen Bundesländern. Sie orientieren sich an bestimmten Indikatoren wie dem Steueraufkommen oder dem Ausgabenbedarf der beteiligten Gebietskörperschaften. Anhand dieser Indikatoren finden Zahlungen zwischen den Gebietskörperschaften statt, die die Finanzkraft angleichen sollen und/oder spezielle Aufgabenlasten berücksichtigen und ausgleichen.

Vertikale Zuweisungen sind solche, die von einer höheren Gebietskörperschaftsebene zu einer niedrigeren, z. B. von einer zentralen Regierung zu Bundesländern oder von den Bundesländern zu kommunalen Gebietskörperschaften erfolgen. Sie können als allgemeine Zuweisungen ohne Zweckbindung vergeben werden (*block grants*) oder als zweckgebundene Transfers, die für die Erfüllung bestimmter Aufgaben der Empfängerregion bereitgestellt werden. Generelle Zuweisungen sind Transfers zur Steigerung des Einkommens oder der fiskalischen Kapazität einer Gebietskörperschaft. Sie sind eine Umverteilung von Einnahmen von der zentralen zur lokalen Regierung. Sie können auch dazu dienen, zwischen den untergeordneten Gebietskörperschaften eine ausgeglichenere Finanzausstattung zu erzielen. Dann handelt es sich um vertikale Zuweisungen mit horizontaler Wirkung.

Zweckgebundene Zuweisungen können als pauschaler Betrag zugewiesen werden, oder sie stellen eine Beteiligung der Zentralregierung an den Kosten pro Einheit bestimmter lokaler Aufgaben dar. Bei einer solchen Kostenbeteiligung pro Einheit kann man von vertikalen Zuschüssen pro Kosteneinheit sprechen (*matching grants*). Diese Zuschussbeteiligung pro Kosteneinheit kann nach oben unbegrenzt gezahlt werden (*open-ended matching grants*). Sie kann aber auch bis zu einer bestimmten Zuschusshöhe gedeckelt werden (*closed-ended matching grants*).

194 Für einen umfassenden Überblick über die Ausgestaltung von zweckgebundenen Zuschüssen zwischen der föderalen und regionalen Ebene, die fiskalische Externalitäten korrigieren sollen, siehe Dahlby (1996).

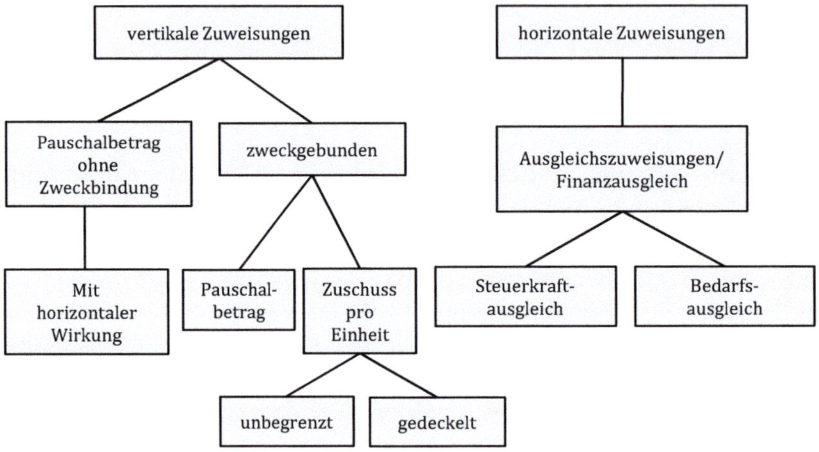

Abbildung 11.1: Formen zwischenstaatlicher Transfers

In ⟶ Kapitel 9.3.2 haben wir vertikale zweckgebundene Zuschüsse (*matching grants*) berechnet, damit die Zentralregierung im Fall immobiler Bevölkerung die Ineffizienz der dezentralen Bereitstellung lokaler öffentlicher Güter bei Spillover-Effekten und Steuerexport korrigieren kann. Dieser Ansatz entspricht einer Pigou-Subvention bzw. Pigou-Steuer, wenn der Steuerexport dominant ist. Anstatt die Subvention in absoluter Höhe der Grenzkosten des öffentlichen Gutes zu berechnen, wie wir es in dem ⟶ Kapitel 9.3.2 getan haben, kann man sie auch als prozentualen Anteil bestimmen, um den die Grenzkosten der lokalen Güter gesenkt werden.[195] Die effiziente Bereitstellung der lokalen öffentlichen Güter in den Gebietskörperschaften 1 und 2 wurde durch die Bedingungen (9.45) und (9.46) bestimmt:

$$N_1 \frac{U_G^1}{U_X^1} + N_2 \beta \frac{U_G^2}{U_X^2} = C_G, \quad N_1 \alpha \frac{U_G^1}{U_X^1} + N_2 \frac{U_G^2}{U_X^2} = C_G \tag{11.1}$$

Die Regierungen beider Gebietskörperschaften wählten hingegen die Mengen entsprechend der Bedingungen (9.56) und (9.57):

$$N_1 \frac{U_G^1}{U_X^1} = n_1 C_G, \quad N_2 \frac{U_G^2}{U_X^2} = n_2 C_G \tag{11.2}$$

wobei $n_1 = N_1/N$ und $n_2 = N_2/N$. Um für die Regierungen die richtigen Anreize zu einer effizienten Bereitstellung zu setzen, kann die Zentralregierung einen bestimmten Anteil M_1 bzw. M_2 der Kosten der lokalen öffentlichen Güter in den Gebietskörperschaften übernehmen, um deren Grenzkosten zu senken. Diese Beteiligungssätze an den Grenzkosten, die die Zentralregierung als zweckgebundenen Zuschuss zahlt (*matching grant rates*), sind gegeben durch:

195 Siehe Boadway und Wildasin (1984).

$$M_1 = \frac{N_2\beta\left(U_G^2/U_X^2\right) - n_2C_G}{N_1\left(U_G^1/U_X^1\right) + N_2\beta\left(U_G^2/U_X^2\right) - n_2C_G}$$

$$M_2 = \frac{N_1\alpha\left(U_G^1/U_X^1\right) - n_1C_G}{N_1\alpha\left(U_G^1/U_X^1\right) + N_2\left(U_G^2/U_X^2\right) - n_1C_G} \tag{11.3}$$

Da der Steuerexport die Spillover-Effekte überwiegen kann, können die Subventionsraten M_1 und M_2 auch negativ werden und sich in eine Pigou-Steuer umkehren. Die Grenzkosten ändern sich dadurch so, dass die Regionalregierungen ihre lokalen Güter in effizienter Menge bereitstellen, wobei die Optimalitätsbedingungen in (11.2) nun folgendermaßen lauten:

$$N_1\frac{U_G^1}{U_X^1} = (1 - M_1)n_1C_G = n_1C_G\frac{N_1\left(U_G^1/U_X^1\right)}{N_1\left(U_G^1/U_X^1\right) + N_2\beta\left(U_G^2/U_X^2\right) - n_2C_G}$$

$$N_2\frac{U_G^2}{U_X^2} = (1 - M_2)n_2C_G = n_2C_G\frac{N_2\left(U_G^2/U_X^2\right)}{N_1\alpha\left(U_G^1/U_X^1\right) + N_2\left(U_G^2/U_X^2\right) - n_1C_G} \tag{11.4}$$

Daraus folgen mit $n_1 + n_2 = 1$ die Effizienzbedingungen (11.1). Mit dieser zweckgebundenen Zuschussbeteiligung an den Grenzkosten können die Bundesländer also trotz Spillover-Effekten und Steuerexport zu einer effizienten Wahl der Menge lokaler öffentlicher Güter veranlasst werden.

Auch zur Herbeiführung einer effizienten dezentralen Umverteilung bei Mobilität der Wohlfahrtsempfänger hatten wir in → Kapitel 10.2.2 eine Zuschussbeteiligung der Zentralregierung an den lokalen Kosten der Umverteilung $N_1^P + N_2^P$ hergeleitet. Die absolute Höhe der Zuschüsse in (10.32), $S_1 = N_2^P$ und $S_2 = N_1^P$, lässt sich auch hier in Beteiligungsraten umrechnen, die zu den Bedingungen effizienter Umverteilung (10.22) führen. Die effizienten Beteiligungssätze (*matching grant rates*) der Zentralregierung, um die Migrationsexternalitäten zu internalisieren, sind:

$$M_1 = \frac{N_2^P}{N_1^P + N_2^P}, \quad M_2 = \frac{N_1^P}{N_1^P + N_2^P} \tag{11.5}$$

Die Bedingungen regionaler Entscheidungen (10.32) mit einer solchen Zuschussbeteiligung ändern sich zu:

$$N_1^W \frac{U^1_{X_1^P}}{U^1_{X_1^W}} = \left(N_1^P + N_2^P\right)\left(1 - M_1\right) = \left(N_1^P + N_2^P\right)\left(\frac{N_1^P}{N_1^P + N_2^P}\right)$$

$$N_2^W \frac{U^2_{X_2^P}}{U^2_{X_2^W}} = \left(N_1^P + N_2^P\right)\left(1 - M_2\right) = \left(N_1^P + N_2^P\right)\left(\frac{N_2^P}{N_1^P + N_2^P}\right) \quad (11.6)$$

woraus die Erfüllung der Effizienzbedingungen (10.22) folgt. Im Folgenden wollen wir genauer untersuchen, warum die angemessene Form der vertikalen Zuweisung bei externen Effekten – wie Spillover-Effekten oder Migrationsexternalitäten – eine Zuschussbeteiligung und nicht eine pauschale konditionale Zuweisung oder eine Zuweisung ohne Zweckbindung (*block grants*) ist.

11.1 Typen vertikaler Zuweisungen

Die Eignung einer Zuschussbeteiligung bei externen Effekten, um Effizienz herbeizuführen, wird in → Abbildung 11.2 verdeutlicht. Mit G wird das lokale öffentliche Gut bezeichnet, das von einer Gebietskörperschaft bereitgestellt wird. Mit X wird ein privates Gut oder das Einkommen für alle anderen Güter bezeichnet, das alternativ konsumiert werden kann und in dessen Einheiten der Wert des öffentlichen Gutes gemessen wird. Die Kurven I_1, I_2 und I_3 repräsentieren die sozialen Indifferenzkurven der Gebietskörperschaft. Alle Kombinationen der Mengen von öffentlichem und privatem Gut auf einer Indifferenzkurve ergeben dasselbe Wohlfahrtsniveau für die Bürger der Gebietskörperschaft. Dieses Niveau steigt mit größerem Abstand der Indifferenzkurve vom Ursprung. Die Steigung dieser sozialen Indifferenzkurven besteht aus den individuellen Grenzraten der Substitution zwischen öffentlichem und privatem Gut summiert über alle Bürger in der Gebietskörperschaft. Im Beispiel der Spillover-Effekte in Gleichung (11.2) ist die Steigung für Gebietskörperschaft 1: $N_1 U_G^1 / U_X^1$. Eine Lokalregierung wird die Allokationsentscheidung so treffen, dass die soziale Indifferenzkurve die Budgetmenge gerade noch tangiert und damit das höchste Wohlfahrtsniveau erreicht.

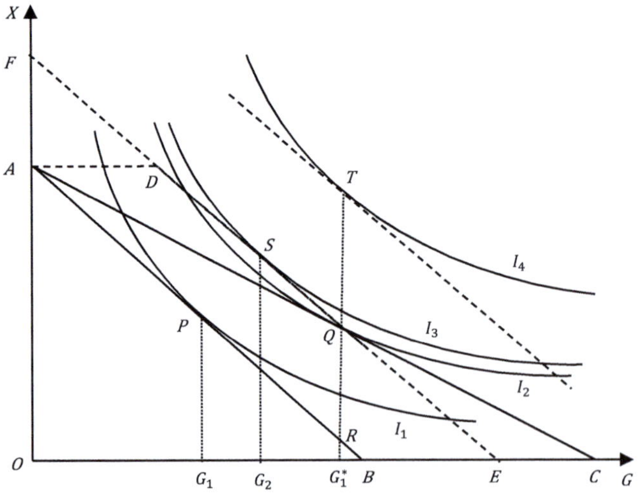

Abbildung 11.2: Vergleich von Typen vertikaler Zuweisungen

Das Budget für das öffentliche und private Gut ist durch das Gesamteinkommen der Gebietskörperschaft beschränkt und die erreichbaren Mengen in Abwesenheit einer vertikalen Subvention durch die Budgetbeschränkung *AB* gekennzeichnet. Die Steigung der Budgetbeschränkung gibt an, wie viele Einheiten des privaten Gutes aufgegeben oder gezahlt werden müssen, wenn man dafür eine weitere Einheit des öffentlichen Gutes produzieren will. Im Beispiel der Spillover-Effekte in Gleichung (11.2) für Gebietskörperschaft 1 beträgt diese Steigung n_1C_G Einheiten des privaten Gutes, die für eine Einheit des öffentlichen Gutes aufgegeben werden müssen. Dies sind die Grenzkosten des öffentlichen Gutes gemessen in Einheiten des privaten Gutes. Bei diesen Grenzkosten wird die lokale Regierung die Menge G_1 des öffentlichen Gutes wählen, nämlich im Punkt *P*, in dem die Steigung der Indifferenzkurve gleich der Steigung der Budgetgerade ist: $N_1U^1_{G_1}/U^1_X = n_1C_G$.

Gibt es nun Spillover-Effekte des lokalen öffentlichen Gutes, so dass eine größere Bereitstellung effizient wäre, kann die Zentralregierung durch einen Zuschuss mit der zum Beispiel in (11.3) berechneten Beteiligungsrate M_1 diese effiziente lokale Versorgung induzieren. Die Grenzkosten reduzieren sich dann gemäß (11.4) auf $n_1C_G(1 - M_1)$ für jede weitere Einheit des öffentlichen Gutes. D.h. die Steigung der Budgetgerade wird kleiner (es müssen weniger Kosten pro Einheit aufgewandt werden), sie dreht sich dadurch im Punkt *A* und wird zur flacheren Budgetgerade *AC*. Mit einem solchen Zuschuss pro Stückkosten von der Zentralregierung wird die lokale Regierung nun die effiziente Menge G_1^* bereitstellen, nämlich in dem Punkt *Q* mit $N_1U^1_{G_1}/U^1_X = n_1C_G(1 - M_1)$. An dieser Stelle entspricht die Subvention $n_1C_GM_1$ dem vertikalen Abstand *QR* zwischen alter und neuer Budgetgerade.

Die Zentralregierung kann aber auch statt einer Zuschussbeteiligung zu den Stückkosten eine Pauschalsumme in gleicher Höhe *QR* an die lokale Regierung zahlen unter der Bedingung, dass diese Subvention für eine bestimmte Mindestmenge des lokalen Gutes ausgegeben wird (zweckgebundener Pauschalbetrag). Die Budgetgerade würde sich dadurch zu *ADE* verändern. Der vertikale Abstand zwischen *AB* und *DE* beträgt *QR*. In jedem Fall müsste die lokale Regierung dann den Betrag *QR* ausgeben, um die Mindestmenge *AD* des lokalen öffentlichen Gutes bereitzustellen. Die Grenzkosten blieben aber unverändert, da die Steigung von *DE* der von *AB* entspricht. Die lokale Regierung würde dann eine Menge G_2 des lokalen öffentlichen Gutes bereitstellen, die geringer ist als die effiziente Menge.

Wollte man mit einem zweckgebundenen Pauschalbetrag die Lokalregierung dazu bewegen, die effiziente Menge G_1^* bereitzustellen, dann müsste dieser Betrag deutlich höher ausfallen. Durch diesen Pauschalbetrag müsste die Budgetgerade soweit parallel nach rechts außen verschoben werden, dass die Menge G_1^* im Optimalpunkt *T* der Lokalregierung liegt. Die Pauschalsubvention würde dann *TR* statt *QR* betragen. Damit würde diese Subventionsform aber zu einer wesentlich teureren Subvention führen, um Effizienz herbeizuführen. Das zeigt, dass eine Zuschussbeteiligung an den Stückkosten der Pauschalsubvention vorzuziehen ist.

Schließlich könnte die Zentralregierung als dritte Alternative auch einen Pauschalbetrag ohne Zweckbindung zuweisen. Dadurch ändert sich die Budgetbeschränkung in → Abbildung 11.2 zur Geraden *FDE*. Der Pauschalbetrag *QR* wäre nun nicht mehr an eine Mindestmenge für das lokale öffentliche Gut gebunden. Aber auch hier würde die lokale Regierung die gleiche ineffizient geringe Menge G_2 bereitstellen. Der Grund ist, dass die Lokalregierung bei einer Pauschalzuweisung immer die von ihr präferierte Mengenkombination aus privatem und öffentlichem Gut wählen kann, da der Pauschalbetrag nur einen Einkommenseffekt zur Folge hat aber nicht den relativen Preis zwischen öffentlichem und privatem Gut verändert. Solange die

Gebietskörperschaft auch ohne Subvention eigenes Einkommen für das öffentliche Gut ausgeben würde, kann sie diese Ausgaben nach Erteilung der Subvention zum privaten Gut umdirigieren. Dies kann sie unabhängig davon tun, ob die Subvention eine Zweckbindung hat oder nicht. Das heißt, eine Zweckbindung kann immer unterlaufen werden, indem die eigenen Mittel, die ursprünglich für das öffentliche Gut vorgesehen waren, in Höhe der Subvention so umgeschichtet werden, dass die relativen Ausgaben für öffentliches und privates Gut trotz Zweckbindung konstant bleiben. Die einzige Ausnahme ist, wenn die Gebietskörperschaft selbst nichts oder weniger als den Subventionsbetrag für das lokale öffentliche Gut ausgeben will (die soziale Indifferenzkurve I_3 die Budgetgerade also im Abschnitt *FD* tangiert). In diesem Fall führt die Zweckbindung dazu, dass sie mindestens die Menge *AD* bereitstellt.

Die Analyse zeigt, dass ein anteiliger Zuschuss zu den Stückkosten die geeignete Subventionsform zur Internalisierung externer Effekte (Spillover-Effekte, Migrationsexternalitäten) ist und Effizienz mit geringerem Einsatz von Finanzmitteln erreicht als andere Instrumente wie Pauschalsubventionen mit oder ohne Zweckbindung.[196]

Bei einer Umverteilung, die auf horizontale Gerechtigkeit der Einkommensverteilung aller Bürger in einer Föderation abzielt, hatten wir in → Kapitel 10.1.3 gesehen, dass eine zentrale Umverteilung dann wohlfahrtsoptimal ist, wenn der Zentralstaat die Parameter der Umverteilung (Steuern und Transfers) so variabel anwenden kann, dass er der unterschiedlichen Einkommenssituation in den Bundesländern jeweils gerecht werden kann. Wenn der Zentralstaat also hinreichend viele Umverteilungsinstrumente besitzt und darin nicht von der Verfassung beschränkt wird, dann ist eine zentrale Umverteilung aller Einkommen in der Föderation optimal.

Ist der Zentralstaat aber auf einheitliche Steuern und Transfers festgelegt, die er nicht zwischen den Bundesländern variieren kann, dann ist eine dezentrale Umverteilungspolitik der Bundesländer zu bevorzugen, die zunächst eine Gleichheit der Einkommen zwischen Arm und Reich innerhalb der Bundesländer erreichen kann. Soll die Einkommensgleichheit in der gesamten Föderation erzielt werden, dann kann auch dieses Ziel erreicht werden, wenn zentralstaatliche Transfers zwischen den Gebietskörperschaften die unterschiedliche fiskalische Kapazität ausgleichen. Dieser Finanzausgleich der Steuerkraft, die durch das durchschnittliche Einkommen in einer Gebietskörperschaft bestimmt wird, ist eine reine Umverteilung von Steueraufkommen, damit jede Gebietskörperschaft in die Lage versetzt wird, durch lokale Umverteilung von reichen zu armen Einkommensbeziehern das gleiche Netto-Einkommen herbeizuführen, wie alle anderen Gebietskörperschaften auch. Die geeignetste Form für einen solchen Transfer der Durchschnittseinkommen ist ein Pauschaltransfer ohne Zweckbindung (*block grants*), z. B. in Gleichung (10.13) bei immobiler Bevölkerung durch einen Transfer an Gebietskörperschaft 1 in Höhe von $E_1 = (N_2/N)(\overline{W}_2 - \overline{W}_1)$. Ein solcher Transfer der Fiskalkapazität verursacht lediglich einen Einkommenseffekt und keine Veränderung der relativen Preise. In → Abbildung 11.2 bewirkt er eine Verschiebung der Budgetgerade von *AB* zu *FE*. Solch ein Transfer ist nicht zweckgebunden an eine bestimmte Art der Mittelverwendung und erlaubt den Gebietskörperschaften, die Wohlfahrt ihrer Bürger durch Umverteilung so zu maximieren, dass alle das gleiche Einkommen erhalten (horizontale Gerechtigkeit). Dass diese Form des pauschalen Transfers einer Zuschussbeteiligung mit Zweckbindung vorzuziehen ist, sieht man in → Abbildung 11.2 daran,

196 In der Abbildung haben wir unterstellt, dass die Zuschussrate zu den Stückkosten konstant ist. Dies stimmt nur, wenn die Spillover-Effekte konstant sind. Aber bereits in unserem Beispiel zeigt sich, wenn die Spillover-Effekte mit der Menge des öffentlichen Gutes variieren, muss auch die prozentuale Beteiligungsrate variieren. So hängt M_1 von der Grenzrate der Substitution für G_1 in Gebietskörperschaft 2 ab: $\beta U_G^2/U_X^2$, und variiert deshalb mit der Menge von G_1. Vgl. dazu Oates (1972), S. 78.

dass die Gebietskörperschaft, die den Transfer empfängt, beim Pauschaltransfer QR den Punkt S wählt und auf der sozialen Indifferenzkurve I_3 landet, während sie bei einer Zuschussbeteiligung gleicher Höhe den Punkt Q und die Indifferenzkurve I_2 erreicht. Da die Wohlfahrt auf I_3 größer ist als auf I_2 ist ein Pauschaltransfer einer Zuschussbeteiligung pro Einheitskosten aus Sicht der Empfängerregion überlegen, wenn die Finanzkraft ausgeglichen werden soll.

11.2 Begrenzte Zweckzuweisungen (*Closed-ended matching grants*)

Allgemein können externe Effekte am besten über zweckgebundene Zuweisungen (*matching grants*) des Zentralstaats internalisiert werden. Nun werden solche Zuweisungen häufig mit einer Förderobergrenze versehen, so dass nur bis zu einer bestimmten Menge des öffentlichen Gutes Zuschüsse erfolgen.[197] Wichtig ist dabei, dass die Änderung der Grenzkosten durch den Zuschuss die Höhe der externen Effekte genau erfassen muss.[198] Wenn der Mengenbereich, in dem diese Änderung erfolgt, begrenzt ist, verliert das Instrument seine Wirkung. Um diesen Nachteil begrenzter zweckgebundener Zuweisungen zu verstehen, wird die Wirkungsweise eines unbegrenzten Zuschusses (*open-ended matching grants*) in ⟶ Abbildung 11.3 dargestellt und diese dann dem begrenzten Zuschuss (*closed-ended matching grants*) in ⟶ Abbildung 11.4 gegenübergestellt. Zunächst wird die effiziente Lösung des Problems durch eine nach oben unbegrenzte Zuweisung der Zentralregierung gemäß (11.3) dargestellt:[199]

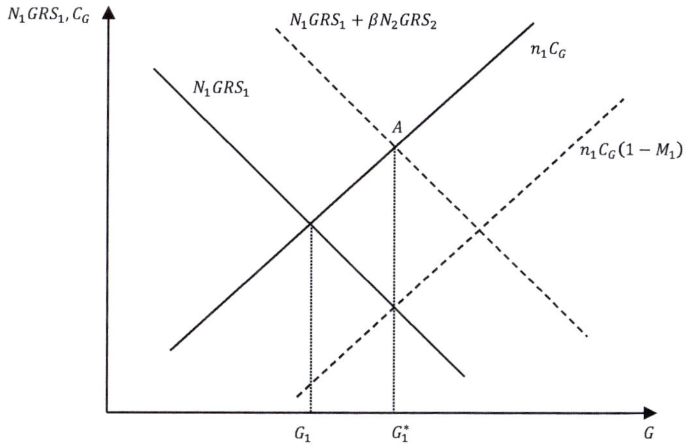

Abbildung 11.3: Unbegrenzte Zweckzuweisungen (*open-ended matching grants*)

Die durchgezogenen Linien beschreiben die Situation, in der die Regionalregierung in Gebietskörperschaft 1 externe Effekte auf Bewohner der anderen Region in ihrer Angebotsentscheidung beim öffentlichen Gut nicht berücksichtigt. Die bereitgestellte Menge G_1 ist durch Gleichung (11.2) determiniert. Hingegen ist die effiziente Menge G_1^* durch den Schnittpunkt A gegeben, in dem die gesamte Zahlungsbereitschaft beider Regionen den Grenzkosten in Region 1 entspricht. Diese

---

197 In Deutschland werden zum Beispiel Gemeinschaftsaufgaben und Investitionshilfen des Bundes an die Bundesländer mit einer Fördergrenze versehen.

198 Es sei hier nochmal auf die Problematik hingewiesen, das Ausmaß der Externalitäten praktisch zu messen.

199 Wir unterstellen hier quasi-lineare Nutzenfunktionen, $U(X, G) = u(G) + X$, und lineare Transformationskurven.

effiziente Menge wählt nun die Regionalregierung, wenn sie eine anteilige Finanzzuweisung der Zentralregierung erhält, die die Grenzkosten gemäß (11.4) nach rechts verschiebt.

Werden nun diese Zweckzuweisungen nach oben hin gedeckelt, dann treten die angestrebten Grenzkostenänderungen nur in einem bestimmten Mengenbereich, nämlich nur bis zur Förderhöchstgrenze, auf. Graphisch wird das in ⟶ Abbildung 11.4 verdeutlicht.

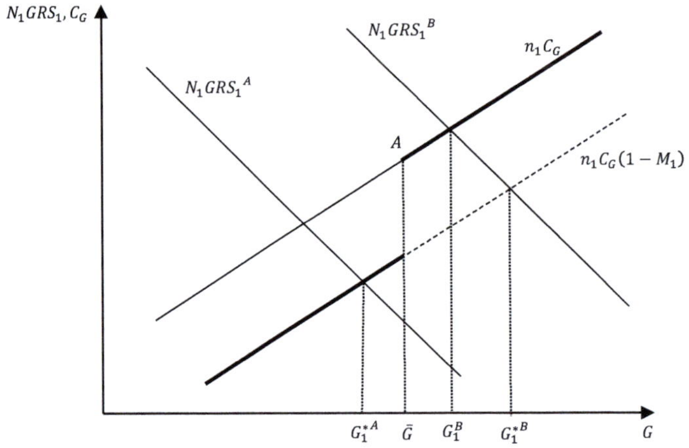

Abbildung 11.4: Gedeckelte Zweckzuweisungen (*closed-ended matching grants*)

Die Förderhöchstgrenze ist hier die Menge $\bar{G}$. An dieser Stelle gibt es einen Sprung in der Grenzkostenkurve, mit der die Regionalregierung nun konfrontiert ist (dicke durchgezogene Linie). Bis zur Förderhöchstgrenze sind die Grenzkosten reduziert und liegen auf der unteren Kurve. Oberhalb der Fördergrenze werden keine zusätzlichen Subventionen mehr vom Zentralstaat gezahlt, so dass die Regionalregierung hier wieder die ursprünglichen Grenzkosten berücksichtigen muss. Ist nun in Situation A die Zahlungsbereitschaft der Region 1 ($N_1 GRS_1^A$) für das lokale öffentliche Gut gering, so dass sie mit Subventionierung eine Menge unterhalb der Fördergrenze nachfragt (G_1^{*A}), dann spielt die Deckelung keine Rolle. Es kommt zur gewünschten Preisverzerrung und die Externalitäten werden von Region 1 internalisiert. Ist hingegen in Situation B die Zahlungsbereitschaft groß ($N_1 GRS_1^B$), dann läge die effiziente Menge des öffentlichen Gutes (G_1^{*B}) oberhalb der Fördergrenze. Da die Grenzkosten bei dieser Menge aber nicht mehr subventioniert werden, wird die Regionalregierung die suboptimale Menge (G_1^B) wählen. Die externen Effekte auf die Bewohner der anderen Region werden nicht mehr berücksichtigt.

Nun könnte die Zentralregierung die Fördergrenze gerade so festlegen, dass die effiziente Menge in der Situation B gerade noch förderfähig ist ($\bar{G} = G_1^{*B}$) und bereitgestellt wird. Aber diese Festlegung dürfte sich wohl eher zufällig ergeben, da in der Praxis die effiziente Menge des öffentlichen Gutes kaum exakt zu ermitteln ist. Das ist aber auch gar nicht nötig, wenn die Regionalregierung zweckkgebundenen Zuweisungen ohne Begrenzung erhält. Dann wählt sie die effiziente Menge G_1^{*B}, und es würde die gleiche Zuschusshöhe abgerufen.

Es bleibt festzuhalten, dass eine Deckelung der Zuschüsse in dem Bereich, wo es zu Änderungen der Grenzkosten kommt, unnötig ist, da die Fördergrenze nicht bindend ist. Im Bereich oberhalb der Fördergrenze, wo es zu keiner Änderung der Grenzkosten kommt, werden aber die externen Effekte nicht mehr internalisiert. Die Zuweisung wird wie ein reiner Pauschaltransfer „mitgenommen", ohne dass die externen Effekte für die Bürger der anderen Region berücksichtigt werden. Da der Pauschaltransfer in diesem Fall nur einen Einkommenseffekt bewirkt und keinen Substitutionseffekt, wird die Regionalregierung eine ineffizient geringe Menge des öffentlichen Gutes bereitstellen. Dies lässt sich in → Abbildung 11.5 in einem Diagramm mit sozialen Indifferenzkurven, ähnlich wie in → Abbildung 11.2, illustrieren.

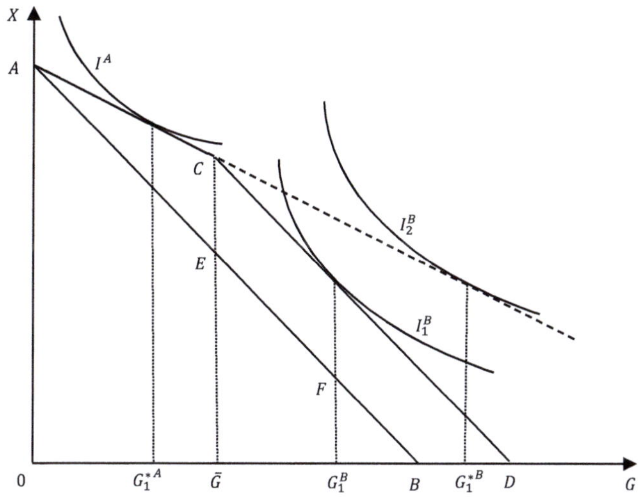

Abbildung 11.5: Ineffizienz gedeckelter Zuschüsse

Im Bereich bis zur Förderhöchstgrenze $\bar{G}$, in dem die Zuschussbeteiligung zu den Grenzkosten erfolgt, dreht sich die Budgetgerade von *AB* zu *AC*. Im Punkt der Fördergrenze *C* gibt es einen Knick in der Budgetgerade und ab da, im Bereich *CD*, verläuft sie parallel zur ursprünglichen Budgetgerade *AB*. Die Grenzkosten sind für die Mengeneinheiten oberhalb der Fördergrenze so hoch wie ursprünglich, weshalb die Steigung der Budgetgerade dieselbe ist. Ab $\bar{G}$ muss die Regionalregierung die zusätzlichen Mengeneinheiten vollständig selbst finanzieren. Betrachten wir wieder die zwei Entscheidungssituationen. In der Situation A wird die Regionalregierung auch mit Subvention wieder nur eine Menge (G_1^{*A}) nachfragen, die unterhalb der Fördergrenze liegt. Hier wird durch die zentrale Beteiligung an den Grenzkosten also die effiziente Menge herbeigeführt. Allerdings würde das in Situation A auch ohne Deckelung der Zuweisungen geschehen. In der Situation B hingegen wird die Regionalregierung eine größere Menge des öffentlichen Gutes anbieten wollen, als durch die Deckelung gefördert wird. Sie wird also die gesamte Fördersumme bis zur Menge $\bar{G}$ wie eine Pauschalsubvention mitnehmen und weitere Mengeneinheiten bis G_1^B selbst finanzieren. Da die Subvention hier nur einen Einnahmeeffekt in Höhe von *CE* bewirkt, wird die Regionalregierung eine Menge G_1^B bereitstellen, die geringer ist als die effiziente Menge G_1^{*B}. Diese würde man nur bei einer unbegrenzten Förderung induzieren, die eine Budgetgerade von A über C und weiter entlang der gestrichelten Linie ergeben würde. Konfrontiert mit dieser Budgetsituation würde die Regionalregierung die effiziente Menge G_1^{*B} wählen, da hier zusätzlich der Substitutionseffekt die induzierte Menge erhöht.

Im Ergebnis zeigt sich, dass gedeckelte zweckgebundene Zuschüsse keinen Vorteil gegenüber einer unbegrenzten Zuweisung haben. Im einen Fall ist die Deckelung nicht bindend und die effiziente Menge kann deshalb auch durch einen unbegrenzten Zuschuss erreicht werden. Im anderen Fall wirkt die Deckelung wie eine Pauschalsubventionierung, die die externen Effekte nicht internalisieren kann und deshalb zu einer ineffizient niedrigen Bereitstellung seitens der Regionalregierung führt.

12 Weiche Budgetbeschränkungen: Das Bailout-Problem

Ein System fiskalischer Transfers zwischen Regierungen in einem föderalen Staat muss sich mit dem Problem weicher Budgetbeschränkungen auseinandersetzen.[200] Eine Zentralregierung hat nur eine begrenzte Kontrolle über die Ausgaben der lokalen Regierungen, gleichwohl aber unter Umständen ein Interesse an einer effizienten Ausführung der Aufgaben dieser nachgeordneten Gebietskörperschaften. Die Zuweisungen, die eine Zentralregierung zu diesem Zweck an diese Gebietskörperschaften machen kann, können von den lokalen Regierungen strategisch ausgenutzt werden. Wenn diese Zuweisungen an das Verhalten der lokalen Entscheider geknüpft werden, können diese die Höhe der Zuweisungen so manipulieren, dass auf Kosten anderer eine ineffizient hohe Menge lokaler öffentlicher Güter bereitgestellt wird. Dieses exzessive Verhalten tritt auf, weil die lokale Regierung davon ausgehen kann, dass die Zentralregierung finanziell einspringt, falls lokal eine übertrieben hohe Versorgung mit öffentlichen Gütern erfolgt ist. Dieses sogenannte **Bailout-Problem** (*bailout* heißt Rettung oder Beistand) ist darauf zurückzuführen, dass die lokale Regierung keine harte Budgetbeschränkung einhalten muss, bei der sie nur auf ihre eigenen Mittel zurückgreifen kann. Wenn sie stattdessen davon ausgehen kann, dass die Zentralregierung finanziell Beistand leistet, hat sie einen Anreiz, das auszunutzen. Die Budgetbeschränkung der Lokalregierung ist dann weich in dem Sinn, dass sie durch ihr Verhalten überhöhte Zuweisungen provoziert und damit in beliebiger Höhe auf Mittel der Zentralregierung oder anderer Gebietskörperschaften zugreifen kann. Nur wenn die Zentralregierung glaubwürdig versichern kann, dass sie der Lokalregierung nicht aushelfen wird, ist die Budgetbeschränkung aus Sicht der Lokalregierung wieder hart.

Werden die Zuweisungen der Zentralregierung aus einem gemeinsamen Budget von allen Gebietskörperschaften finanziert, liegt ein klassisches **Common-Pool-Problem** vor. Der Anreiz, durch eine hohe Güterversorgung diese Mittel unverhältnismäßig stark zu nutzen, ist groß, da die Kosten geteilt werden.

Das Verhalten lokaler Gebietskörperschaften, die ein Bailout der Zentralregierung erwarten können, wenn sie ihr Budget überziehen, kann anhand eines einfachen Modells von Hindriks und Myles (2013, Kap. 19.6) illustriert werden. Die lokalen Regierungen wählen ihre Steuern und eine Staatsschuld zur Finanzierung des lokalen öffentlichen Gutes. Die Zentralregierung entscheidet dann über einen Transfer an jede Gebietskörperschaft, mit dem eine hohe Verschuldung ausgeglichen werden soll. Diese Transfers stellen eine Umverteilung zwischen den Gebietskörperschaften – vermittelt durch das zentrale Budget – dar, da die Transfers aus einheitlichen Finanzbeiträgen der Gebietskörperschaften finanziert werden.

Es gebe zwei Perioden $t = 1, 2$, eine Zentralregierung und zwei lokale Gebietskörperschaften $j = A, B$. Die Einwohner einer Gebietskörperschaft j haben in jeder Periode ein Einkommen I_t^j. Die Gebietskörperschaften erheben darauf eine Steuer mit dem in beiden Perioden einheitlichen Satz τ^j. Aus dem verbleibenden Nettoeinkommen in jeder Periode wird der Konsum des privaten Gutes X_t^j bestritten:

200 Das Problem der weichen Budgetbeschränkungen wurde zuerst von Kornai (1986) im Zusammenhang von Subventionen für staatseigene Unternehmen behandelt. Zur Übertragung des Problems auf Transferzahlungen zwischen Regierungen siehe Wildasin (1997b), Qian und Roland (1998) und Goodspeed (2002).

$$X_t^j = (1 - \tau^j)I_t^j \tag{12.1}$$

Entscheidend für das Auftreten weicher Budgetbeschränkungen ist, dass die lokale Regierung zuerst ihr Budget bestimmt und die Zentralregierung darauf mit Subventionen reagiert.[201] Die lokalen Regierungen bestimmen in der ersten Periode, welche Menge des lokalen öffentlichen Gutes G^j sie bereitstellen, das in beiden Perioden genutzt wird und in Periode 2 nicht erneut bereitgestellt wird. Diese Menge ergibt sich aus den Entscheidungen zur Finanzierung des lokalen öffentlichen Gutes. Diese Entscheidungen in der ersten Periode betreffen einerseits den Steuersatz τ^j, zu dem die Steuer $\tau^j I_1^j$ erhoben wird, und andererseits die Staatsschuld D^i, die ebenfalls zur Finanzierung aufgenommen wird.

Nachdem die Gebietskörperschaften diese Entscheidungen getroffen haben, bestimmt die Zentralregierung in der ersten Periode eine einheitliche Steuer T, die sie von beiden Gebietskörperschaften erhebt. Mit diesen Steuern finanziert die Zentralregierung Transfers, die sie in der zweiten Periode nach Gebietskörperschaft differenziert wählt, S^A und S^B, und an die Gebietskörperschaften zahlt. Das Budget der Zentralregierung ist[202]:

$$S^A + S^B = 2T \tag{12.2}$$

Damit sind die Budgets der lokalen Regierungen $j = A, B$ in der ersten Periode gegeben durch

$$G^j = \tau^j I_1^j + D^j - T \tag{12.3}$$

In der zweiten Periode zahlen die lokalen Regierungen ihre Staatsschuld mit Zinsen zurück und verwenden dafür die lokalen Steuern in der zweiten Periode und den Transfer, den sie von der Zentralregierung erhalten:

$$(1 + r)D^j = \tau^j I_2^j + S^j \tag{12.4}$$

Gleichung (12.4) in Gleichung (12.1) für $t = 2$ eingesetzt, ergibt das individuelle Budget der Einwohner der Gebietskörperschaft j in der zweiten Periode:

$$X_2^j = I_2^j + S^j - (1 + r)D^j \tag{12.5}$$

Der Nutzen der Einwohner einer Gebietskörperschaft j ist durch folgende quasi-lineare Funktion gegeben:

$$U^j = U\left(X_1^j\right) + U\left(X_2^j\right) + G^j \tag{12.6}$$

Nach Einsetzen der Budgets (12.1), (12.3) und (12.5) ist der indirekte Nutzen der lokalen Einwohner gegeben durch

201 Zur spieltheoretischen Struktur des Problems weicher Budgetbeschränkungen siehe Goodspeed (2017).
202 Zur Vereinfachung wird angenommen, dass der Diskontfaktor eins ist.

$$U^j = U\left((1-\tau^j)I_1^j\right) + U\left(I_2^j + S^j - (1+r)D^j\right) + \tau^j I_1^j + D^j - T,\ j = A, B \tag{12.7}$$

Das 2-Stufen-Modell wird durch Rückwärtsinduktion gelöst, indem zunächst die Entscheidung der Zentralregierung auf der zweiten Stufe bezüglich der Transfers bestimmt wird, wobei die Entscheidungen der lokalen Regierungen bezüglich τ^A, D^A, τ^B, D^B auf der ersten Stufe berücksichtigt werden. Dann werden die Entscheidungen der lokalen Regierungen auf der ersten Stufe bestimmt.

Die Zentralregierung maximiert die Gesamtwohlfahrt in Form der Nutzensumme der repräsentativen Einwohner beider Gebietskörperschaften:

$$\underset{S^A, S^B}{\mathrm{Max}}\, W = U^A + U^B \tag{12.8}$$

wobei U^A und U^B nach (12.7) definiert sind. Die Bedingung erster Ordnung für die optimale Wahl der Transfers ist.

$$U'\left(I_2^j + S^j - (1+r)D^j\right) - 1 = 0,\ j = A, B \tag{12.9}$$

wobei U' die Ableitung des Nutzens in der zweiten Periode ist. Beachte, dass bei der Summe der Nutzen aus (12.8) der letzte Term $-2T$ ist, und mit dem zentralen Budget (12.2) gilt: $-2T = -S^A - S^B$. Aus Bedingung (12.9) lässt sich implizit die Abhängigkeit des Transfers von der Staatsschuld $S^j(D^j)$ ableiten:

$$\frac{\partial S^j}{\partial D^j} = -\frac{-(1+r)\cdot U''}{U''} = 1 + r \tag{12.10}$$

Eine marginale Erhöhung der Staatsschuld hat also eine Erhöhung des Transfers in der zweiten Periode zur Folge, die zur Zurückzahlung von Schuld und Zinsen für diese marginale Einheit gerade ausreicht.

Die lokalen Regierungen treffen auf der ersten Stufe ihre Entscheidungen über Steuersatz und Staatsschuld, wobei sie die Reaktionen der Zentralregierung auf der zweiten Stufe, $S^j(D^j)$, vorhersehen und das Budget (12.2) berücksichtigen. Aus beidem folgt: $T = \left(S^A(D^A) + S^B(D^B)\right)/2$. Die lokale Regierung j maximiert den Nutzen ihrer Einwohner:

$$\underset{\tau^j, D^j}{\max}\, U\left((1-\tau^j)I_1^j\right) + U\left(I_2^j + S^j(D^j) - (1+r)D^j\right) + \tau^j I_1^j + D^j - \frac{S^A(D^A)}{2} - \frac{S^B(D^B)}{2},\ j = A, B \tag{12.11}$$

Entscheidend ist bei dieser Zielfunktion, dass die Kosten für den Transfer an die Gebietskörperschaft j halbiert werden, weil sie unter den zwei Gebietskörperschaften geteilt werden. Das heißt, die Gebietskörperschaft j nimmt die Kosten für ihren eigenen Transfer auch nur als halb so hoch wahr. Die erste Ableitung der Zielfunktion nach der Staatsschuld ist dann unter Berücksichtigung von (12.10):

$$U'\left(I_2^j + S^j(D^j) - (1+r)D^j\right) \cdot \left(\frac{\partial S^j}{\partial D^j} - (1+r)\right) + 1 - \frac{1}{2}\frac{\partial S^j}{\partial D^j} = 1 - \frac{1+r}{2} > 0 \qquad (12.12)$$

wenn $r < 1$ ist. Das bedeutet, die lokale Regierung hat einen Anreiz, ihre Staatsverschuldung und damit auch die Menge des lokalen öffentlichen Gutes über alle Grenzen auszudehnen. Der Grund liegt darin, dass die Rückzahlung der Staatsschuld der Gebietskörperschaft durch den zentralen Transfer vollständig kompensiert wird. Die Kosten für diesen Transfer teilt sich die Gebietskörperschaft mit der anderen Gebietskörperschaft, so dass sich eine exzessive Verschuldung und Bereitstellung des öffentlichen Gutes lohnt.

Die Reihenfolge der Entscheidungen der zentralen und lokalen Regierungen hat in diesem Modell die weiche Budgetbeschränkung der lokalen Gebietskörperschaften zur Folge. Da die Zentralregierung die Entscheidungen der lokalen Regierungen berücksichtigt, und die lokalen Regierungen dies vorhersehen, können sie durch ihre Verschuldung die Entscheidungen der Zentralregierung über die Transfers strategisch beeinflussen. Die Lokalregierung weiß, dass die Zentralregierung sie in der zweiten Periode für die Rückzahlung der Staatsschuld kompensieren wird. Die Kosten dieses Transfers muss zwar die Lokalregierung mittragen, aber eben nur zur Hälfte. Diese Aufweichung des lokalen Budgets führt zu einer überhöhten Verschuldung und einer ineffizient hohen Bereitstellung mit dem lokalen öffentlichen Gut. Es muss betont werden, dass weiche Budgetbeschränkungen immer ein Problem darstellen, wenn eine Zentralregierung aus ökonomischen oder politischen Gründen eine nachgeordnete Gebietskörperschaft aus ihren Verschuldungsnöten befreit, also einen Bailout vorsieht.

Die lokale Budgetbeschränkung kann hart gemacht werden, wenn die Reihenfolge der Entscheidungen umgekehrt wird. Würde auf der ersten Stufe zunächst die Zentralregierung unabhängig von den Entscheidungen der lokalen Gebietskörperschaften die Steuer T in der ersten Periode und die Transfers in der zweiten Periode festlegen, dann könnte die Lokalregierung diese Festlegungen nicht mehr manipulieren. Die Lokalregierung würde dann auf der zweiten Stufe die Zielfunktion (12.11) maximieren, nur dass die Transfers S^j dann fest gegeben wären und nicht von D^j abhingen. Die Bedingung erster Ordnung für die optimale Staatsverschuldung wäre dann:

$$-(1+r) \cdot U'\left(I_2^j + S^j - (1+r)D^j\right) + 1 = 0 \qquad (12.13)$$

oder

$$U'\left(I_2^j + S^j - (1+r)D^j\right) = \frac{1}{1+r}$$

Damit würde die lokale Verschuldung bei gegebenem Niveau der Transfers effizient gewählt. Es ist also aus Sicht der Wohlfahrt optimal, wenn die Zentralregierung harte Budgetbeschränkungen bei den lokalen Gebietskörperschaften durchsetzt. Ob das allerdings politisch einzuhalten ist, ist eine Frage der Glaubwürdigkeit. Wenn lokale Regierungen sich exzessiv verschulden, bleibt die Zentralregierung dann tatsächlich standhaft und verweigert den Bailout? Die lokalen Regierungen haben immer dann einen Anreiz, ihre Verschuldungsgrenzen auszureizen, wenn die Ankündigung der Zentralregierung, nicht einspringen zu wollen, unglaubwürdig ist. Zudem ist es bei Unsicherheit für eine Zentralregierung schwer zu unterscheiden, ob eine lokale Gebietskörperschaft hohe Schulden aufgenommen hat, um geringe Einkommen in der Zukunft zu kompensieren, oder ob sie es in Erwartung eines Bailouts aus strategischem Kalkül getan hat. Hier besteht ein Moral-Hazard-Problem, das aus der asymmetrischen Information zwischen Zentralregierung und lokaler Regierung über die Motive letzterer entsteht.

Ein wesentlicher Grund für das Einspringen von Zentralregierungen bei fiskalischer Not der lokalen Gebietskörperschaften ist die Verlagerung von Ausgabenverpflichtungen auf die lokale Ebene, während die Steuerkompetenz bei der Zentralregierung bleibt. Dadurch entsteht eine vertikale fiskalische Unausgewogenheit ***(vertical fiscal imbalance)***, die dazu führt, dass Transfers der Zentralregierung an die nachgeordneten Gebietskörperschaften notwendig sind. Weiche Budgetbeschränkungen würden an Bedeutung verlieren, wenn die lokale Ebene nicht abhängig wäre von diesen Transfers. Ein Weg zur Lösung des Problems wäre also die steuerliche Autonomie oder zumindest größere fiskalische Unabhängigkeit der lokalen Regierungen. Allerdings widerspricht das unter Umständen anderen fiskalföderalen Erfordernissen, z. B. der Verhinderung von Steuerwettbewerb oder der Herbeiführung horizontaler Gerechtigkeit im gesamten Land. Weitere Faktoren, die weiche Budgetbeschränkungen begünstigen, sind intransparente Budgets, die Durchsetzung nationaler Standards bei sozialen Leistungen oder der Daseinsvorsorge auf lokaler Ebene. Einen guten Überblick über diese Determinanten weicher Budgetbeschränkungen gibt Vigneault (2005). Zudem werden hier einige wichtige empirische Studien vorgestellt und Erfahrungen und Lehren aus einer Vielzahl von Fallstudien aus unterschiedlichen Ländern zusammengefasst.[203]

203 Goodspeed (2017) stellt in einem Model eine Synthese unterschiedlicher Ansätze zur Erklärung weicher Budgetbeschränkungen vor und gibt einen Überblick über die Motive der Zentralregierung zu einer Bailout-Politik.

Teil IV · Politökonomische Ansätze

„Genau das sollte [...] der Wahltag sein. Nicht ein Tag, der die neue Regierung legitimiert, sondern ein Tag, an dem wir über die alte Regierung zu Gericht sitzen. Der Tag, an dem sich die Regierung verantworten muss.“
Karl Raimund Popper

„Good government is in part associated with designing an institutional framework which affects the incentives of those who make policy decisions. But good government is not entirely about incentives: it also requires good leaders – persons of character and wisdom. These twin elements of incentives and selection in politics are central themes throughout.“
Timothy Besley

Die traditionelle ökonomische Analyse föderaler Beziehungen setzt voraus, dass die staatlichen Entscheidungsträger im Sinne der Wohlfahrt der Bürger handeln. Diese wohlfahrtsökonomische Sicht unterstellt, dass das Ziel von Regierungen in einer effizienten oder gerechten Erledigung der jeweiligen politischen Aufgabe besteht. Wenn diese Normen zugrunde gelegt werden, dann lässt sich jede staatliche Maßnahme daraufhin untersuchen, ob sie diese Normen erfüllt. Wir haben bei den allokativen und distributiven Aufgaben des Staates deshalb soziale Wohlfahrtsfunktionen formuliert, die die Regierungen auf allen föderalen Ebenen als Zielfunktion maximieren. Die in den Wohlfahrtsfunktionen implizit enthaltenen Werturteile werden bestmöglich von den Regierungen angestrebt. Diese Herangehensweise erlaubt eine Evaluation politischer Maßnahmen anhand der entsprechenden Normen.

Nun ist die Annahme, dass Regierungen sich als wohlwollende Sachwalter der Interessen aller Bürger verhalten (*benevolent dictator*), etwas heroisch. Regierungen bestehen aus Menschen mit Eigeninteressen. Politiker orientieren sich zum Beispiel am Machtgewinn bzw. Machterhalt. Zudem gibt es verschiedene Akteure, die auf politische Entscheidungen Einfluss nehmen, wie etwa die ausführende Verwaltung oder Lobbygruppen. Institutionen und Wahlverfahren bestimmen die Ergebnisse der Entscheidungsprozesse. Die politökonomische Sichtweise nimmt diese Elemente staatlichen Handelns in ihre Modelle auf. Politiker werden als eigennutzorientierte Entscheider betrachtet, deren Nutzen sich von dem der Wähler unterscheidet. Regierungen machen ihre politischen Maßnahmen davon abhängig, ob diese zur Wiederwahl führen oder nicht. Kollektive Entscheidungen hängen von der Art des Wahlverfahrens ab. Diese neueren Ansätze aus Sicht der politischen Ökonomie werden zur zweiten Generation von Theorien zum Fiskalföderalismus gezählt, während die traditionellere Forschung aus wohlfahrtsökonomischer Sicht als erste Generation fiskalföderaler Theorien betrachtet wird.[204]

In diesem Teil des Buches wollen wir einen speziellen Ansatz der neueren politischen Ökonomie vorstellen, der erlaubt, verschiedene Aspekte des Föderalismus genauer zu analysieren und insbesondere die Vorzüge dezentraler politischer Entscheidungen hervorzuheben. Dies ist der Prinzipal-Agenten-Ansatz, der die Interaktion zwischen einem Prinzipal (Auftraggeber) und einem Agenten (Auftragnehmer) modelliert. Diese Beziehungen sind von Agenturproblemen geprägt, da der Agent nicht notwendigerweise dieselben Ziele verfolgt wie der Prinzipal und ein gewünschtes Verhalten nicht vertraglich festgehalten werden kann. Hauptgrund für das Entstehen von Agenturproblemen sind asymmetrisch verteilte Informationen. Es wird in diesen Modellen angenommen, dass der Auftragnehmer mehr Informationen darüber besitzt, inwie-

---

204 Siehe dazu Oates (2005) und Lockwood (2015).

weit das Ergebnis der Auftragserfüllung auf seine eigenen Fähigkeiten oder Anstrengungen zurückzuführen ist oder ob äußere Umstände dafür verantwortlich sind. Vertragliche Lücken in Prinzipal-Agenten-Beziehungen erlauben dem Agenten ein Verhalten, dass sich von den Wünschen des Prinzipals unterscheidet. Da der Auftraggeber einen Informationsnachteil hat, kann er nicht kontrollieren, ob der Auftragnehmer seinen Auftrag bestmöglich erfüllt hat. Hier kommt es auf die Vertragsgestaltung, die Form der Vergütung oder die Beobachtbarkeit von Signalen an, ob Anreize für den Auftragnehmer gesetzt werden können, den Auftrag im Sinne des Auftraggebers umzusetzen. Es gibt eine Vielzahl solcher Prinzipal-Agenten-Verhältnisse. Im Arbeitsverhältnis kann das Problem auftreten, dass der Arbeitgeber nicht genau beobachten kann, welche Anstrengungen der Arbeitnehmer an den Tag legt, um eine vereinbarte Gegenleistung für den Arbeitslohn zu erbringen. Aktionäre haben eine schlechtere Information als der Vorstand darüber, ob letzterer eine Geschäftsführung im Sinn der Aktiengesellschaft betreibt. Käufer können schlechter über die Qualität von Gütern informiert sein als die Verkäufer, so dass nicht klar ist, ob sie eine faire Gegenleistung für ihren Kaufpreis erhalten.

In der Sphäre der Politik werden solche Verhältnisse in sogenannten Political-Agency-Modellen behandelt. In einem föderalen Staat kann einerseits das Verhältnis zwischen Regierungen als auch das Verhältnis zwischen Wähler und Regierung analysiert werden.[205] Im ersten Fall kann zum Beispiel eine zentrale Gebietskörperschaft eine politische Maßnahme gesetzlich beschließen, die Ausführung aber an eine nachgelagerte Gebietskörperschaft delegieren. Dabei kann sie Vorgaben machen, wie die Aufgabe auszuführen sei, und sie kann die Finanzierung der ausführenden Regierung garantieren. Im zweiten Fall können Wähler von der Regierung die Bereitstellung öffentlicher Güter erwarten. Die Menge und Qualität dieser Güter hängt vom Steueraufkommen ab. Wenn nun Politiker in der Regierung sogenannte Machtrenten aus dem Steueraufkommen für sich abzweigen und der Wähler dies nicht beobachten kann, kommt es zu einer schlechten Versorgung mit öffentlichen Gütern. Da die Politiker zudem besser über ihre eigene Leistung informiert sind als die Wähler, entsteht ein Prinzipal-Agenten-Problem: Wie kann der Wähler dafür sorgen, dass kompetente Politiker im Amt sind, die ihre Aufgabe im Sinne der Wähler erfüllen und nicht nur ihren eigenen Vorteil verwirklichen? In einem föderalen Staat stellt sich die Frage, ob eine dezentrale Politik bessere Möglichkeiten bietet, diese Agenturprobleme zu lösen.

Ein zentraler Gegenstand der neueren Ansätze ist die von Niskanen (1971) erwogene staatliche Maxime, das Haushaltsbudget zu maximieren. Wenn staatliche Institutionen, also Regierungen oder Behörden, dieses Ziel verfolgen, um damit ihre Macht oder ihren Einfluss, ihre Ausstattung an Personal oder Sachmitteln zu vergrößern, oder ihre Gehälter zu erhöhen, dann führt ein solches Verhalten zu einer ineffizienten übermäßigen Ausdehnung des Staatsapparates, den Brennan und Buchanan (1980) als „Leviathan" bezeichnet haben. Ein solcher Staat versucht die Ressourcen der Ökonomie maximal für seine eigenen machtpolitischen Zwecke auszubeuten. Eine Schlussfolgerung ist dann, dass ein föderaler Staat mit dezentralen Entscheidungsträgern dieser expansionistischen Tendenz entgegenwirken kann und die Machtausdehnung des Gesamtstaates beschränkt. Der Wettbewerb zwischen den dezentralen Regierungen subnationaler Gebietskörperschaften in einem föderalen Staat begrenzt die monopolistische Macht des Zentralstaats über die Ressourcen der Ökonomie.

In einer Arbeit von Rodden (2003) wird diese Argumentation differenziert, indem gezeigt wird, dass es von der Art der fiskalischen Dezentralisierung abhängt, ob die Macht des Zentralstaats effektiv beschränkt wird. Eine Dezentralisierung, bei der die einzelnen föderalen Gebietskörper-

205 Einen Überblick über Political-Agency-Modelle bietet Besley (2006).

schaften über eine eigene Steuerquelle verfügen, kann tatsächlich zu geringeren Staatsbudgets führen. Werden die dezentralen Regierungen hingegen über vertikale Zuweisungen vom Zentralstaat finanziert, entsteht ein Allmendeproblem und der Anreiz, den Zentralstaat auszubeuten. Dies führt dann zu einem Anstieg des gesamtstaatlichen Budgets.

Wir werden im → Kapitel 13 auf die Frage eingehen, durch welche Form der Finanzierung ein Zentralstaat gewährleisten kann, dass Zuweisungen, die er an nachgelagerte Gebietskörperschaften leistet, nicht überbeansprucht werden. Insbesondere müssen hier unterschiedliche Zielvorstellungen von Zentral- und Regionalregierung berücksichtigt werden, und die Frage ist, wie diese in Einklang gebracht werden können. Wir werden sehen, dass auch die Problemstellung von Rodden noch weiter differenziert werden muss. Es kommt nicht unbedingt darauf an, ob die Zentralregierung oder die Regionalregierungen die Steuerkompetenz besitzen. Die Ausführung einiger staatlicher Aufgaben muss den Regionalregierungen von der Zentralregierung vorgegeben werden, z. B. weil man eine einheitliche Regelung im Gesamtstaat sicherstellen will. In diesem Fall muss die Zentralregierung mit ihren Steuermitteln die nachgelagerten Gebietskörperschaften finanziell in die Lage versetzen, diese Aufgaben durchführen zu können. Die Frage einer effizienten Durchführung hängt dann davon ab, wie die Finanzierung der Regionen ausgestaltet wird. Welche Form nehmen die vertikalen Zuweisungen der Zentralregierung an? Werden sie pauschal geleistet oder hängen sie von der Art der Aufgabenausführung durch die Regionalregierungen ab? Diese Frage der effizienten Verknüpfung (Konnexität) von Finanzierung und Aufgabenerfüllung adressiert das Konnexitätsprinzip.

In → Kapitel 14 geht es dann um die Prinzipal-Agenten-Beziehung zwischen dem Wähler und der Regierung. Um eine gute Politik zu erreichen, ist es für den Wähler wichtig, die Leistung einer vergangenen Amtsperiode der Regierung angemessen zuzuordnen. Wenn die Regierung eine gute Leistung erbracht hat, wird sie wiedergewählt, andernfalls nicht. Nun ist aber das Ergebnis einer Politik auch von externen Umständen abhängig, für die eine Regierung nicht verantwortlich gemacht werden kann. Die Frage ist in dem Fall, in welchem föderalen System der Wähler besser zuordnen kann, ob eine amtierende Regierung im Sinne des Wählers gearbeitet hat oder nicht. Es lässt sich zeigen, dass die Zuordnung politischer Verantwortung (*Political Accountability*) in einem System dezentral agierender Regierungen besser möglich ist als bei einer Zentralregierung. Der Grund ist, dass jede dezentrale Regierung in ihrer Gebietskörperschaft eine gute Politik vorweisen muss, um wiedergewählt zu werden. Einer Zentralregierung reicht es hingegen, in einer Mehrzahl von Gebietskörperschaften als kompetent wahrgenommen zu werden. Damit kann sie insgesamt nachlässiger Politik betreiben, ohne eine Abwahl befürchten zu müssen.

In → Kapitel 15 geht es um Leviathan-Regierungen, die die Steuern über das effiziente Maß hinaus erheben, um politische Renten aus dem Steueraufkommen abzuschöpfen. In einem Political-Agency-Modell von Besley und Smart (2007) wird das Verhalten solcher Regierungen untersucht. In dem Modell gibt es gute und schlechte Typen von Amtsinhabern. Die Wähler wissen im Unterschied zum Amtsinhaber zu Beginn der Wahlperiode nicht, von welchem Typ der Amtsinhaber ist. Eine Folge dieser Informationsasymmetrie ist, dass ein schlechter Amtsinhaber einen guten imitieren kann, um wiedergewählt zu werden. Er kann aber auch seinen Typ offenbaren und verliert die Wahl. Durch Wahlen können nun Politiker in zweifacher Weise zur Rechenschaft gezogen werden. Zum einen können die Wähler einen schlechten Amtsinhaber abwählen (Selektionseffekt). Zum anderen können Wahlen einen Anreiz für schlechte Amtsinhaber setzen, sich weniger egoistisch zu verhalten, um die Wahrscheinlichkeit ihrer Wiederwahl zu erhöhen (Disziplinierungseffekt). Die Frage ist dann, wie sich eine Dezentralisierung der Politik auf diese Wahlmechanismen auswirkt. Wir zeigen in diesem Kapitel, unter welchen

Bedingungen fiskalische Beschränkungen solcher Leviathan-Regierungen, die die exzessive Erhöhung des Steueraufkommens begrenzen sollen, zu einer Wohlfahrtsverbesserung der Wähler führen können.

Der Wettbewerb zwischen dezentralen Regierungen kann ebenfalls die Kontrolle der Leviathan-Regierungen ermöglichen. Entweder kann eine übermäßige Abschöpfung von Steuern durch den Steuerwettbewerb begrenzt werden oder durch den Maßstabswettbewerb (*Yardstick Competition*). In → Kapitel 16 wird die vorteilhafte Seite des Steuerwettbewerbs gezeigt, wenn dadurch das Rentenstreben von Regierungen begrenzt wird. Wie wir in → Kapitel 9.2 gesehen haben, führt Kapitalsteuerwettbewerb bei benevolenten Regierungen zu einem ineffizient geringen Steueraufkommen und einer Unterversorgung mit öffentlichen Gütern. Hingegen kann der Steuerwettbewerb bei Regierungen, die Renten aus dem Steueraufkommen abziehen, einer zu hohen Besteuerung entgegenwirken. In einer Anwendung des Grundmodells aus → Kapitel 15 kann gezeigt werden, dass der Steuerwettbewerb in diesem Sinne zu einer Wohlfahrtsverbesserung der Wähler führen kann, wenn ein schlechter Amtsinhaber dadurch zu einer Offenbarung seines Typs gebracht und nicht wiedergewählt wird.

In → Kapitel 17 wird eine andere Form des Wettbewerbs zwischen dezentralen Regierungen, nämlich der Maßstabswettbewerb, im Grundmodell aus → Kapitel 15 analysiert. Hier beobachten die Wähler die Fiskalpolitik der Regierungen in Nachbarstaaten und leiten daraus ab, ob die eigene Regierung ihre Aufgaben gut oder schlecht erledigt. Wenn es zwischen den Ausgaben für öffentliche Güter eine Korrelation zwischen den Ländern gibt, kann aus der Höhe der Besteuerung auf die Güte der eigenen Regierung geschlossen werden. Erhebt das Nachbarland geringere Steuern bei gleichen Kosten für öffentliche Güter, dann wird die höhere Steuer im eigenen Land auf eine schlechte Regierung hindeuten, die aus dem Steueraufkommen Renten abschöpft. Allerdings wird gezeigt, dass Maßstabswettbewerb nicht immer eine höhere Wohlfahrt der Wähler zur Folge hat.

Schließlich werden wir in → Kapitel 18 den Vergleich zwischen dezentraler und zentraler Politik im Rahmen eines Political-Agency-Modells von Hindriks und Lockwood (2009) ziehen, in dem Wähler nur partielle Informationen über die Politik in anderen Ländern besitzen und die Kosten öffentlicher Güter zwischen den Ländern unterschiedlich korreliert sind. In diesem Modell wird damit Maßstabswettbewerb ausgeschlossen. Hier wird also nicht Dezentralisierung mit und ohne Maßstabswettbewerb verglichen. Stattdessen werden in vier Szenarien die Vor- und Nachteile von Zentralisierung und Dezentralisierung untersucht.

13 Das Konnexitätsprinzip

Prinzipiell lassen sich die Kompetenzen auf Zentralstaat und die untergliederten Gebietskörperschaften nach Aufgaben oder nach Funktionen (Gesetzgebung, Verwaltung, Finanzierung) verteilen. Bei einer Zuordnung nach Aufgaben übernimmt eine Gebietskörperschaft die Verantwortung für alle Funktionen, die mit der Aufgabe zusammenhängen. Eine solche Zuordnung ist dann sinnvoll, wenn eine Aufteilung der Kompetenzen für eine Aufgabe auf verschiedene Gebietskörperschaften ineffizient und kostspielig ist. So übernimmt in Deutschland die Bundesebene die Aufgabe der Landesverteidigung. Für diese Aufgabe besitzt der Bund die ausschließliche Gesetzgebungskompetenz (Art. 73 GG), führt sie in eigener Verwaltung durch (Art. 87b GG), und finanziert sie aus Bundesmitteln. Die Zuweisung aller Kompetenzen für die Landesverteidigung an den Bund ist ökonomisch sinnvoll, da dieser Schutz nach außen bundesweit einen nicht-ausschließbaren Nutzen für alle Bürger des Landes stiftet und damit ein nationales öffentliches Gut darstellt. Die Bereitstellung solcher Güter und Dienstleistungen durch den Bund berücksichtigt den gesamten Nutzen und die gesamten Kosten der Bereitstellung und befördert dadurch eine effiziente Versorgung.[206]

Bei einer Zuordnung nach Funktionen können in einem föderalen Staat die Kompetenzen für die gesetzgeberische Anordnung einer Aufgabe, ihre Ausführung und ihre Finanzierung auf verschiedene Gebietskörperschaftsebenen aufgeteilt werden. Ein wesentliches Prinzip der Finanzverfassung in einem föderalen Staat ist dabei das Konnexitätsprinzip.[207] Es besagt, dass diejenige Staatsebene, die eine Aufgabe übernimmt, auch für deren Finanzierung verantwortlich ist. In Deutschland ist dies durch Art. 104a Abs. 1 GG geregelt. Die Bindung der Ausgabenverantwortung an die Zuständigkeit für Aufgaben soll Reibungsverluste zwischen den Gebietskörperschaftsebenen vermeiden, eine übersichtliche Kompetenzverteilung herbeiführen und Antrieb zu einer wirtschaftlichen Haushaltsführung sein. Das Prinzip, wonach die Ausgabenverantwortung der Aufgabenverantwortung folgt, führt insofern zu Zweideutigkeiten, da die Zuordnung einer Aufgabe zwei Aspekte umfasst: die Gesetzgebungskompetenz und die Verwaltungskompetenz.[208] Bei einigen Aufgaben sind diese beiden Kompetenzen in einer Hand, etwa wenn in Deutschland der Bund Aufgaben in eigener Verwaltung übernimmt (Art. 87 GG) oder bei Aufgaben in reiner Länderverwaltung. Bei anderen Aufgaben hingegen fallen Gesetzgebungs- und Verwaltungskompetenz verschiedenen föderalen Ebenen zu, etwa, wenn die Bundesländer in Deutschland die Gesetze des Bundes als eigene Angelegenheiten (Art. 83 GG) oder im Bundesauftrag (Art. 85 GG) ausführen.

So gibt es Aufgaben, die landesweit einheitlich geregelt werden, bei deren Durchführung der Zentralstaat aber auf die Verwaltungen der regionalen oder lokalen Gebietskörperschaften zurückgreift. Ein Beispiel ist die Sozialhilfe in Deutschland. Da bundesweit eine einheitliche soziale Mindestsicherung angestrebt wird, kann die gesetzgeberische Kompetenz zur Sozialhilfe nicht bei den Ländern oder Gemeinden liegen. Wäre das dennoch der Fall, dann könnte ein Wettbewerb zwischen den Ländern oder Gemeinden bezüglich der Sozialstandards nicht ausgeschlossen werden und das Ziel eines einheitlichen Sozialsicherungsniveaus wäre gefährdet. Wenn auf der anderen Seite der Bund die Bündelung aller Kompetenzen für diese Aufgabe bei sich

206 Dieses Kapitel gibt in Teilen das Kapitel 7 inklusive Anhang aus Baretti et al. (2000) wieder.

207 Vergleiche Huber und Lichtblau (1999).

208 Zur Auslegung durch die ständige Rechtsprechung siehe Baretti et al. (2000), S. 50ff.

vornähme, müsste er eine eigene Bundesbürokratie für die Verwaltung der Sozialhilfe aufbauen. Das wäre kostspielig und hätte eine gravierende Änderung der bisherigen Verwaltungsstrukturen zur Folge. Außerdem wäre fraglich, ob eine Bundesverwaltung die gleiche Nähe zu den Präferenzen der Bürger besäße wie die Gemeindeverwaltungen, die die Gegebenheiten vor Ort besser berücksichtigen können und Ermessensentscheidungen bei der Zuteilung der Sozialhilfe dadurch sachgerechter fällen können.

Eine solche funktionale Aufteilung der Aufgabenkompetenzen wirft ein Problem der Konnexität auf. An welche der beiden Kompetenzen, Gesetzgebung oder Ausführung, soll die Finanzierung der Aufgabe geknüpft werden? Interpretiert man das Konnexitätsprinzip im Sinne einer Ausführungskonnexität, dann sollte diejenige Gebietskörperschaft, die die verwaltungsmäßige Durchführung übernimmt, auch die anfallenden Ausgaben tragen. Versteht man das Konnexitätsprinzip als Veranlassungskonnexität, dann soll die gesetzgebende und damit veranlassende Gebietskörperschaft die Finanzierung übernehmen.

In beiden Fällen der Auslegung des Konnexitätsprinzips muss die jeweilige Gebietskörperschaft, die die Finanzierung übernimmt, auch mit den notwendigen finanziellen Mitteln ausgestattet sein. Die Verteilung der Finanzkraft zwischen der veranlassenden und der ausführenden Gebietskörperschaft muss also die jeweilige Konnexität der Finanzierung berücksichtigen. So wird zum Beispiel vermieden, dass der Zentralstaat Aufgaben auf die nachgeordneten Gebietskörperschaften abwälzt und diese bei Ausführungskonnexität mit der Finanzierung überfordert sind.

Die vorherrschende funktionale Aufteilung der Kompetenzen in föderalen Staaten besteht darin, dass der Zentralstaat durch Gesetzgebung bestimmte Aufgaben anordnet und die Ausführung den nachgeordneten Gebietskörperschaften überträgt. Ob in einem solchen Fall die Veranlassungs- oder die Ausführungskonnexität effizienter ist, lässt sich mithilfe der Prinzipal-Agenten-Theorie untersuchen.[209] Mithilfe dieser Theorie kann für eine Gebietskörperschaft, die als Auftraggeber (Prinzipal) die Anstrengungen der beauftragten Gebietskörperschaft (Agent) bei der Erfüllung der Aufgabe nicht überprüfen kann, bestimmt werden, welche Anreize sie setzen muss, um die beauftragte Gebietskörperschaft zu einer effizienten Erledigung der Aufgabe zu bewegen.

Der Prinzipal sei der Zentralstaat, der die gesetzgeberische Kompetenz besitzt, um eine öffentliche Aufgabe zu veranlassen. Der Agent sei eine lokale Gebietskörperschaft, die im Auftrag des Zentralstaats diese Aufgabe auszuführen hat. Beide Gebietskörperschaften sind risikoneutral. Die Gesamtkosten der Aufgabe betragen C und werden bestimmt durch die Bereitstellungskosten c und die Anstrengungen e der lokalen Gebietskörperschaft, Kosten einzusparen:

$$C = c - e \tag{13.1}$$

Das Problem des Zentralstaates besteht nun darin, dass er die Gesamtkosten C beobachten kann, aber nicht, welcher Teil davon auf objektive Kosten c oder Einsparungsbemühungen e zurückzuführen ist. Die lokale Gebietskörperschaft hat daher den Anreiz, ihre Sparanstrengung, die für sie wiederum auch mit Kosten verbunden ist, zu verringern und der Zentralregierung vorzugeben, die Gesamtkosten seien trotz großer Sparbemühung lediglich auf die gestiegenen objektiven Kosten c zurückzuführen. Dies nennt man ein Moral-Hazard-Problem.

Die folgende Gleichung gibt an, wie sich Zentralregierung und Regionalregierung die Finanzierung der Aufgabe teilen können. Der Zentralstaat kann der ausführenden Gebietskörperschaft

209 Siehe Huber und Lichtblau (1999). Das Grundmodell der Prinzipal-Agenten-Theorie findet sich in Varian (1992) oder Richter und Furubotn (2010).

einen Pauschalbetrag $\bar{T}$ zur Erfüllung der Aufgabe zuweisen, aber auch eine Kostenbeteiligung der lokalen Regierung in Höhe des Anteils α an den Gesamtkosten verlangen. Die der ausführenden Gebietskörperschaft zur Verfügung stehenden Finanzmittel T hängen somit von der Höhe von α und $\bar{T}$ ab:

$$T = \bar{T} - \alpha C \quad \text{wobei } 0 \leq \alpha \leq 1. \tag{13.2}$$

Die Sparanstrengungen verursachen der lokalen Gebietskörperschaft Kosten $v(e)$, die mit wachsender Anstrengung stärker steigen: $v'(e) > 0$, $v''(e) > 0$. Diese Kosten entstehen, wenn die Verwaltung effizienter gestaltet werden muss, um eine sparsamere Mittelverwendung zu erreichen. Die Regionalregierung wird nun diese Sparanstrengungen gerade in dem Ausmaß wählen, dass die Nettoeinnahmen aus (13.2) abzüglich der Anstrengungskosten maximiert werden. Nach Einsetzen von (13.1) in (13.2) maximiert die Regionalregierung also die Zielfunktion:

$$\bar{T} - \alpha(c - e) - v(e) \tag{13.3}$$

Da diese Zielfunktion aufgrund der konvexen Anstrengungskosten konkav ist, ist die notwendige und hinreichende Bedingung erster Ordnung für ein Maximum:

$$\alpha = v'(e^*) \tag{13.4}$$

Die optimale Sparanstrengung e^*, die die Regionalregierung unternimmt, ist dadurch charakterisiert, dass die Grenzkosten der Anstrengung dem Anteil der Gesamtkosten entsprechen, den die Regionalregierung durch diese Anstrengung gerade selbst einspart.

Wenn die Zentralregierung weiß, wie die Kosten einer effizienten Verwaltung von der jeweiligen Anstrengung der Gebietskörperschaft abhängen, sie also $v(e)$ kennt, dann kann die Zentralregierung über die sogenannte Anreizverträglichkeitsbedingung (13.4) mittels der Festlegung des Anteils α, zu dem die Gebietskörperschaft an den Gesamtkosten beteiligt wird, deren Sparanstrengung e^* steuern. Mit steigendem Anteil steigen auch die Bemühungen der Gebietskörperschaft, Kosten einzusparen.

Nun nehmen wir an, dass die der Zentralregierung nachgeordneten Gebietskörperschaften mitbestimmen können, ob sie eine Aufgabe übernehmen (wie zum Beispiel die Bundesländer im Bundesrat). Das heißt, die Zentralregierung muss Rücksicht darauf nehmen, dass die Gebietskörperschaft, der sie Aufgaben zur Durchführung übergeben möchte, mindestens mit den finanziellen Mitteln ausgestattet wird, die die Kosten der Gebietskörperschaft inklusive Verwaltungskosten abdecken. Die Mittelzuweisung T der Zentralregierung an die durchführende Gebietskörperschaft muss also wenigstens so hoch sein, dass die sogenannte Partizipationsbedingung erfüllt wird:

$$\bar{T} - \alpha(c - e) - v(e) \geq 0 \tag{13.5}$$

Die Zentralregierung wird nun die Gesamtkosten der öffentlichen Aufgabe und die Mittelzuweisung minimieren unter Berücksichtigung der Anreizverträglichkeitsbedingung (13.4) und der Partizipationsbedingung (13.5):

$$\text{Min } C + T = (1 - \alpha)(c - e) + \bar{T} \tag{13.6}$$

unter den Nebenbedingungen $\alpha = v'(e)$ und $\bar{T} - \alpha(c - e) - v(e) \geq 0$.

Um die Gebietskörperschaft zur Ausführung der Aufgabe zu bewegen, wird die Zentralregierung die minimal notwendigen Mittel zuweisen, d. h. (13.5) wird mit Gleichheit erfüllt sein und die pauschale Zuweisung beträgt:

$$\bar{T} = \alpha(c - e) + v(e) \tag{13.7}$$

Einsetzen von $\bar{T}$ ergibt, dass das Minimierungsproblem der Zentralregierung nur noch von der Wahl von α abhängt:

$$\underset{\alpha}{\text{Min}}\, C + T = c - e + v(e) \tag{13.8}$$

unter der Nebenbedingung $\alpha = v'(e)$.

Die Ableitung der Zielfunktion nach α führt zur Bedingung erster Ordnung für ein Minimum dieser konvexen Funktion, wobei zu berücksichtigen ist, dass über die Nebenbedingung e von α abhängt:

$$-\frac{\partial e}{\partial \alpha} + \frac{\partial v}{\partial e}\frac{\partial e}{\partial \alpha} = 0 \tag{13.9}$$

Einsetzen der Nebenbedingung ergibt:

$$-\frac{\partial e}{\partial \alpha} + \alpha\frac{\partial e}{\partial \alpha} = 0$$

oder

$$\alpha^* = 1 \tag{13.10}$$

Wir erhalten also als Resultat, dass die ausführende Gebietskörperschaft die Kosten der Aufgabenerfüllung vollständig tragen muss, wenn die Kosten minimiert werden sollen. Diese minimalen Kosten betragen dann $C^* = c - e^*$, wobei e^* aus (13.4) durch Invertierung der Funktion v' berechnet wird: $e^* = v'^{-1}(\alpha^*)$. Die Pauschalzahlung, die die Zentralregierung zur Partizipation an die ausführende Gebietskörperschaft zu zahlen hat, folgt aus (13.7): $\bar{T}^* = c - v'^{-1}(\alpha^*) + v(v'^{-1}(\alpha^*))$. Diese Zahlung hängt also nur von dem gewählten $\alpha^* = 1$, das die Sparanstrengungen der Gebietskörperschaft optimiert, und den geschätzten objektiven Kosten c ab.

Dieses Ergebnis zeigt, dass die optimale Finanzierung nach dem Prinzip der Ausführungskonnexität zu erfolgen hat. Die ausführende Gebietskörperschaft übernimmt die vollständige Finanzierung der Aufgabe, deren Kosten teilweise durch ihre Sparanstrengungen in ihrem Ermessen liegen, und sie erhält eine pauschale Mittelzuweisung von der Zentralregierung, die kostendeckend sein soll. Diese steht ihr aber unabhängig von der Art und Weise, wie sie ihre Aufgabe erfüllt, zu. Durch diese Finanzierung werden die Anreize für optimale Sparanstrengungen der Gebietskörperschaft so gesetzt, dass die Kosten des öffentlichen Projekts minimal sind. Aus diesem Grund führt jede Beteiligung der Zentralregierung an den Kosten, die mit der Ausführung korreliert sind und die nicht pauschal finanziert werden, zu einem ineffizienten Ergebnis. Insbesondere eine Finanzierung nach dem Prinzip der Veranlassungskonnexität, bei der die Zentralregierung die Finanzierung der öffentlichen Aufgabe vollständig übernimmt ($\alpha = 0$)

und dementsprechend keine Pauschalzahlung an die ausführende Gebietskörperschaft leistet ($T = 0$), treibt die Kosten des Projekts nach oben, da die Anreize für Einsparungen auf der ausführenden Verwaltungsebene dadurch minimal sind.

Zum Beispiel werden in Deutschland verschiedene Sozialleistungen (Sozialhilfe, Wohngeld) vom Bund veranlasst, die Durchführung aber den Gemeinden überantwortet. Eine Finanzierung nach dem Prinzip der Veranlassungskonnexität würde bedeuten, dass der Bund sämtliche anfallenden Kosten übernimmt und die Gemeinden keinen Anreiz mehr hätten, die Mittel sparsam einzusetzen, z. B. durch stringente Bedürftigkeitsprüfungen oder eine schlanke Verwaltung. Deshalb ist hier das Prinzip der Ausführungskonnexität effizienter. Im Gegenzug müssen allerdings die ausführenden Kommunen einen finanziellen Ausgleich in pauschaler Form erhalten (z. B. durch eine entsprechende Aufteilung der Gemeinschaftssteuern), so dass sie mit diesen Mitteln die Geldleistungen finanzieren können.

Gegen die Ausführungskonnexität wird häufig eingewandt, dass die Zentralregierung Aufgaben anordnen kann, deren Verwaltung und Finanzierung sie den nachgeordneten Gebietskörperschaften aufbürdet. Sie kann also Aufgaben, die sie für notwendig hält, auf untergeordnete Ebenen abwälzen. Dieses Argument übersieht, dass die Ausführungskonnexität, so wie sie sich aus der Prinzipal-Agenten-Theorie herleiten lässt, nicht bedeutet, dass die Zentralregierung keinen Finanzierungsbeitrag leistet. Es kommt vielmehr auf die Form des finanziellen Beitrags an, die als Pauschalbetrag gezahlt werden sollte. So kann man die pauschale Finanzierungsbeteiligung der Zentralregierung an den Aufgaben, die nachgeordnete Gebietskörperschaften in zunehmendem Maß übernehmen sollen, durch einen entsprechend höheren Anteil am gemeinsamen Steueraufkommen vornehmen, oder dadurch, dass man den Gebietskörperschaften das Recht auf die autonome Erhebung zusätzlicher Steuern einräumt. Entscheidend ist, dass der Finanzbeitrag der Zentralregierung nicht an die Kosten der Verwaltung und Durchführung geknüpft ist, sondern pauschal erfolgt. Dadurch haben die Gebietskörperschaften den Anreiz, die Mittel effizient einzusetzen, da jede Einsparung ihnen selbst vollständig zugutekommt. Hingegen würde eine anteilige Finanzierung der Zentralregierung an den Kosten dazu führen, dass die Gebietskörperschaften geringere Anstrengungen bei der sparsamen Aufgabenerfüllung unternehmen, da die Zentralregierung diese ineffiziente Mittelverwendung mitfinanziert.

14 Politische Rechenschaft (Accountability)

Im wohlfahrtsökonomischen Zusammenhang haben wir in → Kapitel 7.4 die Frage erörtert, welche Rolle die Nähe der politischen Entscheidungsträger zu den Präferenzen der Bürger spielt, wenn es um eine effiziente Bereitstellung öffentlicher Güter geht. In gewisser Weise war diese Nähe das wichtigste Argument, das für dezentrale staatliche Entscheidungen angeführt werden konnte. Und dieses Argument hing im Wesentlichen von der Annahme ab, dass eine Zentralregierung lediglich eine uniforme Bereitstellung des öffentlichen Gutes für alle herbeiführen kann (siehe Dezentralisierungstheorem). Aus politökonomischer Sicht ergibt sich ein weiterer Vorteil dezentraler Regierungen, da sie leichter für ihr politisches Handeln haftbar gemacht werden können, als es bei einer Zentralregierung möglich ist. Die Wähler können regionalen Regierungen die politische Verantwortung besser zuordnen und bei schlechter Politik entsprechend treffsicherer abwählen.

Dazu kann folgendes Prinzipal-Agenten-Modell betrachtet werden, bei dem der Wähler über die Wiederwahl eines Amtsinhabers zu entscheiden hat. Der Amtsinhaber muss dem Wähler signalisieren, dass er in der vergangenen Amtsperiode gegenüber der durchschnittlich zu erwartenden Politik eines Opponenten die bessere Politik gemacht hat. Gleichzeitig hat er ein Interesse daran, zu Beginn der Amtsperiode einen möglichst großen Teil der Steuermittel, mit denen er die vom Wähler aufgetragene Politik finanzieren soll, für eigene Zwecke abzuzweigen. Bei dieser Zweckentfremdung der Steuern, die man als politische Rente bezeichnet, hilft ihm der Umstand, dass der Wähler nicht genau beobachten kann, wie gut die Politik des Amtsinhabers ist, da diese auch durch zufällige Umstände bedingt ist. Der Wähler hat also nur eine unsichere Information über die politische Anstrengung des Amtsinhabers. Diese Zufallsbedingtheit des politischen Ergebnisses gibt dem Amtsinhaber einen gewissen Spielraum, zumindest einen Teil der Steuermittel für sich zu vereinnahmen, ohne dass er befürchten muss, nicht wiedergewählt zu werden.

Seabright (1996) hat gezeigt, dass die Höhe dieser politischen Rente davon abhängt, ob der Amtsinhaber zentrale politische Macht in einem Staat hat und von den Wählern in allen Gebietskörperschaften gewählt wird oder ob er nur eine dezentrale Macht in einer der Gebietskörperschaften besitzt und auch nur von deren Wählerschaft gewählt wird. Bei einer dezentralen Wahl ist der Politiker direkt seiner Wählerschaft verantwortlich und ihm kann eindeutig der Verdienst einer guten Politik oder das Versagen einer schlechten Politik zugeordnet werden. Dadurch hat ein solcher Politiker einen starken Anreiz, eine gute Leistung zu erbringen und eine geringe Rente abzuzweigen, damit er wiedergewählt wird.

Dieser Anreiz ändert sich für den Politiker in einer zentralen Wahl in zweifacher Hinsicht. Erstens ist der Wert des Amtes bei einer landesweiten Wahl höher als in einer lokalen Wahl. Insbesondere kann der Politiker Renten in allen Gebietskörperschaften des Landes abschöpfen. Daher kann Zentralisierung die Verantwortung im Amt stärken und zu einer besseren Politik führen, da Politiker mehr Wert auf die Wiederwahl legen.

Zweitens ist die Zurechenbarkeit des politischen Ergebnisses bei Zentralisierung geringer als bei Dezentralisierung. Die Wahrscheinlichkeit, dass ein Amtsinhaber bei schlechter Leistung nicht wiedergewählt wird, sinkt, denn er wird nur dann aus dem Amt entfernt, wenn die Wähler in einer Mehrheit von Gebietskörperschaften enttäuscht werden. Die geringere Wahrscheinlichkeit, abgewählt zu werden, senkt aber wiederum den Anreiz, eine gute Politik zu machen. Somit bestehen zwei gegenläufige Effekte auf die Anreize. Den zweiten Effekt, der gegen Zentralisierung und für dezentrale Politikentscheidungen spricht, nennt man auch den **Disziplinierungseffekt der Dezentralisierung**. Der Anreiz zu mehr Anstrengung im Amt und weniger Rentenabschöpfung nimmt für lokale Politiker wegen der besseren Zurechenbarkeit von Politik zu.

In einem vereinfachten Modell wollen wir die Idee Seabrights veranschaulichen.[210] Es gebe zwei Perioden $t = 1, 2$ und drei Gebietskörperschaften $i = J, K, L$. In jeder Gebietskörperschaft und jeder Periode wird ein lokales öffentliches Gut G_t^i bereitgestellt. Zur Finanzierung wird in jeder Periode eine fixe Steuer $\bar{T}$ erhoben, wobei das Steueraufkommen nicht von einer in die andere Periode übertragen werden kann. Das Budget ist also in jeder Periode ausgeglichen. Die Bevölkerung in allen Gebietskörperschaft ist gleich groß und auf eins normiert. Jeder Bürger hat ein fixes Einkommen I pro Periode. Der Wählernutzen eines repräsentativen Bürgers in Gebietskörperschaft i und Periode t ist gegeben durch

$$U_t^i = I - \bar{T} + G_t^i \tag{14.1}$$

Da die Steuern fix sind, wollen die Wähler die größtmögliche Menge des lokalen öffentlichen Gutes in beiden Perioden erhalten, um ihren Nutzen zu maximieren.

Alle Politiker sind identisch. Es gibt in jeder Gebietskörperschaft einen Amtsinhaber, der die erste Amtsperiode regiert hat und jetzt zur Wiederwahl steht. Er tritt gegen einen Herausforderer an. Der repräsentative Wähler in einer Gebietskörperschaft hat Erfahrung mit dem Amtsinhaber in der ersten Periode gesammelt. Er kennt die Steuer $\bar{T}$ und hat in der ersten Periode das öffentliche Gut G_1^i konsumiert. Obwohl er also die Menge des lokalen öffentlichen Gutes beobachten kann, vermag er nicht zu beurteilen, welchen Steuerbetrag der Amtsinhaber tatsächlich zur Finanzierung des öffentlichen Gutes eingesetzt hat. Denn einerseits kann der Amtsinhaber für eigene Zwecke eine Rente r_t^i von der Steuer abzweigen, und andererseits hängt die Menge des öffentlichen Gutes auch von regionalspezifischen Produktivitätsschocks ab. Diese Zufallskomponente ε^i sei in beiden Perioden gleich. Der Einfachheit halber nehmen wir an, dass diese Zufallsvariable gleich und unabhängig im Intervall $\left[1 - \frac{1}{2\xi}, 1 + \frac{1}{2\xi}\right]$ mit der Dichte ξ und dem Erwartungswert 1 verteilt ist (siehe ⟶ Appendix 14.1). Das Staatsbudget für das lokale öffentliche Gut sieht wie folgt aus:

$$G_t^i = \varepsilon^i\left(\bar{T} - r_t^i\right) \tag{14.2}$$

Der Wähler kann von der Menge des lokalen öffentlichen Gutes nicht direkt darauf schließen, inwiefern sie durch das Rentenstreben (*rent seeking*) des Amtsinhabers oder durch den Produktivitätsschock bedingt ist. Auf der anderen Seite kann der Amtsinhaber verschleiern, wie viel Steueraufkommen für das lokale öffentliche Gut verwendet wird und wie viel er sich davon als Rente r_t^i aneignet. Für die Rente wird eine Obergrenze angenommen: $0 \leq r_t^i \leq \bar{r}$. Aufgrund dieses Informationsdefizits wird der Wähler seine Wahlentscheidung für oder gegen den Amtsinhaber vom Versorgungsniveau mit dem öffentlichen Gut in der Gebietskörperschaft abhängig machen. Wir nehmen an, dass der Wähler den Amtsinhaber wiederwählt, wenn mindestens ein präferiertes Niveau $\bar{G}$ bereitgestellt wurde:[211]

210 Diese Darstellung des Arguments von Seabright abstrahiert von Spillover-Effekten zwischen den lokalen Gebietskörperschaften. Obwohl Seabright zeigt, dass dezentrale Wahlen zu einer besseren Performance der Regierung führen, betont er, dass Spillover-Effekte, die er in seinem Modell auch betrachtet, weiterhin ein wichtiger Grund für Zentralisierung sind (siehe Kapitel 7.6).

211 Für diesen Modelltyp siehe Ferejohn (1986).

$$G_t^i \geq \bar{G} \qquad (14.3)$$

Da die Menge G_t^i zufallsabhängig ist, folgt zusammen mit (14.2), dass der Amtsinhaber mit Sicherheit (also einer Wahrscheinlichkeit von Eins) wiedergewählt wird, wenn $\varepsilon^i \geq \bar{G}/(\bar{T} - r_t^i)$ ist. Die Wiederwahlwahrscheinlichkeit in Gebietskörperschaft i lautet also:

$$p^i = \begin{cases} 1, & \text{falls } \varepsilon^i \geq \dfrac{\bar{G}}{\bar{T} - r_t^i} \\ 0, & \text{sonst} \end{cases} \qquad (14.4)$$

Der Politiker bestimmt seine Rentenextraktion, indem er seinen Nutzen maximiert. Dieser Nutzen setzt sich zusammen aus seiner Rente in der ersten Periode r_1^i und der diskontierten Gesamtrente in der zweiten Periode, die aus einer exogenen Machtrente R und der endogenen Rente r_2^i besteht. Die diskontierte Gesamtrente in der zweiten Periode erhält er aber nur mit der Wahrscheinlichkeit p^i, mit der er wiedergewählt wird:

$$V^i = r_1^i + p^i\delta(R + r_2^i) \qquad (14.5)$$

wobei δ, $0 \leq \delta \leq 1$, der Diskontfaktor ist, mit dem die Gesamtrente in der zweiten Periode diskontiert wird.

Wir werden im Folgenden zunächst den Fall der dezentralisierten Wahl betrachten, bei dem der Amtsinhaber nur mit den Stimmen der Wähler in seiner Gebietskörperschaft i bestimmt wird und Renten r_t^i beziehen kann. Dann vergleichen wir das Ergebnis mit dem Fall der zentralisierten Wahl, bei dem der Amtsinhaber einer Zentralregierung mit Stimmen der Wähler aus allen drei Gebietskörperschaften $i = J, K, L$ gewählt wird und dabei Gesamtrenten in Höhe von $r_t = \sum_i r_t^i$ abzweigen kann.

Für beide Szenarien gilt, dass der Amtsinhaber in Periode 1 zunächst seine Rente r_1^i wählt, ohne zu wissen, wie der Produktivitätsschock die Menge des öffentlichen Gutes beeinflussen wird. Diese Annahme bedeutet, dass symmetrische Information zwischen Wähler und Politiker über diesen Schock besteht. Dann wird der Produktivitätsschock zufällig aus der Verteilung gezogen und realisiert sich. Das öffentliche Gut G_1^i ergibt sich residual aus (14.2). Die Wähler nehmen die Menge des öffentlichen Gutes und ihren Nutzen U_1^i aus (14.1) wahr, können aber nicht direkt ε^i oder r_1^i beobachten. Aufgrund ihrer Beobachtung der Menge entscheiden die Wähler im nächsten Schritt, ob der Amtsinhaber im Amt bleibt oder nicht. Schließlich wählt der Politiker in Periode 2 die Rente r_2^i und die Menge des öffentlichen Gutes G_2^i ergibt sich aus (14.2).

Welche Entscheidungen von Wählern und Politikern rationalerweise getroffen werden, lässt sich bestimmen, wenn das Verfahren von hinten aufgerollt wird (*backward induction*). Unabhängig vom Grad der Zentralisierung haben Amtsinhaber in der zweiten Periode keinen Anreiz, sich zu beschränken. Sie können in ihrem Rentenstreben nicht mehr durch die Androhung einer Abwahl diszipliniert werden. Deshalb wird der Amtsinhaber die maximale Rente $r_2^i = \bar{r}$ wählen und $G_2^i = \varepsilon^i(\bar{T} - \bar{r})$ wird die Bereitstellung mit dem öffentlichen Gut sein. Im Erwartungswert ist die Menge des lokalen öffentlichen Gutes $E(G_2^i) = \bar{T} - \bar{r}$ und der erwartete Nutzen des Wählers beträgt: $E(U_2^i) = I - \bar{r}$.

Dezentrale Wahlen

Betrachten wir nun zunächst lokale Regierungen, die am Ende der ersten Periode zur Wiederwahl stehen. Die Wähler entscheiden in jeder Gebietskörperschaft über die Wiederwahl des lokalen Amtsinhabers aufgrund seiner Performance in der lokalen Region. Der Wähler beobachtet in Periode 1 die Menge des öffentlichen Gutes G_1^i. Der Amtsinhaber in Gebietskörperschaft *i* wird im Amt bestätigt, wenn $G_1^i \geq \bar{G}$. Da diese Entscheidung zufallsabhängig ist, ist sie gleichbedeutend damit, dass $\varepsilon^i \geq \bar{G}/(\bar{T} - r_1^i)$.

Der Amtsinhaber kann mit seiner Entscheidung über die Rente r_1^i und damit über G_1^i die Einschätzung des Wählers beeinflussen, um wiedergewählt zu werden. Zum Beispiel würde eine geringere endogene Rente ceteris paribus zu einer größeren Menge des öffentlichen Gutes führen, die der Wähler beobachtet. Damit kann die Wiederwahlwahrscheinlichkeit erhöht werden.

Betrachten wir die Wiederwahlwahrscheinlichkeit aus (14.4) genauer. Aus (14.2) und (14.3) folgt (siehe ⟶ Appendix 14.2):

$$p^i = Prob\left[G_1^i \geq \bar{G}\right] = Prob\left[\varepsilon^i \geq \frac{\bar{G}}{\bar{T} - r_1^i}\right] = \frac{1}{2} + \xi\left[1 - \frac{\bar{G}}{\bar{T} - r_1^i}\right] \tag{14.6}$$

wobei sich die letzte Gleichung aus der Annahme der Gleichverteilung für ε^i ergibt.

Der Amtsinhaber wird in der ersten Periode seine Rente r_1^i so wählen, dass sie die Zielfunktion (14.5) unter Berücksichtigung von (14.6) und der optimalen Rente in Periode 2 maximiert:

$$\max_{r_1^i} V^i = r_1^i + \left[\frac{1}{2} + \xi\left(1 - \frac{\bar{G}}{\bar{T} - r_1^i}\right)\right]\delta(R + \bar{r}) \tag{14.7}$$

Dem Streben des Amtsinhabers, seine Rente r_1^i in der ersten Periode auf den maximalen Rentenwert $\bar{r}$ zu setzen, steht entgegen, dass eine höhere Rente die Wiederwahlwahrscheinlichkeit reduziert und damit den erwarteten Nutzen des Politikers aus einer zweiten Amtsperiode.

Die Bedingung erster Ordnung dieses Maximierungsproblems ist:

$$1 - \frac{\xi\bar{G}}{\left(\bar{T} - r_1^i\right)^2}\delta(R + \bar{r}) = 0, \; i = J, K, L \tag{14.8}$$

Daraus ergibt sich nach Umstellung die gewählte Rente:

$$r_1^{i\,dez} = \bar{T} - \sqrt{\xi\bar{G}\delta(R + \bar{r})} \tag{14.9}$$

Ein lokaler Amtsinhaber in Gebietskörperschaft *i* wird in einer dezentralen Wahl die Rente $r_1^{i\,dez}$ in Periode 1 wählen. Im Gleichgewicht wird die Wiederwahl erfolgen, wenn die bereitgestellte Menge der gewünschten Menge $\bar{G}$ entspricht. Würde im Durchschnitt mehr bereitgestellt, obwohl die Menge $\bar{G}$ zur Wiederwahl ausreicht, dann würde der Amtsinhaber systematisch einen geringeren Nutzen haben. Nach Einsetzen von (14.9) in (14.6) zeigt sich, dass die Wiederwahlwahrscheinlichkeit $p^i = \frac{1}{2}$ ist, wenn im Erwartungswert die gewünschte Menge $\bar{G}$ bereitgestellt wird, also $E\left[G_1^{i\,dez}\right] = \sqrt{\xi\bar{G}\delta(R+\bar{r})} = \bar{G}$ erfüllt ist. Das ist konsistent mit der Annahme, dass alle Politiker identisch sind und der Wähler ex post indifferent zwischen dem Amtsinhaber und seinem Herausforderer ist.

Die Wähler nutzen ex ante ihre Information aus der Vergangenheit, um gierige Politiker abzuwählen. Damit disziplinieren sie den Amtsinhaber. Sein Rentenstreben wird durch die Wiederwahl umso stärker begrenzt, je geringer die Unsicherheit über den ökonomischen Schock ist (hohe Dichte ξ, siehe ⟶ Appendix 14.1), je größer der Nutzen der Wiederwahl ist (hohes $R+\bar{r}$) und je geringer dieser diskontiert wird (hohes δ). Was ändert sich nun bei einer zentralisierten Wahl?

Zentrale Wahlen

Die politische Macht wird nun in allen drei Gebietskörperschaften ausgeübt und in einer einzigen zentralen Wahl bestimmt. Die lokalen Budgets sind weiterhin separiert, also nicht zwischen den Gebietskörperschaften übertragbar. Die Renten, die in allen drei Gebietskörperschaften abgezweigt werden können, gehen nun alle an die zentrale Regierung: $r_t = \sum_i r_t^i$. In Periode 2 sind die gewählten Renten wieder maximal: $r_2^i = \bar{r},\ i = J, K, L$, so dass der Wert der Wiederwahl für die Zentralregierung $\delta(R+3\bar{r})$ ist und damit größer als für eine Regionalregierung gemäß (14.7).

In Periode 1 ist die Wahrscheinlichkeit, die Wahl in einer Gebietskörperschaft i zu gewinnen, wieder durch Gleichung (14.6) gegeben. Die Wahrscheinlichkeit, in der zentralen Wahl wiedergewählt zu werden, ist aber nicht p^i. Da wir annehmen, dass die Gebietskörperschaften gleich groß sind, muss die Zentralregierung mindestens in zwei der drei Gebietskörperschaften wiedergewählt werden. Da die Zufallsvariablen der regionalspezifischen Schocks ε^i unabhängig voneinander verteilt sind, ist die Wiederwahlwahrscheinlichkeit für die Zentralregierung:

$$p = p^J p^K p^L + p^J p^K\left(1-p^L\right) + p^J\left(1-p^K\right)p^L + \left(1-p^J\right)p^K p^L \tag{14.11}$$

$$= p^J p^K + p^J p^L + p^K p^L - 2p^J p^K p^L$$

Wenn zwei oder drei Gebietskörperschaften zustimmen, ist die Zentralregierung wiedergewählt. Unter Berücksichtigung dieser Wiederwahlwahrscheinlichkeit und (14.6) maximiert die Zentralregierung den Nutzen:

$$\max_{r_1^i} V = \sum_{i=J,K,L} r_1^i + p\delta(R+3\bar{r}),\ i = J, K, L \tag{14.12}$$

Die Ableitung nach r_1^i ergibt die Bedingungen erster Ordnung:

$$\frac{\partial V}{\partial r_1^i} = 1 + \frac{\partial p}{\partial r_1^i}\delta(R+3\bar{r}) = 0,\ i = J, K, L \tag{14.13}$$

Betrachten wir zum Beispiel die Ableitung $\partial p/\partial r_1^J$, so folgt aus (14.11) und (14.6):

$$\frac{\partial p}{\partial r_1^J} = \frac{\partial p}{\partial p^J}\frac{\partial p^J}{\partial r_1^J} = \left(p^K + p^L - 2p^K p^L\right)\frac{\partial p^J}{\partial r_1^J} = \left(p^K + p^L - 2p^K p^L\right)\left(-\frac{\xi \bar{G}}{\left(\bar{T} - r_1^J\right)^2}\right) \tag{14.14}$$

Den letzten Klammerterm kennen wir aus (14.8). Er gibt an, wie sich die Wiederwahlwahrscheinlichkeit in der Gebietskörperschaft J verringert, wenn die Zentralregierung ihre Rentenextraktion in dieser Gebietskörperschaft erhöht. Der Faktor $\left(p^K + p^L - 2p^K p^L\right)$ hingegen ist neu. Er gibt an, wie wahrscheinlich es ist, dass die Gebietskörperschaft J wahlentscheidend ist. Es ist die Summe aus der Wahrscheinlichkeit, dass die amtierende Zentralregierung zwei Gebietskörperschaften inklusive der Gebietskörperschaft J gewinnt, und der Wahrscheinlichkeit, dass dies beim oppositionellen Herausforderer der Fall ist:

$$p^K + p^L - 2p^K p^L = p^J p^K\left(1 - p^L\right) + p^J\left(1 - p^K\right)p^L + \left(1 - p^J\right)\left(1 - p^K\right)p^L + \left(1 - p^J\right)p^K\left(1 - p^L\right)$$

Da $p^K + p^L - 2p^K p^L < 1$ ist, reduziert sich die Wiederwahlwahrscheinlichkeit in Gebietskörperschaft J bei höherer Rente r_1^J für eine Zentralregierung weniger als für eine Regionalregierung: $\frac{\partial p}{\partial r_1^J} < \frac{\partial p^J}{\partial r_1^J}$.

Wenn wir die Bedingung (14.13) für die Politik der Zentralregierung in J betrachten und (14.14) einsetzen, dann erhalten wir:

$$\frac{\partial V}{\partial r_1^J} = 1 - \frac{\xi \bar{G}}{\left(\bar{T} - r_1^J\right)^2}\left(p^K + p^L - 2p^K p^L\right)\delta(R + 3\bar{r}) = 0 \tag{14.15}$$

Im Vergleich zur Politik einer Regionalregierung in J gemäß (14.8) ergibt sich, dass die Wiederwahl für die Zentralregierung einen höheren Wert hat, die Gewinnwahrscheinlichkeit aber weniger sensitiv auf das Rentenstreben in J reagiert. Im Gleichgewicht, bei $E\left[G_1^i\right] = \bar{G}$ und $p^i = \frac{1}{2}$, $i = J, K, L$, bedeutet das für die von der Zentralregierung gewählte Rente nach Auflösung von (14.15):

$$r_1^{J\,zentr} = \bar{T} - \sqrt{\xi \bar{G}\delta(R + 3\bar{r})\frac{1}{2}} \tag{14.16}$$

Im Vergleich zu (14.9) ist die Rente einerseits geringer, da die Wiederwahl einen höheren Wert besitzt, weil die Zentralregierung zukünftig endogene Renten aus allen Regionen abziehen kann. Dieser **Effekt einer höheren Rentenextraktion** nach Wiederwahl reduziert die Rentenextraktion in der ersten Periode also in einer zentralen Wahl stärker. Andererseits ist die Rente aber ceteris paribus größer, da die Wahrscheinlichkeit für die Zentralregierung, in einer Gebietskörperschaft wiedergewählt zu werden, nur halb so stark durch eine schlechtere Performance reduziert wird. Die Rentenextraktion in der Gebietskörperschaft J hat nur dann eine Auswirkung auf die zentrale Wahl, wenn J wahlentscheidend ist. Das ist sie aber nur mit der Wahrscheinlichkeit 1/2. Dieser **Effekt geringerer Sensitivität für schlechte Performance** bei zentralen Wahlen schwächt also die Verbindung zwischen guter Performance und Wiederwahl. Damit reduziert der Effekt den Anreiz, die Renten in der ersten Periode zu begrenzen.

Obwohl Politiker in einer Zentralregierung der Wiederwahl ins Amt einen höheren Wert beimessen, können zentrale Wahlen das Verantwortungsbewusstsein gegenüber den Wählern verringern, da die Verbindung zwischen guter Leistung und Wiederwahl schwächer ist. Ein weiterer Unterschied ist, dass Amtsinhaber mit hohem Rentenstreben bei dezentralen Wahlen immer herausgesiebt werden. Bei zentralen Wahlen hingegen kann die Zentralregierung in einigen Gebietskörperschaften hohe Renten abschöpfen und trotzdem im Amt bleiben, solange sie in den anderen Gebietskörperschaften eine Mehrheit für sich gewinnt. Da Rentenstreben die Bereitstellung öffentlicher Güter in Periode 2 bestimmt, wird die Effizienz der Politik bei zentralen Wahlen reduziert.

Der Ansatz von Seabright (1996) zeigt einen Vorteil von dezentralen Wahlen, weil Politiker in der Regierung leichter für eine schlechte Amtsführung zur Verantwortung gezogen werden können. Das Moral-Hazard-Verhalten dieser Politiker, höhere Renten für sich zu vereinnahmen, wird bei dezentralen Wahlen aufgrund einer stärkeren Rückkopplung der Wiederwahlwahrscheinlichkeit an das Rentenstreben stärker diszipliniert als bei zentralen Wahlen.

Persson und Tabellini (2000) haben diese Effekte, die Seabright in einem Modell mit identischen Politikern beschrieben hat, in einem Wiederwahlmodell, dem sogenannten Career Concern Modell, dargestellt. Im Career Concern Modell unterscheiden sich die Politiker in ihrer Kompetenz, ein lokales öffentliches Gut bereitzustellen. Je kompetenter sie zufällig sind, umso größer ist die Menge des Gutes. Deshalb wollen Wähler die kompetenteren Politiker wiederwählen. Die Idee dieses Modells ist, dass die Wahlen ein Auswahl-Instrument für kompetente Politiker sind. Wenn Wahlen diese Rolle haben, dann werden Politiker ihr Streben nach hohen Renten einschränken, weil sie vor den Wählern als kompetent erscheinen wollen. Nun beurteilen Wähler vergangene Leistungen der Politiker nicht, um sie für Rentenextraktion zu strafen, sondern weil sie ein verlässliches Signal für die zukünftige Kompetenz des Politikers darstellen. Die Performance der Amtsinhaber ist besser, wenn sie entweder keine Renten extrahieren oder ihre Kompetenz durch spezifische Politikentscheidungen signalisieren. Die Wohlfahrt der Wähler kann dadurch steigen oder fallen: Geringere Rentenextraktion ist besser, aber die Politikverzerrung, um ein Signal für die eigene Kompetenz abzugeben, kann Nutzen vermindern.

Worüber in diesen Modellen nichts gesagt wird, ist der Einfluss von Dezentralisierung auf die Selektion eigensüchtiger oder inkompetenter Politiker. Die Wahrscheinlichkeit, dass ein Amtsinhaber mit einem bestimmten Rentenstreben die Wahl verliert, ist bei einer zentralen und einer dezentralen Wahl gleich hoch. In beiden Fällen verliert der Amtsinhaber das Amt mit derselben Wahrscheinlichkeit: $p^i = \frac{1}{2}$ bei dezentralen Wahlen und $p = \frac{1}{2}$ bei zentralen Wahlen. Das liegt daran, dass in diesem Ansatz die Politiker gegenüber den Wählern keine bessere Information über den Produktivitätsschock oder ihre Kompetenz besitzen. Im nächsten Kapitel werden wir sehen, dass asymmetrische Information, bei der der Amtsinhaber seinen Typ im Gegensatz zum Wähler von vorneherein kennt und verschleiern kann, zu einem Unterschied bei der Separation von schlechten Amtsinhabern führt, wenn dezentrale statt zentrale Wahlen abgehalten werden.

▸ Exkurs 7 | Die Federalist Papers und die Antifederalists

Bevor die Verfassung der Vereinigten Staaten von Amerika im Jahr 1787 beschlossen wurde, waren die dreizehn Gründungsstaaten in einer Konföderation verbündet. Dieses lockere Bündnis war zum Zweck der Verteidigung gegen äußere Feinde und anderer gemeinsamer Interessen eingegangen worden. Dabei behielten die einzelnen Staaten ihre volle Souveränität. Als eine gemeinsame Verfassung aller Staaten zur Abstimmung gebracht werden sollte, sah der Entwurf vor, dass die Staaten sich zu einem Bundesstaat zusammenschließen sollten mit einer zentralen Regierung, die mit eigenen Kompetenzen ausgestattet auf der Bundesebene

herrschen sollte. Die Souveränität der Einzelstaaten sollte dadurch stark eingeschränkt werden. Dieser Schritt von einem Staatenbund zu einem föderalen Bundesstaat löste eine bedeutende staatstheoretische Debatte aus.
Drei Juristen und Politiker, Alexander Hamilton (1755–1804), James Madison (1751–1836) und John Jay (1745–1829), brachten eine Reihe von Zeitungsartikeln heraus, um den Verfassungsentwurf einer breiten Öffentlichkeit bekannt zu machen und zu erklären. Diese Artikel erschienen unter dem Pseudonym Publius und wurden 1788 als Sammlung unter dem Titel „*The Federalist*" veröffentlicht. Während diese sogenannten Föderalisten sich für die gemeinsame Verfassung und eine starke zentrale Regierung aussprachen, befürchteten ihre Gegner, die Antiföderalisten, dass die Zentralregierung auf der Bundesebene einer solchen Union zu mächtig werden und die einzelnen Staaten zu Vasallenstaaten machen würde. Deshalb lehnten sie den Verfassungsentwurf ab.
Einer der bedeutendsten Antiföderalisten, der Briefe unter dem Pseudonym Brutus herausbrachte und dessen Identität umstritten ist, hat die Kontroverse so beschrieben:

> *„The question is […] whether the thirteen United States should be reduced to one great republic, governed by one legislature, and under the direction of one executive and judicial; or whether they should continue thirteen confederated republics, under the direction and controul of a supreme federal head for certain defined national purposes only?" (Brutus Letter I, S. 439)*

Brutus argumentiert, dass die Union der vereinigten Staaten ein riesiges Territorium mit unterschiedlichen Bevölkerungsgruppen umfassen würde, deren weit auseinanderliegende Interessen sich kaum demokratisch unter einen Hut bringen lassen würden. Also müsste zwangsläufig eine despotische Zentralregierung die gemeinsame Politik umsetzen. Eine demokratische Regierung, in der das Volk den Gesetzen zustimmt, ist in einer zu großen Gemeinschaft nicht möglich:

> *„Now, in a large extended country, it is impossible to have a representation, possessing the sentiments, and of integrity, to declare the minds of the people […].The United States includes a variety of climates. The productions of the different parts of the union are very variant, and their interests, of consequence, diverse. Theirs manners and habits differ as much as their climates and productions; and their sentiments are by no means coincident." (Brutus Letter I, S. 444f.)*

Des Weiteren ist eine demokratische Regierung auf die Unterstützung ihrer Bürger angewiesen und darauf, dass diese ihre Gesetze befolgen. Dazu müssten die Bürger der Regierung vertrauen. Dieses Vertrauen kann in einer so großen Gemeinschaft wie den Vereinigten Staaten kaum hergestellt werden:

> *„The confidence which the people have in their rulers, in a free republic, arises from their knowing them, from their being responsible to them for their conduct, and from the power they have of displacing them when they misbehave: but in a republic of the extent of this continent, the people in general would be acquainted with very few of their rulers: the people at large would know little of their proceedings, and it would be extremely difficult to change them […].The different parts of so extensive a country could not possibly be made acquainted with the conduct of their representatives, nor be informed of the reasons upon which measures were founded." (Brutus Letter I, S. 445f.)*

Folglich wäre die Regierung einer so großen Gemeinschaft ineffizient, würde korrupt nur ihre eigenen Interessen verfolgen und könnte ihre Gesetz nur despotisch mit Gewalt umsetzen.

„They will use the power when they have acquired it, to the purposes of gratifying their own interest and ambition, and it is scarcely possible, in a very large republic, to call them to account for their misconduct, or to prevent their abuse of power.“ (Brutus Letter I, S. 446)

Wie reagieren die Föderalisten auf diese Kritik an einer zentralen Regierung in einer großen Föderation?[212] In einem der berühmtesten Artikel der Federalist Papers, der Nummer 10, stellt James Madison zunächst fest, dass es ganz natürlich sei, in einer Gesellschaft unterschiedliche Fähigkeiten und Eigentumsverhältnisse, Interessen und Meinungen zu haben. Diese Unterschiede würden die Gesellschaft in Interessensgruppen und Fraktionen aufteilen. Die Uneinigkeit und die Feindseligkeiten, die daraus entstehen, würden eine moderne Gesetzgebung und Regierung erfordern, die diese widerstreitenden Interessen regulieren.
Nun soll keine Mensch Richter in eigener Sache sein, da sein Urteil parteiisch sein würde. Da in einer Gesellschaft aber alle Menschen in irgendeiner Weise Interessensgruppen und Fraktionen angehören, kann es keine unparteiischen Richter geben. Es ist also zwecklos, auf den aufgeklärten Staatsmann zu hoffen, der alle Interessen in einen gerechten Ausgleich bringt.
Wenn eine Gesellschaft eine Regierung anstrebt, die nicht despotisch ist, sondern die von den Bürgern akzeptiert wird und deren Gesetze aus freien Stücken befolgt werden, muss nach dem Mehrheitsprinzip über Interessenskonflikte entschieden werden. Nun besteht aber die Gefahr, dass eine Interessensgruppe, die eine Mehrheit ausmacht, ihre Interessen und Neigungen über das Gemeinwohl und die Rechte anderer Bürger stellt. Mit anderen Worten kann es auch eine Tyrannei der Mehrheit geben:

„When a majority is included in a faction, the form of popular government [...] enables it to sacrifice to its ruling passion or interest, both the public good and the rights of other citizens. To secure the public good, and private rights, against the danger of such a faction, and at the same time to preserve the spirit and the form of popular government, is then the great object to which our enquiries are directed.“ (The Federalist No. 10, S. 43)

Wie kann man sich nun vor der Tyrannei der Mehrheit schützen, ohne gleichzeitig das Prinzip der Mehrheit aufzugeben? Madison antwortet, indem man von einer reinen Demokratie in einer kleinen Gemeinschaft (*pure Democracy*; gemeint ist die direkte Demokratie, wie sie z. B. in den griechischen Stadtstaaten der Antike ausgeübt wurde) zu einer Republik in einer größeren Gesellschaft (*Republic*; gemeint ist eine repräsentative Demokratie) übergeht. Die Republik, wie Madison sie versteht, ist gekennzeichnet durch zweierlei: die Repräsentanz durch Abgeordnete und die größere Ausdehnung des Herrschaftsbereichs:

„The two great points of difference between a Democracy and a Republic are, first, the delegation of the Government, in the latter, to a small number of citizens elected by the rest, secondly, the greater number of citizens, and greater sphere of country, over which the latter may be extended.“ (The Federalist No. 10, S. 44)

In der größeren Republik würde eine größere Vielfalt der Interessen zu finden sein. Gerade dadurch würden sich die Interessensgruppen vermehren und gegenseitig in Schach halten. Es würde unwahrscheinlicher, dass eine einzelne Fraktion dauernd dominieren würde.

212 Siehe Hamilton et al. (1788).

Außerdem würde der Pool an Personen in einer Republik größer sein, aus dem man geeignete Abgeordnete auswählen kann. Und diese Abgeordneten würden auch nicht mehr direkt abhängig sein von einer lokalen Wählerschaft, wodurch sie einen größeren Weitblick gewönnen und das Gesamtwohl verfolgen könnten.

> *„The smaller the society, the fewer probably will be the distinct parties and interests composing it; the fewer the distinct parties and interests, the more frequently will a majority be found of the same party; and the smaller the number of individuals composing a majority, and the smaller the compass within which they are placed, the more easily will they concert and execute their plans of oppression. Extend the sphere, and you take in a greater variety of parties and interests; you make it less probable that a majority of the whole will have a common motive to invade the rights of other citizens; or if such a common motive exists, it will be more difficult for all who feel it to discover their own strength, and to act in unison with each other." (The Federalist No. 10, S. 45)*

Um die Vorteile einer nationalen Zentralregierung (also der Union der amerikanischen Staaten), die die Interessen aller Bürger in einer Republik in den großen politischen Fragen vertreten, mit den Vorteilen einzelstaatlicher Regierungen, die die Partikularinteressen vor Ort vertreten, zu vereinbaren, wird der föderale Aufbau im Verfassungsentwurf als Antwort auf die Kritik der Antiföderalisten gegeben:

> *„It must be confessed, that in this, as in most cases, there is a mean, on both sides of which inconveniencies will be found to lie. By enlarging too much the number of electors, you render the representative too little acquainted with all their local circumstances and lesser interests; as by reducing it too much, you render him unduly attached to these, and too little fit to comprehend and pursue great and national objects. The Federal Constitution forms a happy combination in this respect; the great and aggregate interests being referred to the national, the local and particular, to the state legislatures." (The Federalist No. 10, S. 45)*

▸ Appendix 14.1 | Gleichverteilung des Produktivitätsschocks

Die Dichtefunktion von ε^i bei einer Gleichverteilung ist:

$$f(\varepsilon^i) = \begin{cases} \xi, & \text{falls } 1 - \frac{1}{2\xi} \leq \varepsilon^i \leq 1 + \frac{1}{2\xi} \\ 0, & \text{sonst} \end{cases}$$

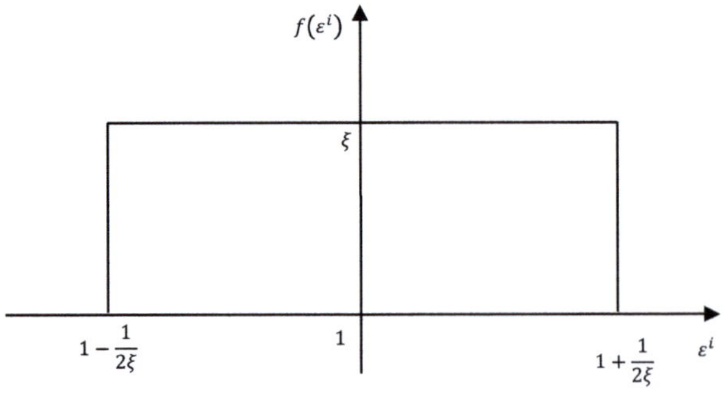

Abbildung 14.1: Dichtefunktion des Produktionsschocks ε^i

Das Integral (die Fläche) unter der Dichtefunktion muss gleich Eins sein. Je größer die Dichte ξ ist, umso enger muss bei gleichbleibender Fläche die Dichtefunktion um den Wert 1 herum liegen und desto geringer ist die Unsicherheit über den Wert, den die Zufallsvariable ε^i annimmt.

Die Verteilungsfunktion von ε^i lautet:

$$F(\varepsilon^i) = \begin{cases} 0, \text{falls } \varepsilon^i \leq 1 - \frac{1}{2\xi} \\ \frac{\varepsilon^i - \left(1 - \frac{1}{2\xi}\right)}{1 + \frac{1}{2\xi} - \left(1 - \frac{1}{2\xi}\right)}, \text{ falls } 1 - \frac{1}{2\xi} < \varepsilon^i < 1 + \frac{1}{2\xi} \\ 1, \text{falls } \varepsilon^i \geq 1 + \frac{1}{2\xi} \end{cases}$$

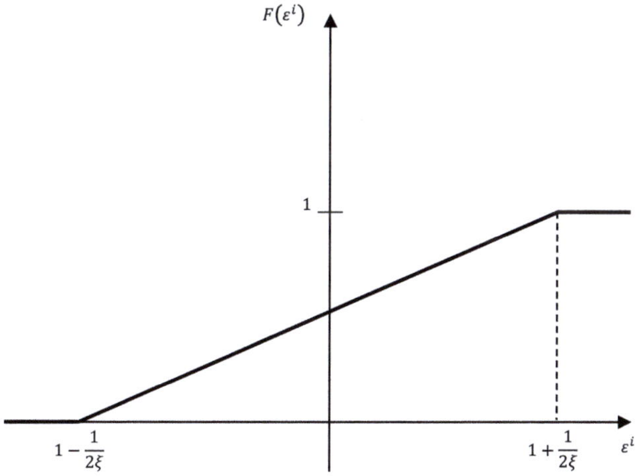

Abbildung 14.2: Verteilungsfunktion des Produktionsschocks ε^i

▸ Appendix 14.2 | Wiederwahlwahrscheinlichkeit

Die Wahrscheinlichkeit in (14.6) ergibt sich wie folgt:

$$p^i = \text{Prob}\left[\varepsilon^i \geq \frac{\bar{G}}{\bar{T} - r_t^i}\right] = 1 - \text{Prob}\left[\varepsilon^i \leq \frac{\bar{G}}{\bar{T} - r_t^i}\right] = 1 - F\left(\frac{\bar{G}}{\bar{T} - r_t^i}\right)$$

$$= 1 - \frac{\frac{\bar{G}}{\bar{T} - r_t^i} - \left(1 - \frac{1}{2\xi}\right)}{1 + \frac{1}{2\xi} - \left(1 - \frac{1}{2\xi}\right)} = 1 - \xi\left[\frac{\bar{G}}{\bar{T} - r_t^i} - \left(1 - \frac{1}{2\xi}\right)\right]$$

$$= 1 - \xi\left[\frac{\bar{G}}{\bar{T} - r_t^i} - 1\right] - \frac{1}{2} = \frac{1}{2} + \xi\left[1 - \frac{\bar{G}}{\bar{T} - r_t^i}\right]$$

15 Disziplinierung und Selektion durch Wahlen

Regierungen, die sich endogene Renten abzweigen, dehnen die Steuererhebung („power to tax") über das effiziente Maß hinaus aus. Wie Brennan und Buchanan (1980) gezeigt haben, kann Wettbewerb zwischen solchen Leviathan-Regierungen eine Beschränkung dieser Macht erreichen.[213] Im Folgenden werden wir das Political-Agency-Modell von Besley und Smart (2007) betrachten. In dem Modell wird untersucht, inwieweit fiskalische Schranken eine Möglichkeit zur Einhegung von Leviathan-Regierungen darstellen. Solche Schranken können in gesetzlich vorgeschriebenen Grenzwerten für den erlaubten Anstieg der Steuererhebung bestehen oder darin, dass die Wähler über Steuererhöhungen jeweils gesondert abstimmen müssen. In den weiteren → Kapiteln 16 und 17 wird dann in diesem Modell der Vorteil der Dezentralisierung von Regierungen betrachtet, der in einer Kontrolle durch den Wettbewerb besteht. Steuerwettbewerb als Instrument zur Senkung von Steuern haben wir schon im Zusammenhang mit benevolenten Regierungen im → Kapitel 9.2 kennengelernt. In → Kapitel 16 wird die positive Seite des Steuerwettbewerbs bei Leviathan-Regierungen aufgezeigt. Beim Maßstabswettbewerb (*Yardstick Competition*) geht man davon aus, dass die ökonomischen Bedingungen zwischen Nachbarländern korreliert sind. Wenn der Wähler eine schlechte Politik der eigenen Regierung nicht direkt zuschreiben kann, so kann er doch die Politik des Nachbarlandes beobachten. Wenn die Regierung dort unter vergleichbaren Rahmenbedingungen eine bessere Politik macht, kann der Wähler daraus Rückschlüsse auf die Anstrengungen der eigenen Regierung ziehen. Die Kontrolle der Regierungen durch diese Art des Wettbewerbs behandeln wir in → Kapitel 17.

Im Vergleich zum Modell in → Kapitel 14 gibt es im Modell von Besley und Smart (2007) einige Unterschiede. Im vorherigen Modell wurde angenommen, dass alle Politiker identisch sind und ihre endogene Rente maximieren. Im nun folgenden Modell unterscheiden sich die Politiker in ihrer Zielsetzung. Politiker sind mit einer bestimmten Wahrscheinlichkeit entweder gut oder schlecht. Gute Politiker maximieren den Nutzen der Wähler, schlechte Politiker sind nur an einer Rentenaneignung interessiert. Beide aber nehmen die Kosten der Bereitstellung des öffentlichen Gutes in ihrem Bezirk als gegeben hin. Im vorherigen Modell kennen weder die Wähler noch die Politiker in der Regierung den Produktivitätsschock, wenn sie ihre Entscheidungen in der ersten Periode treffen. Im folgenden Modell kennt nur der Amtsinhaber die Kosten der Bereitstellung des öffentlichen Gutes und kann sie verschleiern. Aus dieser asymmetrischen Information zwischen Amtsinhaber und Wähler ergibt sich das Problem, wie die Wähler identifizieren können, wer zu den guten Politikern gehört und wem es nur um die eigene Rente geht. Wähler nutzen dazu die Politik der ersten Periode – in der eigenen oder der benachbarten Region – als Signal, um Politiker als gut oder schlecht zu identifizieren und entsprechend wieder- oder abzuwählen.

Besley und Smart (2007) modellieren die Prinzipal-Agenten-Beziehung zwischen Wähler und Politiker so, dass sowohl das Problem des Moral Hazard als auch das Problem der Adversen Selektion dargestellt werden kann. Moral Hazard bedeutet in diesem Zusammenhang, dass ein gewählter Politiker keinen Anreiz mehr hat, sich an seine Versprechungen von vor der Wahl zu halten. Ein eigensüchtiger Politiker wird die Abzweigung seiner privaten Rente dann maximieren wollen. Besley und Smart zeigen, dass durch die Androhung, für eine zweite Periode nicht wiedergewählt zu werden, ein politischer Amtsinhaber in der Weise gezügelt werden kann, dass er auch in der ersten Periode seine Rentenextraktion verringert. Die adverse Selektion tritt

213 Siehe hierzu auch Edwards und Keen (1996).

dann auf, wenn solche egoistischen Politiker nicht nach der ersten Periode erkannt und durch Abwahl herausgesiebt werden. Maßnahmen, die die Wahrscheinlichkeit senken würden, dass schlechte Politiker im Amt bleiben, mildern das Problem der adversen Selektion, können aber die Disziplinierung in der ersten Periode abschwächen.

15.1 Das Grundmodell

Es gibt 2 Perioden $t = 1, 2$. Ein Individuum bzw. Wähler hat in Periode t einen quasi-linearen Nutzen $U_t = H(G_t) + X_t$, wobei $H(G_t)$ der Nutzen aus dem öffentlichen Gut G_t ist und X_t das private Gut bezeichnet. Das Individuum hat ein konstantes Einkommen $I_t = 1$, aus dem eine Pauschalsteuer T_t zur Finanzierung des öffentlichen Gutes bezahlt wird. Für diese Steuer gibt es eine Obergrenze $\overline{T}$: $0 \leq T_t \leq \overline{T} \leq 1$. Mit der individuellen Budgetbeschränkung $X_t = 1 - T_t$ kann der (indirekte) Nutzen geschrieben werden als: $V(G_t, T_t) = H(G_t) + 1 - T_t$.

Die Kosten pro produzierter Einheit des öffentlichen Gutes sind in Periode t exogen gegeben und entweder hoch oder niedrig: $C_t \in \{C_t^L, C_t^H\}$ mit $C_t^L < C_t^H$. In jeder Periode sind die Kosten C_t, $t = 1, 2$, identisch und unabhängig verteilt mit der Wahrscheinlichkeit $Pr(C_t = C_t^H) = q$ und $Pr(C_t = C_t^L) = 1 - q$. Nur der Amtsinhaber kann die Kosten beobachten.

Ein Politiker ist gut mit der Wahrscheinlichkeit π oder schlecht mit der Wahrscheinlichkeit $1 - \pi$. „Gut“ bedeutet hier, dass der Politiker den Nutzen der Wähler in seinem Wahlbezirk maximiert. „Schlecht“ bedeutet, dass der Politiker eine Politik wählt, die seine Rente maximiert. Die staatliche Budgetbeschränkung pro Periode ist: $C_t G_t + r_t = T_t$, wobei r_t wieder die von der schlechten Regierung abgezweigte Rente ist. Der gute Politiker entnimmt dem Budget keine Rente für eigene Zwecke, so dass für ihn gilt: $r_t = 0, t = 1, 2$. Der schlechte Politiker berücksichtigt bei seinen Entscheidungen in der ersten Periode seine Auszahlungen aus der zweiten Periode und diskontiert diese mit $1 > \delta > 0$. Weiterhin wird angenommen, dass der gute Politiker kurzsichtig ist, d. h. nur jede Periode für sich betrachtet. Für ihn gilt deshalb: $\delta = 0$.[214] Der Wähler kann weder die Stückkosten des öffentlichen Gutes C_t noch die endogene Rente r_t beobachten. Er kann nur das Politikbündel T_t und G_t direkt beurteilen.

In der ersten Periode sind die Kosten entweder hoch oder niedrig, und der Typ des Amtsinhabers wird zufällig aus dem Pool von guten und schlechten Politikern gewählt. Anschließend stellt der Amtsinhaber die Kosten C_1 fest und entscheidet über seine Fiskalpolitik T_1 und G_1, so dass die Budgetbeschränkung $C_1 G_1 + r_1 = T_1$ eingehalten wird. Als nächstes beobachtet der Wähler die Politikparameter T_1 und G_1, aber nicht die Kosten des öffentlichen Gutes oder den Typ des Politikers. Am Ende der ersten Periode wird gewählt, und die Wähler entscheiden zwischen dem Amtsinhaber der ersten Periode und einem Herausforderer. Der Gewinner der Wahl beobachtet in der zweiten Periode die Kosten C_2 und entscheidet über seine Politik T_2 und G_2 unter Berücksichtigung des Budgets $C_2 G_2 + r_2 = T_2$.

Rollen wir das Gleichgewicht wieder durch Rückwärtsinduktion von hinten auf und betrachten zunächst die zweite Periode. Der gute Amtsinhaber setzt seine Politik in Abhängigkeit von den Stückkosten so fest, dass der Nutzen der Wähler maximiert wird. Nach Einsetzen der

---

214 In diesem Modell kann es eine Mehrzahl von Gleichgewichten geben, was hier aber vernachlässigt wird. Es wird nur dasjenige Gleichgewicht betrachtet, bei der der gute Amtsinhaber nicht strategisch entscheidet und wiedergewählt wird (d. h. kurzsichtig handelt mit $\delta = 0$).

Budgetbeschränkung ist die Nutzenfunktion $H(G_2) + 1 - C_2G_2$ und das Nutzenmaximum ist durch $H'(G_2^L) = C_2^L$ oder $H'(G_2^H) = C_2^H$ gekennzeichnet, wobei G_2^L und G_2^H die nutzenmaximierenden Mengen des öffentlichen Gutes bei geringen oder hohen Stückkosten sind. Außerdem wählt er die Steuer so, dass das Budget ausgeglichen ist: $T_2^L = C_2^L G_2^L$ oder $T_2^H = C_2^H G_2^H$. Der schlechte Amtsinhaber wählt die höchstmögliche Steuer und verwendet sie vollständig für seine eigene Rente, da er sich nach der zweiten Periode keiner Wiederwahl stellen muss: $r_2 = T_2 = \bar{T}$ und $G_2 = 0$. Der Wähler stellt sich also in Periode 2 besser, wenn er in Periode 1 den Amtsinhaber gewählt hat, der gut ist.

In Periode 1 verhält sich der gute Amtsinhaber genauso wie in Periode 2, da er nicht strategisch vorgeht, d. h. er wählt seine Politik (G_1, T_1) so, dass der Nutzen der Wähler maximiert und das Budget eingehalten wird. Da wir gesehen haben, dass die Wiederwahl eines guten Politikers vom Wähler bevorzugt wird, unterstellen wir die Wahlregel, dass der Amtsinhaber wiedergewählt wird, wenn er sich wie ein guter Politiker verhält und entweder (G_1^L, T_1^L) oder (G_1^H, T_1^H) als Politik wählt.

Welche Politikoptionen hat nun der schlechte Amtsinhaber in der ersten Periode, wenn er strategisch vorgeht, und welche Auszahlung in beiden Perioden ergibt sich dabei für ihn? Generell hat er die Möglichkeit, sich als guter Politiker auszugeben und wiedergewählt zu werden oder sich als schlechter Politiker zu erweisen und die Höchstrente in der ersten Periode zu erzielen. Nachfolgende → Tabelle 15.1 zeigt die Auszahlungen dieser beiden Vorgehensweisen, wenn die Stückkosten des öffentlichen Gutes hoch oder niedrig sind.

Kosten	Politik		
	Option 1: G_1^H, T_1^H	Option 2: G_1^L, T_1^L	Option 3: $G_1 = 0, r_1 = \bar{T}$
C_1^L	$(C_1^H - C_1^L)G_1^H + \delta\bar{T}$	$\delta\bar{T}$	$\bar{T}$
C_1^H	$\delta\bar{T}$	$(C_1^L - C_1^H)G_1^L + \delta\bar{T}$	$\bar{T}$

Tabelle 15.1: Rentenauszahlungen der Politikoptionen

Betrachten wir zunächst die Option 3, sich als schlechter Politiker zu offenbaren, schon in der ersten Periode die Maximalsteuer für die eigene Rente zu verwenden und kein öffentliches Gut bereitzustellen. Unabhängig davon, wie hoch die Stückkosten sind, wird der Amtsinhaber nicht wiedergewählt und erhält eine Gesamtauszahlung in Höhe von $\bar{T}$.

Gibt er sich hingegen als guter Politiker aus, so hat er zwei Möglichkeiten. Nehmen wir zunächst die Option 2: Er wählt die Politik (G_1^L, T_1^L). Wenn die Kosten gering sind, C_1^L, wird der schlechte Amtsinhaber wiedergewählt und kann in der zweiten Periode die maximale Steuer für sich als Rente vereinnahmen. Diskontiert ist die gesamte Auszahlung $\delta\bar{T}$, die wegen $\delta < 1$ kleiner als $\bar{T}$ ist. Wenn die Kosten hoch sind, C_1^H, er aber eine Politik bei Niedrigkosten verfolgt, um wiedergewählt zu werden, muss der Amtsinhaber ein Defizit in seinem Budget in Höhe von $(C_1^L - C_1^H)G_1^L$ in Kauf nehmen. Zusammen mit seiner Rente in Periode 2 hat er dann eine Auszahlung $(C_1^L - C_1^H)G_1^L + \delta\bar{T}$, die ebenfalls kleiner als $\bar{T}$ ist. Das heißt, die Option 3, sich als schlechter Amtsinhaber zu zeigen, ist der Option 2, nämlich einer Politik $\left(G_1^L, T_1^L\right)$, bei der man wiedergewählt wird, überlegen, ganz gleich wie hoch die Stückkosten sind.

Anders sieht die Option 1 aus, die Politik $\left(G_1^H, T_1^H\right)$ zu wählen. Wenn die Kosten hoch sind, $C_t = C_t^H$, wird auch diese Politik von der Politik einer maximalen Rentenextraktion bereits in der ersten Periode dominiert, da für diese Politik der Wiederwahl nur die diskontierte Maximalrente aus der zweiten Periode anfällt: $\delta\bar{T} < \bar{T}$. Wenn allerdings die Stückkosten niedrig sind, $C_t = C_t^L$, dann ist die Politik $\left(G_1^H, T_1^H\right)$, mit der der schlechte Amtsinhaber den guten Politiker imitiert, überlegen gegenüber der Offenbarung, ein schlechter Amtsinhaber zu sein, falls $\left(C_1^H - C_1^L\right)G_1^H + \delta\bar{T} \geq \bar{T}$. Denn nun erhält der Amtsinhaber einen Budgetüberschuss $\left(C_1^H - C_1^L\right)G_1^H$, wenn er die Politik $\left(G_1^H, T_1^H\right)$ verfolgt. Ist dieser Überschuss inklusive seiner diskontierten Maximalrente $\delta\bar{T}$ bei Wiederwahl größer als seine Maximalrente in der ersten Periode, dann wird er den guten Politiker imitieren. Im umgekehrten Fall, $\left(C_1^H - C_1^L\right)G_1^H + \delta\bar{T} < \bar{T}$, wird sich der schlechte Amtsinhaber offenbaren. Im Folgenden bezeichnen wir den Budgetüberschuss mit $\hat{r} \equiv \left(C_1^H - C_1^L\right)G_1^H$, und die Bedingung für Imitation bei C_1^L kann dann als $\hat{r} \geq (1-\delta)\bar{T}$ ausgedrückt werden.

Gegeben, dass die Strategien in der zweiten Periode für Amtsinhaber und Herausforderer identisch sind, ergibt sich für den Wähler eine konsistente Wahlregel. Der Amtsinhaber wird wiedergewählt, wenn aufgrund der Beobachtung $\left(G_1^H, T_1^H\right)$ oder $\left(G_1^L, T_1^L\right)$ die Ex-post-Vermutung $\tilde{\pi}$, dass der Amtsinhaber gut ist, mindestens so hoch ist wie π, die A-priori-Wahrscheinlichkeit, dass ein zufällig gewählter Herausforderer gut ist. Wir haben oben schon hergeleitet, dass es bei einer Politik $\left(G_1^L, T_1^L\right)$ fast sicher ist, dass der Amtsinhaber gut ist: $\tilde{\pi}\left(G_1^L, T_1^L\right) = 1$. Denn der schlechte Amtsinhaber wird diese Politik nie anbieten.

Die bedingte Wahrscheinlichkeit, dass ein Amtsinhaber gut ist, wenn man die Politik $\left(G_1^H, T_1^H\right)$ beobachtet, kann mit der Bayesianischen Regel bestimmt werden.[215] Der Amtsinhaber wird wiedergewählt, wenn diese bedingte Wahrscheinlichkeit größer ist als die Wahrscheinlichkeit π für einen guten Herausforderer:

$$\tilde{\pi}\left(G_1^H, T_1^H\right) = \frac{q\pi}{q\pi + (1-q)(1-\pi)} \geq \pi, \text{ falls } q \geq 0,5$$

Im Zähler dieser bedingten Wahrscheinlichkeit steht die Wahrscheinlichkeit, dass die Politik $\left(G_1^H, T_1^H\right)$ von einem guten Amtsinhaber gewählt wurde. Im Nenner steht die Wahrscheinlichkeit, dass überhaupt die Politik $\left(G_1^H, T_1^H\right)$ gewählt wird, entweder von einem guten Amtsinhaber, $q\pi$, oder einem schlechten Amtsinhaber, $(1-q)(1-\pi)$, wobei letzterer diese Politik nur wählt, wenn die Stückkosten gering sind: $C = C^L$ (siehe oben). Löst man die Ungleichheitsbedingung nach q auf, dann folgt für beliebiges π, dass die Wahrscheinlichkeit für hohe Stückkosten, q, nicht kleiner als $\frac{1}{2}$ sein darf, damit die Bedingung erfüllt ist.

Wir können also als Ergebnis zusammenfassen: Wenn $q \geq 0,5$ ist, dann gibt es immer ein eindeutiges Gleichgewicht, bei dem in der ersten Periode (*i*) ein guter Amtsinhaber die nutzenmaximierende fiskalische Politik wählt, (*ii*) ein schlechter Amtsinhaber den guten Politiker durch die Wahl von $\left(G_1^H, T_1^H\right)$ imitiert genau dann, wenn $C_1 = C_1^L$ und $\hat{r} \geq (1-\delta)\bar{T}$ ist, oder

215 Die Regel von Bayes für bedingte Wahrscheinlichkeiten besagt: $P(G|H) = \frac{P(G \cap H)}{P(H)} = P(H|G) \cdot P(G)/P(H)$.

sich in allen anderen Fällen als schlechter Amtsinhaber offenbart und $G_1 = 0, r_1 = \bar{T}$ wählt. Das bedeutet, gute Amtsinhaber werden immer wiedergewählt, schlechte Amtsinhaber werden mit der Wahrscheinlichkeit p wiedergewählt, wobei p die Wahrscheinlichkeit ist, dass $\hat{r} \geq (1 - \delta)\bar{T}$ bei $C_1 = C_1^L$, der schlechte Amtsinhaber den guten Politiker also imitiert. Diese Wahrscheinlichkeit ist umso geringer,

1. je kleiner die Diskontrate δ ist, d. h. je stärker der Amtsinhaber zukünftige Renten abwertet und damit den Renten nach der Wiederwahl weniger Gewicht beimisst.
2. je größer die maximale Steuer $\bar{T}$ ist, die der Amtsinhaber für seine eigene Rente abzweigen kann.

Mit Wahrscheinlichkeit $1 - p$ werden schlechte Amtsinhaber sich offenbaren und abgewählt.

Der erwartete Barwert der Wohlfahrt der Wähler über beide Perioden setzt sich in diesem Gleichgewicht wie folgt zusammen. Zunächst wird der Basisnutzen $\overline{EW}$ des Wählers bestimmt, wenn Politiker in jeder Periode mit Sicherheit nicht wiedergewählt werden. Der Nutzen des Wählers pro Periode bei wohlfahrtsmaximierender Bereitstellung des öffentlichen Gutes in beiden Kostensituationen $C_t \in \{C_t^L, C_t^H\}$ ist jeweils: $W_t^i = H(G_t^i) + 1 - C_t^i G_t^i$, $i = L, H$, $t = 1, 2$. Der Erwartungsnutzen pro Periode, der sich bei einem guten Amtsinhaber aus beiden Kostensituationen ergibt, ist $EW_G = qW_t^H + (1 - q)W_t^L$. Der Erwartungsnutzen bei einem Amtsinhaber unbekannten Typs, wenn der schlechte Amtsinhaber die Maximalrente extrahiert, ist dann $EW^0 = \pi EW_G - (1 - \pi)\bar{T}$. Der Barwert des Erwartungsnutzens ist dann $\overline{EW} = (1 + \delta)EW^0$, wenn in keiner Periode eine Wiederwahl stattfindet.

Der unbedingte Erwartungsnutzen folgt nun, wenn man zu diesem Basisnutzen $\overline{EW}$ die Änderung der Wohlfahrt bei möglicher Wiederwahl addiert. Diese Änderung des erwarteten Wählernutzens ergibt sich, wenn der Amtsinhaber schlecht ist und nun den guten Politiker imitiert. Dies erfolgt mit der Wahrscheinlichkeit $(1 - \pi)p$. Die Wohlfahrtsänderung setzt sich aus zwei Effekten zusammen:

1. Der **Disziplinierungseffekt** Δ_D besteht darin, dass der schlechte Amtsinhaber nicht die Maximalrente in der ersten Periode wählt, sondern eine nutzenmaximierende Politik für den Wähler umsetzt, bei der dieser den Nutzen W_1^H anstatt $-\bar{T}$ erhält. Der Vorteil entspricht demnach: $\Delta_D = W_1^H + \bar{T}$. Der Disziplinierungseffekt ist also ein Vorteil in der ersten Periode und erhöht die Wohlfahrt.
2. Der **Selektionseffekt** Δ_S besteht darin, dass der schlechte Amtsinhaber nach der ersten Periode nicht wiedergewählt wird, wenn er die Maximalrente bezieht. Wird der schlechte Amtsinhaber in der zweiten Periode ersetzt, dann können die Wähler in dieser Periode einen Nutzen in Höhe von EW^0 anstatt $-\bar{T}$ erreichen. Der Vorteil ist dann: $\Delta_S = EW^0 + \bar{T} = \pi(EW_G + \bar{T})$. Der Selektionseffekt ist der Verlust dieses Vorteils in der zweiten Periode, wenn der schlechte Amtsinhaber nicht ausgesiebt wird, weil er den guten Amtsinhaber imitiert hat. Der Selektionseffekt verringert also die Wohlfahrt, wobei er mit δ diskontiert werden muss.

Insgesamt ergibt sich ein Erwartungsnutzen des Wählers

$$EW = \overline{EW} + (1 - \pi)p(\Delta_D - \delta\Delta_S) \qquad (15.1)$$

Zusammengefasst kann die Möglichkeit der Wiederwahl eines Amtsinhabers die Wohlfahrt der Wähler auf zwei Weisen erhöhen. Sie kann durch den Selektionseffekt die Güte des Amtsinhabers in der zweiten Periode verbessern und sie kann durch den Disziplinierungseffekt Anreize für schlechte Amtsinhaber in der ersten Periode setzen, weniger Rente zu extrahieren. Es ist wichtig zu verstehen, dass beide Effekte entgegengesetzte Wohlfahrtswirkungen haben. Wenn schlechte Politiker sich offenbaren und aus dem Amt abgewählt werden, dann ist das langfristig ein Wohlfahrtsgewinn. Kurzfristig werden dadurch aber die Anreize zur Disziplinierung im Amt geschwächt, was einen Wohlfahrtsverlust bedeutet.

15.2 Direkte fiskalische Beschränkungen

Der politökonomische Ansatz betont, dass Politiker, die Renten für eigene Zwecke abzweigen, dazu neigen, die Größe des Budgets, wenn sie an der Regierung sind, über das effiziente Maß hinaus zu erhöhen. Das heißt, sie erheben mehr Steuern, als zur Erfüllung ihrer Aufgaben nötig wäre, um ihren Eigenbedarf an Renten zu maximieren. Dieses Ergebnis führt zu der Forderung, dass Politiker stärker beschränkt und kontrolliert werden sollten, wenn es um ihre Fiskalpolitik, also ihre Steuer- und Ausgabenpolitik geht.

In der Praxis finden sich zahlreiche Beispiele, wie solche Beschränkungen umgesetzt werden. In den USA gibt es in vielen Bundesstaaten direkte Festsetzungen von Grenzen für die Steuererhebung.[216] So werden in 24 Bundesstaaten indexierte Grenzwerte festgesetzt, mit denen das Wachstum von Staatseinnahmen oder -ausgaben beschränkt wird. In weiteren 23 Bundesstaaten gibt es Bestimmungen darüber, dass die Wähler allen neu eingeführten Steuern zustimmen müssen. In anderen Bundesstaaten sind qualifizierte Mehrheiten für die Gesetzgebung von Steuererhöhungen erforderlich.

Die Wirkung solch direkter Schranken können im obigen Modell durch die Absenkung der möglichen Maximalsteuer $\bar{T}$ illustriert werden. Nehmen wir zunächst an, die Wahrscheinlichkeit zu imitieren, p, ändert sich nicht durch die Senkung des Höchststeuersatzes. Dann ändert sich der Wählernutzen aus (15.1) wie folgt:

$$\left.\frac{\partial EW}{\partial \bar{T}}\right|_{p\,=\,const} = \frac{\partial \overline{EW}}{\partial \bar{T}} + (1-\pi)p\left(\frac{\partial \Delta_D}{\partial \bar{T}} - \delta\frac{\partial \Delta_S}{\partial \bar{T}}\right) = (1-\pi)\left[p(1-\delta\pi) - (1+\delta)\right] < 0 \tag{15.2}$$

Das heißt, mit der Senkung des Höchststeuersatzes steigt die Wohlfahrt der Wähler.

Wenn diese Maßnahme hingegen einen Strategiewechsel des schlechten Amtsinhabers bewirkt, dann bekommt der schlechte Amtsinhaber bei einer Absenkung von $\bar{T}$ einen Anreiz, von der Selbstoffenbarung zur Imitation eines guten Politiker überzugehen. Denn in diesem Fall kann sich die Selbstoffenbarungsbedingung $\hat{r} < (1-\delta)\bar{T}$ durch hinreichend starke Senkung von $\bar{T}$ in die Bedingung für Imitation $\hat{r} \geq (1-\delta)\bar{T}$ umkehren, so dass p von Null auf eine positive Wahrscheinlichkeit steigt. Das aber ist wiederum wohlfahrtssteigernd, wenn $\Delta_D > \delta\Delta_S$ ist. Die direkte Begrenzung der Maximalsteuer ist also dann wünschenswert, wenn die Disziplinierung in der ersten Periode einen höheren Wohlfahrtseffekt hat als die Selektion in der zweiten Periode. Wegen $\Delta_D = W_1^H + \bar{T} > \delta\Delta_S = \delta\pi(EW_G + \bar{T})$ ist dies ceteris paribus eher der Fall, wenn im Pool der Politiker überwiegend das Eigeninteresse verfolgt wird, also π klein ist.

Wenn der durch den Strategiewechsel bedingte Wohlfahrtsanstieg größer als der Verlust der Wohlfahrt ohne Strategiewechsel aus (15.2) ist, können die Wähler durch die direkte fiskalische Beschränkung besser gestellt werden. Statt dieser direkten gibt es aber auch indirekte Beschränkungen,

216 Siehe hierzu Besley (2006, S. 197).

die sich durch den Wettbewerb zwischen verschiedenen fiskalischen Gebietskörperschaften ergeben, entweder in Form eines Steuerwettbewerbs oder eines Maßstabswettbewerbs zwischen Regierungen.

16 Zähmung des Leviathan durch Steuerwettbewerb

Der Steuerwettbewerb hat in wohlfahrtstheoretischen Modellen, die Wirkung, dass die Bereitstellung öffentlicher Güter ineffizient gering ausfällt. Durch die wechselseitige Unterbietung von Steuersätzen, um zum Beispiel Kapital anzuziehen, entsteht ein sogenannter Wettlauf nach unten (*race to the bottom*) (siehe ⟶ Kapitel 9.2). Dieser führt am Ende zu geringen Steueraufkommen und Wohlfahrtsverlusten in allen Ländern.

In politökonomischen Modellen bekommt der Steuerwettbewerb aber gerade durch diesen Wettlauf nach unten einen positiven Aspekt. Denn in einer Welt, in der die Politiker nicht mehr nur wohlwollend die Wohlfahrt der Bürger im Blick haben, sondern eigene Interessen verfolgen, indem sie zum Beispiel Renten für eigene Machtzwecke aus den Steuermitteln entfremden, kann die Begrenzung der Steuererhebung durch den Steuerwettbewerb auch eine positive Auswirkung auf die Bürger haben.

Der Steuerwettbewerb lässt sich im politökonomischen Grundmodell aus ⟶ Kapitel 15 als ein Anstieg der marginalen Kosten der Steuerfinanzierung (*marginal cost of public funds*) darstellen. Diese Kosten sind ein Aufschlag auf die privaten marginalen Kosten, die bei der Bereitstellung öffentlicher Güter entstehen. Für diese Kosten gibt es Gründe auf der Einnahmen- und der Ausgabenseite. Einerseits verursacht die Erhebung von Steuern in der Regel eine Verzerrung der ökonomischen Aktivitäten, die zu einem Wohlfahrtsverlust führt, der zu der reinen Zahllast der Steuer hinzugezählt werden muss, die sogenannte Zusatzlast verzerrender Steuern (*excess burden*).[217] Andererseits können die öffentlichen Güter (z. B. öffentliche Inputs), die mit Steuern finanziert werden, die Arbeits-Freizeit-Entscheidung und die Nachfrage nach besteuerten privaten Gütern verzerren.[218]

Wie wir in ⟶ Kapitel 9.2 gesehen haben, verursacht der Steuerwettbewerb Wohlfahrtsverluste bei der Steuererhebung, die die Kosten der Finanzierung öffentlicher Güter über die rein privaten Grenzkosten hinaus erhöht. Diese zusätzlichen Wohlfahrtskosten werden im Folgenden durch einen Aufschlag μ auf die Steuern dargestellt. Die Finanzierung der Bereitstellung öffentlicher Güter durch Steuern T_t erhöhen sich um den Faktor μ auf μT_t. Die indirekte Nutzenfunktion des Modells ändert sich dadurch zu: $V(G_t, T_t) = H(G_t) + 1 - \mu T_t$. Die nutzenmaximierende Menge des öffentlichen Gutes unter Berücksichtigung des Staatsbudgets $T_t^i = C_t^i G_t^i$, $i = L, H$, ist dann die Lösung des entsprechenden Maximierungsproblems: $Max\ H(G_t^i) + 1 - \mu C_t^i G_t^i$. Die Bedingung erster Ordnung lautet:

$$H'(G_t^i) - \mu C_t^i = 0, i = L, H \tag{16.1}$$

woraus nach impliziter Ableitung und $H''(G_t^i) < 0$ folgt, dass die bereitgestellte Menge des öffentlichen Gutes negativ von μ abhängt:

217 Siehe Ballard und Fullerton (1992).

218 Siehe Stiglitz und Dasgupta (1971) sowie Atkinson und Stern (1974).

$$G_t^i(\mu) \quad \text{mit} \quad \frac{\partial G_t^i}{\partial \mu} = \frac{C_t^i}{H''\left(G_t^i\right)} < 0 \tag{16.2}$$

Daraus folgt mit dem Envelopetheorem, dass der Nutzen einer effizienten Fiskalpolitik $W_t^i = H\left(G_t^i(\mu)\right) + 1 - \mu C_t^i G_t^i(\mu)$ mit μ sinkt:

$$\frac{\partial W_t^i}{\partial \mu} = H'\left(G_t^i\right) \cdot \frac{\partial G_t^i}{\partial \mu} - C_t^i G_t^i - \mu C_t^i \frac{\partial G_t^i}{\partial \mu} = \underbrace{\left(H'\left(G_t^i\right) - \mu C_t^i\right)}_{= 0 \text{ wegen } (16.1)} \frac{\partial G_t^i}{\partial \mu} - C_t^i G_t^i < 0 \tag{16.3}$$

Weiterhin folgt, dass die endogene Rente, die schlechte Amtsinhaber bei niedrigen Kosten C_1^L abzweigen können: $\hat{r} \equiv \left(C_1^H - C_1^L\right) G_1^H$ ebenfalls mit μ sinkt:

$$\frac{\partial \hat{r}}{\partial \mu} = \left(C_1^H - C_1^L\right) \frac{\partial G_1^H}{\partial \mu} < 0 \tag{16.4}$$

Nun stellt sich die Frage, wie sich ein stärkerer Steuerwettbewerb auf die gesamte Wohlfahrt auswirkt. Nehmen wir zunächst wieder an, dass sich die Wahrscheinlichkeit p nicht ändert, so dass die Entscheidung für Imitation oder Separierung durch ein erhöhtes μ nicht beeinflusst wird. Dann wird der erwartete Nutzen aus (15.1) mit stärkerem Steuerwettbewerb fallen, wie es auch die wohlfahrtstheoretische Analyse ergeben würde:

$$\left.\frac{\partial EW}{\partial \mu}\right|_{p = const} = \pi \left(q \frac{\partial W_t^H}{\partial \mu} + (1 - q) \frac{\partial W_t^L}{\partial \mu} \right) (1 + \delta)$$

$$+ (1 - \pi) p \left(\frac{\partial W_1^H}{\partial \mu} - \delta \pi \left(q \frac{\partial W_t^H}{\partial \mu} + (1 - q) \frac{\partial W_t^L}{\partial \mu} \right) \right)$$

$$= \pi \left(q \frac{\partial W_t^H}{\partial \mu} + (1 - q) \frac{\partial W_t^L}{\partial \mu} \right) \left(1 + \delta(1 - (1 - \pi)p)\right) + (1 - \pi) p \frac{\partial W_1^H}{\partial \mu} < 0 \tag{16.5}$$

Wenn es allerdings durch den schärferen Steuerwettbewerb zu einem Strategiewechsel des schlechten Amtsinhabers kommt, kann dies zu einer Wohlfahrtsverbesserung führen. Dieser Strategiewechsel tritt ein, wenn μ sich so stark erhöht, dass der schlechte Amtsinhaber von der Imitation zu einer Separation wechselt, also seine Rente $\hat{r}(\mu)$ wegen (16.4) so weit sinkt, dass die Bedingung $\hat{r} \geq (1 - \delta)\overline{T}$ für Imitation sich umkehrt zur Bedingung $\hat{r} < (1 - \delta)\overline{T}$ für die Separation. Das bedeutet, dass die Wahrscheinlichkeit p auf Null sinkt. Folglich erhöht sich die Wohlfahrt EW, wenn $\Delta_D < \delta \Delta_S$. Dies ist wegen $\Delta_D = W_1^H + \overline{T} < \delta \Delta_S = \delta \pi \left(EW_G + \overline{T}\right)$ tendeziell dann der Fall, wenn der Anteil der guten Politiker im Pool hinreichend groß ist, also π hoch ist. Durch den Strategiewechsel wird einerseits der Disziplinierungseffekt reduziert, d. h. der schlechte Amtsinhaber wird in der ersten Periode die maximale Rente abzweigen. Andererseits wird die Selektion verbessert, indem sich die schlechten Amtsinhaber offenbaren und aus dem Amt gewählt werden können. Überwiegt die Wohlfahrtswirkung einer besseren Selektion die der schlechteren Disziplinierung, dann kommt es durch den Steuerwettbewerb zu einer politökonomisch bedingten Wohlfahrtsverbesserung. Ist diese größer als der Wohlfahrtsverlust aus Gleichung (16.5), dann können die Wähler durch Steuerwettbewerb besser gestellt werden.

Ob eine direkte fiskalische Beschränkung oder Steuerwettbewerb besser geeignet sind, eine Leviathan-Regierung zu zähmen, also den Missbrauch und damit die Höhe von Steuern zu begrenzen, hängt also vom Anteil der guten Politiker ab, die bei Wiederwahl als Herausforderer zur Auswahl stehen. Gibt es viele wohlfahrtsmaximierende Politiker relativ zu den egoistischen Politikern, ist also π groß, dann ist Steuerwettbewerb im Unterschied zu direkter Steuerbeschränkung geeignet, die Wähler besser zu stellen, da der Selektion in diesem Fall eine größere Bedeutung zukommt als der Disziplinierung. Ist umgekehrt zu erwarten, dass die Wahrscheinlichkeit, einen guten Herausforderer neu ins Amt zu wählen, gering, dann fällt die Disziplinierung des Amtsinhabers bei der Wohlfahrt stärker ins Gewicht, und die Maximalsteuerbeschränkung ist das geeignete Instrument.

17 Maßstabswettbewerb (Yardstick Competition)

Der Maßstabswettbewerb als Instrument zur Beschränkung schlechter Politik wurde durch die Arbeiten von Shleifer (1985) und Salmon (1987) eingeführt. Die grundlegende Idee ist die folgende. Wenn die Wähler nicht direkt beobachten können, ob ein Amtsinhaber ein guter oder schlechter Politiker ist, und wenn es eine statistische Korrelation der ökonomischen und politischen Rahmenbedingungen gibt, unter denen Politiker in benachbarten Regionen ihre Entscheidungen treffen, dann können die Wähler die Fiskalpolitik in der Nachbarregion nutzen, um daraus Schlussfolgerungen über den amtierenden Politiker in der eigenen Region zu ziehen.[219]

Dieser politische Wettbewerb kann in einer 2-Regionen-Version des Political-Agency-Modells aus ⟶ Kapitel 15 dargestellt werden. Es gebe eine Heimatregion, deren Variablen ohne Stern dargestellt werden, und eine Nachbarregion, deren Variablen mit einem Stern indexiert werden. Jede Region für sich wird wie in dem Grundmodell aus ⟶ Kapitel 15.1 modelliert. In jeder Periode $t = 1, 2$ sind die Kosten der Erstellung der lokalen öffentlichen Güter, C_t und C_t^*, perfekt korreliert. Die Wahrscheinlichkeit π für einen guten Politiker ist in beiden Regionen gleich hoch.

Die Ereignisse in der Heimatregion wie auch in der Nachbarregion finden in folgender Reihenfolge statt. In der ersten Periode beobachtet der Amtsinhaber die Kosten C_1 in der eigenen Region, aber nicht die Kosten C_1^* in der Nachbarregion. Dann wählt er seine Fiskalpolitik (G_1, T_t), so dass die Budgetbeschränkung eingehalten wird: $C_1 G_1 + r_1 = T_1$, wobei r_1 wieder die eigene Rente bezeichnet, die ein schlechter Amtsinhaber in der ersten Periode abzweigt. Dann beobachten die Wähler die Fiskalpolitiken in beiden Regionen, (G_1, T_1) und (G_1^*, T_1^*), aber sie können nicht die Kosten C_1 oder die Rente r_1 wahrnehmen. Aufgrund des Vergleichs der Politiken wählen sie den Amtsinhaber wieder oder sie wählen den Herausforderer. Der Gewinner der Wahl beobachtet die Kosten C_2 und entscheidet über die Politik (G_2, T_2), wobei das Budget ausgeglichen wird: $C_2 G_2 + r_2 = T_2$.

Wichtig ist hier die Informationsverteilung. Jeder Amtsinhaber beobachtet in seiner Region nur seine eigenen Kosten. Die Entscheidungen der Amtsinhaber in beiden Regionen werden simultan getroffen. Die Wähler beobachten im Anschluss die Ergebnisse der politischen Entscheidungen und haben volle Information über die Fiskalpolitiken in beiden Regionen.

Gleichgewicht

Im Folgenden vernachlässigen wir den Index t und betrachten die Heimatregion in der ersten Periode, wobei wir auf die Ergebnisse aus ⟶ Kapitel 15 zurückgreifen. Wenn $C = C^H$ ist, wird der schlechte Amtsinhaber den guten nicht imitieren, sondern seinen Typ direkt offenbaren. Was passiert bei $C = C^L$? Angenommen der schlechte Amtsinhaber imitiert den guten, d. h. er setzt $\left(G^H, T^H\right)$, wenn $C = C^* = C^L$. Unter welchen Bedingungen ist das ein Gleichgewicht? Mit der Wahrscheinlichkeit $1 - \pi$ ist der Amtsinhaber in der Nachbarregion schlecht, wird also auch $\left(G^{H*}, T^{H*}\right)$ wählen, und der schlechte Amtsinhaber in der Heimatregion wird wiedergewählt. Er erhält die Auszahlung $\hat{r} + \delta\bar{T}$, wobei wieder $\hat{r} = \left(C^H - C^L\right)G^H$.

219 Eine wichtige theoretische und empirische Studie haben Besley und Case (1995) vorgelegt. Für einen Überblick siehe auch Salmon (2019).

Aber mit Wahrscheinlichkeit π ist der benachbarte Amtsinhaber gut und setzt $\left(G^{L*}, T^{L*}\right)$. Da der schlechte Amtsinhaber niemals $\left(G^{L}, T^{L}\right)$ setzen würde, und der Wähler daheim $\left(G^{H}, T^{H}\right)$ und in der Nachbarregion $\left(G^{L*}, T^{L*}\right)$ unter sonst gleichen Bedingungen beobachtet, wird er folgern, dass der Amtsinhaber in der Heimat schlecht ist, und ihn abwählen. Der Amtsinhaber erhält dann nur eine Auszahlung $\hat{r} = \left(C^{H} - C^{L}\right)G^{H}$ in der ersten Periode.

Die gesamte Auszahlung für den schlechten Amtsinhaber, wenn er imitiert, ist also:

$$(1 - \pi)[\hat{r} + \delta\overline{T}] + \pi\hat{r} = \hat{r} + \delta(1 - \pi)\overline{T} \tag{17.1}$$

Folglich wird er imitieren, wenn

$$\hat{r} + \delta(1 - \pi)\overline{T} > \overline{T}$$

bzw.:

$$\hat{r} > (1 - \delta(1 - \pi))\overline{T} \tag{17.2}$$

Schließlich kann gezeigt werden, dass die Wähler den Amtsinhaber wiederwählen, wenn sie $\left(G^{H}, T^{H}\right)$ und $\left(G^{H*}, T^{H*}\right)$ beobachten, solange $q > 0,5$ ist.[220]

Wir können folgendes zusammenfassen. Wenn $q > 0,5$, dann gibt es immer ein eindeutiges Gleichgewicht, bei dem in der ersten Periode:

- der gute Amtsinhaber die nutzenmaximierende Fiskalpolitik im Sinn des Wählers auswählt,
- der schlechte Amtsinhaber einen guten Politiker mit der Fiskalpolitik $\left(G^{H}, T^{H}\right)$ genau dann imitiert, wenn $C = C^{L}$ und $\hat{r} > (1 - \delta(1 - \pi))\overline{T}$ gilt, oder er separiert andernfalls mit $(0, \overline{T})$,
- der schlechte Amtsinhaber in der Heimatregion nicht wiedergewählt wird, wenn der Amtsinhaber in der Nachbarregion gut ist, und wiedergewählt wird, wenn der Amtsinhaber in der Nachbarregion schlecht ist.

Die Wähler vergleichen die fiskalische Politik in Nachbar- und Heimatregion, um Schlüsse über die Qualität des eigenen Amtsinhabers in der Heimatregion ziehen zu können. Dieser Maßstabswettbewerb führt nun dazu, dass Imitation weniger wahrscheinlich wird, denn die Bedingung $\hat{r} > (1 - \delta(1 - \pi))\overline{T}$ ist restriktiver als die Bedingung $\hat{r} \geq (1 - \delta)\overline{T}$ ohne Maßstabswettbewerb. Der Grund ist, dass die Imitation eines guten Politikers und damit die Wiederwahl hier nur gelingen kann, wenn es in der Nachbarregion keinen guten Politiker gibt, der den schlechten Amtsinhaber in der Heimatregion entlarvt. Je mehr gute Politiker in jeder Region aber zur Auswahl stehen, je größer also π ist, umso weniger erfolgreich ist das Nacheifern, um wiedergewählt zu werden.

Dieses Ergebnis lässt sich auf n Regionen mit perfekt korrelierten Kosten verallgemeinern. Die Bedingung ist dann $\hat{r} > \left(1 - \delta(1 - \pi)^{n-1}\right)\overline{T}$, da die Amtsinhaber in allen anderen $n - 1$ Regionen auch schlecht sein müssen, damit man dem Amtsinhaber in der Heimatregion seine schlechte Politik nicht nachweisen kann, d. h. seine Strategie der Imitation aufgeht. Diese Restriktion wird ceteris paribus umso schärfer, je größer π oder n ist. Das heißt, die Wahrscheinlichkeit, dass ein schlechter Amtsinhaber in der ersten Periode vortäuscht, ein guter Politiker zu sein, wird umso kleiner, je größer die A-priori-Wahrscheinlichkeit π ist, dass der Amtsinhaber einer

220 Vgl. Besley und Smart (2007), S. 766f.

Nachbarregion ein guter Politiker ist, und je größer die Anzahl n der Regionen ist, mit denen der Amtsinhaber der Heimatregion sich vergleichen lassen muss.

Wohlfahrt

Die Wohlfahrt der Wähler verändert sich durch den Maßstabswettbewerb folgendermaßen. Angenommen die Fiskalpolitik in der Nachbarregion (G_1^*, T_1^*) ist für den heimischen Wähler zunächst nicht beobachtbar, wird dann aber sichtbar (das gilt vice versa für die andere Region). Das heißt, die Wählerinformation verbessert sich, so dass Maßstabswettbewerb möglich wird. Dann gibt es drei Fälle.

1. $\hat{r} \geq (1 - \delta(1 - \pi))\overline{T}$: Der Disziplinierungseffekt ändert sich durch die verbesserte Wählerinformation nicht. Der schlechte Amtsinhaber wird weiterhin den guten Politiker imitieren wie im Fall ohne Maßstabswettbewerb. Aber der Selektionseffekt ändert sich. Der Maßstabswettbewerb macht es wahrscheinlicher, dass der schlechte Amtsinhaber abgewählt wird. In diesem Fall stellt der Maßstabswettbewerb die Wähler besser.
2. $(1 - \delta)\overline{T} \leq \hat{r} < (1 - \delta(1 - \pi))\overline{T}$: In diesem Fall ändert sich der Disziplinierungseffekt. Der schlechte Amtsinhaber daheim separiert sich nun mit Maßstabswettbewerb, wird aber ohne Maßstabswettbewerb weiter imitieren. Der Wähler wird nur dann durch den Maßstabswettbewerb besser gestellt, falls $\Delta_D < \delta\Delta_S$.
3. $\hat{r} < (1 - \delta)\overline{T}$: Hier hat der Maßstabswettbewerb keinen Effekt auf das Wahlgleichgewicht. Der schlechte Amtsinhaber wird sich selbst immer offenbaren, ob mit oder ohne Maßstabswettbewerb.

Der Maßstabswettbewerb ist ein Argument für die Dezentralisierung von politischen Entscheidungen. Damit der Wettbewerb stattfinden kann, muss es eine Vielzahl von regionalen Regierungen geben, die mit ihren unterschiedlichen politischen Programmen diesen Wettbewerb austragen. Sofern der Maßstab, an dem sich der Wettbewerb messen lassen muss, einheitlich verstanden wird als Effizienz oder die politische Haftbarkeit, kann eine dezentrale Politik zu einer besseren Kontrolle der Regierungen führen.

Allerdings muss man bei der Zuweisung politischer Kompetenzen zwischen dem Zweck und den Mitteln unterscheiden, wenn der Maßstab nicht eindeutig und allgemein definiert ist. Dann erfordert der Maßstabswettbewerb einerseits eine föderale Zuständigkeit der dezentralen Regierungen über die politischen Mittel, andererseits aber eine zentrale Instanz, die den Zweck definiert und damit den Maßstab für die Effektivität der unterschiedlichen Politiken liefert. Als Beispiel sei die Kompetenzzuweisung im deutschen Bildungsföderalismus genannt. Die Zuständigkeit für den Unterricht an den Schulen liegt bei den Bundesländern. Der Erfolg verschiedener Lehrkonzepte wird an der Anzahl und der Notenverteilung der Schulabschlüsse gemessen. Es ist fraglich, ob die Festlegung der Anforderungen für diese Schulabschlüsse auch in der Hand der Bundesländer liegen sollte. Denn einerseits legt dadurch jedes Bundesland seinen eigenen Maßstab dafür fest, ob es erfolgreich mit seiner Schulpolitik war. Andererseits geht dadurch eine Vergleichbarkeit der Schulabschlüsse von Absolventen verschiedener Bundesländer, die auf einem bundesweiten Arbeitsmarkt miteinander konkurrieren, verloren. Aus diesen Gründen liegt es nahe, dass der Maßstab für das Bestehen und die Note eines Schulabschlusses zentral festgelegt werden sollte.[221]

221 Vgl. Kühn (2012) zu zentralen Abschlussprüfungen im internationalen Vergleich und Piopiunik et al. (2013) zur Auswirkung auf Arbeitsmärkte.

Erst dann kann es einen funktionierenden Wettbewerb um die beste Schulpolitik der Bundesländer geben. Der Maßstabswettbewerb erfordert einen Föderalismus, bei dem der Maßstab für eine gute Politik zentral bestimmt und der Wettbewerb um die richtigen politischen Maßnahmen dezentral durchgeführt wird.

Sowohl der Steuerwettbewerb als auch der Maßstabswettbewerb sind nur in einem Staatsgebilde denkbar, das nicht unitarisch aus einem Zentralstaat besteht. Steuerwettbewerb kann nur funktionieren, wenn es viele autonome dezentrale Gebietskörperschaften gibt, die im Wettbewerb um Produktionsfaktoren oder Konsumenten stehen. Der Maßstabswettbewerb setzt wiederum voraus, dass es möglichst viele Gebietskörperschaften auf einer Ebene (Staaten, Bundesländer, Kommunen) gibt, die unter ähnlichen ökonomischen und sozialen Rahmenbedingungen einen Vergleich der Politik erlauben. Die mögliche Wohlfahrtsverbesserung durch eine größere Rechenschaftspflicht oder eine bessere Selektion von Politikern unter diesen Wettbewerbsbedingungen sind also Argumente für eine stärkere Dezentralisierung von verantwortlichen Regierungseinheiten.

In dem bisherigen Modell von Besley und Smart (2007) wurde analysiert, wie sich die Wohlfahrt von Wählern ändert, wenn sich die Regierungen dezentraler Gebietskörperschaften einem Wettbewerb stellen müssen. Dabei wurde eine Basiswohlfahrt ohne Wettbewerb bestimmt und verglichen mit der Gesamtwohlfahrt bei Einführung von Steuer- oder Maßstabswettbewerb, die sich ergibt, wenn der Disziplinierungs- und der Selektionseffekt hinzukommen. Es wurde also die Wohlfahrtswirkung von Wettbewerb dezentraler Entscheidungsträger analysiert.

Aber auch unabhängig vom Wettbewerb zwischen Gebietskörperschaften kann man zeigen, inwiefern Dezentralisierung von Vorteil ist. Im folgenden Kapitel wird ein Modell von Hindriks und Lockwood (2009) vorgestellt, das auf dem Modell von Besley und Smart aufbaut, aber Dezentralisierung nicht als ein Merkmal von Wettbewerb zwischen Gebietskörperschaften definiert. Stattdessen wird Dezentralisierung mit Zentralisierung verglichen, wobei sich beides durch das Budget des Staates unterscheidet, der im einen Fall nur Zugriff auf die lokalen Steuerzahler hat und im anderen Fall auf alle Steuerzahler.

18 Fiskalische Dezentralisierung versus Zentralisierung

Fiskalische Zentralisierung wird als Zuweisung der politischen Verantwortung für die Steuererhebung oder die Ausgabenfunktion an einen Zentralstaat definiert, während fiskalische Dezentralisierung die politische Verantwortlichkeit untergeordneten Gebietskörperschaften zuweist.

In der wohlfahrtstheoretischen Denkschule wird ein Vorzug von Dezentralisierung vor allem in der besseren Information von politischen Entscheidungsträgern über die lokal vorhandenen Präferenzen für öffentliche Güter und die Kosten der Bereitstellung gesehen. Für Zentralisierung spricht traditionell hingegen die Internalisierung von Spillover-Effekten oder Steuerexport. Hindriks und Lockwood (2009) verwenden das Modell der politischen Prinzipal-Agenten-Theorie aus ⟶ Kapitel 15 für einen Vergleich zwischen dezentraler und zentraler Fiskalpolitik, wobei

- n Gebietskörperschaften betrachtet werden, die alle, abgesehen von den Kosten der Bereitstellung des öffentlichen Gutes, identisch sind. Diese Kosten sind sowohl für die Politiker eines Zentralstaates als auch einer dezentralen Gebietskörperschaft beobachtbar. Damit scheidet die bessere Information lokaler Politiker als ein Grund für Dezentralisierung aus.
- es keine Spillover-Effekte von Gütern oder Steuerexport gibt, so dass dieser Nachteil der Dezentralisierung ebenfalls nicht auftritt.

Man kann vier Szenarien unterscheiden. Die Kosten können zwischen den Regionen perfekt korreliert oder unabhängig sein, und die Wähler können die Fiskalpolitik in allen Regionen (volle Information) oder nur in ihrer eigenen Region (partielle Information) beobachten. Volle Information ist Voraussetzung dafür, dass es Maßstabswettbewerb geben kann. Allerdings ist diese Informationsvoraussetzung für Maßstabswettbewerb kaum realistisch, da es empirische Evidenz gibt, dass Bürger nur sehr schlecht über die Fiskalpolitik (Steuern und Ausgaben) anderer Gebietskörperschaften informiert sind.[222]

18.1 Fiskalische Regime

Es gibt zwei Perioden, $t = 1, 2$, und n Regionen, $i = 1, \ldots, n$, wobei $n \geq 3$ und ungerade sei. Alle Regionen haben die gleiche Anzahl von Wählern. Die Entscheidungen der Politikertypen (gut oder schlecht) sind wie im Grundmodell in ⟶ Kapitel 15.1, außer wenn volle Information besteht und die Kosten perfekt korreliert sind, so dass Maßstabswettbewerb auftritt. Die Kosten C_{it} in Region i und Periode t sind wieder exogen gegeben und entweder niedrig oder hoch: $C_{it} \in \{C^L, C^H\}$.

Fiskalische Dezentralisierung bedeutet, dass jeweils ein Politiker verantwortlich für die Fiskalpolitik (G_{it}, T_{it}) in jeder Region i in beiden Perioden t ist. Dezentralisierung ist durch ein separates staatliches Budget für jede Region gekennzeichnet:

$$C_{it}G_{it} + r_{it} = T_{it} \tag{18.1}$$

wobei r_{it} weiterhin die Rente des lokalen Politikers ist, die er aus den lokalen Steuereinnahmen für eigene Zwecke abzweigt.

222 Siehe Lowery und Lyons (1989) und Teske et al. (1993).

Fiskalische Zentralisierung bedeutet, dass ein einzelner Amtsinhaber die fiskalische Politik (G_{it}, T_{it}) in allen Regionen bestimmt und dabei Zugriff auf die Steuermittel aller Regionen besitzt. Seine aggregierte Budgetbeschränkung lautet:

$$\sum_{i=1}^{n} C_{it}G_{it} + r_t = \sum_{i=1}^{n} T_{it} \tag{18.2}$$

wobei r_t die gesamte Rente ist, die er von der Summe aller Steuermittel abzweigen kann.

Dieses Modell abstrahiert von einigen Unterschieden, die sonst zwischen Zentralisierung und Dezentralisierung der Fiskalpolitik gemacht werden. Da es hier keine Skalenerträge, keine Spillover-Effekte oder Steuerexport und keine Unterschiede in den Präferenzen der Wähler für öffentliche Güter gibt, sind die Ergebnisse des Modells zur Dezentralisierung und Zentralisierung lediglich darauf zurückzuführen, wie gut die Wähler in beiden Regimen das Politikerverhalten kontrollieren und Amtsinhaber für ihre Politik verantwortlich machen können.

18.2 Dezentralisierung

Die Ergebnisse des Modells bei Dezentralisierung bezüglich des Verhaltens eines regionalen Amtsinhabers sind dieselben wie in → Kapitel 15.1. Ein guter Amtsinhaber wird in einer Region i mit $C_{it} = C^L$ die Menge G^L gemäß $H'(G^L) = C^L$ und die Steuer T^L unter Einhaltung der Budgetbeschränkung $T^L = C^L G^L$ bestimmen. Analog wird in einer Region mit hohen Kosten die Politik (G^H, T^H) angeboten. Ein schlechter Amtsinhaber in einer Region i wird in der ersten Periode einen guten Politiker mit der Fiskalpolitik (G^H, T^H) imitieren, wenn $C_{i1} = C^L$ und $\hat{r} \geq (1 - \delta)\overline{T}$ bzw.

$$\delta \geq 1 - \frac{\hat{r}}{\overline{T}} \tag{18.3}$$

wobei $\hat{r} \equiv (C^H - C^L)G^H$ und $\overline{T}$ die maximal mögliche Steuer in jeder Region i bezeichnet. Die Wähler würden den schlechten Amtsinhaber wiederwählen, wenn die Wahrscheinlichkeit für hohe Kosten hinreichend hoch ist: $q \geq 0,5$. In allen anderen Fällen wird der schlechte Amtsinhaber sich offenbaren und die maximale Rente bereits in Periode 1 abzweigen.

Es gibt allerdings eine Ausnahme. Wenn die Wähler volle Information besitzen und die Kosten perfekt korreliert sind, dann weicht das Verhalten der schlechten Amtsinhaber von dem im Grundmodell ab, da dann Maßstabswettbewerb auftritt. In diesem Fall imitiert der Amtsinhaber bei Niedrigkosten, wenn $\hat{r} \geq (1 - \delta(1 - \pi))\overline{T}$, oder

$$\delta \geq \frac{1}{1 - \pi}\left(1 - \frac{\hat{r}}{\overline{T}}\right) \tag{18.4}$$

Wie wir schon in → Kapitel 17 gesehen haben, ist diese Bedingung restriktiver als (18.3) und Imitation weniger wahrscheinlich. Konzentrieren wir uns nun auf das politische Gleichgewicht bei Zentralisierung.

18.3 Zentralisierung

Ein guter Amtsinhaber wird in beiden Perioden das nutzenmaximierende Niveau des öffentlichen Gutes in allen Regionen bereitstellen. Da alle Regionen sich nur in den Stückkosten unterscheiden können und ansonsten identisch sind, wird die gleiche Politik in den Regionen mit gleichem Kostenniveau angeboten, also $\left(G^H, T^H\right)$ in allen Regionen mit $C_{it} = C^H$, und $\left(G^L, T^L\right)$ in allen Regionen mit $C_{it} = C^L$. Wie aber wird ein schlechter Amtsinhaber in einer Zentralregierung handeln?

Szenario 1: Volle Information und perfekt korrelierte Kosten

Bei gleichen Kosten wird in allen Regionen dieselbe Politik angeboten. Besitzen die Wähler volle Information über die Fiskalpolitik in allen Regionen und sind die Kosten perfekt korreliert, dann hat der zentrale Amtsinhaber folgende Handlungsanreize. Bei $C_{i1} = C^H$ in allen Regionen i würde er seinen Typ offenbaren, in der ersten Periode die maximale Rente beziehen und nicht wiedergewählt werden. Seine Auszahlung wäre $n\overline{T}$. Bei $C_{i1} = C^L$ für alle i würde er einen guten Politiker in allen Regionen imitieren, wenn $n\hat{r} \geq (1 - \delta)n\overline{T}$ gilt, oder

$$\delta \geq 1 - \frac{\hat{r}}{\overline{T}} \qquad (18.5)$$

Da bei voller Information und perfekt korrelierten Kosten in einem dezentralen Regime Maßstabswettbewerb herrscht und die schärfere Bedingung (18.4) für Imitation gilt, ist der Selektionseffekt bei Zentralisierung schwächer, d. h. die Wahrscheinlichkeit, dass der schlechte Amtsinhaber imitiert, ist größer als bei Dezentralisierung.

Szenario 2: Volle Information und unabhängige Kosten

Sind die Kosten hingegen zwischen den Regionen unabhängig, dann sind die Renten, die ein schlechter Amtsinhaber in allen Regionen erreichen kann, abhängig von der Anzahl der Regionen mit niedrigen Kosten. Sei $l = (0, 1, 2, \ldots, n)$ diese Anzahl der Regionen mit niedrigen Kosten: $C_{i1} = C^L_{i1}$. Der schlechte Amtsinhaber würde dann in diesen l Regionen die Politik $\left(G^H, T^H\right)$ anbieten. Von allen Regionen mit niedrigen Kosten würde er zusammen eine Rente in der ersten Periode in Höhe von $l\hat{r}$ erhalten. In allen anderen Regionen mit hohen Kosten kann er in der ersten Periode mit der Politik $\left(G^H, T^H\right)$ nur eine Rente in Höhe von Null erzielen, da ihn bei einer maximalen Rentenextraktion mit $(0, \overline{T})$ die Wähler bei voller Information auch in den Niedrigkostenregionen als schlechten Amtsinhaber erkennen und nicht wiederwählen würden. Die gesamte Rente, die er durch Imitation erzielen kann, ist deshalb $l\hat{r} + \delta n\overline{T}$. Der Amtsinhaber entscheidet sich dann für die Imitation, wenn $l\hat{r} + \delta n\overline{T} \geq n\overline{T}$, oder

$$\delta \geq 1 - \frac{l\hat{r}}{n\overline{T}} \qquad (18.6)$$

Mit $l \leq n$ ist diese Restriktion schärfer als die Bedingung (18.3) bei Dezentralisierung. Die Wahrscheinlichkeit der Imitation ist geringer bei Zentralisierung und damit die Abwahl eines schlechten Amtsinhabers wahrscheinlicher als bei Dezentralisierung. In diesem Szenario ist der Selektionseffekt bei Zentralisierung stärker.

Allerdings gilt, je größer die Anzahl l der Regionen mit geringen Kosten ist, umso schwächer wird dieser Selektionseffekt. Dies wird der **Kostenverteilungseffekt** genannt. Bei $l = n$ sind Zentralisierung und Dezentralisierung äquivalent: Der Selektionseffekt unterscheidet sich nicht.

Szenario 3: Partielle Information und unabhängige Kosten

Bei partieller Information der Wähler würde der schlechte Amtsinhaber wiedergewählt, wenn er genau so viele Regionen davon überzeugt, dass er ein guter Politiker ist, wie er für eine Mehrheit der Stimmen benötigt. Er würde also den guten Politiker nur in $m = (n + 1)/2$ Regionen imitieren, um eine minimale Gewinnkoalition (*minimum winning coalition*) zusammenzubekommen, und in allen anderen Regionen die maximale Rente abzweigen. Dies wird die **Strategie der selektiven Imitation** genannt.

Angenommen die regionalen Kosten seien unabhängig voneinander. Wenn es eine Mehrheit der Regionen mit geringen Kosten gibt, $l \geq m$, dann wird der schlechte Amtsinhaber willkürlich m von diesen l Regionen mit Niedrigkosten auswählen, um dort einen guten Politiker zu imitieren. Wenn die Regionen mit Niedrigkosten in der Minderheit sind, $l < m$, dann wird der Amtsinhaber zusätzlich zu all diesen Regionen auch in $m - l$ Regionen mit hohen Kosten den guten Politiker mimen. Die selektive Auswahl der Regionen, in denen imitiert wird, führt zu einer minimalen Gewinnkoalition, die dem zentralen Amtsinhaber eine Gesamtrente in Höhe von $\min\{l, m\}\hat{r} + (n - m)\overline{T} + \delta n\overline{T}$ verschafft. Der schlechte Amtsinhaber wird also die selektive Imitation vornehmen, wenn $\min\{l, m\}\hat{r} + (n - m)\overline{T} + \delta n\overline{T} \geq n\overline{T}$ oder:

$$\delta \geq \frac{m}{n} - \min\left\{\frac{l}{n}, \frac{m}{n}\right\}\frac{\hat{r}}{\overline{T}} \quad (18.7)$$

Ansonsten wird der Amtsinhaber sich separieren.

Bei unabhängigen Kosten wird die rechte Seite von Bedingung (18.7) größer mit kleinerem l. Das heißt, je kleiner die Anzahl der Regionen mit niedrigen Kosten, umso geringer die Wahrscheinlichkeit der selektiven Imitation. Dies ist wieder der Kostenverteilungseffekt.

Szenario 4: Partielle Information und perfekt korrelierte Kosten

Wenn die Kosten perfekt korreliert sind, dann sind sie entweder in allen Regionen hoch, $l = 0$, oder in allen Regionen niedrig, $l = n$. Der schlechte Amtsinhaber wird dann bei partieller Information der Wähler die Imitation wählen, wenn entweder überall niedrige Kosten herrschen und es gilt:

$$\delta \geq \frac{m}{n}\left(1 - \frac{\hat{r}}{\overline{T}}\right) \quad (18.8)$$

oder wenn überall hohe Kosten herrschen und es gilt:

$$\delta \geq \frac{m}{n} \qquad (18.9)$$

Bei perfekt korrelierten Kosten lässt sich der Effekt der selektiven Imitation bei Zentralisierung gut darstellen. Vergleicht man die beiden Regime der Zentralisierung und Dezentralisierung für beide Kostensituationen, zeigt sich, dass die Bedingung für Imitation unter Zentralisierung immer schwächer ist aufgrund der Strategie der selektiven Imitation. Wenn in allen Regionen die Kosten gering sind und diese Regionen dezentral regiert werden, werden die regionalen schlechten Amtsinhaber imitieren, wenn Bedingung (18.3) gilt. Da $m < n$ ist, wird der zentrale schlechte Amtsinhaber unter der weniger restriktiven Bedingung (18.8), also mit größerer Wahrscheinlichkeit, imitieren. Gilt umgekehrt, dass in allen Regionen hohe Kosten bestehen, wird bei dezentraler Regierung ein regionaler schlechter Amtsinhaber nicht imitieren, während ein zentraler Amtsinhaber unter der Bedingung (18.9) imitiert.

Es zeigt sich also, dass bei perfekt korrelierten Kosten die Zentralisierung einen schwächeren Selektionseffekt hat. Bei Zentralisierung macht die Option der selektiven Imitationsstrategie die Imitation für den schlechten Amtsinhaber vorteilhafter. Insbesondere wenn Wähler nur die Fiskalpolitik in ihrer eigenen Region beobachten können, kann ein schlechter Amtsinhaber die Wiederwahl gewinnen, wenn er den guten Politiker in einer minimalen Gewinnkoalition imitiert und in allen anderen Regionen die maximale Rente abschöpft.

Wir können festhalten, dass sich bei Zentralisierung schlechte Amtsinhaber mit einer geringeren Wahrscheinlichkeit in der ersten Periode offenbaren und dann durch Abwahl herausselektieren lassen. Der Selektionseffekt ist schwächer als bei Dezentralisierung. Gleichzeitig reduziert die Zentralisierung den Disziplinierungseffekt durch die Wahl, da ein schlechter Amtsinhaber eine gute Politik nur in einer minimalen Gewinnkoalition vortäuschen muss, um wiedergewählt zu werden. In allen anderen Regionen kann er die maximale Rente abschöpfen (selektive Rentenextraktion). Dieser Effekt ist analog zu dem **Effekt geringerer Sensitivität bei schlechter Performance**, der in ⟶ Kapitel 14 zu einer schlechteren Disziplinierung führte, weil der zentrale Amtsinhaber die Folgen schlechter Politik in einer Region nur dann zu spüren bekommt, wenn diese Region wahlentscheidend ist. Wähler bevorzugen Zentralisierung, wenn die Qualität der Politiker im Durchschnitt gering ist. In einem zentralen Regime behalten schlechte Politiker eher das Amt, aber der abgeschwächte Selektionseffekt verursacht für die Wähler geringere Kosten, wenn der Herausforderer mit großer Wahrscheinlichkeit auch schlecht ist.

In diesem Teil des Buches, der den politökonomischen Ansatz der Political-Agency-Modelle behandelt, zeigen sich mehrere Argumente, die für eine Dezentralisierung der politischen Entscheidungen sprechen. Die Zuordnung politischer Verantwortlichkeit, die Disziplinierung und Selektion durch Wahlen, die Zähmung von Leviathan-Regierungen durch den Steuerwettbewerb und den Maßstabswettbewerb setzt ein dezentrales System von Regierungen voraus. Wir haben auch gesehen, dass die Wohlfahrt der Wähler dabei unter bestimmten Bedingungen verbessert werden kann. Aber sobald die Wettbewerbselemente wegfallen, z. B. weil die Wähler die Politik der Nachbarländer nicht hinreichend gut mit der Politik ihrer eigenen Regierung vergleichen können, zeigt sich, dass der Vergleich zwischen dezentraler und zentraler Politik nicht mehr eindeutig zugunsten der Dezentralisierung ausfällt. Er hängt von mehreren Faktoren ab, unter anderem von der Korrelation der Kosten für öffentliche Güter zwischen den Regionen und vom Informationsgrad der Wähler über die Politik in allen Regionen. Die Frage, ob ein dezentralisiertes oder zentralisiertes Regierungssystem die Präferenzen der Bürger besser befriedigt, hat daher zahlreiche Aspekte. Einige weitere Aspekte werden wir im ⟶ Schlusskapitel 19 noch ansprechen.

19 Weitere Aspekte und Herausforderungen

Das letzte Kapitel geht auf einige weitere Aspekte des Föderalismus kurz ein und verweist auf die Literatur, mit der man diese Themen vertiefen kann. Außerdem sollen zukünftige Herausforderungen und neue Forschungsfelder zum Föderalismus aufgezeigt werden.[223]

Wie wir gesehen haben, sind in föderalen Staaten pauschale Zuweisungen ohne Zweckbindung (*block grants*) von einer Regierung an nachgelagerte Gebietskörperschaften eine geeignete Form des Finanzausgleichs zwischen diesen Gebietskörperschaften. Für die lokalen Regierungen der Empfängerregionen ist dies eine Ausweitung ihres Budgets, der einen Einkommenseffekt aber keine Senkung der Grenzkosten von öffentlichen Gütern zur Folge hat. Bradford und Oates (1971a, 1971b) haben theoretisch gezeigt, dass für Modelle kollektiver Entscheidungen wie die Mehrheitswahl (Medianwählermodell) solche zwischenstaatlichen Transfers äquivalente allokative Entscheidungen der lokalen Gebietskörperschaften hervorrufen wie ein Transfer gleicher Höhe direkt an die Individuen der Gebietskörperschaft. Pauschale Zuweisungen ohne Zweckbindung sollten also die lokalen Ausgaben genauso beeinflussen wie ein Einkommenstransfer an die Einwohner der Gebietskörperschaft. Zwei Annahmen werden gemacht. Erstens reagiert der Medianwähler, der bei Mehrheitswahl die Ausgaben der Gebietskörperschaft bestimmt, auf einen Transfer genauso wie jedes Individuum der Gebietskörperschaft. Zweitens sind die Zuweisungen proportional zu den Steueranteilen, die die Individuen zur Finanzierung der Ausgaben zahlen. Das theoretische Ergebnis ist, dass sich die individuelle Budgetbeschränkung des Medianwählers sowohl beim Einkommenstransfer als auch bei der pauschalen Zuweisung um den gleichen Betrag nach außen verschiebt: Bei der pauschalen Zuweisung, weil die Steuern für die staatlichen Ausgaben in Höhe dieser Zuweisung gesenkt werden. Empirische Arbeiten haben nun gezeigt, dass die Ausgaben lokaler Regierungen stärker auf die Pauschalzuweisungen reagieren als auf einen Anstieg des Einkommens der Einwohner in gleicher Höhe. Dies nennt man den **Flypaper-Effekt**. Dieser Effekt hat die Konsequenz, dass Gemeinden ungebundene Zuweisungen von anderen öffentlichen Stellen nicht zur Senkung ihrer Steuersätze nutzen, sondern stattdessen ihre Ausgaben erhöhen. Die Mittel bleiben im lokalen Budget der Regierung haften – wie Fliegen auf einem Fliegenfängerpapier – und werden nicht zur Steuerentlastung verwendet.[224]

Wie lässt sich diese Abweichung der empirischen Ergebnisse vom theoretischen Resultat erklären? Neben Erklärungen für diese Anomalie, die auf Fehlspezifikationen der empirischen Schätzungen hinweisen,[225] gibt es eine Reihe theoretischer Erklärungen, die darauf basieren, dass die Individuen das staatliche Budget falsch wahrnehmen, die sogenannte **fiskalische Illusion**. Es könnte sein, dass Individuen den Effekt föderaler Zuweisungen auf die Durchschnittskosten staatlicher Leistungen mit einem Effekt auf die Grenzkosten verwechseln (Courant et al., 1979; Oates, 1979). Die Nachfrage nach öffentlichen Gütern würde dann bei einer wahrgenommenen Senkung der Grenzkosten stärker zunehmen als bei der tatsächlichen Senkung der Durchschnittskosten, da hier ein (nicht vorhandener) Substitutionseffekt wirkt. Es gibt allerdings empirische Evidenz, die eher darauf hinweist, dass das Ausgabenverhalten unterschiedlich auf eine Senkung der Durchschnittskosten durch pauschale Subvention und eine Grenzkostenänderung durch Steuern

---

223 Generelle Überblicke über föderale Themen und neuere Entwicklungen bieten Inman und Rubinfeld (1997), Oates (2005, 2008), Boadway und Tremblay (2012) und Agrawal et al. (2024).

224 Gute Überblicke zum Flypaper Effekt finden sich bei Hines und Thaler (1995) und Inman (2008). Für empirische Arbeiten siehe Gramlich (1977), Fisher (1982) sowie Bae und Feiock (2004).

225 Siehe Fisher (1979), Moffitt (1984), Megdal (1987) und Case et al. (1993).

reagiert (Wickoff, 1991; Turnbull, 1998). Eine weitere theoretische Erklärung geht davon aus, dass die Individuen das staatliche Budget nicht durchschauen und das Niveau föderaler Zuweisungen nicht kennen. Eine budgetmaximierende Regierung bzw. Verwaltung kann dann diese private Information nutzen, um die Erhöhung von Subventionen für höhere Ausgaben zu verwenden, anstatt die Steuern entsprechend der Präferenzen der Individuen zu senken (Filimon et al., 1982; Wyckoff, 1988). Aber auch dieser Ansatz wird durch empirische Studien nicht bestätigt.[226] Eine Variante dieses theoretischen Arguments bezieht den politischen Verhandlungsprozess mit ein. Zwischen der zahlenden föderalen Regierung und der lokalen Empfängerregierung werden oft Teile der zweckgebundenen Finanzierungsbeteiligung als fungible Beträge für den Empfänger vereinbart, über die er frei verfügen kann. Wenn die lokale Regierung bzw. Verwaltung den Anteil dieser fungiblen Beträge verschleiern kann, kann sie von der eigenen gesetzgebenden Körperschaft eine höhere Eigenfinanzierung der Ausgaben fordern als eigentlich notwendig ist. Damit können die Ausgaben dann über das Maß hinaus gesteigert werden, dass den Präferenzen der Individuen entsprechen würde.[227] Hamilton (1986) und Aragon (2010) führen den Flypaper-Effekt auf Zusatzlasten einer verzerrenden Steuerfinanzierung zurück. Ein Euro lokaler Steuereinnahmen bedeutet dann mehr als einen Euro Kosten für die Individuen. Das Argument besagt, dass die Individuen diese Mehrbelastung zur Kenntnis nehmen, während pauschale föderale Zuweisungen aus Sicht der Individuen keine Effizienzverluste verursachen. Die zentralstaatlichen Zuweisungen werden nicht im Zusammenhang mit den zentralen Steuern gesehen. Deshalb steigt die Nachfrage nach Ausgaben der Gebietskörperschaft, wenn sie durch föderale Zuweisungen statt durch lokale Steuern finanziert werden.

Ein weiterer Aspekt einer föderalen Subventionspolitik ist die Frage, wie gut eine Zentralregierung über die Externalitäten informiert ist, die mit anteiligen Subventionen internalisiert werden sollen. Nach der These von Oates (1972) und anderen ist eine regionale Regierung besser über die relevanten ökonomischen Daten informiert, die man benötigt, wenn man lokale öffentliche Güter oder die Einkommensumverteilung optimal bestimmen will. Die politisch Verantwortlichen müssen die Präferenzen und das Einkommen der Bürger sowie die Bevölkerungsanteile von armen und reichen Bürgern kennen. Zudem muss eine Zentralregierung die politische Umsetzung der Regionalregierungen kontrollieren können, wenn sie Subventionen zu bestimmten Zwecken vergibt. Insbesondere zwei Probleme können bei dieser Form **asymmetrischer Informationen** auftreten: Adverse Selektion und Moral Hazard. Adverse Selektion kann auftreten, wenn es Regionen mit unterschiedlicher ökonomischer Performance gibt und die Zentralregierung aufgrund schlechterer Informationen nur unzureichend unterscheiden kann, welche Regionen gut und welche schlecht abschneiden. Da sie sich hohe Subventionen davon versprechen, werden nur diejenigen Regionalregierungen der Zentralregierung verlässliche Daten übermitteln, deren wirtschaftliche Situation und Steuerkraft schlecht ist. Die erfolgreicheren Regionen werden hingegen befürchten, zu den Nettozahlern der Subventionspolitik zu werden. Auf Grundlage solcher Informationen kann dann keine effiziente Subventionspolitik erfolgen. Die Zentralregierung kann nur versuchen, ihre Subventionsvergabe so zu gestalten, dass sich erfolgreiche und weniger erfolgreiche Regionen selbst selektieren und damit ihre wahre ökonomische Lage enthüllen. Das zweite Problem ist Moral Hazard. Die Regionalregierungen können durch ihre eigenen Anstrengungen oder Nachlässigkeiten, zum Beispiel in der Verwaltung, der Steuereintreibung oder der Sozialpolitik, die ökonomischen Daten beeinflussen, die die Zentralregierung beobachten

226 Siehe auch hierzu Wickoff (1991).
227 Siehe Chernick (1981) und für eine gute Darstellung des Arguments Tresch (2015, S. 484f.).

kann. Die Zentrale kann bei Informationsasymmetrie nicht unterscheiden, zu welchem Anteil ihre Beobachtungen auf Basisdaten der regionalen Ökonomie zurückzuführen sind oder auf politische Verfälschungen. Die Regionalregierungen können einen Anreiz haben, auf diesem Weg höhere Subventionen zu erhalten.

Die Frage, wie zwischenstaatliche Transfers bei asymmetrischer Information optimal ausgestaltet sein sollten, wurde unter unterschiedlichsten Annahmen behandelt. Cremer et al. (1996) betrachten die Informationsasymmetrie bezüglich der Einkommen und Präferenzen für ein lokales öffentliches Gut und untersuchen Aufschläge auf lokale Steuern und kostenintensive Inspektionen zur Durchsetzung optimaler Subventionen. In Bucovetsky et al. (1998) werden Steuern auf Kapital zur Finanzierung lokaler öffentlicher Güter verwendet. Die Regionen sind auch hier besser über die Präferenzen für die lokalen öffentlichen Güter informiert. Gilbert und Picard (1996), Raff und Wilson (1997) sowie Cornes und Silva (2002) untersuchen asymmetrische Information über die lokale Technologie, die bei der Produktion öffentlicher Güter eingesetzt wird. Bei Gilbert und Picard hat die Zentralregierung zusätzlich unvollständige Information über Spillover-Effekte. Alle drei Papiere charakterisieren dann Funktionen für zentralstaatliche Subventionen, die die optimale anreizkompatible Allokation erreichen. Bordignon et al. (2001) analysieren asymmetrische Information über die Steuerbasen bzw. die Anstrengung der Regionen, Steuern einzutreiben. Lockwood (1999) untersucht die zentralstaatlichen Subventionen als **interregionale Versicherung** der Regionen, wenn deren Einkommen, Nachfrage oder Kosten der lokalen öffentlichen Güter Schocks unterworfen sind, die nur die Regionen beobachten können. Auch ein Finanzausgleich zwischen dezentralen Gebietskörperschaften kann ein eingebauter Stabilisierungsmechanismus gegen regionale ökonomische Schocks sein (Hagen und Hammond, 1998; Hagen, 2007). Er versichert die Regionen gegen solche Schocks in ähnlicher Weise wie dies föderale Subventionsprogramme für Regionen tun können.[228]

Ein weiterer Aspekt betrifft die Frage, wie sich die Dezentralisierung in föderalen Staaten auf das **Rentenstreben** (*rent seeking*) von Regierungen auswirkt. Renten, die Regierungen oder Verwaltungen für ihre eigenen Zwecke vereinnahmen, können Ausgaben sein, die von Interessensgruppen entweder in Form von **Korruption** oder als **Lobbyismus** finanziert werden, um eine günstige Behandlung durch staatliche Politik im Sinne der Interessensgruppe zu erreichen, z. B. bei gesetzlichen Vorschriften, Steuern oder Subventionen. Die theoretischen und empirischen Erkenntnisse zu den Auswirkungen der Dezentralisierung sind nicht einheitlich. Einerseits wird Dezentralisierung mit weniger Rentenstreben in Verbindung gebracht, da zwischen dezentralen Regierungen Wettbewerb um Einwohner und Produktionsfaktoren besteht, der die Möglichkeit der Rentenextraktion begrenzt (Brennan und Buchanan, 1980; Jin et al., 1999). Außerdem erhöht sich durch Dezentralisierung die Zurechenbarkeit von politischer Verantwortung bei Wahlen (Seabright, 1996). Rentenstreben und Korruption werden darüber hinaus verringert, wenn Wähler die Politik der Nachbarländer beobachten und vergleichen können (Besley und Case, 1995), oder wenn das Monitoring der Verwaltung durch freie Presse möglich ist (Lessmann und Markwardt, 2009). Andererseits sind lokale Politiker häufig stärker in ein Netzwerk vor Ort eingebunden, wodurch die Korruptionsanfälligkeit erhöht wird (Tanzi, 1995). Die lokalen Eliten können die Regierung stärker vereinnahmen und das Angebot öffentlicher Güter zu ihren Gunsten und auf Kosten anderer Bürger beeinflussen (Bardhan und Mookherjee, 2006). Besonders in Entwicklungsländern macht sich dieser Nachteil der Dezentralisierung bemerkbar. Dieser Lobbyismus ist umso schlagkräftiger, je kleiner die Interessengruppen sind, da sie sich dann besser

228 Eine empirische Studie für Deutschland findet sich bei Büttner (2002).

organisieren können (Olson, 1992). Diese Beobachtung impliziert, dass sich lokale Lobbygruppen leichter formieren und besser durchsetzen können als nationale Lobbygruppen. Insofern kann Dezentralisierung Lobbyismus auch verstärken (Sato, 2003). Empirische Studien zeigen hingegen überwiegend, dass Dezentralisierung die Korruption signifikant senkt.[229] Allerdings wird auch gezeigt, dass dieses Ergebnis davon abhängt, wie viele Regierungsebenen und wie viele staatliche Angestellte es gibt. Je komplexer die Regierung aufgebaut ist, umso mehr Korruption zeigt sich. Die Wirkung von Dezentralisierung muss also im Zusammenhang mit solchen institutionellen Fragen betrachtet werden.

Eng mit dem Rentenstreben hängt auch die Frage zusammen, wie der Einfluss der Dezentralisierung auf das **ökonomische Wachstum** eines Landes ist. Dieser Effekt kann in verschiedenen Ländern sehr stark variieren. Dezentralisierung und der damit verbundene Wettbewerb zwischen den Regionen wird als ein wichtiger Faktor für das starke wirtschaftliche Wachstum in China seit den 1980er Jahren angesehen (Qian und Weingast, 1996, 1997; Jin et al. 1999). Ein föderaler Aufbau, bei dem lokale Regierungen für die Bereitstellung öffentlichen Güter in ihrer Region verantwortlich sind, in Verbindung mit einem gemeinsamen Markt ohne Barrieren für den Handel und der Einhaltung harter regionaler Budgetbeschränkungen (*No-Bailout* von der föderalen Ebene), kann das Funktionieren der Märkte garantieren. Der Wettbewerb zwischen den Regionen zwingt die lokalen Regierungen zu einer Politik, die sich an den Interessen der Bürger orientiert, und bestraft jeden ineffizienten Eingriff der lokalen Verwaltung in den Markt.

Im Gegensatz zu diesem Ergebnis und der Illustration anhand der Dezentralisierung in China werden für das schwache Wachstum in Russland in den 1990er Jahren gerade die lokalen Regierungen verantwortlich gemacht. Der Unterschied wird darauf zurückgeführt, dass die politische Führung in China einen starken und disziplinierenden Einfluss auf die lokalen Regierungen hatte, das Wachstum zu fördern (harte regionale Budgetbeschränkungen). Diese politische Zentralisierung gab es in Russland nicht (Blanchard und Shleifer, 2001). Ähnliche Unterschiede in der Wirkung von Dezentralisierung werden für Brasilien und Indien festgestellt (Baiochhi, 2005, Chaudhuri, 2005).

Ein föderaler Staat kann auch als Versuchsfeld für unterschiedliche Politikansätze betrachtet werden, ein Umstand, der von Oates (2008) als **Laboratoriumsföderalismus** (*Laboratory Federalism*) bezeichnet wurde. Ein Staat mit subnationalen Regierungen unterscheidet sich von einem unitarischen Staat dadurch, dass jede Regierungseinheit eine gewisse Autonomie hat, eine eigene Politik umzusetzen. Dieser Umstand kann Innovationen und der Erprobung neuer Politikmaßnahmen förderlich sein. Die dezentralen Gebietskörperschaften bieten sozusagen ein Experimentierfeld für Politikreformen. Unter ähnlichen Voraussetzungen können neue Politiken in den Gebietskörperschaften ausprobiert werden. Es ist ein Vorteil gegenüber einem Einheitsstaat, wenn in einzelnen Regionen soziale und ökonomische Experimente durchgeführt werden, ohne dass dadurch das gesamte Land einem Risiko des Scheiterns ausgesetzt ist. Regierungen einzelner Gebietskörperschaften, deren Wählerschaft dem zustimmen, können also innovative Politikmaßnahmen erproben und damit Maßstäbe setzen.[230] Außerdem können in bestimmten Politikfeldern mehrere Gebietskörperschaften unterschiedliche Wege beschreiten. Dadurch kann unter annähernd gleichen Wettbewerbsbedingungen herausgefunden werden, welche Reformen erfolgreich sind und welche nicht. Oates (2008) nennt eine Reihe von Beispielen für politische

229 Ein guter Überblick findet sich bei Lessmann und Markwardt (2009).
230 Siehe hierzu Ania und Wagener (2016).

Innovationen aus den Vereinigten Staaten, die in einem solchen Erfahrungsaustausch auf Initiative von lokalen Gebietskörperschaften hin zustande gekommen sind.

In ihren Arbeiten zum Laboratoriumsföderalismus haben Rose-Ackermann (1980) und Strumpf (2002) allerdings auch auf einen Nachteil dieses Wettbewerbs hingewiesen. Wenn eine lokale Regierung gute Ergebnisse mit ihrer neuen Politik erzielt, ist diese Information meist auch anderen lokalen Regierungen zugänglich. Als Trittbrettfahrer können sie diese politische Innovation kopieren. Diese Informationsexternalität führt zu einer zu geringen Innovationsbereitschaft. Eine Lösung könnte nach Rose-Ackermann (1980) darin bestehen, dass die Zentralregierung den lokalen Gebietskörperschaften Prämien für innovative neue Politikmaßnahmen zahlt. Auf der anderen Seite argumentiert Strumpf (2002), dass ein zentralistischer Staat mehr Innovation betreiben könnte. Wenn der zentralen Ebene unterschiedliche Politiken in den Regionen erlaubt sind, dann sind mehr experimentelle Neuerungen zu erwarten als bei dezentralisierten föderalen Strukturen. Der Grund ist, dass die Zentralregierung alle Informationsexternalitäten internalisiert. Selbst wenn eine zentrale Regierung in allen Regionen einheitliche Politikmaßnahmen durchführt, kann sie im Zeitverlauf verschiedene Politiken in den Regionen erproben.

Ein wichtiger Anwendungsbereich der ökonomischen Föderalismustheorie ist die Weiterentwicklung des Aufbaus und der Ausgestaltung der **Europäischen Union**. Die grundlegende Frage ist, wie politische Aufgaben in der EU auf die europäische, die nationale oder die regionale Ebene verteilt werden sollten, um auch neuen Herausforderungen einer internationalen Weltordnung gerecht werden zu können. Verschiedene Grade der Dezentralisierung und Formen des Subsidiaritätsprinzips werden im Kontext der Erfahrungen in den USA diskutiert (Inman und Rubinfeld, 1992, 1998). Im engen Zusammenhang damit stehen Fragen zur Finanzverfassung der EU. Welche Ausgaben- und Einnahmenkompetenzen sollten der EU-Ebene zugeordnet werden (Feld und Necker, 2010)? Institutionelle Defizite der Finanzverfassung bestehen in einem Common-Pool-Problem, wenn gemeinsam finanzierte Ausgabenprogramme einen Anreiz für einzelne Regionen oder Mitgliedstaaten setzen, eigenen Projekte auf Kosten anderer auszuweiten (Heinemann, 2006). Auf der Finanzierungsseite werden die Chancen und Grenzen einer eigenen Schuldenaufnahme durch die EU analysiert sowie die Folgen einer möglichen Transferunion, in der einige Mitgliedstaaten zu Lasten anderer ihren Haushalt überziehen können (Becker, 2018; Dorn und Fuest, 2021). Auch eine eigene Kompetenz zur Steuererhebung der EU steht zur Diskussion. Darüber hinaus kann der Europäischen Union eine Funktion in der Koordinierung der Steuern in den verschiedenen Mitgliedsländern zufallen. Denn in einem Europa der Grundfreiheiten für den Personen- und Kapitalverkehr kann der Steuerwettbewerb der Länder um Kapital und Unternehmensansiedlungen zu Wohlfahrtsverlusten führen, die eine Regulierung der EU erforderlich machen (Bovenberg et al., 2003; Zodrow, 2003). Die Frage, welche Aufgaben auf der europäischen Ebene angesiedelt sein sollten, lässt sich anhand der Kriterien, die die ökonomische Theorie zur Dezentralisierung entwickelt hat, beurteilen. Konzentrieren sich die Ausgaben auf europaweite öffentliche Güter? Wo treten Spillover-Effekte oder Steuerexporte zwischen Mitgliedstaten auf, die die EU internalisieren könnte? Welche Formen der Migration (Erwerbsbevölkerung, Unternehmen, Kapital) treten auf, die bei nationaler Politik zu Verzerrungen führen können? Einzelne Politikfelder wie die Verteidigungs- und Außenpolitik stellen europäische öffentliche Güter bereit. Zumindest besitzen nationale Verteidigungsanstrengungen starke positive Spillover-Effekte, so dass ein Trittbrettfahrerverhalten der Mitgliedstaaten zu befürchten ist, wenn diese Politiken nicht auf EU-Ebene koordiniert oder zentral durchgeführt werden (Olson und Zeckhauser, 1966). Ähnliche Überlegungen gelten für die Wettbewerbspolitik, die Klimapolitik und den Gesundheitsschutz bei Pandemien. In der Sozial- und Arbeitsmarktpolitik gibt es Überlegungen, eine europäische Arbeitslosenversicherung einzuführen. Mit einer solchen Versicherung könnten die Mitgliedstaaten sich gegenseitig gegen ökonomische Schocks absichern. Auch hier besteht die Gefahr einer Transferunion, wenn einzelne Staaten nicht zyklisch sondern strukturell höhere Arbeitslosigkeit aufweisen (Dullien und Fichtner, 2012; Meyer, 2014). Aus wohlfahrtsökonomischer Sicht ist eine zentrale Arbeitslosenversicherung für nationale Arbeitsmärkten mit kollektiven Lohnverhandlungen ineffizient, wenn die Mobilität der Erwerbsbevölkerung zwischen den Mitgliedstaaten nicht perfekt ist. Migrationsexternalitäten und fiskalische Externalitäten heben sich dann nicht vollkommen auf und eine zentrale Arbeitslosenversicherung wird nicht effizient gegen das Risiko versichern (Fenge und Friese, 2022). Ein europäischer Mindestlohn wird in einem ähnlichen Zusammenhang für die Arbeitsmärkte der EU diskutiert (Schröder, 2021; Fenge und Friese, 2025). Bei anderen Politikbereichen wie der Agrarpolitik und der Regional- und Strukturpolitik, die gegenwärtig eine dominante Rolle im EU-Haushalt spielen, ist fraglich, inwieweit sie sich durch Kriterien der Effizienz oder Gerechtigkeit rechtfertigen lassen. Stattdessen lässt sich die Entwicklung beider Politikfelder auf der EU-Ebene aus politökonomischer Sicht erklären, da Transfers in diesen Bereichen den Beitritt und den Zusammenhalt von Mitgliedstaaten gewährleisten. Damit einher geht aber eben auch eine ineffiziente Zentralisierung (Hefeker, 2003). Die Effektivität der europäischen Regional- und Strukturpolitik, die zu einer Angleichung der Lebensverhältnisse in den europäischen Regionen führen soll, ist in einigen Studien untersucht worden (Becker et al., 2010, 2013, 2018; Bachtrögler-Unger et al., 2023). Dabei wurden unter anderem die kurz- und langfristigen Wirkungen regionaler Transfers auf Investitionen, Wachstum und Beschäftigung im Durchschnitt der Regionen und für einzelne Regionen analysiert.

Große Herausforderungen für den Föderalismus stellen sich auch beim Umwelt- und Klimaschutz sowie bei Pandemien. Auch beim **Umweltschutz** stellt sich die Frage, auf welcher föderalen Ebene er angesiedelt werden sollte. Einige Umweltprobleme sind regional begrenzt, z. B. die Gefährdung bestimmter seltener Arten in einer bestimmten Region oder die Verschmutzung eines Sees. In diesen Fällen spricht das Dezentralisierungstheorem von Oates dafür, die Verantwortung für entsprechende Umweltmaßnahmen der lokalen Regierung zu überlassen, die die Präferenzen und Möglichkeiten der Bevölkerung vor Ort am besten beurteilen kann. Andere regionale Umweltprobleme weisen aber Spillover-Effekte auf andere Regionen auf, wie zum Beispiel die Verschmutzung eines Flusses oder der Luft. Dann ist die politische Verantwortung für den Umweltschutz auf einer höher gelagerten föderalen Ebene notwendig, die die Koordination der Maßnahmen und Internalisierung der Spillover-Effekte in den verschiedenen Regionen übernimmt. Wenn die Spillover-Effekte nicht nur Regionen innerhalb eines Landes betreffen sondern grenzüberschreitend sind, dann liegen bilaterale oder multilaterale Vereinbarungen nahe, in denen Transfers zwischen den Ländern festgelegt werden. Zum Beispiel verschmutzt ein Land einen Fluss, indem es die Entsorgung von Müll oder Überdüngung der Böden zulässt, und das weiter flussabwärts gelegene Nachbarland muss den Schaden erleiden. Nach dem Coase-Theorem können dann Abmachungen zwischen den beiden Ländern getroffen werden, die Transfers in beide Richtungen festlegen können. Entweder zahlt das verursachende Land einen Transfer in Höhe des Schadens an das betroffene Nachbarland, so dass das Verursacherland alle Folgekosten seiner umweltschädlichen Aktivität berücksichtigt. Oder das betroffene Land leistet einen Transfer an das Verursacherland, wenn es seine Aktivität reduziert oder unterlässt. In beiden Fällen können so effiziente Entscheidungen zustandekommen. Solche Lösungen werden problematisch, wenn viele Verursacher auf viele Geschädigte treffen. Dann sind die Transaktionskosten für multilaterale Vereinbarungen in der Regel zu hoch. Ein Zentralstaat oder ein Staatenbund kann dann den Handel mit Umweltzertifikaten einrichten, über den Verschmutzungsrechte gehandelt werden können (Bailey, 2010).

Der **Klimawandel** unterscheidet sich von anderen Umweltproblemen dadurch, dass er ein globales Phänomen darstellt. Lokale oder nationale Maßnahmen, die einzelne Länder ergreifen, sind zu betrachten wie lokale oder nationale öffentliche Güter und Dienstleistungen, mit Spillover-Effekten, die weltweit streuen. Außer bei Ländern wie den Vereinigten Staaten, China, Indien oder der EU insgesamt, die einen Gesamtausstoß von Treibhausgasen in beträchtlicher Höhe verursachen, haben die Vermeidungsmaßnahmen in anderen Ländern nur kleine bis vernachlässigbare Spillover-Effekte zur Folge. Da Klimaschutz ein weltweites öffentliches Gut ist, sollte es bestenfalls von einer internationalen Organisation bereitgestellt werden. In dem Maß, wie einzelne Länder oder gar einzelne Regionen die Verantwortung tragen, besteht die Gefahr des Trittbrettfahrerproblems. Einzelne Länder werden dann auf Kosten anderer Länder den Klimaschutz unterlassen oder in geringerem Maße durchführen, als ihrem Anteil des Ausstoßes an Treibhausgasen gemäß wäre. Deshalb wird die Bildung eines sogenannten Klimaclubs vorgeschlagen, dem sich möglichst viele Länder und insbesondere diejenigen mit hohem Verschmutzungsgrad anschließen sollen (Nordhaus, 2015). In einem solchen Club könnten sich die Länder auf eine Bepreisung des CO^2-Ausstoßes – ob über Steuern, Emissionshandel oder eine Mischung aus beidem – verständigen, um die negativen externen Effekte der Erderwärmung zu internalisieren. Da gerade die Länder mit hohem CO^2-Ausstoß wenig Interesse haben, sich einem solchen Club anzuschließen, müssen entsprechende Anreize gesetzt werden. Diese können nach Nordhaus darin bestehen, dass alle Länder, die sich nicht anschließen, vom gemeinsamen Markt und Handel mit den Ländern im Klimaclub ausgeschlossen werden bzw. hohe Zölle für alle Waren bezahlen müssen, die sie in den Markt des Klimaclubs exportieren wollen. Unklar ist bei diesem Konzept noch, wie ein solcher Club eingeführt und etabliert werden sollte (Hovi etal., 2016). Welche und wie viele Länder werden benötigt, um den Club zu gründen? Wie soll genau der Vorteil aller Clubmitglieder aussehen und welche Strafen sollen die Nicht-Mitgliedsländer dazu bewegen einzutreten? Auch zur Frage der politischen Umsetzbarkeit, d. h. zu strategischen Fragen besteht noch erheblicher Forschungsbedarf (Falkner et al., 2022).

Die Covid-19-Pandemie war eine Erfahrung, die in Erinnerung brachte, dass Gesellschaften immer wieder sehr ansteckenden Krankheiten ausgesetzt sind, auf die die Staaten vorbereitet sein müssen. Ein neues rasch wachsendes Forschungsgebiet widmet sich der Frage, inwieweit föderale Staaten besser auf **Pandemien** reagieren können. Die Ausbreitung und Kontrolle solcher Krankheiten hat Aspekte, die einerseits eine dezentrale Zuständigkeit der Gesundheitsversorgung nahelegen. Da die lokalen Gegebenheiten sehr unterschiedliche Voraussetzungen für die Ausbreitung ansteckender Krankheiten abgeben, sollte eine darauf abgestimmte Gesundheitspolitik im Geiste Tiebouts von den lokalen Gebietskörperschaften betrieben werden, die zielgerichtet die lokalen Möglichkeiten berücksichtigt. Andererseits verursachen solche lokalen Maßnahmen externe Effekte auf die umliegenden Regionen, so dass eine Internalisierung dieser Effekte für eine übergeordnete Zuständigkeit der Gesundheitspolitik spricht. Crucini und O'Flaherty (2020) zeigen anhand US-amerikanischer Daten, dass ein regional differenzierter Gesundheitsschutz effektiver ist als eine einheitliche nationale Politik, da er Unterschiede zwischen Regionen mit hoher und mit niedriger Infektionsrate machen kann. Während in Regionen mit hoher Ansteckung die ökonomischen Kosten restriktiver Maßnahmen wohlfahrtsoptimal sein können, sind sie bei einheitlicher nationaler Politik in Regionen mit niedriger Ansteckung suboptimal. Hoover und Toxvaerd (2022) weisen darauf hin, dass es darauf ankommt, wie die Regionen ökonomisch und sozial miteinander verbunden sind und der Virus sich ausbreiten kann. Ein dezentraler Gesundheitsschutz erreicht eine bessere Zielgenauigkeit der Maßnahmen ohne Koordination, während eine zentrale Gesundheitspolitik koordinierte Maßnahmen ohne Zielgenauigkeit erlaubt. Beides erzeugt Ineffizienzen. Für stark verbundene Regionen ist die Koordination wichtiger und deshalb eine zentrale Politik effizienter, für schwach verbundene Regionen hingegen sind zielgerichtete Maßnahmen bedeutsamer und die Dezentralisierung des Gesundheitsschutzes vorzuziehen.

Congleton (2023) argumentiert für eine dezentrale Steuerung gesundheitspolitischer Maßnahmen in Pandemien, weil regionale Unterschiede in den Präferenzen berücksichtigt werden, Unterschiede in den regionalen Maßnahmen das Risiko des Scheiterns diversifizieren und Daten erhoben werden können, die einen quasi-experimentellen Vergleich und die Verbesserung der Schutzmaßnahmen ermöglichen. Rothert (2022) betont allerdings, wenn lokale Verantwortliche Schutz- und Präventionsmaßnahmen ergreifen, die Ausgangssperren und Geschäftsschließungen vorsehen, dann kann ein Ausweichverhalten der Bevölkerung zu suboptimalen Ergebnissen führen. Wenn Mobilität zwischen den Regionen nicht unterbunden werden kann, dann haben lokale Regierungen keinen Anreiz, harte Maßnahmen durchzusetzen, weil die ökonomischen Kosten hoch sind und sie eine Abwanderung in weniger restriktive Regionen befürchten. Eine zentrale Koordination der Politiken könnte dann in einem Transfer zwischen den Regionen bestehen, bei dem Staaten, die härtere Maßnahmen durchsetzen, subventioniert und solche, die weniger restriktiv sind, besteuert werden. Dadurch würde ein Wettlauf um schärfere Beschränkungen initiiert, der optimal sein kann. Diese wie auch andere Arbeiten betonen die wichtige Rolle, die eine föderale Koordination oder sogar Anordnung von Politiken auch in einem System mit einer dezentralen Verantwortung für Gesundheitspolitik spielt (Beck und Wagner, 2020; Giannone et al., 2020; Renne et al., 2020).

Globale Herausforderungen wie die internationale Architektur der Staatengemeinschaft, möglicher zukünftiger Pandemien und der Kampf gegen den Klimawandel zeigen in aller Deutlichkeit die Vor- und Nachteile, die unter unterschiedlichen Rahmenbedingungen bei einer dezentralen und einer zentralen Regierungsverantwortung auftreten können. Die Zielkonflikte erfordern zum Teil Kompromisse, die eine dezentrale Politik verknüpfen mit einer zentralen Koordination. Weltweite Krisen fordern uns heraus, mehr über Dezentralisierung versus Zentralisierung zu lernen und die Ausgestaltung von Politik zu verbessern. Die wirksame und effiziente Aufteilung und Verknüpfung von politischer Verantwortung auf mehreren föderalen Ebenen, die Boadway und Shah (2009) „Glocalization" genannt haben, ist eine komplexe Aufgabe, die mehr Forschung auf diesem Gebiet erfordert.

Literatur

Agrawal, D.R., J.K. Brueckner und M. Brülhart (2024). „Fiscal Federalism in the 21st Century", *Annual Review of Economics* 16, S. 429–454.

Akerlof, G.A. (1970). „The Market for 'Lemons': Qualitative Uncertainty and the Market Mechanism", *Quarterly Journal of Economics* 84, S. 488–500.

Ania, A.B., und A. Wagener (2016). „Decentralized Redistribution in a Laboratory Federation", *Journal of Urban Economics* 93, S. 49–59.

Aragon, F.M. (2010). „The Flypaper Effect and Costly Tax Collection", Discussion Paper, London School of Economics.

Arrow, K. J., und F. Hahn (1971). *General Competitive Analysis*, Amsterdam: North Holland.

Atkinson, A.B., und J.E. Stiglitz (1980). *Lectures on Public Economics*, New York: McGraw-Hill.

Axelrod, R. (1981). „The Emergence of Cooperation among Egoists", *The American Political Science Review* 75, S. 306–318.

Azariadis, C. (1983). „Employment with Asymmetric Information", *The Quarterly Journal of Economics* 98, S. 157–172.

Atkinson, A.B., und N.H. Stern (1974). „Pigou, Taxation and Public Goods", *The Review of Economic Studies* 41, S. 119–128.

Bachtrögler-Unger, J., M. Dolls., C. Krolage, P. Schüle, H. Taubenböck und M. Weigand (2023). „EU Cohesion Policy on the Ground: Analyzing Small-Scale Effects Using Satellite Data", *Regional Science and Urban Economics* 103, S. 1–18.

Bae, S.-S., und R.C. Feiock (2004). „The Flypaper Effect Revisited: Intergovernmental Grants and Local Governance", *International Journal of Public Administration* 27, No. 8–9, S. 577–596.

Bailey, I. (2010). „The EU emissions trading scheme", *WIREs Climate Change* 1, S. 144–153.

Baiochhi, G. (2005), „Inequality and Innovation: Decentralization as an Opportunity Structure in Brazil", in: Bardhan, P., und D. Mookherjee (Hrsg.), *Decentralization and Local Governments in Developing Countries: A Comparative Perspective*, Cambridge, MA.: MIT Press.

Ballard, C.L., und D. Fullerton (1992). „Distortionary Taxes and the Provision of Public Goods", *Journal of Economic Perspectives* 6, S. 117–131.

Bardhan, P., und D. Mookherjee (2006), „Decentralization and accountability in infrastructure delivery in developing countries", *Economic Journal* 116, S. 101–127.

Baretti, C., R. Fenge, B. Huber, W. Leibfritz und M. Steinherr (2000). *Chancen und Grenzen föderalen Wettbewerbs*, ifo Beiträge zur Wirtschaftsforschung 1, München

Baretti, C., B. Huber und K. Lichtblau (2002), „A Tax on Tax Revenue: The Incentive Effects of Equalizing Transfers: Evidence from Germany", *International Tax and Public Finance* 9, S. 631–649.

Baron, D.P., und R.B. Myerson (1982). „Regulating a Monopolist with Unknown Costs", *Econometrica* 50, No. 4, S. 911–930.

Barzel, Y. (1969). „Two propositions on the optimum level of producing collective goods", *Public Choice* 6, S. 31–37.

Bator, F.M. (1958). „The Anatomy of Market Failure", *Quarterly Journal of Economics* 72, S. 315–379.

Baumol, W. (1965). *Welfare Economics and the Theory of the State*, 2. Auflage, London: G. Bells and Sons Ltd.

Baumol, W.J., E.E. Bailey und R.D. Willig (1977). „Weak Invisible Hand Theorems on the Sustainability of Prices in a Multiproduct Monopoly", *American Economic Review* 67(3), S. 350–365.

Beck, T., und W. Wagner (2020). „National containment policies and international cooperation", *Covid Economics* 8, S. 134–148.

Becker, P. (2018). „Die EU auf dem Weg in eine 'Transferunion'? Ein Beitrag zur Entdramatisierung", SWP-Studie 8/2018, Stiftung Wissenschaft und Politik, Deutsches Institut für Internationale Politik und Sicherheit, Berlin.

Becker, S.O., P.H. Egger und M. von Ehrlich (2010). „Going NUTS: The effect of EU Structural Funds on regional performance", *Journal of Public Economics* 94, S. 578–590.

Becker, S.O., P.H. Egger und M. von Ehrlich (2013). „Absorptive Capacity and the Growth and Investment Effects of Regional Transfers: A Regression Discontinuity Design with Heterogeneous Treatment Effects", *American Economic Journal: Economic Policy* 5(4), S. 29–77.

Becker, S.O., P.H. Egger und M. von Ehrlich (2018). „Effects of EU Regional Policy: 1989–2013", *Regional Science and Urban Economics* 69, S. 143–152.

Berglas, E. (1976). „On the Theory of Clubs", *American Economic Review* 66, No. 2, S. 116–121.

Besley, T. (2006). *Principled Agents? The Political Economy of Good Government*, Oxford: Oxford University Press.

Besley, T., und A. Case (1995). „Incumbent Behavior: Vote-Seeking, Tax-Setting, and Yardstick Competition", *American Economic Review* 85, No. 1, S. 25–45.

Besley, T. und M. Smart (2007). „Fiscal Restraint and Voter Welfare", *Journal of Public Economics* 91, Issues 3–4, S. 755–773.

Bewley, T.F. (1981). „A Critique of Tiebout's Theory of Local Public Expenditures", *Econometrica* 49, No. 3, S. 713–740.

Bickers, K., und R. Engstrom (2006). „Tiebout sorting in metorpolitain areas", *Review of Policy Research* 23, S. 1181–1198.

Blanchard, O., und A. Shleifer (2001). „Federalism With and Without Political Centralization: China versus Russia", IMF Economic Review 48, S. 171–179.

Boadway , R. (1982). „On the Method of Taxation and the Provision of Local Public Goods: Comment", American Economic Review 72, S. 846–851.

Boadway, R. (2006). „Intergovernmental redistributive transfers: efficiency and equity", in: E. Ahmad und G. Brosio (Hrsg.), Handbook of Fiscal Federalism, Cheltenham: Edward Elgar, S. 355–380.

Boadway, R., und N. Bruce (1984). *Welfare Economics*, Oxford: Basil Blackwell.

Boadway, R., und F. Flatters (1982). „Efficiency and Equalization Payments in a Federal System of Government: A Synthesis and Extension of Recent Results", *Canadian Journal of Economics* 15(4), S. 613–633.

Boadway, R., und A. Shah (2009). *Fiscal Federalism – Principles and Practice of Multiorder Governance*, Cambridge: Cambridge University Press.

Boadway, R., und J.-F. Tremblay (2012). „Reassessment of the Tiebout Model", *Journal of Public Economics* 96, S. 1063–1078.

Boadway, R., und D.E. Wildasin (1984). *Public Sector Economics*, Boston und Toronto: Little, Brown and Company.

Bordignon, M., P. Manasse und G. Tabellini (2001). „Optimal Regional Redistribution under Asymmetric Information", *American Economic Review* 91, S. 709–723.

Bovernberg, L., S. Cnossen und R. de Mooij (2003). „Introduction: Tax Coordination in the European Union", *International Tax and Public Finance* 10, S. 619–624.

Bradford, D.F., und W.E. Oates (1971a). „Towards a Predictive Theory of Intergovernmental Grants", *American Economic Review* 61, S. 321–333.

Bradford, D.F., und W.E. Oates (1971b). „The Analysis of Revenue Sharing in a New Approach to Collective Fiscal Decisions", *Quarterly Journal of Economics* 85, S. 163–188.

Brennan, G., und J.M. Buchanan (1980). *The Power to Tax: Analytical Foundations of a Fiscal Constitution*, Cambridge: Cambridge University Press.

Breton, A. (1965). „A Theory of Government Grants“, *Canadian Journal of Economics and Political Science* 31(2), S. 175–187.

Brueckner, J.K. (1983). „Property Value Maximization and Public Sector Efficiency“, *Journal of Urban Economics* 14(1), S. 1–15.

Breyer, F., und M. Kolmar (2005). *Grundlagen der Wirtschaftspolitik*, Tübingen: Mohr Siebeck.

Breyer, F., und W. Buchholz (2007). *Ökonomie des Sozialstaats*, Berlin und Heidelberg: Springer-Verlag.

Brutus (1787). „Letter I“, in: T. Ball (Hrsg.), 2003, *The Federalist with Letters of „Brutus“*, S. 437–447, Cambridge: Cambridge University Press.

Buchanan, J.M. (1950). „Federalism and Fiscal Equity“, *American Economic Review* 40(4), S. 583–599.

Buchanan, J.M. (1965). „An Economic Theory of Clubs“, *Economica* 23, S. 1–14.

Buchanan, J.M. (1975). *Die Grenzen der Freiheit: Zwischen Anarchie und Leviathan*, herausgegeben von Erik Boettcher, 1984, Tübingen: Mohr Siebeck

Buchanan, J.M., und C.J. Goetz (1972). „Efficiency Limits of Fiscal Mobility: An Assessment of the Tiebout Model“, *Journal of Public Economics* 1(1), S. 25–43.

Buchanan, J.M., und G. Tullock (1962). *The Calculus of Consent*, Ann Arbor: University of Michigan.

Buchanan, J.M., und R.E. Wagner (1970). „An Efficiency Basis for Federal Fiscal Equalization“, in: J. Margolis (Hrsg.), *The Analysis of Public Output*, New York: Columbia University Press und National Bureau of Economic Research, S. 139–162.

Bucovetsky, S. (1991). „Asymmetric tax competition“, *Journal of Urban Economics* 30, S. 167–181.

Bucovetsky, S. (1998). „Federalism, Equalization, and Risk Aversion“, *Journal of Public Economics* 67(3), S. 301–328.

Bucovetsky, S. (2003). „Efficient migration and redistribution“, *Journal of Public Economics* 87, S. 2459–2474.

Bucovetsky, S., M. Marchand und P. Pestieau (1998). „Tax competition and revelation of preferences for public expenditure“, *Journal of Urban Economics* 44, S. 367–390.

Bucovetsky, S., und J.D. Wilson (1991). „Tax competition with two tax instruments“, *Regional Science and Urban Economics* 21, S. 333–350.

Büttner, T. (2002). „Fiscal Federalism and Interstate Risk Sharing: Empirical Evidence from Germany“, *Economics Letters* 74(2), S. 195–202.

Büttner, T., R. Schwager und D. Stegarescu (2001). „Einwohnergewichtung, Siedlungsdichte und Mehrbedarf“, ergänzendes Gutachten des ZEW in: Baretti, C., B. Huber, K. Lichtblau und R. Parsche, *Die Einwohnergewichtung auf Länderebene im Länderfinanzausgleich*, ifo Beiträge zur Wirtschaftsforschung 4, München.

Burbidge, J.B., und G.M. Myers (1994). „Redistribution within and across the Regions of a Federation“, *Canadian Journal of Economics* 27, No. 3, S. 620–636.

Calabrese, S., D. Epple und R. Romano (2007). „On the Political Economy of Zoning“, *Journal of Public Economics* 91, S. 25–49.

Campbell, R.J. (2004). „Leviathan and Fiscal Illusion in Local Government Overlapping Jurisdictions“, *Public Choice* 120(3/4), S. 301–329.

Case, A.C., J.R. Hines, Jr., und H.S. Rosen (1993). „Budget Spillovers and Fiscal Policy Interdependence: Evidence from the States“, *Journal of Public Economics* 52, S. 285–307.

Casella, A., und B. Frey (1992). „Federalism and Clubs: Towards an Economic Theory of Overlapping Political Jurisdictions“, *European Economic Review* 36(2–3), S. 639–646.

Chari, V.V. (1983). „Involuntary Unemployment and Implicit Contracts“, *Quarterly Journal of Economics* 98, S. 107–122.

Chaudhuri, S. (2005), „What Difference Does a Constitutional Amendment Make? The 1994 Panchayati Raj Act and the Attempt to Revitalize Rural Local Government in India“, in: Bardhan, P., und D. Mookherjee

(Hrsg.), *Decentralization and Local Governments in Developing Countries: A Comparative Perspective*, Cambridge, MA.: MIT Press.

Clarke, E.H. (1971). „Multi-Part Pricing of Public Goods“, *Public Choice* 11, S. 17–33.

Coase, R. (1960). „The Problem of Social Cost“, *Journal of Law and Economics* 3, S. 1–44.D.

Congleton, R.D. (2023). „Federalism and pandemic policies: variety as the spice of life“, *Public Choice* 195, S. 73–100.

Cornes, R.C., und E.C.D. Silva (2002). „Local public goods, inter-regional transfers and private information“, *European Economic Review* 46, S. 329–356.

Courant, P.N., E.M. Gramlich, und D.L. Rubinfeld (1979). „The Stimulative Effects of Intergovernmental Grants: or Why Money Sticks Where It Hits“, in: P. Mieszkowski und W. Oakland (Hrsg.), *Fiscal Federalism and Grants-in-Aid*, Washington, D.C.: Urban Institute Press, S. 5–21.

Cremer, H., M. Marchand und P. Pestieau (1996). „Interregional redistribution through tax surcharge“, *International Tax and Public Finance* 3, S. 157–173.

Cremer, H., und P. Pestieau (2004). „Factor Mobility and Redistribution“, In J.V. Henderson und J.F. Thisse (Hrsg.), *Handbook of Regional and Urban Economics* 4, Elsevier B.V., S. 2529–2560.

Crucini, M.J., und O. O'Flaherty (2020). „Stay-At-Home-Orders in a Fiscal Union“, Working Paper 28182, National Bureau of Economic Research, Cambridge, MA.

Dahlby, B. (1996). „Intergovernmental Grants: A Public Choice Perspective“, *International Tax and Public Finance* 3(3), S. 397–412.

Dales, J.H. (1968). *Pollution, Property Rights and Prices*, Toronto: University of Toronto Press.

Debreu, G. (1959). *Theory of Value: An Axiomatic Analysis of Economic Equilibrium*, New Haven und London: Yale University Press.

DePater, J.A., und G.M. Myers (1994). „Strategic Capital Tax Competition: A Pecuniary Externality and a Corrective Device“, *Journal of Urban Economics* 36, S. 66–78.

Dorn, F., und C. Fuest (2021). „Next Generation EU: Chancen und Risiken des europäischen Fonds für die wirtschaftliche Entwicklung nach der Corona-Krise“, *Wirtschaftsdienst* 101, S. 78–81.

Dullien, S., und F. Fichtner (2012). „Eine gemeinsame Arbeitslosenversicherung für den Euroraum“, *DIW-Wochenbericht* Nr. 44, S. 9–15.

Ebel, R., und S. Yilmaz (2002). „Concept of Fiscal Decentralisation and Worldwide Overview“, Working Paper Nr. 30346, World Bank Institute.

Edwards, J., und M. Keen (1996). „Tax Competition and Leviathan“, *European Economic Review* 40, S. 113–134.

Eichenberger, R., und B.S. Frey (2006). „Functional, overlapping and competing jurisdictions (FOCJ): a complement and alternative to today's federalism“, in: E. Ahmad und G. Brosio (Hrsg.), Handbook of Fiscal Federalism, Cheltenham: Edward Elgar Publishing, S. 154–181.

Ellickson, B. (1971). „Jurisdictional Fragmentation and Residential Choice“, *American Economic Review* 61, No. 2, S. 334–339.

Ellickson, B., B. Grodal, S. Scotchmer und W. Zame (1999). „Clubs and the market“, *Econometrica* 67, S. 1185–1218.

Falkner, R., N. Nasiritousi, G. Reischl (2022). „Climate clubs: politically feasible and desirable?“, *Climate Policy* 22, S. 480–487.

Feld, L.P., und S. Necker (2010). „Fiskalföderalismus in der Europäischen Union: Herausforderungen für die Reform der Finanzverfassung der EU“, Projektstudie im Auftrag des European Liberal Forum asbl., Brüssel und Berlin.

Fenge, R., und M. Friese (2022). „Should unemployment insurance be centralized in a state union? Unearthing a principle of efficient federation building“, *Scandinavian Journal of Economics* 124, S. 363–395.

Fenge, R., und M. Friese (2025). „The Minimum Wage in a State Union with Unemployment Insurance", CESifo Working Paper No. 11770, München: CESifo.

Ferejohn, J. (1986). „Incumbent Performance and Electoral Control", *Public Choice* 50, S. 5–26.

Fisher, R.C. (1979). „A Theoretical View of Revenue Sharing Grants", *National Tax Journal* 32, S. 173–84.

Fisher, R.C. (1982). „Income and Grant Effects on Local Expenditure: The Flypaper Effect and Other Difficulties", *Journal of Urban Economics* 12, S. 324–45.

Flatters, F., V. Henderson und P. Mieszkowski (1974). „Public Goods, Efficiency, and Regional Fiscal Equalization", *Journal of Public Economics* 3, S. 99–112.

Frey, B.S., und R. Eichenberger (1996a). „To harmonize or to compete? That's not the question", *Journal of Public Economics* 60, S. 335–349.

Frey, B.S., und R. Eichenberger (1996b). „FOCJ: Competitive Governments for Europe", *International Review of Law and Economics* 16, S. 315–327.

Giannone, E., N. Paixão und X. Pang (2020). „The geography of pandemic containment", *Covid Economics* 52, S. 68–95.

Gilbert, G., und P. Picard (1996). „Incentives and optimal size of local jurisdictions", *European Economic Review* 40, S. 19–41.

Goodspeed, T.J. (2002). „Bailouts in a Federation", *International Tax and Public Finance* 9, S. 409–421.

Goodspeed, T.J. (2017). „Bailouts and Soft Budget Constraints in Decentralized Government: A Synthesis and Survey of an Alternative View of Intergovernmental Grant Policy", *Hacienda Publica Espanola / Review of Public Economics* 220, S. 113–134.

Gordon, R.H. (1983). „An Optimal Taxation Approach to Fiscal Federalism", *Quarterly Journal of Economics* 98, No. 4, S. 567–586.

Gramlich, E.M. (1977). „Intergovernmental Grants: A Review of the Empirical Literature", in: W.E. Oates (Hrsg.), *The Political Economy of Fiscal Federalism*, Lexington, MA.: Lexington Books, S. 219–239.

Gravel, N., A. Michelangeli und A. Trannoy (2006). „Measuring the social value of local public goods: an empirical analysis within Paris metropolitain area", *Applied Economics* 38, S. 1945–1961.

Green, J., und C.M. Kahn (1983). „Wage-Employment Contracts", Quarterly Journal of Economics 98, S. 173–187.

Grossman, S.J., und O.D. Hart (1983). „Implicit Contracts under Asymmetric Information", *Quarterly Journal of Economics* 98, S. 123–156.

Groves, T. (1973). „Incentives in teams", *Econometrica* 41, S. 617–631.

Groves, T., und J.O. Ledyard (1977). „Optimal Allocation of Public Goods: A Solution to the 'Free Rider' Problem", *Econometrica* 45, S. 783–809.

Hagen, J. von (2007). „Achieving economic stabilization by sharing risk within countries", in: Boadway, R., und A. Shah (Hrsg.), *Intergovernmental Fiscal Transfers*, The World Bank, Washington, S. 107–132.

Hagen, J. von, und G. Hammond (1998). „Regional Insurance Against Asymmetric Shocks: An Empirical Study for the European Union", *The Manchester School* 66, No. 3, S. 331–353.

Hamilton A., J. Madison und J. Jay (1788). „The Federalist No. 10", in: T. Ball (Hrsg.), 2003, *The Federalist with Letters of „Brutus"*, Cambridge: Cambridge University Press, S. 40–46.

Hamilton, B.W. (1975). „Zoning and Property Taxation in a System of Local Governments", *Urban Studies* 12, S. 205–211.

Hamilton, B.W. (1986). „The Flypaper Effect and the Deadweight Loss from Taxation", *Journal of Urban Economics* 19, S. 148–155.

Harberger, A. (1954). „Monopoly and Ressource Allocation", *American Economic Review Proceedings* 44, S. 77–87.

Hart, O.D. (1983). „Optimal Labor Contracts Under Asymmetric Information: An Introduction“, *Review of Economic Studies* 50(1), S. 3–35.

Hartwick, J.M. (1980). „The Henry George Rule, Optimal Population, and Interregional Equity“, *Canadian Journal of Economics* 13, No. 4, S. 695–700.

Hayek, F.A. von (1975). „Die Anmaßung von Wissen“, *Ordo* 26, S. 12–21.

Hefeker, C. (2003). Ressourcenverteilung in der EU: Eine polit-ökonomische Perspektive“, HWWA Discussion Paper 252, Hamburgisches Welt-Wirtschaft-Archiv, Hamburg.

Heinemann, F. (2006). „Das Common Pool-Problem in der EU-Finanzverfassung“, *Zeitschrift für Staats- und Europawissenschaften* 2, S. 188–213.

Hellwig, M. (1987). „Some Recent Developments in the Theory of Competition in Markets with Adverse Selection“, *European Economic Review* 31, S. 319–325.

Helpman, E., und J.-J. Laffont (1975). „On Moral Hazard in General Equilibrium Theory“, *Journal of Economic Theory* 10, S. 8–23.

Hilber, C.A.L. (2017). „The Economic Implications of House Price Capitalization: A Synthesis“, *Real Estate Economics* 45 (2), S. 231–513.

Hindriks, J., und B. Lockwood (2009). „Decentralization and electoral accountability: Incentives, separation and voter welfare“, *European Journal of Political Economy* 25(3), S. 385–397.

Hindriks, J., und G.D. Myles (2013). *Intermediate Public Economics*, 2. Auflage, Cambridge (Mass.): The MIT Press.

Hines, J.R., und R. Thaler (1995). „Anomalies: The Flypaper Effect“, *Journal of Economic Perspectives* 9, S. 217–226.

Hobbes T. (1651). *Leviathan*, herausgegeben von R. Tuck, 1996, Cambrigde: University Press.

Hobbes T. (1647). *Vom Bürger*, herausgegeben von L. Waas, 2017, Hamburg: Felix Meiner Verlag.

Hochman, O., D. Pines und J.-F. Thisse (1995). „On the Optimal Structure of Local Governments“, *American Economic Review* 85, No. 5, S. 1224–1240.

Hochman, H.M., und J.D. Rodgers (1969). „Pareto Optimal Redistribution“, *American Economic Review* 59 (4), S. 542–557.

Homburg, S. (2015), Allgemeine Steuerlehre, 7. Auflage, München: Verlag Franz Vahlen.

Hoover, D., und F. Toxvaerd (2022). „Epidemics in Space: Control, Targeting and Delegation“, Discussion Paper 17480, Centre for Economic Policy Research.

Hosios, A.J. (1990). „On the Efficiency of Matching and Related Models of Search and Unemployment“, *Review of Economic Studies* 57(2), S. 279–298.

Hovi, J., D. Sprinz, H. Sælen und A. Underdal (2016). „Climate change mitigation: a role for climate clubs?“, *Palgrave Commun* 2, 16020. https://doi.org/10.1057/palcomms.2016.20

Hoyt, W.H. (1991). „Property Taxation, Nash equilibrium, and market power“, *Journal of Urban Economics* 30, S. 123–131.

Huber, B., und K. Lichtblau (1999). „Reform der deutschen Finanzverfassung – die Rolle des Konnexitätsprinzips“, in: E. Kantzenbach, B. Molitor und O.G. Mayer (Hrsg.), *Hamburger Jahrbuch für Wirtschafts- und Gesellschaftspolitik* 44, S. 69–93.

Humboldt, W. v. (1851). *Ideen zu einem Versuch, die Grenzen der Wirksamkeit des Staats zu bestimmen*, herausgegeben von Robert Haerdter, 1967, Stuttgart: Philipp Reclam Jun.

Hume, D (1740). *A Treatise of Human Nature*, herausgegeben von L.A. Selby-Bigge, 1978, Oxford: Oxford University Press.

Hume, D (1748). „On the original contract“, in: K. Haakonssen (Hrsg.), 1994, *David Hume, Political Essays*, Cambridge: Cambridge University Press, S. 186–201.

Hume, D. (1775). *Essays, Moral, Political and Literary*, London: Longmans.

Inman, R.P. (1987). „Markets, Governments, and the 'New' Political Economy", In A. J. Auerbach und M. Feldstein (Hrsg.), *Handbook of Public Economics* II, Amsterdam: Elsevier Science Publishers B. V. (North-Holland), S. 647–777.

Inman, R.P. (2008). „The Flypaper Effect", Working Paper Nr. 14579, National Bureau of Economic Research, Cambridge, MA.

Inman, R.P., und D.L. Rubinfeld (1992). „Fiscal Federalism in Europe – Lessons from teh United States experience", *European Economic Review* 36, S. 645–660.

Inman, R.P., und D.L. Rubinfeld (1996). „Designing Tax Policy in Federalist Economies: An Overview", *Journal of Public Economics* 60(3), S. 307–334.

Inman, R.P., und D.L. Rubinfeld (1997). „Rethinking Federalism", *Journal of Economic Perspectives* 11(4), S. 43–64.

Inman, R.P., und D.L. Rubinfeld (1998). „Subsidiarity and the European Union", Working Paper No. 6556, National Bureau of Economic Research, Cambridge, MA.

Jensen, S., K. Mohlin, K. Pittel und T. Sterner (2015). „An Introduction to the Green Paradox: The Unintended Consequences of Climate Policies", *Review of Environmental Economics and Policy Issues* 9, S. 246–265.

Jin, H., Y. Qian und B. Weingast (1999), „Regional Decentralization and Fiscal Incentives: Federalism, Chinese Style", Working Paper, Department of Economics, Stanford University.

Keynes, J.M. (1940). *How to Pay for the War*, London: Macmillan

Klein, M. (1996). „Competition in Network Industries", Policy Research Working Paper No. 1591, *The World Bank*, Private Sector Development Department.

Klein, B., und K.B. Leffler (1981). „The Role of Market Forces in Assuring Contractual Performance", *Journal of Political Economy* 89 (4), S. 615–641.

Köthenbürger, M. (2002). „Tax competition and fiscal equalization", *Internationale Tax and Public Finance* 9, S. 391–408.

Kornai, J. (1986). „The Soft Budget Constraint", *Kyklos* 39, No. 1, S. 3–30.

Krelove, R. (1992). „Efficient Tax Exporting", *Canadian Journal of Economics* 25, No. 1, S. 145–155.

Kühn, S.M. (2012). „Zentrale Abiturprüfungen im nationalen und internationalen Vergleich mit besonderer Perspektive auf Bremen und Hessen", In K. Maag Merki (Hrsg.), *Die längsschnittliche Analyse der Wirkungen der Einführung zentraler Abiturprüfungen in Deutschland*, S. 27–44, Wiesbaden: Springer VS.

Kuminoff, N., und J.C. Pope (2014). „Do 'Capitalization Effects' for Public Goods Reveal the Public's Willingness to Pay?", *International Economic Review* 55 (4), S. 1227–1250.

Lessmann, C., und G. Markwardt (2009). „One Size Fits All? Decentralization, Corruption, and the Monitoring of Bureaucrats", *World Development* 38, S. 631–646.

Lindahl, E. (1919). „Die Gerechtigkeit der Besteuerung", wiederabgedruckt als „Just Taxation – A Positive Solution" in: R.A. Musgrave und A.T. Peacock (Hrsg.), 1958, *Classics in the Theory of Public Finance*, London: Macmillan, S. 168–177.

Locke, J. (1698). *Two Treatises of Government*, herausgegeben von P. Laslett, 1988, Cambridge: Cambridge University Press.

Lockwood, B. (1999). „Interregional Insurance", *Journal of Public Economics* 72, Nr. 1, S. 1–37.

Lockwood, B. (2015). „The Political Economy of Decentralization", In E. Ahmad und G. Brosio (Hrsg.) *Handbook of Multilevel Finance*, Cheltenham: Edward Elgar Publishing, S. 37–65.

Lowery, D., und W.E. Lyons (1989). „The impact of jurisdictional boundaries: an individual-level text of the Tiebout model", *Journal of Politics* 51, S. 73–97.

Maital, S., und Y. Benjamini (1980). „Inflation as Prisoner's Dilemma", *Journal of Post Keynesian Economics* 2 (4), S. 459–481.

Mansoorian, A., und G.M. Myers (1993). „Attachment to Home and Efficient Purchases of Population in a Fiscal Externality Economy“, *Journal of Public Economics* 52, S. 117–132.

McGuire, M. (1974). „Group segregation and optimal jurisdictions“, *Journal of Political Economy* 82 (1), S. 112–132.

McLure, C.E. Jr. (1986). „Tax Competition: Is what's Good for the Private Goose also Good for the Public Gander?“, *National Tax Journal* 39, S. 341–348.

Megdal, S.B. (1987). „The Flypaper Effect Revisited: An Econometric Explanation“, *Review of Economics and Statistics* 69, S. 347–351.

Meyer, D. (2014). „Europäische Arbeitslosenversicherung: Vorstoß für ein anderes Europa?“, *ifo Schnelldienst* 67(7), S. 13–16.

Mill, J.S. (1848). *Principles of Political Economy*, herausgegeben von J. Riley, 1994, Oxford: Oxford University Press.

Mill, J.S. (1861). *Betrachtungen über die Repräsentativregierung*, herausgegeben von H. Buchstein und S. Seubert, 2013, Berlin: Suhrkamp Verlag.

Mills, E.S., und W.E. Oates (1975). „The Theory of Local Public Services and Finance: Ist Relevance to Urban Fiscal and Zoning Behavior“, in E.S. Mills und W.E. Oates (Hrsg.), *Fiscal Zoning and Land Use Controls*, Lexington: Lexington Books, S. 1–12.

Mortensen, D.T. (1989). „Persistence and Indeterminacy of Unemployment“, *Scandinavian Journal of Economics* 91(2), S. 347–370.

Mortensen, D.T. (1999). „Equilibrium Unemployment Dynamics“, *International Economic Review* 40(4), S. 889–914.

Mueller, D. (2003). *Public Choice III*, Cambridge: Cambridge University Press.

Musgrave, R.A. (1959). *The Theory of Public Finance*, New York: McGraw-Hill.

Musgrave, R.A., und P.B. Musgrave (1989). *Public Finance in Theory and Practice*, 5. Auflage, McGraw-Hill International Editions.

Myers, G. (1990). „Optimality, free mobility, and the regional authority in a federation“, *Journal of Public Economics* 43, 107–121.

Myers, G.M., und Y.Y. Papageorgiou (1993). „Fiscal Inequivalence, Incentive Equivalence and Pareto Efficiency in a Decentralized Urban Context“, *Journal of Urban Economics* 33, S. 29–47

Niskanen, W.A. (1971). *Bureaucracy and Representative Government*, Chicago: Aldine-Atherton.

Nordhaus, W. (2015). „Climate Clubs: Overcoming Free-riding in International Climate Policy“, *American Economic Review* 105, S. 1339–1370.

Nozick, R. (1974). *Anarchy, State, and Utopia*, New York: Basic Books.

Oates W.E. (1969). „The Effects of Property Taxes and Local Public Spending on Property Values: An Empirical Study of Tax Capitalization and the Tiebout Hypothesis“, *Journal of Political Economy* 77, S. 957–971.

Oates, W.E. (1972). *Fiscal Federalism*, Cheltenham: Edward Elgar.

Oates, W.E. (2005). „Towards a Second-Generation Theory of Fiscal Federalism“, *International Tax and Public Finance* 12, No. 4, S. 349–373.

Oates, W.E. (2008). „On the Evolution of Fiscal Federalism: Theory and Institutions“, *National Tax Journal* 61, No. 2, S. 313–334.

OECD/Korea Institute of Public Finance (2013), *Measuring Fiscal Decentralisation: Concepts and Policies*, OECD Fiscal Federalism Studies, Paris: OECD Publishing

OECD/United Cities and Local Governments (2022). *Synthesis Report – World Observatory on Subnational Government Finance and Investment*, Paris: OECD Publishing.

Olson, M. (1969). „The Principle of Fiscal Equivalence: The Division of Responsibilities among Different Levels of Government“, *American Economic Review* 59, No. 2, S. 479–487.
Olson, M. (1986). „Toward a More General Theory of Governmental Structure“, *American Economic Review* 76, No. 2, S. 120–125.
Olson, M. (1992). *Die Logik des kollektiven Handelns: Kollektivgüter und die Theorie der Gruppen*, 3. Auflage, Tübingen: J.C.B. Mohr (Paul Siebeck).
Olson, M., und R. Zeckhauser (1966). „An economic theory of alliances“, *Review of Economics and Statistics* 48, S. 266–279.
Oswald, A.J. (1986). „Unemployment Insurance and Labor Contracts Under Asymmetric Information: Theory and Facts“, *American Economic Review* 76, No. 3, S. 365–377.
Panizza, U. (1999). „On the determinants of fiscal centralization: Theory and evidence“, *Journal of Public Economics* 74, S. 97–139.
Pareto, V. (1906). *Manuale di economia politica con una introduzione alla scienza sociale*, in Englisch als *Manual of Political Economy* herausgegeben von A.S. Schwier und A.N. Page, 1971, New York.
Pauly, M.V. (1970). „Optimality, Public Goods, and Local Governments: A General Theoretical Analysis“, *Journal of Political Economy* 78, S. 572–584.
Pauly, M.V. (1973). „Income Redistribution as a Local Public Good“, *Journal of Public Economics* 2, S. 35–58.
Pauly, M.V. (1974). „Overinsurance and Public Provision of Insurance: The Roles of Moral Hazard and Adverse Selection“, *Quarterly Journal of Economics* 68, S. 44–62.
Percy, S.L., B.W. Hawkins und P. Maier (1995). „Revisiting Tiebout: Moving rationales and interjurisdictional relocation“, *Publius* 25, S. 1–17.
Persson, T., und G. Tabellini (2000). *Political Economics – Explaining Economic Policy*, Cambridge, MA: The MIT Press.
Pigou, A.C. (1932). *The Economics of the Welfare*, London: Macmillan.
Piopiunik, M., G. Schwerdt und L. Woessmann (2013). „Central School Exit Exams and Labor-Market Outcomes“, *European Journal of Political Economy*, S. 93–108.
Posner, R.A. (1974). „Theories of Economic Regulation“, NBER Working Paper Series, Nr. 41, *National Bureau of Economic Research*, Cambridge, MA.
Qian, Y., und G. Roland (1998). „Federalism and the Soft Budget Constraint“, *American Economic Review* 88, No. 5, S. 1143–1162.
Qian, Y., und B.R. Weingast (1996). „China's transition to markets: market-preserving federalism, Chinese style“, *The Journal of Policy Reform* 1, S. 149–185.
Qian, Y., und B.R. Weingast (1997). „Federalism as a Commitment to Preserving Market Incentives“, *Journal of Economic Perspectives* 11, No. 4, S. 83–92.
Raff, H., und J.D. Wilson (1997). „Income redistribution with well-informed local governments“, *International Tax and Public Finance* 4, S. 407–427.
Reback, R. (2005). „House prices and the provision of local public services: capitalization under school choice programs“, *Journal of Urban Economics* 57, S. 275–301.
Reiter, M., und A. Weichenrieder (1997). „Are Public Goods Public? A Critical Survey of the Demand Estimates for Local Public Services“, *FinanzArchiv/Public Finance Analysis* 54, S. 374–408.
Renne, J.-P., G. Roussellet und G. Schwenkler (2020). „Preventing COVID-19 fatalities: State versus federalpolicies“, *Covid Economics* 56, S. 106–156.
Rhode, P., und K. Strumpf (2003). „Assessing the importance of tiebout sorting: local heterogeneity from 1850 to 1990“, American Economic Review 93 (5), S. 1648–1677.
Richter, R., und E.G. Furubotn (2010). *Neue Institutionenökonomik*, 4. Aufl., Tübingen: Mohr Siebeck.

Rodden, J. (2003). „Reviving Leviathan: Fiscal Federalism and the Growth of Government", *International Organization* 57, S. 695–729.

Rose-Ackermann, S. (1980). „Risk taking and reflection: Does federalism promote innovation?", *Legal Studies* 9, S. 593–616.

Rothert, J. (2022). „Optimal federal transfers during uncoordinated response to a pandemic", *Journal of Public Economic Theory* 24, S. 1124–1153.

Rothschild, M., und J. Stiglitz (1976). „Equilibrium in competitive insurance markets: An essay on the economics of imperfect information", *Quarterly Journal of Economics* 90, S. 629–649.

Rubinfeld, D.L. (1987). „The Economics of the Local Public Sector", in: A.J. Auerbach und M. Feldstein (Hrsg.), *Handbook of Public Economics*, Band II, Amsterdam: North-Holland, S. 571–645.

Salmon, P. (1987). „Decentralisation as an Incentive Scheme", *Oxford Review of Economic Policy* 3, S. 24–43.

Salmon, P. (2019). *Yardstick Competition among Governments: Accountability and Policymaking When Citizens Look across Borders*, Oxford: Oxford University Press.

Saltz, I.S., und D. Capener (2016). „60 Years Later and Still Going Strong: The Continued Relevance of the Tiebout Hypothesis", *Journal of Regional Analysis and Policy* 46, S. 72–94.

Samuelson, P. A. (1954). „Pure Theory of Public Expenditure", *Review of Economics and Statistics* 36, S. 387–389.

Sandler, T., und J. Tschirhart (1980). „The Economic Theory of Clubs: An Evaluative Survey", *Journal of Economic Literature* 18, No. 4, S. 1481–1521.

Sandler, T., und J. Tschirhart (1997). „Club Theory: Thirty Years Later", *Public Choice* 93, No. 3–4, S. 335–355.

Sato, M. (2003). „Tax competition, rent-seeking and fiscal decentralization", *European Economic Review* 47, S. 19–40.

Schröder, C. (2021). „Brauchen wir einen europäischen Mindestlohn?", IW-Policy Paper 25/2021, Institut der deutschen Wirtschaft, Köln.

Scotchmer, S. (2002). „Local Public Goods and Clubs", In A. J. Auerbach und M. Feldstein (Hrsg.), *Handbook of Public Economics* IV, Elsevier Science Publishers B. V. (North-Holland), S. 1997–2042.

Seabright, P. (1996). „Accountability and Decentralization in Government: An Incomplete Contracts Model", *European Economic Review* 40, No. 1, S. 61–89.

Shleifer, A. (1985). „A Theory of Yardstick Competition", *Rand Journal of Economics* 16, S. 319–127.

Sinn, H.-W. (1997). „The Selection Principle and Market Failure in Systems Competition", *Journal of Public Economics* 66, Nr. 2, S. 247–274.

Smith A. (1776). *An Inquiry into the Nature and Causes of the Wealth of Nations*, herausgegeben von R.H. Campbell, A.S. Skinner und W.B. Todd, 1976, Oxford: Clarendon Press.

Sonstelie, J.C., und P.R. Portney (1978). „Profit Maximizing Communities and the Theory of Local Public Expenditure", *Journal of Urban Economics* 5, Nr. 2, S. 263–277.

Spence, M. (1973). „Job Market Signaling", *Quarterly Journal of Economics* 87 (3), S. 355–374.

Starrett, D.A. (1988). *Foundations of public economics*, Cambridge: Cambridge University Press.

Stegarescu, D. (2005). „Public Sector Decentralisation: Measurement Concepts and Recent International Trends", *Fiscal Studies* 26, S. 301–333.

Stegarescu, D. (2009). „The effects of economic and political integration on fiscal decentralization: Evidence from OECD countries", *Canadian Journal of Economics 42*, S. 694–718.

Stigler, G.J. (1957). „Tenable range of functions of local government", in: *Federal Expenditure Policy for Economic Growth and Stability*, Joint Economic Committee, Subcommittee on Fiscal Policy, Washington, D.C.

Stiglitz, J.E. (1977). „The Theory of Local Public Goods", in: M. Feldstein und R. Inman (Hrsg.), The Economics of Public Services: Proceedings of a Conference Held by the International Economic Association at Turin, Italy, New York: Macmillan.

Stiglitz, J.E. (1982). „The Theory of Local Public Goods Twenty-Five Years After Tiebout: A Perspective", NBER Working Paper No. 954. *National Bureau of Economic Research.*

Stiglitz, J.E. (1983). „Risk, Incentives and Insurance: The Pure Theory of Moral Hazard", *Geneva Papers on Risk and Insurance* 8, S. 4–33.

Stiglitz, J.E., und P. Dasgupta (1971). „Differential Taxation, Public Goods, and Economic Efficiency", *Review of Economic Studies* 38, S. 151–174.

Sturm, B., und C. Vogt (2018). *Umweltökonomik – eine anwendungsorientierte Einführung*, Berlin: Springer-Verlag.

Tanzi, V., (1995). „Fiscal federalism and decentralization: A review of some efficiency and macroeconomic aspects", Annual World Bank Conference on Developing Economics, The World Bank.

Teske, P., M. Schneider, M. Mintrom und S. Best (1993). „Establishing the microfoundations of a macro theory: information, movers, and the competitive local market for public goods", *American Political Science Review* 87, S. 702–713.

Thurow, L.C. (1971). „The income distribution as a pure public good", *Quarterly Journal of Economics* 85, S. 327–336.

Tiebout, C.M. (1956). „A Pure Theory of Local Expenditures", *Journal of Political Economy* 64, No. 5, S. 416–424.

Tocqueville, A. de (1835/1840). *Über die Demokratie in Amerika*, herausgegeben von J.P. Mayer, 1976, München: Deutscher Taschenbuch Verlag.

Tresch, R.W. (2015). *Public Finance – A Normative Theory*, Amsterdam: Elsevier.

Turnbull, G. (1998). „The Overspending and Flypaper Effects of Fiscal Illusion: Theory and Empirical Evidence", *Journal of Urban Economics* 44, S. 1–26.

Varian, H. R. (1992). *Microeconomic Analysis*, New York: W.W. Norton & Company.

Vigneault, M. (2005). „Intergovernmental Fiscal Relations and the Soft Budget Constraint Problem", *Public Finance and Management* 5, No. 1, S. 1–29.

Wallis, J.J., und W.E. Oates (1988). „Decentralization in the Public Sector: An Empirical Study of State and Local Government", in: H.S. Rosen (Hrsg.), *Fiscal Federalism: Quantitative Studies*, Chicago: University of Chicago Press, S. 5–32.

Weitzman, M.L. (1982). „Increasing Returns and the Foundations of Unemployment Theory", *The Economic Journal*, 92(368), *Oxford University Press on behalf of the Royal Economic Society*, S. 787–804.

Wellisch, D. (1993). „On the decentralized provision of public goods with spillovers in the presence of interregional migration", *Regional Science and Urban Economics* 23, S. 667–679.

Wellisch, D. (1994). „Interregional spillovers in the presence of perfect and imperfect household mobility", *Journal of Public Economics* 55, S. 167–184.

Wellisch, D. (1995). *Dezentrale Finanzpolitik bei hoher Mobilität*, Tübingen: J.C.B. Mohr (Paul Siebeck).

Wellisch, D. (2000a). *Finanzwissenschaft I: Rechtfertigung der Staatstätigkeit*, München: Verlag Franz Vahlen.

Wellisch, D. (2000b). *Theory of Public Finance in a Federal State*, Cambridge: Cambridge University Press.

Wellisch, D., und D.E. Wildasin (1996). „Decentralized Income Redistribution and Immigration", *European Economic Review* 40, S. 187–217.

Wicksell, K. (1896). *Finanztheoretische Untersuchungen nebst Darstellung und Kritik des Steuerwesens Schwedens*, Jena: Fischer Verlag.

Wicksell, K. (1928). *Vorlesungen über Nationalökonomie auf der Grundlage des Marginalprinzips*, Band 2: Geld und Kredit, Jena: Fischer Verlag.

Wildasin, D.E. (1980). „Locational Efficiency in a Federal System", *Regional Science and Urban Economics* 10, S. 453–471.

Wildasin, D.E. (1986). *Urban Public Finance*, New York: Harwood.

Wildasin, D.E. (1987a). „Theoretical Analysis of Local Public Economics", In E. S. Mills (Hrsg.), *Handbook of Regional and Urban Economics* II, Elsevier Science Publishers B. V. (North-Holland), S. 1131–1178.

Wildasin, D.E. (1987b). „Tax Exporting and the Marginal Cost of Public Spending", *Economics Letters* 24, S. 353–358.

Wildasin, D.E. (1989). „Interjurisdictional capital mobility: Fiscal externality and a corrective subsidy", *Journal of Urban Economics* 25, S. 193–212.

Wildasin, D.E. (1991). „Income Redistribution in a Common Labor Market", *American Economic Review* 81, No. 4, S. 757–774.

Wildasin, D.E. (1994). „Income Redistribution and Migration", *Canadian Journal of Economics* 27 (3), S. 637–656.

Wildasin, D.E. (1997a). „Income Distribution and Redistribution within Federations", *Annales d'Économie et de Statistique,* No. 45, S. 291–313.

Wildasin, D.E. (1997b). „Externalities and Bailouts: Hard and Soft Budget Constraints in Intergovernmental Fiscal Relations", *Policy Research Working Paper* 1843, The World Bank.

Wildasin, D.E., und J.D. Wilson (1996). „Imperfect mobility and local government behaviour in an overlapping-generations model", *Journal of Public Economics 60,* S. 177–198.

Wilson, J.D. (1986). „A theory of interregional tax competition", *Journal of Urban Economics* 19, S. 296–315.

Wilson, J.D. (1991). „Tax competition with interregional differences in factor endowments", *Regional Science and Urban Economics* 21, S. 423–451.

Wilson, J.D. (1999). „Theories of tax competition", *National Tax Journal* 21, S. 269–304.

Wilson, J.D. (2015). „Tax competition in a federal setting", in: E. Ahmad und G. Brosio (Hrsg.), *Handbook of Multilevel Finance,* Cheltenham: Edward Elgar, S. 264–290.

Wilson, J.D., und D.E. Wildasin (2004). „Capital tax competition: bane or boon", *Journal of Public Economics* 88, S. 1065–1091.

Woglom, G. (1982). „Underemployment equilibrium with rational expectations", Quarterly Journal of Economics 97, S. 89–108.

Wyckoff, P. (1988). „A Bureaucratic Theory of Flypaper Effects", *Journal of Urban Economics* 23, S. 115–129.

Wyckoff, P. (1991). „The Elusive Flypaper Effect", *Journal of Urban Economics* 30, S. 310–328.

Zodrow, G.R. (2003). „Tax Competition and Tax Coordination in the European Union", *International Tax and Public Finance* 10, S. 651–671.

Zodrow, G.R., und P. Mieszkowski (1986). „Pigou, Tiebout, Property Taxation, and the Underprovision of Local Public Goods", *Journal of Urban Economics* 19, S. 356–370.

Stichwort- und Personenverzeichnis

Abbildungsverzeichnis

Tabellenverzeichnis